刘泽华全集

刘泽华◎著　南开大学历史学院◎编

先秦政治思想史（上）

天津出版传媒集团

天津人民出版社

图书在版编目(CIP)数据

刘泽华全集. 先秦政治思想史：上下 / 刘泽华著；
南开大学历史学院编. —— 天津：天津人民出版社，
2019.10
　　ISBN 978-7-201-15226-4

Ⅰ. ①刘… Ⅱ. ①刘… ②南… Ⅲ. ①刘泽华–文集
②政治思想史–中国–先秦时代 Ⅳ. ①C53②D092.2

中国版本图书馆 CIP 数据核字(2019)第 193588 号

刘泽华全集·先秦政治思想史 ： 上下
LIU ZEHUA QUANJI · XIANQIN ZHENGZHI SIXIANG SHI : SHANG XIA

出　　版　天津人民出版社
出 版 人　刘　庆
地　　址　天津市和平区西康路 35 号康岳大厦
邮政编码　300051
邮购电话　(022)23332469
网　　址　http://www.tjrmcbs.com
电子信箱　reader@tjrmcbs.com

总 策 划　任　洁
责任编辑　赵子源
装帧设计　明轩文化·王　烨
　　　　　TEL:23674746

印　　刷　河北鹏润印刷有限公司
经　　销　新华书店
开　　本　710 毫米×1000 毫米　1/16
印　　张　40
字　　数　600 千字
版次印次　2019 年 10 月第 1 版　2019 年 10 月第 1 次印刷
定　　价　258.00 元

前　言

　　由天津人民出版社编辑出版的《刘泽华全集（全十二卷）》，在众多南开师友、刘门弟子、家属及出版社领导、各位编辑的共同努力下，终于可以问世了。此套全集由南开大学历史学院主持编选，一些事项需要在此说明：

　　一、刘泽华，享誉海内外的著名史学家、南开大学荣誉教授，1935年2月出生，2018年5月8日病逝于美国西雅图，享年83岁。自1960年大学三年级破格留校任教后，刘先生在南开大学历史系、历史学院执教四十余载，直至2003年退休。刘先生曾任南开大学历史系主任、校学术委员会委员、教育部人文社科重点基地中国社会史中心主任等校内外多种重要学术职务，受聘于多家高校及科研单位并担任客座教授，退休后被授予"南开大学荣誉教授"称号。刘先生著作较多，理论观点自成一体，所提出的"王权支配社会""王权主义是传统思想文化的主脉""中国传统政治思想是一种'阴阳组合结构'"等命题和论断，准确而深刻地把握住了中国传统政治文化与政治实践的特点，具有重要的理论创新性，学术影响极大。

　　二、在几十年的教学与科研进程中，刘先生带起了一支专业素质较强的学术团队，以他的学术观点为灵魂，系统梳理中国传统政治思想的脉络，找寻传统与现代政治理念间的异同，致力于剖析中国现代化进程中的诸多症结，具有鲜明的学术个性、敏锐的问题意识和强烈的现实关怀，被誉为"王权主义学派"或"刘泽华学派"。先生可谓是中国政治思想史领域的代表性人物之一。

　　三、鉴于刘泽华先生崇高的学术地位及其论著的重要理论价值，《刘泽华全集（全十二卷）》得以入选天津市重点出版项目。为保证文集的学术水平和编纂质量，天津人民出版社与南开大学历史学院密切合作，联手打造学术精品。经刘泽华先生生前授权,由南开大学历史学院主持全集编选工作,成立了由李宪堂、张荣明、张分田教授为主的编选工作组,带领部分研究生收集初稿进行编选,之后又多次协调召开京津地区刘门弟子研讨会,对全集十二卷的顺序、各卷目录及学术年谱进行了反复讨论。天津人民出版社副总编辑任洁带领团队全力投入,负责各卷编辑工作。

四、时值南开大学百年华诞,作为献礼之作的《刘泽华全集(全十二卷)》的出版引起广泛关注。全集编选工作得到各方支持,进展顺利。多位师友提供刘泽华先生文章手稿及照片。阎师母及先生的女儿刘琰、刘璐对全集的出版十分关心,就全集的编撰、封面设计提出不少建设性的意见。葛荃教授代表刘门弟子撰写了全集的序。葛荃、张荣明、李宪堂、孙晓春、季乃礼、林存阳等教授审读了各卷。何平、杨阳、林存光、邓丽兰等诸多刘门弟子,以及诸多南开史学的毕业生纷纷表达期待之情,翘首以待。

五、由于刘泽华先生的写作时间始自 20 世纪 50 年代初,直至 2018 年 5 月逝世前夕,跨度长达半个多世纪,各个时期的学术规范、报刊发表要求不尽相同,给收集整理和编辑工作带来相当大的困难。此次出版,除对个别字句的误植进行订正外,基本保持发表时的原生样态,以充分体现论著的时代性,便于后人理解当代中国史学演变的路径及意义。刘泽华先生的回忆录《八十自述:走在思考的路上》于 2017 年由生活·读书·新知三联书店出版后,引起广泛关注,被誉为"当代中国学人的心灵史",此次全集出版时也将其收录进来,以体现全集的完整性,并于文末附由林存阳教授与李文昌博士所梳理的"刘泽华先生著述目录"。

六、由于印刷模糊、议题存疑等原因,刘泽华先生的个别文章未能收入。希望以后有机会再增补出版,以补缺憾。

七、天津人民出版社《刘泽华全集(全十二卷)》编辑小组的全体编辑,对全集编辑出版工作倾情投入,付出了艰巨的劳动,他们是责任编辑金晓芸、张璐、赵子源、霍小青、孙瑛、王小凤、康嘉瑄、韩伟,二审赵艺编审和三审任洁编审。在此向天津出版传媒集团和天津人民出版社表示衷心的感谢。

刘泽华先生长达半个多世纪的学术生涯是在南开度过的,他对南开大学、南开史学拥有一份真诚、朴素的情感,曾带头汇捐四十万元用于设立"中国思想史奖学金",希望中国思想史学科能后继有人。这套全集也是按照刘先生生前愿望,由南开大学历史学院主持编选,这也是刘泽华先生向南开百年奉献的一份真挚祝福。

唯愿刘泽华先生在天之灵安宁!引导我们永远走在思考的路上!

南开大学历史学科学术委员会

2019 年 10 月 17 日

序：刘泽华先生的学术贡献

葛　荃[①]

刘泽华先生(1935—2018)，河北石家庄人，中国当代著名史学家，中国政治思想史研究著名学者。研究领域包括先秦史、政治史、知识分子史、历史认识论和中国古代政治思想史。先生成果丰硕，为当代中国学术研究贡献良多，主要体现在以下三个方面。

一、著述等身

中国政治思想史研究自 1952 年全国院系调整以后基本处于停滞状态。间或也有些研究成果，刘泽华先生此时即有论文面世，大都是先秦诸子及后世思想家方面的学术论文，鲜有专著问世。20 世纪 80 年代改革开放后，中国政治思想史研究得以复苏。1984 年《先秦政治思想史》出版，这是继 1924 年梁启超《先秦政治思想史》[②]之后唯一的一部同名学术专著，其翔实和厚重的程度，体现了中国学术界六十年来的知识积累和理性认知的进步。其后，1987 年《中国传统政治思想反思》出版，这两部著作在学术界形成了重要影响，奠定了刘泽华先生的学术地位。

关于《先秦政治思想史》，据先生自述，这是一部"迄今为止最系统、最全面(包括'人'和'书')、资料最翔实的一部先秦政治思想史"。诚哉斯言！从体例来看，这部著作有三个特点。一是脱出中国哲学史研究的套路，真正形成了中国政治思想史的知识体系。二是立论允当，均有翔实的史料依据。

---

① 葛荃(1953—　)，安徽巢湖人，系刘泽华先生首徒。曾在南开大学、山东大学任教。现为中国政治学会常务理事，中国政治思想史研究会常务理事兼会长。术业专攻：中国政治思想与政治文化。

② 该书一名《中国圣哲之人生观及其政治哲学》。

所谓"言必有据",这正是先生"让史料说话"治学理念的验证。三是在理论突破方面有所尝试。《先秦政治思想史》的写作时间大约是从 1979 至 1983 年。那个时段的中国刚刚改革开放,曾经的教条主义思想束缚还没有完全破除,在理论方面有所突破是需要胆识和超前意识的。刘泽华先生说:"在研究方法上我突破了用阶级理论定义政治的'铁则'。我认为政治有阶级性,也有社会性。""1949 年以后到本书出版之前所有的思想史著作,在论述人物及其思想时几乎都被戴上'这个'阶级或'那个'阶级的帽子,而我在本书中实行了'脱帽礼'。把帽子统统摘掉。这在当时也可以说是绝无仅有的,谓余不信,不妨翻翻那时的著作。"刘泽华先生延续了"马克思主义"流派的论说方式,破除了教条思维的束缚,摒弃了几十年来桎梏人们头脑甚而轻车熟路的"阶级代入法",形成了夹叙夹议、史论结合、突显学术个性的叙事方式。刘泽华先生以传统中国的政治思维与当下的家国情怀相观照,充分展现了政治思想史研究的理论深度与学术感染力,具有明显的开创性,从而在学术界形成了广泛影响。

《中国传统政治思想反思》更是一部力作。刘泽华先生以鲜明的问题意识"反思"传统,论题包括人性、民论、天人合一、法制、礼论、谏议思想、清官问题,等等。书中提出了中国传统政治思想的研究对象和研究方法问题,论述了传统人文思想与王权主义问题。这些论题的视角和形成的学术判断展现出作者自由思维的敏锐与犀利,引起学界极大的关注。《先秦政治思想史》和《中国传统政治思想反思》开启并奠定了刘泽华先生的研究路向,提升了先生在学术界的知名度和影响力。其中王权主义理念的提出,预示着先生学术思想体系的核心部分已经形成,为其以后的研究及王权主义理论体系的构建开通了道路。

嗣后几十年,刘泽华先生在中国古代政治思想史研究领域用功尤勤,出版了一卷本《中国古代政治思想史》(1992)、三卷本《中国政治思想史》(1996)和九卷本《中国政治思想通史》(2014)。这三部著作跨越二十余年,反映出先生在中国政治思想史领域的超越性进路。其中,1992 年初版的《中国古代政治思想史》于 2001 年出版修订本,被国家教育部研究生工作办公室推荐为全国研究生教学用书。2014 年出版的《中国政治思想通史》是这一学科发展近百年来唯一的一部通史类著作。如果从 1923 年出版的谢无量的《古代政治思想研究》和 1924 年梁启超的《先秦政治思想史》算起，近百年来，有关中国政治思想史类的个人著述并不少。除了梁、谢之作，还有萧公权、萨孟武等人的二十余种，但是冠以"政治思想通史"者，唯先生一人耳。

此外，刘泽华先生还出版了《中国政治思想史集（全三册）》《中国的王权主义》《专制主义与中国社会》（合著）《士人与社会（先秦卷）》《士人与社会（秦汉魏晋南北朝卷）》《中国传统政治哲学与社会整合》（合著）《洗耳斋文稿》《中华文化集粹丛书·风云篇》《中国传统政治思维》《竞争、改革、进步：战国历史反思》（合著）《王权思想论》《中国古代王朝兴衰史论》（合著）等三十多种书，并主编《中华文化通志·制度文化典》。晚年出版个人回忆录《八十自述：走在思考的路上》，这部著作登上了《南方周末》《新京报》等各大书榜，又被《中华读书报》评为 2017 年 5 月月度好书。

刘泽华先生在《历史研究》《哲学研究》《历史教学》《红旗》《文史哲》《南开学报》《天津社会科学》《学术月刊》等刊物，以及《人民日报》《光明日报》《文汇报》《今晚报》等先后发表学术论文、学术短文合计两百四十多篇。

另外，先生还有多部论文和著作在外文期刊或外国出版社出版。其中《中国传统政治思想反思》由卢承贤译成韩文，首尔艺文书苑 1994 年出版；三卷本《中国政治思想史》由韩国著名学者、韩国荀子学会会长、韩国政治思想学会会长张铉根教授用功二十年（1997—2017），译成韩文，合计二百六十万字，已经于 2019 年 2 月面世。

20 世纪 80—90 年代，中国政治思想史研究形成热潮，计有几方重镇。中国古代政治思想史有南开大学、吉林大学，中国近现代政治思想史以中国人民大学为首。进入 21 世纪，重镇相继衰落。唯 2014 年泽华师主编的九卷本"通史"问世，彰显了他数十年的学术积累和巨大的学术影响力，即以皇皇巨著表明其学术追寻的孜孜以求和笔耕不辍的坚守，誉为"著作等身"，实至名归。

二、开创学派

学者的成功不仅在于著述，更在于培养新人、接续文化与学术传承。刘泽华先生于 1982 年初指导硕士研究生,1994 年始招博士研究生,几十年培养弟子众多。其中一些弟子选择在高校或科研单位任职,在学术观点上与先生相承相通,逐渐形成了一个相对松散却志同道合的学术群体。刘泽华先生的学术旨趣在于反思中国历史与传统文化,以批判中国君主专制政治为要点,形成了一套学术理念,具有鲜明的启蒙性。在先生的感召和引领下,学术群体虽然分散在各地,但仍能坚守学术志向,传承先生衣钵,形成了李振宏先生命名的"中国政治思想史研究中的王权主义学派"①。

这里需要说明的一点是,这一"学派"的形成,并非有意为之,更非刻意求之,而是在长期的指导、引领与合作中自然形成的,正所谓"无心插柳柳成荫"。一方面,先生指导研究生的重点是精读原典和研习理论方法,主要通过讨论的方式,激发学生思考,学会做研究。另一方面,先生以指导学生习作的方式来培养和提高学生的研究能力,旨在通过实际操作,激活学生的思维能力。特别是对于某些年龄偏大、入门较晚的学生更是如此。正是在这样的过程中,在先生耳提面命、逐字逐句的谆谆教诲中,师生得以思想交流、情感交融。老师的学术旨趣、价值理念感染和浸润着受教者,许多学术判断和创见性论断在学生的著述中得到接续和不断阐发。兹可谓聚似一团火,散则满天星,历经有年,以刘泽华先生为中心的学术群体逐渐形成。

关于学派的名称,李振宏认为"是考虑到这个学派内部成员的学术个性、差异性问题,而'王权主义学派'较之'刘泽华学派',可能具有更大的包容性"②。这一判断当然是有道理的。不过据我所知,先生本人却没有完全认同。他认为,应该是"王权主义批判学派"或"王权主义反思学派",否则容易令人产生误解,以为我们是赞同王权主义的,其实恰恰相反。

我与师门中诸位好友倒是倾向于最初的提法,以为"刘泽华学派"更为恰当。李教授关注的重点是"王权主义学派"的提法有更大的包容性。不过我以为,孔子以后儒分为八,墨子之后墨分为三,无论怎样分化,其学派的基本理念和宗旨是一脉相承的。中国传统政治文化的价值系统抑制人的个体主体性,长期以来的集体主义教育也使得我们的文化基因对突显个人有

---

①② 李振宏:《中国政治思想史研究中的王权主义学派》,《文史哲》,2013 年第 4 期。

着天然的恐惧和抵制。事实上，以刘泽华先生为创始人的学术群体，其成员主要是硕士生或博士生，以及部分优秀私淑弟子及学道同人。正是基于价值观的认同与长期的学术合作而相互呼应，形成了学术传承，以礼敬先生、光大师门的共识凝结了认同基础，具备了"师承性学派"的典型特征。故而冠以老师之名讳而称学派，或可开当代中国学界风气之先。

开创或形成学派，并非自家的一厢情愿，而是成就于学界共识。其规定至少有三：一是创始人创建出相对完备的理论体系及相应的知识与话语体系，具备特色鲜明的方法论；二是学术群体成员基本沿顺着相同的学术立场和价值观而接续传承；三是学术群体不仅合作，更有学术创新，而且多有建树，发扬光大。借此而言，刘泽华先生能身体力行，堪为典范。学术群体成员长期合作，建立了全国性学术组织①，并在各自的研究领域各有擅长与学术特色。李振宏对此论述详尽，这里不赘言。

三、知识创新

坊间探讨何为大学，谓之须有大师。能称为大师者，必然能在人类社会的知识传承方面有所创新。刘泽华先生正是这样，主要体现在三个方面。

一是中国政治思想史理论架构和知识体系的创新。梁启超早在20世纪20年代就已经提出了政治思想史研究对象问题，不过他仅仅从类型的视角解读了中国政治思想史的研究对象。一是从"所表现的对象"来划分，分为"纯理"和"应用"两类；二是从"能表现之主格"来区分，分为"个人的思想"和"时代的思想"。这样的概括显然过于笼统，学理性略有不足。此后，大凡涉猎中国政治思想者，纷纷做出解读。

近一个世纪以来，比较具有说服力的是徐大同在20世纪80年代初的认识。他提出："政治思想史的研究对象是：历史上各个阶级和政治集团对社会政治制度、国家政权组织，以及各阶级相互关系所形成的观点和理论体系；各种不同政治思想流派之间的斗争、演变和更替的具体历史过程；各

---

① 2014年，以刘门弟子为主，发起成立中国政治学会之中国政治思想史专业委员会，即中国政治思想史研究会，迄今已经召开七届年会暨"中国政治思想史论坛"。该论坛始于2012年，即筹备成立研究会，在学术界形成了广泛的影响。

种不同政治思想对现实社会政治发展的影响和作用。"①进入21世纪,徐大同的认识进一步凝练,提出"一切政治思想无不是反映一定的社会阶级、阶层或集团的政治理想、政治要求,设计夺取、维护政治统治方案或为政治统治'出谋献策'。古今中外概莫能外"②。这一认识较之80年代有所扩展,不过其核心仍然可以概括为"关于国家与法的认识"。

刘泽华先生认为,徐大同等人的说法相当深刻,抓住了政治思想史研究的主要内容,可是尚有不足。"问题主要是把政治思想史的对象规定得过于狭窄,有碍于视线的展开。"他提出政治思想史除了研究国家和法的理论外,还有一些内容也应列入研究范围。计有政治哲学、社会模式理论、治国方略和政策、伦理道德、政治实施理论及政治权术理论等。③三十年后,先生在2014年出版的《中国政治思想通史》中进一步概括说:"中国古代的政治学说包罗万象,有时还与其他领域的学说理论交织在一起,而中国古代政治思想史的研究对象应包纳无遗,故在确定研究的内容和范围时,宁失之于宽,勿失之于狭。即除了关于国家、政体、法制的理论以外,还要根据中国古代政治学说自身的特点,充分注意政治哲学、社会模式理论、关于治国方略与政策的理论、政治实施理论、政治权术与政治艺术理论、政治道德理论,以及中国古代政治学说所关注的其他各种理论和其他各种门类学术理论中所包含的政治理论内容。"④

刘泽华先生在前人研究的基础上,重新审视中国古代政治思想史的研究对象,提出了政治哲学等五个方面也须作为中国政治思想史的研究对象。这一学术判断符合中国历史和文化生态,拓宽了中国政治思想史的研究视域,具有原创性,为构建中国政治思想史知识体系奠定了基础。

对中国政治思想史进行整体性的概括是基于学科的发展逐渐展现出

---

① 徐大同、陈哲夫、谢庆奎、朱一涛编著:《中国古代政治思想史》,吉林人民出版社,1981年,第2—3页。

② 徐大同:《势尊道,又尊于道》,载于赵宝煦主编:《知识分子与社会发展》,华夏出版社,2003年,第51页。

③ 刘泽华:《先秦政治思想史》,南开大学出版社,1984年,第2—7页。

④ 刘泽华主编:《中国政治思想通史(综论卷)》,中国人民大学出版社,2014年,第6页。

来的。自从 20 世纪初叶梁启超"常作断片的发表"[1]，随着学科发展，有诸多研究者想对中国政治思想史做整体性的把握。不过，研究者往往是通过历史分期或概括特点进行整体性的描述。如陶希圣《中国政治思想史》、吕思勉《中国政治思想史十讲》等，莫不如此。被誉为以政治学理论研究中国政治思想史第一人的萧公权也是这样。[2]相较而言，萧公权的整体性认识是有一定的创新性的，但是基本格局没能走出前人的思路。

刘泽华先生的认识在一定程度上超越了前人，他以"王权主义"概括中国古代社会、政治与思想，对中国政治思想史做出了整体性判断。在《中国政治思想史(先秦卷)》序言中，他将中国政治思想史的主题归纳为三点：君主专制主义、臣民意识、崇圣观念。随后，他将这三点归结为一点——王权主义。在他看来，所谓王权主义"既不是指社会形态，也不限于通常所说的权力系统，而是指社会的一种控制和运行机制。大致说来又可分为三个层次：一是以王权为中心的权力系统；二是以这种权力系统为骨架形成的社会结构；三是与上述状况相应的观念体系"[3]。他认为，"在观念上，王权主义是整个思想文化的核心"。作为现代人的研究，当然要借助现代学科的分类来审视传统思想，"但不能忽视当时的思想是一个整体，它有自己的特定的逻辑和结构，而政治思想则是其核心或主流部分，忽视这个基本事实，就很难贴近历史"[4]。借此断言，"在中国的历史上，除为数不多的人主张无君论以外，都是有君论者，在维护王权和王制这一点上大体是共同的，而政治理想几乎都是王道与圣王之治"[5]。显然，王权主义不是一个简单的政治意识形态化的陈述，而是对中国传统社会的政治、社会与思想文化的结构性认知。在这一结构中，君主政治权力系统是中心。与中心相关联的，一方是与之相应的社会结构，另一方则是与权力中心及社会结构相应的思想观念。这里的逻辑关系很清楚，政治思想与政治权力系统及社会结构相关联，三

---

[1] 梁启超：《先秦政治思想史》，中华书局，1936 年，第 1 页。

[2] 萧公权按照思想演变的趋势，划分为四个时期：草创时期、因袭时期、转变时期、成熟时期。又以思想的历史背景归纳为三段：封建天下之思想、专制天下之思想、近代国家之思想。

[3] 刘泽华：《中国的王权主义》，上海人民出版社，2000 年，第 2 页。

[4][5] 刘泽华：《中国的王权主义》，上海人民出版社，2000 年，第 4 页。

者之间存在着相互影响与作用的互动关系。

这就是说，刘泽华先生突破了以往就思想而谈思想，以分期的方式概括政治思想全局的思路。他从历史学家横亘历史长河的认知高度审视中国古代社会、政治与文化，用王权主义的体系性框架对中国传统社会政治、经济、思想文化做总体性把握，梳理出思想与社会、思想与政治、思想与制度之间互动和相互影响的认知路径，形成了独具学术个性的学理逻辑，实则构成了一种认知范式。

正是在王权主义总体把握的认知基础上，先生对中国政治思想史的命题和范畴做了梳理。诸如传统人文思想与君主专制主义、宗教与政治、王权与"学"及士人、王权与圣人崇拜、革命与正统、政治理想与政治批判，以及道与王、礼与法，等等。又提出中国传统政治思维的"阴阳组合结构"，这一判断极具首创性。刘泽华先生在几十年的探索、思考中，渐渐形成了自成体系的学理逻辑，构建了充分展现其学术创新性的知识体系，终成一家之言。

二是学术观点的创新。刘泽华先生的研究新见迭出，多有首创性学术判断，这里仅举两例。

1.关于"王权支配社会"。这一观点是在传统的"权力支配经济"基础上提出的。先生坦言他受到了前人的启发："王亚南先生的见解可谓前导。"不过他指出，王亚南是从经济入手解读政治权力与社会的关系。而"王权支配社会"与前人所论有着相当的差别。他说："第一，我不是从经济（地主制）入手，而是直接从政治权力入手来解析历史。君主专制体制主要不是地主制为主导的经济关系的集中，而恰恰相反，社会主要是权力由上而下的支配和控制；第二，我不用'官僚政治'这一术语，君主要实现其统治固然要使用和依靠大批官僚，但官僚不是政治的主体，而只是君主的臣子、奴仆，因此不可能有独立的'官僚政治'及其他学者提出的'学人政治''士人政治'等。君主可以有各式各样的变态，如母后、权臣、宦官，等等，但其体制基本是一样的。"[①]

"王权支配社会"的提出具有首创性，用先生自己的话说："我提出这一看法不是出于灵机一动，而是多年来学术积累的概括。"正是在这一看法的

---

① 刘泽华：《王权支配社会的几个基本理论》，《历史教学（上半月刊）》，2018 年第 2 期。

基础上,总结出了"王权主义"理论体系。这一学术判断为深入解读和诠释中国政治思想提供了政治学视角,使诸多传统论题的研究,诸如天人合一、圣人观、重民思潮等,得以走出前人的框架与格局。

2."政治文化化与文化政治化"。刘泽华先生沿顺着思想与社会互动的思路提出,"政治关系就不仅仅是单纯的权力关系,它还是一种文化关系"。他把制度、法律、军队、警察、监狱等称为政治关系中的"硬件",将信仰、情感、态度、价值观等称为政治关系中的"软件",认为"政治文化指的就是这些'软件'"。在这里,先生借鉴了现代政治文化理论,指出"政治文化是政治实体中一个有效的组成部分,在某些情况下,对政治行为起着指导作用"。他把这种状况称为"文化政治化"。其中"包括两层政治含义:其一,一定政治体制的形成有赖于一定的文化背景;其二,一定政治体制的存在和运行,受到文化因素的制约和改造。仅仅从制度、法律、规定、强制等范畴来谈政治是远远不够的,还必须结合一定的文化背景才能真正理解政治的运行和发展"[①]。

政治文化化是说,一定的政治制度与法律体系可以通过不断的政治社会化过程逐渐内化成为政治共同体内成员所奉行的行为准则与政治观念。刘泽华先生从政治与文化互动关系的视角切入,借鉴现代政治学的政治社会化理论,深刻剖析中国传统政治思想的内在结构与关联。"政治文化化与文化政治化"不仅具有学术创新性,而且作为政治学立论本土化的案例,充实了中国政治思想史研究领域的中国话语。

三是研究方法的创新。严格而论,人文社会科学的研究方法和方法论是有区别的。一般而言,研究方法指的是研究的技术手段,如计量方法,包括田野调查、质性研究,等等。方法论是指运用某种理论作为认知、分析、论证和形成学术判断的手段。刘泽华先生是彻底的唯物主义者,自喻"马克思主义在我心中"。他的方法论基础是历史唯物论和辩证唯物论,学界称为"历史与逻辑相结合"的研究方法。从 20 世纪 70 年代中期起,先生坚定而决然地摒弃了僵化教条思维,扩展视野,提出并践行中国政治思想史研究的"互动"方法与价值研究方法。

---

① 刘泽华:《政治文化化与文化政治化》,《天津社会科学》,1991 年第 3 期。

关于"互动"方法。刘泽华先生提出的"思想与社会互动研究方法"是其辩证思维的体现。他认为,"在以往的研究中,大致说来,占主流的是'二分法'。先是阶级的二分法,强调两者的对立。近年来,讲阶级性的大大减少,取而代之的是'精英'与'大众'的二分法"①。在他看来,"思想与社会本是一个有机的整体。然而,由于学科的分化,人类社会的主要领域被分割"。"为了提高研究的专门化程度,人们可以将本来浑然一体的历史现象分割给不同的学科。"为此他提出"必须以综合性的研究来还原并解读事物的整体",概括出"互动"方法论。就是要"综合思想史与社会史的资源、对象、思路、方法",运用"互动"方法进行研究,"撰写更全面的思想史和社会史"。②

为了进一步说明,泽华师举出统治思想与民间社会意识关系问题作为案例。他认为,正是学科分工细化导致的"二分法"将思想分为统治思想和民间社会意识,研究者将上层与下层、官方与民间、经典与民俗、精英与大众、政治思想与社会思想分隔开来。为此就需要运用互动方法论,"依照历史现象之间固有的内在联系,确定研究对象,拓展研究视角,设计研究思路,对各种社会政治观念进行综合性解读"。"在对统治思想、经典思想、精英思想、社会思潮、民间信仰和大众心态分别进行系统研究的基础上,考察它们之间的相互关系,对全社会普遍意识发展史做出深度分析和系统描写。"③互动研究方法关注事物之间的联系与逻辑,可以视为辩证唯物论在政治思想史研究领域的具体运用。这种研究方法能够突破主流思想和政治意识形态对于政治思想史研究的局限,对中国社会的思想与文化做出更为深刻与合理的阐释。

关于价值研究方法。刘泽华先生说:"一方面要注意学科自身的认识规律,循序渐进;另一方面还要借鉴思想史和哲学史研究的经验与教训。"于是提出要把价值研究作为中国政治思想史研究的重要视角,这显然是一种方法论的提炼。

先生认为,研究中国政治思想史不能只限于描述思想内容和思想发展的历史过程,同时要考察思想的价值,价值性认识在政治思想史研究中是

①②③ 刘泽华等:《开展统治思想与民间社会意识互动研究》,《天津社会科学》,2004 年第 3 期。

具有特别重要意义的。他说:"为了判明一种思想的价值,首先要明确价值标准……这就是历史唯物主义。""价值问题不只是个阶级定性问题,还有许多其他方面的内容。不做价值分析,政治思想史就会变成一笔糊涂账。为了更好地判明各种思想的价值,应该探讨一些价值标准问题。在这个问题上,既要借助历史学中已获得的成果,又要结合政治思想史的具体情况,理出一些自身特有的标准。"①

在他看来,在历史上,一些代表剥削阶级的政治思想付诸实践,是可行的,有效的,"甚至起了促进历史的作用"。那么,"在这种情况下,真理与谬误该如何分辨,代表剥削阶级利益的政治思想中有否科学和真理? 实践证明是可行的,起了积极作用的思想是否就是实践检验证明了的真理?"②这些认识是在《先秦政治思想史》中提出的,时值 20 世纪 80 年代初期,"思想解放"几近热潮,这些认识代表着中国政治思想史研究的新思维趋向。

总的来看,刘泽华先生密切关注中国思想、社会和历史相关的宏观性问题,从批判和破除教条主义的思想禁锢出发,彰显和倡导史家自由思考和独立认识的主体意识,形成了成熟的方法论理念,并用于研究实践。互动研究方法和价值研究方法的提出,对推动中国政治思想史研究的深入与拓展,构建创新性知识体系具有重要意义。

四、学术人格

刘泽华先生的学术人格主要是通过其治学理念体现出来的。他说:"研究中国的政治思想与政治精神是了解中国历史与现实的重要门径之一。"为了从传统的封建主义体制和心态中走出来,"首先要正视历史,确定历史转变的起点。我们经常说要了解和熟悉国情,而历史就是国情最重要的组成部分。我的研究目的之一就是为解析中国的'国情',并说明我们现实中封建主义的由来"③可知先生作为历史学家有着强烈的家国情怀和现实关怀,并凝聚为特色独具的治学理念,形成了极富主体精神的学术人格。

---

① 刘泽华:《先秦政治思想史》,南开大学出版社,1984 年,第 11 页。
② 刘泽华:《先秦政治思想史》,南开大学出版社,1984 年,第 12 页。
③ 刘泽华:《中国政治思想史集(第一卷)》,人民出版社,2008 年,第 1 页。

其一，反思之学。反思(turn over to think)的概念在近代西方哲学已有使用，可以界定为认知主体以当下的立场和认知方式审视、回溯传统，即以往的事物与知识。刘泽华先生最早使用这一概念就是在前文提到的《中国传统政治思想反思》一书中。"反思"作为书名，实则体现了他的治学理念。作为历史学家，他认同这样的理念：历史是个不断地再认识的过程，需要当下的认识主体不断地予以反思。历史本来就是人类过往的记述，历史研究就是要为当下的现实生活做出解释，给出学术判断。"学科学理与反思国情就是我研究政治思想史的两个主要依据，也是我三十年来循而不改的一个原因。"这是他致力于"反思"中国历史与传统政治思想的"愿力"①所在。

刘泽华先生曾明确表示："我觉得我们这一代人经历的曲曲折折很值得反思，其中我认为政治思想的反思尤为重要。""我是强调分析，强调反思……我自己也认为我是反思派，是分析派，而不是一个弘扬派，我主张在分析当中，在反思当中，来区分问题。"②先生的反思之学有两个突出的特点。一是坚持马克思主义基本方法，"把马克思主义作为一种认识论来看待"。他坚持"马克思是伟大的思想家，是人类的精神财富"，并且"仍然认为马克思讲的一些基本的道理，具有很强的解释力，比如经济是基础这一点，我到现在仍然认为是正确的"。但马克思主义不是教条，因而对于某些观点需要"修正"。"作为一种学派，它的发展一定要有修正，没有修正就没有发展。其实不只是我在修正，整个社会从上到下都在修正，历史在变，不能不修正，有修正才能发展。"③这里说的修正，指的是学理层面的反思、批判和发展。

二是延续"五四"批判精神。刘泽华先生认为："'五四'在中国思想文化史上都是划时代的，不管别人怎么批评，我个人还是要沿着'五四'的批判道路接着往下走的。""我自认为我是一个分析的、批判的态度。""五四"精神体现着一种鲜明的批判精神，正如李振宏所指出的，王权主义学派有着鲜明的学术个性和强烈的现实关怀，"与现代新儒家有明显对立的学术立

---

① 佛教用语，指心愿的造业力。在这里指意愿之力。

②③ 王申等：《独立思考，突出学术个性——刘泽华先生访谈》，《中国研究生》，2011 年第 4 期。

场,对中国古代政治思想文化抱持历史批判的科学态度"①。这里说的批判当然不是对传统思想与文化的全盘否定,而是哲学意义上的"扬弃",有否定,有拣择,有传续。泽华师延续"五四"批判精神的初衷是"关切民族与人类的命运"。他认为"历史学的重要功能之一,应该是通古今之变,关切民族与人类的命运"。"如果史学要以研究社会规律为己任,那么就必须关注人间烟火。所谓规律,应该程度不同地伸向现实生活。"②

"反思"的治学理念彰显着刘泽华先生的学术个性。正是基于数十年的坚守,先生及其研究群体才能在中国政治思想史领域不断推出成果,为当代中国的文化精神提供理性与新知。

其二,学术主体性与自由思维。刘泽华先生的治学理念体现了作为历史学家理应具有的学术主体性和自由思维。他明确表示"我一直主张独立思考,强调学术个性"③。20世纪80年代后期,先生发表了两篇文章,一为《除对象,争鸣不应有前提》,一为《史家面前无定论》,④集中体现了先生的学术人格。

刘泽华先生提出:"在认识对象面前,一切学派都应该是平等的,谁先认识了对象,谁就在科学领域处于领先地位。"他反对在"百家争鸣"面前设置前提和人为的规定,"百家争鸣是为了发展科学。科学这种东西是为了探索和说明对象,因此科学只对对象负责"⑤。他明确表示:"我认为在历史学家的面前,没有任何必须接受的和必须遵循的并作为当然出发点的'结论'与'定论'。""从认识规律上看,众说纷纭,莫衷一是,是认识的常态;反之,舆论一律,认识一致,则是变态。前者是认识的自然表现,后者则是权力支配与强制的结果。"⑥

基于这样的认识,刘泽华先生力主研究者理应具有认知主体的个性,即主体精神,认为研究者要从历史中走出来,以造就当下的主体精神。为

① 李振宏:《中国政治思想史研究中的王权主义学派》,《文史哲》,2013年第4期。

② 刘泽华:《历史研究应关注现实》,《人民日报》,1998年6月6日第5版。

③ 王申等:《独立思考,突出学术个性——刘泽华先生访谈》,《中国研究生》,2011年第4期。

④ 分别载于《书林》,1986年第8期、1989年第2期。

⑤ 刘泽华:《除对象,争鸣不应有前提》,《书林》,1986年第8期。

⑥ 刘泽华:《史家面前无定论》,《书林》,1989年第2期。

此，他不赞成把"国学"说成是中华文化的本体，不赞成"到传统那里寻根、找自己，等等"。他说："我认为传统的东西是资源不是主体或本体，我不认为孔子能包含'我'，孔子他就是一个历史的资源，我就是我！中国文化的主体应该是一个活的过程，应该首先生活在我们的现实之中，至于说作为资源，那没问题。"①

此外，涉及中西文化的"体用"问题，先生断言："如果讲到体和用，我就讲先进为体，发展为用。只要是属于先进的东西，不管来自何方，都应该学习，拿来为我们现在的全方位发展服务。"②

刘泽华先生的主体性也体现在他有意识地对教条化阶级理论进行批判。1978 年与王连升合写《关于历史发展的动力问题》一文，"依据马克思、恩格斯有关生产是历史发展的'根本动力'说，来修正当时神圣的阶级斗争说"。这篇文章是他从教条主义束缚中走出来的标志，也是其学术主体性得以彰显并确立的标志。这篇文章与戴逸、王戎笙先生的文章成为 20 世纪 70 年代末、80 年代初史学界和理论界关于"历史动力问题"大讨论的由头文章。

总的来看，刘泽华先生的学术主体性贯穿着深刻的反思精神，坚持站在当下看传统。在研究对象面前，没有前提，没有定论，也不存在任何不可逾越的权威。他要求自己也教导后学要在前人画句号的地方画上一个问号。他的自由思维是学理认知的自由和学理逻辑的自由，内含着深刻的怀疑和批判精神，确认在学术研究的场域，研究者必须持有独立人格。他用自己数十年的学术生涯践行了这样的治学理念，形成其作为历史学家的学术人格，展现了学者的良知和现代知识分子的天职：质疑、颠覆和构建。

其三，笃实学风。刘泽华先生秉承了南开史学的学风——"平实"。他的创新性论断和首创性学术判断，无不具有翔实的理论依据和史料依据。这种治学理念的基础是"一万张卡片理论"。

在南开大学做青年助教时，南开大学历史系泰斗郑天挺先生的一句话他牢记在心——没有两万张卡片的积累，不能写书。嗣后先生自称为"文抄工"。他说："我属于平庸之才，脑子也不好，所以我就拼命抄。""我这个人不聪明，底子又差，记忆力也不好，所以首先做的是文抄工（不是'公'），每读

①② 王申等：《独立思考，突出学术个性——刘泽华先生访谈》，《中国研究生》，2011 年第 4 期。

书必抄,算下来总共抄了几万张卡片。批评者没有人从资料上把我推翻。我的一些考证文章到现在仍经得起考验。"①这里说的"文抄工"指的是从历史典籍、文献或研究著述中抄录资料,在没有电脑等现代录入手段的时代,这是文史研究的基本功,也是学术积累的重要方式。所谓"读书破万卷",由此方能锻铸扎实、厚重的学术功底。

刘泽华先生的勤奋给他带来巨大收获。1978 年湖北云梦睡虎地出土的"秦简"公开发表,他根据秦简考证出战国时期各国普遍实行"授田制"这一事实。这项发现印证了"权力地产化"是实际存在的,从而为"王权主义"理论的建构提供了史实支持。②这是他学术生涯中感到最得意也是津津乐道的一件事。

刘泽华先生倡导"让史料说话"的治学理念,对他的研究结论充满自信,因为所有的结论都是从史料中得来的。他曾说过三卷本一百二十万字的《中国政治思想史集》"不是每一个字都恰当准确,却没有一个字是空洞的、轻飘的"。

笃实学风体现的是治学理念,展现的是其学术人格。作为历史学家必须构筑坚实的史学功底和理论功底,先生的"王权主义"理论就是在长期的研究和思考中形成的,结构严谨,逻辑通透,从而感召学界同人与弟子,形成了被李振宏誉为"使人真切地感受到了学术的进步"的王权主义学派。

五、全集编序

编辑出版全集是刘泽华先生的遗愿,感谢天津人民出版社和南开大学历史学院为此做了详细规划,多次召开研讨会议,最终确定了全集编序。

全集共计十二卷,我们将《先秦政治思想史(上下)》作为第一卷和第二卷。之所以做这样的安排,主要是考虑到这部专著在泽华师的学术生涯中具有重大意义。如前所述,中国政治思想史研究开端于 20 世纪初叶。1923年,谢无量著《古代政治思想研究》由商务印书馆出版。翌年,梁启超著《先

---

① 刘泽华述,陈菁霞访:《反思我们这代人的政治思想尤为重要》,《中华读书报》,2015 年 3 月 4 日第 7 版。

② 参见刘泽华:《论战国时期"授田"制下的"公民"》,《南开学报》,1978 年第 2 期。

秦政治思想史》由中华书局出版。时隔半个多世纪，刘泽华先生的《先秦政治思想史》于 1984 年问世。这部著述多有创新，在研究对象、研究方法和理论深度方面超越了前贤，奠定了刘泽华先生的学术地位。

全集以《中国传统政治思想反思》作为第三卷。这部力作于 1987 年出版，汇集了这一阶段刘泽华先生关于中国古代政治思想的深刻反思，突破了传统的教条主义思维，明确提出了王权主义理念，用于概括传统中国的政治与思想。事实上，正是《先秦政治思想史》与《中国传统政治思想反思》这两部著作在研究视域上和认识深度上走出了前人研究的窠臼，独辟蹊径，初步形成了王权主义理论的核心内涵体系，将发展了半个多世纪的中国政治思想史研究提升到了一个新高度，同时也形成了独具特色的学术风格。

第四卷收录的《中国的王权主义》是 2000 年由上海人民出版社出版的专著，这是刘泽华先生关于王权主义理论的一部专论。"王权主义"是先生对中国古代社会、政治与文化的总体概括。从最初思路的提出到理论体系的凝聚成形，历经十多年。其间先生有诸多论文问世，观点一经提出，便遭遇太多视儒学为圭臬为神圣为信仰者的攻讦。刘泽华先生秉承先贤"直书"理念，辅之以历史学家的独立人格与学术个性，在不断的反思与深思中将这一理论体系构建完成。这部著作是先生关于中国传统政治思想创新之论的集大成，为 21 世纪的中国学术增添了最为浓重的一笔。

第五卷和第六卷收录的是先生关于中国政治思想史研究的论著。其中，第五卷主要是对先秦、秦汉政治思想的论著，曾经结集作为《中国政治思想史集（第二卷）》出版（人民出版社，2007 年）。第六卷则是未曾结集的学术论文，包括先生对于中国传统政治文化的一些研究成果。

第七卷收录的是刘泽华先生关于中国社会政治史研究的论著。如前所述，先生的学术视域比较宽阔，除了政治思想史研究，还涉猎先秦史、秦汉史、社会史、政治史，等等。本卷即收录了这一方面的研究，包括《士人与社会（先秦卷）》和学术论文。刘先生的王权主义理论不仅仅是对于中国古代政治思想的概括，而是将君主政治时代的中国视为一个制度与思想相互作用的社会政治整体，因而先生并不是孤零零地只谈思想，而是十分关注思想与社会的互动。认为从思想与社会相互作用的视角才能更深入地剖析传统政治思想的真谛，把握其真质，从而对于中国传统社会政治本身才会形成更为贴近历史真实的解读。本卷收录的正是刘泽华先生践行这一治学理念的学术成果。

刘泽华先生的历史研究主要放在战国秦汉史和历史认识论及方法论方面。前者编为第八卷,即关于战国秦汉史及中国古代史的有关著述。后者即历史认识论与方法论,编为第九卷,内容相对比较丰富。包括先生的治学心得、历史认识论与方法论的研究成果等。诚如前述,其中《除对象,争鸣不应有前提》(《书林》,1986 年第 8 期)、《史家面前无定论》(《书林》,1989 年第 2 期)两篇文章集中展现了先生的治学理念和学术自由精神,对于冲破教条主义束缚,培育科学精神和独立人格极具催动性,在学术界影响巨大。今天读来,依然感受到其中浓烈的启蒙意蕴。

全集最后三卷分别是第十卷《随笔与评论》、第十一卷《序跋与回忆》、第十二卷《八十自述》。这三卷的文字相对轻松些,主要是发表在报刊上的学术短文、采访、笔谈,以及为南开大学师长、学界同人、好友及后学晚辈撰写的序跋等。其中最后一卷收录的《八十自述》是刘泽华先生对自己一生治学与思考的总结,从中可以深切感受到先生"走在思考的路上"之心路历程。

全集最后附有刘泽华先生的著述目录,以方便读者检索。

全集是刘泽华先生毕生治学精粹的汇聚,展现了先生这一代学人的认知与境界。经南开大学历史学院与天津人民出版社着力促成,对于当代学界及后世学术,意义匪浅。

"哲人其萎",薪火永续。

是为序。

葛荃于巢社

2019 年 7 月 21 日

目　录

先秦政治思想史(上)

先秦政治思想史（下）

导　论

　　中国政治思想从何时开始,这是一个有待进一步研究的问题。本卷以有文字记载为始,实际是以殷王盘庚为始。《尚书·盘庚》应该说是很成熟的政治文献了。在此之前无疑还应有较长的历史发展演进时期,但由于没有文字资料,只能阙如。如果从考古所揭示的事实看,我想还是可以做某些描述的,但这需要有很深厚的考古知识,而我无能焉,作为一个问题,俟有关专家补阙。

　　商周时期,政治思想的基本特点是神佑王权。殷周之变虽然没有改变这一思维模式,但周公提出的"以德配天"和"敬德保民"引导政治趋向社会实际,为后来的政治思想世俗化做了铺垫。西周后期与春秋时期的社会变动,把政治从"敬天"的盖子下解放出来,政治直接面向社会实际,"国将兴,听于民;将亡,听于神"①,把问题说得十分明白了。

　　在这一转变中,老子与孔子有特别值得称道的象征性意义。时下学界把他们称为"人文"思想的两位巨擘。老子的贡献是把人还给了自然,孔子则把人还给了社会,以他们两位为开端,中国历史上的诸子争鸣时代开启了。百家争鸣导致了社会观念的转型,即由"神文"向"人文"的转变。这里说的"人文"与现代意义的"人文主义"不在一个层面上,而是《易传》所说的:"分,刚上而文柔,故'小利有攸往'。刚柔交错,天文也。文明以止,人文也。观乎天文,以察时变。观乎人文,以化成天下。"②"人文"指的是社会秩序、礼仪和社会生活。

　　从老子、孔子开始,到秦统一,在两百多年的时间内,出现了数以百计

---

①《左传·庄公三十二年》。

②《易传·象传上》。

的思想家。这一场认识运动与社会转型相伴，在长达两千年的封建①社会中，既是空前的，又是绝后的。这场认识运动的总结果，是开拓了认识新领域，打开了新思路；把历史长期积累所形成的思维方式上升为理论，为古代华夏族提供了思维模式；多种思想都形成了一定的体系，这些体系在近代西方思想传入之前，一直为后来者所宗所本，除佛学体系外，几乎没有能超出这些认识体系另创立的新体系。因此可以说，这个时期的认识总和奠定了其后两千多年封建时代文化的基础。在这场认识运动中，政治思想占有特别突出的地位。先秦诸子除极少数人外，首先都是政治家，各种各样的认识基本上都是围绕政治展开的。正如梁启超所说："所谓'百家言'者，盖罔不归宿于政治。"②章太炎先生也说："周时诸学者已好谈政治，差不多在任何书上都见他们的政治主张。……中国人多以全力着眼政治。"③因此可以说，先秦诸子的争鸣，首先是一场政治认识运动。近人由于对当时社会性质有不同的认识，因此对这场政治认识运动也有各式各样不同的社会定性方式，在一个时期占主流的是阶级定性。定性分析有其精审的一面，但在目前，无论哪一种说法，一时都难以把问题说清楚。因此我想，与其斤斤计较某某代表某某阶级，不如稍微超脱一点，从总体上进行估计。这个时代有两个基本特点：一方面，这是一个社会变革的时期，充满了变革与反变革的斗争；另一方面，我们又难以确切地分辨出变革与反变革的社会阵营。在同一类人中，如诸侯和宗族贵族，既有主张变革的，也有主张保守的。这种情况是由当时社会关系和社会矛盾的错综复杂所决定的。思想家生活在这样的环境中，他们的认识便反映了这种复杂的情况，从社会属性上很难判明谁是什么阶级的代言人。不过在难分难辨之中，又有十分清晰的轮廓，除少数思想家(像农家许行等)外，绝大多数思想家都是为当时的统治者和剥削者出谋划策，为了"干世主"。因此又可以说，这场认识运动的主流是统治者自我认识运动，目的是给统治者寻求政治出路。批判是通向彼岸或到达新境界的桥梁，是自我认识的必备武器。当时的思想家们对现实生活从不同角

---

① "封建"一词不是指分封制的原始含义，而是指成俗的"社会形态"上的含义。在没有找到更合适的概念取代它之前，我们还暂时使用它。下同。

② 梁启超：《先秦政治思想史》，东方出版社，2012 年，第 2 页。

③ 章太炎：《国学概论》，北京大学出版社，2009 年，第 4 页。

度进行了剖析和批判,目的是为了把社会引向他们所认为的理想境界。这些思想家具有超人的胆量,他们敢于把整个自然、社会和历史都收入自己眼帘之中。他们的眼光像一把把解剖刀,对整个社会进行了剖析。他们放眼全社会,纵横数千里,把上下数千年社会的一切都纳入自己认识范围之中。正因为有这种气魄,认识才格外深刻。下边概括叙述几个政治认识大局性的问题。

一、关于政治哲学的认识

殷周时期占统治地位的政治思想是神佑王权,一切政治活动都要从神(祖)那里获得说明和支持。像周公这样的杰出人物也不例外。天主宰一切,"命哲,命吉凶,命历年"①。神明政治在春秋战国时期虽然仍有广泛的影响,但多数人把思维的触角从天国转向了社会现实,政治思维转向世俗化。这样一来,政治思想发生了巨变,现实主义的思考方式取代或压倒了神明主义。先秦诸子在开列具体的政治处方的同时,深入探究了政治原理,力图从哲学上阐明问题,从而把政治认识推向高峰。在探究政治原理时,他们不囿于政治本身,而是从各种事物对政治的制约关系和客观事物的运动规律中寻求政治指导原则,把政治思想的理性推进到一个崭新的阶段。具体而论,主要是从天人关系、人性、历史与现实关系,以及事物的矛盾规律等方面来寻求政治指导原则,这些就属于通常说的政治哲学问题。人们对什么是政治哲学有不同的理解,这里不去讨论。在我看来,政治哲学所探讨的是:政治为什么是这样及政治的合理性与价值问题。政治哲学也是以历史的形态存在的,下边就当时的政治哲学问题做一简要分析。

(一)天人关系与政治

"天"在西周是至上神。春秋以降,它逐渐变为一个具有多种含义的模糊观念,在不同情况下和不同意识中,或指神,或指客观自然,或指两者的混合,或指人类的生理机能,有时又指超乎人们意志的必然性。在同一个人的著述中,"天"的含义也多随论题而异。先秦诸子几乎没有哪一个人只从一种意义上严格使用"天"这个概念。比如孔子说的"获罪于天,无所祷

①《尚书·召诰》。

也"①,"畏天命"②。这里的天,无疑属于神秘主义。他又说:"天何言哉?四时行焉,百物生焉。天何言哉?"③这里的"天",显然指客观的自然过程,又毫无神秘主义色彩。老子是从理论上把"天"自然化的大师,然而就在这位大师笔下仍留有神秘主义的尾巴,如"天将救之,以慈卫之"④"天之所恶,孰知其故"⑤就有神秘主义色彩。荀子被公认为是先秦的唯物主义者,然而在某些论述中,"天"仍有神秘主义的味道。尽管"天"是一个含糊的、容量很大的概念,但对"天"的认识又形成了一个共同意识,即凡属超乎个人意识之外的东西,都可称之为"天"。人把自己同自然区分开来是认识上的划时代的飞跃,但是只沿着这一方向走,同样会走进死胡同;只有当人们不仅认识到自己与自然相区分,同时又认识到人和自然的统一,这才算进入了辩证的认识领域。先秦诸子广泛讨论了天人关系,既认识到了两者的区别,又深入地探讨了两者之间的联系,特别是着重论证了自然对人类生活的制约关系。他们提出,人是天地自然的产物,天地自然又为人类提供了生存条件和环境,"天地者,生之本也"⑥。由于诸子对天人关系持有不同的认识,从中得出的政治原则也不尽相同。归纳起来主要有如下三种不同的思路。

　　一种是政治法自然思想。先秦许多派别和众多的思想家,从不同点出发,都主张把法自然作为政治的基本指导原则。政治法自然思想早在春秋时期已有不少人做了初步论述。比如子产讲的"天地之经,而民实则之。则天之明,因地之性,生其六气,用其五行"⑦,已把政治法自然的思想说得相当清楚了。在理论上更明确提出法自然的是老子。老子此论一出,犹如壅塞之水一发而泄,相类似的思想和理论滚滚而来。除了道家将其发扬光大外,一部分儒家、法家也多有阐发,特别是阴阳家从"务时而寄政"⑧出发,把天人关系归纳为固定的程式,达到登峰造极之境。先秦诸子法自然思想的表

①《论语·八佾》。

②《论语·季氏》。

③《论语·阳货》。

④《老子·六十七章》。

⑤《老子·七十三章》。

⑥《荀子·礼论》。

⑦《左传·昭公二十五年》。

⑧《管子·四时》。

现各式各样,归纳起来有如下几个方面:

第一,遵循自然规律。先秦诸子用以表达自然规律的概念很多,有"道""常""则""理""节""度""数""时""势""必""序"等。这些规律不以人的主观意志为转移,人"莫之能损益"[①]。他们把遵从这些规律通称为"法天地""象四时"[②]。《管子·五行》说:"通乎阳气,所以事天也。经纬日月,用之于民。通乎阴气,所以事地也。经纬星历,以视其离。通若道,然后有行。"基于上述认识,许多人得出一个基本结论:"顺天者存,逆天者亡。"[③]"其功顺天者天助之,其功逆天者天违之;天之所助,虽小必大;天之所违,虽成必败。"[④]"夫缘道理以从事者,无不能成。"[⑤]

第二,政治举动与天地运转相配合,并用行政手段监督和保证人与自然保持生态平衡。许多人主张要把自然天道规律和遵循自然规律的人事行为,用政令法律形式加以规定,迫使所有人遵从。这集中表现在对"四时之政"的论述上。例如,春天是万物复苏萌发时期,与之相应,春天"毋杀畜生,毋拊卵,毋伐木,毋夭英,毋拊竿,所以息百长也"。春天是一年生计之始,为了保证农播,要"赐鳏寡,振孤独,贷无种,与无赋,所以劝弱民"。"所以建时功,施生谷也。"[⑥]自然为人类提供了生活之源,"万物同宇而异体,无宜而有用为人,数也"[⑦]。但是人对自然索取过多或索取不当,反而破坏了自己赖以生存的条件。墨子为此曾忧虑重重。荀子批评墨子是"私忧过计"[⑧],但墨子的忧虑还是颇有道理的。这种忧虑引起了一些人的关注,特别是阴阳五行家,他们详细论述了人类向自然索取不仅要有时,还要有节。山林开禁之时也不能任意而为、乱砍滥伐,以保证来年林木的生长。

第三,一些人还提出,人类社会的结构是从自然结构中引申出来,或模拟自然而成的。"有天地,然后有万物;有万物,然后有男女;有男女,然后有

---

①《管子·乘马》。

②《管子·版法解》。

③《孟子·离娄上》。

④《管子·形势》。

⑤《韩非子·解老》。

⑥《管子·禁藏》。

⑦⑧《荀子·富国》。

5

夫妇;有夫妇,然后有父子;有父子,然后有君臣;有君臣,然后有上下;有上下,然后礼义有所错。"①这种天地与社会、父子生成关系虽然十分粗糙,但其中包含朴素的自然与人事具有统一性的思想,并借助这种统一性理论,把社会君臣父子等级之分自然化。所以又说:"天尊地卑,乾坤定矣。卑高以陈,贵贱位矣。"②乾代表君、父、夫等支配方面,坤代表臣、子、妻等被支配方面。《管子·四时》把自然与人事分为五个层次,即道、天地、德(五行之德,指一年四季的不同性质和特点)、政(指由五行而引出的必行的政治规定)、事(指人事)。作者认为这五者是一个顺向依次制约关系,即"道生天地","道生德,道生正(政),正生事"。这样一来,当时人间的社会关系和政治原则都是天地自然的派生物,天地自然不变,这种社会关系也就永远不变。

第四,政治的基本手段脱胎于自然。政治手段有千种百样,最终不外德刑两手(又称赏罚、宽猛、文武等)。一些思想家认为,德刑也是从自然生杀荣枯中引申出来的。春夏生物谓之德,秋冬肃杀谓之刑。天不废生杀,故亦不能废德刑。德刑两手应像四时循环那样,交替使用。"是以圣王治天下,穷则反,终则始。德始于春,长于夏;刑始于秋,流于冬。刑德不失,四时如一。"③

第五,天道自然对万物都是平等的,无亲无近,无偏无私,"公"字当头。政治要向天道看齐。由此而引出一个基本原则,这就是尚公而抑私。圣君"任公而不任私","以法制行之,如天地之无私也"④。"圣人若天然,无私覆也;若地然,无私载也。私者,乱天下者也。"⑤

第六,先秦不少思想家主张无为政治。无为政治的理论基础是法自然。关于无为政治问题下边再论述。

以上讲的政治法自然,其中要点是强调人与自然相契合,一切政治行为要建立在顺从自然的基础之上。

与上述法自然不同的另一种思想,是绝对的自然主义。从思路上看,这

---

① 《易传·序卦传》。

② 《易传·系辞传上》。

③ 《管子·四时》。

④ 《管子·任法》。

⑤ 《管子·心术下》。

些人也是法自然,但他们所谓的法自然与前边的思想有本质不同。他们把事情推向极端,主张"天而不人"①,完全回到自然中去。这种思想发端于老子,形成于庄子及其后学。在老子那里,天与人的统一表现在三个方面:其一,天地自然与人事的本原都是道,纷纭万物万事都是道的外化现象;其二,道是支配自然、人事的内在规律;其三,人能够了解和把握天道的规律,并应该宗奉法自然的方针,这样便可以治天下,"侯王若能守之,万物将自化"②。由于老子基本倾向在自然方面,因而对人事不仅表现出悲哀,甚至是厌恶和憎恨。老子后学继承和发展了这一思想。他们把人本身也分为两个方面:一方面是人的自然性,通常称之为"性",人的自然性属于天,即自然的范畴,是整个自然界的组成部分;另一方面是人的意识、能动作用和社会关系等,这些属于社会性。在庄子及其后学看来,人的社会性与自然性是截然对立的,社会性是破坏人的自然性的产物,社会性越发展,对人的本性破坏越厉害。为了防止这种破坏,他们提出了"反性""修性""循性""反情性"等一系列命题,要求人类回到自然中去,"与天为一"③。所谓"与天为一",就是把人完全融化在自然之中,不应有因是人而高于万物的情感。达到这一境界的妙道是"忘己"和"无己","忘己之人,是之谓入于天"④。从上述认识出发,在政治上作者们主张"天而不人",即一切顺天,取消人的能动精神,又说"本乎天"⑤,"工乎天而拙乎人"⑥。依据这些原则,首先,人类就不应该提出"治"的问题,最理想的世界是"不治天下";其次,如果"君子不得已而临莅天下,莫若无为"。⑦无为的真谛是顺自然。顺自然,就要使民"安其性命之情",为此,至关紧要的是"无擢其聪明"。⑧庄子"天人为一"的思想,不是要人们了解自然,掌握自然,在顺应自然中改善人的生活,而是要人融化于自然,消失在自然之中,从而人也不再是人。人获得了自然的自由,却失

---

① 《庄子·列御寇》。

② 《老子·三十七章》。

③ 《庄子·达生》。

④ 《庄子·天地》。

⑤ 《庄子·秋水》。

⑥ 《庄子·庚桑楚》。

⑦⑧ 参见《庄子·在宥》。

去了社会创造的自由，人只不过是与牛马异形的一种动物而已！

再一种看法是既主张法自然，又要有所分，这种思想以荀子为代表。荀子提出"天人之分""天行有常""能参""制天命而用之"①等，把对天人关系的认识推向新的高峰。"明于天人之分"是把法自然引向科学和自觉的前提。荀子在"分"上做了细致的分析：人之外的自然界属于天，人本身仍需要再分析。荀子认为人的生理情欲和功能也属于"天"的范围，故称之为"天情""天官""天君"②。荀子指出，天地自然和人的生理功能是不依赖人的主观为转移的客观存在，有自身的运动规律。对这些规律，荀子既不赞成违抗，又不赞成消极的顺应，他提出应该充分发挥人的主观能动性，去积极地配合、利用，乃至加以控制和改造。他提出的"能参""制天命而用之"，以及"起伪""化性"③等主张，就是这个意思。基于上述认识，在政治上既要遵循自然规律，又要勇于进取，在顺应中以求利用，在利用中充分发挥人的主观能动性。他豪迈地提出："强本而节用，则天不能贫。"④实行德政，"岁虽凶败水旱，使百姓无冻饿之患"⑤。政和可以战胜天灾。荀子的这一见解是杰出的。因此，可怕的不是天灾，而是败政！

天人关系是一个哲学问题，又是一个实际的政治问题。自然界是人赖以生存的条件和活动的前提。人们通常只把政治理解为解决社会关系方面的事，在阶级社会则又说成是处理阶级关系方面的事。这种说法有它的道理，然而是不完全的。人与自然的关系不是靠自发的方式来处理的，也不是个人的私事。这一点荀子早就指出过。人是靠"群"在自然中生活的。人和自然的交往，必须通过政治手段加以规范，才能保证人与自然之间取得平衡，才能维护人类生存的条件，才能更好地利用自然。如何处理人与自然的关系，也会直接影响到人与人之间的关系。人类历史上的社会组织，包括后来的国家，从来不是只管处理人与人之间的关系，而是都把处理人与自然的关系作为自己的重要活动内容之一。在阶级社会，政治的阶级性是明显的事实，但政治又不全然是阶级的，处理天人关系问题就不能全部进入阶

---

①②④《荀子·天论》。

③《荀子·性恶》。

⑤《荀子·富国》。

级范畴。在中国古代以农业为主的经济条件下,天人关系问题在政治中有更突出的地位。农业依赖自然是人所共知的,破坏了天人之间的正常关系,必然导致社会经济灾难,必然会引起社会问题。当时的思想家们从天人关系着眼探讨政治的指导原则,应该说是登高望远之论。

这里要补充一句:传统中的"天"从来不是一个纯自然的概念;相反,一转脸就充斥着神秘主义内容。上边的论述只是就其自然含义说的,天人之间的神秘关系完全从略了。就实而论,传统中的天人关系的自然性与神秘性是交融或纠葛在一起的,可以说难剪断,理还乱。但有一点:无论"天"的自然性还是神秘性都超越了人的主观性,人都要顺天、法天。

(二)人性与政治

春秋以前的政治面对着神,凡事都要从神那里获得启示、指示。春秋以降政治发生了重大变化,人成为政治议题的中心内容,政治成败的原因蕴藏在人自身。正如史嚚所说:"国将兴,听于民;将亡,听于神。"[1]寥寥几字,点明了两种不同的政治认识。当时头脑稍微清醒的政治家都不同程度地认识到:民之向背是政治成败的关键。到了战国,这一类的论述不仅充塞了思想家的著作,而且变得更深刻了。民为政本是这种思想的最高概括。"夫霸王之所始也,以人为本。本理则国固,本乱则国危。"[2]"卑而不失尊,曲而不失正者,以民为本也。"[3]问题点得很透。但是事情的内在联系是什么呢?芸芸众生、千姿百态的举动是以什么为动因的呢?作为一个政治家怎样才能把握住民众的动向?为了回答这些问题,敏锐的思想家们提出了民性、民情、人性等一系列问题,企图找到事情的奥秘。综观先秦诸子有关人性问题的讨论,不下十余种说法。有的说人性恶,有的说性本善,有的说无善无不善,有的说好利,有的说有恶有善,等等。先秦诸子有关人性问题的讨论绝不是什么先验的命题,也不是什么纯抽象问题。先秦诸子有关人性问题的讨论是把人的自然性与社会性的关系作为自己的研究对象,并由此探讨了人的价值、人们关系的本质和人生观等问题。许多政治家和政治思想以自家的人性理论为基础,论述了自己的政治理论和政策。

---

① 《左传·庄公三十二年》。
② 《管子·霸言》。
③ 《晏子春秋·内篇·问下》。

总之,人性问题是探讨人的本质的深刻命题,是关于对人的认识与理论的核心。今天看来,这个命题有很大的局限性,但在当时,它却是认识的高峰。尽管诸子对人性认识多有差异,得出来的政治观点泾渭分明,但围绕人性的争鸣,形成了一种综合性的政治文化观念,这就是:政治应把人作为中心对象,一切政治思想应该从对人的认识中产生,而不应从神灵那里求得指示。各种不同的人性论是不同政治主张的出发原点和依据,尽管诸子对人性的看法有很大的差异,但都把人作为政治的基点。中国的"中世纪"没有走向神权政治的原因是多方面的,从认识上考察,应该说先秦诸子对人性的充分讨论起了重大作用。

(三)历史观与政治

政治思想家、有作为的政治家比任何人都更加注重历史。认识历史、认识现实、认识未来,是认识社会的三个环节,并构成一个循环圈。正如《吕氏春秋·长见》所言:"今之于古也,犹古之于后世也;今之于后世,亦犹今之于古也。故审知今则可知古,知古则可知后。古今前后一也。故圣人上知千岁,下知千岁也。"就这一段文字而论,是有缺陷的(把历史看成静态的重复),但作为方法论是极有价值的。只知古而不知今,必陷于昧;只知今而不知古,必陷于陋;不知古今而言未来,必陷于妄。这三者是政治思想家和政治家的大忌。先秦的政治思想家都十分重视研究历史,并把历史观作为自己的思想支柱之一。综观先秦诸子,他们的历史观大体可分为如下四种不同类型。

一种类型的观点认为,历史是进化的和不断变动的。法家、轻重家、《易经》,以及《吕氏春秋》中的一部分内容,从不同角度论述了历史进化和不断向前演进的历程。特别是《商君书》的作者和韩非,他们用分期的方法描述了历史的进化过程,并对进化的原因进行了发人深省的探讨。他们以历史进化理论为依据,主张政治要随时而变,而且历史上的政治从来就是如此,先王"当时而立法,因事而制礼。礼、法以时而定。制、令各顺其宜"[①]。在他们看来,历史上的一切成法、传统、习俗、价值观念等,都应在现实面前经受检验,当留则留,当弃则弃,绝不为历史传统所囿。因此他们提出:"当时而

---

① 《商君书·更法》。

10

立法,因事而制礼",政治要"随时而变,因俗而动"①。他们发出了时代的最强音:"不慕古,不留今,与时变,与俗化。"②"不期修古,不法常可,论世之事,因为之备。"③法家要人们冲破历史的框框,不要为传统所囿,切实把握住现实,走向未来,所以最有生气。

《易传》的作者在历史观上虽然没有法家那样明确的进化思想,但他们也认为历史是一个不断更易的过程。"日中则昃,月盈则食。天地盈虚,与时消息,而况于人乎,况于鬼神乎?"④《系辞传》叙述了由庖牺至神农,由神农至黄帝、尧、舜历史变化的内容:在经济上,由田猎到农耕,再由农耕到商业与文明的全面发展;在文化上,由结绳记事到有文字书契;在社会制度上,由无礼制到创建礼制,等等。作者认为,在自然与社会历史之变中,有一个基本的规律,即"穷则变,变则通,通则久"⑤。基于这一认识,政治要善于观时和随时变。"时止则止,时行则行,动静不失其时,其道光明。"⑥又说:"分,刚上而文柔,故'小利有攸往'。刚柔交错,天文也。文明以止,人文也。观乎天文,以察时变。观乎人文,以化成天下。"⑦天文指阴阳交错、天地变化,人文指社会制度与教化。上知天文,下知人文,并且知道如何"化"之,这样的人才能够为天下之主。总之,政治必须随时变化。

再一种类型的观点认为,历史之变是以循环的方式进行的。阴阳五行家即持此论,以邹衍为突出代表。邹衍认为人类历史是一个不断变化的过程,而在变化中有一个规律起着支配作用,这个规律即"五德转移,治各有宜,而符应若兹"⑧。五德即指土、木、金、火、水。这五德依次各主一个朝代,每个朝代有特定的制度和政治。在朝代发生更替时,必定会发生某种奇异的自然现象,作为改朝换代的信息。邹衍的历史观的主体是循环论,但同时又把历史进化论与神秘主义杂糅在一起。历史循环论在理论上不及进化论深刻,但在当时它也有独特的价值:一方面,它说明了朝代的更替;另一方

---

①②《管子·正世》。

③《韩非子·五蠹》。

④⑥《易传·彖传下》。

⑤《易传·系辞传下》。

⑦《易传·彖传上》。

⑧《史记·孟子荀卿列传》。

面,它还有政治分类的内容,即把政治分为五种类型。这种分类无疑具有形式主义和机械主义的性质;但在当时,却又是一种高度概括,把过去的政治基本上都包纳进去了。在历史循环中,他提出的如下看法具有特别重要的意义:一个朝代之所以灭亡,必定有它的缺陷,继起者只有救偏补弊才能立足。五德终始论尽管有许多浑话,但它指明一个朝代不是永恒不变的,必定有其终数,政治必须更新。此论在当时颇能开人耳目。

在历史观上,还有一种理想先王观,儒、墨两派多持此说。在他们眼中,尧、舜、禹、周文、周武等先王是帝王的楷模,其统治时期是理想的盛世,圣王之法是不可更易之法。与先王相比,当时之世不仅是退化,简直是堕落。于是在政治思想上他们提倡祖述尧舜,率由旧章,大张"复古"的旗帜。他们认为:"以道观尽,古今一也。类不悖,虽久同理。"①所以先王之道足以垂万世,是普遍真理,放之四海而皆准。从思想形式上,这些人贵古而贱今,所以遭到了法家猛烈的批评。韩非指斥这些"明据先王,必定尧、舜者,非愚则诬也"②。《吕氏春秋·察今》批评得比较斯文,作者指出:"凡先王之法,有要于时也。时不与法俱至,法虽今而至,犹若不可法。"韩非等人的批评不是毫无道理的,但儒墨的先王观并不是一种单纯的历史观,他们把历史、理想与政策等杂糅在一起。其中的理想和政策具有鲜明的现实性和针对性,不乏切中时弊的高见。仅从历史的角度看,他们的认识的确是反历史的;但是从理论方面看,他们所说的历史又不过是他们的理想和政策的注脚和外壳。诚如马克思所说的,这些人"请出亡灵……借用它们的名字、战斗口号和衣服",以便"演出世界历史的新的一幕"。③对儒、墨理想化的先王观,应做两方面分析:一方面,反映了这些人在现实面前的不成熟、畏缩、怯懦,不敢从历史的传统中向外跳一下;另一方面,他们越是把历史理想化,在现实生活中就越具有批判意义和改造意义。把历史、理想与政策杂糅在一起,确实给人以向后看之感,有时也易引人走向僵化、顽固甚至倒退,但一概简单地斥之为复古守旧也是不确切的。

---

① 《荀子·非相》。
② 《韩非子·显学》。
③ 参见《马克思恩格斯选集》(第一卷),人民出版社,1995 年,第 585 页。

从思想形式到内容主张复古倒退的,只有老庄派中的一些人。在他们看来,人类的历史不是逐渐向文明进化,而是每况愈下,坠入了万丈深渊。人类创造的一切物质文明和精神文明成果,非但不是进步的标志,反而统统是祸害。他们要求毁掉一切物质和精神文明,使人回到仅具人形的动物世界。他们主张的倒退,不是退到人类社会历史进程中的哪一个阶段,而是从人类社会退回到纯自然的时代。

政治虽然面对的是现实,但是现实是历史的产儿和继承者,对历史进程持怎样的认识,直接会影响到现实的政治认识与政治活动,所以历史观便成为政治思想的基础理论之一。

(四)矛盾观与政治

社会生活到处充满了矛盾,如何看待和处理矛盾,是政治的基本出发点。先秦诸子普遍认识到事物的矛盾性,一些人还从不同方面揭示了矛盾规律及其运动形式和作用等。因为各派对矛盾和处理矛盾的方式有所不同,所以在政治上便引出了不同的结论。

一种意见认为,尽量去调和矛盾双方,力求双方不要走向破裂。儒家倡导的中庸之道是这种认识的集中代表。把中庸之道用于政治,便表现为守旧的边际平衡思想。所谓守旧的边际平衡思想指的是:在旧的事物范围内或主次矛盾地位不变的情况下,最大限度地使矛盾双方接近,尽量使各种人各得其所,各得其宜,各向对方靠拢,以便在事物不改变质的情况下保持住平衡。儒家认为,君臣、父子、士农工商的地位绝对不可更易,但在相互关系上,要通过各种办法加以调整,目的是求得"和"。儒家主张礼治,礼的本质在于"分",但"分"必须用"和"来维系。既"分"又"和",这就是儒家政治的基本指导思想和处理事情的基本要求。与之相应而有一整套理论和措施,其中心点是民要尊君,君要爱民。因此可以说,尊君爱民是儒家矛盾观用于政治而得出的基本指导原则。

与上述思想针锋相对的另一种主张认为,矛盾双方的斗争是绝对的,主张一方控制或压倒另一方。法家,特别是韩非充分阐述了这种观点,并用之于政治。韩非认为,"凡物不并盛"[1]。即是说,矛盾的双方不能同时发展,

---

[1]《韩非子·解老》。

必有主次;如果双方势均力敌,必然要造成分裂,使事物失去其存在的条件或导致变态。"王良、造父,天下之善御者也,然而使王良操左革而叱咤之,使造父操右革而鞭笞之,马不能行十里,共故也。"①"一栖两雄,其斗喌喌。豺狼在牢,其羊不繁。一家二贵,事乃无功。夫妻持政,子无适从。"②韩非由矛盾双方不能"共",进一步提出矛盾双方"势不两立"③的观点。韩非从自然与社会生活各方面进行了论证。他说:"冰炭不同器而久,寒暑不兼时而至,杂反之学不两立而治,今兼听杂学缪行同异之辞,安得无乱乎?"④"背私谓之公,公私之相背也。"⑤不同政治派别是"不可两存之仇"⑥。君臣之间是"一日百战"⑦。基于上述认识,法家,特别是韩非,在政治上提倡一方要压倒另一方或吃掉另一方。如果能吃掉的,吃掉是上乘之法,比如法术之士与儒家的矛盾,他主张用禁、烧、杀等手段将儒家彻底消灭;有些不能吃掉,如君对臣民,但君一定要设法控制住臣民,使之慑服。下边一段文字生动形象、淋漓尽致地把这种思想亮了出来:"明主之牧臣也,说在畜乌……驯乌者断其下翎焉。断其下翎,则必恃人而食,焉得不驯乎?夫明主畜臣亦然,令臣不得不利君之禄,不得无服上之名……焉得不服?"⑧为了做到这一步,必须依靠实力,"力多则人朝,力寡则朝于人,故明君务力"⑨。为了务力就要提倡耕战,把握住法、术、势,使力量和权力集中于君主之手。

还有一种观点与法家用强的思想相反,在矛盾双方中,主张用弱。这种主张在《老子》一书中阐发得最为充分。"反者道之动,弱者道之用"⑩说明了作者对弱的重视。作者从各方面论述了"柔弱胜刚强"⑪的道理,为此提出了一系列用弱之术,诸如守静、用柔、处虚、不争、以曲求全等所谓的"无为"之术。在政治旋涡中,人们比较注重刚强和实力,容易忽视柔弱的作用。老子

① 《韩非子·外储说右下》。

②⑦ 《韩非子·扬权》。

③ 《韩非子·人主》。

④⑨ 《韩非子·显学》。

⑤ 《韩非子·五蠹》。

⑥ 《韩非子·孤愤》。

⑧ 《韩非子·外储说右上》。

⑩ 《老子·四十章》。

⑪ 《老子·三十六章》。

的贡献在于全面揭示了柔弱在矛盾中的作用,并且指出,在许多情况下柔弱是刚强所不及的,这是一大贡献。但是老子把问题绝对化了。在充满矛盾斗争的社会生活中,靠弱是难以立足的。在一般情况下,只有弱作为强的一种补充时,才能显示出它内蕴的力量。

在矛盾观上,还有一种相对主义的理论,庄子及其后学是突出的代表。他们虽然承认事物的矛盾,但认为那不过是一种现象,转眼即逝,矛盾的双方没有任何质的稳定性。用这种观点观察政治,一切现象都不过是虚幻,无是非可分,据此他们提出"和之以是非"①。不过,他们认为有一种矛盾是绝对的,即人的自然性与社会性之间的矛盾。他们主张取消一切社会性,包括政治在内,回到纯自然状态。关于这一点,前边已谈过了。

把矛盾观与政治指导思想紧密联系起来,这是政治观念上升为理性的基本标志,也是政治思想认识深化的标志。

以上,从天人关系、人性论、历史观、矛盾观几个方面分别讨论了其与政治指导思想的关系。由于各家各派在这些问题上有不同的认识,因而引申出了不同的指导思想。从神学解脱出来之后,向何处寻求政治的指导原则?这些思想家把认识的触角伸向了现实,他们力图从人类生存的条件及其对人类生活制约关系中,从人类自身生活的规律特点及其相互关系中,来寻求政治活动的基本原则、政治合理性的依据、政治制度与政策的最佳方案。这种认识方向的转变具有划时代的意义。在长达两千多年的封建社会里,神学虽然从来没有退出过政治舞台,但只能充当配角,从认识上看,应该归功于先秦诸子开拓了一条新的认识路线。

二、圣王一体化——君主专制主义的政治归宿

关于圣人崇拜与君主专制的合一性问题,这里不再具体论述,在此只强调一点:诸子设计的圣人具有理性化、现世化、神秘化的特征,这些特征既构成诸子圣人的基本面貌,又反映其共同倾向。圣人是"赞天地之化育"②的中介,是人类的救星,是社会政治理想的设计者和实现者,是

---

① 《庄子·齐物论》。
② 《中庸·二十二章》。

真、善、美的人格化，是理想，是期望，对个人又是超越，总括为一句话：圣人是传统政治文化的灵魂。

诸子的圣人有不同的类型和层次，而圣王是最高级的。这样一来，张扬圣人的结果便极大地促进了君主专制主义理论的发展与完备。

各家各派，除少数的人和论述，如农家许行、《庄子》中的一些篇目曾向君主制提出质疑和挑战外，几乎都把君主制度作为当然的理论前提来对待。几个主要派别激烈的争论不涉及要不要君主制和用什么制度取代君主制；相反，他们争论的是如何巩固、强化、完善君主制，而君主制的理想境界就是圣王一统天下。伴随着声势豪迈的圣王交响曲，走来的是各诸侯国君主专制制度不断强化，最终汇合为秦朝高度的君主专制主义。

三、关于政治基本路线的认识

在社会巨变和诸侯并存、生死竞争的推动下，各国统治者竞相寻求富国强兵、安民胜敌之道。富国强兵之策来自于人们的认识，因此智力在政治中的作用显得格外重要和突出。许多人从不同角度出发，得出了一个大体相同的结论：政治斗争的成败，不是取决于既有的物质力量，而是取决于政治路线。孟子在总结历史成败经验教训时指出：文王所以能以百里之地发迹，关键在于他的政策对头；纣王虽有亿兆人，由于政策悖谬，仍不免垮台。韩非在总结各国兴衰的原因时，都归诸政治路线。他以魏国为例："当魏之方明立辟（法）、从宪令行之时，有功者必赏，有罪者必诛，强匡天下，威行四邻；及法慢，妄予，而国日削矣。"对赵、燕他也有类似评论，如谈到燕的兴败时说："当燕之方明奉法、审官断之时，东县齐国，南尽中山之地；及奉法已亡，官断不用，左右交争，论从其下，则兵弱而地削，国制于邻敌矣。"[1]韩非在总结秦变强、山东六国变弱的历史经验时说："夫慕仁义而弱乱者，三晋也；不慕而治强者，秦也。"[2]又说："国无常强，无常弱。奉法者强，则国强；奉法者弱，则国弱。"[3]不管儒家、法家还是其他家，大抵都把政

①《韩非子·饰邪》。

②《韩非子·外储说左上》。

③《韩非子·有度》。

治上的兴败归于政治路线和政策。

治国之道从认识性质上可分为两种：一种是经验主义的认识，另一种则是理论性的认识。在春秋以前，虽然有不少理论性的认识，但经验主义的东西仍居主要地位。其后，随着社会生活复杂化和诸侯大夫竞争，单靠经验已远远不能驾驭政治之舟，这时需要理论性的认识。理论性的认识必须借助经验，但是仅靠经验不能自发地形成理论性的政治路线，还需要研究，需要静心的观察和思考，需要高度的概括与抽象。先秦诸子正是在思考中涌现出来的出类拔萃之辈。他们以自己的研究和思考为基础，提出了各自的政治路线，从而在政治路线上形成历史上少见的争鸣局面。翻开诸子的著作，确实存在着不同的政治路线，不仅派别之间，就是同一派别之内也多有分歧。

诸子诸种不同的政治路线孰是孰非、在当时历史条件下扮演了什么角色，学界有不同的评价。从认识上看，不同主张的提出与互相争论，的确使人们大开眼界。剥削阶级的统治要从经验上升为理论，必须有一个争鸣的过程，因为只有争鸣才能把认识推向深化。在一个变革的时代，新情况不断出现，无论是谁，即使最聪明的人物也不可能一把抓住时代的脉搏，开口就能总结出一条完全切合当时实际的政治路线。因此，在政治路线上出现分歧是不可避免的事。不同政治路线的提出和争论，固然给实际的政治家带来了某些困难，不过从总的方面来看，它对实际的政治家是极为有益的。不同政治路线的提出，为实际的政治家提供了选择的余地，并促使他们进行深思熟虑。各种不同的政治路线，从理论看或许相抵牾，至少存在门户之见。但是对实际的政治过程来说，它们并不是水火不相容的，多半是各抓住了事情的一面或一隅。如果能把它们总合起来，就会接近事情的全面，从而站得更高，看得更远。战国后期各家都有这种总合趋势。吕不韦尽管不是一个理论家，但却是一个博采众说的总合人物。从理论上完成总合的是汉代的董仲舒。没有多头的深入认识，就不可能产生博大精深的总合。所以从总体上看，不同政治路线的争论，对提高统治者的政治认识利多于害，益多于损。

四、关于统治者安危条件的认识

夏、商、周三朝的更替和许多诸侯国的兴灭,以及众多君主的易位,促使许多政治家与政治思想家对统治者安危存亡条件问题进行了广泛探讨。从现存文献看,早在周初,周公在他颁布的许多诰命中,已相当深刻地论述了这个问题。春秋以后,这个问题显得更为突出,先秦诸子几乎无不论及这个问题。生死存亡使众多的君主心神不定,坐卧不安,许多思想家便乘机进说,把自己的理论说成是安邦治国、防衰避败的不二法门。

首先,各家各派从不同角度出发,几乎一致认为君主个人在国家治乱中具有决定性的作用。这种认识同君主专制制度的不断强化是一致的。在君主专制制度下,君主个人具有无上的权力,他的一言一行都会对整个政治局面发生重大影响和作用。在君主一言可以兴邦、一言可以丧邦的政治体制下,君主在国家兴败中无疑具有决定性的意义。"君贤者其国治,君不能者其国乱。"①"君者,民之原也。原清则流清,原浊则流浊。"②正因为如此,所以有"观国者观君"③之说。各家各派提出了各式各样的治国之道,然而能不能实行,就全赖君主的选择了。"文武之政,布在方策。其人存,则其政举;其人亡,则其政息。"④儒家主张人治,自然把一切希望寄于君主身上。法家反对人治,主张法治,但是法家之法并不是超越君主之上的社会共同规定,而是君主手中的工具。"人主之大物,非法则术也。"⑤因此法的兴废也随君主之好恶而定。《管子·任法》中指出,今天下"皆有善法而不能守也",其原因就在于没有明主。可见,法不能超越君主而独立存在,法家的法治,归根结底仍然是人治。

君主既然在国家治乱中具有决定性的作用,于是所有的思想家都希望君主成为圣明之主。但在实际上并非这样,众多的君主是残暴之徒。针对这种情况,对君主进行品分的理论在各家各派那里都占有显著的地位。

①《荀子·议兵》。
②《荀子·君道》。
③《管子·霸言》。
④《中庸·二十章》。
⑤《韩非子·难三》。

每个思想家按照自己的理论标准把君主分为圣主、明主、昏主、暗主、残主、亡主等。

先秦诸子一方面把君主视为治乱之本，另一方面对君主进行了无情的分析，结果是，当时的君主很少有合乎他们要求的。这样一来，理想的要求与实际的君主发生了矛盾。从认识上考察，我们应特别珍视这种矛盾，因为这种矛盾正说明了当时认识的深刻性和思想家不畏权威的性格。认识越深刻就越不畏权威，从而这种认识的理论和舆论的制约性就越明显，教育与改造意义就越突出。我们还应看到，思想家们对君主寄予希望越多越大，自然要求就越高，这在理论上是相辅相成的。我们的先贤用心可谓良苦，可惜，他们走偏了。理论与舆论制约是必要的，但没有制度的制约，理论的制约很容易变质或流为空论。先秦诸子恰恰没有或很少探讨对君主制度的制约问题，这不能不视作一大缺憾！

其次，诸子还把用人视为国家安危的基本问题之一。在春秋以前，国家政权机构与家族组织合二为一，当时的用人主要是看血缘关系，即所谓的"用人唯亲"。春秋以后，由于兼并，各诸侯国地域广袤，统治集团的组成成员突破了"亲亲"的狭小范围，于是用人问题遂成一个突出的问题。在当时激烈的政治军事竞争中，智谋具有特殊的作用，一着失算，可能全盘皆乱。正如《管子·霸言》中所言："正四海者，不可以兵独攻而取也，必先定谋虑，便地形，利权称……夫争强之国，必先争谋。"又说："夫一言而寿国，不听而国亡，若此者，大圣之言也。"当时君主的地位由一家一姓垄断，父子相传，但是智能既不能独占，也不能相传。在民主政体中，一般说来，掌权者总具备相当的智能，把一个白痴推上台的情况是极少的。但是在君主专制的政治制度下情况就不同了。最高权力与智能不统一的情况是一种普遍现象。因此，在君主专制的情况下，用人问题就成为一个关系政治安危的大问题。君主是个庸才，再加上一批庸臣，这个国家是不可能被治理好的。如果有一批贤臣辅佐，情况就可能大不一样。"知盖天下，继最一世，材振四海，王之佐也。千乘之国可得其守，诸侯可得而臣，天下可得而有也。"[1]另一方面，即使君主本人富有才智，由于国家事务的繁杂，靠一个人的能力也无法驾驭

①《管子·霸言》。

全局，所以从君主个人能力有限的角度看，也必须用臣僚办事。《吕氏春秋·用众》把这个道理讲得更为深透，文中提出"物固莫不有长，莫不有短。人亦然"。君主也不例外。聪明的君主就在于能"假人之长以补其短"，"天下无粹白之狐，而有粹白之裘，取之众白也。夫取于众，此三皇五帝之所以大立功名也。凡君之所以立，出乎众也。立已定而舍其众，是得其末而失其本；得其末而失其本，不闻安居……夫以众者，此君人之大宝也"。

由于用人事关统治安危，因此，"用贤"成为普遍的呼声。对臣进行品分的理论也就应运而生，因为只有品分才能识别人才。各家各派各有自己品分的标准。《荀子·臣道》把臣属分为"态（借为'慝'，奸险）臣""篡臣""谄臣""顺臣""功臣""忠臣""谏臣""辅臣""圣臣"等。《管子·七臣七主》把臣分为七类："法臣""饰臣""侵臣""谄臣""愚臣""乱臣""奸臣"。对臣进行品分的理论，一方面为君主选用人才明确了标准，另一方面在统治集团内为互相监督提供了舆论武器。这种理论为统治者内部进行人事调整指明了方向，对实际政治有极为重要的作用。

对民的态度与政策是关乎国家安危的另一个根本性问题。关于这个问题在前边做了详细的论述。

君、臣、民都可能影响国之安危，那么这三者的关系又如何呢？当时所有的人几乎无一例外地认为：三者之中起决定作用的是君，明君圣主善于用人，知道"君以民为体"①，能体察民情，顺应民愿，这样，君、臣、民三者就能"调和"，在政治上表现为一种良性循环；如果庸君暴主当政，君、臣、民之间的关系就会发生破裂，君主就有可能被臣民推翻。这就是孟子说的："暴其民甚，则身弑国亡；不甚，则身危国削。"②荀子说得更形象："君者，舟也；庶人者，水也。水则载舟，水则覆舟。"③除了在非常时期用这种狂暴方式对君主进行反制约之外，在通常情况下，臣、民对君主都没有其他有效办法能给君主以有效制约。这是君主专制制度的痼疾。尽管如此，思想家有关统治者自身安危条件的理论，还是有重要意义的。它宣布了君主的统

---

① 《礼记·缁衣》。
② 《孟子·离娄上》。
③ 《荀子·王制》。

治和地位不是绝对的,也不是神圣不可侵犯的。一方面,这种理论对君主起着无形的制约作用;另一方面, 这些理论又为君主求安避危提供了方向。讨论安危条件,对统治者的自我调节有重要指导作用,是统治者政治上成熟的表现。

五、理想国:政治追求与调节

马克思曾指出,在统治阶级内部有两种人:一种是实践家,另一种是思想家。思想家的任务是为社会和本阶级编造幻想。编造的幻想有各式各样,其中最高形式大约要数理想国的理论了。思想家或理论家编理想国的幻想并不是因为好奇或别出心裁,而是现实社会矛盾的产物。这些人深刻地分析了社会的矛盾运动,他们编造的理想国不仅企图给这种矛盾运动寻找一个归宿,而且是为了给其所面对的社会寻求一个可能达到的至高点,从而给生活在其中的人们以精神寄托和希望。先秦诸子因此便编造了各式各样的理想国。

儒家借助对先王治世的描绘而得出来所谓"先王之道",以此来表现其理想国理论。把先王理想化早在西周初就开始了,但把先王作为一个理想化的圣主概念则是西周晚期的事。春秋时期先王理论又有进一步发展。孔子沿着这条路线进一步发展了先王理论。从形式看,说先道祖是讲历史。实际上,他们笔下的先王之世与先王之道已变为政治理想国的理论形式。孔子之后,所有的儒家一涉及政治理想,则言必称先王之道,即所谓的"法先王","祖述尧舜,宪章文武"①。这成为儒家思想的特点之一。荀子作为儒家巨擘之一,有时主张法后王,其实他所说的后王并非当世之王,而是夏、商、周三代之王,与儒家其他人物所称道的先王并没有原则差别。儒家的先王世界,也就是他们的理想王国,在这个世界里,既有君臣贵贱之分,又有上下和睦相处。君爱民,民尊君,施仁政,薄税敛,行教化,轻刑罚,救孤贫,老安少怀,而道德则是这个世界的灵魂。

道家的理想王国与儒家大不相同,他们总的方向是回到自然。当然在这条道路上的行程有的走得远,有的走得近。老子提出了"小国寡民"的理

①《汉书·艺文志》。

想境界。在这个理想国中，"使有什伯之器而不用，使民重死而不远徙。虽有舟舆，无所乘之；虽有甲兵，无所陈之。使民复结绳而用之。甘其食，美其服，安其居，乐其俗。邻国相望，鸡犬之声相闻，民至老死，不相往来"①。庄子继老子而起，走得更远，他理想中的世界叫"无何有之乡"②，又称"至德之世"③等。庄子所说的"无何有"，并不是连人自身也不要，而是指取消人类的社会性生活与交往。其中，国家、政治、权力无疑是首先应该摒弃的；另外，一切物质文明和精神文明，知识技术、道德、欲望等，不仅是多余的，而且都是有害的，统统应加以毁灭。在庄子看来，偷盗固然可恶，如果没有盗心利欲，何来盗贼之行？人们都希望智慧，可正是智慧才引起了大伪，如果人们都归于混沌，哪里会有大伪？所以把智慧、知识统统抛掉，就不会有害人之举了。庄子认为人类应该像牛马在草原上漫步那样，过着"天放"的生活。"其行填填，其视颠颠。"④填填，安详满足貌。颠颠，无外求专一貌。"民居不知所为，行不知所之，含哺而熙，鼓腹而游，民能以此矣。"⑤说到底，人应与牛马同辈，"民如野鹿"⑥。"同与禽兽居，族与万物并，恶乎知君子小人哉！"⑦

墨家的理想世界是人与人"兼相爱""交相利"，并以此为基础，一切尚同于天子。在这个世界里，你爱我，我爱你，亲人之亲如己之亲，爱人之财如己之财，人类生活在一片爱声之中。

法家的理想世界是一断于法。法虽然只能由君主制定，不过法一经制定，公之于众，那就不仅所有吏民要遵从，就连制定法的君主也要遵守。"为人君者，不多听，据法倚数，以观得失。无法之言，不听于耳；无法之劳，不图于功；无劳之亲，不任于官。官不私亲，法不遗爱，上下无事，唯法所在。"⑧"吏不敢以非法遇民，民不敢犯法以干法官也。"不论是谁，虽有聪明口辩，"不能开一言以枉法；虽有千金，不能以用一铢"⑨。所有吏民均按法行事。违法犯罪固然不可，法外立功、做好事，同样要受罚。"法之所外，虽有难行，不

---

① 《老子·八十章》。

② 《庄子·逍遥游》。

③④⑤⑦ 《庄子·马蹄》。

⑥ 《庄子·天地》。

⑧ 《慎子·君臣》。

⑨ 《商君书·定分》。

以显焉。"①人们的行为要遵法,言论思想也要从法。"言行而不轨于法令者必禁。"②"禁奸之法,太上禁其心,其次禁其言,其次禁其事。"③总之,所有的人都要遵法,法是民之父母,一断于法,社会就能公正、无私、安定、平和。

先秦著名的思想家,几乎每个人都设计了自己的理想国,五光十色,别开洞天。我们借用文艺理论的语言,可以说这些理想国理论,有的是现实主义的,有的是批判现实主义的,有的则属于浪漫主义。这里我们不能一一分析和评论每种理想国理论的意义与历史作用,但有必要从总体上考察一下这种思潮在政治思想和实际政治中的意义和作用。

从认识上看,理想国理论是每个思想家政治思想的升华和关于社会生活的总体设计。每个思想家所描绘的理想国都不是一兀突起、拔地而生的,而是其基本理论逻辑的发展。比如,孟子的王道乐土理想便是从他的人性善的理论中推导出来的。"先王有不忍人之心,斯有不忍人之政矣。以不忍人之心,行不忍人之政,治天下可运之掌上。"④不忍人之政的基点就是使所有的人都能平安生活,使所有的人能"养生丧死","不饥不寒","仰足以事父母,俯足以畜妻子","养生丧死无憾,王道之始也"⑤。法家一断于法的理论是建立在人性"自为"好利的基础之上的。在法家看来,人的这种本性是根本改变不了的,只有到死而后已。人的本性既然都是为己,那就不要希望在人们之间建立什么仁爱道德关系;即便口头上讲仁爱忠信,在实际上也是靠不住的,"信人则制于人"⑥。人人虽然"自为",但又必须把所有的人纳入一定的轨道,于是提出了一断于法。道家回到自然中的理想国理论是建立在人的自然性与社会性互相排斥的基础之上的。他们认为一切社会关系都是对人的自然本性的破坏。为了恢复和保持人的自然本性。他们要求把社会关系减少到最淡的程度,这就是《庄子·山木》中所说的"君子之交淡若水"。总之,理想国是思想家基本理论升华的表现。

---

① 《韩非子·八经》。

② 《韩非子·问辩》。

③ 《韩非子·说疑》。

④ 《孟子·公孙丑上》。

⑤ 《孟子·梁惠王上》。

⑥ 《韩非子·备内》。

理想国又是政治的总体设计和战略目标。没有理想的政治思想只能算是一种政治经验主义，只有指出理想目标，才可称之为理论化了的政治思想。理想国理论是人们改造和创造社会能动性的表现。人类在社会生活中有两种不同的生活道路：一种是作为社会生活的盲目从属物。人们虽然在劳动、奋斗、挣扎，可是究竟向哪里去，并不清楚，不过像江河中的一个漂浮物，过着随波逐流的生活；另一种情况则不同，他们要做生活的主人，他们不满足于自流式的生活方式，而要对生活、对社会进行改造，要创造一种新局面，即要从自发适应性生活走向自觉的创造式的生活。理想国理论的提出可以说是自觉性最明显的标志之一。这里我们暂且不论每种理想国理论的是非得失，就这种思潮而论，应该说是非常有意义的。它不仅促进了人们对社会矛盾的认识，而且为改造社会提出了奋斗目标，表现了人们对生活的信心和憧憬！

就先秦诸子的理想国理论与当时现实的关系而论，除道家（主要是庄学）是超现实的浪漫主义之外，其他诸家的理想大体有如下两个特点：其一，在理想中肯定了现实生活和社会的基本关系；其二，在批判现实中求完善。

所谓肯定，指的是这些理想国理论同当时的基本社会关系并不是一种对立的关系，因此这些理论家与当时的统治者之间也没有根本性的冲突。比如孟子的王道理想虽然离现实很远，可是在他的理想中肯定了现实的等级、君臣、剥削与被剥削的关系。你对现实不满吗？孟子在你的头上悬挂了一个理想国。你向往这个理想国吗？那你就必须对现实的基本社会关系给予肯定。所有这些理想国都给现实生活涂上了一道釉彩。

在批判中完善，又表明这些理论同现实生活存在着矛盾。当时的思想家对实际的政治生活进行了猛烈的批判。在孔子、孟子、荀子、墨子、韩非等人眼中，几乎没有哪一个君主是他们所肯定的，没有哪一项政策符合他们的理想国理论。孟子斥责当时的诸侯对人民的征敛像强盗一样残暴："民之憔悴于虐政，未有甚于此时者也。"[①]怒骂当时的诸侯是一批率兽食人之辈。他们之所以敢这样进行猛烈的批评，就在于他们都举着理想国的大纛。所以理想国的理论又成了一种批判武器。一个阶级的统治，没有自我批判是

---

① 《孟子·公孙丑上》。

难以长久维持下去的,剥削阶级也是如此。只有实行自我批判才能实现自我调节,理想国理论为统治者自我调节提供了理论依据。

中国自夏商以来,君主专制在不断强化,在国家机器中没有有效制约君主的机构。但是历史经验一再证明,不受任何制约、具有绝对自由和无限权力的君主,最容易变成人间最大的坏蛋,这对统治阶级来说,也并不是一件好事。那么用什么办法给君主以制约呢?思想家们编造的理想国理论便是一种精神和舆论制约。思想家所描绘的圣主、圣王、盛世成了一面镜子,置于君主之旁,成为一种无形的理论制约。还有一些忠贞之士不时地站出来大喊几声,要君主们对照检查。从历史看,这种理论和舆论制约不能说没有作用;不过,遇到了暴君,这种作用立刻化为泡影。由此可见,要对一种权力形成制约,必须有与之相抗衡的另一种力量或机构,靠理论与舆论是不能从根本上制约专制君主的。高举理想国的忠贞之士常不免成为暴君的刀下鬼,足以说明这种制约是多么微弱!

六、诸子学说为统治者提供了指导思想原型

百家在各个认识领域自由驰骋的结果,一方面促进了认识的空前发展,产生出众多灿烂的认识成果,另一方面形成了多种政治学说并存的格局。这种格局表面上与政治实践中只奉行一种指导思想、追求一个政治目标的现实相矛盾,但实际上对处于竞争和改革环境中的战国政治起了单一政治思想所起不到的积极作用。从中国封建社会的历史看,封建统治阶级在政治上不断进行自我认识,这一场认识运动对当时和以后的统治者的实际政治都产生了深刻的影响,具体而论有如下五个方面:

第一,为统治者进行政策选择提供了多种方案,而方案越多,可供选择的余地就越大。政治需要目标明确,行动需要果断。然而没有清醒的认识,就不会有明确的目标;没有明确的目标,决策就会流于盲动。清醒的认识,不可能仰赖天才的指示,多半是要在对不同方案的比较中确定。因此,如果没有各种方案以资比较,一般就不会有清醒的认识。可是实际的认识只需要一种思想为指导,这无疑与多种政治理论的存在相矛盾。然而事物总是相反而相成,用于实践的政治思想只有在与其他思想比较中,才能增

强实践者认识的自觉性。政治实践需要以一种政治思想为指导,但同时还应有多种政治思想并存作为辅助,以供选择。这两者之间既有矛盾,但又相辅相成。

第二,多种政治思想同时并存,提高了政治家实际应变的能力。从秦到汉武帝时期,最高统治者的政治指导思想就有三次重大变化。秦朝崇尚法家,汉初崇尚黄老,到汉武帝时又尊崇儒学。如果在春秋战国没有政治思想上的百家争鸣,统治者这种指导思想的转变是不可能发生的。汉武帝之后,历代统治者表面上多为尊儒,而其实际则是杂家政治,主要是表儒内法。政治思想上的争论一直没有停止过,道理很简单:政治的内容如此复杂,人们的认识,即使同一个统治集团的认识也不可能一致。君主专制时代无法正确对待和处理这个问题,统治者常常采取最粗暴的手段挞伐异己,即使如此,也无法消除认识的分歧。而其理论原型大抵都是承继先秦诸子而来的。

第三,多种政治思想的并存,提高了统治者自我认识和自我批评的能力,从而也提高了自我调节的能力。专制君主虽然最不喜欢批评,可是批评仍然是专制君主赖以存在的不可缺少的条件之一。古代所说的进谏就是一种批评。在春秋晋国大夫史墨便说过:"夫事君者,谏过而赏善,荐可而替否,献能而进贤,择才而荐之,朝夕诵善败而纳之。"①众多的思想家把进谏与纳谏视为政治兴衰的重要原因。《管子·形势解》说:"谏者,所以安主也……主恶谏则不安。"要向专制君主进谏,不能只靠经验之谈,必须要有一定的理论为依据。各式各样的政治理论正是进谏的理论指导。

第四,各派除以它特有的方式影响政治之外,各派别之争与交融还形成了共同的政治文化成果。这种共同的政治文化成果对实际政治的影响,比某一个派别的影响可能更为广泛和深远。比如法自然的思想,倡导最甚者为道家,甚至走向排斥社会的死胡同;但其基本精神为各家所接受,从而形成一种共同的政治文化思想,在古代自然经济条件下,对实际政治一直起着重要的指导作用。又如进谏与纳谏问题,无论哪家哪派都提倡,于是也形成一种共同的政治文化,并以此作为衡量君臣的一个重要标志,进谏和纳谏成为公认的一种政治美德。从政治文化方面来考察诸子的影响,还有

---

① 《国语·晋语九》。

待深入研究,但其重要性是不可忽视的。

第五,这场认识运动因为沿着现实主义的道路向前滚动,所以把神抛在了一边,又因为认识的深刻,没有给神权政治留下更多的空隙,为排除神学控制政治打下了基础。

这场认识运动为其后两千年的封建统治者提供了政治理论原则和指导思想,所以在政治思想史上具有特别重要的地位。

第一章　商代神佑王权的政治观念

中国历史上第一个王朝是夏朝,迄今为止,尚未发现夏代的文字记录。照理,政治思想史应以夏为始,但由于缺乏资料,暂付阙如。

商是代夏的王朝,从公元前 16 世纪到公元前 11 世纪,是中原的泱泱大国。盘庚时迁都于殷,商又称"殷"。

在商代这个阶级社会里,有氏族贵族、平民和奴隶等阶级。

统治阶级的最高首领是国王,王占有广大的土地和奴隶,并且掌握着对人民生杀予夺的大权,执行着强力的统治。王以下有诸子、诸妇及其他各级贵族和官吏,有掌握祭祀和占卜的巫史、贞人,有由异族的酋长担任的统治异族的代理人邦伯、侯等。他们平时的生活和死后的殉葬物都是非常豪华的,例如河南武官村贵族大墓葬中的殉葬物,有马、车骑,有精美的铜器、陶器、石器,有雕花的骨器等日用品,还有殉葬的无头人骨数十具。

殷墟出土刻在甲骨上的文字,称之为"甲骨文"。从甲骨文和其他商代文字(如殷代的青铜器铭文、陶文、石玉器铭文等)来看,中国文字在商代后期已经基本成熟。汉字构造的基本方式——象形、指事、会意与形声都使用了。周人说:"唯殷先人有册有典。"①可惜殷代的典册大部分都没有流传下来。《尚书》中的《商书》保留了几篇商代的文献。甲骨文和这些文献为研究商代的政治思想提供了可靠的资料。中国政治思想史的开篇,眼下只能以商代为起点。

---

①《尚书·多士》。

第一节　上帝和祖先崇拜及其对商王的庇佑

一、上帝崇拜和权威

中国的宗教无疑起源于原始氏族社会,但由于当时无文字记载,距今又远,史料大都泯灭,已无法具体了解当时人们的信仰情况和他们的宗教意识。现在有事实材料可佐证的是殷盘庚以后的事。殷人非常迷信,《礼记·表记》说:"殷人尊神,率民以事神。"卜辞和《商书》提供了充分的证据。由于殷代已是阶级社会,因此殷代的宗教与原始社会的宗教相比已有了质的变化。

随着阶级的出现,神也有了分化。人间出现了最高的统治者。按照这个最高统治者的模样,也创造出了至高无上的神。这个至上神不应是重新创造的,而应是从原始崇拜的诸神中蜕变出来的。这个过程不是一下子完成的,正如阶级的形成一样,经过了很长的时间。阶级社会的神,虽然在许多方面保留了原始氏族时期神的形式,然而它的职能和本质发生了质的变化,如至上神变成了一个统治者的形象。

从卜辞中知道,帝或上帝是殷代的至上神。"帝"是怎样来的,学术界有不同解释。"帝"在卜辞的象形文字中作**𣲩**、**𣲩**等形,吴大澂释为"花蒂之蒂",王国维从之。**𣲩**何以变成了殷代的至上神有待考证。"帝"如系"蒂"之初文,最早可能是植物崇拜的象征。殷族生活在黄河流域,在这个地区农业种植很早就发展起来了。殷人早就从事农业,对植物可能特别崇拜,等到进入阶级社会之后,这种对植物的崇拜就逐渐升华,逐渐变成对至上神的崇拜,这是很有可能的。

上帝是至高无上的,具有绝对的权威。它统管一切自然现象,风、雨、阴、晴、雷、电等等都由它主宰。卜辞中的有关记述不可胜数。例如:

甲戌卜,殸,翌乙亥帝其令雨。

甲戌卜,㱿,翌乙亥帝不令雨。①

□□[卜],𡧻,贞今三月帝令多雨。②

……翌癸卯帝不令风,夕𡧻。

贞翌癸卯帝其令风。③

在卜辞中还有很多卜问天时的记录,有些虽然没有直接言及上帝,不过可以断定其中有很多是对帝而卜的。

帝除管自然现象之外,还主宰一切人世间的事物,如征伐、畋猎、生产、建邑、灾害等。例如:

甲辰卜,争,贞我伐馬方,帝受我又(佑)。一月。④

辛亥卜,㱿,贞伐舌方,帝受[我又(佑)]。⑤

戊戌王卜,贞,田𡧻往来亡灾?

王固曰:大吉。

在四月,丝钟。

隻觥十又三。⑥

□□[卜],㱿,贞我受年?

……我受黍年。二月。⑦

□□[卜],□,贞王𡥀邑帝(若)。⑧

己卯卜,争,贞王乍(作)邑帝若,我从之唐。⑨

丁丑卜,争,贞不雨帝不隹……⑩

① 郭沫若主编:《甲骨文合集》,第 5 册,第 1 期,中华书局,1979 年,14153 正乙。
② 同上,14136。
③ 郭沫若主编:《甲骨文合集》,第 1 册,第 1 期,中华书局,1978 年,672 正。
④ 郭沫若主编:《甲骨文合集》,第 3 册,第 1 期,中华书局,1978 年,6664 正。
⑤ 同上,6270 正。
⑥ 郭沫若主编:《甲骨文合集》,第 12 册,第 5 期,中华书局,1983 年,37473。
⑦ 郭沫若主编:《甲骨文合集》,第 4 册,第 1 期,中华书局,1979 年,10094。
⑧ 郭沫若主编:《甲骨文合集》,第 5 册,第 1 期,中华书局,1979 年,14203。
⑨ 同上,14200 正。
⑩ 同上,14156。

庚戌卜，贞帝其降莫。①

贞我其丧众人。②

……[王]大令众人曰：劦田，其[受]年。十一月。③

□□[卜]，□，[贞]我其已方才帝降若。

□□[卜]，□，[贞]我勿已方才帝降不若。④

帝既统管阳间世界，当然也要管理阴间世界。人鬼也要从属于帝。

甲辰卜，㱿，贞下乙方[咸]？贞：下乙不方于咸？

贞，大[甲]方于帝？贞，大甲不方于帝？⑤

帝的至上性，无疑是殷代人王至上性的反映，神是人创造的，并且总是以创造者为模特儿。

帝是商族的至上神，但确切地说，它是殷王的保护神和象征，换句话说是殷的官方神，不过在表面上它代表并保护整体上的殷人。在卜辞中我们可以看到，殷王的一行一动都要向帝请示，问一问是吉是凶。然而不论凶也好，吉也好，都是要保护殷王，上帝总是站在殷王一边。例如：

贞由小臣令众黍。一月。⑥

壬戌卜，不丧众。

其丧众。⑦

□□[卜、㱿]，贞立亡灾，不丧众。⑧

① 郭沫若主编：《甲骨文合集》，第 4 册，第 1 期，中华书局，1979 年，10168。
② 郭沫若主编：《甲骨文合集》，第 1 册，第 1 期，中华书局，1978 年，50 正。
③ 同上，1。
④ 郭沫若主编：《甲骨文合集》，第 3 册，第 1 期，中华书局，1978 年，6497。
⑤ 郭沫若主编：《甲骨文合集》，第 2 册，第 1 期，中华书局，1978 年，1402。
⑥ 郭沫若主编：《甲骨文合集》，第 1 册，第 1 期，中华书局，1978 年，12。
⑦ 郭沫若主编：《甲骨文合集》，第 10 册，第 4 期，中华书局，1981 年，32002。
⑧ 郭沫若主编：《甲骨文合集》，第 1 册，第 1 期，中华书局，1978 年，52。

癸巳卜,贞令共众人。①

戍衛不雉众。②

　　殷人除崇拜上帝外,还盛行对方、社和山川等自然的崇拜。方与社主要是祈年、祈雨的对象。在"社"之前又往往冠以地名,在"方"前则冠以方向,其间的区别姑且不论,大体可以断定,方与社乃是土地神,与农业最关紧要。

贞勿桒年于邦土。③

其又燮亳土又雨。④

……又于方又大雨。⑤

甲寅卜,其帝方一羌一牛九犬。⑥

贞于南方䢍河宗。十月。⑦

　　在《诗》(《诗经》)中也有祭祀方、社的记载:"以我齐明,与我牺羊,以社以方。我田既臧,农夫之庆。琴瑟击鼓,以御田祖,以祈甘雨,以介我稷黍,以穀我士女。"⑧笺云:"秋祭社与四方,为五谷成熟报其功也。""三礼"中也有关于方、社的记载。对方、社的崇拜除保留了自然崇拜外,方、社也具有了社会神的意义。䜌(邦)土、亳土、夏土等,说明各地方有各地方之土(社),大约也就是地方神。

二、祖先崇拜

　　殷王除崇拜上帝、山川诸神外,还盛行祖先崇拜,而且这种崇拜比上帝崇拜有过之而无不及。祖先不仅像上帝一样统管一切,殷王事事都要向祖

① 郭沫若主编:《甲骨文合集》,第1册,第1期,中华书局,1978年,21正。
② 郭沫若主编:《甲骨文合集》,第9册,第3期,中华书局,1981年,26888。
③ 郭沫若主编:《甲骨文合集》,第1册,第1期,中华书局,1978年,846。
④ 郭沫若主编:《甲骨文合集》,第9册,第3期,中华书局,1981年,28108。
⑤ 郭沫若主编:《甲骨文合集》,第10册,第3期,中华书局,1981年,30395。
⑥ 郭沫若主编:《甲骨文合集》,第10册,第4期,中华书局,1981年,32112。
⑦ 郭沫若主编:《甲骨文合集》,第5册,第1期,中华书局,1979年,13532。
⑧ 《诗·小雅·甫田》。

宗卜问,而且对祖先有一套极为烦琐的祭祀制度,上帝远赶不上这种福分。

殷王的祖先与上帝的关系如何?有些人主张,上帝也就是殷王的先祖。从卜辞中看,殷王的先祖和上帝并非一体。

在商代晚期以前,上帝与祖先表现为二元关系。帝俨然是一独立的超然的统帅,殷王则要受帝的支配。《尚书·盘庚上》中说得很明白:"恪谨天命""今不承于古,罔知天之断命""天其永我命于兹新邑"。到商代的晚期才出现帝、祖合而为一的现象。

殷王先祖的权威和上帝的权威很难严格地分清。上帝有的,大都祖先也有。例如:

> 辛酉卜,𣅧,贞季舞(崇)王?①
> 贞祖辛耄我。②
> 贞于王亥奉年。③
> 贞于大甲告舌方出。④
> 告舌方于祖乙。⑤

于上可见,卜问祖先的事几乎无所不包,有农事和与农事有关的自然现象如雨、风等,还有战事等。细加考察,上帝和王帝还有所不同,祷告之事,大都通过先祖转请上帝保佑。

殷王活着为人王,死后变成鬼王,统治阴间世界。《尚书·盘庚》中有两段话很能说明问题。

> 古我先王,暨乃祖乃父,胥及逸勤,予敢动用非罚?世选尔劳,予不掩尔善。兹予大享于先王,尔祖其从与享之。⑥

---

① 郭沫若主编:《甲骨文合集》,第5册,第1期,中华书局,1979年,14720。
② 郭沫若主编:《甲骨文合集》,第1册,第1期,中华书局,1978年,95。
③ 郭沫若主编:《甲骨文合集》,第4册,第1期,中华书局,1979年,10105。
④ 郭沫若主编:《甲骨文合集》,第3册,第1期,中华书局,1978年,6142。
⑤ 同上,6145。
⑥ 《尚书·盘庚上》。

古我先后,既劳乃祖乃父,汝共作我畜民。汝有戕,则在乃心。我先后绥乃祖乃父。乃祖乃父乃断弃汝,不救乃死。兹予有乱政同位,具乃贝玉。乃祖乃父,丕乃告我高后,曰:"作丕刑于朕孙!"迪高后,丕乃崇降弗祥。[①]

殷王先祖作为鬼王不仅要管理鬼间世界,更主要的是帮助在世的殷王巩固其对人世间的统治,它不仅直接命令活着的臣属俯首听命于殷王,不听则"先后丕降与汝罪疾"[②],而且还令臣属祖先的鬼魂教训其子孙听命于殷王。

殷王祖先这种对内统治压迫人民、对外进行掠夺的神灵权,不仅是殷王现实权力的反映,也是殷代国家职能在宗教崇拜中的表现。

在殷王对人鬼的崇拜中,有一个特别值得注意的现象,那就是对先臣的卜问与祭祀,现举几例:

丙寅,贞又彳(升)岁于伊尹二牢?[③]
乙丑,贞甼风于伊爽?[④]
戊辰屮伐于陟(陟,疑即伊陟)卯宰,庚示妾。[⑤]
贞屮于咸戊。[⑥]

除了上述几人外,据董作宾等人的考证,卜辞中还有迟任、甘盘等,差不多在《史记·殷本纪》中所见到的著名人臣都得到证实。

在卜辞中还有一些不属于殷王世系,但殷王对其进行祭祀或卜问的人,其中可能有些是殷王家属中不即王位的先辈,也可能有些是像伊尹一样的贤臣。殷王为什么对其先臣不仅要卜,而且还要祭呢?这正反映了历史的过程。殷代在汤之后才逐渐进入阶级社会,在殷代的早期或中期,殷王的

①②《尚书·盘庚中》。
③ 郭沫若主编:《甲骨文合集》,第 11 册,第 4 期,中华书局,1982 年,33273。
④ 同上,34151。
⑤ 郭沫若主编:《甲骨文合集》,第 13 册,第 1 期,中华书局,1982 年,39538。
⑥ 郭沫若主编:《甲骨文合集》,第 2 册,第 1 期,中华书局,1978 年,3507。

地位并不那么巩固,由过去氏族贵族转化来的其他一些显贵,在经济和政治上还有很大的权力,他们与殷王还要平起平坐。《史记·殷本纪》中关于伊尹的故事是很有趣味的:伊尹权力极大,中壬死后,"伊尹乃立太丁之子太甲"为王;太甲不贤,伊尹就"放之于桐宫",并且"摄行政当国";太甲以后变好了,伊尹还政,并训诫了一番;伊尹死后,"咎单遂训伊尹事"。在《尚书·盘庚上》中,殷王本人也不得不承认"古我先王,亦唯图任旧人共政""人唯求旧""古我先王,暨乃祖乃父,胥及逸勤"。这些都说明,在殷代前期,殷王远没有达到盘庚以后那样专制,至少还保留了一些军事民主时代的遗迹,于是在祖先崇拜中得到反映。殷王对其先臣的崇拜,一方面可能受过去氏族阶段对英雄崇拜传统的影响;更主要的是在于笼络贵族,并为他们树立一个忠于殷王的榜样,因为这些先臣都是竭诚为殷王效力的。

对于上帝、祖先、殷王三者之间的关系,还有许多问题有待研究。从政治观念上考察,三者是统一的:上帝和祖先庇佑殷王,殷王又借助上帝、祖先崇拜而强化自己的权力。

第二节 "余一人"和王权专制观念

殷代的最高统治者称"王",王是什么意思,历来有不同的解释:

《韩非子·五蠹》:"夫王者,能攻人者也。"

《荀子·王制》:"臣诸侯者王。"

《荀子·正论》:"令行于诸夏之国,谓之王。……能用天下之谓王。"

《春秋繁露·王道通三》:"古之造文者,三画而连其中,谓之王。三画者,天地与人也,而连其中者,通其道也。"

先秦诸子言王者即强者。董仲舒则解释为贯通天、地、人,显然带有神秘色彩。殷代的王更是神人的合一。

甲骨文的"王"作大、王、玉、王。有的解释为最高奴隶主,像一人站在正当中,端拱而立,以朝群臣。又有人释为斧钺之形,是为王权的象征。后一种解释较为妥切,从甲骨文与其他文献看,王的权力越来越大。

殷代前期由于离氏族社会还不远,殷王个人专断还有限,大臣伊尹放太甲,说明贵族势力还很大。盘庚迁殷时,殷王的权力已达到不可侵犯的地步。臣僚们反对迁都，他便扬言"我乃劓殄灭之"①。到殷纣王时，任何违反他言行的人都有可能遭到杀身之祸，例如比干因进谏被剖心等。随着殷王专权程度的加强，仅靠"王"这一顶桂冠已不够，还必须把自己神化。在卜辞中，对死去的王常加"帝"称，如"帝丁""帝甲""文武帝"，或泛称"王帝""帝""下帝"；到殷纣王，在世时即已自称"帝辛"。

上帝与王同为帝，王具有人神结合的性质，因此，王同一切人对立起来，成为人上人，故自称"余一人"。

卜辞中王自称"余一人"，在文献《尚书·盘庚》中也有"余一人"的记录。

胡厚宣对"余一人"有过精辟的考辨，"余一人"的政治内涵表示：普天之下，四海之内，"余一人"为最高。这表现在："余一人"处于承天继祖救民的地位。"天"在甲骨文里并没有神的意义，但在《尚书·盘庚》中，天与上帝基本是同指。天帝是至高无上的，只有王才能承天之命，是天的化身；祖宗是神明的，只有王才是继承人；所有的人相民，是由上天拯救和支配的。

人是从哪里来的？从商代的材料中还没有发现直接的论述。晚出的《诗·商颂·玄鸟》说："天命玄鸟，降而生商。"这大约是商人关于自己种族起源的神话传说，近人多解释为图腾崇拜，颇合情理。《尚书·高宗肜日》中说："王司敬民，罔非天胤。"把民视为天的后裔。学者多认为《高宗肜日》晚出，不过天生民的观念似可信。《尚书·盘庚》没有明确论述天生民，但认为万民之命是由天、帝操纵的，王作为"余一人"的特殊使命之一，就是"予迓续乃命于天，予岂汝威，用奉畜汝众"②。迓，迎接。续，接续。"汝威"即"威汝"之倒句。畜，养也。这句话的大意是：你们的生命，是我从天那里请求接续下来的，我哪里是用势压你们，而是为了畜养你们啊！既然万民的生命是由王从天那里请求而来的，并由王畜养，这个理论合乎逻辑的结论是：你们一切必须听我的。事情也正是如此。《尚书·盘庚上》说："勉出乃力，听予一人之作猷。"猷，一作"谋"解。段玉裁据《尔雅·释诂》解作"已"。已，止也。这句大意是：你们要付出全部力量，是作是止，听我一人（或听我一人的决断和指挥）。根据这个道理，万民要从属于王的意志。于是殷王宣布，我的心意，代表着你们之心意："暨予一

---

① ② 《尚书·盘庚中》。

人猷同心。"①暨,与。猷,谋。大意是:与我的谋划要同心。据此,任何人不准离开王的决定,另有他念、他行。"明听朕言,无荒失朕命。"②荒,废、失,江声认为应读为"佚",轻忽之意。大意是:一切听我的,不可违反我的旨意;离开了我的决定、命令,都属错误之列;如果不听我的,也就是违背了上帝,就没有好下场。"尔唯自鞠自苦,若乘舟,汝弗济,臭厥载。"③唯,只。鞠,穷。臭,朽。大意是:不听我的就是你们自找苦难,如同乘舟,上了船,过不去,坐船待毙。问题还不限于此,殷王宣布,不听命就要动用刑罚,直至把一切违抗者杀死。"我乃劓殄灭之,无遗育。"劓,割鼻子。殄,灭绝。育,读如"胄",后代。大意是:我把你们都杀掉,使你们灭种,断子绝孙。总之,万民的生命是我殷王从天帝那里请来的,因此生死也应在我手里。又说:"矧予制乃短长之命。"④制,掌握。短长之命即生死之命。大意为:我对你们握有生杀大权。

这里不讨论个人专制主义产生的根源及其实行情况。从理论上讲,殷王之所以要一切人听从自己,服从自己,可生可杀,是因为其前提就在于众人的一切都是他恩赐的。既然万民的一切是王赐给的,那么万民的一切也应属王所有,这是合乎逻辑的。

事业成功和功德都在"余一人",如果治理不好,自然也应由"余一人"承当。所以又说:"邦之不臧,唯予一人有佚罚。"⑤事情的逻辑也应是如此。但在实际中,这种自我承担责任的情况是极少的。因为实行权力与自我检讨所背靠的历史条件是根本不相同的。当时殷王的专制和独断是以王对一切具有最高所有权为基础的。相反,有什么样的历史条件能使他像行使权力那样引咎自问呢?在经济上和政治上,都没有这种制约。咎由一人承当的认识,从另一方面说明了王的责任与作用之大,一人不悟,会全邦遭殃。这种说法虽指出了王可能会犯错误,并对邦的治乱、盛衰负责,有很强的责任感,但是这种说法本身仍然是一种君主专制理论。

①②③《尚书·盘庚中》。
④⑤《尚书·盘庚上》。

第三节　几个重要的政治概念

由于资料所限,对商代政治思想还很难理出系统的理论。但这个时期已出现了若干个对后来政治思想发生重大影响的概念。概念是思维的网结和思维运行的重要载体。这里介绍以下几个。

一、关于"德"

甲骨文中有无"德"字,学界有二说。一说认为有"德"字,作 形。金文在目下增加一个心字,作; 。另一说认为无"德"字。

从《尚书·盘庚》等篇看,"德"已是一个重要的政治和道德概念。所谓"德"主要有如下几个含义。

恪谨天命,遵顺先王为"德"。在叙述了顺从天命、继承祖业之后,盘庚说道:"非予(余)自荒兹德。"荒,废、失。大意是:我敬天尊祖,无失德之处。

在政治上信用旧人为"德"。盘庚引用迟任的话:"人唯求旧,器非求旧,唯新。"接着讲:"予亦不敢动用非德。"大意是:我一直依靠旧人共政,不敢离开德一步。很显然,用旧人为德。

德还表现在唯王之言是听。"若网在纲,有条而不紊;若农服田力穑,乃亦有秋。汝克黜乃心,施实德于民,至于婚友,丕乃敢大言,汝有积德。"[①]

还有,不要聚敛宝货,勤劳从事也叫"德"。"无总于货宝,生生自庸,式敷民德,永肩一心。"[②]庸,功劳。敷,施。肩,克、能够。大意是:不要贪婪货宝,要生生不息,努力做事,广布德教,永远同心同德建立新家园。与之相反则称为"乱德"。微子说殷纣王"用沈酗于酒,用乱败厥德于下"[③]。

"德"关乎政治成败得失,所以反复强调要"积德","用德彰厥善"[④],不要用"非德"。

殷代德的观念受敬上帝、尊祖思想的支配,所以德首先是一个宗教观

---

①④《尚书·盘庚上》。

②《尚书·盘庚下》。

③《尚书·微子》。

念,当然也包含人事。

二、关于"礼"

殷代已有"礼"这个概念。西周初年的一些文献明确指出了这一点。《尚书·君奭》记述召公的话,召公谈到殷历史时指出,殷贤王贤臣执政期间,"殷礼陟配天,多历年所"。陟,升。大意是:殷王享受配天之祀,所以享国多年。孔子说:"殷因于夏礼,所损益可知也;周因于殷礼,所损益可知也。"[①]《尚书·高宗肜日》中有一句"典祀无丰于昵"。典,常。昵,通"祢",父庙曰祢。古制,生曰父,死曰考,入庙曰祢。《史记》在引证这句话时作"常祀无礼于弃道"。说明丰、礼相通。这句话的意思为:在自己父亲庙里的祭祀之礼不要过于隆重,否则是不合礼的规定。王国维在《观堂集林·释礼》一文中称,卜辞中的"丰"作"豐"等。"象二玉在器之形,古者行礼以玉,故《说文》曰:'豊,行礼之器。'……盛玉以奉神人之器谓之豐,若豐。推之而奉神人之酒醴亦谓之醴,又推之而奉神人之事通谓之禮(礼)。"

见于卜辞的,有许多祭祀制度,我们都可以称之为"礼",从政治思想史角度,我们要考察的是有关"礼"的理论。可惜文献有缺,无法深论。礼与祭祀紧密相关,但在神权政治时期,它也就是政治的一部分。当时人们把礼器看得十分重要,微子投降周便带着礼器。周人分封时,封赏礼器是一项重要组成部分,如封伯禽"夏后氏之璜"[②]。

三、"重民""畜众"

《尚书·盘庚上》说:"重我民。"即重视我民之意。《尚书·盘庚中》又说:"罔不唯民之承。"意为无不承顺民意。又说:"视民利,用迁。"即根据民利迁都迁邑。又说:"用奉畜汝众。"用,以。奉,助。畜,养。大意是:迁邑为了养育你们。《尚书·高宗肜日》有"王司敬民,罔非天胤"之说,"敬民"在后来是一个极其重要的政治概念,《高宗肜日》成篇年代有疑,这里姑且引用。

---

① 《论语·为政》。
② 《左传·定公四年》。

关于"民""众"的身份,人们议论纷纷。从《尚书·盘庚》看,范围所指较广,下属和被统治者都包括在内。阶级的对立,不仅需要"分",严格上下之别;为了达到这一目的,又必须宣传上下利益的一致,"上"是为了"下"。历史的经验不难得出这一结论。

四、用人唯旧

《尚书·盘庚》有一个中心思想,即用人唯旧。文中说:"亦唯图任旧人共政。"[1]用人唯旧是血缘关系与氏族贵族联合掌权的表现,也是政治联盟的反映。这个思想成为后来的重要政治思想之一。

五、"无傲从康""无戏怠"

《尚书·盘庚》提出:"无傲从康","无戏怠","无总于货宝,生生自庸"。这些都是告诫下属官佐要努力从政,不要懈怠。这是周初"无逸"思想的先导。

六、正法度

《尚书·盘庚上》说:"先王有服。"服,法令制度。又说:"以常旧服,正法度。"旧服,先王的旧制度。周公告诫周人要"司师,兹殷罚有伦","事罚,蔽殷彝,用其义刑义杀"[2]。说明殷有法度。正法度强调政治行为要规范化,不可任意行事。

上述这些提法还仅仅是一些概念,尚未形成理论体系。但这些概念很重要,它标志着当时的政治思想已有了中心点。这些概念又为以后的政治思想体系的形成建立了基点,所以在政治思想史上具有重要的地位。

第四节　结语

宗教是人类思维发达的标志之一,在前进的历史中又是愚昧的标志。

---

[1]《尚书·盘庚上》。
[2]《尚书·康诰》。

神在人们的心目中是崇高的。其实,人们越相信超己的外力,越易使人的本性走向畸形。崇拜神明,在一定范围内可以对人的行为规范有一定的积极作用,使人走向完善;但同时它又常常引导人们走向兽行。越是神化,就越有残暴的行为相伴行。为神而杀人,不仅是神的需要,而且在感情上甚至也是允许的,如人殉。因此,神化、人性化与兽性化是密不可分的。正是率民事神的殷王兽性最多,用成十成百成千的人做祭祀品,做人牲。

王权借神而强化,又借神而极端残暴。王权越是神化,离现实就越远,从而更加肆无忌惮。神化的结果是常常失去了调节政策的余地,如殷纣王就是这样。

第二章　西周敬天保民与天下王有的政治思想

周族活动于西北黄土高原,从属于商。周文王时积极从事"翦商"经营,文王死,子武王继位,于公元前1027年联合友邦,共同灭商,建立了周朝。

周朝政治制度一个重要特点是:分封制和宗法制有机结合以拱卫周天子。这为政治与伦理合一提供了依据和现实基础。

西周的生产关系既有奴隶制,又有封建制①。在各级领主贵族及其国家都拥有一批农业和手工业的生产奴隶,当时的单身奴隶称为"人鬲""鬲"或"讯""丑"等;还有成家的奴隶,称"臣"者,以"家"计数。上一级贵族时常把奴隶赏给他的下一级贵族。从事手工业生产的奴隶名为"百工"。西周各种主要手工业如冶铜、制造骨器玉器、纺织等,都是使用奴隶劳动。除了上面说的那种奴隶以外,还有另一种比奴隶地位高的"民",当时又称"庶民"或"庶人"。他们居住在原来"村社"的残余组织中。各级贵族利用原来的"村社"组织,将其编为劳动的集体,使他们从事农业集体劳动。他们身份比奴隶高,主人不能加以买卖和任意屠杀。他们有家室,还有一些工具和家畜等财产。但是他们的人身受到严格的束缚,不能自由迁徙。贵族可以把他们随同土田分封给臣下,他们的地位处于农奴状态。

周以"小邦"打败"大邦",这是一个重大的历史现象,历史上称之为顺天应人的"革命"。正是这场"革命"培育出了中国古代政治思想的鼻祖——周公。

---

① 封建制在中国传统语汇中与分封制相当。但19世纪以来,封建制又指一种生产关系,介于奴隶制与现代雇佣制之间的一种奴役制度。这两种含义在本书中都有,请依上下文判断,不一一注明。

第一节　周公的"革命"思想

周武王领导的牧野之战,一举克商。但武王只是杀了殷纣王,并没有真正灭掉商,商故地仍由纣王之子武庚统治。通过这场战争,殷、周的地位发生了巨变,武庚向周称臣,周由原来殷的属国一跃而为宗主国。武王对武庚不放心,派自己的三个弟弟监视武庚,称为"三监"。武王回到镐京后,年余即去世。太子成王年幼,武王弟周公旦辅政。"三监"认为周公要取代为王,于是同武庚结合叛周。周公率兵东征,经过三年血战,灭掉了武庚与"三监",这次才真正灭掉了商。应该说,周公是周的奠基者和制度的制定者。

周公经历了沧桑之变。殷亡的经验教训是什么?自称为"小邦"的周如何才能巩固统治?周公旦在一系列的诰命中做出了很有见地的回答。《尚书·周书》中的《大诰》《康诰》《酒诰》《梓材》《召诰》《洛诰》《多士》《无逸》《多方》《立政》诸篇,同周公都有直接的关系,很多学者认为属周公之作。这些篇不仅是周的诰命和政策,同时也是周公对以前历史所做的总结。在古代政治思想史上,周公有着特殊的地位,他提出了系统的政治主张和理论,可以说是中国古代政治思想史上的开山祖。

一、顺天应人"革命"论

周人原隶属于殷,在宗教信仰上,也把上帝视为至上神。1977 年,岐山周都邑故址发现周灭商以前的一批甲骨,这些甲骨的主人是谁,学术界存有争议。一说是周人,一说是殷人。从当时的政治地理形势看,不好说是殷人的。《诗·大雅·绵》在叙述周历史时,讲到古公亶父时已用卜,文中曰:"爰契我龟。"卜骨如果是周人的,可证明周人同样信奉上帝。

在殷人看来,上帝是殷王的保护神,而且到殷晚期出现了帝王合一。于是便有一个极大的矛盾摆在周人面前:一方面,上帝不可能被抛弃;另一方面,如何才能把上帝从殷王手里夺到自己手中,成为自己的保护神呢?周公解决了这一问题。

在周公的言论中丝毫不怀疑上帝的绝对权威。天或帝仍是至高无上神。如同殷代一样,周公不管讲到什么或干什么,都称是天的意志和命令。

这种权威集中表现在"命哲,命吉凶,命历年"①。"命",赐命之命。大意是:天把大命赐予圣哲,又降吉或凶,时间是长是短,都由天命决定。

周公继承了殷代关于上帝至上权威的信念,但也有修正,主要是两点:唯命不于常②和唯德是授。

"唯命不于常"是对上帝理论最重要的修正和补充。大意是:上帝所赐予的大命不是固定不变的。上帝根据什么命吉凶呢?这要看表现。天之所以不再保佑殷王,是因为殷王辛胡作非为,奢靡无度,酒气熏天,被天抛弃。《尚书·酒诰》说:"故天降丧于殷。罔爱于殷,唯逸。天非虐,唯民自速辜。"

在《尚书·多士》篇,周公根据"上帝引逸"的古语对"唯命不于常"做了历史的分析。对这句古语,历来有不同的解释,简而言之,上帝引逸,即上帝对人总是规诫善诱的,如果违反不改,就会降罚。周公从历史的角度对这句话做了如下的说明:当初,"有夏不适逸",于是"唯帝降格,向于时夏"。这句的大意为:上帝降下知天命的人,对夏进行诱劝,但夏人不听命,反而"大淫泆有辞"。上帝看到夏不可救药,于是"厥唯废元命,降致罚"。即是说废除夏的大命,降下惩罚。于是"乃命尔(指殷士)先祖成汤革夏,俊民甸四方"。甸,治也。大意为:天命令你们的祖先成汤更改夏的大命,任用有才能的人治理四方。这就是历史上"成汤革命"说的本始。

从成汤到帝乙,诸王都努力行德政,尊祀上帝。于是上帝保佑殷,平安得治。可是继起的嗣王即帝辛和武庚,不听上天的教诲,而且还欺骗上帝,奢侈腐化,不顾民难。因此"上帝不保,降若兹大丧"③。"大丧"即指殷被周灭亡。周代殷而起是因为周的先王,特别是文王、武王谨遵天命,努力从政,不敢酗酒奢侈,"故我至于今,克受殷之命"④。

"唯命不于常"在周初形成了一种社会意识。《诗·大雅·文王》说"天命靡常",把问题概括得更明确简练。《诗·大雅·大明》中也讲:"天难忱斯,不易维王。天位殷适,使不挟四方。"大意是:天命是难相信的啊!不易做的是王。天本来保护殷嫡子,又使他不能会四方。

---

① 《尚书·召诰》。

② 《尚书·康诰》。

③ 《尚书·多士》。

④ 《尚书·酒诰》。

天命不于常,并不是说天不关心由谁掌政。它的中心点是天要依据德"求民主"。"民主"这个词最早见于《尚书·多方》,《诗》中也多次出现。"民主"即"君主",意为民人之主。谁能为"民主",要由天选定。夏当政时,夏之主为虐天下,不听上帝的命令,于是"天唯时求民主,乃大降显休命于成汤,刑殄有夏"①。显,光。休,美。显休命,光荣美好之命。大意是:天降下了光荣而美好的大命给成汤,命令成汤惩罚夏。成汤于是"代夏作民主"。从成汤到帝乙都得到天的佐助。帝辛嗣位之后,胡作非为,于是上天改选了有德之周,代商为民主。"非天庸释有夏,非天庸释有殷。"②庸,用。释,舍。大意是:不是上天故意要舍弃夏、舍弃殷,完全是夏、商的君主自作孽。

周之所以被天选中取代商,是因周有德。"唯乃丕显考文王,克明德慎罚,不敢侮鳏寡。庸庸,祗祗,威威,显民。用肇造我区夏。"③大意为:英明的祖先文王崇德慎罚,不敢欺侮那些无依无靠的老少,用可用,敬可敬,威可威,使民都明白道理。上帝使我们小邦周强盛起来。《尚书·大诰》中也说:"已,予唯小子,不敢替上帝命。天休于宁王,兴我小邦周。"大意为:唉,我是(文王的)儿子,不敢废弃上帝之命,上帝帮助文王,使我们小邦周兴盛起来。

周公反复讲商缺德、周有德。周代商是执行天的旨意。《尚书·立政》说:"帝钦罚之,乃伻我有夏,式商受命,奄甸万姓。"大意为:上帝重重惩罚了商王,使我们周代替商王受大命,治理万姓。召公也说:"皇天上帝,改厥元子。"④

《诗·大雅·皇矣》对上帝寻求"民主"做了人格形象的描写:"皇矣上帝,临下有赫。监观四方,求民之莫。维此二国,其政不获。维彼四国,爰究爰度。上帝耆之,憎其式廓。乃眷西顾,此维与宅。"

在金文中类似上述的言论也很多。如毛公鼎铭文云:"不(丕)显文武,皇天引猒(厌)厥德,配我有周,雁(膺)受大命。"

天的意志从哪里得知呢?除了用卜筮外,还要看民情,从民情视天命。

---

① ②《尚书·多方》。

③《尚书·康诰》。

④《尚书·召诰》。

《尚书·康诰》中说:"天畏棐忱,民情大可见。"棐,辅。忱,信。大意为:上帝的畏严与诚心,从民情上可看到。民情是摆在眼前的。由此进一步引出民近而天远,不知民情就不要妄论天命。《尚书·大诰》说:"弗造哲,迪民康,矧曰其有能格知天命?"造,遭也。哲,智也。迪,导也。康,安。格,格知、推究。大意为:如果还没有使民通情明白,引导民达到安康之境,怎么能说知天命呢?《左传·襄公三十一年》鲁穆叔引《泰誓》曰:"民之所欲,天必从之。"这句话又见于《左传·昭公元年》《国语·周语·郑语》。《孟子·万章上》引《泰誓》曰:"天视自我民视,天听自我民听。"关于《泰誓》,许多人认为晚出。这里引出,以备参考。孟子的话或许不是周初人的语言,但这种思想在周初几篇文诰中是有萌芽的。

事情还必须落在实处。到底谁知天命呢?周公称,当时只有周才知天命,只有文王、周公等人才能摸到天的心坎。《尚书·大诰》说:"亦唯十人迪知上帝命,越天棐忱,尔时罔敢易法。"棐,辅助。忱,诚。尔,你们。时,是。罔,不。易,侮慢。大意为:只有十个圣明的人才会理解上帝的旨意。上帝真心诚意辅佐周邦,你们(指周的臣民)对上帝的旨意不要怠慢。关于"十人",历来解释不尽相同。《论语》引武王语:"予有乱臣十人。"郑玄认为是指文母、周公、太公、召公、毕公、荣公、太颠、闳夭、散宜生、南宫适十人。《尚书·大诰》是在"三监"叛乱时,周公发的誓词。可见除周公等十人之外,同族的一般人和周族同盟首领都不知上帝之命。《尚书·大诰》中说:"尔亦不知天命不易。"大意是:你们不知道天命是不会改变的。《诗·大雅·大明》也有类似叙述:"维此文王,小心翼翼。昭事上帝,聿怀多福。厥德不回,以受方国。"

上述思想清楚地表明,兜了一个圈子,上帝回到了周天子之手。所以沿着这条线,周天子是上帝的化身,只有周天子知天命,上帝也只保护周天子。这种思想在金文中表现得更为充分。

周公可以说是绝顶聪明,有人说他根本不信上帝,对此不敢苟同。但他的确是位宗教理论改革家。当时还没有抛弃上帝的历史条件,也不可能抛弃。周公的理论既保存了上帝,又解释了朝代的更替,既把上帝当作精神保护伞,又提出要面向现实、注重人事,从而满足了神人两方面的要求。

二、尊祖与伦理政治化

宗法制和分封制是周代政治的外壳或形式,它们在权力与财产的分配中起着重要作用。与这种情况相适应,周人十分强调尊祖敬宗,周公关于这方面的论述很多。

周公反复宣传文王受命于天。《尚书·大诰》说:"天休于宁(文)王,兴我小邦周。"《尚书·康诰》说:"帝休,天乃大命文王。"《尚书·洛诰》说:"承保乃文祖受命民,越乃光烈考武王弘朕恭。"《尚书·酒诰》说:"乃穆考文王,肇国在西土。"文王、武王受命于天,是周公处理一切事情的根据和出发点。周公还反复提出文王、武王为后代开辟了道路,奠定了基础,基本国策都是由文王、武王制定的。"明德慎罚"这个最基本的政策是由文王、武王确定的。"裕民"政策也是文王提出的。①《尚书·梓材》说:"先王既勤用明德。"

周公一再申明,他所作所为,都是遵承祖业,按文王、武王的方针和遗训办事。他的一举一动都打着祖宗的招牌,如伐"三监"和武庚之叛也说是奉文王之意。《尚书·大诰》说:"以于敉宁武图功。"敉,安抚平定、完成。大意为:完成文、武图谋的功业。分封康叔时发布的《康诰》中讲了一系列政策原则,也都说成是继承文王、武王的。发布《酒诰》,禁止周人酗酒,也说成是文王的既定政策:"尚克用文王教,不腆于酒。"

周公宣称,文王、武王的神灵在天、帝左右,时时监照一切。《史记·封禅书》中讲:"周公既相成王,郊祀后稷以配天,宗祀文王于明堂以配上帝。"从金文看,这种说法是有根据的。大丰簋为武王殷祀文王之器,铭文有"文王德在上"的记载。武王以后的许多器物的铭文,都说王死后其"严"(死后其灵不灭曰严)在上,在帝左右。

殷、周时期,乃至以后,祖先崇拜一直盛行。人类从来就存在两种生产:一是自身的生产,二是物质资料的生产。这两种生产都带来与之相适应的社会关系。生产越不发达,人的活动范围越小,血缘关系的作用就越大,家长制就越强。尊祖思想就是在这种基础上产生的。当时的阶级等级区分也需要用神秘的血统观念做护身符。神化祖宗正起着神化宗子的作用。根据

---

① 参见《尚书·康诰》。

宗法制,只有大宗才能祭祖,表示大宗是祖先的唯一继承者。小宗只有陪祭权,是大宗的藩属。因此"敬宗"与"亲亲"便成为维护宗法制、维护君权所不可缺少的东西。

维护宗法分封制,不仅要"敬宗",同时还要"亲亲"。周书中虽未见"亲亲"二字,但后人常把"亲亲"的思想同周公相连,周公封伯禽时,给他规定的施政方针即"亲亲上恩"①。周公十分强调孝和友。这与"敬宗""亲亲"是一致的。《尚书·康诰》中宣布:"元恶大憝,矧唯不孝不友。"元,首。憝,奸恶。矧,亦。唯,是。大意为:罪大恶极的,要属不孝不友。做子的不孝父,做父的不爱子,弟不能敬兄,兄不能爱弟,都是罪过,都可能引起大乱。因此,对不孝不友者,"乃其速由文王作罚,刑兹无赦"。大意为:应迅速按照文王制定的刑罚,严加处治,决不可宽容。

宗族体系与政治体系的统一,使尊祖敬宗既具有政治内容,又具有伦理内容,二者合而为一。

三、明德、保民、慎罚思想

"德"在殷代已是一个政治概念。周公最重要的贡献之一是把德当作政治思想的中轴。有了德,上可得天之助,下可得民之和。有天之佑,又有民之和,便能为王,历年而不败。

"明德"是周公发布的一系列诰命的思想支柱。周公用"德"说明了"天"的意向,天唯德是择;用"德"的兴废作为夏、商、周更替的历史原因;有德者为王,无德者失天下;有德而民和,无德而民叛。周公所说的"德"内容极广,当时一切美好的东西都可包括在德之中。归纳起来有如下十项:(1)敬天;(2)敬祖,继承祖业;(3)尊王命;(4)虚心接受先哲之遗教,包括商先王先哲的成功经验;(5)怜小民;(6)慎行政,尽心治民;(7)无逸;(8)行教化("惠不惠,懋不懋"②。惠,爱。懋,勉。大意是:用爱的办法引导教育那些不驯服的人,勉励那些不勤快的人使之勤勉);(9)"作新民"③,即重新改造殷民,使之改邪归正;(10)慎刑罚。

---

①《吕氏春秋·长见》。
②③《尚书·康诰》。

48

德是一个综合概念,融信仰、道德、行政、政策为一体。依据德的原则,对天、祖要诚,对己要严,对人要善。用于政治,最重要的是保民与慎罚。

"保民"是周公提出的一个新的政治概念,《尚书·康诰》中反复讲"用保乂民""用康保民""应保殷民""唯民其康乂",还有"裕民""民宁"。

"乂民"即治民。"保民"与"乂民"相近,但又不同。《说文》曰:"保,养也。"《尚书·盘庚中》有"畜民""畜众"之说。"保民"当是"畜民""畜众"的发展。自"保民"又延伸出"养民"等不同说法。

"保民"的基本政策是"明德慎罚",但更重要的是强调治民的态度。周公提出要把民的苦痛看成像自己的苦痛一样,加以重视。"恫瘝乃身,敬哉!"①恫,痛。瘝,病。连同上下文,大意为:把民的苦痛视如在己身一样,要格外注意啊!

历史的经验证明不关心民之疾痛,会引起民叛。周公认为只有像对待自己的苦痛那样,去进行治理,才可能使统治地位得到稳定。这里不单是出于同情心,也是现实矛盾的反映。

周公一再告诫他的子弟臣僚,要约束自己的心思和行为。"无作怨,勿用非谋非彝。"②大意是:不要作怨于民,不要有不好的思想,不要干违法的事,如自己行为不轨,必然会上行下效,导致大乱。

怎样才能保住"小民"呢? 一方面,周公告诫群臣子弟,不要贪图安乐,切忌恣意妄为,要谨慎从治。《尚书·无逸》说:"治民祗惧,不敢荒宁。"《尚书·康诰》说:"无康好逸豫。"另一方面,还要体察民情,"知稼穑之艰难","知小人之依"③。依,隐也,即隐痛、疾苦。对人民的疾苦不可置之不理,要予以关怀,特别对孤寡老人,应更加照顾。《尚书·无逸》说:"怀保小民,惠鲜鳏寡。"鲜,善。惠鲜,也就是爱护之意。

周公还提出要把民众作为自己的镜子。《尚书·酒诰》说:"人无于水监,当于民监。"这一卓绝的见识在中国的政治思想史上产生了深远的影响。在当时和古代社会,这一思想虽不可能付诸实践,但其中的民主因素是很明显的。

---

①②《尚书·康诰》。

③《尚书·无逸》。

德的一面是保民,另一面则是慎罚。周公鉴于殷代乱罚招致民怨、民叛的经验教训,对罚的原则也做了新的阐发,提出"慎罚"。慎罚既是德的内容之一,又与德并列,常称"明德慎罚"。德为根本,罚是补充。

"慎罚"又称"义刑义杀"。义,宜也。"义刑义杀"与随心所欲用刑是相对的,在《尚书·康诰》中周公告诫康叔"勿庸以次汝封",即不要任意而行。《荀子·宥坐》引此作为慎刑罚的理论依据。在用刑问题上,周公强调了如下几点:

首先,要依据成法成典用刑,《尚书·康诰》说:"敬哉!无作怨,勿用非谋非彝。"周公强调按"常典""正刑"用刑,以纠殷纣王滥刑之偏,这对稳定民心有重要作用。

其次,用刑要注意犯罪者的态度。《尚书·康诰》说:"人有小罪,非眚,乃唯终,自作不典,式尔,有厥罪小,乃不可不杀。"眚,省。乃唯终,坚持不改。不典,不合法。式,用。式尔,故意那样。大意为:一个人犯了小罪,但他不反省,还坚持不改,继续干下去,这样即使罪不大,也必须把他杀掉。反之,一个人犯了大罪,但不坚持,并且悔罪,而且又不是故意的,便可以饶恕不死。这就是《尚书·康诰》文中说的:"乃有大罪,非终,乃唯眚灾,适尔,既道极厥辜,时乃不可杀。"

再次,用刑之心要出于善,且不可借机肆虐。所谓善,就是用刑要设法使民心诚服,"乃大明服,唯民其敕懋和"。明服,顺服也。敕,劳也。大意为:用刑使民心服,民就会安于本分,勤劳从事,不犯法造次。在治人罪时,不应仅仅视为罪人本身的事,居官者也有责任。"若有疾,唯民其毕弃咎。"大意是:民有罪,若己有咎,民被感动就会自动改正。又说:"若保赤子,唯民其康乂。"①大意为:对民如保赤子,民被感化,就会得到治理。如果有这种心情,即使杀人、割人鼻子,旁人看得很清楚,这不是出于私怨,而是非杀、非割不可,不是个人在杀人,而是罪不容赦。

最后,判决时切忌匆忙,要多考察一些时间。"要囚,服念五六日,至于旬时,丕蔽要囚。"②要,察。囚,犯人。服,伏。念,思。时,三个月。大意为:判决罪犯时,谨慎思考五六天,乃至十天、三个月,以免出差错。

①② 《尚书·康诰》。

周公认为,对如下案犯要严加惩处。例如:"凡民自得罪,寇攘奸宄,杀越人于货,暋不畏死,罔弗憝。"①寇,贼。攘,夺。奸,在内为乱。宄,在外为乱。越,颠越。于,犹取也。暋,冒也。憝,怨也。大意为:凡民有意犯有寇攘奸宄、杀人越货之罪者,民愤极大,要执而杀之。另外,对犯了不孝不友之罪者要严罚,对违法之官吏尤应严加处罚,对不从王命者要给予惩处。

刑罚是国家的最主要职能和最有权威的表现,有了这些东西,不要说天子、贵人,就是他们的狗,也会使人生畏。然而历史证明,它并不是万能的。周公在朝代之变中,看到了殷王的权力大厦的倒塌,这不能不使他冷静地看待现实。刑罚虽令人生畏,但必须给它以圣装;刑罚绝对不可缺少,但必须慎而不滥。于是周公强调以善用法,以德施刑。至于心能善否,那自然是另外一回事了。

四、建业与守业

基于历史上王朝的兴败,周公提出了建业与守业的思想。《尚书·大诰》反复说明建业的艰难,"三监"叛乱之后,周面临的形势如"涉渊水"。但事业已开始就不能半途而废,比如盖房子,父亲已决定了如何盖,儿子不去打地基,哪里还谈得上盖房子?又如父亲已把地耕好,儿子不去播种,哪里来的收获?只有勇于进取,才可能得到收获。他鼓励人们为建业而做出牺牲。

在政治稳定之后,周公仍然强调危险,告诫还有可能走向危亡。《尚书·君奭》明确指出面临两种前途:"弗吊,天降丧于殷,殷既坠厥命。我有周既受,我不敢知曰:厥基永孚于休。若天棐忱,我亦不敢知曰:其终出于不祥。"吊,善。孚,信。休,美。大意为:殷做了许多坏事,天降丧于殷。我们周受了大命,但不敢说我们的事业会永远美好。即使有上天的帮助,也不敢说我们的事业可以避免不祥。《尚书·无逸》《尚书·立政》对如何守业的问题做了详细的论述,反复说明要了解下情,慎行政。民有怨恨要反省。要启用哲人和亲旧,但切不可结党。时时刻刻约束自己,"无淫于观,于逸,于游,于田"②。即是说,不要过度地寻欢作乐,贪图安逸,四处游玩和打猎。对政治前途提

---

① 《尚书·康诰》。
② 《尚书·无逸》。

出两种可能性,这不只是在使自己警惕,也同时使自己更接近现实。只讲一种前途,是政治思想僵化的表现,殷纣王就只讲一种前途而变得盲目无知。

五、结语

周取代殷,虽然只是一次改朝换代,但是这次改朝换代是由社会震荡造成的,民众是社会震荡的主体。在统治秩序得以正常维持的年代,人们看到的多半是统治者的威力,特别是商王的至高无上的权威,可以支配整个社会。历史的巨变显示了无名之辈的集体力量,正是这种力量掀翻了至高无上的商王的统治。人们可以用神秘主义的观点看待这一切,但是活跃在前线的清醒的政治家不能不面对现实。周公的政治思想正是在这场历史运动的推动下产生的。

周公的思想与小邦周战胜大邦商这个事实也有极为密切的关系。小战胜大,不能简单地依赖神明,也不能单纯依靠固有的权力,必须找到一个取之不尽的力量源泉,这个源泉就是民众。周公对民的重视与这一点有密切的关系。

说周公把天只是当成工具使用,这恐怕不是事实。但周公确实没有把天当作唯一的法宝。他把民情当作天的意志的晴雨计,说明在他的神学中容纳了较多的世俗内容,从而使他的思想不但具有神秘性,更具有现实性。

从殷周之变中,我们还可以看到这样一个事实:绝对无上的权力与对上帝的绝对崇拜是认识发展的桎梏。殷纣王不是没有可能校正自己的认识,以面对现实,但纣王的绝对权力扼杀了这种认识,无限信奉上帝也一同起了这样的作用。

周代殷虽说是一次改朝换代,但这种替代意义重大,是一场革命,王权的神秘性在替代中下降了。新起的最高统治者虽然竭力在自己身上披上神秘的外衣,但他们必须面向现实。严酷的事实使他们不能不重新思考,从而推动了认识的发展。周公的思想正是这场革命的产物。

第二节 "天子"与专制主义观念

西周的国家体制是以分封制和宗法制为基础的、主权多级分层性的父家长制,周天子是天下的共主、最高权力的象征及有限的实现者。周天子分封诸侯,诸侯分封卿大夫,表明其间有上下隶属关系;诸侯对周天子,卿大夫对诸侯,又都有一定的独立的政治主权和经济权。周天子、诸侯、卿大夫在其政治区域内的政治权力结构与运行方式,都属于专制类型,并具有父家长制的特点。与这种情况相应,父家长专制主义的观念在政治意识中占有突出的地位。西周没有专业的思想家,自然也不会有系统的政治理论。我们目前只能依据有限零碎的史料来考察、分析当时的政治观念。依我看,在政治观念中占主导地位的是专制主义观念,这里集中分析一下天子观。

一、王权神授,天子独尊

周王的权力是从哪里来的,或者说是谁给的?这涉及权力的合法性问题。在这个问题上,历史的事实与观念不是一回事。从历史看,周王的权力是通过武力获得的;但在观念上,周王并不把事实与理论放在同一条线上,认为事实的背后有一个更为神秘的力量在起作用,这就是王权神授。

在周人的观念中,天或上帝是至上神,是一切现象背后的决定力量。正是上帝把权力赋予了周王。大盂鼎铭文称:"不(丕)显玟(文)工,受天有(祐)大令(命)。在珷(武)王嗣玟(文)乍(作)邦,闢(辟)厥匿(慝),匍(敷)有四方,畯(畯)正厥民。"大意是:文王始受天命,武王承嗣而有天下,统领天下之民。师克盨铭文称:"不(丕)显文武,雁(膺)受大令(命),匍(敷)有四方。"《尚书·康诰》云:"天乃大命文王,殪戎殷,诞受厥命,越厥邦厥民。"《尚书·梓材》说:"皇天既付中国民,越厥疆土,于先王肆。"《尚书·无逸》说:"文王受命。"《诗·大雅·皇矣》说:"帝作邦作对,自大伯、王季。维此王季……奄有四方。"《诗·大雅·大明》载:"有命自天,命此文王,于周于京。缵女维莘,长子维行,笃生武王。保右命尔,燮伐大商。"《诗·周颂·执竞》说:"不显成康,上帝是皇。自彼成康,奄有四方。"

周王的权力与地位由天授予，这在当时是最神圣和最有权威的观念，同时也最有说服力。这种观念把宗教权威与政治权威结合为一。从目前的史料看，这个时期只有周天子的权威来自天授，诸侯等的权力是不能同天授、天佑发生关系的。到了春秋才有天命下移的观念，诸侯也可以受天命。王权神授与天子独尊是共同体。周王除称"王"外，还称"天子"。称"王"无疑是政治权威的标志，但"王"并不具有独一性，除周王之外，还有少数诸侯也称"王"。作为国王独一和独尊的称谓是"天子"。从现有材料看，文王、武王时未称天子，周公践祚也只称"王"，"天子"之称到成王时才出现。成王时期的大盂鼎铭文说："古(故)天异(翼)临子，法保先王，匍有四方。"天异(翼)临子，即天翼临于其子之意。康王以后，"天子"已成为一个常见词。天子即天之子，很明显，周王具有神人结合的二重性质。因此只有周王及其先王才有资格祭天、配天。《史记·封禅书》讲："周公既相成王，郊祀后稷以配天，宗祀文王于明堂以配上帝。"周天子生时为上帝在人间的代表，死后则要回到上帝之侧。大丰簋为武王祀文王之器，铭文中有"文王德在上"的记载。西周许多器物铭文都说周王死后其严在天，在上帝左右。《诗·大雅·文王》称："文王陟降，在帝左右。"大意是：文王之神灵升降于天地之间，在上帝左右，辅佐上帝，治理天下。

周天子如同殷王一样，也自称"余(予)一人"，在史籍与金文中均有记载。《礼记·玉藻》说："凡自称，天子曰予一人。"《礼记·曲礼下》载："君天下，曰天子。朝诸侯、分职授政任功，曰予一人。"春秋诸侯也有自称"予一人"者，但被认为是僭礼行为。[1]"予一人"不是一般称谓，而是唯我独尊、超越一切人的一种政治观念。秦始皇把"朕"作为皇帝独占的自称，就是从"余一人"演化而来的。"余一人"反映了君主至上的专制主义。

二、天下王有，权力王授

天下，既是一个空间概念，又是与"天""帝"在"上"而相对的一个宗教性观念。"天"在空间上是无限的，"天下"相应在空间上也是无边的。"天"主宰"天下"，周天子作为天帝在人间的代理，必定要占有"天下"。正如《诗·小雅·

---

[1] 参见《左传·哀公十六年》《史记·孔子世家》。

北山》所言："溥天之下，莫非王土。率土之滨，莫非王臣。""天下"具体化就是"四方"和"万邦"。

"四方"，指东、西、南、北，在地理观念上是无限的。"四方"都属于周天子。周初的令彝铭文中载："王令（命）周公子明保尹三事四方。"大盂鼎铭文载："在珷（武）王嗣玟（文）乍（作）邦，闢（辟）厥匿（慝），匍（敷）有四方，畯（峻）正厥民。""夙夕召我一人，煮（烝）四方。"《诗》中也多有记载。《诗·周颂·执竞》曰："自彼成康，奄有四方。"《诗·大雅·棫朴》曰："勉勉我王，纲纪四方。"《诗·大雅·民劳》曰："惠此中国，以绥四方。"《诗·大雅·江汉》曰："江汉汤汤，武夫洸洸。经营四方，告成于王。"四方是无边的，在观念上都属周天子所有。正如《诗·大雅·江汉》所载："于疆于理，至于南海。"

周天子的根据地是王畿，周边有上百诸侯国，还有四夷之属，这些称为"邦"，因数量多而有"万邦""多邦"之称。不管万邦与周天子关系是远是近，名义上，万邦都归周天子统辖。盠方彝铭文载："天子不叚，不其万年保我万邦。"《尚书·洛诰》曰："曰其自时中乂，万邦咸休，唯王有成绩。"

天下王有的观念同实际虽不在一个层面上，但这个观念是极为重要的，它是君主专制主义的核心。正是这个观念使帝王成为最高统治者，不仅天下的地域归王所有，天下所有的人也都是他的臣仆。在某种意义上，这个观念比事实更重要，因为它从精神上剥夺了所有人的主体意义与独立价值，天下只有一人是主体，这就是天子。

天下王有表现在政治上，就是权力王授。诸侯的权力与地位只有经过周天子的册命，才算获得了合法性。《诗·唐风·无衣》《毛传》云："诸侯不命于天子，则不成为君。"《毛传》成书时间虽晚，但其说基本上符合历史事实。周天子与诸侯的关系远近不一，有的是周天子分封的，有的是原来的邦国给予封号等，因此对周天子的隶属程度有很大差别；但只有得到周天子的封号，他们的权力与地位才能被公认。周天子授权的主要内容是授疆土、人民、名号和礼器。

"授民、授疆土"无论在金文与其他文献中都有很多记载。受封者对土地的占有和对人民的统治权来源于周天子。

名号是尊卑贵贱在观念上的规定。名号问题极为繁杂，学界颇多分歧。公、侯、伯、子、男五等爵位的排列，虽然未必如后世所说的那么严格，但可表明等级名号经周天子册命而后才能成立。

礼器也是贵贱尊卑的标志，也要由周天子赏赐。

诸侯的地位由天子确定，天子与诸侯之间在名分上便存在着通常所说的君臣关系。这点直到天子已经式微的春秋时期人们仍在遵守。《国语·齐语》载：

> 葵丘之会，天子使宰孔致胙于桓公，曰："余一人之命有事于文、武，使孔致胙。"且有后命曰："以尔自卑劳，实谓尔伯舅，无下拜。"桓公召管子而谋，管子对曰："为君不君，为臣不臣，乱之本也。"桓公惧，出见客曰："天威不违颜咫尺，小白余敢承天子之命曰'尔无下拜'？恐陨越于下，以为天子羞。"遂下拜，升受命。赏服大辂，龙旗九旒，渠门赤旗，诸侯称顺焉。

这篇记载生动地体现了式微的周天子与称霸的齐桓公复杂的两重心态。周天子原想表现天子的威严和居高临下之势，又不得不免桓公下拜之礼，讨好桓公；桓公本想不行下拜之礼，以示自己的霸主之威，但又怕违礼而引起舆论压力，最后还是按君臣之礼行事，并受到诸侯的称赞。晋文公重耳是继齐桓公之后更有权威的霸主，在他受天子之赐命后也如齐桓公一样，装出战战兢兢之状，说："重耳敢再拜稽首，奉扬天子之丕显休命。"[1]

只有天子的册命才具有权力的合法性，从战国初韩、赵、魏称诸侯也可以得到证明。当时周天子的地盘被诸侯们侵占得只剩下弹丸之地，穷困潦倒，已沦为末等之邦。相比，韩、赵、魏的势力赫然壮观，但他们从大夫上升为诸侯尚不能自主，仍需周天子册封后才正式称侯，并为其他诸侯所认可。

诸侯的权力、地位是周天子授予的；与之相应，被授予者自然应向周天子感恩戴德。金文及其他文献中有关颂扬天子之恩的套语，如"敏扬王休""敬扬于皇王""对王休""对扬王休""受天子休""对扬天子丕显休"等，如同后来的"皇恩浩荡"一样，把恩惠都归于天子。这种观念抑制了臣民独立思想的发展。

---

[1]《左传·僖公二十八年》。

三、孝与父家长专制主义

殷周的王权与夫权紧密结为一体。特别是西周实行分封制,在被分封者之中,姬姓子弟尤多,"文武之功,实建诸姬"[①]。"昔武王克商,光(广)有天下,其兄弟之国者十有五人,姬姓之国者四十人。"[②]荀子言周初立国七十一,姬姓独占五十三。[③]周的分封制与血缘关系交织在一起,天子与姬姓诸侯的关系,既是君臣关系,又是父兄、叔伯、子侄关系,周天子是姬姓诸侯的大宗和宗主。于是,孝便成为维护血缘关系和血缘政治最主要的一项伦理观念和政治观念。周公把"不孝不友"列为元恶,说明孝极其重要。孝的含义很多,要之有四:

其一,尊祖和尊父母。关于这一点,金文与其他文献的资料很多。

其二,尊宗。曼龚父盨铭文曰:"用享孝宗师。"分熬壶铭文曰:"用享考(孝)于大宗。"乖伯簋铭文载:"用好(孝)宗朝(庙)。"辛中姬鼎铭文载:"用享孝于宗老。"

其三,用于兄弟、姻亲、朋友。叟季良父壶铭文载:"用享孝于兄弟、闻(婚)觏(媾)、者(诸)老。"杜伯盨铭文载:"用享孝于皇申(神)、且(祖)考,于好倗(朋)友。"

其四,用于下级对上级。邢侯簋铭文载:"克奔走上下,帝无冬(终)令(命)于右(有)周,追考(孝)。"

孝的含义虽然多指,但中心是尊祖敬宗、维护血缘关系。由于宗族关系与政治关系交织在一起,"尽孝"与"从命尊上"便合而为一。晋大夫栾共子说:"成闻之:'民生于三,事之如一。'父生之,师教之,君食之。非父不生,非食不长,非教不知生之族也,故一事之。"[④]晋太子申生说:"吾闻之羊舌大夫曰:'事君以敬,事父以孝。'受命不迁为敬,敬顺所安为孝。"[⑤]正如墨子所说:"臣子之不孝君父,所谓乱也。"[⑥]孝的精神可以上溯很远,而周的影响最

---

①《国语·晋语四》。

②《左传·昭公二十八年》。

③ 参见《荀子·儒效》。

④⑤《国语·晋语一》。

⑥《墨子·兼爱上》。

为直接。

孝要求尊祖、敬宗、顺从，所以孝成为维护家天下和家长专制式政治的最有力的观念之一。

第三节　《尚书·吕刑》以刑理乱与用刑理论

《尚书正义》说，吕侯为穆王时司寇，奉命作刑书，称《吕刑》。①《礼记》称《吕刑》为《甫刑》。②有些学者认为此篇非实录，当为东周之作。可是许多研究西周史的人多据此文论述西周的刑法制度，又多用来参证金文。据此，我们把它视为反映西周时期刑法情况的著作。

刑法的起源，一些历史记载追溯至夏禹时期，甚至更早。《国语·鲁语上》说唐尧时已作刑："尧能单均刑法以仪民。"韦昭注：单，尽也。均，平也。仪，善也。大意是：尧能公平用刑，使民归于善。商代有刑罚，已为甲骨文证明。周公等一再强调要按照商的刑罚办事，从《尚书·康诰》"殷罚有伦"和"殷彝"等记载看，商已有成文法。《左传·昭公六年》载："周有乱政，而作九刑。"《左传·文公十八年》载："(周公)作誓命曰：'毁则为贼，掩贼为藏，窃贿为盗，盗器为奸，主藏之名，赖奸之用，为大凶德，有常无赦。在九刑不忘。'"说明周初已有成文法。周公对用刑的原则曾做过初步论述，《吕刑》则对刑罚的起源，以及刑罚原则做了进一步的阐发。

关于刑法的起源，《吕刑》认为刑法起源于治乱。不过在制定刑罚时，又有两条不同的道路。一是蚩尤的乱刑，二是与蚩尤相对的、由伯夷等所作的德刑。《吕刑》说：蚩尤作乱引起天下不安，风气变坏，"罔不寇贼，鸱义奸宄，夺攘矫虔"。大意为：到处都有盗贼，内外交乱，胡作非为，强取豪夺。蚩尤为有苗之首领。因蚩尤坏，苗民也不听政令，形成恶性循环。于是蚩尤"唯作五虐之刑曰法。杀戮无辜，爰始淫为劓、刵、椓、黥。越兹丽刑并制，罔差有辞"。大意为：蚩尤为了控制局面，制定了五种残暴的刑法，乱杀无辜，其刑是劓、刵、椓、黥，还有罚金。蚩尤不听受刑者的申诉。结果整个社会生活反而更乱

---

① 杨树达《积微居金文说》(卷四)认为，毛伯簋为穆王时器，文中的吕伯即《吕刑》中的吕侯。
② 有人认为其子孙在宣王时封于甫，为甫侯，后人以其子孙封邑号名之。

了，平民互相欺诈，紊乱无序，盟而无信。上帝怜悯万民的不辜，下令惩罚了苗民。"乃命重黎绝地天通。"禁止苗民通天、祭天，从而也就取消了他们的生存权利。上帝彰以政令和德教，命令"三后"即伯夷、禹、稷"恤功于民"。上帝又命伯夷"降典，折民唯刑"。大意为：先下达礼，而后以礼调节刑。就是说，先有礼然后有刑，以礼调节刑。上帝命"禹平水土，主名山川"，又命"稷降播种，农殖嘉谷"。伯夷、禹、稷三者之法并施，以德教为先。"上制百姓于刑之中，以教祗德。"大意是：士(师)用公正的刑罚制御百官，教导人们敬重德行，于是天下太平。与蚩尤作刑相比，这次制刑的特点是以德为先，德贯彻于刑之中，先德而后刑。

依据先德而后刑、以德导刑的总精神。用刑要以"中"为标准，"乃明于刑之中""观于五刑之中"。这里的"中"，即"中道"，或合理合宜之意。具体有如下几点：

第一，"两造具备""五辞简孚"。造，至也。审案和处理诉讼要使双方都到场，不能只听一面之词。"五辞"即《周礼·秋官司寇·小司寇》所谓的"五听"：辞听，色听，气听，耳听，目听。"五听"之后要核对事实，即"简孚"。简，简核。孚，验证。《吕刑》认为，在核对时，要"简孚有众，唯貌有稽，无简不听，具严天威"。简孚有众即验核于众人，亦即《周礼·地官司徒·小司徒》所谓"三讯"：一曰讯群臣，二曰讯群吏，三曰讯万民。唯貌之"貌"，依孙星衍说，当为"缗"，细微。"唯缗有稽"，意思是说，细微的地方也要审核。"无简不听，具严天威"，大意是：不能核实的不能论罪，以持天之威严。两造具备是审判必须遵循的一个基本原则，没有这一原则，审判的公正性就失去了前提。

第二，"上下比罪"。上下即大小。比，已行故事曰比，即相比。"上下比罪"，即根据罪大小分别量刑。《吕刑》规定"刑"分三种：五刑、五罚和五过。五刑指五种肉刑。五罚，指有疑而不能定五刑，相应实行罚金。《吕刑》云："墨罚之属千，劓罚之属千，剕罚之属五百，宫罚之属三百，大辟之罚其属二百。五刑之属三千。""五过"比罚更轻，指有过失。不足刑而罚，不足罚而免为五过。判决要防止五弊，即"唯官，唯反，唯内，唯货，唯来"。"唯官"即挟威势，看权行事。"唯反"即报私怨。"唯内"即内中调治，犹如走后门。"唯货"即接受货贿。"唯来"，"来"，马融本为"求"，读如"赇"，指以财物枉法，另一说"求"即请求、托人情。

第三，"轻重诸罚有权"。权，权变、灵活性。权变要考虑罪的大小、情节、态度和整个社会情况。罪虽大，情节轻，应适当从轻；罪不大，但情节重，则应考虑从重。即所谓"上刑适轻，下服。下刑适重，上服"。用刑还要考虑整个社会治乱情况，即所谓"刑罚世轻世重"。《荀子·正论》做了如下解释："刑称罪则治，不称罪则乱。故治则刑重，乱则刑轻。犯治之罪固重，犯乱之罪固轻也。""世轻世重"又叫作"唯齐非齐"。江声云："上刑适轻，下刑适重，非齐也。轻重有权，随世制官，齐非齐也。"①

第四，"非佞折狱，唯良折狱，罔非在中"。大意是：主持断案不能靠口辩，而应从"良"，即从善、从公正，这样才能做到适中。对于善辩者，要仔细分析前后矛盾。"察辞于差，非从唯从。"差，参差不一、前后矛盾。大意为：听狱时要注意言辞前后的矛盾，虽然口头不承认但情节属实，亦应定罪。所谓"唯良"，也就是"哀敬折狱，明启刑书胥占，咸庶中正"。大意为：以哀怜之心折狱，按刑书对照断案，这样一般可以达到"中正"无误。

第五，"其刑上备，有并两刑"。意思是两罪以上，从重治罪，轻罪不另加刑。

《吕刑》反复强调，刑是德的补充，施刑是为了德。"朕敬于刑，有德唯刑。"大小官吏用刑都要坚持"中正"，否则上天就会降罪。特别是罚金，目的是为了惩罚，绝不是让官吏们肥私。如果从中贪污，一定要如同罪人一样受罚，即文中所谓："狱货非宝，唯府辜功，报以庶尤。"

如果能按照上述原则行事断案，这种刑便可称为"祥刑"了。把刑说成是德的派生物，刑也就成为造福的手段。由于受刑者是德的对立物，在思想理论和道德上也被置于被审判的地位。

第四节　西周后期政治调整思想

西周从穆王开始，由鼎盛转向衰败。周穆王时期，周的国力还相当强大，四处用兵，周游天下，威武四震。但与此同时也显露了政治上的危机。周族历来尚武，此时开始对尚武精神提出了怀疑。周厉王以后，西周进入了败

---

① 转引自孙星衍：《尚书今古文注疏》，中华书局，1986年，第538页。

60

落时期,内外交困,矛盾重重。在复杂的、艰难的事实面前,西周开国以来的传统思想已不能适应新的局面,有人提出了疑问,有人为挽救危机提出了对策,有人发出了谴责。政治危机为思想活跃提供了土壤,下面介绍一下这个时期在政治思想上提出了有影响命题的几位人物。

一、祭公谋父论德与兵

祭公谋父为周公之后。周公长子伯禽封于鲁,其他诸子也得到分封,凡蒋、邢、茅、胙、祭即为周公之子受封之国。祭为畿内封国,祭公谋父即周公之后。祭公谋父为周穆王的卿士。周穆王时"王道衰微"[①],可是穆王仍要征犬戎。犬戎是北方(今陕西北部、山西北部、内蒙古南部)一支强大部族。祭公谋父不赞成征伐,讲了德、兵两者的关系。他说:"先王耀德不观兵。"意思是:先王崇尚德化,不轻易示威、动兵戈。所谓"耀德",即:"懋正其德而厚其性,阜其财求而利其器用,明利害之乡,以文修之,使务利而避害,怀德而畏威。"[②]大意是:用德勉励民,使其性情淳厚。尽量满足他们的物质要求并利其器用。讲清利害,用礼教化他们,使他们务利而避害,怀德而畏威。祭公谋父从历史上论述了只有施德于民而后才能取胜的道理。周有兴有衰,兴在于务德,衰根于不务德。武王所以战胜殷王帝辛,是以下两种原因的结合:一方面是帝辛"大恶于民"[③],另一方面武王"勤恤民隐(苦痛)而除其害也"[④]。祭公谋父的结论是:周的胜利不是因务武,"先王非务武也"[⑤],而是务德的结果。

祭公谋父并不是不要兵。如有违反王令者,要先教,教而不服者再用兵刑。根据"五服"(邦内甸服,邦外侯服,侯卫宾服,蛮夷要服,戎狄荒服),分别"修意""修言""修文""修名""修德"。文的办法不能奏效,再动用兵刑。不过,对荒服之地不宜兴师动众,因为距离太远,易劳而无功。只要近的服从了,远的也就会归化。

如果用兵,一定要有准备,合"时"而"动",不要耽误农时。按传统,三时务农,一时讲武。有饭吃再打仗。兵不动则已,动则要威。用武非同游戏,轻

---

① ③ ⑤《史记·周本纪》。
② ④《国语·周语上》。

举妄动非但无成,反而有损,这就是他说的:"观则玩,玩则无震。"①

祭公谋父对德兵关系的论述与当时的情况相适应。穆王时,疆土已经很大,需要的是守成,而不是开拓。可是周穆王却是一个好武的专家、游玩的能手。这不能不引起民怨。在这种情况下需要的是积德。祭公谋父先德而后兵的主张对后世有很大影响。

二、邵公论弭谤

邵公即召公虎,为周初召公奭之后。召为畿内封国。召公虎为周厉王卿士。周厉王暴虐,"国人谤王"。邵公对周厉王说:"民不堪命矣!"周厉王听后大怒,指令卫巫"监谤"。巫本是沟通人神关系的圣职,却充当起特务来了。这是一大发明,也说明了神职的虚伪。卫巫把批评者密告给周厉王,周厉王下令杀死这些人,政治气氛十分恐怖,"国人莫敢言,道路以目"。周厉王自以为得计,很高兴。而邵公却在万民沉默中看到了危机,他讲了如下一段著名的话:"防民之口,甚于防川。川壅而溃,伤人必多,民亦如之。是故为川者决之使导,为民者宣之使言。"天子要了解下情,渠道应该条条开放,让公卿、列士献诗,诗以言志;瞽献曲,曲表达心声;史献书;师献箴;瞍献赋;矇献诵;百工谏;庶人传言……各方面情况都反映上来,"而后王斟酌焉,是以事行而不悖"。邵公还说,人长嘴是干什么的呢?是为了说话,"口之宣言也"。从民的议论中可以知道民之背向,进而可以知道事情的"善败"。王应该"行善而备败"。邵公的结论是:"夫民虑之于心而宣之于口,成而行之,胡可壅也?若壅其口,其与能几何?"问题提得中肯而尖锐,可是周厉王拒而不听,结果未几,周厉王被国人赶跑。②

邵公的思想如流星光耀,划破了天空,可是转眼又消失在长夜中。"口之宣言也"讲得切实而又准确,可是那个时代没有提供实现的条件。

三、芮良夫论王不可专利

芮良夫,即畿内封国芮伯之后,又称"芮伯",周厉王时佐朝政。周厉王

---

① 《史记·周本纪》。
② 参见《国语·周语上》。

信任荣夷公。荣也是畿内封国,荣夷公为其后。周厉王、荣夷公实行"专利"政策。"专利"多解释为专山林池泽之利。原来山林池泽国人也可以使用,厉王收归国家专利,因而引起从国人到贵族的共同反抗,铭文记述了这件事。

芮良夫反对"专利"政策,他在阐明自己的主张时指出:"夫利,百物之所生也,天地之所载也。""天地百物,皆将取焉,胡可专也?"大意是:天然的财富,是自然提供的,人皆有获取的权利,不能由王个人垄断;如果王"专之",必然会遭到众人的反对,"所怒甚多"。只顾专利,不顾民怨,这叫作"不备大难"。专利固然能得一时之利,"大难"却可能导致自身毁灭。"匹夫专利,犹谓之盗,王而行之,其归鲜矣!"①

芮良夫提出的自然之利众人皆可享受和使用的观点,指明在自然财富面前应该是权利平等的,谁也不能垄断。这种自然财富面前权利平等论,是对王权支配自然的怀疑与否定。

芮良夫把"利"说成是天地自然所生,有一定的片面性。因为"利"不只是自然形态,还有劳动的凝结。不过当生产力水平较低,人类生活资料的来源主要还不是靠改造自然而得,而是来源于利用自然之物时,芮良夫的观点与那个时代是相适应的。同时还应指出,这种理论为人们利用自然、改造自然打开了禁区,冲破了政治的桎梏。

在芮良夫的议论中,还有一点值得提出来:他把王视为一个政治范畴。在芮良夫之前,人们已经对王进行了区分:有的王有德,有的王缺德,等等。周公在历数商王时,就曾做过类似的区分。不过这种论述总是同具体的王相连的。"先王"这个概念,虽有独立化的倾向,但一般还是指文、武等王。

王的好坏对政治有重大的影响,于是给人们提出了一个问题:王应该是什么样的?这样王遂成为一个认识的对象,"王"从一个一个的具体的王中逐渐抽象出来,成为"王"的一般。芮良夫最早提出了这个问题。他把厉王同理论上的王区分开来。他提出:"夫王人者,将导利而布之上下者也,使神人百物无不得其极,犹曰怵惕,惧怨之来也。"②大意是:做王的应开利途,使上下都有取利的机会,使神、人、百物各得其所。这样仍惶恐不安,怕招致怨恨。芮良夫认为,只有按照上述要求做的才能叫王,周厉王的专利不符合上

①②《国语·周语上》。

述原则,违背了"王"道。

把"王"抽象与理论化绝不是对王的否定,而是给王的存在制造了一个更为普遍的理论根据,但同时也为批评某个具体王开辟了道路。因为理论上的"王"比现实的王要高尚得多,现实的王要在"王"的理论面前接受检查。

每个阶级每个集团都必须有自我批判的能力才能得以存在和发展。如果缺少或去掉了自我批判的武器,它是不可能有前途的。芮良夫关于王的理论便是实行自我认识、自我批评的理论之一。

四、虢文公论民之大事在农

虢文公为周初所封虢叔之后,宣王时为卿士。宣王即位后,"不籍千亩",即废弃籍田礼。虢文公针对此发表了民之大事在农的议论。

废弃籍田礼的意义是什么?学界有不同的看法,这里不去讨论。依我看,籍田礼即春耕礼。宣王不籍千亩,与军事有关。从《国语·周语上》等有关文献材料看,当时一般只在农闲时才练兵、讲武,即所谓"三时务农,而一时讲武"。籍田礼表示讲武结束,开始三季的农耕。宣王不籍田,破坏了这个传统,农忙季节来了也要用武。虢文公对此持反对态度,讲了一番颇有意义的道理。他提出,农是一切社会活动赖以存在的基础:"夫民之大事在农,上帝之粢盛于是乎出,民之蕃庶于是乎生,事之供给于是乎在,和协辑睦于是乎兴,财用蕃殖于是乎始,敦庞纯固于是乎成。"[1]大意是:民之大事在农,祭祀上帝的供品出于农,民之生活蕃息依赖农,各种事情的供给由农业出,农业好,人们才能协和辑睦,农业是财政的基础,农业能使民敦厚淳朴。

在以农业为基础的自然经济时代,这种说法是符合实情的。虢文公最重要的贡献,就在于他提出了经济是一切其他社会活动的基础,政治活动应该服从这一规律。王最重要的政事是保障农业生产,不能随便使役、用兵,干扰农业生产。这与"国之大事,在祀与戎"[2]的思想显然不同,农事高于祀与戎。虢文公当时能提出政治、军事应服从经济这一道理,应该说是卓见。

---

[1]《国语·周语上》。
[2]《左传·成公十三年》。

五、伯阳父论"和""同"

伯阳义(甫),传说为伯益之后。伯益为少皞之后。伯益又称伯翳,舜时虞官。伯阳父为幽王时的太史,又称史伯。当时郑桓公为王卿士,郑桓公问史伯王室命运如何。史伯认为周王室将要灭亡,因为幽王"去和而取同"[①]。

什么是"和"与"同"呢?"和"就是"以他平他"。所谓"以他平他",是指各种不同事物的配合与协调。伯阳父认为事物是由"土与金木水火杂"而生的。事物相杂,协调配合,用长补短,才能产生最好的效果。"是以和五味以调口,刚四支以卫体,和六律以聪耳,正七体以役心。"[②]由此进而讲到政治。政治上也应提倡"和",君臣要互相配合,取长补短。

所谓"同",指的是事物的单一性。单一的东西不能长久,"同则不继","以同裨同,尽乃弃矣"。又说:"声一无听,物一不文,味一无果,物一不讲。"[③]大意为:同是一个声调,就无所谓音乐;同是一个颜色,就没有花样;同是一个味,就不会好吃;事物都一样,就没有比较。

根据"和""同"的理论,王应顺"和"弃"同"。"和"最重要的是"择臣取谏工而讲以多物"。君主必须纳谏,对事情进行比较,才可能巩固统治。可是幽王却与此相反,幽王弃"和""而与剸同",拒谏饰非,拒"明德"之臣,听阿谀奉承之词,重用"谗匿"之人。根据"同则不继"的道理,伯阳父断言幽王的统治不会久长。[④]

伯阳父从事物的复杂性、多样性和互相补充的道理引出君主应该纳谏。然而应该不等于现实。幽王恰恰反其道而行之。这就说明个人专制同纳谏之间没有必然的、内在的联系。纳谏虽是一种美德,但由于没有制度的保证,常常流于空谈。事实上,在专制主义条件下,纳谏只能是专制主义的一种补充。

①②③《国语·郑语》。

④ 参见《国语·郑语》。

第三章　春秋时期由重神向
重人转变的政治思想

春秋时期(前770—前476)是中国历史上一个大变动时期。

政治形势的变化主要表现在周天子的式微,诸侯、卿大夫势力的崛起,以及家臣的活跃和人民地位的提高。周天子的统治地位削弱之后形成了大小不同的若干政治中心。诸侯之间的兼并战争引发了社会各方面关系的巨变,兼并的结果是形成了几大区域性君主集权的诸侯国。

春秋时期社会经济关系也发生了迅速的变化。铁器的使用和牛耕的推广,使社会生产力和技术步入了有别于青铜时代的新时期。伴随着社会生产力的新发展,人们的社会关系也发生了巨大变化。这主要表现在:第一,争夺土地的斗争日益激烈,土地所有、占有、使用关系日趋多样化;第二,剥削方式由西周的"籍田以力"转向力役和租税制,家庭个体生产逐渐普遍化,奴隶制在减弱和缩小;第三,工商业有了迅速的发展,私人工商与官营工商形成力量的抗衡。

社会思想与观念同政治、经济的变化相辅相成,也在发生巨变。这个时期政治思想探讨的问题越来越多,表现出多样化的特点。其主要倾向与发展趋势表现为:冲破西周天帝与天子观念的藩篱,转向世俗、实际和人。从目前的资料看,直到老子、孔子之前,还没出现独立的、形成理论体系的政治思想家。本章所论述的,主要是社会思潮,兼及几位政治家的思想。

第一节　春秋时期政治思想概论

一、怨天尤王——政治思想转变的起点

西周晚期和春秋初产生了一批讥讽诗。诗不同于政论,但由于诗是志的升华,有些诗具有鲜明的政治性,或者可称之为"政治诗"。这些诗的作者把矛头指向了上帝和周王。上帝和周王原是神圣的、受人敬颂的对象,现在变成被评判和讥讽的靶子,这可以说是思想的一大解放。从政治思想上看,这些诗虽没有明显的说理性,但它所反映的情感却是某些理论的先导。就理论与情感的关系而言,理论可以充当情感的导师,但是理论的母亲却又是情感。从这个意义上看,我们应该重视这些讥讽诗的政治意义。

天、祖、王连为一体。骂天、骂祖,也就是骂王。历来多数注家持有这种看法。怨天、骂祖的诗句很多。如:

"昊天不傭,降此鞠讻。"[①]昊天呀不公平,降下这个极凶。[②]

"昊天不惠,降此大戾。"[③]昊天呀没恩惠,降下这个大罪。

"昊天泰憮,予慎无辜。"[④]昊天啊太糊涂,我真是无辜。

"浩浩昊天,不骏其德。"[⑤]浩浩广大的昊天,不常保它的恩德。

"先祖匪人? 胡宁忍予? "[⑥]先祖难道不是人? 怎么忍我受苦?

还有一些诗句,超出了一般性的谴责,有具体的政治上的针对性。如谴责赏惩不公平:

"昊天疾威,弗虑弗图? 舍彼有罪,既伏其辜。若此无罪,沦胥以铺。"[⑦]昊天呀太暴虐,不思虑也不度量。舍弃那些有罪的人,尽隐瞒他们的罪行。这些无罪的人,相率陷于刑罚的苦痛。

斥责不听正言规劝,专听花言巧语:

---

① ③《诗·小雅·节南山》。

② 译文主要参考陈子展:《诗经直解》,复旦大学出版社,1983 年,第645—698 页。

④《诗·小雅·巧言》。

⑤ ⑦《诗·小雅·雨无正》。

⑥《诗·小雅·四月》。

"如何昊天,辟言不信。"①奈何昊天,规矩的话不信。

"乱之又生,君子信谗。"②乱子的又生,是由于君子听信说谗之人。

"盗言孔甘,乱是用餤。"③谗人的话说来很甜,乱子好像添了又添。

"巧言如簧,颜之厚矣。"④巧言好像笙簧,真是不要脸皮啊!

斥责政策不好:

"谋犹回遹,何日斯沮?谋臧不从,不臧覆用。我视谋犹,亦孔之邛!"⑤政策邪僻,哪一天能停止?政策至好的不行,不好的反而要用。我看政策也有很大的毛病。

批评说话的多,负责任的少:

"谋夫孔多,是用不集。发言盈庭,谁敢执其咎?"⑥出谋划策的人真多,所以没有成功;发言的人满庭,谁敢负责任?

谴责乱用浅薄之见:

"匪先民是程,匪大犹是经;唯迩言是听,唯迩言是争!如彼筑室于道谋,是用不溃于成!"⑦不是要效法古代的人,不是有大计划地进行,只是浅薄之言就听,只是浅薄之言就争。像那造屋的谋于路人,所以不会成功!

上述种种,哪里是批评高不可及的"天",分明以"天"为靶子批评王,正如《诗·小雅·节南山》所云:"家父作诵,以究王讻。"

在西周统治稳定时期,天、祖和王是不能非议的,只能崇拜和歌颂,由此形成思想的桎梏和教条化。只有冲破天、祖、王观念的藩篱,才可能别有境天。不少作者怨天的归宿是补天,由于天首先被戳了一个洞,再补也会留下伤疤,天的神圣性、祖的神圣性、王的神圣性统统被揭破了。

诗人们以激情开辟了新的视角!

二、由重神向重人的转变

西周的灭亡是一个促使人们重新思考政治兴衰的重要原因。接踵而来的春秋时代长期的战乱和争夺,把人们推到了现实斗争的第一线。在争夺

---

① 《诗·小雅·雨无正》。
②③④ 《诗·小雅·巧言》。
⑤⑥⑦ 《诗·小雅·小旻》。

中,一些诸侯国胜利了,发展了;一些诸侯国衰落了,灭亡了。有些冥顽不灵的人把这一切归之于天命,但更多的人从现实政治中寻求根由。晋国的中行氏被灭亡时,中行文子(荀寅)与太祝的一段对话把两种思想都勾画出来了。中行文子指责太祝祭神用的牺牲不肥美,才招致国之灭亡。具有讽刺意义的是,神职人员却说了另一番道理:"一人祝之,一国诅之;一祝不胜万诅,国亡不亦宜乎!"①你看,连神职人员都明白,国之兴衰不在于神,而在政策之得失。神权政治走向末路了。

神权政治衰落和世俗政治思想兴起主要有两个标志:其一,政治的兴亡不取决于神,而取决于民之向背,以及君、臣的政策与品质;其二,"天"被改造为一个泛概念,神秘主义的色彩减少了。

(一)得民者昌,失民者亡

春秋时期诸侯国之间的战争此起彼伏,无停息之日,一些国灭亡了,一些国经历了盛衰的变化。各国内部争夺君位的斗争层出不穷。卿大夫同君主相互之间也打个不停。在生死存亡面前,人们观察、分析、研究胜败的原因,希望从中找到避免失败和争取胜利的秘诀。一些人囿于传统的束缚,从天命神祇那里寻求根由。但也涌现出一批面向现实的人,力求从事情内部寻找原因。他们从不同的角度出发,得出了一个大致相同的结论:民之向背是成败之本。

国之胜败是由民的向背决定的。楚灭了六、蓼之后,鲁臧文仲评论道:六、蓼"德之不建,民之无援,哀哉"②。梁伯因"沟其公宫而民溃"③,被秦灭亡。这类事给政治家以深刻的影响,在许多年之后,当楚尹戍在总结历史经验时还引以为戒,指出:"民弃其上,不亡何待?"④根据上述认识,各国互相争战时,经常要考虑对方对民的态度,作为是否采取军事行动的重要根据之一。一次赤狄侵晋,晋中行桓子说:"使疾其民,以盈其贯。将可殪也。"⑤晋要伐虢,士蔿说:"不可。虢公骄,若骤得胜于我,必弃其民,无众而后伐

①《新序·杂事》。

②《左传·文公五年》。

③④《左传·昭公二十三年》。

⑤《左传·宣公六年》。

之，欲御我谁与？"①楚一次攻入郑都，郑伯肉袒请罪并宽其民，楚王见到此种情景，说："其君能下人，必能信用其民矣，庸可几乎？"②遂退师而平。

有时双方还以长远的战略眼光来争取对方之民的好感，收取对方的民心。公元前647年，晋大饥，向秦求援。秦内部有两派意见，一派反对支援，一派主张支援。子桑说："重施而报，君将何求？重施而不报，其民必携（叛离）。携而讨焉；无众，必败。"③子桑援晋的基点是放在争取晋民上，先撒种子，日后收果。次年，秦饥求援于晋，晋以仇报德。次年秦晋交战时，秦师同仇敌忾，晋师有愧，结果晋师大败。吴申胥（子胥）以吴王夫差、楚灵王、越王勾践各自对民的政策为例，指出亲民者必胜，骄民者必败。④楚国子西在对比了吴王阖闾与夫差对民政策之后指出，夫差"视民如仇，而用之日新"⑤，必将招致败亡。当时的许多人，在战争之前，首先实行纾民，以求民的支持。晋知罃说楚晋"二国图其社稷，而求纾其民"⑥。

在国内公子们争夺君位时，也常常首先争取民倒向自己。卫州吁争君位前所采取的政策是："求宠于诸侯，以和其民。"⑦宋公子鲍也因施贷于民，争得民的支持而被立为君。⑧这类例子很多。土地和民众都是统治者不可缺少的，在论到土与民的关系时，有的人认为必须先有民而后才能有土，晋夷吾说："人而能民，土于何有？"⑨争得君位之后，要巩固君位仍必须设法争取民的支持，晋文公便是典型的一例。他即位后，采取了"教其民""利民""信民""礼民"等措施，从而巩固了君位。⑩

许多政治家把对民的政策看作治乱的指示器。齐襄公为政无常，鲍叔

---

① 《左传·庄公二十七年》。

② 《左传·宣公十二年》。

③ 《左传·僖公十三年》。

④ 参见《国语·吴语》。

⑤ 《左传·哀公元年》。

⑥ 《左传·成公三年》。

⑦ 《左传·隐公四年》。

⑧ 参见《左传·文公十六年》。

⑨ 《左传·僖公九年》。

⑩ 参见《左传·僖公二十七年》。

牙指出：“君使民慢（使民起慢易之心），乱将作矣！”①后来齐襄公果然被赶下台。周单穆公在总结了历史的经验教训之后说：“以言德于民，民歆而德之，则归心焉。上得民心，以殖义方，是以作无不济，求无不获，然则能乐。”反之，“上失其民，作则不济，求则不获，其何以能乐”②？周景王铸大钟既不合音律又废财货，州鸠说：“民所曹好，鲜其不济也。其所曹恶，鲜其不废也。故谚曰：‘众心成城，众口铄金。’”③楚斗且批评楚王搜刮过甚，民心离散时说：“夫民心之愠也，若防大川焉，溃而所犯必大矣。”④晋里克批评骊姬惹得内外上下交怨时说：“使百姓莫不有藏恶于其心中，恐其如壅大川，溃而不可救御也。”⑤陈逢滑对陈君说：“臣闻，国之兴也，视民如伤，是其福也；其亡也，以民为土芥，是其祸也。”⑥

在理论上更为有意义的是，一些人认识到个人的愿望和要求只有得到民众的支持才能实现，否则必将失败。在议论鲁季氏逐其君，鲁昭公企图复国这个问题时，宋国的乐祁说：“政在季氏三世矣，鲁君丧政四公矣。无民而能逞其志者，未之有也。国君是以镇抚其民。《诗》曰：‘人之云亡，心之忧矣！’鲁君失民矣，焉得逞其志？靖以待命犹可，动必忧！”⑦乐祁在这里已不是谈论个别事件，而是概括了一个普遍真理，即：“无民而能逞其志者，未之有也。”在君主专制时代，个人违反民意而逞志的现象是很多的。乐祁之论的高明处在于超乎常人的见识，在云雾迷蒙的情况下，揭示出了事物的本质。乐祁比子产说的“众怒难犯，专欲难成”⑧更为深刻。每一种深刻的认识一般都有它的源头。在乐祁之前，周单襄公朦朦胧胧地也讲过类似的思想。楚、晋鄢之战，晋获胜。晋郤至自夸有功，能具备仁、礼、勇三德。单襄公评论道：“晋之克也，天有恶于楚也，故儆之以晋。而郤至佻（偷）天之功以为己力，不亦难乎？……且郤至何三伐之有？夫仁、礼、勇，皆民之为也。”⑨这段

---

① 《左传·庄公八年》。

②③ 《国语·周语下》。

④ 《国语·楚语下》。

⑤ 《国语·晋语二》。

⑥ 《左传·哀公元年》。

⑦ 《左传·昭公二十五年》。

⑧ 《左传·襄公十年》。

⑨ 《国语·周语中》。

论述虽还有很浓的神秘主义色彩,但他讲战争中起决定作用的是"民",而不是个人,是有见地的。

"从众"思想与上述认识有密切的关系,是一个问题的两方面。《左传·成公六年》载,楚、晋交战、晋中军之帅栾武子下令退军,众将军多数不赞成。有人问栾武子:"圣人与众同欲,是以济事。子盍从众?子为大政,将酌于民者也。子之佐十一人,其不欲战者,三人而已。欲战者可谓众矣。"圣人与众同欲是个光辉的哲理,将了栾武子一军。但栾武子也是一个聪明人物,他又讲了另一个道理。他说:"善钧,从众。夫善,众之主也。三卿为主,可谓众矣。从之,不亦可乎?"乍一看,栾武子近似于狡辩,其实栾武子提出了一个更深刻的见解。事情不能简单地以多数少数为准,"善"即正确,比多数更为重要,是更高的原则。同样为善,善中从众。善在少数人手中,从善亦即从众。究竟如何把"从众"与"从善"统一起来,是一个困扰人类的问题。但问题的提出足以给人启发。

得到民众的支持就可犯上,就拥有充分的理由,这可以说是春秋期间最激进的言论和见解。鲁三桓长期专政,季氏掌权期间,赶跑了鲁昭公。昭公不得返国。公元前515年,诸侯会盟,讨论鲁昭公回鲁问题。晋范献子不赞成,他说:"季氏甚得其民,淮夷与之,有十年之备,有齐、楚之援,有天之赞,有民之助,有坚守之心……"①与会者听了范献子的议论,只好作罢。公元前510年鲁昭公死于晋,赵简子对史墨说,季氏逐君,不准复国,死于异乡,这样做是否有点儿过分?史墨回答道:"鲁君世从其失,季氏世修其勤,民忘君矣。虽死于外,其谁矜之?"②得民便取得放逐君主的理由,在政治思想上是一大飞跃,君主的神圣性被破除了。

由于对民重视,许多人提出了"抚民""亲民""恤民""安民""利民""惠民""以德和民"等政治主张。这些主张的中心思想是要求君主和当政者开恩,施惠于民。他们指出,君民关系的中心是一个利字。民是君主的财源,君主不可竭源以取利。竭源而取,必将走到自己的反面。周景王铸大钱,搜刮民财,单穆公说:"绝民用以实王府,犹塞川原而为潢污也,其竭也无日矣。

---

① 《左传·昭公二十七年》。
② 《左传·昭公三十二年》。

若民离而财匮,灾至而备亡,王其若之何?"①楚灵王时的伍举,把问题讲得更清楚:"夫君国者,将民之与处;民实瘠矣,君安得肥?且夫私欲弘侈,则德义鲜少;德义不行,则迩者骚离而远者距违。"②这种言论把君主养民的传统观念揭破了。不是君主养民,而是民养君主。君主的德和财成反比,从民手中搜刮越多,就越缺德。

这个时期提出的"亲民""利民",并不是政策的目的,而是为了"使民"所采取的一种手段,正像楚子西说吴王一样:"吴光新得国,而亲其民。视民如子,辛苦同之,将用之也……"③晋士蒍也说:"夫民,让事乐和,爱亲哀丧,而后可用也。"④把利民看作目的本身,认为民利高于一切的言论只有邾子一席话。邾文公要迁都,占卜之后。"史曰:'利于民不利于君。'邾子曰:'苟利于民,孤之利也。天生民而树之君,以利之也。民既利矣,孤必与焉。'"⑤左右劝阻,邾子不从。邾子能提出这种思想实在可贵。

在君民关系中,最为激进的言论是:民可以推翻和抛弃困民之主。当时有些君主因过分残暴被民推翻了。对于这种现象,统治圈中的多数人是反对的,认为这是作乱抗上,罪莫大焉。但有些开明之士,却认为是合理的。晋知武子对献子说:"我之不德,民将弃我。"⑥庆郑曰:"背施幸灾,民所弃也。"⑦楚国沈尹戌在谈到梁被灭时说:"民弃其上,不亡何待?"⑧从贵族们口里说出民抗上具有合理性,不能不说是前所未见的。更有分量的话是晋师旷讲的。卫国之民赶跑卫君,晋侯说:"卫人出其君,不亦甚乎?"师旷回答说:良君"养民如子","民奉其君,爱之如父母"。如果君主是"困民之主",民众赶他下台是应该的。"天之爱民甚矣!岂其使一人肆于民上,以从其淫,而弃天地之性?必不然矣!"⑨师旷绝不是鼓动民众造反,但认为赶跑暴君是合

---

① 《国语·周语下》。

② 《国语·楚语上》。

③ 《左传·昭公三十年》。

④ 《左传·庄公二十七年》。

⑤ 《左传·文公十三年》。

⑥ 《左传·襄公九年》。

⑦ 《左传·僖公十四年》。

⑧ 《左传·昭公二十三年》。

⑨ 《左传·襄公十四年》。

乎天理的。君主肆意横行必将受到惩罚。

(二)任官尚贤

随着诸侯国内外矛盾的激化,智力问题也变得突出起来,没有善谋善断之人,国不得治,征战则败。许多人把起用贤者视为头等大事。齐桓公称霸的重要原因之一,是他任用了贤能,起用管仲是打破亲、旧的典型例证。《国语·齐语》记载齐桓公把任贤作为一项基本的政策,发布命令,要乡长"进贤"。如有贤人而不报,谓之"蔽贤","蔽贤"是犯罪行为,要给以惩处。据说齐桓公还实行了"三选"制度。乡长所进的贤是不是真有本领呢?要在实际行政中考察。"役官"一年后,要进行评定,叫"书伐",这是第一选。"书伐"之后,对其中贤者"复之"即提升,这是第二选。然后再加以考察,对其中有才干者再委以大任,这叫"三选"。卫文公复国后,治国之策中有一项即"授方、任能"①,很快收到了实效。晋国任贤的风气最盛。晋文公之后,公族势力减弱,任职的主要是异姓大夫。当时异姓大夫刚刚兴起,不可能靠既有的势力和亲属关系。所以厉公、悼公、平公时期能人辈出,晋国政治很有生气,这是晋得以保持霸主地位的重要原因之一。

尚贤的空气甚至对君主的继承都发生了影响。春秋时期对君权的争夺引起了无数次的厮杀,可是偏偏竟有几个让贤的君主。宋宣公没有传位给他儿子与夷,而是以传贤为由,把君位传给自己的弟弟。当时有许多大臣不同意,他讲:"先君以寡人为贤,使主社稷。若弃德不让,是废先君之举也,岂曰能贤?"②曹也发生过这样的事。诸侯要立子臧为君,他自称才德不足而不受。③

这时对贤臣作用的认识上,有些人发表了许多新的见解。曹刿的身世不甚清楚。他是一个敢于向高贵者挑战的人物。鲁庄公时,齐攻鲁,曹刿请见,其乡人曰:"肉食者谋之,又何间焉?"曹刿说:"肉食者鄙,未能远谋。"④从历史看,肉食者未必都是蠢货,但寄生虫居多也确实是事实。曹刿的这句话是对权贵的挑战,很有见地。还有一些人物认识到,能否使能任贤,关系国

---

① 《左传·闵公二年》。

② 《左传·隐公三年》。

③ 参见《左传·成公十三年》《左传·成公十四年》。

④ 《左传·庄公十年》。

家的兴衰。晋阳处父说："使能，国之利也。"①楚国的王孙圉认为贤能之人是国家之宝。王孙圉出使到晋，赵简子问："白珩"这块宝玉还在楚国吗？王孙圉回答道：楚从来没有把它视为宝，几位有才干的大臣，如观射父、左史倚相等，才真正是楚国之宝也。"若夫白珩，先王之玩也，何宝之焉？"②楚国的声子在分析楚、晋政治时，认为楚国之所以弱败，晋所以强盛，原因在于楚国的人才不被重用，到他国却成为栋梁之材，这就是他所说的："虽楚有材，晋实用之。"③

在举贤上受到称赞的是晋国的祁奚。他告老之时，以贤为标准，举仇、荐子和自己的属下。君子评论道："祁奚于是能举善矣：称其雠，不为谄；立其子，不为比；举其偏，不为党。"④这里特别应指出，祁奚举仇表现了他在政治上的宽阔胸怀。

在当时人们看来，贤臣首先是指敢于进谏之臣。君主要想求治，最基本的条件也是重用谏臣。晋范文子说："兴王赏谏臣，逸王罚之。"⑤

那些亲、旧之族对起用远人、异姓总是抱着敌视的态度。《左传·襄公十年》记载了一件同姓与异姓相争之事。"王叔之宰与伯舆之大夫瑕禽坐狱于王庭。士匄听之。王叔之宰曰：'筚门闺窦之人而皆陵其上，其难为上矣。'瑕禽曰：'昔平王东迁，吾七姓从王，牲用备具，王赖之，而赐之驿旆之盟，曰：世世无失职。若筚门闺窦，其能来东底乎！'"同姓骂异姓新起之族为"筚门闺窦之人"，适见其同姓近亲之神气。有些亲、旧之人常常动干戈反对起用新人、远人。《左传·昭公七年》记载，周单襄公弃亲用远，被襄、顷之族杀死。《左传·定公元年》记载，周巩简公弃其子弟而用远人，被子弟杀死。《左传·成公十八年》记载，晋厉公因用远人亦被杀。《左传·昭公七年》载，燕简公用新人而被逐。可见，用新人、远人，遭到了亲、旧之人猛烈的反对。可是当时的角斗又必须起用有才能的新人。所以起用有才能的人的呼声日益上升。

---

① 《左传·文公六年》。

② 《国语·楚语下》。

③ 《左传·襄公二十六年》。

④ 《左传·襄公三年》。

⑤ 《国语·晋语六》。

(三)先人而后神

由于对人的重视,在神、人关系上,出现了重人而轻神、先人而后神的观念。以神、民关系而论,这个时期在神、民关系上比较开明的一种看法是,认为民是神之主,先民而后神,神依民而行事,民和而神降福。随季梁说:"夫民,神之主也。是以圣王先成民而后致力于神。今民各有心,而鬼神乏主。"①宋公要用人祭,司马子鱼说:"民,神之主也,用人,其谁飨之?"②鲁曹刿说:"民和而后神降之福。"③这种思想虽没有最后否定神,但是神、民位置有了很大变化,民上升为第一位,神降到第二位。这里所说的"主"不是主人,而是祭主。即使如此,它也显示了这样一个道理:没有民,神也就无从谈起。从这种思想引申出的政治原则是对民的重视,正如季梁所说:"所谓道,忠于民而信于神也。"④君主的政治活动应该面向民众,先"成民"而后致力于神。所谓成民,首先要保证正常生产活动,在生产好的基础上进行教训,调整人与人的关系,讲求道德等。由于民比神更重要,政治的重点要放在民身上,虢国的史嚚说:"国将兴,听于民;将亡,听于神。"⑤寥寥几字,点明了两种不同的政治方针。

(四)"天"观念的泛化与自然化

在西周,天、上帝是一个东西,是至高神。到西周末年,有的把天视为自然现象。例如《诗·小雅·正月》:"谓天盖高,不敢不局。谓地盖厚,不敢不蹐。"《诗·小雅·小明》:"明明上天,照临下土。"《诗·小雅·大东》:"唯天有汉,监亦有光。"《诗·小雅·小宛》:"宛彼鸣鸠,翰飞戾天。"从这些描写可看出,天已有明显的自然性。

"天"与"道"在西周是两个不同的概念。道即道路,在《尚书》《诗经》中某些地方有规则之意。"天道"最早见于《尚书·康王之诰》:"皇天用训厥道,付畀四方。"大意是:伟大的天根据先王的道德,把四方交给我们。另《尚书·毕命》中也有"天道"这个概念,但学者认为《尚书·毕命》为后人之作。到春

---

① 《左传·桓公六年》。

② 《左传·僖公十九年》。

③ 《国语·鲁语上》。

④ 《左传·桓公六年》。

⑤ 《左传·庄公三十二年》。

秋,"天道"已成为一个流行很广的概念。不过,人们所赋予它的内容是很不一致的。大致可归纳为如下两种:

一种是神秘主义的。天道、天命都是"上帝""天"的意志的表现,同西周的"天"无大区分。这种观念还相当流行,为众多的人所遵循。

另一种,天道是一个模糊概念,其中有多层含义,不仅包含天、地、人统一的必然性、规律性,有时也不乏神秘的成分。就每个人的论述来看,强调的重点不尽一致。有的认为天道指的是日月的运行规律,如范蠡讲的"天道皇皇,日月以为常""天有还(反)形"①。有的认为,天、地是自然现象的物质本原,如单襄公所说:"天六地五,数之常也。经之以天,纬之以地。经纬不爽,文之象也。"②韦昭注:"六,六气:阴、阳、风、雨、晦、明;五,五行:金、木、水、火、土。"依照韦昭的说法,天、地是由诸种元素构成的,这些元素又是自然万物的本原。还有一种看法是把事物变化的某些规律视为天道,如邓曼说的:"盈而荡,天之道也。"③伍子胥说:"盈必毁,天之道也。"④还有的把人伦关系也归于天道。晏平仲说:"君人执信,臣人执共,忠信笃敬,上下同之,天之道也。"⑤

人们对天道的看法尽管大不相同,但有一点是共同的,即都认为人受天道的支配与左右,因此天道对政治有直接的作用与影响。

神秘主义认为,天道、天命主宰一切人事。天象示人、天应人事说在这个时期发展得较为突出。公元前525年冬,"有星孛于大辰,西及汉。申须曰:'彗,所以除旧布新也。天事恒象,今除于火,火必出布焉。诸侯其有火灾乎?'梓慎曰:'往年吾见之,是其徵也。'"⑥公元前555年,楚、晋交兵,董叔认为晋必胜,因"天道多在西北,南师不时(杜注:不时,谓触岁月),必无功"⑦。公元前519年,"南宫极震",苌弘据此对政治形势作了具体的推论。⑧这些

①《国语·越语下》。

②《国语·周语下》。

③《左传·庄公四年》。

④《左传·哀公十一年》。

⑤《左传·襄公二十二年》。

⑥《左传·昭公十七年》。

⑦《左传·襄公十八年》。

⑧ 参见《左传·昭公二十三年》。

都可视为天谴论。由此可以看到,天神思想一方面走向衰落,另一方面在天示人上有发展。天谴论是利用自然界的重大疑难现象作为中介的。

怀疑或否定天道神秘的人,对天道的态度,大致又分为两种:

一种理论认为顺乎自然,才能使人事兴旺。周太子晋对此有过精彩的论述。周灵王认为谷水与洛水汇合之后,水流急,会冲毁王宫,谋划修堤控住谷水。太子晋谏道,自然为民提供了财物,"是以民生有财用,而死有所葬"。自然万物各有其本性,如水往低处流等,身为君主只能利用自然的本性,不能反其道而行之。历史上共工失败在于逆水性而动,不是导水而是壅塞,结果为害天下。鲧复蹈共工之旧辙,也酿成大祸。夏禹改变共工之道,而采取"疏川导滞"的办法,为利于天下。太子晋劝王不要壅塞谷水,否则要导出大祸。太子晋从历史上考察了圣王与天、地、民、神关系之后提出,只有上"象天"、下"仪地"、中"和民"、顺时、敬神才能平安。太子晋把这五者称之为"五则"。在这五则中虽然还有敬神一项,但已处于末位。圣王只有遵从,并通盘考虑"五则"才能制定出正确的政策。①

医和的医学理论中的天是自然性,他认为人的生理规律和自然规律是有统一性的。他说:"天有六气,降生五味,发为五色,徵为五声。"自然物的味、色、声都可以养人,但过了头就会引起疾病,即"淫(过也)生六疾"。阴、阳、风、雨、晦、明"六气"也必须协调,相过则生疾。"阴淫寒疾,阳淫热疾,风淫末疾,雨淫腹疾,晦淫惑疾,明淫心疾。"②医和把人作为自然中的一环,从自然规律与人的生理与心理活动的统一性来考察疾病的起因,很有见地。

上述诸种观点提出了一个基本命题,即如何对待自然的天是政治的主要内容之一。这一命题的价值在于认识到政治不只是处理人与人的关系,同时也包括如何对待自然。人类不可能离开自然,必须在自然中生存。怎样对待自然,这不是个人的私事,而是具有社会性的。具有社会性的行动,无疑应属于政治的一部分。

在上述的论述中,还有一个令人赞叹的思想:违反了自然规律,不只个人会受到惩罚,如果掌权人物强制推行违反自然规律的活动,还会使社会

----

① 参见《国语·周语下》。
② 《左传·昭公元年》。

遭受自然的报复。按照这一观点，强制推行违反自然规律的活动而给社会带来灾害的人，应该受到制裁，如共工被打倒、鲧被殛于羽山等。

还有一种观点强调天人相分。一次周单子预言晋将有乱，鲁侯问："敢问天道乎，抑人故也？"对曰："吾非瞽、史，焉知天道？"他认为乱因在人。[①]宋发生大火，晋侯问士弱。士弱开始讲了一通具有神秘性的天道。当晋侯追问："可必乎？"即是说：是必然的吗？士弱又答道："在道。国乱无象，不可知也。"[②]天虽有神秘性，但天不干人事。公元前521年发生日食，鲁昭公问梓慎："是何物也？祸福何为？"对曰："二至二分，日有食之，不为灾。日月之行也：分，同道也；至，相过也。其他月则为灾。阳不克也，故常为水。"[③]这其中既有天人相分论，又有相关的事。在正常的运行范围内，天人不相干，否则会有灾。当时众多的人把彗星视为不祥之兆，晏子则认为："天道不谄，不贰其命。"[④]从天人相分出发，他不赞成以祭祀除灾。子产讲的"天道远，人道迩"[⑤]，更清楚地表明天人相分。天道有神也好，无神也好，离人事太远，不必多加考虑。

从神秘主义方面寻求天人之间的统一性，不可能得出合理的结论，只能引导人们走向迷信与愚昧。天人相分的观点，从其积极方面看，可以抛开天道的神秘主义的内容或置之不顾；但这种认识具有明显的弱点，即它忽视了天人之间客观的统一性内容。从自然规律方面寻求天人的统一性是思想史上的伟大贡献。但在当时条件下，人们不可能把问题说清楚，在众多的疑难面前，又很容易走向神秘主义。

综上所述，把人作为政治中的主体，认为在人自身中蕴藏着政治兴衰的原因，这就在实际上把神决定政治的观念排斥到一边了。而对天自然化的理解与把天道作为客观必然性的范畴来使用，又从根本上改变了天的神秘性的观念。这两种认识发展汇合成的合力促使神权政治走向了衰落。

---

① 参见《国语·周语下》。

②《左传·襄公九年》。

③《左传·昭公二十一年》。

④《左传·昭公二十六年》。

⑤《左传·昭公十八年》。

三、论君主与专制主义

在《诗经》中,理论的、抽象的王已经出现。春秋时期,对这个问题的论述更多了。周天子已不再是"德"的象征与体现者。各诸侯除了几个霸主受人尊敬外,绝大多数荒淫无耻,成为人们批评的对象。但是,那个时代又不能没有君主。于是人们从理论上对君主的品德进行了讨论。一方面,理论上的抽象君主为现实的君主树立了样板,同时又是批评现实君主的理论武器。

另一方面,在实际上,君主专制主义思想与理论也日臻完善,许多人从不同角度和不同方向为君主专制主义思想增砖添瓦。当我们把有关的零星论述集中在一起时,就会非常清楚地看到,春秋以后出现的系统的君主专制主义理论在这个时期已奠定了基础。

对理想君主的塑造与期待、对现实君主专制的完善,是春秋时期有关君主论述的两个基本点。

(一)关于君主起源问题的认识

按殷周以来的说法,君主是天之子,或是由天选定的"民主"。这种观点在春秋时仍然流行,如:"君,天也。"[①]"天生民而立之君,使司牧之,勿使失性。"[②]在这些说法中,君本于天,或即是天。

突破上述看法的是西周末年的史伯(伯阳父)。他虽然没有否定天命论,但更注重人事。他认为对人类历史做出了重大贡献的人及其子孙才有资格当君主。他说:"夫成天地之大功者,其子弟未尝不章。"虞、夏、商、周之所以相继为君主,都是因为他们的祖宗对人类历史有过划时代的贡献。虞幕(韦昭注:舜后虞思也)能风雨,因时顺气,成育万物,使万物乐生。禹能防水灾,使万物高下各得其所。商契能教民父、母、兄、弟、子和睦,使百姓平安相处。周弃即后稷,能播殖百谷蔬菜,使人民得到衣食。[③]因此他们的后代皆为"王公伯侯"。这种说法有明显的报应论成分,但有一点极为可贵:功业是成就君主的前提。

---

① 《左传·宣公四年》。
② 《左传·襄公十四年》。
③ 参见《国语·郑语》。

周太子晋发表了另一种说法。他说:"天之所崇子孙,或在畎亩,由欲乱民也。畎亩之人,或在社稷,由欲靖民也。无有异焉!"①大意是:大家都是天帝所宠爱的子孙,身为君主只要为非作歹,就不可避免要垮台,去种田;反之,种田的人,能使民安居康宁,也能主社稷为君主。这里提出了一个极为重要的论点,即种田的也可以主社稷,这实在是对君主条件认识的一大突破。

　　晋史墨从事物对立转化的角度,论述了君无常位。他认为:"物生有两。""两"即对立面的统一。君、臣是"两"的具体表现之一。"两"互相佐助,但在一定条件下也可以转化。由此他认为:"社稷无常奉,君臣无常位,自古以然。故《诗》曰:'高岸为谷,深谷为陵。'三后之姓,于今为庶,王(指赵简子)所知也。"②在史墨看来,君臣易位、社稷易主是自古以来的规律。尽管史墨在谈到这种变化时仍然保留了"天"的圣衣,但把君的神秘性戳穿了。

　　对君位的不同看法,引出了对君主的不同态度。

　　从君主即天的观点出发,对君主只能遵从、效命。关于这种思想下面再论。

　　另一种看法是义高于君。这是由晋丕郑提出来的。丕郑在与荀息的争论中做了鲜明的表述。晋献公得骊姬,生奚齐,得宠,欲废太子申生。"荀息曰:'吾闻事君者,竭力以役事,不闻违命。君立臣从,何贰之有?'丕郑曰:'吾闻事君者,从其义,不阿其惑。惑则误民,民误失德,是弃民也。民之有君,以治义也。义以生利,利以丰民,若之何其民之与处而弃之也?必立太子。'"③丕郑在这里提出了几个重要论点。其一,君与义的关系。丕郑认为"君"与"义"是两回事。君不等于义,义高于君,君与义发生矛盾,从义不从君。其二,义和利的关系。义在于生利。其三,利与民的关系。利在于丰民。其四,民与君的关系。民之所以需要有君,是为了治义。总之,义高于君。就具体而论,丕郑说的是不能更换太子。就事情的本身看,这并不是一个革命的命题。但就这件事引出的理论,把君的地位降到义之下了。君也要在义的面前接受衡量。这一理论的提出与发展,在统治者内部,增加了一个自我批评的武器。例如,鲁宣公夏天在泗水用密网滥捕鱼。大夫里革对宣公说:鱼

---

① 《国语·周语下》。

② 《左传·昭公三十二年》。

③ 《国语·晋语一》。

兽繁殖生长时期不能捕捉。"今鱼方别孕,不教鱼长,又行网罟,贪无艺(边、极)也。"①宣公不听,里革便动手割断了渔网。在"古之训"面前,宣公不得不作罢。从义高于君出发,臣子有义务改正君主的过失。正如史黯所说:"夫事君者,谏过而赏善,荐可而替否,献能而进贤,择材而荐之,朝夕诵善败而纳之。道之以文,行之以顺,勤之以力,致之以死。听则进,否则退。"②史黯在这里讲的是为臣的责任。其思想理论上的意义在于:他把君臣之间的绝对隶属关系和当时盛行的主死臣从观念冲破了。在君臣关系中,政见是第一位的,君主听则进,不听则退。

(二)先王论的发展

以先王为法的观念早在商代就出现了,到西周后期已出现理论化和抽象化的先王观念,春秋时期更加发展了。人们重新认识先王,并加以理论化与抽象化,绝不是回味历史,而是同认识当世之王和当时之君紧密相关的。议论先王,与其说是讲历史,不如说是当作理论与标准来使用,以认识现实的君主。由于人们的立场、观点不同,各自的先王观也不一样。简而言之,有复古保守的先王观,也有现实批判性的先王观。

有的人利用先王的旗号墨守陈旧制度,反对打破传统遗俗,这可称之为复古或保守的先王论。例如一次晋齐交兵,晋侯使巩朔献齐捷于周王,王不接见。王使单襄公以礼教训巩朔。大意是:先王之制,如果兄弟甥舅败坏王制,应受王命而后伐,在兄弟甥舅之间不能献捷。另外,按礼的规定应由晋侯亲自来朝见。今只派你来,不符合礼的规定,而是"奸先王之命"。周王用先王之礼批评巩朔,弄得巩朔无言答对,白受了一顿抢白。

另有一种先王观具有现实批判性。他们用先王做武器展开了对现实君主的批判。鲁庄公大兴土木,雕梁画栋,奢靡无度,匠师庆就以先王尚"俭"为由对庄公进行批评,指出:"君侈,令德替矣。"③秦穆公死时以人殉葬,受到许多人的谴责,认为他违背了先王之道:"先王违世,犹诒之法,而况夺之人善乎!"④楚国不用贤人,多淫刑,贤大夫逃于四方为他国所用时,

---

① ③《国语·鲁语上》。

②《国语·晋语九》。

④《左传·文公六年》。

(声子)称引先王治民:"劝赏而畏刑,恤民不倦。"①晋平公有疾,派人到秦国请医,秦派医和前往。医和说晋侯的疾病是因贪女色而丧志引起的。晋侯反问:"女不可近乎?"医和回答道,应该"节之",随后以先王为旗号,讲了"先王之乐,所以节百事也"的道理,指出晋侯与先王相背。"不节不时,能无及此乎?"②

类似的先王论,与其说是尊先王,不如说是以先王为刀来解剖现实、批评君主。在君主专制时代,臣下很难对君主进行直接批评,于是把先王请出来当作护身符。这种现实批评性的先王观含有相当重要的理论意义。

当时还有一种看法,认为先王因时而变制,无固定之法。这个思想不是从正面提出来的,而是从侧面隐约地表现出来的。子朝为周景王之庶子,有宠,太子寿卒,先立子猛,后又立子朝,正当此时景王死,子猛继位,是为悼王。悼王随即去世,其弟立,是为敬王。于是子朝作乱,争王位,失败后逃到楚国。他在气急之余给各诸侯一封信,历数周朝的历史,指责敬王及其辅臣单旗、刘狄败坏王室,剥乱天下。说单旗、刘狄倡言:"先王何常之有?"③单旗、刘狄是否真有这种观念,姑且不论,但各种观念的同时并存当是事实,尽管只一句话,而且是间接的,却是那个时代最耀目的思想火花。当谁也没有否认先王伟大正确之时,他破天荒地指出先王无常法。由此而得出的结论便是:无须拘泥于先王。这个思想火花指出了一条引人重新思考之路。历史上的先王之道与现实之间的矛盾是不可避免的,人们在实际上总是不可避免地或多或少要变更先王之道,但是要突破先王的精神羁绊,却是十分困难的。"先王何常之有"冲破了对先王的迷信,是非常可贵的。

人们口口声声言先王之制和先王之礼,其实先王之礼、先王之制究竟是什么,多数人也弄不清楚。一次晋派荀跞到周王室赴葬,以籍谈为助手。籍谈之祖主管典籍,因此为姓氏,且世世典守。在周王举行的第一次宴会上,周王谈到"礼"和晋的历史,荀跞不知,籍谈也不知。周王于是批评籍谈"数典而忘其祖"④。籍谈回来之后对叔向讲了此事,叔向不以为然,反批评周王不知礼。叔向指出,周王室一年之内丧二人(王太子寿和穆后),应服三

---

① 《左传·襄公二十六年》。

② 《左传·昭公元年》。

③ 《左传·昭公二十六年》。

④ 《左传·昭公十五年》。

年之丧。可是王却举行宾宴，又向诸侯求礼器，这不符合先王之礼，故曰"非礼也"。尽管当时人们对先王之礼已搞不大清楚，但有时抬出先王来还是有一定作用的。晋文公要求人们待自己以王之礼，周襄王搬出先王之制，晋文公只得作罢。①

先王论在崇尚传统和经验的社会中，是一个很有力量的武器，但它的随意性也是很明显的，不过是拉大旗作虎皮而已。这种理论虽有批判性，但人们仍是先王的仆从，难以从中生长出政治主体意识。

(三)对圣人、圣王的期盼

随着在用贤和张扬先王思潮中，"圣"被凸现出来。

"圣"(聖)字是"耳""口"的结合，最早见于甲骨文，有人认为是巫师，但证据似不足，有待进一步求证。就字形而言，顾颉刚先生认为，"圣"字是"声入心通，入于耳，出于口"的意思。②庞朴先生也认为，最初的"听"即为"圣"，所谓"闻而知之，圣也"。③

就《尚书》《诗经》和金文中"圣"字而言，主要是表示人品的一个概念，指的是聪慧和道德高尚的人。到了春秋，其含义不断扩充。

"圣"作为一种指人的概念，既有先王，也有在位的王与诸侯，还有臣下(包括先臣)，另外与巫师和神等也有关联。相应的组合词有"圣王""圣人""圣贤""神圣"等。

圣人的基本品质是有德。《左传·昭公七年》载："圣人有明德者。"《国语·吴语》载："昔吾先王体德明圣。"《国语·周语下》载："国无经，何以出令？令之不从，上之患也，故圣人树德于民。"

圣王遵从礼乐。《左传·昭公五年》载："是以圣王务行礼。"《左传·文公二年》载："先大后小，顺也。跻圣贤，明也。明、顺，礼也。"

《左传·襄公二十九年》载："见舞韶濩者，曰：圣人之弘也。"《国语·周语下》载："是故先王之制钟也，大不出钧，重不过石。律度量衡于是乎生，小大器用于是乎出，故圣人慎之。"《国语·楚语下》载"圣王正端冕"，遵从礼仪制

---

① 参见《国语·周语中》。

② 参见顾颉刚：《"圣"、"贤"观念和字义的演变》，《中国哲学》(第 1 辑)，人民出版社，1980 年，第 80 页。

③ 参见庞朴：《儒家辩证法论纲》，《中华学术文集》，中华书局，1981 年，第 508 页。

度就是圣人。《左传·成公十五年》载"前《志》有之曰:圣达节",节即礼节。《国语·周语中》载"圣人贵让"云云,礼与让紧密相连。

圣人崇尚理性。《左传·桓公五年》载:"夫民,神之主也,是以圣王先成民,而后致力于神。"《左传·哀公十八年》载:"《志》曰:圣人不烦卜筮。"《国语·越语下》载:"夫圣人随时以行,是谓守时","死生因天地之刑,天因人,圣人因天;人自生之,天地形之,圣人因而成之",范蠡进谏曰:"臣闻之,圣人之功,时为之庸(用)。"这些都是强调遵从客观规律。

圣人无求专制。《国语·鲁语下》载"先圣王之传恭(恭敬),犹不敢专"云云。《国语·楚语上》载:"若武丁之神明也,其圣之睿广也,其智之不疚也,犹自谓未乂,故三年默以思道。既得道,犹不敢专制,使以象旁求圣人。"《国语·周语中》载:"故圣人之施舍也议之,其喜怒取与亦议之。是以不主宽惠,亦不主猛毅,主德义而已。"《左传·成公六年》载:"或谓栾武子曰:'圣人与众同欲。'"

圣人的主要功能是治理国家,能惩恶而劝善者为圣人。《左传·成公十四年》载:"惩恶而劝善,非圣人谁能脩之。"《左传·成公十六年》载:"唯圣人能外内无患。"《左传·襄公二十一年》载:"《书》曰:'圣有暮勋,明徵定保。'"《国语·晋语六》载:"唯圣人能无外患,又无内忧。"圣人威、德并举。《左传·襄公二十七年》载:"兵之设久矣。所以威不轨而昭文德也。圣人以兴,乱人以废。"只要能治理民众就是圣人,理想的状态是:"无饥、寒、乏、匮之患,故上下能相固,以待不虞,古之圣王唯此之慎。"[1]能分而治之也是圣人,这就是管子说的:"昔圣王之处士也,使就闲燕;处工,就官府。"[2]即使使民处于疾苦状态,只要能达到治理,也是圣人。《国语·鲁语下》载:"昔圣王之处民也,择瘠土而处之,劳其民而用之,故长王天下。"总之,圣人以能治民为标准。

从认识运动看,春秋时期突出圣人、圣王,反映了认识的深化,即理性的进一步发展;从历史的运动看,突出圣人、圣王,反映了神的功能的下降、人的能动性的上升和对自身力量的信心的增长。

(四)君主专制主义理论

春秋时期人们对君主尽管有了新的认识,一部分人敢于把君主作为认

---

[1]《国语·周语下》。

[2]《国语·齐语》。

识对象评头品足，但是事情还有另一面。

上层统治者为争夺君位打红了眼，许多人因此而身首异处。可是从这种纷争中得出的结论却是君主权力应该具有无上性，并由君主独占。西周时期由于分封造成的分权，到春秋形成了权力中心多元化的现象。针对这种现象，不少人提出"国不堪贰"的主张。《左传·隐公元年》载"郑伯克段于鄢"一事最早记录了这一思想。郑庄公弟共叔段依仗母后势力谋划篡夺君位，郑公子吕针对这一危急情况向郑庄公提出："国不堪贰，君将若之何？欲与大叔（共叔段），臣请事之。若弗与，则请除之，无生民心。"所谓"国不堪贰"，是说君权应保持单一的至高无上地位，禁绝并行权力的存在。只有使全国处于单一权力统治下，才更有利于君主巩固权力。随着统治阶级政治斗争的发展，"国不堪贰"的思想得到不断丰富，逐渐成为统治者所公认的一项政治原则。后来，对权力上一切有"贰"（二）的现象都十分忌讳。周大夫辛伯说："并后、匹嫡、两政、耦国，乱之本也。"[1]晋大夫狐突言道："内宠并后、外宠二政、嬖子配嫡、大都耦国，乱之本也。"[2]齐悼公说："君异于器，不可以二。器二不匮，君二多难。"[3]

比"国不堪贰"更加促进君主专制思想发展的，是"本"与"末"对立命题的提出。这一命题是由晋国大夫师服提出来的。他说："吾闻国家之立也，本大而末小，是以能固。故天子建国，诸侯立家，卿置侧室，大夫有贰宗，士有隶子弟，庶人、工、商各有分亲，皆有等衰。是以民服事其上而下无觊觎。"[4]师服以君权为"本"，以从属性的次一级权力为"末"，二者关系应当是"本"大于"末"。他认为，晋昭侯封桓叔于曲沃，又令栾宾相之，是"以诸侯而建国"，超越了君与臣间权力占有的正常比例，使臣下权力过大。"本既弱矣，其能久乎？"[5]君主为了防止臣下势力膨胀，避免形成与君相抗衡的权力，必须使君权永远占据绝对优势地位，保持君权的绝对威慑力量，这就叫"本大而末小，是以能固"。"本大而末小"是"国不堪贰"思想的进一步发展，也是君主为维护权力一元化而强调的一个原则。从"国不堪贰"到"本大而末小"

---

①④《左传·桓公十八年》。

②《左传·闵公二年》。

③《左传·哀公六年》。

⑤《左传·桓公二年》。

的发展,反映了君主专制理论的深化。

为了确保君主权力一而不二和本大于末,君主还必须时刻把权力切实握在自己手中,不可分给任何人,这就是"唯器与名,不可以假人"。晋国的史墨尽管对鲁国季氏放逐昭公表示一定的支持,甚至还从哲学与历史上论证了"社稷无常奉,君臣无常位"是必然现象,但是他从中得出的一个基本的结论是:"是以为君慎器与名,不可以假人。"①器与名是权力的象征和标志,这种东西不能轻易给人,给人则不返,常常反受其苦。《左传·成公二年》也记载了孔子的类似言论:"唯器与名,不可以假人","若以假人,与人政也",是君主的大忌。

不贰论、本大末小论、名器不可假人论,从不同侧面对君权的绝对权威做了原则性规定,强调了君权的独占性和君权一元化。

春秋时代的统治者在权力分配上突出君权的绝对优势,反映在君臣关系上,首先就必然强调君对臣的绝对主宰,并对臣的权利义务做种种规定,要求臣绝对服从君,概括言之即:"君命无贰。"②晋悼公说:"抑人之求君,使出命也。"③这就是说,君主的职责就是发布命令,臣属的义务则是无条件服从。但是,君命的效力往往受到多种因素的影响,使"君命无贰"难以实现。怎样才能加强"君命"的权威呢?有人求助于习惯法的约束,例如晋寺人披说:"君命无贰,古之制也。"④为了论证君命的绝对性,一些人给"君命"罩上神秘的外衣,借助于神威来强化君命的不可抗拒性。这个神秘的高级权威就是"天"。君即"天","君命"即"天命"。春秋时代的人们对于"天"的理解五花八门,或以"天"为至高的神,或以"天"为自然规律,或以"天"为不可捉摸的命运,甚至将诸种不可理解的事物及其原因一并归之于"天"。虽然看法各异,但它们有一个共同之处,就是"天"具有超乎人力的强大威力。统治者正是利用人们对"天"的敬畏心理,把"君主""君命"与"天"连在一起,从而加强"君命"的权威。楚箴尹克黄说:"君,天也。"⑤晋赵宣子说:

---

① 《左传·昭公三十二年》。

② 《左传·成公八年》载晋士燮语。

③ 《左传·成公十八年》。

④ 《左传·僖公二十四年》。

⑤ 《左传·宣公四年》。

"大者天地,其次君臣。"①将君臣统属关系与"天地"并论。君主既然与"天"无别,那么,君主的意志就是"天"的意志,"君命"就是"天命"。故而楚郧公辛曰:"君命,天也。"②面对至高无上的"君命",臣下应该抱什么样的态度呢?按照鼓大夫夙沙釐的说法:"委质为臣,无有贰心。"③臣对君应当专一不二。而且,"无有贰心"也合于天性,如郑原繁所说:"臣无贰心,天之制也。"④神秘主义与"君命"相结合,从而给予君主专制以强有力的理论支持。

把"君命"绝对化的另一个方法是利用血缘宗法传统,将君臣关系与父子关系连在一起,借助于宗法的专制家长制思想强调臣对君的服从。晋大夫栾共子说:"成闻之:'民生于三,事之如一。'父生之,师教之,君食之。非父不生,非食不长,非教不知生之族也,故一事之。"他认为,臣对君要"报生以死,报赐以力",是"人之道也"。⑤以死忠君与人道不贰,应该说,栾共子的思想在当时是具有代表性的。例如晋献公要杀公子重耳,重耳说:"君父之命不校。"⑥从君命如同从父命。在君臣父子双重关系压制下,臣只能俯首帖耳,唯君父之命是从。在这种观念下,臣下不仅无政治主动性,甚至也不能独立思考,晋丕郑说:"我无心。是故事君者,君为我心。"⑦无心之臣最合乎君主专制统治的需要。总之,把宗法的专制家长制引入政治关系是中国古代政治的一大特点,而君臣、父子关系并论亦成为中国古代政治思想之特色。

再者,当时的传统道德观念也倡导臣下无条件服从君命。比如强调要"事君以忠贞"。春秋时代,人们对于"忠"的认识是各种各样的,其中最主要的一种观念是忠于"君主"。"忠"是"臣道"的基本规定,即所谓"事君不贰是谓臣"⑧。"忠"又与"孝""敬"相提并论。所谓"事君以敬,事父以孝"⑨。"失

---

① 《国语·晋语五》。

② 《左传·定公四年》。

③ 《国语·晋语九》。

④ 《左传·庄公十四年》。

⑤ 参见《国语·晋语一》。

⑥ 《左传·僖公五年》。

⑦ 《国语·晋语二》。

⑧ 《国语·晋语四》。

⑨ 《国语·晋语一》。

忠与敬，何以事君？"①由于春秋时代的政治集团多是家庭或家族的扩大，国家的政治中枢以某一家庭或家族为核心，故而"孝"与"忠"成为一对孪生道德规范给臣子以约束。晋大夫狐突说："子之能仕，父教之忠，古之制也。"②

春秋时代的统治者从"君命无贰""臣无贰心""事君以忠贞"等原则出发，又对臣的行为做了进一步规定。在正常的情况下，要求臣"无违君命"。晋大夫苟息说："吾闻事君者，竭力以役事，不闻违命。"③据《左传》载，鲁襄公二十三年（前550），齐师伐莒，莒子重贿齐大夫杞植、华周以请盟。华周说："贪货弃命，亦君所恶也。昏而受命，日未中而弃之，何以事君？"④"不弃君命"也就是"无违君命"。晋羊舌肸说："违命不孝，弃事不忠。"⑤违君命就是不忠不孝之人，对这种人"亦不可不杀也"⑥。"无违君命"要求臣盲目服从君主，这是在君主专制统治下评判臣行为的起码准则。

在"君命"与生命发生矛盾的情况下，则要求臣"死君命"。《左传》载，鲁文公十八年（前614），文公薨。鲁大夫公子遂"杀嫡立庶"，并"以君命召惠伯（叔彭生）。其宰公冉务人止之，曰：'入必死。'叔仲曰：'死君命可也'"⑦。臣对君命要绝对服从，直至死而不渝。晋大夫解扬也说："受命以出，有死无霣，又可赂乎？臣之许君，以成命也，死而成命，臣之禄也。"⑧"死君命"较之"无违君命"来说，是君主专制主义对臣的行为更严格的要求，它要求臣有不惜一死以尽"君命"的献身精神。

与"死君命"相近的另一种说法是"君辱臣死"。越大夫范蠡说："臣闻之，为人臣者，君忧臣劳，君辱臣死。"⑨这是说，当君主遇到危难的时候，臣要以身殉之。鲁成公十六年（前575），晋楚鄢陵之战，郑国作为楚的与国而参战。楚、郑战败，郑大夫唐苟谓石首曰："子在君侧，败者壹大。我不如子，

---

① 《左传·僖公五年》。

② 《左传·僖公二十三年》。

③⑤ 《国语·晋语一》。

④ 《左传·襄公二十三年》。

⑥ 《国语·鲁语上》。

⑦ 《左传·文公十八年》。

⑧ 《左传·宣公十五年》。

⑨ 《国语·越语下》。

子以君免,我请止。"①于是赴死。"君辱臣死"强调一种积极的事君态度,这是君主专制主义对臣的行为更严格的要求和规定。

综上所述,春秋时代的统治者从统治阶级权力分配以及君臣关系方面,围绕着如何强化君主专制提出了许多观点与要求,其中最为突出的是强调了君权的独占性和独裁性。虽然这时所提出的思想尚未能形成系统化的理论体系,但是就时代来说,君主专制理论已经成为一股社会政治思潮而广泛传播,并反作用于现实政治生活,在一定程度上也促进了君主专制主义的加强。春秋时代的君主专制理论不仅对当时社会政治生活有巨大影响,而且为战国、秦、汉时代更为完整的君主专制理论体系奠定了基础。

四、礼、法、刑、政论

礼、法、刑、政是政治实体不可缺少的组成部分,这四者既有联系,又有区别,四者互相补充,缺一不可,但各自又有不同的针对性。礼是由传统和习俗形成的行为规范,法是人为明确制定的具有强制性的规定,刑指强制手段,政指政权与政令行施。下边我们将这个时期的礼、法、刑、政做一简要论述。

(一)关于礼

关于礼的起源、作用与主旨的诸种论述,随着时代的变动也在变化。春秋时期大家都讲礼,可是究竟怎样做才符合礼,人们的看法常常不同,莫衷一是。尽管许多人对礼的具体规范会有争执,但多数人认为礼是治国的基本方略和要道。不管是人们所说的革新人物抑或守旧人物,在以礼治国这一点上并无太大分歧。如下一些典型言论代表了当时人们的共同看法。

"礼,经国家,定社稷,序人民,利后嗣者也。"②

"礼,国之纪也。"③

"礼,王之大经也。"④

"礼,上下之纪,天地之经纬也,民之所以生也。"⑤

---

① 《左传·成公十六年》。

② 《左传·隐公十一年》。

③ 《国语·晋语四》。

④ 《左传·昭公十五年》。

⑤ 《左传·昭公二十五年》。

对礼在国家政治生活中的作用没有提出疑问和明显分歧,但对礼的起源与礼的主旨,人们的看法有了明显的差别。

在礼的起源问题上,较为流行的观点是仍把礼视为超人类的。礼不是社会自身的产物,而是由人类之外施于人类的。这种观点总是同神或超人的冥冥主宰相联系。鲁季文说:"礼以顺天,天之道也。"①晏婴基本上也持这种看法。他说,礼的历史遥远悠久。"礼之可以为国也久矣,与天地并!"礼与天地并生,超乎人类。那么礼是如何来到人间的呢?他说:"先王所禀于天地以为其民也,是以先王上之。"②先王把礼传播给凡人,使凡人得到了制度和章法。

比上述观点切近实际的是刘康公的"定命"说。他说:"吾闻之:民受天地之中以生,所谓命也。"大意是:民靠上天下地成就的万物才得以生存,这叫作"命"。民之"命"不能自发地存在,要靠礼义的规范才能生存。"是以有动作礼义威仪之则,以定命也。"他认为礼义对所有的人是一律平等的,不过人们对礼义的态度却不完全相同。有的人能保持住礼义威仪,有的人则不能。"能者养以之福,不能者败以取祸。是故君子勤礼,小人尽力。勤礼莫如致敬,尽力莫如敦笃;敬在养神,笃在守业。"③

子产认为礼出于自然。"夫礼,天之经也,地之义也,民之行也。天地之经,而民实则之。"④礼既是自然的秩序和规律,人顺应自然,也就应该顺乎礼。较之把礼神秘化,把礼自然化是一种进步,但在当时很难与天神观念划清界限,因为对这一类的大必然性在当时还很难做出科学的说明。

晋师服对礼的起源做了全新的解释,他认为:"义以出礼,礼以体政,政以正民,是以政成而民听,易则生乱。"⑤义究竟指什么,师服没有给以解释。这里不妨参考其他人有关论述来把握义的内涵。晋丕郑讲:"义以生利,利以丰民。"⑥晋里克讲:"夫义者,利之足也。""废义则利不立。"⑦晋解扬曰:

---

① 《左传·文公十五年》。

② 《左传·昭公二十六年》。

③ 《左传·成公十三年》。

④ 《左传·昭公二十五年》。

⑤ 《左传·桓公二年》。

⑥ 《国语·晋语一》。

⑦ 《国语·晋语二》。

"君能制命为义,臣能承命为信。信载义而行之为利。"①可见义的中心内容是利。自然,对利,人们又可以有不同的理解,不过利总是同人们的社会生活紧密相关。由此可证礼产生于社会关系。晋郤缺认为能行九功之德的即是礼。"九功"即"六府"加"三事"。水、火、金、木、土、谷,谓之"六府"。正德、利用、厚生,谓之"三事"。"六府"主要讲的是财货之源。"三事"指使用财货的原则。"义而行之,谓之德、礼。"②郤缺讲的礼不是天旨神意,而是从社会实际经济、政治生活中总结和抽象出来的原则。这同师服所说的"义以出礼"的思路是一致的。总之,礼源于社会生活。这种看法是历史的突破,很有见地和实践创新价值。

历史就是这样的曲折和乖僻,当人们普遍地信奉和固守着习惯之礼时,人们并不去研究它的起源,可是当它走向破坏和变更的时候,人们反而探讨起它的起源来了。其实这也合乎规律,说明事物的起源总是为了指出它未来的命运。把礼说成是神圣的,是为了盲目地固守;把礼说成是社会生活的产物,指出了它是可以变更的,应在变更中求礼的再生。对一种事物平静地固守是僵化的表现,寻根问源才是智慧的起点。

春秋时代尽管是社会变动的时代,但这种变动,没有也不可能把礼从生活中抛掉。人们所能做的是重新认识它的价值和作用,并对它进行必要的变更。学界有一种颇为流行的认识,一说到礼,总是同保守相联系,好像谈礼者都背对时代,是一帮旧事物的卫道者。这种说法是不全面的,把历史简单化了。从《左传》看,讲礼者确实有很多人偏向于守旧,但这当中,真正维护周天子的权势、要回到西周时代的人,可说是寥寥无几。更多的人是借维护礼以扩大自己的势力和地位。在不同人手里,礼有不同意义。比如,齐国表面上打着维护礼的旗号,其实是挟天子令诸侯,伐他国以侵地。正如鲁季文子所指出的,打着礼的旗号却违反礼,以礼为名扩大自己的势力。③齐国的陈氏日益发展,齐侯束手无策。晏子献策说,只有用礼才能约束陈氏。因为按照礼,"家施不及国",私家不能与公家争民。④可是陈氏又借助礼发展自己的势力。

---

① 《左传·宣公十五年》。

② 《左传·文公七年》。

③ 参见《左传·文公十五年》。

④ 参见《左传·昭公二十六年》。

各式各样的人物都讲礼,利用礼,那么礼的主旨是什么呢？人们的看法又不尽相同。其中最为流行的观点是：礼的主旨在于别君臣、上下、父子、兄弟、内外、大小。①晋随武子说："君子小人,物有服章。贵有常尊,贱有等威,礼不逆矣。"②

晋国的女叔齐认为,礼的根本在于掌握住权位。鲁昭公流亡到晋,举止行动,彬彬有礼。晋侯因此说,人们说鲁昭公不知礼,我看是很知礼的。女叔齐接着评论道,昭公遵守的是仪,而不是礼。"礼,所以守其国,行其政令,无失其民者也。"③把权都丢掉了,还谈得上什么礼？

楚国的声子从另一个角度论述了礼的主旨。他认为礼之大节是"劝赏""畏刑""恤民",因此"有礼无败"④。这种说法不拘泥于烦琐的礼仪,而强调的是政策。

还有一种意见认为礼是人伦关系的指导精神, 即"孝""让""忠""恕"等。如："孝,礼之始也。"⑤"礼所以观忠、信、仁、义也。"⑥"君子尚能而让其下,小人农力以事其上,是以上下有礼。"⑦"恕而行之,德之则也,礼之经也。"⑧"君子贵其身而后能及人,是以有礼。"⑨

还有一种看法认为,礼主要表现在待宾客和救济穷人。曹负羁说："礼宾矜穷,礼之宗也。"⑩

上述诸种说法侧重点不尽相同,但从主体看,并没有什么大的矛盾。诸说可以并行不悖,互相补充。这些说法的总合更加突出了礼的重要作用。春秋时期的礼崩乐坏只是表明礼的实行范围发生了变化, 礼的形式有改变,而礼的本身并没有被废弃。相反,在对礼的改造中,礼又获得了新生。

---

① 参见《左传·襄公三十一年》。

②《左传·宣公十二年》。

③《左传·昭公五年》。

④《左传·襄公二十六年》。

⑤《左传·文公二年》。

⑥《国语·周语上》。

⑦《左传·襄公十三年》。

⑧《左传·隐公十一年》。

⑨《左传·昭公二十五年》。

⑩《国语·晋语四》。

(二)关于法

学术界有不少人把礼与法看作两个对立的东西，法是对礼的否定，前者落后，后者进步。礼、法是不是对立关系呢？从春秋时期的材料看，两者有区别，也有统一，但两者绝对不是对立关系。

从历史上看，礼与法是相辅而行的。如周有"文王之法"，楚先君文王有过"仆区之法"①。晋国有"唐叔之所受法度"②。分封鲁时，命伯禽"以法则周公"③。晋赵盾执国政后作"夷搜之法"，其内容有"制事典，正法罪，辟狱刑，董逋逃"等，被尊为晋的"常法"。④晋文公作"执秩之官，为被庐之法"，孔子认为这都合乎礼。⑤范武子(士会)出使周，周王给他讲了一套礼，他回晋之后"以修晋国之法"。⑥晋悼公即位，再次肯定并推行"范武子之法"，又"修士蔿之法"。⑦由上所述可知，历来法与礼是并存不悖的。

在许多情况下，法与礼是一个意思，法即礼。鲁庄公要到齐观社，不合乎礼。曹刿也以礼谏，认为不宜前往，并说："君举必书。书而不法，后嗣何观？"⑧意思是，君的举动必定记录在案，行动不合乎法，后人会怎样看？这里的法与礼是一回事。又如，晋灵公荒淫无度，赵盾和士季数谏，灵公怀恨，要暗杀赵盾，未成。公元前607年，赵穿(赵盾庶弟)杀了晋灵公。杀灵公之前赵盾避嫌出奔，来到国境线，听说弟弟把灵公杀了，便又回朝。为此事太史董狐写道"赵盾弑其君"，并出示于朝。赵盾辩解，认为不符合事实。董狐说："子为正卿，亡不越境，反不讨贼，非子而谁？"赵盾在礼面前无言以对，只好自认晦气罢了。孔子对此评价道："董狐，古之良史也，书法不隐。赵宣子，古之良大夫也，为法受恶。惜也！越境乃免。"⑨我们且不管这件事的是非曲直，这里所说的法与礼是一回事。

---

① 《左传·昭公七年》。

② 《左传·昭公二十九年》。

③ 《左传·定公四年》。

④ 参见《左传·文公六年》。

⑤ 参见《左传·昭公二十九年》。

⑥ 参见《左传·宣公十六年》。

⑦ 参见《左传·成公十八年》。

⑧ 《左传·庄公二十三年》。

⑨ 《左传·宣公二年》。

晋赵鞅铸范宣子所作刑书时,孔子横加反对,其理由是刑书违犯了唐叔留下的法,违犯了文公作的"执秩之法(又作'官')""被庐之法"。孔子认为范宣子之刑,是"乱制"。"若之何以为法?"[1]这里很清楚,孔丘反对铸刑书,却没有反对法,相反,他还要求遵先公之法。可见法与礼并不是对立的。在《左传》《国语》中,经常可以看到先王之礼、先王之制又称之为先王之法或法度、法制等。

综上所述,法与礼不是对立排斥的关系,而是并行不悖的,不存在一方要礼,另一方要法的历史事实。那么礼与法有无区分呢?有。礼主要表现为习惯与传统,而法则是有针对性的政治规定。这种规定可以与礼一致,于是礼法并存,并行不悖。但有时法的规定不合传统习惯。例如子产作丘赋,一些人骂他,浑罕说:"国氏其先亡乎?君子作法于凉,其敝犹贪。作法于贪,敝将若之何?"[2]浑罕讲得很清楚,他不是反对一切法,他只是认为丘赋过于贪。

礼作为习惯与传统,有着深厚的社会基础,而法则多因事作,具有较强的时代性。因此,礼在历史前进中表现出的惰性显得更为突出。没有社会经济基础的巨大变动,是很难引起礼的巨大变化的。因此,变法是重要的,而变礼在某种意义上更加重要,变礼比变法要难得多。到了战国时期,这种矛盾才在政治派别上表现出来。

(三)关于刑

刑比法要更狭窄些。礼以传统成俗对人们进行导或禁;法以条文规定进行导和禁;刑则主要是禁,如《说文》所言,"刑,剄也"。刑的产生很早,它随同阶级对立来到人间。作为镇压工具的刑,不论是哪个统治者都从来没有放弃过。正如法不是礼的对立物一样,刑也不是礼的对立物。且看如下一些言论:

"政以治民,刑以正邪。"[3]

"晋侯以魏绛为能以刑佐民矣。"[4]

---

① 《左传·昭公二十九年》。

② 《左传·昭公四年》。

③ 《左传·隐公十一年》。

④ 《左传·襄公三年》。

齐桓公实行的"德、刑、礼、义",为诸侯所本。①

晋狐突说:"刑之不滥,君之明也,臣之愿也。"②

楚申叔时论教太子,把刑与礼、诗、令(时令)、典(规章制度)、志(历史)等并列,视为不可少的课目之一。③

"刑"在古文中有时作"效法"讲,如:"一人刑善,百姓休和。"④"仪式刑文王之德。"⑤这里的"刑"是"型"的假借字。"刑罚"之"刑"指用刀用矛,有时用兵也称为"刑"。"伐叛,刑也。"⑥因此,"兵""刑"有时一指。

周代的刑有一定的原则,前边讲到有"慎罚""义刑义杀"等。《左传》中也有"同罪异罚,非刑也"之说。⑦

在当时,一般是把"德"与"刑"作为两种手段并论的。德近于礼,主要指教化;而刑为暴力。两者并行,互为补充。"德莫厚焉,刑莫威焉;服者怀德,贰者畏刑。"⑧"德、刑不立,奸、轨(宄)并至。"⑨"善为国者,赏不僭而刑不滥。"⑩

在处理德、刑关系上,有几种不同的主张。楚国的声子主张德、刑得体为止,如不得体,宁多赏,不可滥刑,以免伤了善人。他说:"若不幸而过,宁僭无滥。与其失善,宁其利淫。"因为善人是治国之才,"无善人,则国从之"。大意是,国无善人,国家必然跟着灭亡。声子还引用《夏书》的一句话作为根据:"与其杀不辜,宁失不经。"大意是:宁可废掉法也不能去杀无辜之人。声子是针对楚国滥刑而讲的,楚国因滥刑使许多有才干的人逃亡他国,声子对此甚为惋惜。⑪

子产认为,善为政者尚宽,但不是一般人能做到的,"唯有德者能以宽

---

① 参见《左传·僖公七年》。

② 《左传·僖公二十三年》。

③ 参见《国语·楚语》。

④ 《左传·襄公十三年》。

⑤ 《左传·昭公六年》。

⑥ 《左传·宣公十二年》。

⑦ 参见《左传·僖公二十八年》《左传·襄公六年》。

⑧ 《左传·僖公十五年》。

⑨ 《左传·成公十七年》。

⑩ 《左传·襄公二十六年》。

⑪ 参见《左传·襄公二十六年》。

服民"。如果做不到这一点，"莫如猛"。他用火与水做比喻："夫火烈,民望而畏之,故鲜死焉;水懦弱,民狎而玩之,则多死焉。故宽难。"①因此执政不妨严胜于宽。

孔子则主张宽、猛并济,视形势而侧重点不同。他说:"政宽则民慢,慢则纠之以猛;猛则民残,残则施之以宽。宽以济猛,猛以济宽,政是以和。"②

郑国的然明主张两方面都要鲜明。他说:"视民如子,见不仁者诛之,如鹰鹯之逐鸟雀也。"③

周王孙说在谈到周王赏赐时,对宽惠与猛毅问题发表了另一种看法。他认为德和刑都不能独立地突出任何一个。他说:"圣人之施舍也议之,其喜怒取与亦议之。是以不主宽惠,亦不主猛毅,主德义而已。"④他认为不要在宽与猛上做文章,主要应考虑是否合理。这一说法比较有道理。

刑与礼有没有矛盾呢?有些人认为有,他们以叔向反对子产铸刑书和孔子反对赵鞅铸刑书为证。的确,在子产铸刑书和赵鞅铸刑书时,分别遭到了叔向、孔子和史墨的反对,而他们手中的武器便是礼。

其实问题的症结点并不在于他们以礼反对铸刑书,而在于叔向、孔子、史墨是不是根本不要刑。叔向在给子产的信中写得清清楚楚,先王"严断刑罚,以威其淫"。孔子也是要刑的。可是他们又反对子产、赵鞅铸刑书,而且主要理由是民"将弃礼而徵于书"⑤。于是给人一种错觉,似乎刑书与礼本身是对立的。为了澄清这个问题,这里不妨讨论一下刑书问题。刑书不始自子产的铸刑书。《吕刑》中明确说有"刑书"。公元前564年,宋国发生一次大火,乐喜为执政,指挥灭火。他下令"使乐遄庀刑器"⑥。杜预注:刑器,刑书。此事在子产铸刑书之前。公元前528年,在子产铸刑书之后七年,晋国邢侯、雍子、叔鱼(叔向之弟)因争田讼狱。在征询叔向意见时,叔向引《夏书》"皋陶之刑"为据,主张三人齐罪。孔子评论叔向为"古之遗直也。治国制刑,不隐于亲"⑦。

---

① ②《左传·昭公二十年》。

③《左传·襄公二十五年》。

④《国语·周语中》。

⑤《左传·昭公六年》。

⑥《左传·襄公九年》。

⑦《左传·昭公十四年》。

这说明晋在铸范宣子刑书前也有刑书。公元前506年,卫灵公让子鱼(太祝佗)出使诸侯之会,子鱼推辞曰:"臣展四体以率旧职,犹惧不给而烦刑书。"①说明卫国也有"刑书"。以上说明各国大约都有刑书。

我们认为礼与刑并不是对立的。那么怎样解释叔向、孔子以礼为由反对子产和赵鞅铸刑书呢?我认为这是成礼与变刑的矛盾,也可以说是原有的刑与变刑的矛盾。笼统地说礼与刑的矛盾是缺乏根据的。

(四)关于政

与礼、法、刑并列的还有政。如晋随武子把德、刑、政、事、典、礼并列,主张"德立、刑行、政成、事时、典从、礼顺"②。子产也把礼、刑、政分列而论。③什么是政?政即政权、政令。例如鲁国成公之后,实际权力由季氏掌握,乐祁说:"政在季氏三世矣。"④晋女叔齐也说鲁"政令在家"⑤。在《左传》中,经常看到"执政"一词,"执政"即实际行使权力的执政官员,执政又称为"为国政"⑥。晋、齐、郑诸国到春秋后期,大夫们各把持一块地盘,被称作"政出多门"。

政是权柄,在所必争。各国统治者内部之争,首先是争政。有了政权,才可能有其他权力。比如有了政就可以变礼,如季氏舞八佾、旅泰山等。

政权的作用在不同的经济条件下,有着不同的性质。在阶级社会,经济越不发达,权力的超经济性质越明显,权力支配经济的力量越大。权力是某些人或集团获取经济利益的最直接、最有效的手段。因此,争夺经济利益,首先要夺取政权。春秋时代是以武力争权夺利的时代。

五、关于忠孝与仁

殷周以来,政治伦理化与伦理政治化一直趋于强化和理论化的状态。政治伦理一体化的概念很多,这里只谈忠孝与仁。

---

① 《左传·定公四年》。
② 《左传·宣公十二年》。
③ 参见《左传·昭公二十五年》。
④ 《左传·昭公二十五年》。
⑤ 《左传·昭公五年》。
⑥ 《左传·文公六年》。

(一)关于忠孝

君臣、主仆隶属关系,反映在观念上,要求"忠";家族、宗法关系则要求"孝"。"忠""孝"既是伦理观念,由于宗族体系与政治体系结合在一起,所以又是政治思想。

春秋时期君臣之间的主仆关系一方面还很强,另一方面又在变乱,臣杀君、下叛上者屡见不鲜。因此,反映到观念上,对忠便有不同的理解。

最为流行的观点,认为臣尽力事君为忠。晋荀息的话是典型代表。晋献公宠骊姬,而贵骊姬子奚齐,骊姬害死了申生,献公欲立奚齐为嗣,使荀息为奚齐师。献公有疾,托孤于荀息,并问荀息,臣应如何事君。荀息答道:"臣竭其股肱之力,加之以忠、贞。其济,君之灵也;不济,则以死继之。"公曰:"何谓忠、贞?"对曰:"公家之利,知无不为,忠也。送往事居,耦俱无猜,贞也。"①献公死后,里克、丕郑欲纳文公,以三公子(申生、重耳、夷吾)之徒作乱,里克等想争取荀息,荀息拒不从,以死殉言,当时君子们认为荀息为忠。荀息的忠是无条件的,至死不变。

在春秋,除了少数人把君主和"社稷""国"加以区分外,多数视君主同"国""社稷"为一体。因此,尽力于国和社稷者也为忠。"楚子囊还自伐吴,卒。将死,遗言谓子庚:'必城郢!'君子谓子囊忠:'君薨不忘增其名,将死不忘卫社稷,可不谓忠乎?忠,民之望也。'"②赵孟评鲁叔孙:"临患不忘国,忠也;思难不越官,信也;图国忘死,贞也。"③叔向说:"吾闻之曰:'忠信,礼之器也。卑让,礼之宗也。'辞不忘国,忠信也;先国后己,卑让也。"④郑囚楚钟仪,转献给晋。钟仪一切从楚,怀念其主,范文子评价钟仪:"不忘旧,信也。无私,忠也。"⑤

春秋时期"公"指国君,卿大夫与公相对则称为"私"。在公私关系上,私服从公谓之"忠"。晋范文子在评鲁季文子时说:"季孙于鲁,相二君矣。妾不衣帛,马不食粟,可不谓忠乎?……子叔婴齐奉君命无私,谋国家无贰,图其

---

① 《左传·僖公九年》,又参见《国语·晋语二》。

② 《左传·襄公十四年》。

③ 《左传·昭公元年》。

④ 《左传·昭公二年》。

⑤ 《左传·成公九年》。

身不忘其君。"①季文子死时，家无私积。"君子是以知季文子之忠于公室也：'相三君矣，而无私积，可不谓忠乎？'"②

为了国家的利益，而珍惜人才，这也叫"忠"，否则为不忠。"郑驷歜杀邓析，而用其《竹刑》。君子谓子然（驷歜）：'于是不忠。苟有可以加于国家者，弃其邪可也。'"③用其道而不恤其人，是不忠于国家的表现。

在忠君思想中，有一种新的思潮，即强调以"道"事君。臣对君不只是隶属关系，还有守法与执行政策等问题。公元前570年，晋悼公等诸侯会盟，悼公弟扬干"乱行"，魏绛把扬干的仆人杀了，以惩戒扬干。晋悼公为此大为恼火，要杀魏绛。魏绛上书："……臣闻师众以顺为武，军事有死无犯为敬。"接着说，我的罪过不是杀了扬干之仆，而是法令不严，使扬干敢于犯法。于是，自己主动请死。悼公听后，自愧不如，向魏绛认错。④

与前面忠的观念不同，晋智武子评价赵宣子时以谏为忠："宣子尽谏于襄、灵，以谏取恶，不惮死进，可不谓忠乎！"⑤荣成伯也讲："远图者，忠也。"⑥

关于忠，还有另一种说法，认为利于民为忠。随季梁曰："所谓道，忠于民而信于神也。上思利民，忠也。祝史正辞，信也。"⑦鲁曹刿与庄公论政时，庄公自诩"衣食所安，弗敢专也，必以分人……小大之狱，虽不能察，必以情"云云。曹刿听后说道："忠之属也。"⑧

关于忠还有一种理解，即只是忠于主人，主人是谁即忠于谁。晋狐突为怀公的佐臣，狐突的儿子毛随从重耳。怀公要狐突命他儿子离开重耳。狐突说："子之能仕，父教之忠，古之制也。策名、委质，贰乃辟也。今臣之子，名在重耳，有年数矣。若又召之，教之贰也。父教子贰，何以事君？刑之不滥，君之明也，臣之愿也。淫刑以逞，谁则无罪？臣闻命矣！"⑨在《左传》中可看到

---

① 《左传·成公十六年》。
② 《左传·襄公五年》。
③ 《左传·定公九年》。
④ 参见《左传·襄公三年》。
⑤ 《国语·晋语六》。
⑥ 《左传·襄公二十八年》。
⑦ 《左传·桓公六年》。
⑧ 《左传·庄公十年》。
⑨ 《左传·僖公二十三年》。

许多家臣为效忠主人而死的事例。

还有一种看法，认为不进行血族报复为忠，晋臾骈说："吾闻《前志》有之曰：'敌惠敌怨，不在后嗣'，忠之道也。"①这种说法别具一格，颇为开通，对当时的血族复仇是一种批评。

关于孝，没有什么新理论。大体仍因循传统的观念，如"违命不孝"②"守情说父，孝也"③。孝又是政治，"孝而安民"④。

（二）关于仁

甲骨文、金文、《尚书·周书》中均没有"仁"字。仁的概念大约起于西周后期。《诗经》有"洵美且仁"之说。《说文》："仁，亲也，从人二。"孟子说："仁也者，人也。""仁，人心也。"据此，有人说，仁即人学，是研究人的。这样的说法太笼统。从《左传》《国语》等看，"仁"是说明人的关系的一个新观念，其中包括政治关系和伦理关系。

人们对"仁"的看法，可以说是五花八门。粗略分类有如下种种：

第一，遵礼为仁。一些人认为，仁与礼是一件事的两个方面，礼是社会秩序的规定，仁是对礼的追求和顺从。孔子在评价楚灵王闻《祈招》诗而不能自我克制，最后被人杀死时，引用了一句成语："古也有《志》：'克己复礼，仁也。'"⑤把礼作为仁的客观标志是当时较为流行的观点。赵文子建造宫室，超过了礼的规定被视为是不仁。⑥礼的主旨之一是"亲亲"，因此亲亲为仁："为仁者，爱亲之谓仁。"⑦

第二，遵君命、利公室为仁。晋献公宠骊姬，骊姬要害太子申生。申生之臣建议申生出亡。申生认为这是君主的主意，只能顺从。他说："吾闻之：'仁不怨君，智不重困，勇不逃死。'"如果我要逃亡，"去而罪释，必归于君，是怨君也。章父之恶，取笑诸侯，吾谁乡而入"⑧? 于是申生坐而待毙。晋张老对

---

① 《左传·文公六年》。

②④ 《左传·闵公二年》。

③⑧ 《国语·晋语二》。

⑤ 《左传·昭公十二年》。

⑥ 参见《国语·晋语八》。

⑦ 《国语·晋语一》。

晋悼公说，魏绛这个人很好，"其仁可以利公室"①。反之，侵犯公利则被认为不仁。晋舅犯贪利不顾君，赵文子批评他："其仁不足称也。"②当时君主与公基本是一回事。这种仁的观念表现了臣对君主的忠和绝对服从。在君主面前，个人没有任何独立价值。

第三，利国、利众、保民为仁。《国语·晋语一》说："为国者，利国之谓仁。"国家之利高于个人之利，两者发生矛盾，只要于国有利，可以弃亲，故曰："长民者无亲，众以为亲。苟利众而百姓和，岂能惮君？"③大意是：只要有利于民，任何其他的事，都不必顾忌，包括君主在内。《国语·周语中》又说："夫义，所以生利也；祥，所以事神也；仁，所以保民也……不仁则民不至。"这种说法，与忠于君之说可谓针锋相对，以对民是否有利作为标准，认为仁是利民政策的指导原则。这一思想可谓具有划时代的意义。

第四，让国、让贤为仁。"宋公疾，太子兹父固请曰：'目夷(子鱼)长且仁，君其立之！'公命子鱼。子鱼辞，曰：'能以国让，仁孰大焉？臣不及也。'"④目夷为兹父的庶兄，双方都把仁置于君位之上，尚贤重于传嫡。

第五，杀无道之君而立有道为仁。有一种观点认为，如果君主的政治不利于国，不利于统治的稳定即属不仁。不仁就失去了为君的资格。由此得出结论：杀无道之君，立有道之君是合乎逻辑的。晋惠公被秦俘，秦大夫合议是杀了他、驱逐他还是让他回去，这三条究竟哪条有利。子桑主张杀，公孙枝认为杀了影响不好，子桑辩驳道："吾岂将徒杀之？吾将以公子重耳代之。晋君之无道莫不闻，公子重耳之仁莫不知。战胜大国，武也。杀无道而立有道，仁也。"公孙枝从亲亲观点出发，认为这样不妥："杀其弟而立其兄，兄德我而忘其亲，不可谓仁。"⑤子桑与公孙枝对仁各有不同的理解。公孙枝强调亲亲，子桑强调有道。很明显，子桑把道和仁置于君主个人之上是政治思想的一大进步。

第六，爱人为仁。周单襄公："爱人能仁，利制能义。"⑥爱谁呢？实际上

---

① 《国语·晋语七》。

② 《国语·晋语八》。

③ 《国语·晋语一》。

④ 《左传·僖公八年》。

⑤ 《国语·晋语三》。

⑥ 《国语·周语下》。

不可能有超阶级、超集团、超利益的普遍的纯粹的爱。但这并不妨碍在理论与道德上可以提出普遍的爱人之说。从时代看，"爱人"的提出是对亲亲的否定，是统治者争取民众在道德观念上的表现。《国语·晋语四》提出："欲人之爱己也，必先爱人。欲人之从己也，必先从人。无德于人而求用于人，罪也。"这里虽然没有说爱与仁的关系，但有意思的是，认为爱是一种交换，而不是单向付出。

第七，德、正、直三者俱备为仁。晋韩献子曰："恤民为德，正直为正，正曲为直，参(三)和为仁。"①"恤民"指政策，"正"讲心性、人品，"直"是敢于纠正他人之非。这三者结合起来才可以叫"仁"。韩献子所说的"仁"可谓高标准的了，把个人的品行和政策统为一体。

第八，守志不变为仁。晋杜原款说："杀身以成志，仁也。"②从杜原款具体论述看，虽然他说的志是守旧的，但不能因而说守仁都意味着守旧。杜原款的理论概括旨在说明"志"不可夺，死而后已，信仰、志气高于生命。

第九，功利为仁。鲁国曾发生一件奇事，一只海鸟止于鲁东门之外三日。臧文仲要举行祭祀，展禽不赞成，认为不合国典。他说："夫仁者讲功……无功而祀之，非仁也。"③展禽认为只能祭祀有功者，不能因奇而祭。不讲功利而称仁，仁就失去了客观标准。这种功利观点棠君尚也讲过："度功而行，仁也。"④功利就是仁，这种看法最为实际。

关于仁还有其他说法，不一一列举。对仁的不同理解，说明了随着人们的立场、观点的不同，对同一个概念可以赋予它不同含义。其中有进步的，也有保守的，需要具体分析。从那个时代看，以仁讲功利、爱人、批评君主无道等，显然具有进步意义。

六、华夷之论

在中国历史上，民族矛盾常常是政治中的一大问题。西周末年，戎狄之

---

① 《左传·襄公七年》。
② 《国语·晋语二》。
③ 《国语·鲁语上》。
④ 《左传·昭公二十年》。

族对周的威胁越来越大,最后以犬戎为主灭了西周,这对华夏族是个极大的打击,以至有"南夷与北狄交,中国不绝若线"①之说。民族矛盾激化,促使华夷之别的理论发展起来。

在周穆王时,祭公谋父对犬戎的看法还比较实际,他认为周是在犬戎群中发迹的,还讲到犬戎性情淳朴。②可是到了春秋,对夷狄多持鄙薄之论。

第一种观点认为,华夷种属不同,先天有优劣之分。周富辰提出,中原之国的争斗是兄弟之争,与戎狄是内外之争。他引诗"兄弟阋于墙,外御其侮",反对同戎狄联合,反对华夏与戎狄通婚,根本不把戎狄看作人,称戎狄"豺狼之德也"③。晋士季认为华夏与戎狄不通礼,不能以礼相待。他也认为戎狄"其血气不治,若禽兽焉"④。晋魏绛也骂戎为"禽兽"。⑤这些都是大华夏主义,悖于事实。

第二种观点把四夷说成是历史上被淘汰的罪人的后裔。内史过说,戎狄最早与华夏本是一家,但他们的祖先不遵守礼义,被处罚流放到边远地带,其后代便形成狄、蛮之族。由于是刀墨之民的后代,生性不好,所以至今也不善良。⑥

第三种观点认为,华夏与戎狄原本是同族同姓,因地域不同和文化生活习性的差异而形成不同的族。当时有些戎狄族的姓与中原诸国的姓相同,如姜戎自称四岳之后,与中原齐、许、吕、申同姓。晋惠公也认为诸戎为"四岳之裔胄也"⑦。晋献公所娶犬戎狄姬和骊戎骊姬与周同姓。《国语·郑语》中所说的鲜虞,在春秋为白狄,也为姬姓,由于生活方式、文化语言不同而分为不同的族。正如姜戎氏所说:"诸戎饮食、衣服,不与华同,贽币不通,言语不达。"⑧基于上述观点,一些人认为戎狄与华族可以相互转化。平王东迁时,辛有到伊川,见被发而祭于野者,遂说道:"不及百年,此其戎乎!其礼先亡矣。"⑨

---

① 《春秋公羊传·僖公四年》。

② 参见《国语·周语上》。

③④ 《国语·周语中》。

⑤ 参见《左传·襄公四年》。

⑥ 参见《国语·周语上》。

⑦⑧ 《左传·襄公十四年》。

⑨ 《左传·僖公二十二年》。

上述不同看法,第三种看法较为实际,也较为平等。第一、第二种则是赤裸裸的大华夏主义。当然也应看到另一面:在当时条件下区分华夷,对发展华夏文化是有一定积极意义的。

第二节　几个代表人物的政治思想

一、管仲的修旧与改良思想

管仲,又称管夷吾、管敬仲。《史记·管晏列传》载为颍上人。《史记索隐》云,颍上为汉之颍阳、临颍,即今河南许昌西,春秋属郑。管仲当是郑人。《史记》说管仲青年时期曾与鲍叔一同经商。《战国策·秦策五》载:"管仲,其鄙人之贾人也。"后来管仲与鲍叔来到齐。鲍叔投在公子小白门下,管仲投在公子纠门下。齐襄公死后,公子争立,公子小白即位,是为齐桓公。管仲随同公子纠逃亡在鲁,经鲍叔推荐,齐桓公接纳管仲,委以相任,佐助桓公成就霸业,成为历史上著名政治家。《左传》记载管仲与桓公同死于鲁僖公十七年,即公元前643年。①管仲与桓公的政治相始终,在政治舞台上活动有四十多年。

管仲的事迹和言论主要记录在《左传》《国语·齐语》中。《管子》一书为战国人所作,不可视为管仲本人的作品。《国语·齐语》记载的管仲如下一段话集中表现了他的政治思想:"修旧法,择其善者而业用之,遂滋民,与无财,而敬百姓,则国安矣。"业,韦昭注:"犹创也。"这句话主要包括如下三方面的思想:对旧法不是简单革除或废弃,而是扬其善者并创造性地加以运用;对民,主要解决他们的生计问题;对百姓即贵族,则要尊重依靠。具体而论,管仲的政治思想与措施,有如下几个方面。

(一)四民分居定业论

这是管仲处理社会各阶层关系的基本主张。四民即士、农、工、商。这四

---

① 关于管仲卒年,有数说。《左传》载鲁僖公十七年管仲卒,即前643年。《史记·秦本纪》载秦穆公十二年"齐管仲、隰朋死",此年为公元前648年。《史记·齐世家》谓秦穆俘晋惠公,复归之,这年管仲、隰朋死,此事系年于秦穆公十五年,当为公元前645年。《史记·晋世家》载晋惠公七年"重耳闻管仲死,去翟之齐",当为公元前644年。

种人原来的界限比较严格。随着社会的发展,情况开始发生变化。一些士不得不从农事,由于战争的需要也须从农中抽兵。工、商的地位也在发生变化。手工业劳动者比较集中,反抗斗争很突出;一些大商人社会地位也在上升,金玉其车,结交公侯。上述情况发展下去会引起整个社会关系的变化。

面对这种情况,管仲比较保守。他反对四民混合交流,认为:"四民者,勿使杂处,杂处则其言咙,其事易。"①针对"杂"的情况,他提出"分居定业"。所谓"分居定业",就是不准士、农、工、商混杂,要各自"群萃而州处"。韦昭注:"萃,集也;州,聚也。"具体办法是:"处工就官府,处商就市井,处农就田野。"关于士,他只说"使就闲燕",没有指明处所,因为当时的士一般都居国中。闲燕,清静也,意思是指士不得干别的,专门从事士的活动。根据"分居定业"的精神,"工之子恒为工","商之子恒为商","农之子恒为农",各守其业,不得交流。"秀民"可以上升为士,但必须经"有司"选定。

这种"分居定业"不是靠经济手段,而是靠权力与行政强力手段使四民就范。他提出要用严格的行政制度把四民分开,用户籍法严格控制,如"制国以为二十一乡",其中"工商之乡六","士乡十五"。农处田野,规定"三十家为邑","十邑为卒","十卒为乡","三乡为县","十县为属",整个齐国分为"五属"。②这套制度是否实行了呢? 在《左传》中并没有相应的记载。

管仲认为分居定业的好处在于:"其心安焉,不见异物而迁焉。"③各自从事自己的职业,"相语以事,相示以巧,相陈以功",可以提高技能、技术和效率。耳闻目睹,便于继承经验,传宗接代,"父兄之教不肃而成,其子弟之学不劳而能"④。

管仲的出发点是怕"杂",因"杂"议会引起思想活跃,即"言咙"。"杂"和"言咙"又会引起"事易",使统治秩序受到威胁。从当时的情势看,这种做法不能说是进步的。当时的历史需要的正是"杂""言咙""事易",只有如此才能分解旧的经济体系和政治秩序。但这种强化行政组织在一定时期能集中社会力量,特别利于军事。

---

①④《国语·齐语》。

② 参见《国语·齐语》。

③《管子·小匡》。

(二)相地而衰征

在征收贡物上,管仲提出"相地而衰征"。所谓"相地而衰征",就是分别土地的好坏上下,根据土地的不同情况征税。他说:"陆(高平曰陆)、阜(大陆曰阜)、陵(大阜曰陵)、墐(沟上之道也)、井(九夫为井,井间有沟)、田(谷地曰田)、畴(麻地曰畴)均(平也),则民不憾。"[1]"相地而衰征",即依据自然条件对产品多少的直接影响,以求把自然条件带来的益处收归国家,使劳动者在好地与坏地上的收益大体相同,从而使民安居,"使民不移"。这是使鄙野农民定居专业的经济措施。

在经济上管仲还重申或提出"山泽各致其时""牺牲不略""无夺民时"等主张。古人很注意山泽时禁,这里包含着对自然资源的保护和合理使用。"无夺民时"是保护农耕正常进行的必要条件,当时违反农时的现象很普遍,管仲主张加以节制,以适应农业生产规律。"牺牲不略"对祭祀乱杀乱宰是个限制,有利于牲畜的成长。

(三)强化军事组织

这点在管子政治主张中占有特别重要的地位。当时是战事四起的时代,士的大部分历来以军职为业,但从西周后期开始有些松弛。管仲主张,把士重新组织起来,专事军事。国中之士分为十五乡,十五乡的行政与军事编制相结合。行政组织为:"五家为轨,轨为之长;十轨为里,里有司;四里为连,连为之长;十连为乡,乡有良人焉。"军事与行政相结合:"五家为轨,故五人为伍,轨长帅之;十轨为里,故五十人为小戎(戎车一乘),里有司帅之;四里为连,故二百人为卒,连长帅之;十连为乡,故二千人为旅,乡良人帅之;五乡一帅,故万人为一军,五乡之帅帅之。"五乡为一军,齐分三军,齐侯率中军,国、高二氏各率一军。由士乡之士组成的士卒,专门从事军事训练和作战。一伍为一个战斗组,祸福与共,"居同乐,行同和,死同哀"。行政与军事结合叫作"作内政而寄军令"[2]。为了增加武备、武器,实行以武器赎罪。根据罪大小赎以犀甲、戟、鞼盾、金(恶金、美金)、矢等。于是齐国"甲兵大足"。

(四)用威治民

在行政上,管仲主张用威治民,要使每个民都畏惧权威,决不可让民随

---

① ② 《国语·齐语》。

心所欲。在他看来"畏威如疾"之民是最好的民,"从怀如流"之民是最坏的民。民只有"畏威如疾",国家才能治理好。他还提出:"式权以相应,比缀以度,靖本肇末,劝之以赏赐,纠之以刑罚,班序颠毛,以为民纪统。"①大意是:治政用民要均平相当,以法度为标准衡量民众。本要正,以本正末,用赏赐以资鼓励,用刑罚纠正偏颇,使老少有序。这些即是治民的纪纲。君主要牢握六柄,即生、杀、贫、富、贵、贱。六柄要慎用,不可任意而为。后来的法家之所以祖述管仲,与上述思想有密切关系。

(五)尊王攘夷

这是管子处理华夏与夷狄之间矛盾的一个基本主张。西周被犬戎灭掉之后,南夷、北狄横行中原。当时群龙无首,桓公立志"从事于诸侯"②,为此而建议内修军政,外尊王室,联合诸侯,存亡继绝,共同攘夷。管仲的主张在当时很切合实际。桓公实行了以上建议,挽救了华夏的危机,成就了霸业。

管仲的功业和思想对中国后来的政治有很大的影响,既为法家所宗,又为儒家所称道,其他派别也都承认他是一位功勋卓著的名相。管仲由此成为历史上宰相楷模之一。

二、晏婴的社稷重于君主说与"和同"论

晏婴(约前578—前500),又称晏平仲,是齐国的著名政治家,历经灵公、庄公、景公三朝。这三朝是齐国大夫之家大争斗的时期,也是大夫与公室争高下之时。齐灵公时夺嫡立庶,立高厚为太子。灵公死,崔杼迎被废太子光,是为庄公,杀高厚,于是崔氏专权。庄公立六年,又被崔杼杀死,立庄公异母弟杵臼为景公。崔杼为右相,庆封为左相。不久崔、庆又争斗,庆封杀崔杼,尽灭崔氏,庆封专权。景公三年(前529),陈、鲍、高、栾四氏联合灭庆氏。景公十六年(前532),陈、鲍又灭高、栾二氏。晏婴身处动乱之中,有权不专,有富不过,虽遭时乱,却善于周旋,寻隙而立,危而不亡。孔子说他"善与人交,久而敬之"③。从晏子的经历来看,的确如此。晏子的政治思想没有冲破藩篱,但有些观点犹如傲雪红梅,令人赞许。

---

①②《国语·齐语》。
③《论语·公冶长》。

当时齐公室已衰,陈氏正兴,众多的民归于陈氏。齐景公问晏婴怎么办,晏婴认为只有实行"礼"才可以制止陈氏的壮大。晏子把"礼"说成"与天地并"的超人类历史的圣物。晏子所说礼的基本内容为:"君令臣共(恭),父慈子孝,兄爱弟敬,夫和妻柔,姑慈妇听。"又说:"在礼,家施不及国,民不迁,农不移,工贾不变,士不滥,官不滔,大夫不收公利。"①晏子企图用这种礼来遏制陈氏的发展。当时社会经济的变动,使阶级关系、阶层构成发生了重大变化,唯有适应这种形势才能获胜,逆之者不可能有任何成效。晏子主张强化陈旧的礼,说明他没有冲破传统的藩篱;不过晏子如下一些思想又值得重视。

在君臣关系上,晏子一方面强调"君令臣共""君令而不违,臣共而不贰"②,另一方面,又不提倡走盲目殉主的老路,而是提出社稷重于君主说。公元前548年,崔杼杀齐庄公。在这个问题上三种人表现了不同的态度,崔杼及其家臣,根本不把君主放在眼里,当崔杼家臣要杀庄公时,庄公求饶、求盟、求自杀,崔杼的家臣置之不理。他们说,我们只知道执行崔杼的命令,别无可言,终于杀死了庄公。忠于庄公的嬖幸有的战死,有的自殉,如祝佗父奉庄公命到高唐祭祖回来,听说崔杼杀死庄公,命服未脱便到崔氏家门自杀殉主。晏子在这场斗争中做了特殊的表演,他立在崔氏门外,既不与崔氏战,也不殉主,又不回家。家臣不解其意,提出疑问。此时,他发表了一番议论:"君民者,岂以陵民,社稷是主。臣君者,岂为其口实(俸禄),社稷是养。故君为社稷死,则死之,为社稷亡,则亡之;若为己死而为己亡,非其私暱,谁敢任之?"③这段议论有两点突破性的新思想:其一,他把君主和社稷分开,君主不应只是凌驾于人上的权威和至高无上的统治者,而应是社稷之主。社稷即国家,是整个统治阶级的代表机关。这种区分非常重要,指出社稷高于君主个人。其二,臣要为社稷尽忠,而不是君主个人的仆人。如君主为社稷而死,臣应尽忠,殉主与殉国是统一的;如君主为个人私事而死,臣子没有殉死的义务,只有嬖幸奴才才应这样做。庄公因淫乱被杀,故晏子不殉死,只是抱尸痛哭一场了事。

晏子在君臣关系上最为著名的论点是"和同"论。鲁昭公二十年(前

---

① ②《左传·昭公二十六年》。

③《左传·襄公二十五年》。

522)，景公打猎之后同晏子有一段对话。景公说："唯据(梁丘据，又称子犹，景公嬖大夫)与我和夫？"①晏子说，据只能说是"同"，不能说是"和"。景公问"和"与"同"的差别在哪里？晏子说，"和"与"同"有原则的区别。什么是"和"呢？犹如厨师用水、火、醯、醢、盐、梅做鱼肉羹一样，要把握住火候和各种佐料的数量，"齐之以味，济其不及，以泄其过"，这样才能味美可口。又如作乐一样，有各式各样的乐器，还要"五声""六律""七音"配合好，"清浊、小大、短长、疾徐、哀乐、刚柔、迟速、高下、出入、周疏，以相济也"，这样才优雅悦耳。君臣的关系也应如调羹作乐一样，需要互相协调、补充。"君所谓可而有否焉，臣献其否以成其可；君所谓否而有可焉，臣献其可以去其否。是以政平而不干，民无争心。"②晏子所谓的"和"有三个要点：其一，"和"是以对立、差异为前提，"和"不是单一事物，或同质之物；其二，一个事物很难是完备的，总有它的片面性、局限性，"可"中有"否"，"否"中有"可"；其三，"和"是对立物或差异物的互相补充与协调。

"同"与"和"则不一样，无差别叫"同"。表现在君臣关系便是一味顺从，例如："君所谓可，据亦曰可。君所谓否，据亦曰否；若以水济水，谁能食之；若琴瑟之专一，谁能听之？同之不可也如是！"③

晏子的"和同"说论证了君主不可能无错，不应君主一人说了算；臣不能以顺为上，应以补充君主不足为己任。这种观点无疑具有民主的因素。

晏子对民背公室流归陈氏投以悲哀的眼光。但他在分析事情的发生原因时却采取了现实主义的态度。他认为出现这种情况的关键原因在于一个"利"字。公室刻剥无尽，"民参其力，二入于公，而衣食其一。公聚朽蠹，而三老冻馁，国之诸市，屦贱踊贵"。相形之下，陈氏"以家量贷，而以公量收之(按，家量大于公量)。山木如市，弗加于山；鱼、盐、蜃、蛤，弗加于海"。"民人痛疾"之时，陈氏"燠休之"，"爱之如父母"。因此，民"归之如流水"是很自然的。"欲无获民，将焉辟之？"④

晏子对"利"的看法具有两重性。一方面他认为："夫民生厚而用利。"而

---

①②③《左传·昭公二十年》。

④《左传·昭公三年》。

且不加掩饰地宣布他本人也喜欢富有。^①另一方面他又认为："凡有血气,皆有争心,故利不可强,思义为愈。"^②在他看来,财聚必招祸,利多必灭亡。上述看法正是时代矛盾的产物。春秋以前,财产的所有权是多级所有,最高所有权属天子或国君,但此时卿大夫势力壮大,要求对财产有更多的支配权。后者虽然是增长的趋势,但常受到前者的制约,加之同级互相竞争,聚财多者常常走向垮台。齐庆氏被灭亡之后,齐君赏晏子邶殿之邑六十,晏子不受。子尾说："富,人之所欲也。何独弗欲?"晏子回答道:"庆氏之邑足欲,故亡。吾邑不足欲也,益之以邶殿,乃足欲;足欲,亡无日矣。在外不得宰吾一邑。不受邶殿,非恶富也,恐失富也。"晏子讲得很清楚,在尖锐的斗争中要求得立身之地,保持住富,就不要冒尖。他认为如布之有幅,财富同样要有个限制,这叫"幅利"。所以他说:"利过则为败。吾不敢贪多,所谓幅也。"^③

晏子的思想在当时和以后有过广泛的影响,不少人称引过其言行。后人托他之名写了《晏子春秋》,或曰《晏子言行录》,也有一定真实性。

三、子产的立法救世思想

子产又名公孙侨、子美、侨,谥公孙成子。其生年不可考,死于公元前522 年,公元前554 年立为卿,公元前543 年为郑执政,一直到死,在郑作为主要政治人物有二十多年。子产是著名的政治家、政治思想家和哲学家,在当时负有盛名,楚国名臣椒举评子产为"诸侯之良也"^④。

郑原在今陕西宗周畿内,平王东迁时,郑桓公作为主要辅佐大臣之一,一同东迁,占据了虢、郐一部分土地,另又占领邬、弊等八邑,处于成周之东,前颍、后河、右洛、左济之地。东周初年,王室大权主要由郑操纵,王室稳定后摆脱了郑的控制。其后,齐、晋、楚强盛起来,从公元前 7 世纪初到公元前 546 年楚、晋弭兵,在这一百年间,几个强国为争霸,几乎接连不断地交战。郑处于楚、晋之间,为必争之地。郑为了求得生存,对楚、晋采取了首鼠

---

① 参见《左传·襄公二十八年》。

② 《左传·昭公十年》。

③ 《左传·襄公二十八年》。

④ 《左传·昭公四年》。

两端的政策。郑国内部的氏族势力很大,多次闹乱,子产的父亲子国就是死于氏族内乱。当子皮授政子产时,子产说:"国小而逼,族大宠多,不可为也。"①非常准确地说明了郑国的形势。子产由于子皮的支持才接受了执政之职。子产执政之后的政治措施与思想主要围绕如何解决"国小而逼,族大宠多"而展开,基本路线是以"礼"节之。

子产认为"礼"是统领天地万物之纲。"礼,天之经也,地之义也,民之行也。"依他看,礼是天、地、民的总规律。在天、地、民三者之间,民要遵从天地。"天地之经,而民实则之。"又说:"则天之明,因地之性,生其六气,用其五行。气为五味,发为五色,章为五声。淫则昏乱,民失其性。"②礼的基本原则有以下几点:

第一,祭祀时,供品要合五味,器用服饰合五色,音乐合五声。

第二,君臣、上下、夫妇、父子、兄弟、姊妹、甥舅、婚媾、姻娅等总体关系应如同天地之分和众星拱辰一样,以君主为中心。

第三,政事、庸力、行务要遵从四时的规律。

第四,刑罚、威狱要使民畏忌,如同雷电。

第五,温慈、惠和应如同天育万物生长那样。

第六,民承六气而有好、恶、喜、怒、哀、乐六情,这六情要用礼节之。

第七,喜生于好,怒生于恶。人好生而恶死,因此要"审行信令,祸福赏罚,以制死生"③。

礼是总规律和人类活动的基本规范,与之相应的总政策是"畏君之威,听其政,尊其贵,事其长,养其亲"④。这五点构成了子产治国的根本原则。根据这些原则,子产还提了许多具体政策。

治国要有明确的依靠对象。依靠谁呢?他引《郑书》中的一句话:"安定国家,必大焉先。"他执政后采取了"安大"措施。例如,用邑赂望族伯石,以争取伯石归心。大夫丰卷被逐奔晋,他保留丰卷的邑人,等待丰卷回来。⑤子孔、

---

① 《左传·襄公三十年》。

②③《左传·昭公二十五年》。

④《左传·昭公元年》。

⑤ 参见《左传·襄公三十年》。

112

伯有被杀,子产立其子公孙泄和良止以"抚之"。①在子产当政期间,由于子产的"安大"政策,显贵受到保护,所以没有发生大的内乱。

"安众"是他另一项政策。公元前563年,子孔当政,颁布了一道命令,要求群卿大夫及有司严格"以位序,听政辟",即各守其职,听政令,不得参加朝政。大夫、诸司群起反对,拒不执行。子孔要杀抗上者,子产劝子孔把"载书"(即载命令之书)烧掉,子孔不采纳,并说:"为书以定国。众怒而焚之,是众为政也,国不亦难乎?"子产回答道:"众怒难犯,专欲难成。合二难以安国,危之道也。不如焚书以安众,子得所欲,众亦得安,不亦可乎?专欲无成,犯众兴祸,子必从之!"②子产的"安众"指的是贵族卿大夫。在"专欲""犯众"与"众怒"之间,他采取的是调和之道,使双方都让一步,以息事宁人。

政治上子产还有一项主张是开放言路,即所谓的"小决使道"。郑国有"乡校",卿大夫常去乡校议论政治,评论执政的得失。然明主张毁掉乡校,以杜众人之口,子产不赞成,他说:"夫人朝夕退而游焉,以议执政之善否。其所善者,吾则行之;其所恶者,吾则改之,是吾师也。若之何毁之?我闻忠善以损怨,不闻作威以防怨。岂不遽(畏惧)止?然犹防川。大决所犯,伤人必多,吾不克救也,不如小决使道(导),不如吾闻而药之也。"这里讲的虽是贵族们的议论民主,但对待这样的民主也有两种不同态度,子产主张让大家议论,从中吸取有益的意见,以补政弊。他懂得小决使导,放放气,可免决川大祸。相形之下,然明就显得十分浅薄了。孔子对此事评论道:"以是观之,人谓子产不仁,吾不信也!"③从这件事可看出子产政治家的风度和民主作风。

子产特别注重解决实际问题。为了"救世",他敢于采取强有力的措施。任执政的第一年(即鲁襄公三十年,公元前543年)便规定:"都鄙有章,上下有服,田有封洫,庐井有伍。""都鄙有章",目的在于使城乡各有区别;"上下有服",指规定上下各有不同的职事;"田有封洫",封,田界,洫,沟洫,即划分土地界限;"庐井有伍",庐井指邑,伍或解释为五家为伍之制,即户籍管理制度,或曰"伍"当为"赋"。这项制度推行之初,遭到一些卿大夫的反对,扬言要杀子产,

①参见《左传·昭公七年》。

②《左传·襄公十年》。

③《左传·襄公三十一年》。

实行三年后反而受到称赞："我有子弟,子产诲之;我有田畴,子产殖之。子产而死,谁其嗣之？"①通过这项制度,一方面承认了卿大夫世族之家对土地田邑的占有,另一方面又使他们各守自己的一份,保持了相互间的平衡与稳定,一时避免了争夺。公元前538年,子产又"作丘赋"。关于"丘"有多种解释,从文本看,"丘赋"与国人关系较大,开始时遭到国人的反对。从浑罕(子宽)所论,丘赋增加了负担。子产则认为只要有利于国家就应实行,并表示"为善者不改其度"②,生死置之度外。实行丘赋加强了郑国的武备。公元前536年,子产又铸刑书。刑书的内容已不可考。从叔向写给子产的信中看出,刑书打破了传统。按叔向的说法,先王"议事以制,不为刑辟",即临事制刑,不预设刑法。铸刑书之后,"民知有辟(法),则不忌于上,并有争心,以征于书"③叔向认为铸刑书是"乱世"。子产复信叔向,坚信自己铸刑书不是乱世,而是为了"救世"。子产的救世论是正确的,适应了时代的需要。

对于德刑关系的处理,子产主张宽、猛结合,以猛为主的方针。子产临死之前对子大叔说:"我死,子必为政。唯有德者能以宽服民,其次莫如猛。夫火烈,民望而畏之,故鲜死焉。水懦弱,民狎而玩之,则多死焉。故宽难。"④

在用人问题上,子产主张择能而使之。子产善用人之长,而不求其短。⑤例如,冯简子能断大事,公孙挥善外交,子大叔斯文仔细,裨谌(臣)能谋。正如孔子说的,郑国为命,"裨谌草创之,世叔(游吉,子大叔)讨论之,行人子羽(公孙挥)修饰之,东里子产润色之"⑥。由于子产实行集体决断,因此郑国"鲜有败事"。

在与邻国的关系上,主要是对待南北二霸,子产采取了以礼为旗号,强辩慎行,卑中有亢,亢中示卑,首鼠两端,唯利是图的方针。依靠这一办法,在他执政二十多年里,没有发生重大外来之灾。当然,这同楚、晋当时弭兵也有重大关系。

---

① 《左传·襄公三十年》。

② 《左传·昭公四年》。

③ 《左传·昭公六年》。

④ 《左传·昭公二十年》。

⑤ 参见《左传·襄公三十一年》。

⑥ 《论语·宪问》。

还有一点应提出来的是,子产对商人采取了自由政策,不多加干涉和限制,"非官府之守器",均可自由贸易。①价格也由市场供求自由决定,政府采取"市不豫贾"的政策。保护商人是郑国的传统政策,子产执行得更彻底。这种政策是进步的。

总之,子产小心谨慎,在承认现实的基础上整合与调整上下的关系,就像孔子评价的那样:"有君子之道四焉:其行己也恭,其事上也敬,其养民也惠,其使民也义。"②他总是先思虑而后行,行不越思,正如他自己说的:"政如农功。日夜思之,思其始而成其终。朝夕而行之,行无越思,如农之有畔,其过鲜矣。"③子产于守成中有进取,维持了郑国的局面,却没有使郑国强盛。他死后,郑国日益衰败。

四、叔向反对变法的守旧思想

叔向即羊舌肸。晋武公之孙突封为羊舌(地名)大夫,并以封邑为氏。叔向为突之孙。叔向的生卒年不详,鲁襄公十一年(前562)为晋使,鲁昭公十五年(前527)以后,不见史载。鲁昭公二十八年(前514),其子被杀,羊舌氏灭。叔向应死于公元前527至公元前514年之间。《说苑·敬慎》说叔向活到八十岁。叔向为晋的外交家,又为晋平公傅,地位很高。叔向本人没有什么重人的政治活动,因他从事外交,遇事多发表议论,并以知"礼"著称。从一些片段看,他是保守人物的代表,他写给子产反对铸刑书的信表现得最为明显。另外,他对子产的"作封洫""立谤政""制参辟"统统反对。他认为所铸刑书不能"靖民",只能引起民乱。叔向坚守"议事以制,不为刑辟"的陈旧的制度。所谓"议事以制,不为刑辟",即完全随从长官意志处理,长官意志即是刑、即是法。叔向认为即使如此,仍"惧民之有争心",于是又辅之以"义""政""礼""信""仁""禄位""严断刑罚"等。叔向反对新成文法,主张按传统的习惯法断案,这种态度是落后的、保守的。从历史的发展过程看,一般地说,成文法比习惯法进步。习惯法不是理性的产物,它包含的悖谬比成文法

① 参见《左传·昭公十六年》。

② 《论语·公冶长》。

③ 《左传·襄公二十五年》。

更多。而叔向的看法正相反,他认为"国将亡,必多制"。他反对各种新"制",主张以"礼"和"威"治国。礼的主旨是"等",他说:"讲礼于等。"①光有礼还不行,还需要辅之以威。

叔向这位保守人物并非浑浑噩噩之辈。他不赞成革新,但又不是对一切旧事物简单地肯定,他常用美化的先王批评污浊的现实。可是在他的"先王"形象中又没有切实可行的新东西。就他个人的人品而论,既不贪也不狠,也不太奸诈。他敢于把自己的观点直接亮出来,以致季札都奉劝他要少讲话:"吾子好直,必思自免于难。"②可是他依然我行我素。叔向是人品正直、思想保守的典型代表。

五、范蠡的持盈、定倾、节事论

范蠡,生卒年已不可考,他是春秋末年辅佐越王勾践灭吴的主要谋臣。《国语·越语》主要记录了范蠡的言论。

范蠡认为,要治理国家最重要的是把握住三件事:"持盈""定倾""节事"。"持盈"是说国家强盛时要设法保持住强盛。"定倾"是说国家遇到危险要善于转危为安。"节事"是说在平时要处理好政事。这三者互相联系,又互相转化。范蠡认为持盈的妙诀是顺从天道,"持盈者与天"。"天道盈而不溢,盛而不骄,劳而不矜其功。"圣人就应像天道一样,不骄傲,不伐功,不自满。定倾的关键在于"与人",即顺从人道。"节事"则要"与地",顺从"地道"。

这三点是总的原则,具体运用要结合敌我实际情况选择要点。这三点给人以观察问题的思路和方法,在实行时要结合具体情况灵活运用。例如越王勾践急于攻吴,征询范蠡的意见,范蠡用这几条原则分析了越吴情况。他对勾践说,就越国内部情况看,还不具备用兵的条件,如急于用兵,就会犯"未盈而溢,未盛而骄,不劳而矜其功"的错误,违犯天道。从吴国情况看,吴国还处于盛势,内部又无机可乘。特别是打仗这种事,不是好玩的。"勇者,逆德也;兵者,凶器也;争者,事之末也。"自己没有充分积德,又先发动战争,是违犯人道。在三不利的情况下用兵,必将招致失败。勾践不听,结果

---

① 《左传·昭公十三年》。
② 《左传·襄公二十九年》。

被吴打败。这时勾践又想起了范蠡，请他出谋划策，范蠡仍然是这三条。勾践问："与人奈何？"范蠡根据当时吴越对比情况，提出以"卑"事吴，"柔而不屈"。勾践听了范蠡的话，以隶之身事吴三年，得到吴王的宽宥，被释放回国。勾践回国之后问如何"节事"。范蠡说，地生万物，有其自然规律，无论物之美恶，各得其宜，皆有用于人，要遵循这一规律，不可违反。"时不至，不可强生；事不究，不可强成。"要像顺乎自然一样，权衡天下之势，善于抓住时机采取措施。"待其来者而正之，因时之所宜而定之。"要与人民同甘苦。"同男女之功，除民之害，以避天殃。"要亲自参加耕织劳动，率民耕耘，不违反农时。"百姓之事，时节三乐，不乱民功，不逆天时，五谷睦熟，民乃蕃滋。"要开田野，实府库，使君臣各得其所宜。事事谨慎，不要旷时废业，人为造成祸乱。要耐心等待时机，天时一定有变化，人事一定有隙可乘，即"时将有反，事将有间"。如果天时没有变化，人事无隙可乘，切不可轻举妄动。在此期间利用时机进行"抚民保教"，安抚人民，教育人民，以待时机之来临。

经过十余年的生聚教训，越国强盛起来。勾践接连几次要用兵攻吴。范蠡又用"天道""人事"去分析吴国情况，或因天道不备，或因人事无隙可乘，劝阻了勾践。有一次勾践非常愤懑地谴责范蠡欺骗了他。范蠡胸有成竹地进一步讲了"人事必将与天地相参，然后乃可以成功"的道理。针对吴、越的具体情况，建议勾践进一步采取外柔内刚、外骄内慎、外荒内节的策略，以麻痹吴国，使吴王夫差完全解除戒备，并促使吴王更加骄横、放肆、拒谏、饰非。勾践又一次听了范蠡的劝告，待到吴王众叛亲离之时，兴兵一下子灭掉了吴国。

范蠡提出的持盈、定倾、节事三项原则是政治思想史上的一大贡献。从吴、越历史的变化看，定倾固然难，持盈更难，而节事则是持盈、定倾的基础。

范蠡是一位善于观察事态变化的人物，冷静胜于情感。勾践胜利之后提议把一半土地分封给他，范蠡谢绝不受。在长期接触中，他认识到勾践这个人"可与同患，难与处安"。范蠡还告诫大夫文种"飞鸟尽，良弓藏，狡兔死，走狗烹"[①]的道理，劝文种引退，另找出路。文种不相信，终于引起勾践的怀疑，最后被赐死。范蠡却逃之夭夭，另谋出路，去经商，成了巨富。从范蠡的经历

---

① 《史记·越王勾践世家》。

可以看到,在阶级社会,政治的才智是与权谋、诡诈、猜忌结合在一起的。

第三节 《尚书·洪范》的政治思想

关于《尚书·洪范》的制作年代,有种种不同说法,一些人认为是周初的作品,多数人则认为属战国之作,其中又分为初期说、中期说、末期说。《左传》有三处引《周书》之处(即《左传·襄公三年》《左传·文公五年》《左传·成公六年》),与《洪范》文相同。《墨子·兼爱下》也引过《洪范》文,不过墨子称"周诗"。据孙诒让考证,古人常常书、诗不分。如果《墨子》之文所引为《洪范》文,那么《洪范》的制作应在战国之前。从《左传》引证的情况看,《洪范》在春秋中叶以前当已流行。所以我们把它放在春秋时期来叙述。

《洪范》在战国时为很多人所重视。《荀子·天论》《韩非子·有度》《吕氏春秋·贵公》均曾引证。汉以后由于《尚书》成为钦定的经典,更为人注重。封建时代研究《洪范》的人不可胜数。朱熹认为:"天下之事其大者,大概备于此矣。"[1]

洪,训为大。范,训为法。洪范,即大法、大纲之意。因为讲了九个方面的事,又称"洪范九畴"。畴者,种类之意。这九畴为:"初一曰五行,次二曰敬用五事,次三曰农用八政,次四曰协用五纪,次五曰建用皇极,次六曰乂用三德,次七曰明用稽疑,次八曰念用庶征,次九曰向用五福、威用六极。"传说这九条是武王访问箕子时,箕子所作的回答。诚如朱熹所言,这九个方面包括了天下大事。但这九条并没有内在逻辑的关系。从政治思想上看,有如下几点值得注意。

首先,文中提出,为政要明察善思,即所谓的"敬用五事"。此点很有价值。这五事指貌、言、视、听、思。貌,指行为。言、视、听、思指对事情的考察与思考。如能做到办事恭谨,言之有理,观察事物清楚明白,善于听取他人之见,思考又很通达,即所谓"貌曰恭,言曰从,视曰明,听曰聪,思曰睿",那么治理天下就不成问题。在这里,作者强调当政者要亲身明察、善断。

其次,政治要认真处理好八方面的政事,即所说的"农(勉也)用八政"。

---

[1]《朱子全书·尚书二·洪范》。

在八政中,最有意义的是,作者把"食"列为八政之首,其次是"货",即商业市场与货币。其后才是祭祀与各项国家职能活动。作者虽然没有讲什么道理,但把"食""货"列在祭祀、军事前边,说明了作者对经济的重视,是值得称道的。后来史书中的《食货志》之名即源于此。

再次,提出了"王道皇极"。皇,大也。极,至高无上。"皇极"即最高的标准或原则。所谓"皇极",即:"无偏无颇,遵王之义;无有作好,遵王之道;无有作恶,遵王之路;无偏无党,王道荡荡;无党无偏,王道平平;无反无侧,王道正直。会其有极,归其有极。"王道的中心思想,是把握住事情的中心点,不要偏离,不过火,也不要不及。偏、颇、好、恶、党、反、侧,都是违犯王道的,应加以避免和禁绝。为王的还要有一颗父母之心:"作民父母,以为天下王。"

最后,治理的手段要掌握三条:一是"正直",二是"刚克",三是"柔克"。所谓"正直",即守正不阿,按王道精神处理事务。"刚克"与"柔克"是"正直"的两翼和补充。"刚"用来对付叛逆者,"柔"用于顺民。

另外,文中所说的天人感应,对政治也有直接的影响。作者认为,天对人事有征兆,即雨、旸(晴)、燠(暖)、寒、风。如果当政者按照王道"九畴""五事"处理事情,就会风调雨顺,这叫"休征"。反之,就会发生"咎征",风雨不时,寒暖失宜。天人感应依人之权力大小而不同。天子不好,会影响整个年景;卿士不好会影响月季;官吏能影响几天乃至旬日。从哲学上看,这种天人感应或天谴论是一种谬误,在政治理论上也是荒谬的。但从历史进度中来考察,它还有某种历史的合理性。其中有两点值得注意:其一,在君主专制时代,一般情况下,臣民不能干预或改变君主的行为。上述理论不仅有天神权威与君主权威的统一,而且也有矛盾、冲突,于是人们便企图借助天神的威力对君主有所掣肘。其二,文中指明了权力的大小与造成的危害大小成正比,有一定道理。但这种合理性是在极为有限的范围内才有意义,不可估计过高。

第四章 春秋战国时期社会的转型与政治思想 不同流派的争鸣和政治理性的发展

　　大体说来,以春秋、战国为界,中国的历史发生了重大的变化,这点早在清初顾炎武就已经给我们勾画出来。他说:"春秋时犹尊礼重信,而七国则绝不言礼与信矣;春秋时犹宗周王,而七国则绝不言王矣;春秋时犹严祭祀、重聘享,而七国则无其事矣;春秋时犹论宗姓氏族,而七国则无一言及之矣;春秋时犹宴会赋诗,而七国则不闻矣;春秋时犹有赴告、策书,而七国则无有矣。"①

　　顾氏的论断极为清晰、准确。当然我们不能理解为山左山右相隔,他说的是历史的大势。顾氏指出的仅是我们所说的政治与社会意识,其实春秋以降发生的是现在所说的"社会转型"。对这一转型的概括,历史学家们有过很多争论,约略而言:有从社会形态上做区分的,前为奴隶社会,后为封建社会;有从一种社会形态两个阶段分的,前为领主制,后为地主制;有从政治制度上分的,前为分封制,后为君主集权制;有从国家形态上分的,前为血缘国家,后为地缘国家;有从社会阶段分的,前为氏族时期,后为国家形成和奴隶制时期;等等。不管哪种说法,都承认此时期是中国历史进程中一个转型时期。只要承认转型,则无疑是整体性、全方位的,社会各个方面和各种元素会形成错综复杂的交织性的移动,互相影响、互相制约、互相牵动。这本书所谈的问题仅限于政治思想领域,而且只限于思想家们的有关政治观念。思想家无疑是社会的精英分子,他们对社会现实的觉察最敏感、最深入,也最有个性。但不管他们有怎样的想法,他们生活的社会环境是共同的,他们的思想是在与社会打交道,因此在论述他们之前,需要把当时社会的概况做一简要叙述。

---

　　①《日知录·周末风俗》。

诸子兴起于春秋晚期，为了与下面论述的各流派在时间上统一起来，这里把春秋末和战国放在一起。

　　这里要说明一点，我们认为这个时期是中国历史的一个转型时期。学界长期以来把这种转型称为"封建社会的确立"。"封建"本来指西周时期分封建国制度(有的学者认为商代已有)，"封建"的本始意义说的也只是一种政治制度，与社会形态关系不大。"五四"以后，"封建社会"这一概念流行开来，其含义在每位学者那里也不尽相同，但逐渐用来表达社会形态，并成为一种比较稳定的表述概念。在多数学人那里，"封建社会"这一概念与西周时期"封建"含义迥异，它所表达的是一种社会形态、社会结构、生产方式、生活方式与观念形态。这些年不少学者对此提出质疑，认为用"封建"既不符合原意，也与欧洲的"封建"制度相去甚远。由于是从日本转译过来的，套在中国历史上，造成中国历史叙事的扭曲。我认为这的确是一个应该讨论的问题。由于积久成俗，且目前还找不出一个适当的概念取代"封建社会"这个概念，本书姑且沿用它来表述春秋以降至近代的社会形态。

第一节　战国七雄的建立和各国的变法运动

　　经过春秋以来长时期的兼并争夺，形成了齐、魏、赵、韩、楚、秦、燕七大国对峙局面。这七国在内外矛盾的促使下，在内部不同程度地进行了一些政治改革。著名的有魏文侯时期李悝的改革、楚悼王时期吴起的改革、秦孝公时期的商鞅变法、齐威王的改革，赵、韩、燕也进行了改革。

　　当时改革的最直接推动力来自各国面临的强弱、存亡的巨大压力。如何使自己变强或得以生存，这不是道德说教所能奏效的，在各国生死存亡的争斗面前，依靠的是"力"的较量，所以韩非说，当时时代的特点是竞于"力"。"力"在哪里？如何把"力"集中起来？又如何运用"力"？这是摆在各国面前的实际问题。综观各国变法、改革，大致说来有如下几项重要内容。

　　其一，"力"首先源于耕与战，而耕、战蕴藏在下层民众之中。因此如何把民众的积极性调动起来，便成为各国改革中的一项大课题。调动民众积极性的方法很多，要之是奖励耕战，让民众从耕战中获得利益。春秋以前的下层民众基本上都是依附性的"隶农"，没有自己的土地和自主的经济，与奴隶的身份很接近,在战争中他们只能充当徒役,而不是战士。当时的战士是有身份的贵族和族人。随着战争规模的扩大,需要把下层的人变为战士,要把他们的力量解放出来。如何解放?这就是给他们以奖励,使其身份获得更多的自主性,分给他们一定数量的土地,有才干的还可以升官。这样一来,就使得社会关系发生了重大的变化。主要表现可以概括为由"隶农"逐渐变为国家控制的"编户"小农。各诸侯国为了鼓励更多的人投入耕战,相应都采取了一些实际的措施,并引起社会身份与阶层结构程度不同的变革。有些国家的变革十分猛烈,几乎达到重新组合的程度,引起了社会的巨变。

其二,各国的生死竞争同时也是智力的竞争。在分封制下实行的是世卿世禄,贵族垄断各种权力。这些贵族们多数墨守成规,不图进取,正像曹刿说的,"肉食者鄙"。为了吸纳有能力、有智力的人才参与竞争,必须从社会下层起用新人。有能者升上来,无能者降下去甚至被淘汰。于是新兴的官僚制逐渐打破世卿世禄的旧制度。这是一项涉及社会权力与社会资源再分配的大变动。各国都程度不同地、主动或被动地进行了这方面的变革。秦国变革的力度最大,这是它竞争力变强的重要原因之一。

其三,为了增强竞争力,必须推行"集中制"。所谓"集中",包括权力集中、社会资源与分配权集中、军事指挥集中、社会控制能力集中等。各国在推行"集中制"上都下了很大功夫,进行了大的改革。于是郡县制逐渐取代分封制。郡县制是君主集权制的基础之一。

其四,各国都进行了一系列的法律制度的改革,颁布了一系列的新法规,对风俗、习惯、礼仪、行为准则等进行了程度不同的改革,人们的社会观念也有很大程度的更新。

这个时期是社会大变革、大改革的时期。改还是不改?如果改,那么如何改?这是政治中的根本问题,也是思想家必须面对的大问题。

第二节　战国时期社会经济的发展

战国时期,农业有了长足的发展。随着生产力的提高和生产关系的变革,个体农民成为农业生产的主力,家庭成为社会细胞和经济单位。农民能够支配一部分自己的劳动,占有少量的生产资料,因此,表现出了较大的劳动主动性。

到战国中期以后,铁器农具的使用更普遍了,这对当时社会经济的发展起了极大的促进作用。农业中深耕细作,犁耕、中耕、整地保墒等操作技术的改进,都与铁器农具的普遍使用有关。

水利工程的兴建与灌溉技术的推广,提高了农作物产量,促进了农业的发展。当时的人们已认识到土与水是农业的基础和命脉,即所谓"食之所生,水与土也"①。各国适应这个要求,都设有专门治理水利和兴建水利工程的官员,征调大批役夫从事水利建设。

随着工具的改进和水利灌溉的发展,出现了精耕细作的园圃作物。深耕的优越性已被人们所熟知。"深其耕而熟耰之,其禾蘩以滋。"②

施肥也普遍推广,人们已经较多地知道各种肥源,如草木灰、动物的粪便、绿肥等,还知道用肥拌种的技术。

人们积累的关于土壤的知识也比较丰富了,从而对土壤进行了细密的分类,如《管子·地员》把土地分成上、中、下三等,每等又分若干级。对什么土质宜于种什么作物,均有具体的记述。战国时期的作品《禹贡》和《周礼·地官司徒·草人》等列举了各地区土壤情况和根据土质不同而划分的田地等级,以及适宜生长什么植物等。对栽培、时令等有关农业生产的知识也都有了深入的研究。在广大农民生产实践的基础上,农业科学已成为专门的学问,像《吕氏春秋》中《任地》《辨土》《审时》等篇就是记载农业科学知识的专著。

手工业的发展也很明显,手工业内部分工更细了。官营手工业多半是冶铁、煮盐、粮食加工、制造兵器、铸钱为统治者享用而服务的行业。

在青铜冶铸和春秋炼铁的技术基础上,这时开始比较广泛地使用生铁铸件。经鉴定证明,诸多铁器是白口铁经柔化处理得到的展性铸铁。这种展性铸铁在战国中晚期已被广泛应用于制造农具、兵器、生活用具,见于文献记载的铁器名称不下四五十种。当时还利用控制退火的办法,创造了表面为低碳纯铁、中心硬度高的复合铸铁器件,借以提高农具的性能,使农具有

①《管子·禁藏》。
②《庄子·则阳》。

123

坚硬、锋利、耐磨的刃口而又具韧性。在铸造工艺方面,也达到了相当高的水平,从陶范到金属范,从单合范到双合范,从外范到内范。这个时期还出现了用含碳量不均匀的钢来制作兵器,如剑、戟等。钢做的武器比纯铁要锋利得多。

纺织业的发展更为突出。麻葛丝织遍及各地,织造技术已有很高的水平,生产出了罗、纨、绮、縠、锦、绣等五光十色的新产品。考古还发现了"提花丝帛"。

当时的手工纺织品除官府手工业外,主要是个体农民的家庭手工业。养蚕、缫丝、治麻葛、织布帛是家庭妇女经常从事的重要劳动项目。所谓"妇人夙兴夜寐,纺绩织纴,多治麻丝葛绪绸布缝(当作'缲'),此其分事也"①。

这个时期,个体小手工业也很发达。它的行业很多,有铁工、木工、纺织、洗染、刺绣、制陶等。内部分工也很细,有专做鞋、帽、农具、炊具、车子,以及专做葬具的。可能还出现了手工业作坊。

农业和手工业的发展促进了商品交换。为适应交换的需要,金属货币已广泛流行,称为"通货"或"通施"。由于地区不同,货币的形状也不同。到战国晚期,随着各地经济文化交流日益密切,各地钱币的形式、计量单位有趋于一致的倾向。标明币值的铸币的出现和铸币重量的减轻,表明铸币有了更明显的价值符号的性质。

战国时期商品的种类繁多,商品交换的地域也相当广。如北方的走马、吠犬,南方的羽毛、象牙、皮革、丹青,东方的鱼、盐,西方的皮革、文旄,在中原市场都可以买到。新疆于阗的昆山玉也行销中原。各地区的经济来往日益频繁,所以,打破关卡壁垒的局面实行统一便成了时代的呼声。

由于商业、手工业的发达,城市也空前繁荣。齐国的临淄(今山东临淄)、韩国的宜阳(今河南宜阳西),都有几十万人口。城市中店铺林立,商业兴盛,有些大一点的店铺还雇有一些称为"庸保"的伙计。

伴随着生产方式的变革与经济的发展、社会劳动分工的细密化,商品与交换空前活跃。人们的社会关系发生了基本的变化,血缘关系被挤到一边,利益关系普遍化,天下熙熙皆为利来,天下攘攘皆为利往。不要说社会

---

① 《墨子·非乐上》。

化的人际关系,就是父母兄弟也常常互相"计利"。

如何发展社会经济和增加国家实力,如何调整社会利益关系,如何调整和构建人们的关系,是思想家们讨论的核心问题。

第三节 战国时期的社会各阶级

要不要对社会人群进行阶级划分和如何划分,是一个很复杂的历史认识问题。但我这里还是要划分的,下边的划分无疑有许多"硬化"问题和不尽切实的地方,但我认为这种划分仍是从总体上把握和认识社会人群的一个基本视角。应该说当时的人没有我们说的阶级观念,但"阶级"这个词在汉初就使用了,这个"阶级"相当于我们说的"等级"。下边说到的"阶级"是从生产关系上来界定的,但我更关注的是等级和特定的社会身份。

一、地主阶级

地主是战国时期的统治阶级,其中又分为不同的阶层或集团。

各国国君是政治上的最高统治者,也是最大的土地占有者。国君与国家是二位一体的,因此这种占有也称之为"国家土地所有制"。从当时国君赏赐臣下土地动辄几万亩、几十万亩甚至上百万亩的情况看,各国君主(国家)占有的土地是相当多的。同时,山林泽薮也是国家所有。国君把这些国家所有的土地通过授田和赏赐的方式,分配给农民和臣下。国家的土地虽然大量转化为私人占有的土地,但国家仍是最大的地主,它凭借国家机器,残酷地剥削和压迫农民。

食封贵族是地主中的一个特殊阶层。在各诸侯国内部土地、权力的再分配中,一方面受到西周以来分封制的影响,另一方面也由于血缘宗法的关系,宗亲分封制还在起着相当大的作用。只要是君主的宗亲、外戚和嬖幸都可以受封。除了亲亲分封外,也还有一部分是因立功而受封的。受封者一般称作某某君或某某侯,封赏给他们的土地叫"封邑"。这些食封贵族既是封地的土地和人民的领有者,又是政治上的统治者,有的还兼有工商业主的身份,因此,他们对于封邑内农民的剥削具有高度超经济和垄断性的特点。

这些食封贵族在势力高度膨胀时，就不听从国君的政令，拒不纳税。赵国的田部吏赵奢向平原君收租税，平原君不肯出租，就是一例。他们又以养食客为名，招纳成百上千的文人武士，扩大自己的势力。有的俨然如独立王国，如魏的安陵君作为国中之国，几世相袭，自称为"小国"。孟尝君在齐襄王时也公开打出独立的旗号。魏公子劲、韩公子长和秦魏冉也都自比为诸侯。

军功官僚地主是新发展起来的一种类型。在战国进行财产和权力的再分配中，普遍推行计功行赏①，魏国李悝变法、楚国吴起变法、秦国商鞅变法等，都是把奖励耕战、计功行赏同废除世卿世禄制，作为一个政策的两方面同时提出来并加以推行的。由于计功行赏政策的实施，在地主阶级内部又产生了另一阶层，可称为"军功官僚地主"。军功官僚地主大部分产生于士。士有文士和武士。武士依靠武功，文士依靠智谋或特殊技艺。他们常常凭借一技之长，受君主的重赏，一跃而成为拥有田宅、地位的地主。奖励耕战是秦商鞅变法的一项重要措施，因此，秦的军功官僚地主发展得最快。

计功行赏在当时的社会变革中，曾经起过重要的革命作用。其一，它促进了社会体系与所有制的改变，破坏了西周以来的世卿世禄制。其二，它促进了阶级关系的变动，对原来的社会阶级关系和森严的等级结构起了破坏作用。其三，它使一部分奴隶或农民可以因功而改善其社会地位，是各种政治首脑争取群众支持的一种重要手段。

"豪民"是地主中的另一个阶层。他们不是官吏，但广占土地。这种豪民地主，一部分是失职的官僚或失去了政治地位的官僚后裔，但手中仍握有大量的土地与财产。如魏文侯时的名将乐羊被封于灵寿，乐羊死后，子孙没有世袭乐羊的官爵而承继了家产，成为当地有名的大地主。另一部分是通过土地兼并而来的。随着土地买卖的发展，土地兼并现象越来越普遍。各式各样人物都把钱财用来争买土地，如赵国的将领赵括，把赵王赏给他的金帛积存起来，"日视便利田宅可买者买之"②。有的工商业者也走上"以末致

---

① 参见《战国策·赵策三》。
② 《资治通鉴·周纪五》。

财,以本守之"的道路,进行土地兼并。

以功行赏和土地买卖愈盛行,对西周以来传统的破坏就愈多。所以军功官僚和豪民地主是当时封建地主阶级中具有进步倾向的政治流派的主要社会基础。

二、农民阶级

农民阶级的发展是同封建生产方式的发展相伴而行的。由于本身地位和生产条件的关系,农民阶级分成不同的部分。

国家"授田"制下的农民称之为"公民"①,是当时农民阶级中的主要组成部分。国家拥有大量的土地,它通过授田的形式把土地分给农民耕种。授田的规定是:根据土地好坏,大体上每户授田一百亩(约合今三十一亩)至三百亩。这基本上同一个壮劳力及其家小的生产能力相适应。农民对所受土地有相对稳定的使用权和占有权,随着时间的推移,这些农民对土地的支配权越来越大,到后来,甚至可以出卖,所谓"分地若一,强者能守。……愚者有不赓(续)本之事"②。这些农民一般有家室妻小和一部分生产资料,如工具、牲畜等。每一个家庭就是一个生产单位,他们除了种地之外,还从事纺织等家庭手工业。这些农民被详细地登记在户籍里(又称为"正籍""定籍""符籍"等)。对男女老少、健康状况、生老病死、财产多少、谁能当甲士、谁能充徒役等项均有详细的记录,"生者著","死者削"③。地方官吏的一项重要职责就是检核户口、监督生产、对耕作不力者施以惩罚。管制农民的什伍编户法十分严格,农民被严格地束缚在土地上,不得私自迁移。一邑之中还专门设有里门监守门,检查出入,按时开闭。一伍之中不准藏外人,一里之中不准容外家,使逃亡者无处藏身,迁徙者无地容纳,农民如果逃亡被捉住要给予严厉惩罚。魏就专门制定了《奔命律》《户律》以控制农民逃亡。这些农民要向国家交纳名目繁多的赋税,承担各式各样的差役,还要服兵役等,甚至有时还会被统治者当作赏品赐予臣下,原来对国家承担的各种义

---

① 《韩非子·五蠹》。
② 《管子·国蓄》。
③ 《商君书·去强》《商君书·境内》。

务,就转向受封赏者履行。上述这些被称为"公民"的受田农民,实际上是国家控制下的农奴。

"公民"之外,还有依附于私人地主的农民,被称为"私人"①。"私人"也就是佃农或依附农,他们租种地主的土地,将收成的一半以上作为地租交给地主,所谓"或耕豪民之田,见税什五"②就是指这种租佃关系。这种佃农的身份同样是不自由的。由于佃农托身于豪强地主,一般不再承担封建国家的义务。许多"公民"为抗拒国家的徭役赋税,便从"公家"逃到"私门"。"公家"与"私门"争夺农民是当时地主内部斗争的一个焦点。

在农民中还有地位比"公民"略高的一部分人。他们占有少量的土地和农具,人身比较自由。其中一部分原来是士,因地位下降不得不从事劳动,当时叫"力耕"之士。还有一部分是冲破了国家的土地垄断,自己"开田而耕"③。另一部分是立了小军功,被赏赐少量土地,自己耕种的军士之家。这些自耕农的地位很不稳定,经常在分化。

"雇农"即当时所说的"庸客""庸夫",是农民中最苦的一部分,他们除了两手之外别无长物,以出卖自己的劳动力为生,被称为"持手而食者"。

三、工商业中的阶级状况

各诸侯国控制着与国计民生有重大关系和专为统治者服务的若干手工业部门,这就是国家的官营手工业。国家设立专门的官僚机构和官吏来经营和管理。官吏的名称繁多,各国也不一致,如"工师""令""铁官""铜官""工尹""工正""玉尹"等。这些都属于官营手工业中的官吏。他们役使大批劳动者进行艰苦繁重的劳动。官营手工业中的劳动者主要有三种人。一是工匠。他们世代相传,即所谓"工之子恒为工"。其身份近于奴隶。二是徒隶和罪徒。徒隶是奴隶,《管子·轻重乙》中有遣使徒隶到山里伐木烧炭、采矿的记载。罪徒是因犯罪而判刑的人,在服役期间从事手工业劳动。在秦的"上郡戈"上都有制造者的题铭,如"城旦"(四年刑徒)、"鬼薪"(三年刑徒)、

---

① 《韩非子·五蠹》。
② 《汉书·食货志》。
③ 《管子·问》。

"隶匠"（五年刑徒）等。三是征派的役夫。《管子·轻重乙》中有关于征派"民"去采矿而遭到"民"反对的记述。

在官营手工业之外，还有一批大私人工商业主。按他们的身份地位和经营方式可分为两种。一种是大手工业主，主要经营较大的手工业和开发自然资源。战国时期这部分人中有些很著名的人物，如邯郸郭纵经营冶铁业而"与王者埒富"。蜀"卓氏之先"，"用铁冶富"。鲁的曹邴氏以铁冶起家，"富至巨万"。猗顿、刁间逐鱼盐之利，"起富数千万"。蜀寡妇清开发丹朱矿，"擅其利数世"。①这部分人所经营的各种事业，在增加社会产品、改进生产技术、开发地下资源等方面是起了积极作用的。另一种是大商人，能囤积居奇，垄断投机。著名的代表人物比较早的有范蠡、白圭、子贡等。白圭"乐观时变，故人弃我取，人取我与"②。遇到熟年，大量收购粮食，出卖丝漆。蚕茧上市时，就大量收购帛絮，出售粮食。他还预测年成好坏，囤积居奇，待价而沽。战国晚期的吕不韦也是著名大贾。这种人"无把铫（音瑶，大锄）推耨之劳，而有积粟之实"③。从大工商业主的产生来说，他们是作为"工商食官"的对立物而出现的，对土地私有制及各领域的私有制的发展曾起过类似酵母的作用，对自然经济也起着分化瓦解作用，在争逐利益上与国家也存在着矛盾。他们富于王侯，成为国家的一种抗衡力量。《管子》曾说："万乘之国，必有万金之贾；千乘之国，必有千金之贾；百乘之国，必有百金之贾。"而这些"贾"，又都"非君之所赖也"④。说明了大工商业主和封建国家之间的矛盾。

战国时期还有不少的个体手工业者和小商人，两者往往混为一体而不可分。他们全家参加制作，再有个小门市或小货摊，自做自卖以维持生活，当时称之为"工肆之人"。个体小手工业者和小商人的生活一般是很寒苦的，他们本小利薄，国家要向他们征各种税，大商人还要盘剥他们，余钱剩米为数不多，很难维持生活。他们制造和流通日常需要的产品，即所谓"贾分货而贩，百工分事而劝"⑤，是社会经济生活中不可缺少的。

---

① 参见《史记·货殖列传》。

②《史记·货殖列传》。

③《战国策·秦策四》。

④《管子·轻重甲》。

⑤《荀子·王霸》。

四、奴隶

奴隶的占有和买卖在法律和习惯上依然是一种常态。战国时期,使用奴隶的现象还相当普遍。在工商业中,使用奴隶的现象尤为盛行。见于史籍的名商大贾,都有成百上千的奴隶。在农业生产中也不乏使用奴隶的现象,"隶""虏""仆""臣""竖"等就是农耕或放牧奴隶。当时驱使十几个奴隶的现象是很常见的,所以魏国的说客去赵与鲁仲连辩论时就举例说:"先生独未见夫仆乎?十人而从一人者,宁力不胜、智不若耶?畏之也。"①至于家内奴隶的记载就更多了,卫国大夫公良桓子家中"妇人衣文绣者数百人"②。赵平原君的家中婢妾也是以百数。用奴隶殉葬的现象依然存在,1969年在山西侯马乔村发掘的战国墓群中,一个贵族就杀害了十八个奴隶来殉葬。奴隶的来源,除了未获解放的世世为奴隶的外,主要是破产农民。"天饥岁荒"而"嫁妻卖子"③、"民无檀者卖其子"④是经常发生的悲惨现象。当时还流行一条买好奴隶的诀窍:"卖仆妾售乎闾巷者,良仆妾也。"⑤奴隶的另一个来源是抢掠,传说楚国司马子綦的儿子困,在赴燕国途中被人抢掠,抢掠者怕他逃窜,就断他一足,然后把他卖给齐国富室为奴。还有的是由于负债过重还不起而出卖人身成为奴隶的。商鞅变法规定:"事末利及怠而贫者,举以为收孥。"⑥反过来,奴隶有战功者,可以免除奴隶身份,还可以赎免自己的家属。

五、阶级关系变动中的"士"

除武士之外,大部分"士"是专门从事政治和文化活动的知识阶层。战国时期,"士"的数量大大增加,先秦典籍中到处可以见到他们活动的踪迹。

---

① 《战国策·赵策三》。

② 《墨子·贵义》。

③ 《韩非子·六反》。

④ 《管子·揆度》。

⑤ 《战国策·秦策一》。

⑥ 《史记·商君列传》。

这是由于当时社会的经济和政治关系发生了重大的变化。有一部分贵族及其子弟，在社会变革中破落，门庭衰败，被甩到"士"的行列中来；同时，有一些出身庶民的人"积文学，正身行"[①]，从而上升为"士"。淳于髡便是一个由赘婿而成为名冠"稷下学宫"的名士。虞卿原是穿草鞋挑担的贫苦人，后来竟成为赵的上卿。战国时期的"士"是社会上一个十分活跃的阶层。他们名类繁杂，至少有上百种名号，分布在社会各个领域，从事各种职业，扮演不同的角色。许多著名的政治家、军事家、思想家、科学家和文学家大抵都有士人的经历。还有一批所谓"隐士""处士"，他们表面上似乎游离于社会生活之外，实际上是隐士而不隐。正如以隐士自居的庄周所自白的那样："隐士者，非伏其身而弗见也，非闭其言而不出也，非藏其知而不发也。"[②]庄周、鲁仲连、田光等是这些"隐士"的代表。他们发表了许多奇特的言论，在社会上颇有影响。还有一些"士"主要从事科技研究，在劳动人民生产实践基础上，对科技的发展做出了贡献。

除了国王之外，"士"是社会各种职位的中转站与交汇处，有了"士"这个阶层，整个社会关系不再凝固和僵化，而呈现出一定程度的活化状态。

社会阶级、阶层、身份的复杂结构及其利益矛盾交织、升降擢陟，是诸子政治思想的社会背景，也是他们最关切和热烈争论的问题之一。正是在这些问题上大致可以判断诸子的社会立场与政治倾向。

第四节　政治制度和赋税徭役制度

"每种生产形式都产生出它所特有的法的关系、统治形式等等。"[③]战国各诸侯国创立和健全了与生产方式相适应的法权关系、统治形式。

一、以郡县为基础的君主集权制和分封食邑制

郡县制产生于春秋，到了战国才得到普遍推广。这是因为：一方面郡县

---

① 《荀子·王制》。

② 《庄子·缮性》。

③ 《马克思恩格斯选集》（第二卷），人民出版社，1995年，第6页。

制便于君主集权;另一方面郡县制便于国家直接控制和剥削农民;另外,打破了分封制,也为确立和推广郡县制开辟了道路。以郡县制为基础的行政制度加强了君主集权,协助君主的还有一整套中央机关。各诸侯国家机构的名称不尽一致,同一国在不同时期亦有变化。当时主要的官吏有如下几种。协助君主总理政务的叫"相"或"相国""丞相"。秦还分左右丞相。赵设有"假相国",为丞相的副职。楚设有与"相"相当的"令尹"。"相"是君主以下的"百官之长"。①协助君主总理军务和领兵出战的叫"将"或"将军",如"上将军"和"大将军"等。楚国叫"柱国"或"上柱国",地位仅次于"令尹"。负责监察和掌管秘书的,在秦、齐、赵、魏叫"御史",在楚国叫"御书"。另外还有各种史官,大都属于掌管秘书和机要事宜的人员。负责司法的,秦叫"廷尉",楚叫"典令",齐叫"执法"。负责教育太子的,叫"师""傅""太师""太傅"等,这些人常参与国家政事。负责宗教事务的叫"太祝""太卜"等,往往也干预军政事务。管理财政经济的,秦、赵叫"内史"。赵有"田部吏",专营收取田税。此外主铁官、铜官、市官等都是经济部门的主管人员。

战国时期,官制很复杂。各国差不多都有"大夫""司马""卿"之类的官,但也有些名称独特的官,如秦的"大良造""庶长",楚的"莫敖"等。这些官的职权不固定,有的担任军、政要职,有的充任君主使臣,有的只表示爵位,并不属于实际职务。

除齐国外,各国的地方组织是郡和县。战国初,郡、县是平行的。秦在商鞅变法时只设县而无郡。战国中期以后,从三晋开始,楚和燕随后,都在郡下设县,成为郡县两级制。秦只在新占领区设郡,郡下再设县。

郡有"太守"或"守",为一郡之长。负责军事的叫"都尉"。县设"县官"或"令"或"公"等,为一县之长。战国时只有齐未设郡,相当于郡的称"都",一都之长称"大夫"或"令"。都下设城或县。

县以下的基层组织是乡、里、邑等。乡有三老、廷掾。里有里正。以下有什伍编户组织,十家为"什",五家为"伍",伍有伍长。通过什伍组织征赋税徭役。

这样,从中央到基层形成了金字塔式而又十分严密的统治网。农民、奴

---

① 参见《荀子·王霸》《吕氏春秋·举难》。

隶和其他劳动人民被压在最底层。

与郡县制并存的还有分封制。分封制是血缘宗法制和财产诸子继承制在政治上的一种反映。这时期的分封在形式上保留了一部分西周以来分封制的旧传统,但在内容上有了新的变化,封君要执行国家的统一法令,国王有时还派官吏到封国去监督。封君主要食封地的租税,所以他们的封邑叫作"食邑"。有些封君的食邑面积很大,多到十数县十几万户。但租税不能独吞,还必须向国君缴纳一部分。与郡县相比,封君在封地内相对有较多的独立行政权,设有家臣,还可以世袭。由于封君经常闹独立,同君主集权有矛盾,所以当宠主一死或垮台,他们往往随着垮台,被收回封地,取消封号。战国时封君除极个别外,很少有传三世以上的。

二、官僚制度

随着世卿世禄制的废除和郡县制的推广,官僚制度进一步发展起来。除了君主和一部分封君外,从朝廷到地方的官吏都不能世袭。国家机构是常设的,人员则可能随时变更。当时选用官吏主要有如下几条途径:

一是立功仕进。如商鞅变法制定二十等军功爵,只要不断立功,就可以逐级晋升。韩非曾主张"宰相必起于州部,猛将必发于卒伍"[①],就是要从有实际政治、军事经验的人中逐级选拔官吏。

二是对策或献策。楚悼王、秦孝公、燕昭王等的求贤令,便是发出策问、征询对策的一种方式。吴起、商鞅等人就是由于对策得用,一跃而居要职。另外有些人为博取功名,主动向君主献策。当时这种风气极为盛行,《战国策》一书中的绝大部分内容就是记述了这方面的情况。这些献策者,一旦被赏识,便立刻平步青云,扶摇直上。由于策问及对策和献策的盛行,各种政治主张层出不穷,十分活跃。

三是亲亲。依靠亲属、裙带、宠幸等关系进入官僚队伍。这种情况相当普遍,齐、楚尤为突出。如齐的执政官和将领大都出于田氏,楚的重要官位大都出于屈、景、昭三大家族。

四是推荐。魏文侯时吴起、西门豹、乐羊等人都是翟璜所推荐。另外,卜

---

① 《韩非子·显学》。

子夏、田子方、段干木等则是魏成子所推荐。著名的军事家孙膑是通过齐将田忌的推荐而被齐威王用为军师的。

五是招聘。战国后期孔丘的七世孙子顺，就被魏王"遣使者奉黄金束帛"聘以为相。①

六是买卖。在商品交换的影响下，官爵也被当作一种特殊商品，有钱人可以花钱买官做。

从上面官吏的几种不同来源看，主要可分为两类，一类靠才能，一类靠各种关系。前一类是用人唯贤，后一类则是用人唯亲。

为了控制官吏和防止作弊，各国逐渐建立了玺封和合符的制度。这是整个官僚制度中的一个组成部分。为了监督和检查官吏，各国还制定了一套相应的考核制度和奖惩制度。例如"上计"便是最主要的考核方法之一。"上计"是指地方官在年终向国君报告工作和缴纳财政收入。战国时期的著作中，经常提到"上计"和有关"上计"的故事。

君臣关系绝不仅是什么君义臣忠的结合，在他们之间又存在着利害相较的关系。战国时已有人揭示君臣关系是"主卖官爵，臣卖智力"②、"臣尽死力以与君市（做交易），君垂爵禄以与臣市"③。这种"交易"体现在俸禄制度上。各国计算俸禄的单位名称不一，卫用"盆"，齐、魏用"钟"，秦、燕用"石""斗"，楚用"担"。官位不同，获得的俸禄也不同，有"千钟""万担"的高官，也有"五十石"和"斗食"的小吏。

三、军制

当时，各国普遍实行征兵制。由于战争频繁，征发甚滥。秦赵长平之战，秦国东郡凡年在十五岁以上的都在征召之列。秦还把妇女组成壮女军，负责运输守卫，把老弱男女组织起来，担负后勤事宜。楚齐对峙，楚东地凡六十岁以下男子够五尺高的都要征发。齐国临淄七万户可征二十一万兵，平均每户三人。除了普遍征兵外，还出现了雇佣兵。在普遍征兵制基础上，各

---

① 参见《孔丛子·陈士义》。
② 《韩非子·外储说右下》。
③ 《韩非子·难一》。

国都设有常备兵。常备兵需经过挑选和专门训练。当时兵种有甲士、步卒、战车、骑兵、舟师等。随着武器和战法的改进,战车在战争中的地位开始下降,骑兵和步兵逐渐成为军队的主力。

四、法制与礼制

各国在变法改革中普遍制定了新的法律。魏国有李悝的《法经》六章,又有"大府之宪"①;赵国有"国律"②;韩国有"新法"③;齐国有"大禁"④;楚怀王命屈原新制"宪令"⑤;秦国有商鞅根据李悝《法经》而制定的秦律六篇。各国法律条文的具体内容或有不同,但都是统治者意志的表现。惩罚极为残酷,死刑就有车裂、弃市、剖腹、腰斩、戮尸、肢解、枭首、大辟、凿颠、镬烹,更严重的有灭三族、灭九族等。对于统治阶级内部,往往用一个"文明"一点的饰词,叫作"赐死"。肉刑有宫、刖、劓、黥、髡、鞭、笞、桎、抽胁、贯耳。另外还有罚做奴隶、流放、罚劳役、徒刑和罚金等。这一切都是以被统治者为主要对象的,当然,也用来对付政敌。

为了维持统治秩序,也需要制礼作乐。如祭神、祭祖、君臣上下不同等级的习俗以及婚丧嫁娶、送往迎来等。商鞅变法中有一条:"明尊卑爵秩等级,各以差次;名(占有)田宅、臣妾、衣服以家次。有功者显荣,无功者虽富无所芬华。"⑥这是维护等级差别的一种礼制。

法与礼并没有什么严格的界限。礼侧重习俗,违犯了礼,那就是犯法;法侧重行政规范,不准有丝毫的逾越,守法者是顺民,违法者要严惩。所以,礼和法是互为补充的一体。

五、爵制

这个时期,人与人的关系和阶级关系之上覆盖着繁缛的等级制度。战

① 《战国策·魏策四》。
② 《韩非子·饰邪》。
③ 《韩非子·定法》。
④ 《孟子·梁惠王下》。
⑤ 《史记·屈原贾生列传》。
⑥ 《史记·商君列传》。

国时期各国都有等级爵制,名称也不大一致,有春秋以来传统爵制的新调整,更主要的是适应鼓励耕战而创立的新爵制,其共同点在于都是在军功爵的基础上逐渐完善起来的。各国的爵制不完全相同。韩、赵、魏、齐、燕各国在统治者内部分为卿和大夫。卿有上卿、亚卿之分,另有客卿。大夫分长大夫(国大夫)、上大夫、中大夫。楚和秦的等级比较特殊。楚国最高的爵位叫"执珪"。"士"很复杂,"上士""中士""下士"是爵位,泛称的"士"有社会等级含义,高于农、工、商。秦的爵制是战国时期最为典型的,商鞅变法在秦原有等级制度的基础上,定了二十个等级。最低一级即第一级称作"公士",最高一级即第二十级叫作"彻侯"。严格的等级制度和等级之间因功过可以流转,对金字塔式的统治结构有极其重要的稳固作用,同时又能发挥个人的主动精神,使其在金字塔结构中拼命。二十等军功爵制是秦取胜的重要因素之一。

六、赋税徭役制度

"赋税是官僚、军队、教士和宫廷的生活源泉,一句话,它是行政权整个机构的生活源泉。"[①]当时的赋税和徭役因国家、地域和时间先后的不同,而有"税""租""赋""征""敛""徭""役"等不同的名称。

田税又称"田租""田赋""租籍""租禾",这是以土地为征收对象的赋税。魏国李悝曾为农民计算过一年的收支账,其中一项说农民要交纳"什一"税。在先秦典籍中谈到"什一"税的也很多,叫作"常征"。实际上远远超过"什一"。税额完全由统治者任意确定,因而又有"什二""什三"的记录。实际上比"什三"还要高得多,一般都在50%以上。各国征税的方式不一,有的按年成好坏,有的按定额,秦则按授田多少征税。

除田税外,各国都有户口税。户口税又分两种:按户征和按人头征。所谓的"正户籍",是指户税;所谓"正人籍""正籍""籍于人",是指征人头税。秦商鞅变法也规定收"口赋"。

山林湖泊属封建国家所有。凡上山打柴、打猎、入水捕鱼等都要缴税。国家设有专门官吏管理山林,禁放都有一定规定。

---

① 《马克思恩格斯选集》(第一卷),人民出版社,1972年,第681页。

随着工商业的发展和城市的兴盛，向工商业征收关市税也成为封建国家财政收入的另一重要来源。各国在国界或交通要道处设立关卡，征收关税。

除上述税收外，还有其他名目繁多的税收，如宅园税、牲畜税、农具税，甚至死后葬在山上也要交税，还有蚕桑税等。

赋税征敛是对农民劳动成果的掠夺，征徭役则是直接榨取农民的劳动力。徭役很大一部分是为战争服务的。当时兵役和徭役常常混杂在一起，称为"力役之征"。赋税、徭役问题是思想家们的共同话题，他们几乎都认定这是政治的首要问题。

第五节　兼并战争和秦的统一六国

诸侯割据和互相争战，是这个时期的一个显著特点。因为当时诸国战争频繁，便被称为"战国"。战争的性质是兼并战争。

这个时期由于生产的发展和铁器的广泛使用，铁兵器已成为主要武器，青铜兵器已下降为次要地位。兵器的种类大大增加，近战的有锋利的剑、戟、矛、戈等，远射的有强力的弩，攻城用的云梯和水战用的钩拒等相继发明。随着战争规模的增大、兵源需要的增加，各国普遍实行了征兵制。战国初期，战争的规模一般不超过几万人，到中期则猛增至数十万甚至百万以上。战争持续的时间已由春秋的一天或数天，增加到几个月甚至数年之久。战争的方式，春秋时期的车阵和正面冲击战在战争中的地位逐渐下降，代之而起的是大规模的车、步、骑兵混合的运动战、阵地战和攻坚战。包围、迂回、奇袭、伏击等各种战术得到广泛的运用。为了更好地防御，建造了许多防御工事，如关塞、瞭望亭、城堡和长城等。

这时期的兼并战争有两个明显的特点。其一，有明确的方向性，即从诸侯国林立走向天下统一。战争总的指导思想是天下为一，或叫"定于一"。其二，战争的发展具有阶段性。战国前期，由于接续春秋时期的形势，基本上仍是以强凌弱，大国忙着吞并小国，扩大自己势力范围。如秦灭大荔，楚灭蔡、杞，魏灭中山，韩赵魏三家灭晋，韩灭郑，等等。鲁、卫、宋等较小的国家虽然尚存，但领土不断被齐、楚等大国蚕食，灭亡只是时间问题了。从商鞅变法到秦赵长平之战,可谓之中期。战国中期各大国开始对阵,战争从一国对一国到集团对集团,各国之间的战争频繁不已,著名的战役甚多。从公元前353年齐魏桂陵之战始,到前260年秦赵长平之战止,这样的兼并战争前后持续了近百年。在这近百年的战争中,我们看到一个明显的事实,就是东方大国齐、楚、魏、赵都遭到过重大挫折,而秦越战越强,对东方六国形成咄咄逼人之势。长平之战以后,可称之晚期,这个时期的特点是秦要统一天下,其他诸国仅有防守之力,难以进攻了。这正如《孔丛子·执节》载子顺语:"当今山东六国敝而不振,三晋割地以求安,二周折而入秦,燕齐楚已屈服矣。以此观之,不出二十年,天下其尽为秦乎!"

毫无疑问,这种兼并战争对每一个人的影响都是巨大的。一顶顶王冠落地,一批批贵族败落,一个个战争英雄崛起,一群群士卒阵亡,一批批难民流离,所有这一切,无不成为政治家与思想家研究的课题。

第六节　不同政治流派的争鸣与政治理性的发展

一、诸侯异政与诸子异说

如果我们把历史的扉页翻到两千多年前的战国时代,一种极为奇玮的景象便会展现在面前:思想理论界犹如峰峦竞相争高,随着一个大师的出现,一种思想便被推向高峰。战国究竟有多少思想家?据班固《汉书·艺文志》著录的书目看,诸子之作约近百种。用"百家"形容诸说林立,早在战国已经流行。《庄子·秋水》说公孙龙"困百家之知",荀子称诸子为"百家之说";至西汉,司马迁称诸子为"百家之术"。此后遂成习惯,一提到诸子百家,人们自然就想到战国的学海。

"百家"是指思想流派之多。由于阶级、阶层、政治倾向和思维方式的影响,思想家理所当然要分为不同的流派,因之人们把流派称为"家"。早在战国,便开始了这种分野和分类。墨子著《非儒》,形成儒墨对立;孟子力排杨(朱)、墨、神农之学和兵家等,使各派的分歧更加明朗化;荀子作《非十二子》,则把十二子分成六派;《庄子·天下》也把十几位著名思想家分为六大派别;韩非的《显学》更把儒、墨视为两个最显赫的派别。在上述划分派别的基础上,西汉司马谈写《论六家要旨》,进一步从理论上明确了区分派别的标准。司马谈划分的六家为:阴阳、儒、墨、法、名、道德。班固在司马谈划分的六家之外,又分出纵横、杂、农、小说四家。司马谈、班固的分法为历代学者所接受,一直沿用到今天。

司马谈、班固把诸子划分为流派是对的,而且他们又看到各派并非铁板一块,而是派中有派。韩非也曾指出,孔子死后儒分为八,墨子死后墨分为三。各派之间的争论固然激烈,但派中之派间的争论有时也不亚于大派之间的争论。例如,荀子便把儒家分成"大儒""雅儒""小儒""俗儒""散儒""贱儒"等。他认为"俗儒"貌似儒而实际"无异于墨子",还指斥子思、孟轲为孔门之罪人。

流派之争和派内之争,把无数问题推到了思想家的面前,迫使他们把思维的触角伸到各个领域,上论天,下论地,中论万物、人事,纵论古今。因此,他们的著作大都具有百科全书的性质。以《荀子》为例,全书不过十余万字,但涉及的问题却相当广泛:讨论哲学的有《天论》《解蔽》《正名》《性恶》《非相》等篇;讨论政治学的有《王制》《王霸》《君道》《臣道》《强国》《礼论》《乐论》等篇;讨论经济的有《富国》等篇;讨论教育的有《劝学》《修身》《不苟》等篇;讨论军事的有《议兵》等篇。另外,全书讨论了伦理道德,有些篇还论及了自然科学、史学诸问题。荀子为了论战,是有计划、有目的地进行写作的。每篇有一个主旨,篇名与内容一致。从某种意义上说,荀子是中国古代划分社会学问为不同学科的开创人之一。

战国的百家争鸣促进了人们的认识向某一方面或某一领域的重点进军,每个人掌握知识的百科性又促进了对事物的综合考察与深入分析。百家与百科相激,于是对每一个问题都能少者数种,多者十余种,从不同的角度提出看法。

这个思想库是中华各族的文化积累和智慧结晶,是在继承基础上的伟大创造。诸子百家的存在与争鸣,是中华民族文化成熟的标志。在以后长达两千多年的历史长河中,各式各样的思想差不多都可以从战国诸子中找到原形或雏形。直到今天,社会科学中的许多问题,或多或少地还可以从诸子中找到相应的命题或思想源头。

为什么战国出现了那么多的思想家？这首先需要从那个时代说起。春秋战国是中国历史上一大变动时期。"高岸为谷，深谷为陵"的运动打破了传统的生活和观念。过去的一切该怎么看？需要人们回答。现在该怎样生活？需要人们创造。历史的车轮要向哪里转动？需要人们预测。数不清的问题一齐摆在了人们面前。一句话，社会历史需要重新认识！百家争鸣便是历史变动在认识上的表现。

促成百家争鸣的另一个原因是，各国的政治变革与互相竞争需要理论指导。当时每个诸侯国都面临着如何妥善解决内政与外交这两大课题，都面临着生死存亡的抉择。在复杂的形势面前，任何僵化的老本，如门第、名分等都无济于事，唯一有效的东西便是合乎时宜的谋略与政策。在尖锐的斗争中，实力无疑是基础，然而没有合宜的谋略，优势可能转为劣势。斗争不仅是物力的较量，同时也是智力的较量。物力可以由少数人垄断或控制，智力却是无法垄断的。君主们拥有物力，却不一定具备智力。在相对稳定的形势下，当权者可以把知识置于可有可无的地位。但在多元的、动荡的、竞争的时代，抛掉知识才智就意味着毁掉自己。当时许多统治阶层人物对人才智谋的作用看得很清楚。一次，齐威王与梁惠王会晤。梁惠王问齐威王：有明珠吗？齐威王说：没有。梁惠王诧异地说：我的国小，还有十颗光照数十丈的明珠，齐国那么大怎么能没有呢？齐威王说：我的明珠与你的不一样，我以人才为明珠。由此可见人才在当时的地位和作用。所以各国争着招揽人才，有的下令求贤，有的重金收买。百家的兴起正是适应了智力竞争。他们中的多数目的也很明确，那就是"干世主"。

形成百家争鸣的再一个原因是，当时政治空隙比较多，知识分子大有用武之地，可以自由驰骋。这并不是说当时有什么开明的政治制度，而是指诸侯国林立，便于知识分子在各国间迂回，便于自由讨论问题。

二、百家争鸣的自由度、相激与偏激

思想自由，百家争鸣，认识深化，三者之间既是互为条件、互为因果、互相促进的关系，又是递进关系。有思想自由而有百家争鸣，有百家争鸣而有认识深化。认识深化程度是人类智慧和文明发展的重要标志。

这个时期的争鸣是相当自由的,具体表现在如下几方面。

(一)认识主体人格独立

认识主体人格的独立与自主,是进行独立思考的前提,能进行独立自由的思考才可能有百家争鸣。因此可以说,认识主体人格独立自主的程度决定着思维自由的程度,也决定了百家争鸣的范围与深度。反过来则可以说,思想自由的程度又是认识主体人格独立自主的重要标志。

这个时期不是所有的人都普遍获得了人格相对独立和自由思考的机会,获得这种机会与条件的只有"士人"。他们虽然数量不大,但却震动了整个社会。有时,统治者会取消君主之礼,而行主客之礼,表现出君与士之间的相对平等关系。当时社会上一个特点,就是尊士之风甚盛。"礼贤下士"便是当时尊士风气的一个侧面。

我们来看一则材料。《史记·孟尝君列传》曰:"孟尝君曾待客夜食,有一人蔽火光。客怒,以饭不等,辍食辞去。孟尝君起,自持其饭比之。客惭,自刭。士以此多归孟尝君。"作为一个群体而在社会上有如此的地位,这在中国历史上是绝无仅有的。

造成认识主体相对独立性的一个外在因素是当时多种政权并存的局面。这种局面造成了士的流动性,东家不要到西家。当时的一些著名人物,如吴起、孟轲、苏秦等,都在几个国家做过事。"朝秦暮楚"是当时社会的一个写照。对于战国社会而言,"朝秦暮楚"是人格自由的表现,士人有选择的自由。

主体独立是认识自由的前提,一个人如果连自身的自主性都没有,何谈认识的自主性。认识没有自主性,就谈不上争鸣。战国时代百家争鸣的形成,恰恰就在于战国时代出现了这么一个环境,形成了一批相对自主的士人。这可以说是战国时代百家争鸣的历史前提和逻辑前提。

(二)一切可以作为认识对象

在历史进程中,认识主体与认识对象之间,并不总是自由地反映与被反映的关系。更多时候,认识主体是被限制的,不准自由地认识;认识客体因种种原因被分割,某些领域和对象不准去认识。而战国时期的认识却几乎是全方位开放,一切都可以置于认识对象之中。

从道理上讲,认识自由不能以统治者允许的范围为界限,而应以认识对象自由认识为标志。战国时期,人们可以用理性判断各种问题:上天是怎么回事?是神吗?天子、君主是怎样产生的?什么样的君主才是合理的?总之,似乎没有什么不可以去认识的问题。

在各种认识对象中,最难认识的要属君主了,但当时的历史却提供了对君主重新认识的机会。庄子从他的理论逻辑推导出君主是大盗;孟子批评当时的君主们是率兽食人之辈,点名批评梁惠王"不仁";荀子从他的理论出发,认为当时的君主都不合格;等等。这些批评虽然不讨君主的喜欢,但君主们也没有动刀问罪。

一切认识对象都可以认识,才可能使认识趋向完整和深入,否则会使认识变成残缺不全的畸形物。

(三)在认识对象面前认识主体平等

一切可以作为认识对象对思想解放意义十分重大,但是它仍然可以被局限在少数人范围内。春秋时期的曹刿对鲁公进谏论战时就谈到这种现象。曹刿的出身可能较贫贱,在当时一般人的观念中,不要说上帝、君主这种圣物一般人无权认识,就是国家政务也只有权贵才能发表意见。当曹刿向鲁公言兵事时,有人劝阻说:"肉食者谋之,又何间焉?"①"肉食者"指贵族,只有贵族才能参与国事,下层人是无资格发表意见的。孔子也反对在认识对象面前认识主体平等,他说的"非礼勿视,非礼勿言;非礼勿听,非礼勿动",就是用礼限制人们的认识自由,而他讲的"民可使由之,不可使知之"则更明确地宣布取消民的认识权。从人的本性上,孔子曾把人分为"上圣""中人"与"下愚"。"中人以上,可以语上也;中人以下,不可以语上也。"②这里虽主要是讲教育,但实际上把"中人"以下的人都排斥在认识主体之外,在认识对象面前自然也谈不上什么认识平等。

先秦诸子还把人分为圣人、贤人、智者与凡人、愚者、贱者两大层次,后者既谈不上认识的权利,也没有认识的能力。墨子认为一切道理只能从贵者、贤者、慧者出;贫者、贱者只能扮演听从者的角色。孟子把人分为劳心者与劳力者,劳力者自然是谈不上什么认识的。荀子同样夸大了圣人、君子在

①《左传·庄公十年》。
②《论语·雍也》。

认识中的地位与作用。

不过在论到士时，不少思想家都提出，士应该无所顾忌地去认识一切。事实上许多士人也放开胆量去谈天、说地、论人。孟子形容当时情况是："圣王不作，诸侯放恣，处士横议，杨朱、墨翟之言盈天下。"[①]"横议"说明士人讨论的问题是无所顾忌的。《庄子·天下》说宋钘、尹文之辈"不忘天下，日夜不休"。也就是说，这帮人不在其位，而要谋其政，孤身孑影却要关心天下事。《天下》的作者于是得出结论说，这帮人"图傲乎救世之士哉"！《吕氏春秋·博志》载："孔、墨、宁越，皆布衣之士也，虑于天下，以为无若先王之术者，故日夜学之。"这也是说，不在其位而谋其道。《淮南子·俶真论》说："周室衰而王道废，儒墨乃始列道而议，分徒而讼。于是博学以疑（按，王引之云'疑读曰拟'）圣，华诬以胁众，弦歌鼓舞，缘饰《诗》《书》，以买名誉于天下。"儒墨之徒，以道自恃，藐视成说，博学广议，招收生徒。圣人在哪里？圣人就在我的笔下！横议，只有横议，才能开拓认识的新领域，把认识推向新高峰！

从战国百家争鸣的实际情况看，争鸣者在认识对象面前可以自由认识和自由选择，从而促进了认识的深化。

（四）权与理相对二元化

权力和认识之间的关系问题，是人类历史中一个十分麻烦的问题。权力的中心是处理利害关系，认识则重在讨论是非价值问题。然而利害与是非价值经常交织在一起，常常会出现权力干预认识或认识评论权力得失等现象。这样，权力与认识之间就会发生矛盾、冲突。权力膨胀和强化大多要设法对认识加以控制和干预，甚至把认识禁锢在一定范围之内，不得越雷池一步；如果认识触犯权力的规定，掌权者就会施以淫威。这一点从周厉王利用卫巫监谤可以得到很好的说明。

春秋以降，随着周天子的衰落，诸侯林立，互相竞争和争夺，逐渐形成舆论开放的局面。

儒家力求道与王的统一，在道与王发生矛盾时，主张从道不从君，道高于君。道家崇尚自然之"道"，帝王则是等而下之者。《老子》虽然把王看作宇

---

① 《孟子·滕文公下》。

宙四大之一，但同时又提出："王法地，地法天，天法道，道法自然。"①王是被道、自然制约的。《老子》以道为根本，王只有遵从道才可安位。这样在认识上就把君主与道分为二元，并且道高于君。法家在倡导君主专制上可谓诸子之冠。即使如此，他们也依照法家的理论原则对君主进行了品分。《管子·形势解》说："明主之务，务在行道，不顾小物。"所谓"道"，即治国方略。墨子的重要主张之一是"尚同"，即："天子之所是，必亦是之，天子之所非，必亦非之。"②即便如此，天子与理论仍属二元结构。在墨子看来，君主、天子都必须实行墨家的主张，否则便属暴主。

权力与道理二元化的观点并不是所有君主都愿意接受的，更不是君主愿意付诸实践的。但是在当时智能竞争中，为了招揽人才，有些君主或主动或被动地在一定程度上接受了这种事实。他们把权力与道理二元化。战国初年，魏文侯是力图大业、求改革和善于招纳人才的君主。当时有位名士叫段干木，魏文侯再三延聘，委以高位，均遭段干木拒绝。魏文侯每次从段干木门前过，均"轼之"。轼，伏轼，装在车前面的横木。"轼之"是一种礼节。伏住车轼，目视马尾，表示敬意。魏文侯的仆人(驾车者)问："君何为轼?"魏文侯答道："段干木不趋势利，怀君子之道……段干木光(广)于德，寡人光于势；段干木富于义，寡人富于财。势不若德尊，财不若义高。"③魏文侯把权势、财富与道义、知识分为二元。前者掌握在君主之手，后者则可能为士人之长，是君主所不及之处。掌握权势的君主如果没有这种认识，就不可能起用贤人，也不会虚心听取臣下之见。

孔子之孙子思是当时著名的知识分子之一。鲁缪公一次问子思："古千乘之国以友士，何如?"子思听后很不高兴地说："古之人有言曰，事之云乎，岂曰友之云乎?"大意是：古代人的话，是说国君以士为师，怎能说与士人交朋友呢?孟子借此事发挥道："以位，则子，君也；我，臣也；何敢与君友也?以德，则子事我者也，奚可以与我友?"④大意是：论地位，你是君主，我是臣下，我哪敢同你交朋友? 论道德，你应该向我学习，以我为师，怎么可以同我交

---

① 《老子·二十五章》。

② 《墨子·尚同中》。

③ 《淮南子·修务训》。

④ 《孟子·万章下》。

朋友?子思、孟子在这里强调了权势与道义的二元关系。郭店楚墓竹简中的《语丛》四篇,其中也说到"君臣,朋友其择者也","友,君臣之道也"。君臣关系应是一种可以双向选择的朋友关系,而不是绝对服从的关系。

《战国策·齐策四》记载齐宣王与颜斶的一次辩论,可作为权势与道义二元化的又一例证。齐宣王与颜斶相见,齐宣王说:"斶前!"(你过来!)斶说:"王前!"齐宣王很不高兴。左右大臣说:"王,人君也;斶,人臣也。"颜斶与王对呼是无礼的。颜斶答道:"夫斶前为慕势,王前为趋士。与使斶为趋势,不如使王为趋士。"齐宣王忿然作色曰:"王者贵乎?士贵乎?"于是围绕王贵、士贵,齐宣王与颜斶展开了一场面对面的争论。颜斶纵论古今,阐述了王固然拥有权势,但如果没有士人的辅佐和谋略的指导,多半要归于失败。齐宣王最后折服,说道:"嗟乎!君子焉可侮哉,寡人自取病耳!"当即表示愿拜颜斶为师。

关于王与士谁尊贵的争论,实质上是关于权势与道义、认识何者为贵的争论。从当时历史上看,许多君主并不接受权力与认识二元论或把认识置于权势之上的见解,但也有部分君主接受了这种看法,在行动上则表现为尊士、尊师、尊理。

权力与认识的二元化,对君主的权威和政治的运行可能带来麻烦,甚至困难。如果当权者对两者的关系处理得好,对实际政治是绝对有益无害的。那些有作为、图改革的君主,大抵都是敞开言路、尊重知识分子的。

权力与认识的二元化对认识向深广方面发展是绝对不可缺少的。由于战国时期存在着权力与认识二元化的条件与社会气氛,这对百家争鸣的发展与深入提供了比较好的环境,也可以说,这是百家争鸣得以开展的前提条件。

(五)没有必须遵从的权威

认识发展的动力之一,是不同观点与见解之间的相激,即挑战和应战。认识领域不存在人不犯我、我不犯人的局面。认识的天性之一就是"犯他"性。犯他而后才能有新见。犯他不可避免地要有"破"。"破"与"立"是个相反而相成的过程。先秦诸子之间既有公开的对阵、指斥、无限上纲,又有娓娓细语的辩论分析。有的针对整个学派,有的则仅针对个别论点。在争鸣中并不都是壁垒分明,而常常是你中有我,我中有你。因人废言者有之,弃取并行者亦有之;有的学派意识极强,有的则全然把学派抛到一边。总之,在争鸣中没有裁判员,自己就是认识的上帝。

战国诸子相激到什么程度,可以从如下两方面考察:

一方面,没有任何一个论题是神圣不可批判的。先秦诸子究竟提出了多少论题谁也没有做过统计,但有一点是清楚的,即不管哪种理论都没有获得人人共尊的地位。任何理论都是可以讨论的;信仰者有之,但却不是必需的和规定的。儒家对仁和礼尽管有不同的解释,但都又把它们作为自己的旗帜。可是在道家看来,仁与礼却是造成人世祸害的根源。《老子》说:"失道而后德,失德而后仁,失仁而后义,失义而后礼。夫礼者,忠信之薄而乱之首。"①仁、礼与道是对立的,是破坏"道"的恶果。《庄子》认为仁、礼这类东西不属于人的自然本性,是那些好事的圣人(非道家所称的圣人)制造出来的。"毁道德以为仁义,圣人之过也。"②仁、礼之兴造成了一系列的恶果,它既是人的桎梏,又引起了人的互相猜忌;既可怜,又可悲,更可恶,以至作者发出这样的谴责:"虎狼,仁也。"③"夫兼爱不亦迂乎?无私焉,乃私也。"④法家中的某些人是有限地主张仁、礼的,不过也有人,如《商君书》的某些作者,把仁、礼比作虱子、蠹虫,主张加以灭绝。总之,在战国,找不到任何一种理论是不可以再认识、不可以再讨论和不可以批判的。

另一方面,没有不受到批判的权威。在争鸣中形成了流派,也出现了权威。孔子之于儒家、老子之于道家、墨子之于墨家、李悝之于法家,几乎均处于权威的地位,孔子与老子甚至还有点儿神味。孔子就自称:"天生德于予。"⑤子贡称颂孔子:"仲尼,日月也,无得而逾焉。人虽欲自绝,其何伤于日月乎?"他认为孔子如日月,谁要说孔子的不足,只表明自不量力。又说:"夫子之不可及也,犹天之不可阶而升也。"⑥"自生民以来未有(及)夫子也。"⑦

---

① 《老子·三十八章》。

② 《庄子·马蹄》。

③ 《庄子·天运》。

④ 《庄子·天道》。

⑤ 《论语·论而》。

⑥ 《论语·子张》。

⑦ 《孟子·公孙丑上》。

然而,由于当时许多派别存在,这些人完全是可以讨论和批评的对象。一个看门人批评孔子是"知其不可为而为之"式的理想主义者。这还是客气的,《庄子·盗跖》的作者把孔子视为"伪巧人",对孔子进行了全盘否定和批判。孟子除对杨朱和墨子的理论进行批判外,还斥之为"禽兽"理论家。

诸子之间激烈的争论把认识推向一个又一个高峰。在理论上互相批驳、点名道姓。争鸣的深入,促进了认识的深化。

争鸣中也出现了"偏激"现象。什么是偏激?很难为它下一个确切的定义。"偏激"是与"中正"相对而言的。在对社会的认识中,找不到一个统一的"中正",也就无法判断何为"偏激"。大致说来,把一种理论观点推向极端的做法可算之为"偏激"。"偏激"是争论中不可避免的产物,也是为了彻底阐述某种理论难免出现的现象。另外,论战双方批判对方时,常常攻其一点,不及其余,经过对方之手,也会把某种论点推向极端。还有,在同一学派内部,为了争正统,也常常把不同于自己的观点视为异端,异端也多半与偏激现象有一定的关系。

关于偏激现象,早在战国就开始进行分辨。荀子的《非十二子》是分辨这种现象的较早的一篇著作。文中既论述了儒家内部的"中正"与"偏激"问题,又对其他流派的某些偏激人物进行了批判。

在儒家内部,荀子以正统自居,由他而上,只推崇两个人,即孔子和子弓。他认为孔子和子弓是前后相继的两位圣人。两位圣人为治国提出了方针谋略,为民立极,为天下指明方向,实施他们的理论,天下就会走上太平盛世。照理,孔子、子弓应得到权位以行高见,可惜生不逢时,"是圣人之不得势者也"。除了孔子和子弓外,他对其他儒家如子思、孟轲氏之儒,子张氏之儒,子夏氏之儒,子游氏之儒都进行了批判,认为他们偏离了孔子、子弓的正道。荀子对其他儒者的批评也未必中肯,不过有一点似可以相信:思、孟之儒,子张氏之儒,子夏氏之儒,子游氏之儒,确确实实把孔学中的某一方面推向了极端,也就是说,走向了偏激。

荀子对于其他学派的批判是有选择的,他重在批判那些过于偏激的学说。例如,他对道家并没有一概地批判,而是选择了它嚣和魏牟。它嚣、魏牟是道家中由崇尚自然而走向纵欲的一派。在他们看来,人的本性有情欲,那就应为情欲打开大门,任其自由。荀子批判的正是这点,即:"纵情性、安恣睢、禽兽行,不足以合文通治。"大意是:放纵情性,任其发作,行为如同禽兽,同礼义法规相背而驰。

《庄子·天下》也分析了各家的正与偏。与荀子《非十二子》不同的是,作者没有按人分类,而是分析了各种学说的正与偏。例如,在分析墨家时,作者的结论是:墨家主张不侈靡的本意是好的,是可取的;但是他们的行为走向了极端,要求人们以自苦为乐,"腓无胈、胫无毛",废除礼义,取消音乐,实在太偏激了。"墨子虽独能任,奈天下何! 离于天下,其去王也远矣。"

司马谈《论六家要旨》站在黄老的立场,对各派的正与偏也进行了分析。如对阴阳家的分析:"阴阳之术,大祥而众忌讳,使人拘而多所畏;然其序四时之大顺不可失也。"[1]这里肯定了阴阳家法自然的道理,同时又批评了事事卜吉凶而造成的忌讳太多、使人畏畏缩缩自我束缚之弊。

班固在《汉书·艺文志》中对九派十家的正与偏一一做了分辨。他把偏激称为"惑者""辟者""放者""拘者""刻者""謷者""蔽者""邪人""荡者""鄙者""小知者"。这些偏激者把各自的学说推向了极端。例如道家:"历记成败存亡祸福古今之道,然后知秉要执本,清虚以自守,卑弱以自持,此君人南面之术也。合于尧之克攘、《易》之嗛嗛,一嗛而四益,此其所长也。及放者为之,则欲绝去礼学,兼弃仁义,曰独任清虚可以为治。"这里所说的"放者",即是放荡不拘者,主张纯任自然,自然地生,自然地死,取消一切行政和道德规范。"放者"无疑是偏激者。

时人分辨正统与偏激,其目的在于取消偏激。这里谈偏激,不是简单地要提倡偏激,而是要谈偏激在深化认识中的意义。

认识最好沿着直线深化,但事实上这是不可能的,也从来不存在这种认识。人类的认识从来都是在曲折和多样化中向前推进的。从认识过程看,偏激不仅是不可避免的,而且是深化认识所不可缺的形式。因为只有偏激才能把一种思想和理论以极端的形式彻底地表现出来。偏激是冲破认识上平稳局面的一种做法。偏激本身或许有缺,但它又是人们选择中正认识的坐标之一。没有这种坐标,也就显示不出中正的意义。中正与偏激是互为参照物的。偏激并不只是一种情感,它可以是一种深化的理论,正

---

①《史记·太史公自序》。

148

像荀子在《非十二子》中所言："其持之有故，其言之成理。"也就是说，它是有一定根据的，也是有一定道理的。如果为了批驳这种有一定根据和道理的偏激之论，那就应提出更多的根据和道理，所以偏激之论成为认识发展的动力之一。

区分中正和偏激，如果是为了进行选择，是完全必要的，对认识也是有益的；如果区分的目的是想取消偏激之论，如我们的先人那样，其后果并不会太好。秦汉以后历代封建统治者都设法把某一学说定为一尊，其结果不仅桎梏了思想，也使自己失去了选择和应变能力。

如果战国百家争鸣没有偏激之论，那么争鸣也不可能那样深化，也不可能那样多姿，具有聪明才智的士也不可能获得迅猛发展。

三、政治理性的发展

政治是最能表现人的能动性的场所，诸子议论的核心是政治，古人吕不韦的《吕氏春秋》、司马谈的《论六家要旨》、班固的《艺文志》已经说得很明白，近人梁启超、章太炎等也有明确的判断。

人们的理性、情感、信仰、心理、宗教等，都会给政治观念带来巨大的影响，而其中理性的提高无疑是政治进步和明智的最主要因素。诸子百家的争鸣大大推进了政治理性的发展，这主要表现在以下几点：

第一，诸子中的多数把政治视为可以认识和把握的对象，排除或弱化了神秘主义对政治的干预。作为百家开创者的老子和孔子虽然都没有从根本上否定神，但他们在论述政治时，基本上都把神抛到了一边。孔子说："政者，正也。"完全把政治视为人的行为中的事。

第二，广泛地讨论了政治哲学问题。什么是政治哲学？学界看法颇不一致。依我看，有关政治的哲学思考，或者用哲学的方式思考政治问题，都可以称之为"政治哲学"。也就是说，"政治哲学"指有关政治宏观体系和一般规律的认识，是政治问题的高度抽象，诸如"社会结构的依据是什么""政治为什么是这样""政治的合理性在哪里""谁应是政治的操控者"这类问题都应属于政治哲学。先秦诸子在论述具体的治国方略时，深入地探讨了政治哲学问题，其中突出的有天与政治的关系、人性与政治的关系、矛盾观与政治的关系、历史观与政治的关系、圣人与政治等。

第三,诸子广泛讨论了政治运转的规律与机制。政治是极为复杂的主客观因素交叉的运动过程,一着失算则可能全盘皆乱。诸子对影响政治的各种因素一一做了分解,从自然到社会、从总体到局部、从群体到个性、从一般观念到个人的品格与喜恶等都做了深入探讨,指出了各种因素在政治运转中的地位和作用。他们的结论有高低、粗细之分,但他们深入研究问题的精神实在令人钦佩。

第四,对政治路线和政策做了种种探讨与设计。当时社会处于巨变和诸侯竞争时期,各国统治者竞相寻求富国、强兵、安民、胜敌之道。许多人从不同的角度出发,得出了一个大致相同的结论:政治的成败,在很大程度上取决于政治路线是否得当。由于诸子各自观察问题的立场、方法不同,对政治路线有完全不同的见解。例如,孟子认为实行仁政、王道是胜利之本。韩非则得出了另一种结论:"国无常强,无常弱。奉法者强则国强,奉法者弱则国弱。"①

第五,诸子广泛讨论了统治者自我调节问题。统治者要维护自己的统治地位,必须进行自我调节。诸子从历史与现实的经验中详细论证了这个问题的重要意义,并提出了一系列的调节理论与调节方式。讨论的中心是君主的品质及如何正确使用权力和进行决策。诸子中的一些具有远见卓识的人,还讨论从外部进行调节的问题,即所谓的圣人"革命"问题。

以上只列举了几个方面的情况以说明政治理性的发展。诸子争鸣中涉及的问题远比上述列举的要多得多。

下边分派论述这个时期的政治思想。

---

① 《韩非子·有度》。

第五章　儒家以伦理为中心的政治思想

第一节　儒家概述

一、儒与儒家

孔子创立了儒家学派。那么为什么称之为儒者、儒士、儒家呢？这涉及孔子之前有没有儒的问题。关于这个问题，学界迄今争论不休。传统的看法认为在孔子之前已有儒。近世有的人提出孔子之前无儒名。从历史材料看，前一说的支持材料较为充实。孔子告诫子夏道："女为君子儒，无为小人儒！"[①]这说明孔子把儒当作一种特定的身份来看待，而且还对儒进行了分类。分类不仅说明对象早已存在，而且以多样性的存在为前提，否则不会贸然提出分类问题。《周礼》中有两处谈到儒。《天官冢宰·大宰》云："(大宰)以九两系邦国之民。……三曰师，以贤得民；四曰儒，以道得民。"郑玄注："师……有德行以教民者；儒……有六艺以教民者。"《地官司徒·大司徒》云："(大司徒)以本俗六，安万民。……四曰联师儒。"郑玄注："师儒，乡里教以道艺者。"关于"六艺"，《周礼·地官司徒·保氏》中有如下的说明："保氏掌谏王恶，而养国子以道，乃教之六艺：一曰五礼，二曰六乐，三曰五射，四曰五驭，五曰六书，六曰九数。"对《周礼》这部书的制作年代，学界多歧义；但其中保存了春秋以前大量史料，当是事实。至于儒是否按"六艺"从事教育活动，目前尚无其他佐证。要之，儒是从事教育的人，先孔子而存在，这

———————————

[①]《论语·雍也》。

一点大体可信。他们从事教育,自然应有一定的教本,当时称之为"儒书"。①
"六艺"与"儒书"肯定有关系。

儒除从事于教育外,还从事于相礼的活动。周人特别讲究礼,士以上的
人有许多礼仪规定。仪式和程序很繁复,于是有专门的人来掌礼。《左传》记
载,掌礼者称之为"相礼",犹如"司仪"。春秋时期能在诸侯相会、外交场合
和隆重的祭礼或庆祝活动中充当"相礼"是很荣耀的事。儒便是专门从事掌
礼的人。孔子在成名之后仍从事相礼的活动,《论语·子罕》记载孔子的话:
"出则事公卿,入则事父兄;丧事不敢不勉,不为酒困。何有于我哉?""丧事
不敢不勉"便指的是帮人办丧事,担当相礼的角色。墨子曾这样挖苦儒者:
"富人有丧,乃大说,喜曰:'此衣食之端也。'"②由此可证儒者掌相礼之事。

在春秋中叶以前, 儒大概是官吏中的一种成员, 后来逐渐流散在社会
上,以教育和相礼为业。孔子便是儒者中的一位佼佼者。他不是一个简单的
因循者,而是在儒这个职业上做了特殊的贡献,概括言之,主要有如下三点。

第一,面向社会广泛招收弟子。学在官府这种局面到春秋时期逐渐被
打破,应运而生的是私人招收生徒。在私人办学方兴未艾之时,孔子充当
了一员猛将。他把眼光转向整个社会,不拘一格广招弟子。孔子收纳弟子
的原则有两条:一条是"有教无类"③;另一条是"自行束修以上,吾未尝无
诲焉"④。什么是"束修"?有多种解释,传统的说法是十条干肉,在古代作为一
种见面礼,也可视为收点学费。根据这两条,他招收的弟子既杂又多。所谓
杂,是说学生来于社会不同阶层,有的很富,有的很穷,有犯过罪的,有做过
强盗的,还有流浪汉等。孔子招收的弟子多达三千人,这真是一个伟大的创
举,历史的奇迹!孔子招收的学生虽然又杂又多,但他的教育活动却一丝不
苟,认真负责,根据学生不同情况,因材施教。孔子面向整个社会招收弟子,
在教育史上具有划时代的意义,并对社会生活产生了广泛而深刻的影响。

第二,孔子对传统文化进行了系统的整理。鲁国和宋国是殷周文化集
中地区。孔子祖籍宋,是商之苗裔,对商族的文化会有一定了解。孔子本人

---

① 参见《左传·哀公二十一年》。

② 《墨子·非儒》。

③ 《论语·卫灵公》。

④ 《论语·述而》。

生于鲁,西周灭亡之后,周之文化集中于鲁,孔子是在周文化哺育下成长起来的。然而由于战乱和官学的衰败,西周的传统文化面临着危机,礼崩乐坏便反映了这一事实。可是孔子对传统文化有着深厚的情感,教学又需要有一定的教本,于是孔子结合教学对西周以来的传统文献进行了整理、选编。后世所说的"六经"大约即是孔子选编的教本。"六经"即《诗》《书》《礼》《乐》《易》《春秋》。在这"六经"中,《乐》没有传本,有的人认为失传了,有的认为本无《乐》,有的认为存于《诗》《礼》之中,总之,后世无独立的《乐经》,所以又有"五经"之说。关于孔子是否编选过"六经"(或"五经")的问题,历来有不同见解,有的认为出自孔子之手,有的认为与孔子无关。两相比较,出自孔子之手的理由较为充分。1993年郭店出土的战国楚墓竹简与上海博物馆藏的战国楚竹书证明孔子对《诗》《易》《礼》等进行了整理、编纂和解说。从《论语》中看,他的教育内容主要是《诗》《书》《礼》《乐》等。《论语·述而》记载:"子所雅言:《诗》《书》、执礼,皆雅言也。"雅言指当时的通行话。又说:"加我数年,五十以学易,可以无大过矣。"《论语·泰伯》记述孔子的话:"兴于诗,立于礼,成于乐。"孟子说,孔子"作《春秋》"[①]。《庄子·天运》说:"丘治《诗》《书》《礼》《乐》《易》《春秋》六经,自以为久矣。孰知其故矣!"又托老子曰:"夫六经,先王之陈迹也,岂其所以迹哉!"总之,孔子教学的内容与战国后期所说的儒家"六经""五经"等是契合的。

"六经"或"五经"的原始文献大约比较散乱杂芜。以《诗经》为例,《史记·孔子世家》说,古诗三千余篇,孔子删繁去芜,只挑选了三百零五篇。《论语》称"《诗》三百",大约即孔子的选本。孔子选编的"六经"又经后人的增删,把目前所见的本子视为孔子的原始选本,显然难以尽信。反之,利用其中的抵牾根本否认与孔子的关系更难成立。

选编整理文献不是一项单纯的技术性工作,其中肯定有删存标准与价值选择,而这与他的思想和理论有着密切的关系。比如他对《诗》做过这样的评价:"《诗》三百,一言以蔽之,曰:'思无邪。'"[②]大意是:诗三百篇,用一句话来概括,那就是心思纯正。被他删去的,他可能认为思想不纯正。孔子

① 《孟子·滕文公下》。
② 《论语·为政》。

对古文献进行筛选究竟是件好事,还是坏事?对此不宜做简单的回答。在古文献散乱的情况下,孔子对其进行系统的整理和选编,无疑是一件十分有意义的工作。文化成果在散漫的形式下是难以持久的,只有经过集中才能提高浓度,也便于保存和流传。但是要筛选又难免没有偏颇。由于受到编选者的主观好恶所限,肯定会把某些精华当成糟粕而去掉,这又是一个缺陷。不过这也是无可奈何之事,是不可避免的。

第三,提出了系统的理论。孔子自称"述而不作"①。就实而论,孔子不仅述中有作,而且创造出了成体系的理论。比如"六经",他不仅做了整理选编,而且上升到理论,抽出其精义,进行解说。《礼记·经解》记载孔子对六经的评论,他说:"其为人也,温柔敦厚,《诗》教也;疏通知远,《书》教也;广博易良,《乐》教也;絜静精微,《易》教也;恭俭庄敬,《礼》教也;属辞比事,《春秋》教也。"《史记·滑稽列传》载孔子的话:"六艺于治一也:《礼》以节人,《乐》以发和,《书》以道事,《诗》以达意,《易》以神化,《春秋》以义。"这些话未必都是孔子的原话,不过与《论语》中的有关论述对照,与孔子的思想是相符的。一种事物在自发的状态中是不能够充分显示它的价值的,只有从理论上给予论证,才能使人理解它的价值与意义。孔子对西周的传统文化给予了理论上的说明与论证,把认识提到一个新的境界,使传统文化在人们回味时增加了醇厚感。孔子的所作所为并不限于此,他还提出了许多新理论、新认识。这些在下边再讲。

由于孔子做了以上三方面的事情,加之其学说中深邃的哲理,创立学派就是必然之事了。这一学派从一诞生起便具有强大的生命力和韧性。

这个学派之所以被称为"儒",显然与儒这种职业有关。不过孔子以后的儒与以前的儒大不相同。除了职业之外,主要表现为理论派别。另外,儒者也有自己独特的服装,称之为"儒服",一望便知是儒生。"儒"作为一个派别称呼,在孔子死后不久就形成了。墨子作《非儒》,显然是把儒作为一个派别来看待的。孟子把孔子之学称为"儒",提出:"逃墨必归于杨,逃杨必归于儒。"②荀子把儒家的旗帜举得更高。总之,在别人反对和自我肯定声中,儒

---

① 《论语·述而》。
② 《孟子·尽心下》。

家成为先秦诸子中最显赫的一派。

二、儒家的思想特点

用今天的观点来考察,儒家既不是一个统一的政治派别,又不是一个统一的哲学派别,但我仍然把儒家放在一章里来论述,其根据在于:儒家有他们共同的思想形式,有共同的语言、概念和范畴,有共同的宗师。关于儒家的思想特点问题,儒家自身、反对者、研究者从不同的角度进行过概括。儒家自身对儒家的概括,早在孔子在世时,他和他的弟子就开始了。孔子对曾子说:"参乎!吾道一以贯之。"曾子的具体解释为:"夫子之道,忠恕而已矣。"①其后,孟子、荀子都进一步做了概括。反对者和研究者从另一个角度对儒学进行了概括,其中以《墨子·非儒》《庄子·天下》《韩非子·显学》最为集中。《吕氏春秋》中也有不少篇目论及。总括起来,儒家的思想有如下几个特点。

第一,儒家祖述尧舜,宪章文武,把先王之道作为自己的旗帜。从孔子开始,便称颂尧舜、宗法文武。"卫公孙朝问于子贡曰:仲尼焉学?子贡曰:文武之道,未坠于地,在人。贤者识其大者,不贤者识其小者。莫不有文武之道焉。夫子焉不学?而亦何常师之有?"②孟子鲜明地把先王之道作为自己的旗帜和理想。荀子批评过孟子法先王,与之相对还提出了法后王,其实他的后王也就是孟子的先王。因为荀子的后王与孟子的先王同指,即尧、舜、禹、汤、周文、周武。荀子也明确地提倡过法先王,《荀子·儒效》说:"儒者法先王。"

祖述尧舜、先王,与圣人崇拜结为一体,可以借古说理想,赋意义;但也是崇古、崇圣、祖先崇拜、经验主义、守成观念的渊薮,束缚人的创造性。

第二,以六艺为法。《庄子·外物》说:"儒以《诗》《礼》发冢。"《天下》说:"其在于《诗》《书》《礼》《乐》者,邹鲁之士、缙绅先生多能明之。"司马谈说:"夫儒者以六艺为法。"③《史记·孔子世家》说:"中国言六艺者,折中于夫子。"儒家崇尚六艺不只是个教本问题,实际是崇尚周以来的传统文化。六

①《论语·里仁》。

②《论语·子张》。

③《史记·太史公自序》。

艺是传统文化的负荷者。

现在可以从不同学科去研究六艺,但在当时六艺主要是讲政治与社会秩序的,比如《诗》就被政治化了,《左传》中诸多政治场合都引《诗》为据。叔向、季札、孔子、孟子、荀子等基本是从政治角度论《诗》。其后汉代的大小毛公、郑玄及唐代的孔颖达等人主要围绕"修身、齐家、治国、平天下"这个轴心来论说政治、伦理意义。乐也不是一般的音乐舞蹈,乐与礼相为表里,同样被视为治国之具,周公以"制礼作乐"治天下。孔子说:"礼乐不兴,则刑罚不中。"季氏八佾舞于庭,孔子怒斥:"是可忍也,孰不可忍也?"于是有以乐治刑律和治国之说。诗、乐尚且如此政治化,其他更不待言。所以"六艺"有很强的政治和价值的规范性,"六艺"被视为"经"后就成为认识框架,束缚了人的思维,成为教条主义的温床。

第三,崇尚礼义。儒家主张以礼治国,以礼区分君臣、父子、贵贱、亲疏。儒家的社会论不是平等的和谐论。儒家首先肯定了君臣、贵贱等级之分,在"分"中而求"和",可以说以"分"为体,以"和"为用。和谐是金字塔式的和谐,君主居于顶端。

第四,仁、义、礼、智、忠、孝、信、爱、和、中庸等,是儒家共同的基本概念和范畴。尽管每个人对这些概念内涵的理解有很大差异,但他们都没离开这些概念和范畴。这些概念和范畴构成了儒家特有的思想外壳,使人一看便知是儒家。

这些概念与范畴从不同方面表述了道德的含义以及自我修养的要求,从政治角度说,其核心是"孝",是"亲亲""尊尊"。在此基础上又提出"由己及人"。由于把个人修养作为起点,而政治就是个人修养的放大与社会化,因此"人治"成为政治思想的主旋律。

第五,宗师孔子。儒家内部分为许多派别,常互相指斥。可是他们都以孔子为祖师,宣称自己是孔子的正传。每经一次这样的斗争,孔子的地位都非但不会下降,反而上升一步。

以上几点是儒家的共同特征。根据这几点,就比较容易判明谁是儒,谁不是儒,谁受儒的影响等。

三、儒家的分化

派中分派,这是思想发展中无法避免的现象,也可以说是一个必然规律。孔子在世时,他的弟子们对他思想的理解与领会已经发生了分歧;他死后,由理解上的分歧变成公开的门户之争。关于孔子以后儒家分化的情况,荀子在他的著作中从不同的角度曾加以描述。例如,他把儒分为大儒、雅儒、俗儒、小儒、散儒、贱儒等。他认为那些喊着儒家的口号、穿着儒家的服装、对儒家的精神实质一窍不通、"术缪学杂"的是俗儒;对儒家的精神实质能领会贯通、运用自如、纯正无瑕者为大儒;介于俗儒、大儒之间的为雅儒。俗儒尽管为荀子所鄙,但比俗人要强,因此他说:"故人主用俗人,则万乘之国亡;用俗儒,则万乘之国存;用雅儒,则千乘之国安;用大儒,则百里之地久,而后三年,天下为一,诸侯为臣;用万乘之国,则举错而定,一朝而伯。"①荀子还以人为代表对儒家进行过派别划分。具体而言有如下几派。

仲尼、子弓之儒。荀子认为子弓是孔子的正传。

子思、孟轲之儒。这一派"略法先王而不知其统,犹然而材剧志大,闻见杂博"②。

子张氏之儒。这一派的特点是"弟陀其冠,神禫其辞,禹行而舜趋"③。

子夏氏之儒。这一派的特点是"正其衣冠,齐其颜色,嗛然而终日不言"④。

子游氏之儒。这一派的特点是"偷儒惮事,无廉耻而耆饮食,必曰君子固不用力"⑤。

韩非受其老师荀子的影响,在《韩非子·显学》中对儒家的分化情况做了更系统的描述。文中言道:"自孔子之死也,有子张之儒,有子思之儒,有颜氏之儒,有孟氏之儒,有漆雕氏之儒,有仲良氏之儒,有孙氏之儒,有乐正氏之儒。"孔子死后,"儒分为八"。儒家分为不同的流派,并不表示儒家的衰落,恰恰是儒家发展的一个重要标志。从某种意义上说,内部的派别之争又是大派别赖以发展的必要条件。

---

①《荀子·儒效》。
②③④⑤《荀子·非十二子》。

四、儒家的政治倾向

今世学者对儒家诸派的政治倾向做了许多研究，但看法常常大相径庭。同一人，或被认为革命派，或被认为反动派，或被认为改良派；或被认为奴隶主代言人，或被认为新起的封建主(亦即地主)代言人；或抛开这些仅从"人"说事，认为孔子是"成人之学"或"人学"。从政治思想看，如果不分析社会利益关系，不说一种流派更多反映哪部分人利益，那肯定就会坠入云雾。我认为如果异中求同的话，绝大多数人都承认儒家是站在当时统治者立场，为统治者出谋划策。如果说儒家是"人学"，应该更具体说是"等级人学"。正如司马谈《论六家要旨》中所指出的，尽管儒家有许多不切实际的地方，但"列君臣父子之礼，序夫妇长幼之别，虽百家弗能易也"。荀子对儒家的作用有一段自白，很能说明儒家的政治倾向。秦昭王不相信儒家，在与荀子谈话时提出了"儒无益于人之国"的疑问。荀子回答道："儒者法先王，隆礼义，谨乎臣子而致贵其上者也。人主用之，则势在本朝而宜；不用，则退编百姓而悫，必为顺下矣。虽穷困冻馁，必不以邪道为贪，无置锥之地，而明于持社稷之大义。"[1]荀子的这一席话是很坦白的，也很切实，说出了儒家的共性。为统治者出谋划策、教育人民安分守己，这就是儒家政治思想的基本点。

当时社会转型，面临诸多"铁血"课题。儒家很关注民间的疾苦，大声呼吁统治者实行仁政，讲了诸多高调道理，希望通过道德来整合社会利益关系，从原理上说，是很美好的。但历史进程没有这么温馨，面对社会现实的矛盾，缺乏现实可行的应对方案是不行的。政治问题与道德有交叉，但层次不尽相同，把政治说成是道德问题，希望用道德解决政治问题，有太大的错位。所以相对于那些现实的政治改革派，儒家显得迂腐、不切实际，又打着复古的旗号，所以是保守的。由于儒家侧重于从总体上论述如何巩固统治秩序，缺乏可行性政策应对当时状况，因此尽管儒家十分热衷于政治，但在这个时期的重大政治改革中，很少有儒家的身影。不过由于儒家利于"守成"，有利于维护基本的贵贱等级关系，在政治上依然有重要的作

---

[1]《荀子·儒效》。

用和影响。在韩非看来,山东诸国儒家影响太重,安于守成,不图革新,因此走向衰败。苏秦也说过一句很中肯的评语:"仁义者,自完之道也,非进取之术也。"①

下面将本章所要讨论的几家政治思想做一简单说明。

孔子以礼仁为中心的政治思想。孔子主张以礼治国,礼中又注之以仁。在社会矛盾中应注之以中庸之道。也就是说,在贵贱等级的基础上求和谐。孔子的政治倾向虽偏于保守,但又不是冥顽不化。在当时的新旧矛盾中,力求搞一种保守的边际平衡。孔子主要讲个人政治道德的完善与修养,缺少切实的济世方案。

《中庸》《大学》修齐治平的人治思想。《中庸》《大学》的作者发挥了孔子关于个人修养的理论与主张,认为个人的修养、修身养性是全部社会问题的中心。作者们提出了"修身—齐家—治国—平天下"的政治方程式。

郭店楚墓竹简中的儒书、上海博物馆藏战国楚墓竹书中的儒家著作都与政治思想有关。作者们承继修齐治平的路线,其观念中显示出"三纲"的雏形。作者倡导禅让。

孟子的仁政思想。孟子以性善为出发点,分析了人的本性和变异,以及社会矛盾。他从性善说中引出了仁政主张,把性善、道德、政治一体化。从总体上看,孟子是站在统治者方面的,但对人民的疾苦又给予了深切的同情。他劝说统治者应适当照顾人民的疾苦,并对暴君进行了猛烈的批评,主张一种富有柔性的君主专制体系。

荀子的礼治思想。荀子以性恶为出发点分析了人与自然和社会矛盾。荀子认为必须用礼义对人的恶性进行改造和控制,改造的基本手段就是礼,礼的主旨是"分",只有这种"分"才能控制性恶的膨胀,也才能实行社会组合。荀子所说的礼在许多地方与法家的法有相通之处,表现了儒、法合流的趋势。

《易传》的应变政治思想。《易传》作者努力寻求天人的统一性,并企图用统一性论证君主至上与社会政治结构的必然性。作者所谓的天人统一性,既有合理的内容,又在很大程度上表现为一种简单的附会和比附。《易

---

① 《战国策·燕策一》。

传》重在讲变,所以在政治上着重论述了应变政治。在应变中,作者强调要善于把握住度量关系,通过度量调整以求事物的稳定。

《礼记》以礼乐治国与君主专制主义政治思想。《礼记》有论礼、乐制度的内容,也有对礼、乐理论的阐发。儒家几乎都把礼乐视为治国之本,《礼记》在这方面的论述尤为详尽。《礼记》中的以民为体、爱民论、调和论等,与君主专制是不矛盾的,前者是实现后者的条件,而不是对后者的否定。

《周礼》中的国家体制思想。《周礼》对于国家体制和各种官吏的职掌,进行了详细的论述,具体论述了君主支配、控制社会的政治思想。

第二节　孔子以礼仁为中心的政治思想

孔丘,字仲尼,生于公元前551年(另一说生于公元前552年),卒于公元前479年。孔子的祖先为宋人,曾祖防叔避难于鲁,为防大夫,故曰防叔。孔子的父亲叔梁纥曾为鄹邑大夫。年老的叔梁纥与少女"野合",生孔丘。孔子是庶出,父又早死,少年失怙,所以他说:"吾少也贱。"[①]《史记》则说"贫且贱"。所谓"贫贱"非同于平民之贱,孔子幼时所受的仍为贵族教育。《史记》载孔子从小就好礼,为儿戏时,"常陈俎豆,设礼容"。把这种行动归之为天性,是后人的造圣话语。孔子是一步一步提升的。二十岁左右,孔子投在季氏门下充当"委吏"(管理仓库)、"乘田"(管理牛羊)等。但他专心于学礼,三十岁左右便以知礼著称,又博学,大约在此时开始招收弟子,办私学。私学之兴,并非始于孔子。不过孔子是大规模招收弟子办学的著名人物,以此知名于世。孔子一生的实际政治活动并不多,在五十几岁时曾短期做过鲁的中都宰、小司空和司寇。鲁、齐二君夹谷之会时曾担任"相礼"的角色。官运不长,以后主要从事教育活动。

孔子的主要贡献在教育。本着"有教无类"精神,孔子招收了各种不同出身的弟子,其中大多数是士。当时的官僚制度正在兴起,士是官僚的候补者。孔子办学的目的是培养从政者,即子夏所说的"学而优则仕"[②]。他自己

---

① 《论语·子罕》。

② 《论语·子张》。

也说:"学也,禄在其中矣。"①把"学"与"仕"连在一起,是时代的精神。学而优则仕比不学而仕、"亲亲"而仕要进步得多,学而优则仕是当时和以后的潮流。

孔子十分关心政治,办的是政治学校,培养学生以进入仕途为目标,"学而优则仕"对古今政治进行了理论性的概括。教学的科目有诗、书、礼、乐、射、御(另一说为礼、乐、射、御、书、数),称之为"六艺"。《论语·述而》说:"子以四教:文、行、忠、信。"从主题上说,这些是当时的政治学或与政治紧密相关的。孔子讲的政治学,一般说来,不是就事论事,也不是讲具体政策,而是从具体的政治事件与历史中抽象出理论或原则。后人编辑的《论语》一书记录了孔子的言行,是研究孔子思想的主要材料。另外,先秦典籍中"孔子曰"的材料很多,也有一定的史料价值。

孔子是中国历史上伟大的教育家和思想家。他论述的问题极为广泛,其中主要的是政治思想和伦理思想,而这两者又是贯通的,伦理归宿于政治。孔子在中国政治思想史上占有特别重要地位,由于后来被独尊,所以孔子成为封建时代政治思想的祖师之一。

一、政治转向人与人治

春秋以降,政治从面向神明转而面向人世的思想迅速发展,孔子是这一潮流的集成者。他与老子并驾齐驱,是这一历史转变的标志。老子把人还给了自然,孔子把人还给了社会。政治要面向社会的人,是孔子政治思想的主题。

孔子没有完全与神决裂,不过他主张把神置于虚位:"务民之义,敬鬼神而远之。"②孔子开创了一种特殊的思维方式:既不让神成为务民的主宰,又不要抛弃神鬼而带来空虚;既敬之,又不要变成负担。在神人的关系上,孔子更注重人事,所以当他的弟子季(子)路问如何事鬼神时,他回答说:"未能事人,焉能事鬼?"③孔子引导人们把社会与人作为认识和研究的对

---

① 《论语·卫灵公》。
② 《论语·雍也》。
③ 《论语·先进》。

象,也作为政治的对象,所以他说"吾与史巫同途而殊归者也"①。

(一)人治

在诸种政治因素中,孔子最注重执政者的作用,认定治理好坏取决于当政者。季康子问政于孔子,孔子对曰:"政者,正也。子帅以正,孰敢不正?"又说:"君子之德风,小人之德草,草上之风必偃。"②孔子之所以倡导人治,是基于如下一些理由。

孔子认为,执政者,主要是君主,在政治生活中具有决定性的作用。鲁定公问他有没有"一言可以兴邦""一言可以丧邦"这种说法。孔子回答道,不能把问题绝对化,但近似的话是有的。比如有这样的话:"予无乐乎为君,唯其言而莫予违也。"大意是:我做君主最可乐意的,是乐意我说的话没有人敢于违抗。孔子对此评论道:"如其善而莫之违也,不亦善乎!如不善而莫之违也,不几乎一言而丧邦乎!"③孔子虽然认为定公之问把事情绝对化了,但从主体上他还是接受这种思想的。在君主专断的时代,这种说法是有一定的历史根据的。君主的一念之差常常会造成不同的后果。正是基于这样的事实,孔子特别强调执政者个人的修养和品德。然而不管在何种意义上承认"一言可以兴邦""一言可以丧邦",又都把君主的权力意志推到了极致。

孔子主张人治的另一个根据是,人是道的体现者和承担者。孔子所说的"道",内容很庞杂,大凡精神、政策、道德、传统,以及与之相适应的某些制度,都可包括在内。"道"这种东西是历史过程中的产物,并且存在于历史生活之中,比如周文、周武之道一直有它的影响。孔子认为,道这种东西只有通过一定的人才能使之活化。人与道的关系中,人是活的因素,他说:"人能弘道,非道弘人。"④这句话的前半句应该说是很有见地的,"道"只有通过人起作用并发扬光大。后半句则有点儿费解,其实"道"也能弘人。先秦诸子普遍认为能"知道""体道"的人是人杰,甚至是圣人。如果从字面理解"非道弘人",那么孔子张扬"道"、以"道"教育人就很难理解。下边的话也体现了人的能动性:"可与共学,未可与适道;可与适道,未可与立;可与立,未可与

---

① 马王堆帛书《要》。

② 《论语·颜渊》。

③ 《论语·子路》。

④ 《论语·卫灵公》。

权。"①大意是：能一块儿学习的人，未必都能学到道；学到道的人，未必都能够坚持；能够坚持道的人，未必能应用发展道。孔子认为能做到"权"，才算真正把道学到手。在这里强调了人的主动性、创造性和灵活性。

还有一点，他认为政治关系与政治过程是由己及人的关系和过程。据此他提出"修己以安人""修己以安百姓"②。为政者必须从修身开始，榜样的力量是具有决定性的。"其身正，不令而行；其身不正，虽令不从。""苟正其身矣，于从政乎何有？不能正其身，如正人何？"③孔子把政说成"正"，执政者正，便可通行无阻，不令而行。他强调执政者首先必须"正"，是有一定道理的。不过从总体看，显然把问题简单化了。依孔子之见，政治关系首先是上行下效的关系，是道德的濡化，而不是服从与被服从的关系，不是权力制约关系。这种看法从主体上说是不符合政治实际的。"其身正，不令而行"绝不是政治中的普遍现象。"其身不正，虽令不从"也未必如是，更多的情况是"其身不正"，他的命令下属也必须服从。政治关系主要不是道德关系，而是以权力和政策为纽带的行政体系。

人，无疑在政治中占有极为重要的地位。不过撇开权力、制度、政策而突出人，特别是把道德作为首要条件，把政治道德化，既不切实际，又因唱高调而多流于空谈，在客观上也常常流于欺骗。

人治观念，不管对当政者有多少高尚的要求，也不管有多少美妙的言辞来装饰，它的最后结局一定是专制主义的。

(二)举贤才

由人治出发，必然导出贤人政治，执政者只要是"君子""成人""仁人""贤人"，一切问题就可以解决。孔子的贤人政治思想包括两个方面。

一方面，士人要努力学习、提高修养，使自己变成贤人，才具备入仕的资格。孔子反对樊迟学稼，固然表现了他对劳动的鄙视，不过他的出发点倒不只是因为劳动下贱。他认为作为士应把学道、修礼作为己任，把做官视为自己的前途。所以他说："上好礼，则民莫敢不敬；上好义，则民莫敢不服；上

① 《论语·子罕》。

② 《论语·宪问》。

③ 《论语·子路》。

163

好信，则民莫敢不用情。夫如是，则四方之民襁负其子而至矣，焉用稼？"①学庄稼技术不足以治民，只有礼义才能治民。当然，从生计来看，学耕稼也不如做官。"君子谋道不谋食。耕也，馁在其中矣。学也，禄在其中矣。君子忧道不忧贫。"②孔子认为从政之前一定要学习，学而优才能入仕，这也合情合理。不过孔子的"道"没有像有些一味颂扬孔子的学人说的那样纯净高尚，他的"道"也是谋"禄"的手段。

另一方面，执政者要选举贤才入仕。仲弓为季氏宰，问孔子如何为政，孔子说："先有司，赦小过，举贤才。"仲弓又问："焉知贤才而举之？"孔子说："举尔所知，尔所不知，人其舍诸？"③有一次樊迟问什么是智，孔子回答"知人"。樊迟仍不解其意，孔子进一步解释："举直错诸枉，能使枉者直。"樊迟仍然把握不住真谛，又问子夏，子夏说："富哉言乎！舜有天下，选于众，举皋陶，不仁者远矣。汤有天下，选于众，举伊尹，不仁者远矣。"④子夏的解释反映了孔子的思想。孔子对当政者置贤人而不用深表不满，臧文仲当政不用贤人柳下惠，他批评说："臧文仲其窃位者欤？"⑤孔子说的贤是以他倡导的道德为标准的。

孔子的举贤才与做官先学习的主张在当时有进步性，这对亲亲为官、不学为官是一种冲击。由于他所说的贤人以礼、仁为准则，因此他所说的贤人政治强调的是道德标准，才能与知识是附属性的。另外，"举贤才"和"选于众"指的是在上位者自上而下的提拔，并非民主的选举制。当时和以后各家各派都高唱用贤，但贤的标准差别很大，甚至相背，对此要分析。

(三)圣人救世

孔子在谈到人性时有一句非常精彩的话："性相近也，习相远也。"⑥这无疑是一个非常深邃的哲理，是非常切近实际的真理。但孔子并没有一以贯之，也没有充分阐述。与之相对，他有诸多性品论。比如他认为有"生而知之者，上也；学而知之者，次也；困而学之，又其次也；困而不学，民斯为下

---

① 《论语·子路》。

②⑤ 《论语·卫灵公》。

③④ 《论语·颜渊》。

⑥ 《论语·阳货》。

矣"①，"唯上智与下愚不移"，又认为自己天降之材等，如是说去，他的"性相近"没有贯彻到人人，而是主张性品，圣人无疑是最高级的超人。

有一种说法认为，先知和圣贤看重权力以外的东西，例如智慧、正义、博爱等。这不尽符合先秦诸子（包括孔子）的圣人观。孔子自谦不敢以圣自居，也不认为自己是生而知之，但他的学生把他视为圣人。这位圣人最关心的是政治。他走到哪儿，最关心的也是政治。"夫子至于是邦也，必闻其政。"②《论语》中涉及政治问题的论述应该也是最多的。

诸子中圣人的最高境界是在政治中表现出来的。孔子也是这样。子路问君子，子曰："修己以敬。"曰："如斯而已乎？"曰："修己以安人。"曰："如斯而已乎？"曰："修己以安百姓。修己以安百姓，尧舜其犹病诸！"③子贡问："如有博施于民而能济众，何如？可谓仁乎？"子曰："何事于仁，必也圣乎！尧舜其犹病诸！"④在孔子的理念中，圣人之治难以企及，但稍下的君子也能够肩负起从政化民的职责，甚至能够担当起君人南面之责⑤，乃至平治天下的重任。

孔子对圣人的崇拜无以复加。"圣人，吾不得而见之矣，得见君子者，斯可矣。""善人，吾不得而见之矣，得见有恒者，斯可矣。"⑥又说："君子有三畏：畏天命、畏大人、畏圣人之言。"⑦天命指神明，大人指统治者，圣人则是指更高级的救世主。

老子把人还给了自然，但老子的圣人又剥夺了人的社会性，这点下面再论述。孔子把人还给了社会，但他的圣人又凌驾于社会和人之上。他们俩和以后诸子的造圣思潮都是以政治为最后的归宿，而多半又引向政治权威主义。

---

① 《论语·季氏》。

② 《论语·学而》。

③ 《论语·宪问》。

④ 《论语·雍也》。

⑤ 子曰："雍也可使南面。"（《论语·雍也》）

⑥ 《论语·述而》。

⑦ 《论语·季氏》。

二、以礼治国与君主专制体制的架构

礼是孔子政治思想中的社会结构体系。《左传》《国语》中有很多关于礼的论述。要之,礼是以等级为中心的社会秩序、社会结构和人们的行为准则的基本规范。正因为如此,礼被认为是治国的根本。"礼,经国家,定社稷,序民人,利后嗣者也。"①"礼,国之纪也。"②"礼,王之大经也。"③

孔子全面继承并发展了西周以来有关礼的思想,"为国以礼"④集中表达了他对礼在政治中的地位与作用的认识。孔子提出,治国治民光靠政、刑不行。"道之以政,齐之以刑,民免而无耻。"⑤大意是:行政命令和刑罚,可以使民暂时免于犯罪,但不能使民心服。只有"道之以德,齐之以礼",才能使民"有耻且格"⑥。他认为:"上好礼,则民莫敢不敬。"⑦"上好礼,则民易使也。"⑧礼能使民敬畏和听从使唤,有了这两条,统治者还要什么呢?

(一)维护贵贱从属体系

孔子的礼是以维护贵贱、君臣、父子等级从属关系为核心的社会体系。这主要表现在以下两个方面:

其一,用礼作为社会整合的准则,这个准则即贵贱等级制度。他主张"贵贱不愆",民要"尊贵"。⑨孔子认为礼所规定的名分等次是绝对不可僭越的。季氏八佾舞于庭,孔子十分气愤地说:"是可忍也,孰不可忍也?"⑩鲁季、孟、叔三家"以雍彻",孔子批评道:"相维辟公,天子穆穆,奚取于三家之堂?"⑪他对任何违犯礼的行为都表示不能容忍。他在教育学生时,把礼作为主要内容之一,学生的行为都要"立于礼"⑫。孔子作《春秋》就是为了倡导名

---

① 《左传·隐公十一年》。
② 《国语·晋语四》。
③ 《左传·昭公十五年》。
④ 《论语·先进》。
⑤⑥ 《论语·为政》。
⑦ 《论语·子路》。
⑧ 《论语·宪问》。
⑨ 参见《左传·昭公二十九年》。
⑩⑪ 《论语·八佾》。
⑫ 《论语·泰伯》。

分原则。以礼整合社会秩序，保持稳定，这是孔子的基点。

其二，在贵贱从属关系中，突出了君臣、父子两项，把两者视为整个人际关系的核心。孔子提出君臣关系要以礼、忠为纲。"君使臣以礼，臣事君以忠。"①孔子对具体的君主虽然不是盲目苟同，但对于君臣关系，他认为是神圣不可违犯的，特别将犯上作乱视为大逆不道。孟子说："孔子成《春秋》而乱臣贼子惧。"②《论语·乡党》中的一段文字把孔子尊君的情态描绘得淋漓尽致："入公门，鞠躬如也，如不容。立不中门，行不履阈。过位，色勃如也，足躩如也，其言似不足者。摄齐升堂，鞠躬如也，屏气似不息者。"孔子主张行与情一致，这里描绘的难道不是臣仆精神的外露吗?! 子夏说的"事君，能致其身"③，应该说准确地表达了孔子的君臣关系准则。

在父子关系上，孔子主张子从属于父。这点在下面谈孝时再论述。

孔子没有直接论述夫妇关系，不过从他说的"唯女子与小人为难养也"④可以判定，他对女子是鄙薄和歧视的。由此推断他维护夫权并不为过。

君臣、父子单向从属关系不仅制约着其他人际关系，同时也为维护等级名分体系建立了中轴。君权、父权、夫权是互为支柱的。孔子思想中包含了后来的"三纲"精神要素。

(二)复礼

礼有不同层次的规定，对日常习俗的礼，孔子也认为可以变通、从俗。但有关重大的礼制，则要实行周礼，正如他自己讲的："周监于二代，郁郁乎文哉! 吾从周。"⑤由于周礼已衰，又称"复礼"⑥。"复礼"实在有些悖谬，连他的学生也发出了疑问。以三年之丧为例，宰我问："三年之丧，期已久矣。君子三年不为礼，礼必坏；三年不为乐，乐必崩。旧谷既没，新谷既升，钻燧改火，期可已矣。"应该说宰我讲得合情合理，对三年之丧既有改革，又有继承。可是孔子对宰我的议论却十分不满，他认为"三年之丧，天下之通丧也"。理由是："子生三年，然后免于父母之怀。"因此应坚持三

---

① ⑤《论语·八佾》。

②《孟子·滕文公下》。

③《论语·学而》。

④《论语·阳货》。

⑥《论语·颜渊》。

年之丧。他认为宰我发出这种议论是大逆不道,是"不仁"。①

(三)礼乐征伐自天子出

社会、国家制度和权力由天子规定与独揽,天子的地位是绝对的。孔子"礼乐征伐自天子出"②这句话的分量很重,就当时的语境来说,可做两种解释。一是反对当时诸侯势力兴起,要那些诸侯们听命于已经衰微的天子。但这几近梦话。二是表达他的理想,即希望有朝一日出现天子统一天下和集权的局面。不管怎么解释,君主专制的架构都是无可争辩的事实。这句话对中国历史的影响极大,后来成为信条。

(四)器、名君主独操

器、名不可以假人与正名论是孔子对礼学的重要发展和补充。器指礼器,名指按礼规定的名分。从西周的历史看,不同等级所使用的器物(包括祭祀和衣食住行等方面的用器)是不同的,不可僭越。器物的差别是等级制度的外在规定和定型化的标志。名分是从观念和制度上把人分为不同的等级。孔子认为,器与名要由君主握操,"唯器与名不可以假人"③。这突显了礼的权力意义和君主集权思想。

"正名"思想是他在游卫时讲的。子路问:"卫君待子而为政,子将奚先?"孔子答道:"必也正名乎!"子路对此有些疑惑,批评老师的主张有些迂腐,孔子斥责子路不明事理,进而指出:"名不正,则言不顺;言不顺,则事不成;事不成,则礼乐不兴;礼乐不兴,则刑罚不中;刑罚不中,则民无所措手足。"④从抽象意义说,正名在政治中无疑是个十分重要的问题。名不正,政治活动就没有规范,也就无从施政。因此,问题不在于要不要正名,而在于如何正名。就孔子的正名而论,它不是以实取名,而是以既成的名来匡实,即用传统的等级名分来纠正正在变化的现实。把等级名分视为不可变更的圣物,这对后世有过极大的影响。

(五)以礼作为言行规范

对于每个人来说,孔子要求把礼贯彻到言行全过程,一行一动都要以

① 参见《论语·阳货》。

② 《论语·季氏》。

③ 《左传·成公二年》。

④ 《论语·子路》。

礼作为客观准则,他讲的"每事问",就是问是否符合于礼。他主张处处都要"约之以礼"①,并确明提出:"非礼勿视,非礼勿听,非礼勿言,非礼勿动。"②这"四勿"很厉害,它把人的全部行动与能动性都限制在礼的范围之内。人的价值应该是在实践中不断地实现创新,只要利于发展,就应肯定。但是孔子的"四勿"扼制了人的思想发展和创造,把人完全变成了既定的礼的仆从和工具,限制了人的创造性。

把礼用于思想,以礼判断是非,这是孔子对礼学的新补充。思想,这是人类最本质的特点之一,孔子对此十分重视。他一方面反对学而不思,这是他的优长之处;另一方面,他又限制人们的思维空间,人们的思想不能超越礼的规定。他提出的"不在其位,不谋其政",他的弟子曾子所说的"思不出其位"③都是以礼为准则的。在孔子看来,人们的认识不能超越自己的社会地位和礼的规定,应该用礼限制人们创造性的认识。他讲的"四勿"把礼当作认识的前提,这样一来,超出礼之外的东西便被排斥在认识之外,而且认识的结论在认识未进行之前已被确定。

孔子在许多问题上允许弟子追根究底,唯独在礼这个问题上不允许提问。有人问他"禘"(古代天子隆重的祭祀大典)是怎么回事,他回答说:"不知也;知其说者之于天下也,其如示(同置,摆放的意思)诸斯乎!"大意是:不知道;知道这种道理的人,治天下会像把东西摆在这里一样容易吧。问题或许他不知道,更主要的是因为这是天子祭祖的典礼,神圣而不可问。又有一次鲁哀公问社(土地神)于宰我。宰我对曰:"夏后氏以松,殷人以柏,周人以栗,曰:使民战栗。"孔子听到宰我的回答很不满意,他认为这属于神物,不能深究,应采取"成事不说,遂事不谏,既往不咎"④的态度。

当时人们已把礼当作认识对象来看待,在探讨中会找到自己的出路。孔子的保守,与其说是要人固守周礼,毋宁说是把礼圣化、神化,不准人们对礼进行探讨和提出新认识。

孔子是否杀了持不同政见和不同思想的少正卯?理学家及以后的崇儒者是不承认的。圣人怎么能杀人?可是在荀子看来这正是圣人要干的事,司

①②《论语·颜渊》。

③《论语·宪问》。

④《论语·八佾》。

马迁也记录在史。当代也有学者进行了详细考证,论证孔子杀了少正卯。杀没杀少正卯?不妨接着再考证。我要提出的是:"礼"会不会杀人?我认为这是无须争辩的,以礼杀人者何其多!孔子为鲁司寇,少正卯以不同政见乱礼,孔子又主张宽猛并济,杀少正卯这类事应该说是符合孔子的逻辑的!至于"礼"会不会杀人,会不会搞专制,应该说更是无可怀疑的!

孔子之前,礼侧重于外在规范,孔子要求把这种外在规范转化为人的自觉,并作为思想和认识的准则。当然,孔子对礼的损益变通也并不是一概拒绝。子张问:"十世可知也?"孔子回答道:"殷因于夏礼,所损益,可知也;周因于殷礼,所损益,可知也。其或继周者,虽百世,可知也。"①在行动上,他也从众作过损益。他说:"麻冕,礼也;今也纯(丝织品),俭,吾从众。"②这种损益无关大局,他可以接受。但对礼的最基本原则,如贵贱等级,他认为是绝对不可变的。我们如果把礼作为一种历史过程看待,他所尊崇的不是当时兴起的变礼,而是僵化的周礼。他为坚守周礼有时到了迂腐可笑的地步,可他却自恃为一种美德。从礼的方面考察,孔子是相当保守的。

人治、礼治必然导向君主专制。下边把孔子有关君主专制的著名语句再罗列一下。一是"天无二日,民无二王"③。二是"礼乐征伐自天子出"。三是"君君、臣臣、父父、子子"。四是认同君主"一言可以兴邦","一言可以丧邦"。五是"贵贱不愆"。六是"唯器与名不可以假人"。七是"非礼勿视,非礼勿听,非礼勿言,非礼勿动"。这七句话可以说是社会结构与政治体制的基本架构,由此可以判断孔子是主张君主专制的。不管孔子还有多少论述君臣相对的言论和道德美言,都不会伤害这个体制的大体。从他对殷商末年几个臣子的遭遇的评价也可以看出他对君主专制的肯定。纣王无道,比干因强谏被处死,箕子被囚而为奴,微子披发佯狂逃匿民间。三人结局各不相同,但他们的最终选择都是绝不强抗。孔子因之赞许道:"殷有三仁焉。"④由此可知孔子以道事君和对暴君的态度的底线。

时下有不少学者企图证明孔子不是君主专制主义者,但他们都没能正

---

① 《论语·为政》。

② 《论语·子罕》。

③ 《孟子·万章上》。

④ 《论语·微子》。

面给上述这些话语做出开脱性解释。无法开脱,也就无法否认孔子的君主专制主义的政治框架。

三、仁:政治、伦理一体化

礼与仁是孔子思想的两大支柱,这是学界公认的。仁的基本精神是什么? 仁与礼的关系如何? 人们的看法差距甚远,五花八门,莫衷一是。

(一)仁与礼的关系

从政治上看,礼是政治实体,仁是精神;礼是仁的制度规范,反过来又以仁充实礼、贯彻于礼。在孔子思想中,仁、礼互证,是一种结构性的关系。孔子说:“知(智)及之,仁不能守之,虽得之必失之。知及之,仁能守之,不庄以莅之,则民不敬。知及之,仁能守之,庄以莅之,动之不以礼,未善也。”①这里,孔子提出了知、仁、庄、礼四个问题,四者是为政都不可缺少的,礼却是总其成的东西,是最高的规范与标准。孔子又说:“克己复礼为仁。一日克己复礼,天下归仁焉。”②这句话清楚地表明,复礼是仁的终点,复礼是仁的客观标准。

人的许多道德规范属于仁的范畴,如恭、慎、勇、直等。可是这些仍需要以礼节之。“恭而无礼则劳,慎而无礼则葸(畏缩、拘谨),勇而无礼则乱,直而无礼则绞(尖刻)。”③礼是人们品德与行为的最后规范。

在实践活动中,孔子的礼是人的界碑,但绝不是说仁就无关紧要了。仁又是礼的精神:“人而不仁,如礼何? 人而不仁,如乐何?”④孔子虽不是第一个提出仁概念的人,但仁到了他手里确实被大大丰富发展了,成为一个理论范畴。从思想上看,同一个词,它是否进入了理论范畴,其意义是迥然不同的。我们应该把字义、概念和范畴加以区分。孔子之前,虽有许多人赋予仁以理论内容,但还没有构成理论体系。孔子是第一位把仁提到了理论范畴的高度的人。从这个意义上看,说孔子提出了仁学是完全可以的。

---

① 《论语·卫灵公》。

② 《论语·颜渊》。

③ 《论语·泰伯》。

④ 《论语·八佾》。

礼和仁结合,大约就是他说的"道",他说过:"朝闻道,夕死可矣。"①

(二)仁的内容

孔子的"仁",可以说是他认定的善与美的总称,一切美好的东西,特别是精神上的诸种美德,都可称之为"仁"。《论语》讲到仁的地方有百余处,遇东说东,遇西说西,使人很难以把握。仁的中心究竟是什么?时人常常各执一端,争论不休。颇为流行的说法是:孔子的仁就是"人学""成人之学""做人之学""发现了人"等。孔子的确有很多尊重人的箴言与论述,但他说的"人"没有离开社会与历史,相反,孔子论人最注重人的社会地位与角色。他讲过"性相近""仁者,爱人"这类人性近似人人平等之论,但"君子而不仁者有矣夫,未有小人而仁者也"②,"君子学道则爱人,小人学道则易使"③这些论述又是等级不可逾越的定性之论。他讲过"三军可夺帅也,匹夫不可夺志也"④等个人主体意志独立的豪言,又讲过非礼"四勿""克己复礼""君君、臣臣、父父、子子"等要人意志屈从的畏缩之论。因此只说孔子开创了"人学""成人之学"显然是不确切的,应该说孔子讲的是"等级人学""身份人学""角色人学"。仁有很多含义和层次,要之,可归纳为如下几点:复礼,孝悌,爱人,克己,尊五美、屏四恶。仁的目的在复礼,这一点前边已叙述,不再重复。以下四项是交融的,既是道德准则,又是政治准则。

仁的核心是孝悌。有子说:"君子务本,本立而道生。孝弟也者,其为仁之本与(欤)。"⑤有子的话符合孔子的精神。孔子认为,孝不仅是父子之情,同时也是政治。有人问孔子:你为什么不当官直接参与政治?孔子回答道:我宣传孝道,用孝悌的道理影响政治,也就是参与政治。⑥郭店出土的《唐虞之道》说:"孝,仁之冕也。"《管子·戒》对孝与仁的关系有一概括:"孝弟者,仁之祖也。"这个"祖"字讲得十分贴切,孝是西周时期伦理、社会、政治关系的核心范畴,仁就是孝观念的继承和扩充。

---

① 《论语·里仁》。

② 《论语·宪问》。

③ 《论语·阳货》。

④ 《论语·子罕》。

⑤ 《论语·学而》。

⑥ 参见《论语·为政》。

孔子的孝有三个层次,即"养""敬"和"无违"。"养""敬"无疑很有道理,但他认为更重要的是"无违"。所谓"无违",即:"生,事之以礼,死,葬之以礼,祭之以礼。"①"父在,观其志;父没,观其行。三年无改于父之道,可谓孝矣。"②曾子讲的"慎终,追远"③也是这个意思。"无违"即绝对服从。父亲就是儿子一生的外套。厚葬虽然不是儒家的发明,但孔子坚守这个陋俗。孔子、儒家是中国厚葬恶俗的守护神。孔子还主张"父为子隐,子为父隐"④。本来这个陋俗已被当时的改革潮流冲决,但孔子依旧要把它视为一种神圣。为亲者讳,在孔子那里是一项崇高的道德原则。孔子绝不是把孝看作亲情私事,而是视为政治的一项最高原则。孝就是政治!政治孝道在中国的历史上一直扮演着守成与羁绊的作用。

孔子把孝看作直接的政治,从那个时代考察,是有其根据的。孔子的时代,宗法分封制仍占主导地位。宗法血缘体系与政治体系紧密地结合在一起,服从宗法与服从政治首脑是一回事,所以孝道是直接的政治。官僚政治的兴起对宗法分封有一定的冲击,但宗法关系一直与政治相渗透,所以孝道也一直是君主政治的法宝。"以孝治天下"是历代的政治大纛。

把仁用于人与人的关系则是爱人。樊迟问仁,子曰:"爱人。"⑤有人说,当时的"人"与"民"有别,"爱人"是贵族中的事。此说于辞有辩,考之于史则很偏颇。当时的"人"是一种泛称,凡圆颅方踵之属都可称为"人"。从字面上讲,"爱人"就是爱一切人,并没有什么阶级、等级的规定。爱人着眼于人的共性,而不是着眼于人的社会差别。如何爱人呢?其纲要就是忠恕。忠是从积极方面讲的,即:"己欲立而立人,己欲达而达人。"⑥恕是从消极方面讲的,即:"己所不欲,勿施于人。"⑦这两句话的意思是:我自己希望达到的,也希望别人能达到;我自己不喜欢的,也不要施于别人。不管是从积极或消极方面讲,爱人的过程都是由己及人,从我出发,自己怎样对待自己,也就应该怎样对待别人。

---

① 《论语·为政》。

②③ 《论语·学而》。

④ 《论语·子路》。

⑤⑦ 《论语·颜渊》。

⑥ 《论语·雍也》。

上述两句话,可以说是孔子整个思想中最富光彩的地方。以这两句话为限,在理论上可以说把所有的人置于平等的地位,冲破了等级的藩篱,具有个性解放的因素;自己不承认任何高于我的外来权威,也不认为自己比别人高。由于强调个人的平等和个性的独立,因而有"杀身成仁"之论,有"三军可夺帅也,匹夫不可夺志也"①的轩昂气概。子贡本着老师的教诲也发出了"我不欲人之加诸我也,吾亦欲无加诸人"②的豪言。但是如果翻开另一页,孔子还有贵贱等级、亲亲、尊尊、为亲者讳、为尊者讳等"爱有等差"之论。前面引过的那两句话足可以为证:"君子而不仁者有矣夫,未有小人而仁者也。""君子学道则爱人,小人学道则易使。"因此对上边引述的豪言又不能孤立地进行定位和无限地进行逻辑推理。

　　如果我们把孔子的上述高论与他切近实际的言行结合起来考察,不难发现,他自己都没有给这种理论以应有的支点。实际上,孔子的言行具有很强的犯他性,他对那么多人进行批评和责难,能是"己所不欲,勿施于人"吗?相形之下,他更多的是己所欲而施于人。在天网性的社会关系中,"己所不欲,勿施于人"只是个人孤岛中的美幻和一种纯理论的存在,在实际中是很难实现的,或无法存在。因为"欲"这种东西实在太复杂,是与社会关系交错在一起的。

　　还应指出的是,"己欲立而立人"与"己所不欲,勿施于人"之间存在着某种冲突关系,己欲立的并不是别人也想立的,在这种情况下"己欲立而立人"就有犯他性。还有,这种提法只注意了个人是社会存在的原子,而忽视了整个社会是个人存在的前提和条件这一基本事实,还忽视了人际关系的复杂性。似乎只要由己做起,一切矛盾便可由己加以消弭,又可由己把整个社会带入极乐世界。这不免陷入空论。

　　"复礼""孝悌""爱人"都要把"克己"作为起点,于是克己又是仁的一目。克己的"克"是什么意思呢?对此有两种不同的解释。一说作"胜""克制"讲;另一种解释为"能够""堪能"。依前说,意思是克制自己就能返回到周礼;按后面说,意思是充分发挥自己的能动性,就能返回到周礼。对"克"字

---

① 《论语·子罕》。
② 《论语·公冶长》。

解释不同，"己"与"礼"的关系就不同。如果解释为克制自己，那么"己"与"礼"并不是一种谐和关系，相反，其间存在着矛盾，只有克制自己才能就范于礼。如果解释为"能够"，那么"己"与"礼"便没有矛盾，只要充分发挥能动性就可以回到周礼，"己"的本性与"礼"是相通的。这两种说法都有一定的训诂根据。从《论语》的有关论述看，把"克"说成"克制"更为确切。从某种意义上说，"克己"是处世、待人、寻求自己与社会平衡的途路，是与人进行社会交换的起点和钥匙，是求得社会和谐的基础，是化解矛盾的妙方。如何"克己"呢？孔子有一整套的论述。

"修己"是"克己"的重要方式。子路问什么叫"君子"，孔子回答道："修己以敬……修己以安人……修己以安百姓。"①《说文》："修，饰也。"修己的"修"具有饰、整治的思想。《论语·述而》所载的"礼之不修"的"修"也是这个意思。

为了"克己"，孔子又提出"约"。子曰："以约失之者鲜矣。"②意思是：以礼约束自己，犯错误的就很少了。他又说："君子博学于文，约之以礼，亦可以弗畔矣夫。"③颜渊说："夫子循循然善诱人，博我以文，约我以礼。"④孔子所讲的"约"都是指用礼作为准则克制自己。颜回是能约束自己的典型，所以孔子说："贤哉，回也。一箪食，一瓢饮，在陋巷，人不堪其忧，回也不改其乐。贤哉，回也。"⑤颜回是由自约而安于现状，既是自我陶醉的精神满足者，又是现有秩序的顺民，这种自约与慢性自杀近似。从孔子到现代的许多学者重复不断颂扬颜回精神，在我看来颂扬的正是顺民精神。自作顺民无可厚非，但把这种精神当作崇高，取消社会关怀，并不符合社会发展的需要。

自戒是克己的又一种方式。孔子曰："君子有三戒：少之时，血气未定，戒之在色；及其壮也，血气方刚，戒之在斗；及其老也，血气既衰，戒之在得。"⑥孔子在回答樊迟问如何"辨惑"时，讲的不是分辨是非之道，而仍然是

---

① 《论语·宪问》。

② 《论语·里仁》。

③⑤ 《论语·雍也》。

④ 《论语·子罕》。

⑥ 《论语·季氏》。

自戒。他说："一朝之忿,忘其身,以及其亲,非惑与?"①他认为要控制自己的情感,防止一时冲动,以自戒防患。孔子又说："君子食无求饱,居无求安,敏于事而慎于言,就有道而正焉,可谓好学也已。"②自戒无论在什么时候都不能说不需要,作为自我保护也未尝不是一着。问题在于以什么自戒?孔子主张以周礼为戒,很明显,在变礼的时代,这种自戒在当时不属进取精神之列,反而会限制和约束人的主观能动性。

孔子还提倡"自讼""自省""自责",其意仍然在于克己。子曰："见贤思齐焉,见不贤而内自省也。"③又说："躬自厚而薄责于人,则远怨矣。"④曾子把问题说得更清楚:"吾日三省吾身:为人谋而不忠乎?与朋友交而不信乎?传不习乎?"⑤当时的人很少有自我检讨精神,孔子感慨地说:"已矣乎! 吾未见能见其过而内自讼者也。"⑥"自责""自讼""自省"无疑有其合理的一面,因为人是会犯错误的。不过自责、自省只能在有限的范围内,如自身修养、与朋友相交等方面,很有教导意义。但面对社会问题,在孔子的时代,首先不是自责问题,而是应责难社会制度,也就是要有社会批判精神。把社会上的一切矛盾,都引到自己身心里加以消弭,是束缚改革、不利于社会进步的。

在《论语》中,多处讲到"慎言""慎行",这也是克己的方式。他还特别警告人:"攻乎异端,斯害也已。"⑦慎言、慎行毫无疑问有相当道理,但孔子讲的"慎",多半是以礼束缚人的手脚,特别是不准"攻乎异端",更是窒息人们的进取精神。异端未必都是历史的进步,但历史的进步必定是异端。无异乎旧,能有何进步?

孔子还一再提倡"无争"。"君子无所争。"⑧曾子说的"犯而不校"⑨,即受人侵犯也不去计较,与孔子的无争是一致的。孔子还说过:"君子矜而不

---

①《论语·颜渊》。

②⑤《论语·学而》。

③《论语·里仁》。

④《论语·卫灵公》。

⑥《论语·公冶长》。

⑦《论语·为政》。

⑧《论语·八佾》。

⑨《论语·泰伯》。

争。"①《论语·述而》记载:"子钓而不纲,弋不射宿。"也是要说明孔老夫子无争,做事注重自我节制和事情的界限。无争是克己的最彻底的方式,也是最消极的方式。孔子的时代已是"大争"的时代,"争"中无疑人欲横流,但历史就是在"争"中向前滚动的。"争"有争斗,也有竞争。"争"未必对社会都有利,但"无争"更多的是守成。"无争"的哲学,其消极面肯定更多。

于上可见,"克己"是孔子向人们提出的最重要的要求之一。克己既是一种美德,又是达到美德的必由之路。克己有其合理的一面,因为每个人都是社会中的一个成员,应该时时考虑自己以什么方式存在于社会。可是孔子的克己教导人们时时处处都把自己作为斗争的对象,不是引导自身在适应社会中改造社会,而是处处克制自己以安于现状,安于传统,安于礼。克己是教人做一个安分的人,而不是教人去进取、创新,在当时显然是保守的。

把仁贯彻到政治,孔子有各式各样的说法。其中尊五美、屏四恶可以说是纲,这里不妨把该段文字抄录于下。

> 子张曰:"何谓五美?"子曰:"君子惠而不费,劳而不怨,欲而不贪,泰而不骄,威而不猛。"子张曰:"何谓惠而不费?"子曰:"因民之所利而利之,斯不亦惠而不费乎?择可劳而劳之,又谁怨?欲仁而得仁,又焉贪?君子无众寡,无小大,无敢慢,斯不亦泰而不骄乎?君子正其衣冠,尊其瞻视,俨然人望而畏之,斯不亦威而不猛乎?"子张曰:"何谓四恶?"子曰:"不教而杀谓之虐;不戒视成谓之暴;慢令致期谓之贼;犹之与人也,出纳之吝谓之有司。"②

孔子所说的美政,不是一种简单的规定,而是在处理事物的关系中寻求适度点,这个适度点要使矛盾的双方都得到节制,又得到适当的满足。文中提到的惠和费、劳和怨、欲和贪、泰和骄、威和猛五种关系,其中有的是对立的,如前三种,有的是相近而不相同的,如后两种。孔子提出要把矛盾对立的关系化为谐和关系,把相近的东西加以区别。本来惠和费是难以谐和

---

①《论语·卫灵公》。
②《论语·尧曰》。

的,要施恩惠,总要有所耗费。子张就不知道怎样才能把两者谐和起来,于是又接着发问。那么究竟如何才能解决这个矛盾呢?孔子不是简单地牺牲一端来满足另一端。他从两端跳出来,另辟蹊径。这种办法既同惠相连,又把惠变成不费。这就是"因民之所利而利之"。即是说,让民去做与自己有利的事情,从而使双方都有一定的满足。泰与骄在外观上难以区分,孔子认为必须把两者区分开来。骄的特点是欺寡、卑小,泰对待弱寡、大小都一个样。明白了这一点,便可做到去骄而存泰。

与五美相同,四恶也不是一种简单的规定。比如他不是简单地宣布杀为恶,只有不教而杀才属恶之列,应予摒弃。如果教而不听,杀大约也可属于作美。

孔子对尊五美、屏四恶的论述,足以说明孔子是求中庸的大师,极其聪明和老到,充满了智慧。尊五美、屏四恶是政治图景的一曲绝唱,既不脱离现实,又不是空想,而是在现实中最大程度地减缓对立与冲突。但这仅是对现存的社会与政治关系进行调整,是守成政治的绝唱和最佳境界,很少社会与政治关系的改革和创新精神。

孔子的仁学是一个复杂的混合体。融人伦、道德、政治为一体,撮己、人、家、国为一贯。仁在行动上以礼为范围,对待事物的关系要注重事物的矛盾的连接点。仁运用于主观,强调加强自我修养,在修养的基础上充分发挥主观能动性,直到随心所欲,然而又不能逾礼之规矩。仁在传统的范围内,可以满足一切,不是顽固地守旧,但它决不鼓动进取、创新。新事物要冲破它却又极难,因为它包含的内容太丰富了,不仅囊括了传统中的美与善,对于新事物又有一定的妥协性,因此仁有极强的韧性。战国的说客苏秦说过一句话:"仁义者,自完之道也,非进取之术也。"[1]这应该说是中鹄的。

四、富民足君、先德后刑与民不可使知之

(一)富民足君

孔子是中国历史上最早提出富民主张的思想家之一。子适卫,冉有仆。子曰:"庶矣哉!"冉有曰:"既庶矣,又何加焉?"曰:"富之。"曰:"既富矣,又

---

[1]《战国策·燕策一》。

何加焉？"曰："教之。"①孔子"所重：民、食、丧、祭"②。

从《论语》看，在经济与教育、道德的关系上，孔子认为君子和小人不应该一样。就其本性来说，君子和小人也有质的差别。"君子怀德，小人怀土；君子怀刑，小人怀惠。"③"君子喻于义，小人喻于利。"④孔子对小人"怀土""怀惠""喻于利"尽管抱着鄙薄的态度，但他又认为这是必须首先解决的现实问题。季康子患盗，问于孔子。孔子对曰："苟子之不欲，虽赏之不窃。"⑤孔子比季康子站得高，看得深，他不是就盗论盗，而是一针见血地指出民为盗的根源在于当权者贪欲太多。话虽简短，却揭示了一个重大历史现象的内因。解决问题的办法也就应从这里引出，于是孔子提出使民以时、取民有度和节用。

使民以时不是孔子的首创，但他进一步阐述了这个问题。他提出，使民要像祭祀那样按时和慎重。仲弓问仁，孔子答道："出门如见大宾，使民如承大祭。"⑥在当时的条件下，在统治者面前，劳动力不具有商品的性质，劳动者本身也是被占有的，征用民力是对劳动者直接的摧残和剥夺。孔子提出使民如承大祭，虽没有任何规定性，但在认识上把问题提到了一个高度。孔子还提出过以义使民、先惠而后使民等。

取民有度是针对当时横征暴敛而发的。他提出"敛从其薄"⑦。

少征用民力、少收赋税只是问题的一方面，另一方面还必须"节用"。⑧统治者的奢侈浪费很严重，孔子深表痛恨。他赞扬禹"卑宫室，而尽力乎沟洫"⑨。

孔子倡导富民，并没有到此为止，另一面是足君。有若所说的"百姓足，君孰与不足？百姓不足，君孰与足"⑩与孔子的主张是一致的，把富民与足君的关系讲清楚了。

这里需要讨论一下关于"均无贫"的问题。事情是由季氏要伐颛臾引起

---

① 《论语·子路》。

② 《论语·尧曰》。

③④ 《论语·里仁》。

⑤⑥⑩ 《论语·颜渊》。

⑦ 《左传·哀公十一年》。

⑧ 参见《论语·学而》。

⑨ 《论语·泰伯》。

的。冉有、子路为季氏家臣，在伐颛臾之前征询孔子的意见，孔子就此发了一通议论："丘也闻有国有家者，不患寡(当为'贫')而患不均，不患贫(当为'寡')而患不安。盖均无贫，和无寡，安无倾。"①这句话讲的是有国有家者，在春秋时代，"家"与"国"相对，"家"一般指卿大夫，"国"指诸侯。孔子讲的"均""贫"等指的是有国有家者的财产争夺与占有问题。有人认为"均无贫"是孔子的经济纲领，所说的"均无贫"包括一般的民众。这种说法不符合孔子原意。春秋时代尽管财产占有关系发生了剧烈的变动，不过按照传统，各级贵族占有多少土地和财产，都应有一定的数量。孔子所说的"均"是指不能超过一定的等级规定。他的学生冉求为季氏敛，季氏富过于鲁公室，从礼制看，这是僭越行为。冉求仍要为季氏扩充财产，孔子大为恼火，于是宣布，冉求"非吾徒也"，号令其他弟子"鸣鼓而攻之"②。这可以作为"均无贫"的注脚。

通过调整征敛数量和节用解决富民与足君问题，很有意义。孔子想通过数量调整以求其间的平衡与调和，他的理想是"博施于民而能济众"。在他看来，这是超越尧舜的最伟大的圣人才能做到的。孔子对民众的深沉关怀确实令人景仰，不过还是要做一点儿分析。孔子的基本思路是期盼由当政者恩赐来实现理想。向民众施恩是春秋时期诸侯们争取民众常用的方式之一，这些诸侯与孔子不同的地方在于：诸侯们视为一种政治手段，孔子则视为一种道德的实现。古代哲人基本上都寄希望圣人救世，基点大致说来都是以恩赐为基础，但细分析也还稍有不同。比如老子固然也讲轻徭薄敛，但他更关注要让民众任"自然"；春秋以来有些人讲民性好利，他们也寄希望当政者施恩惠，但侧重点在顺应民性；孔子也讲人情欲富贵，但更倾向用道德控制；稍后的墨子提出"衣食者，人之生利也"，多少有点儿生存权的意义；至于有关君与民谁养活谁的争论，无疑思路更开阔。这里我想说明的是，孔子的博施、济众不是当时最深刻的认识，大致说来还是一种泛道德论和顶端的人治论。

(二)先德后刑

德与刑是政治中的两手。孔子主张两手并用，先德后刑，宽猛并济。

---

①《论语·季氏》。

②《论语·先进》。

他说:"为政以德,譬如北辰,居其所而众星共之。"①先德而后刑表现在如下几个关系上。

在经济与政治关系上,他主张先富而后教。冉有问他为政首先解决什么问题,他回答先使民富起来,而后再进行教化。子贡问为政,他说:"足食,足兵,民信之矣。"②同样把足食放在首位。从《论语》看,他对贵族和民的主张不一样。对于贵族,他主张首先要讲礼义,因为对他们来说,吃饭不成问题。对于民,则首先须让他们有饭吃,其次才谈得上教化。

在惠与使的关系上,他主张先惠而后使。孔子是剥削阶级思想家,主张使民是必然的。不过他认为不能无条件地使,而应有一定的条件,这就是先惠而后使,"惠则足以使人"③。除了先惠而后使之外,还应先教而后使。子路问为政,他说:"先之劳之。"④意思是先引导教化而后再役使。比如打仗,只有先经过训练,才能让民参战,否则就是让民去送死。"善人教民七年,亦可以即戎矣。""以不教民战,是谓弃之。"⑤

统治者必然使民,但有条件和无条件大不一样。当时普遍的现象是"民三其力,二入于公"⑥,不教而使民战。在这种情况下,孔子提出先惠后使、先教后使是有积极意义的。

再一点是教与杀的关系。孔子提出以直正枉,先教而后杀。哀公问:"何为则民服?"孔子回答:"举直错诸枉,则民服;举枉错诸直,则民不服;"⑦这里讲的是用什么人的问题。又说:"举善而教不能,则劝。"⑧直和善都有具体的内容,但命题的本身提出了搞政治要先立样板,以样板进行教育。有了带头羊,然后才能率领羊群。

对于杀的问题,孔子主张慎杀。季康子问政于孔子曰:"如杀无道,以就有道,何如?"孔子对曰:"子为政,焉用杀?子欲善,而民善矣。"⑨杀无道以就有道,这本是一个有严格规定的命题。从逻辑上看,与孔子的思想无相悖之处,照理

---

① 《论语·为政》。
②⑨ 《论语·颜渊》。
③ 《论语·阳货》。
④⑤ 《论语·子路》。
⑥ 《左传·昭公三年》。
⑦⑧ 《论语·为政》。

回答这个问题应该说是简单的。孔子的高妙处在于撇开了这个问题,他不正面回答该不该杀,而认为不应该这样提出问题,首要是应实行善政。

先德而后刑还表现在断案上。折狱不只在于断是非,还要使民知是非,不再发生类似案件。"听讼,吾犹人也。必也使无讼乎!"①意思是:在断案上,我和别人一样,不同的地方在于能使类似案子不再发生。《吕刑》中虽也有类似的思想,但把问题点破的是孔子。把断案不只当作制裁手段,而且当成教育手段是孔子的新贡献。

(三)民不可使知之

孔子说过一句著名的话:"民可使由之,不可使知之。"近代以来对这句话有两种截然相反的理解。一种将其理解为愚民。一种将其理解为开发民智,标点变成:"民可使,由之;不可使,知之。"在近代以前的两千年的漫长岁月中,著名的思想家们和注疏家们,大致说来主要是前者的思路,也就是杨伯峻的译注的意思:"老百姓,可以使他们照着我们的道路走去,不可以使他们知道那是为什么。"②应该说,杨伯峻的译注是符合孔子本意的,也符合孔子的思想体系。在当时人的观念中,民是下等的愚氓。民者,冥也,用俗话说,就是"睁眼瞎"。下层民众在智能、识见、道德、品行等方面都有先天性的缺陷。人天生有"不移"的"上智"与"下愚"之分,"下"无疑指下层民众;"小人喻于利",从社会分层上说,"小人"也应该是下层。《论语·季氏》说:"困而不学,民斯为下矣。""教民"大致限于让民众知道应该做什么,至于为什么,不必让民众知道。孔子与老子公开主张愚民还不完全一样,有程度上的差别。孔子的主张在"愚"与"不愚"之间。这是培养顺民的道路。

五、"有道"与"无道":统治者的自我认识与调整

能不能提出政治理想国理论和具有普遍意义的政治原则,是衡量一个人能否成为政治思想家的基本标志之一。孔子留下的言论虽然很零碎,但关于这个问题的论述是十分明确的。孔子的政治理想国和基本政治原则就是他常说的"有道"二字。在孔子的言论中,"道"具有多种含义,但用于政

---

① 《论语·颜渊》。
② 杨伯峻:《论语译注》,中华书局,1980年,第81页。

治,"有道"代表了孔子的理想政治和基本政治原则。与之相对则为"无道"。总括有关论述,孔子的"有道"政治理想就是礼、仁的和谐统一和富民足君。再具体一点即:等差有序、仁和中让、道德境界、君王圣明。

孔子的政治理想和基本政治原则既没有警人之笔,又没有玄妙之论,使人感到平实可近,但是真正做起来却又十分难;虽然难,又不是高不可攀。在孔子看来,先贤圣主实行过,三代曾达到过这种境界。他所描绘的理想以现实存在的关系为起点,要全部实现固然困难,但向这个方向走几步却是完全可能的,从而为统治者的实际政治提供了回旋余地。

一种政治理论如果与历史的进程相对立,如道家,特别是像后来庄学纯自然主义的理论,便不可能从现实中找到自己存在的基础。孔子的政治理想和政治基本原则不是这样,它肯定了实际存在的社会关系和政治关系,同时又不满足于现状,对当时的实际政治多持批评立场。而这种批评又不是否定性的,而是希望改善和改良。例如,他对卫灵公的态度就是如此。孔子尽管批评卫灵公"无道",但是他又多次寄希望于卫灵公。在孔子眼里,当时是一个"无道"的时代,可是他并不因此而抛弃这个时代,在他看来,事情仍然有救,并且为此孜孜以求,奔波了一生。类似"苟有用我者,期月而已可也,三年有成"①的话讲过许多,对改良政治充满了信心和希望。

从统治者的整体与长久利益看,他们不仅需要肯定自我,有时又需要不断进行自我认识和自我批评。当时有关谏议的种种议论,就是为了推进自我认识和自我批评。许多政治家和思想家认为进谏与纳谏问题在政治中具有极为重要的地位,关系到国家的兴亡。孔子关于"有道"和"无道"问题的论述,把统治者的自我认识和自我批评推到一个新阶段。孔子把"有道"理论视为一种检验政治的标准,统治者的一切行为都应在这理论面前接受衡量和检验,违反"有道"便属于"无道"之辈和"无道"之举。孔子关于"有道"和"无道"的理论,在当时和其后两千多年的封建社会中,都成为统治者自我认识、自我批评和自我调节的理论依据。孔子的政治理想和基本政治原则把肯定现存的社会基本秩序和批评弊政、改良现实妥善地结合在一起。这种理论既能满足统治阶级中当权者的需要,又为在野派和其他图谋

①《论语·子路》。

改良的人们进行政治批评提供了理论依据,同时还为深受其害的人们提供了改善处境的希望。孔子的理论具有的广泛适应性,是其被统治者奉为指导思想的重要原因之一。

在孔子的政治理论中还有一点特别值得注意,这就是政治原则与君主的关系问题。早在西周初年周公的言论中,已开始提出政治原则与君主行为之间的差异问题,例如,他在神意之外提出了"德"这个原则。在他看来,殷纣王的行为违背了"德",于是被上帝抛弃;周文王实行德政,所以得到了上帝的保佑。周公所说的"德",就是理想化了并能代表统治者整体利益的一种普遍的政治原则。周公的论述是在改朝换代的特殊情况下提出的,随着周统治的巩固,周天子不愿再谈两者的分离,在其后很长一段时期,周天子把自己的行为宣布为德的体现,自己是德的化身,这在金文中反映得十分明显。到了西周后期,随着政治危机的出现,人们又重新提出了统治者普遍的政治原则与周天子言行的对立的问题。到了春秋时期,有些人以相当明快的语言把这个矛盾直接揭示出来。例如,晋国丕郑说:"吾闻事君者从其义,不阿其惑。"[1]丕郑把义看得高于君主。孔子继承并发展了这一思想。他一再强调"臣事君以忠"[2],在君主前毕恭毕敬,甚至达到令人厌恶的程度,如"君在,踧踖如也,与与如也"[3],表现了一副奴婢相。但在政治原则上,他认为事君不能以苟合顺从为上,而应该首先考虑是否符合于"道",要"以道事君"[4]。在他看来,卫国的史鱼、蘧伯玉就是把道放在第一位的人物,从而倍加赞扬。他说:"直哉史鱼! 邦有道,如矢;邦无道,如矢。君子哉蘧伯玉! 邦有道,则仕;邦无道,则可卷而怀之。"[5]他自己做梦都想去从政,但他把能否行道作为参政的条件,不能行道,便不出仕。"道不行,乘桴浮于海。"[6]"不义而富且贵,于我如浮云。"[7]孔子倾心于君,三月不见君便如丧魂落魄,惶恐不安,可是在他的政

① 《国语·晋语一》。

② 《论语·八佾》。

③ 《论语·乡党》。

④ 《论语·先进》。

⑤ 《论语·卫灵公》。

⑥ 《论语·公冶长》。

⑦ 《论语·述而》。

治生涯中,除了在鲁短期走运之外,一生不得志,累累如丧家之犬。之所以会落到这般凄凉的境地,恐怕不是因为孔子不会在官场周旋,也不是因为他无能,而是他把"道"看得高于君主,高于权力和地位。这一点常常是思想家与实际的政治家不同的地方。如果一位思想家的行动与自己的理论相背太多、太大,大凡就失去了作为思想理论家的资格。从实际看,孔子所坚持的政治原则不会损害统治阶级的根本利益,对维护君主是有利的。与此相反,倒是有些君主和当政者却经常做出损害统治阶级普遍利益的举动,进行自我破坏和自我削弱。这就是后来所说的道统与君统的矛盾。在这种矛盾中,孔子站在了道统方面,当两者难以契合时,孔子主张道统高于君统,道义重于权令,从道不从君。在这种情况下,对君主虽然表现为不合作,甚至表面上的对立,但是孔子所坚持的道义却是从更高的角度维护了统治阶级的利益,维护了君权,在对君主的怨恨之中充满了深沉的爱。孔子强调道义高于君主的思想培养了一批忠勇之士,而这些忠勇之士正是维护封建统治的中流砥柱。这些人对君主爱而不阿谀,顺而不盲从,犯而不欺,怨而不恨,从而把坚持道义与维护君权、维护统治阶级的普遍利益提到了奇妙统一的地步。

孔子的政治理论首先肯定了现存的政治秩序,在这个前提下指导人们批评现实,目的是寻求贵贱有等的谐和。这种理论虽然有改善被剥削者生活条件的内容,但对剥削者和统治者更为有利。正因为如此,孔子才成为"权势者们的圣人"!

六、中庸:政治边际平衡术

孔子不只以政治和伦理原则教人,他更注重培养人的思维方式。关于孔子思维方式和哲学特点,哲学史家已有详尽的论述,这里我们只从历史和政治的角度做点说明。他的思维方式的特点可称为"守旧的边际平衡论"。

孔子打着古老的旗帜,但又不是简单地要回到陈旧的时代;他密切注视着现在和未来,但又不是现在和未来的创造者。他所希望的是这样一种局面:在旧的事物范围内,最大限度地使各种人都得到满足。我们将他这种思想称为"守旧的边际平衡思想"。孔子看到了社会事物之间的矛盾,在矛盾面前,他既不希望矛盾破裂,又不希望转化,而是全力以赴寻求一个连接点,求得矛盾双方在旧事物不根本改变的情况下获得平衡。

(一)中庸和执中

这是孔子寻求边际平衡的基本方式之一。"中"是一个很古老的表达平衡的观念,孔子提出的"中庸"从"中"发展而来。他说:"中庸之为德也,其至矣乎!民鲜久矣。"①孔子所谓的"中庸之德"主要不是指品德、品质,而是指对待事物的态度和认识方法。中庸与"允执其中"是一个意思。"允执其中"相传是尧提出来的。尧有无其人,尚无定论。大抵执中是相当古老的思想,《尚书》《诗经》某些篇章已把"中"作为一个明确的政治道德概念来使用。"中庸"就是"用中"。"中"并不是简单的"中间"的意思,而是指按照一定的标准行事,寻求对立双方的连接点以求对立双方的平衡,给某种行为划定界限和明确行动目标,从而使事物保持质的稳定。

从《论语》及有关的记载看,孔子把礼视为"中",一切行为符合礼也就是执中。孔子处处事事都以礼分辨是非,臧否人物。他提出的非礼勿视、勿听、勿言、勿动,完全可以证明礼与中是一致的。《礼记·仲尼燕居》对此有明确的记载:"夫礼所以制中也。"什么是"中"呢?孔子又说:"礼乎礼。"这种循环论证适足证明礼中同体。《礼记》所载是不是孔子的原话,难以考订,不过这种说法是符合孔子思想的。

有礼规定的地方,按礼行事。但生活是复杂的,不可能都从礼中找到根据。在这种情况下,求"中"之方,由考察事物对立双方的连接点来确定,以求双方的平衡。比如孔子认识到贫与富是对立的:"富与贵,是人之所欲也……贫与贱,是人之所恶也。"②怎样解决富贫之间的矛盾呢?他既不是简单地站在求富的立场,又不是简单地设法去贫,他提出了一个"义"字,用"义"作为调整富贫之间矛盾的纽带。合乎"义",当富贵则富贵,不能富贵则安贫贱。君与民之间的利益也是矛盾的,在处理这对矛盾时,同样不是简单地倒向一端,而是以分配和节用为纽带调节两者的关系,既富民又足君,从而求得两者之间的平衡。统治者使民叫作"劳",劳必然引起民怨。在这种矛盾中,他既不主张无

---

① 《论语·雍也》。
② 《论语·里仁》。

限制地使民,又不简单把感情投向怨者一方。他提出"择可劳而劳之",从而达到既使民,又弭民怨,求得双方的平衡。这类办法可以叫作"调和"。调和不主张一方吃一方,而是寻求一种方式,使其既包括一部分甲,又包括一部分乙,同时又使甲、乙连接在一起,并使双方在旧质范围内保持稳定。

就每一个事物来讲,它又在发展变化。在一定条件下,一种事物都面临两种前途、两种可能性,可能走向两极。为了保持旧质的稳定,不向两极发展,孔子对各种事物做了范围规定或提出了告诫。他讲的"六好"与"六蔽"的关系即是典型一例。他说:"好仁不好学,其蔽也愚;好知不好学,其蔽也荡;好信不好学,其蔽也贼;好直不好学,其蔽也绞;好勇不好学,其蔽也乱;好刚不好学,其蔽也狂。"①蔽,同"弊",这里指弊病。仁、知(智)、信、直、勇、刚是孔子所肯定的六种德行。在一定条件下,如不好好学习,这些德行也会走到另一端:仁会变成愚蠢,聪明会变成放荡,诚实会变成祸害,直率会变成尖刻,勇敢会变成作乱,刚强会变成狂妄。孔子用好学来防止六德走向极端。子张问如何做官,孔子答道:"多闻阙疑,慎言其余,则寡尤;多见阙殆,慎行其余,则寡悔。"②大意是:要多听,有怀疑的地方要避开,有把握的地方也要谨慎,这样就会少犯错误。要多看,有危险的地方要避开,做有把握的事也要谨慎,这样就减少后悔。孔子所论述的做官之道,要点在保持事物的稳定与平衡,在平衡中保住自己的饭碗。这一类的论述在《论语》中到处皆是,如"君子周而不比"③"君子泰而不骄"④"君子和而不同"⑤等。

还有一些情况,行为本身没有确定性,在这种情况下,为了不使行为破坏旧质的稳定,要有明确的目标。他说的"九思",很可以说明这种思想。"君子有九思:视思明,听思聪,色思温,貌思恭,言思忠,事思敬,疑思问,忿思难,见得思义。"⑥思,反省、反思。大意是:看,要想想看清楚了没有;听,要想想听明白了没有;脸色,要反省是否温和;态度,要想想是否恭敬;说话,要想想是否忠实;做事,要想想是否认真;有疑问,要想想是否该问;发怒,要想想后患;取得财利,要想想是否符合义。要有一个明确的目标,划定自己

---

① 《论语·阳货》。

②③ 《论语·为政》。

④⑤ 《论语·子路》。

⑥ 《论语·季氏》。

的行动路线。这个目标以保持事物的稳定为基本原则。

(二)避免过与不及

过与不及是"中"的两极表现,从两边破坏了"中",破坏了原有事物的平衡。为此,孔子提出要避免过与不及。子贡问师和商两个人谁好一点儿,孔子说:"师也过,商也不及。"子贡又问,师比商是否好一点儿,孔子答:"过犹不及。"①孔子对他的学生总是设法裁过和补不及,这就是一退一进之教。他对冉求和子路(由)教育的重点便不一样:"求也退,故进之;由也兼人,故退之。"②

孔子从日常生活到政治行为,一再提出要避免过与不及。子张问辨惑,孔子说:"爱之欲其生,恶之欲其死。既欲其生,又欲其死,是惑也。"③这显然是一种"过",孔子给予了批评。又说:"如有周公之才之美,使骄且吝,其余不足观也已。"④这里讲的是政治行为之"过"。孔子还说过:"质胜文则野,文胜质则史。文质彬彬,然后君子。"⑤这里从形式与内容的关系上,批评了过与不及。过与不及都是偏激的表现,要通过救偏补弊的办法使之归于中正。

反对过与不及这种理论,是以稳定旧质为其前提的。新事物质的规定性是在取代旧事物过程中逐渐形成的,是在旧事物的中正与过和不及的矛盾中形成的,因此在新事物的成长过程中,一时难以确定它的质。与此相对,旧事物的质已凝固化,在它的面前,过与不及让人洞若观火,"过犹不及"这个命题本身已暗藏着这个前提,没有稳定的中,是提不出过与不及的。另外,事物的运动形式是多种多样的。一般地说,从旧事物的"正"不能直接过渡到新事物的"正"。新事物的"正"是在对旧事物破坏过程中形成的,新质的"正"又只能在自身的过与不及的运动中确定。结合孔子有关社会历史关系的论述,他反对过和不及是个保守的命题。

(三)不可则止

处理事情要注意分寸,不要使行动突破质的规定,为此孔子提倡不可则止。比如事君,他一方面提倡君臣相对,"君使臣以礼,臣事君以忠"⑥,"以

---

①②《论语·先进》。

③《论语·颜渊》。

④《论语·泰伯》。

⑤《论语·雍也》。

⑥《论语·八佾》。

188

道事君"①;另一方面,在君臣关系中,臣必须以君作为主导,臣的使命是事君,"出则事公卿"②,"敬其事而后其食"③,臣决不可抗上叛君。孔子主张进谏,但认为无须强谏。谏而不听,臣子应适可而止或引退以洁身。他说:"所谓大臣者,以道事君,不可则止。"④"邦有道则仕,邦无道则可卷而怀之。"⑤"用之则行,舍之则藏。"⑥"天下有道则见,无道则隐。"⑦在这样的关系中,臣绝对构不成对君的威胁,孔子把道举得高高的,但他连死谏的精神也没有。所以按照孔子的教导,大抵还都在顺臣范围之内。由此也可以看到,孔子是维护君主专制的。

对于朋友也是一样:"忠告而善道之,不可则止,毋自辱焉。"⑧

"不可则止"用于人际关系,无疑是对的;但用于社会,与洁身自安与顽固派相比,当然有所区别。不过这种哲学绝对无损于旧事物的稳定。它是历史前进中的消极的妥协力,在变革时期表现得尤为突出。

(四)无可无不可

如果说"中庸"是折中主义不尽妥帖,那么"无可无不可"则无可怀疑是折中主义了。孔子认为"乡愿"是"德之贼"⑨。"无可无不可"实际同"乡愿"是一回事。孔子把自己同一些逸民做了比较。伯夷、叔齐"不降其志,不辱其身",即不改变自己的意志,不屈辱自己的身份;柳下惠、少连有些灵活性,"降志辱身矣",但仍然"言中伦,行中虑",即说话合乎伦理,行为经过思虑;虞仲、夷逸表现又不同,"隐居放言,身中清,废中权",大意是:过着隐居生活,说话随便,但保持自身洁白,离开职位仍合乎权宜。这三类人虽有高低之分,但又各有各的行动哲学。孔子很敬重这些人,但与这些人又不同,他的行动原则是"无可无不可"⑩。这类言行极多,这里仅举数例。

一方面信神,"祭神如神在";另一方面又怀疑神。

---

①④《论语·先进》。

②《论语·子罕》。

③⑤《论语·卫灵公》。

⑥《论语·述而》。

⑦《论语·泰伯》。

⑧《论语·颜渊》。

⑨《论语·阳货》。

⑩《论语·微子》。

一方面主张人"性相近"①;另一方面又认为有"生而知之者"②,"唯上智与下愚不移"③。

一方面认为自己是学而知之;另一方面又说自己是天命的承担者,"天生德于予"④。

一方面主张"杀身成仁"⑤"见危授命"⑥;另一方面又主张"危邦不入,乱邦不居"⑦。

类似上述诸事,不是一个事物的两方面,而是两种不同的事物。依据它们的性质,两者之间不能调和,只能二者居其一,孔子却要无可无不可。从理论上说,无可无不可似乎很有灵活性;从逻辑上说只能引导人们走向滑头和模棱两可。在事物的变更中这种思想有利于旧事物的保存,不利于新事物的成长。

七、结语

时下很多学人把孔子推崇为民本主义、人道主义的祖师,好像与君主专制主义无关或避而不谈。这是不符合孔子思想实际的。孔子是维护君主专制主义的。就实而言,孔子的专制主义不是最严酷的,但这个大框架不容忽视,没有这个大框架,他不会捞到至圣先师和文宣王的牌位。

礼的社会结构主体是专制主义的,仁在社会关系上则倡导调和。孔子竭力把两者融在一起,因此不妨说孔子主张的是一种柔性的专制主义。

我依然相信历史是进化的,积累到一定条件和时期会引起社会经济状况、社会关系、社会生活和社会观念等的重大变化,从而表现为历史进程中的阶段性。至于这种阶段如何表述,无关紧要,但变化的事实是客观的,是不以后人如何表述为转移的。春秋战国就是中国历史上一大变革时期,正是在这场变革的土壤上才生长出那么多的思想家。孔子是较早的一位。评

①③《论语·阳货》。

②《论语·季氏》。

④《论语·述而》。

⑤《论语·卫灵公》。

⑥《论语·宪问》。

⑦《论语·泰伯》。

判这些思想家不能离开那个时代,不能离开时代一味搞抽象描述,似乎他们都是不食人间烟火的精灵。面对那场变革,孔子不是积极的呼喊者。他学问很大,思想也深邃,从历史进程看,他的政治思想的主流是"守成"。叔孙通有句名言:"儒者难与进取,可与守成。"①这也是后来统治者选中他的根本原因。大凡社会中的强势者、控制资源者、守成者基本上都是尊孔的。

孔子的政治伦理思想对中华民族,特别是汉族有过巨大的影响,在一定历史时期甚至构成了民族共同心理和主要的思维方式。不过这并不是孔子学说自发传播所致,而在很大程度上是统治者不断强化教育和灌输的结果。由于存在这样的历史背景,因此不能因孔子的思想在一定时期转化成了民族的共同心理、形成了强大的传统力量,便对它战战兢兢!

第三节 《中庸》《大学》的修齐治平的人治思想

《中庸》《大学》最早收在《礼记》中。《礼记》是一部儒家论文汇编。关于《中庸》《大学》的作者问题,历来就有争论。司马迁在《史记·孔子世家》中说"子思作《中庸》",郑玄也认为是"孔子之孙子思伋作之"(孔颖达引郑玄《目录》)。另一种意见认为是战国末或秦汉之际的儒者所作。文中有"今天下车同轨,书同文,行同伦"之语,一些人认为这是成书于秦统一后的铁证。第三种看法是,部分出自子思,部分为子思后学的发挥与解释。《大学》的作者在宋之前无人论及,朱熹提出为曾子所作,王柏认为是子思之作。第三种意见认为是战国晚期或更后的儒者之作品。迄今为止对两篇成书时代多有争论。郭店楚墓出土儒书有多篇与《中庸》《大学》的思想属一系,因此这里姑且从成书在孟子之前说,或许即为子思、曾子及其后学之作。宋代的理学家们对这两篇特别重视,程颐、程颢推崇《大学》,朱熹继之,又推崇《中庸》。朱熹把这两篇与《论语》《孟子》并列为"四书",加以注释,成为学子必读之书,在思想领域有过广泛的影响。《中庸》《大学》思想基本一致。这里一并论述。

孔子主张圣贤政治和道德治国。《中庸》《大学》把孔子的道德治国论推

---

① 《史记·刘敬叔孙通列传》。

向极端,更加强调个人品质在政治中的地位与作用,提出修身为治国、平天下之本,在政治思想上表现为极端的个人本位论。《中庸》说:"知所以修身,则知所以治人;知所以治人,则知所以治天下国家矣。"①《大学》说:"身修而后家齐,家齐而后国治,国治而后天下平。"②《中庸》和《大学》在政治上都把修身作为政治之本,认为犹如石投水中引起环形水波一样,个人是政治的波源和中心,从而把个人的作用提到无以复加的高度。

一、关于修身之道

《中庸》《大学》修身之道的基本点是向内做功夫,并由内而外。

所谓"向内"就是顺性和诚心。《中庸》说:"天命之谓性,率性之谓道,修(循)道之谓教。"③大意是:天的旨意和自然生就的叫作"性",顺着本性而行的叫作"道"。通观《中庸》《大学》的"道",大同而小异。《中庸》中的"道"主要指中庸之道。《大学》中的"道"即开篇所讲的三项:"在明明德,在亲民,在止于至善。"两者提法不同,实际内容很接近。道既是顺性的表现,又表现为道德质量,那么反过来说,他们所说的"性",本质上应是一种善。这中间蕴藏着孟子"性善说"的胚胎。

如何才能率性?要之,在一个"诚"字。《中庸》说:"唯天下至诚,为能尽其性。"④即是说,只有至诚的人才能充分发挥本性。又说:"自诚明,谓之性。"⑤意思是,由诚而明白道德之理的叫"性"。《大学》中没有讲"率性",但在讲到修身时,其中心点也是讲诚意正心。

诚主要指主观意志和信念。《中庸》的诚又分为两种。一种是天生的固有的诚,诚者,天下之道也。这种诚,只有圣人才有。"诚者不勉而中,不思而得,从容中道,圣人也。"⑥大意是:天生具备诚的人,不用努力就能获得道,不用思考就能懂得道,行动自然而然符合道,就是圣人。另一种诚,是通过后天的努力修养和学习达到的,这叫"诚之者",意思是可使之达到

①《中庸·二十章》。

②《大学·一章》。

③《中庸·一章》。

④⑤《中庸·二十三章》。

⑥《中庸·二十二章》。

诚。因此"诚之者"是"人之道也"。①不论是生而有之,还是学而得之,一旦达到诚,就没有什么区分了。"自诚明,谓之性;自明诚,谓之教。诚则明矣,明则诚矣。"②大意是:由天生的诚而自然明白善德的,叫"本性";由后天学习修养明白善德而达到诚的,叫"教化"。诚就能明白善德,明白了善德也就是诚了。起点不同,落点为一。

诚虽是主观意识内求的修养,但这种诚不只是限于个人,求诚是为了改造客观。"诚者非自成己而已也,所以成物也。"又说:"不诚无物。"③对于"不诚无物"有两种解释。一种解释认为,不诚就没有物,这样一来,物是诚的派生物。另一种解释认为,不诚就做不成事。从《中庸》看,两者兼而有之。只要诚,无事不通,无事不成。"唯天下至诚,为能尽其性。能尽其性,则能尽人之性;能尽人之性,则能尽物之性;能尽物之性,则可以赞(帮助)天地之化育;可以赞天地之化育,则可以与天地参矣。"④大意是:只有天下至诚的人,才能充分发挥他的本性。能充分发挥自己的本性,就能充分发挥一切人的本性;能充分发挥一切人的本性,也就能充分发挥万物的本性;能充分发挥万物的本性,可以帮助天地化育万物,就可以与天、地并列为三了。作者用主观推理的方法,把个人主观作用夸大到了极致,既玄又神。诚的作用还表现在认识方面,达到至诚便可以认识一切。"至诚之道,可以前知。""善,必先知之;不善,必先知之。故至诚如神。"⑤由于作者无限夸大诚的功能,所谓的"诚"含有极强的神秘主义意味。

诚重在强化意志和修身。修身的外在标准便是中庸之道。《中庸》认为中庸之道是从"诚"中引导出来的。"诚者自成也,而道自道也。"⑥大意是:诚是天生的本性,中庸之道是从诚中引导出来的。中庸之道是诚在情与行动上的表现。

中和是中庸之道的精髓。《中庸》的"中",首先指非常稳定的心理状态。这种状态最近于本性,最符合道德与诚,故而说:"喜怒哀乐之未发,谓之

---

① 参见《中庸·二十二章》。

②④《中庸·二十三章》。

③⑥《中庸·二十六章》。

⑤《中庸·二十五章》。

中。"①大概人处于"植物人"状态是最符合"中"的。喜怒哀乐是欲望的诸种表现。人的情感有两种情况：一种是背离"中"，亦即背离道，肆无忌惮；另一种与"中"统一，称之为"节"。"节"指节度、恰到好处，既不过又无不及。"发而皆中节，谓之和。"②"和"可以说是情感上的中庸。

中庸表现在行动上，是礼和儒家道德伦理规定，如孝、忠、知、信、仁、义等。

对待矛盾的事物，中庸要求"执其两端，用其中于民"③。下边的一段话颇能表现这个意思的真谛。子路问强，孔子曰："南方之强与？北方之强与？抑而强与？宽柔以教，不报无道，南方之强也，君子居之。衽金革，死而不厌，北方之强也，而强者居之。故君子和而不流，强哉矫！中立而不倚，强哉矫！国有道，不变塞焉，强哉矫！国无道，至死不变，强哉矫！"④大意是：强有三种，一是南方人的强，二是北方人的强，三是你应该有的强。用宽大教人，不报复无理的行为，这是南方的强，一般的君子具有这种强；把兵器、铠甲当卧具，死了也不悔恨，这是北方的强，勇猛烈士具有这种强；真正的君子应把两者统一起来，不偏向一端，这才是真正的强！站在两者之间，不偏不倚，这才是真正的强！国家有道不改变自己的态度，这是多么的强啊！国家无道也不改变自己的立场，这是多么的强啊！依作者之见，南方之强与北方之强都有可取之处，但又都有些偏颇，中庸之道则要把两者结合起来，介于二者之间，形成三足鼎立之势。这种强既吸收了南方之柔强，又吸收了北方之刚强，形成柔刚混成一体之强。其妙处在于"和"与"中立"。

在言行上，中庸还表现在要留有余地。"庸德之行，庸言之谨，有所不足，不敢不勉；有余不敢尽。言顾行，行顾言。"⑤大意是：实行平常的道德，谨慎平常的话语。不足的地方，要尽力去做；说话要留有余地。说话要照顾行动，行动要照顾说话。在言行上要首鼠两端，谨小慎微。

中庸之道反对打破现成秩序和成规，断然反对"素隐行怪"⑥。素，寻求；

---

①②《中庸·一章》。

③《中庸·六章》。

④《中庸·十章》。

⑤《中庸·十三章》。

⑥《中庸·十一章》。

194

隐,隐僻。大意是:寻求隐僻的非正统的道理。行怪指行为怪异,不同于传统。"素隐行怪"不一定都是值得肯定的,但一切革新的、先进的言行无疑都是对成规和传统的破坏,无疑都属于"素隐行怪"之列。中庸之道特别强调安于现状。"素富贵,行乎富贵;素贫贱,行乎贫贱;素夷狄,行乎夷狄;素患难,行乎患难。"一句话,目前是什么状况,就安于什么状况,不羡慕分外的东西。又说:"君子无入而不自得焉。"①不论到了什么境地都能安然自得,不怨天,不尤人,只怪自己,或自我安慰,自我陶醉。"遁世不见知而不悔。"②这一点与庄子出世思想又颇为接近。到了这一步,对什么也就无所谓了,只是求得自安。

《中庸》《大学》在论述修身时,一致强调"慎独",即单独一个人时也要规规矩矩,以求思想行为彻底的一贯性。

《中庸》《大学》的修身,内心在于求诚,行动在于求中。精神上求的是超人,行动上则是一个矮子,没有创造精神。

二、修齐治平:贤人政治

《中庸》《大学》宣扬修身为齐家治国平天下之本,理由如次:

其一,己、家、国、天下是一种系列关系,己是系列之始。修身、治家与治国有内在的统一性,治国是治家的扩大,其间的统一性就在于一个"孝"字。作者认为,舜、武王、周公都是由孝发迹而上升为天子或成为圣主的。孝的基本精神是遵守列祖列宗遗志。"夫孝者,善继人之志,善述人之事者也。"另外,还必须坚持一整套祭仪礼制。明乎孝,"治国其如示诸掌乎"③!《大学》中也说:"所谓治国必先齐其家者,其家不可教而能教人者,无之。故君子不出家而成教于国。孝者,所以事君也;弟者,所以事长也;慈者,所以使众也。"④这种说法是有一定历史根据的。春秋以来,直到战国前期,宗法制与政治体系是一致的,国是家的扩大,而家又俨如一个独立小国,有家臣、家朝、家卒。

---

① 《中庸·十四章》。
② 《中庸·十一章》。
③ 《中庸·十九章》。
④ 《大学·十一章》。

国也就是由家扩大而来的,如魏、赵、韩等便是原来的家变成国的。

孝是维护家的思想纽带,家是国的细胞,又可转化为国。在这种情况下,修己首先要以孝为首,人与人的关系则以"亲亲为大"①。孝是己、家、国、天下系列中的精神中枢。

其二,在社会道德诸种关系中,修身是起点或中心环节。"凡为天下国家有九经,曰:修身也,尊贤也,亲亲也,敬大臣也,体(体恤、体谅)群臣也,子庶民也,来百工也,柔远人也,怀诸侯也。"九经即九项原则。在这九项原则中,修身不仅是始,而且是本。只有修身才能立道,即所谓"修身则道立"②。其他八项只解决某一方面的问题,是修身在某一个方面的展开。《大学·二章》中说:"古之欲明明德于天下者,先治其国;欲治其国者,先齐其家;欲齐其家者,先修其身;欲修其身者,先正其心;欲正其心者,先诚其意;欲诚其意者,先致其知。致知在格物。"平天下、治国、齐家、修身、正心、诚意、致知、格物八者之间,修身处于枢纽地位。正心、诚意、致知、格物是修身的功夫和修身的方式。修身向外扩充则表现为齐家、治国、平天下。作者说这是一个普遍规律。"自天子以至于庶人,一是(一切、一概)皆以修身为本。其本乱而末治者否矣。"《大学·二章》只有知道怎样修饰自己,才能知道怎样治理别人。《中庸·二十一章》说:"知所以修身,则知所以治人。"治人、治物、治国、治天下是治己的外化与扩大。

其三,在道德与人的关系中,人是道德的体现者。作者特别强调了只有己正而后才能正人,己不正也就不能正人。《大学》说:"君子有诸己而后求诸人;无诸己而后非诸人。所藏乎身不恕,而能喻诸人者,未之有也。"③大意是:君子有好品德才能要求别人,自己不违反道德,才能批评和要求别人。自己不讲恕道,而让别人通晓并遵从道德是不可能的。所以身修是对别人提出要求的资本和前提。

《中庸》《大学》都特别强调榜样的力量。作者依据下必从上、下必学上的理论,认为上好下必然跟着学好,上坏下必然跟着学坏。《大学》说:"所谓

---

① 《中庸·二十章》。

② 《中庸·二十一章》。

③ 《大学·十一章》。

平天下在治其国者，上老老而民兴孝，上长长而民兴弟，上恤孤而民不倍。"①
"尧、舜帅天下以仁，而民从之；桀、纣帅天下以暴，而民从之；其所令反其所
好，而民不从。"②作者把政治关系约化为上行下效关系，显然把政治关系的
复杂性简单化了，离开了政治关系主要点。

其四，在人与政治制度等政治实体的关系中，人是活的主动的因素。作
者认为，治国之本在人而不是政治实体，如制度、法律、已形成的政治传统
等。据此，他们主张人治，《中庸》说："文、武之政，布在方策（木板、方简称
'方策'）。其人存，则其政举；其人亡，则其政息。"又说："人道敏政。"③在人
与礼的关系中也是人存礼行，《中庸》说："礼仪三百，威仪三千，待其人而后
行。"④礼是固定的、凝化的东西，人是活的因素。

其五，只有身修之人才能处理好德与财的关系。作者认为德为财之主，
有德才能有财。《大学·十三章》说："有德此有人，有人此有土，有土此有财，
有财此有用。德者本也，财者末也。"大意是：有德才能争取百姓，有了百姓
就有土地，有了土地就有了财，有了财就有财用，德是根本，财是枝末。如果
与此相反，"外本内末"，势必引起百姓的不满和反抗。作者下结论道："是故
财聚则民散，财散则民聚。是故言悖而出者，亦悖而入，货悖而入者，亦悖而
出。"⑤大意是：统治者聚敛财富，百姓就会逃散；如果施舍财富，百姓就会归
顺。说话违背情理，百姓也会用同样的话回答；财富来得不正当，也会同样
失掉。作者看到了财、德的矛盾与转化，这里有一点极为可贵的是，作者承
认财生于人和土。因此只有笼络住了人才能生财。作者又讲："生财有大道：
生之者众，食之者寡，为之者疾，用之者舒，则财恒足矣。"⑥作者规劝统治者
一方面要开生财之路，另一方面又要节用，这样才能足财。上述道理讲的是
相当深刻的。就一个人的人品、名誉而论，也主要看对财物的态度。《大学》
说："仁者以财发身，不仁者以身发财。"⑦有仁德的人舍弃财产换取好名声，

①《大学·十二章》。
②《大学·十一章》。
③《中庸·二十章》。
④《中庸·二十八章》。
⑤《大学·十三章》。
⑥⑦《大学·十五章》。

不仁者不顾声誉拼命追求财产。根据这个道理,作者把"国不以利为利,以义为利也"①作为治国的指导思想。

在一定的范围内,上述说法有一定的道理,以对财产态度与分配来界定"仁",是很有见地的。这对统治者苛刻的剥削起着劝诫作用。但作者把财与道德对立起来,把财富作为道德的附属物,治国不讲利,是不符合历史发展过程的。这种理论在历史上,特别在社会转变改革时期,是一种消极保守的理论。

综上所述,作者把个人的质量与修养作为政治成败之本。"一家仁,一国兴仁;一家让,一国兴让;一人贪戾,一国作乱,其机如此。此谓一言偾事,一人定国。"②大意是:统治者一家仁,一国跟着兴仁;一家礼让,一国跟着兴礼让;一人贪暴,一国跟着作乱。事情的诀窍就在于此。一句话就能坏事,一人就能使国家安定。

《中庸》《大学》发展了孔子的人治思想。由于更加充实和明确,我们可以称之为"人治主义"。从某种意义上讲,提倡人治,特别是提倡掌政者要以身作则,是有它一定的合理性的。在君主专制的条件下,这种主张对君主提出了标准与要求,从理论上对君主也是一种制约,有时又是批评君主的武器。郭店楚墓竹简中有一篇《鲁穆公问子思》,文中记述:鲁穆公问子思,什么样的人是忠臣。子思回答说:"恒称其君之恶者,可谓忠臣。"这句话很了不起。忠臣就是要盯着君主的错误。可见,君主要贤,没有监督是不可能的。

人治主义虽然对当政者提出了很高的要求,寄予了极大的希望,但是这种理论同时也是支持君主专制主义的最强的一种理论。《中庸·二十九章》引述孔子的话:"非天子,不议礼,不制度,不考文。"道理并不复杂:越寄希望于人治,也就必然要把权力更多集中于所希望的当政者。这是一个问题的两方面。

从战国前期社会情况看,当时的社会制度正在发生一场深刻的变革,经济、政治、军事各种领域都在进行着制度上的改革。对这种形势来说,《中庸》《大学》的人治主义显然是不适时的。人治主义与当时兴起的法治思想

---

① 《大学·十六章》。
② 《大学·十一章》。

形成了对立。

从理论上考察,人治主义没有抓住政治中的根本。即使在君主专制条件下,专制的君主地位也不是靠道德来维系的,强大的国家机器是君主实行专制的前提条件。撇开这个前提,光谈个人的修养是不切实际的空论。

把政治视为个人质量的扩大,把政治过程看作是由己及人的过程,也不符合实际。国家的成员无疑是由一个一个的人组成的,强调每个人的修养无疑有重要作用。但是一个人一个人加在一起的总和并不等于国家,也不等于政治。即使所有的人全部都是君子,也不能说一切问题就都解决了。国家的问题要大于个人加在一起的总和,比如经济问题、制度问题、政策问题、外交问题等,不是简单的个人总和所能包容的。把国家和政治问题归结为个人的修养,要个人承担一切责任是片面的。

从理论上看,《中庸》《大学》极其重视个人的作用,认为只要率性诚心,便无所不能。这是一种主观主义的想象。率性诚心归旨于礼、义和中庸,目的是要把所有的人培养为道德人物。道德人物不与知识和进取相结合,就只能守成,不会成为历史前进中的积极分子。

第四节　郭店楚墓竹简、上海博物馆藏竹简中几篇儒家著作的政治思想

郭店楚墓竹简与上海博物馆藏楚墓竹简大约是战国中期(前300)以前的著作,其中有一部分儒家的作品,这些作品程度不同地都论及政治思想。这里不能一一论述,只选几篇政治思想较为明显的篇章做一简述。学者对竹简缀合、篇名、释文意见多有分歧,因与本节论述的问题关系不大,这里略去不论。因大意无碍,一从荆门博物馆与上海博物馆的原本释文。

一、"三纲"的雏形与修齐治平

郭店楚墓出土的《成之闻之》,多数学者认定为与子思之学有密切的关系,其政治理念基本是修齐治平的路数。但有几点值得一提。

儒家的政治以伦理为中心,《成之闻之》首次把问题说白了:"天降大

常,以理人伦。制为君臣之义,著为父子之新(亲),分为夫妇之辨。"在文献中,这是第一次提出"人伦"这个概念,而人伦就是君臣、父子、夫妇之序,从这里也可以看到"三纲"的雏形。文中这些篇十分强调小人与君子之分。何谓小人与君子呢?其中既有道德之分,又有社会上下之分,从小人、君子两个概念形成之时起,两者就浑然难分,在儒家的祖师孔子言论中是如此,这些篇章也不例外。在上者有无道德都在君子之列。如果从社会身份去看,问题就相当偏颇,因为作者的结论是:"是故小人乱天常以逆大道,君子治人伦以顺天德。"在短短的几句话中围绕雏形"三纲"连续出现"天(降)""天常""天德""大常""大道"几个大概念,并用这些带有本体、本质、规律的概念确定和论证雏形"三纲",由此可以看到这雏形"三纲"的绝对性和至上性。这就是作者论述问题的基本框架和出发点。

上下贵贱之分是论述问题的实事前提,但作者从道德角度又对统治者提出了极高的要求。统治者应该和必须是道德的楷模和践行者,这是实现治民的前提。作者特别强调取信于民:统治者"行不信则命不从,信不著则言不乐。民不从上之命,不信其言,而能含德者,未之有也"。作者进而提出:"是以上之恒务,在信于众。""取信于众"有道:"故君子之莅民也,身服善以先之,敬慎以守之。"一个"善",一个"慎",的确是事情的关键。

什么是"善"?就是作者提出的"与民有同"。"同"并不是同一,而是指统治者要能以长补短,对被统治者伸出援助之手。"秩而比次(靠近之义),故民欲其秩之遂也;富而分贱,则民欲其富之大;贵而能让,则民欲其贵之上也。"作者很懂得辩证法,明显受到老子的影响,深知相反相成的道理。孔子说的均贫富还仅限于贵族,这里的"富而分贱"说的是把"富"分给贫贱的民,比孔子更有普及性。富而分贱的实例历史不乏记载,但"与民有同"是第一次出现,十分可贵。

提倡"慎"是古老的命题,但作者有新的贡献。其贡献主要表现在如下两点。其一,爱人与爱己是一种交换关系,这一点先哲墨子等早有论述,作者强调的是己要先爱人,才能换来人爱己。"是故欲人之爱己也,则必先爱人;欲人之敬己也,则必先敬人。"孔子讲爱是由己及人,后来的孟子更加强调;而这里相反,只有先爱人才能换来人爱己,把先后突出出来,更彰显了自身道德的主动性。其实这种观念在孔子之前已有论述,《国语·晋语四》

载:"欲人之爱己也,必先爱人。欲之从己也,必先从人。无德于人而求用于人,罪也。"爱是一种交换,而不是单向付出。其二,对民众不能搞强迫灌输。"民可敬导也,而不可弇(蒙蔽);可御(指挥)也,而不可牵(强制)也。"与孔子的"民可使由之,不可使知之"相比,显然要更开明和更有远见。

统治者以善为先,又能谨慎从事,无疑能使民众认同和心悦诚服。反之,说一套,做一套,则不管你怎么严词说教,民都不会顺从。"是故亡乎其身而存乎其词,虽厚其命,民弗从之矣。"《成之闻之》特别有新意的是,作者把对民众实行刑罚之原因归咎于"由上之弗身也",即为上的不以身作则的延伸。从主张人治的思维路线而言,这是合乎逻辑的思维。况且君子有言:"战与刑,人君之坠德也。"从实际说,事情没有这么简单,刑罚的产生原比作者的说法要复杂得多。从政治运作说,这样的要求反而是纯理想化的,不免是脱离实际的空论。

作者的重民思想很突出,但政治的主体与民无关,政治的主体是"上""君子",更高级的是"圣人"。"上"是自然的事实,"君子"既是一种自然的存在,又是道德化的楷模。"圣人"从其本性来说,与民是一样的,孔子说"性相近也,习相远也",《成之闻之》沿着这一思路把问题说得更明白。从与生俱来的本性说,"圣人之性与中人之性"没有什么区别,但是"习相远"就会走到天地之隔,圣人"不可慕也",变成了"圣人天德",也就是成为天的化身,此时的圣人从一般人超逸出去,成为超人,也可以说是神化了的人。倡导道德的绝对性必然引出圣人的绝对性;而圣人的绝对性,最终都必然归结为专制主义。

二、倡导禅让

郭店出土的楚简《唐虞之道》与上海博物馆藏的楚简《子羔》《容成氏》均记述和赞扬了尧舜禹的禅让,这里一并简述。

传说唐虞之世曾实行过禅让,尧传位给舜,舜传位给禹,禹传给益,益被禹的儿子启打倒,取而代之,此后开始了家天下。儒、墨、道均有此说。法家与《竹书纪年》则予以否定。顾颉刚先生考证禅让是一种后起的空想。这一历史事实问题,迄今没有直接证据,这里姑且不论。

在作者的笔下,尧舜禹时代是道德高尚的太平时代。"夫圣人上事天,教民有尊也;下事地,教民有新(亲)也;时事山川,教民有敬也;新(亲)事祖庙,教民孝也;太学之中,天子亲齿,教民弟也。""当是时也,疠疫不至,妖祥不行,祸灾去亡,禽兽肥大,草木蓁长。昔者天地之佐舜而佑善,如是状也。"

如此美好的时代,首先是因为尧舜禹是道德的化身,是至仁的圣贤,毫不利己,专门利世。"尧舜之王,利天下而弗利也。""身穷不贪,没而弗利,躬仁矣。必正其身,然后正世,圣道备矣。"尧舜是"仁之至也"。他们之所以"利天下"都源于孝:"爱亲故孝……孝之施,爱天下之民。……孝,仁之冕也。"由孝而贤,尧"闻舜孝,知其能养天下之老也;闻舜弟,知其能嗣(事)天下之长也;闻舜慈乎弟□□□为民主也。"①

严格地说,由孝导致爱天下,其间并没有必然联系。法家对此曾提出批评和质疑;但在儒家理论中,把爱亲扩充至社会就能导致爱人。其实这也并非必然:从理论上推导,爱亲既可以导出爱人,也可以导出自私和家天下。这里还接着作者的思路说:"孝"既然导出了"贤"和爱天下之人,进而也导出了"尊贤",而尊贤在权力的传承上就应是禅让。"唐虞之道,禅而不传。""尧舜之行,爱亲尊贤。爱亲故孝,尊贤故禅。""禅之传,世亡隐德。……禅,义之至也。"②

禅让的程序是由在位的王进行挑选,而后禅让。"孔子曰……吾闻夫舜其幼也,敏;以(孝)持其言……尧之取舜也,从诸草茅之中……尧见舜之德贤,故让之。"③《容成氏》的记述相类:"昔舜耕于历丘,陶于河滨,渔于雷泽,孝养父母,以善其亲,乃及邦子。尧闻之而美其行……"于是传位与舜,舜年老"见禹之贤也,而欲以为后。禹乃五让天下之贤者,不得已,然后敢受之"。

前王挑选是程序的第一步,但同时也要看天下之人的意向和是否支持。《容成氏》说,由于尧政绩卓越,由百里之君而为千里之主——天子。万邦内部也实行禅让制,"万邦之君皆以其邦让于贤"。

---

①《容成氏》。
②《唐虞之道》。
③《子羔》。

前王禅让的时机都是因年老体衰,不能行政。《唐虞之道》说:"古者圣人二十而冒,三十而有家,五十而治天下,七十而致政。四肢倦惰,耳目聪明衰,禅天下而授贤,退而养其生。"《容成氏》也作如是说。

禅让制突出的是贤人政治,因此属于人治理念体系。尧舜禹是道德楷模,其世政治就清明,天下太平,人人皆君子。三篇用了很多笔墨描述那个时期的盛况。在儒家理论中尧舜禹时期是最美妙的理想境界。这也是儒家的法先王历史依据,而禅让则是制度的保证。《唐虞之道》说:"禅也者,上德授贤之谓也。上德则天下有君而世明,授贤则民兴教而化乎道。不禅而能化民者,自生民未之有也。"

《子羔》记述了孔子对禅让的赞扬,其文字是不是原始对话姑且不论,但这是孔子肯定禅让的最早记录。后来儒家对禅让尽管有不同的看法,但由于孔子的肯定,禅让在儒家理论中一直拥有一定的地位与合法性。

尧、舜、禹都是由黎民升为帝王,这无疑是一种神话,但相比君位神授显然思路有别,是世俗化的,对张扬道德无疑是一种最大的鼓动。这种观念虽因在春秋时代已经萌生,不是全新的创造,但仍然很有价值,是"王侯无种"思想的重要链环之一。

禅让有"天下之人"的意向因素,但关键是前王的挑选和决定,因此禅让还不是选举制。从理论上说,禅让应该是介于民主和家天下之间的一种权力传承制度。但从内在因素说,禅让不会导向民主制,这是因为:第一,前王的挑选是关键;第二,以孝和亲亲作为理论核心,从禅让过渡到家天下就没有什么太大的障碍。后来几次名义上的禅让总是与君主专制纠葛在一起。但禅让作为一种理想还是很有意义的,想从家天下跳出来,对家天下无疑是一种挑战。

第五节　孟子的仁政思想

孟轲,邹(今山东邹城)人,生于约公元前 371 年,卒于约公元前 289 年,他自称是孔子的孙子子思的私淑弟子。

孔子死后,诸子兴起,相形之下,儒家的地盘萎缩,杨朱、墨翟等学说很兴盛,有逃杨归墨之势。孟子感慨道:"孔子之道不著,是邪说诬民,充塞仁义也。"①孟子自视为孔学的传人，立志发扬儒学，他以"正人心，息邪说，距诐行，放淫辞"②为己任。孟子身跻大夫之列，但没有任过实职，以招收生徒为业，往来于各国进行游说。他的社会地位很高，各国国王多待以上宾，馈赠重金，所以派头十足，"后车数十乘，从者数百人"③，是十分显赫的教育家。

孟子十分热衷于政治，应该说，他是一位政治学家。在政治上他自负甚高，藐视一切人，夸下海口："如欲平治天下，当今之世，舍我其谁也？"④下边我们介绍一下他的济世之方。

一、人性善说和伦理思想

(一)性善说

人性问题，早在春秋已经提出来了。到了孟子时代，已成为诸子百家讨论的一个重大课题。孔子主张"性相近"说。春秋以来有些人主张"性好利"说，这一说被法家接受发展，慎到明确提出人的本性是"自为"。告子主张"性无善无不善"说。另外还有"性可以为善，可以为不善"说、"有性善，有性不善"说等。郭店楚墓出土的儒书便广泛讨论了人性问题，《性自命出》提出了性善说。面对上述种种理论，孟子承继了性善说。理论上破与立总是结合在一起的。孟子把争辩的对象主要对准了告子。告子认为人的仁义道德诸种品质是后天形成的，犹如把木料加工成一定的器具一样，根本没有天生的工具。如果把仁义说成人的本性，如同把工具视为自然生就的一样荒谬。告子反对用道德观念说明人的本性，他认为人的本性应该从其自然性中寻找。他说："生之谓性。"又说："食色，性也。"⑤告子的说法把人的自然性与社会性做了区分，以自然性为本性。

不破告子的理论，孟子的性善说是建立不起来的。但孟子对告子的批驳相当苍白。孟子用的是反诘方式，论据则借助于比附，孟子说：你告子认为仁义不是人的本性，那么人们实行仁义岂不是伤害了人的本性吗？由于

---

① ② ③《孟子·滕文公下》。

④《孟子·公孙丑下》。

⑤《孟子·告子上》。

告子没有从仁义中解脱出来，于是告子被置于尴尬的地位。孟子又说：你告子认为制作工具要顺乎木料的本性，难道仁义道德就不顺应人的本性吗？[①]孟子在与告子的争论中阐述了他的性善说。

孟子说："人性之善也，犹水之就下也。"[②]性善的核心是"人皆有不忍人之心"[③]，即人人都有不忍伤害别人之心。这种不忍人之心又称为"恻隐之心"，即对别人的不幸有同情心。围绕"不忍人之心"，还有"羞恶之心""辞让之心""是非之心"[④]，概括言之为"四心"。

孟子认为，在如下环境中的表现，表明人的本性是善的。一个小孩爬到井边，马上就要掉下去。此时一个人突然出现在小孩身边，这个人会下意识地上前一把抓住小孩。在这一刹那，救孩子的人没有明确的动机。"非所以内交于孺子之父母也，非所以要誉于乡党朋友也，非恶其声而然也。"[⑤]救孩子既不是为了结交孩子的父母，也不是想得到什么名誉，更不是厌恶小孩的惨叫声，而是一种本能行为。这种本能是以"不忍人之心"为根底的，本质上是善的。如果有谁遇到这种情况，见危不救，这种人"非人也"。

孟子还从人与动物的区别上推断人性为善。墨子提出人与动物的区分在于"力"，即劳动，孟子没有接受这一观点。他基本上沿着孔子的道路前进。孔子认为人与动物的区分主要在于有无礼义。孟子说："人之所以异于禽兽者几希。"[⑥]人所不同于禽兽的地方只有那么一点点，这一点点就是"不忍人之心"。

孟子论证性善的另一方法是借助于共性进行推论。他说，人为一类。人类"口之于味也，有同耆焉；耳之于声也，有同听焉；目之于色也，有同美焉"[⑦]。人类之口味不同于犬马，由此提出一个问题："凡同类者，举相似也，何独至于人而疑之？"由此进一步推导出："至于心，独无所同然乎？"反问之中肯定了人心也有相同之处。他的论证方式是：一切事物都有共性，人心这种东西当然也有共性。那么人的共性是什么呢？孟子说："心之所同然者何也？谓理也，义也。"[⑧]理，指道理，义即仁义。

---

① 参见《孟子·告子上》。

②⑦⑧《孟子·告子上》。

③④⑤《孟子·公孙丑上》。

⑥《孟子·离娄下》。

孟子还从家庭情谊论证人的本性为善。他说:"人之所不学而能者,其良能也;所不虑而知者,其良知也。孩提之童,无不知爱其亲者;及其长也,无不知敬其兄也。亲亲,仁也;敬长,义也。无他,达之天下也。"①孟子认为父母儿女之情是本能。这种本能表现在道德上便是仁义,因此人的本性是善的。

孟子关于性善的论证有经验的根据。救小孩这是生活中存在的事实,是人类自救的一种本能。这种本能就其社会意义来说,应该说是善的。我们应该承认,在人类的本能中,有些与人类社会性中称之为善的东西有内在的统一性和联系。就这一点而论,孟子的观察是细致的,思考相当深入。但从总体看,孟子的说法是片面的。孟子的不当之处在于:他把人的一种自然本能提高到其他本能之上,显然是片面的。人的本能不只有自救,孟子也看到了还有其他的本能。他曾说:"口之于味也,目之于色也,耳之于声也,鼻之于臭也,四肢之于安佚也,性也。"②如何看待这些本性与"不忍人之心"的关系呢?他认为耳目口鼻感官欲望之性属于"小性""小体","不忍人之心"是"大性""大体",这显然是诡辩。他还讲过:"人少,则慕父母;知好色,则慕少艾;有妻子,则慕妻子;仕则慕君,不得于君则热中。"③意思是:人幼小时就爱慕父母;懂得异性的冲动就爱慕年轻的女子;有了妻子就爱慕妻子;做了官,就爱慕君主,得不到君主的信任就心急火燎。他认为这些虽也属本性,但同样也属"小性"。

人的本能与社会性虽然存在某些统一性,但是人的社会性毕竟不同于人的生物本能。依据一种本能对人的社会性做出全称性的判断,既混淆了生物性与社会性的界限与区分,又犯了以偏概全的错误。如果从善的层面去说人性,应该说告子的说法更符合实际。人性究竟是什么,是困扰古今哲人的一大难题。人不能只是生物人,他一定也是社会人。如果从善的层面说人性,应该说"有性善,有性不善"最为切近实际。当然首先要分辨这句话的含义,如果解释为"有的人生来是性善,有的人生来是性不善",这显然是不

---

① 《孟子·告子上》。

② 《孟子·尽心下》。

③ 《孟子·万章上》。

能成立的,是错误的;如果解释为"人性中有善和不善两种因素",我认为是切近实际的。其实告子说的"食色,性也"更为准确,我想任何人也无法否认食、色是人性的原子因素。慎到说的人性"自为"也很切近实际。孟子的性善说应该是一种道德的理想,依据很片面。

(二)仁义礼智与人性善

郭店楚墓出土的儒书中有一篇《五行》。该篇所说的五行与阴阳家的五行是不同的体系,讲的是五种德行,即仁、义、礼、智、圣。作者又把圣凸显出来,另为一个等次,其余的仁、义、礼、智又称为"四行"。

孟子看重"四行",把仁、义、礼、智这四者与人性善组成一个系列。人生下来都有"四心",这四心便是仁、义、礼、智的根芽。他说:"恻隐之心,仁之端也;羞恶之心,义之端也;辞让之心,礼之端也;是非之心,智之端也。人之有是四端也,犹其有四体也。"①如果没有外来的破坏,沿着这"四端"发展下去,就会与仁、义、礼、智连为一体,发扬光大。"凡有四端于我者,知皆扩而充之矣,若火之始然(同'燃'),泉之始达。"②凡是能保有这四端并能扩充张扬,就会像大火熊熊,不可扑灭,就会像泉水喷薄,无法制止。"仁义礼智,非由外铄我也,我固有之也。"③"仁义礼智根于心。"④有些人缺少这四者,那是因为"弗思耳矣",即是说,是由于没有反省和自我追求造成的。

在"四心"中,"不忍人之心"是中心。与之相对应,在仁义礼智中,以仁为中心。"夫仁,天之尊爵也,人之安宅也。"⑤仁是上天尊崇的爵位,是人们安定的住所。孟子把爵位分为"天爵"和"人爵"。"仁义忠信,乐善不倦,此天爵也;公卿大夫,此人爵也。"⑥天爵无疑比人爵要更为珍贵,而仁又是天爵之首。这一套神秘兮兮的说法源于《五行》。无怪荀子说他与子思是"造说"⑦。

仁的内容是什么呢? 孟子继承了孔子,但论述的方式又不尽相同。孟子的仁以性善为基础,基点是"心"。"仁,人心也。"⑧只要"人能充无欲害人

---

① ② ⑤《孟子·公孙丑上》。

③ ⑥ ⑧《孟子·告子上》。

④《孟子·尽心上》。

⑦《荀子·非十二子》。

之心,而仁不可胜用也。"①"无欲害人之心"是最高级的,退而求其次是"人皆有所不忍,达之于其所忍,仁也"②。意思是:人都有不忍心做的事,要把它贯彻到忍心做的事上去,这就是仁。举个极端的例子说吧。我不忍心去压迫和剥削人,可是我又不能不压迫和剥削人。在压迫和剥削人时,要把不忍剥削人之心贯彻进去,这也叫"仁"。也就是说把菩萨心与损害人的行为适当地结合起来。孟子在这里强调的是动机,动机好,即使效果有限也可称之为仁。

孟子的仁当然不光停留在动机上,它也要转化为行动。行动的原则是由心而行,由己及人,由亲及疏。他同意孔子"仁者,爱人"之说,但爱人首先要爱父母。"仁之实,事亲是也。"③又说:"亲亲,仁也。"④事亲又称之为"孝"。"孝子之至,莫大乎尊亲。"⑤"孝"又是政治之本。"尧舜之道,孝弟而已矣。"⑥孟子的爱人与墨子所说的"兼爱"有原则的差别,他认为墨子的兼爱没有中心,没有等差和次第,所以他攻击墨子的兼爱是"无父也"⑦。又攻击墨子的视人之父如己父,是"二本"论。从孟子攻击墨子学派的言论中,我们更清楚地看到,孝和亲亲是仁的根本。

"义"是孟子伦理观之中仅次于仁的范畴。义发端于"羞恶之心"。"义,人路也。"⑧所谓"人路",就是人的行为规范。人路与羞恶有什么关系呢?因为羞耻和憎恶是人路的两条边线。不知什么是羞耻,又不知憎恶什么,自然也就谈不上人生道路了。孟子认定亲亲、从兄、敬长、先君,是人的基本道路。"义之实,从兄是也。"⑨"敬长,义也。"⑩"未有义而后其君者也。"⑪这一系列规范中没有为自己的空间。杨朱主张"为己",他便怒斥是"无君",从政治上进行上纲和打击。义还要求,在沿着固定的道路上行事时,必须自我节制。他说:"人皆有所不为,达之于其所为,义也。"⑫意思是:人人都有不愿意

①②⑫《孟子·尽心下》。

③⑨《孟子·离娄上》。

④⑥⑧《孟子·告子上》。

⑤《孟子·万章上》。

⑦《孟子·滕文公下》。

⑩《孟子·尽心上》。

⑪《孟子·梁惠王上》。

做的事,把它贯彻到所愿意做的事上,就是义。为什么这样叫"义"呢?因为在人们所喜欢的事上最容易忘乎所以,失去控制。孟子告诫人们,不要超过界限。

孟子所说的礼,指揖让进退之类的行动规范,没有什么新内容,但在理论上有新的说明。首先,他把礼与人性善连接在一起,礼起源于人所固有的"辞让之心"。其次,孟子把礼的地位大大降低了,远不如孔子那样重视礼。在孔子那里,礼是仁的行为规范;在孟子那里,礼从属于仁义,是仁义的外在表现,"礼之实,节文斯二者是也"①。礼的实质是对仁、义加以调节和修饰。礼从属于仁义,并非不重要,他又说:"礼,门也。"②

智根于"是非之心",它的作用也在于明"是非"。③从字面看,智不是一种人伦关系,而是讲认识。不过孟子所说的智主要是对仁义进行判断,智在"知斯二者弗去是也"④,所以智也就从认识论的概念转化为伦理概念。

孟子的伦理范畴不止以上四个,还有道、德、信、忠等。但这四个是核心,其他可视为外延。孟子与孔子相比,伦理内容没有什么大的变化和发展。孟子的新贡献主要在于把伦理范畴与人性善连接在一起,人伦关系出自人的本性,就这一点而论,在儒家伦理观念史上有划时代的意义。在此以前,儒家要么把这些说成是天意,要么只是从习惯和传统上加以肯定,孔子至多从人之常情上略略触及了一下伦理的起源。孟子别开生面,从人性上对这些观念进行了论证。仁义礼智不是来自人外,而是来自人心,从性善中诱发出来的。过去把违反伦理说成是违反天意或传统;孟子则认为,违反了人性、背离了仁义礼智就不配做人,从而使伦理观念更加牢固和绝对化,同时上升为一切价值判断的准则。孟子借孔子之口说:"道二,仁与不仁而已矣。"⑤这种二分法,从一方面看是极其人道和温和的,"仁"的世界是极美的、理想的盛世;从另一面看又是极其残酷的,只要被视为"不仁",就与禽兽无别,这点下面再说。

---

①④⑤《孟子·离娄上》。

②《孟子·万章下》。

③ 参见《孟子·公孙丑上》。

二、人性分析与政治人格和等级

性善说是孟子对人的本质认识，同时又是对人进行品分的方法与标准，我称之为"人性分析"。

(一)人同类说

郭店楚墓《成之闻之》认为圣人从其本性来说，与民是一样的；孟子更明快地提出，一切人，从圣人到民都属于同类。"麒麟之于走兽，凤凰之于飞鸟，太山之于丘垤，江河之于行潦，类也。圣人之于民，亦类也。"①又说："圣人，与我同类者。"②"尧舜与人同耳。"③他又引颜渊的话："舜，何人也；予，何人也，有为者亦若是。"④意思是：舜是什么样的人，我也是什么样的人，有作为的人都应该如此。不唯民与圣人同类，民与君主也同类。他很赞成成覸说齐景公的话："彼，丈夫也；我，丈夫也，吾何畏彼哉！"⑤这样，圣人、王、民都是一类。

孟子的人同类说有两方面的含义。其一，人在自然界自成一类，有别于其他动物；其二，人之所以同类，有其内在的统一性，这种统一性就是性善。尧舜之所以伟大，就在于他们是人类本性最突出的代表。孟子说："尧舜，性者也。"⑥有些人很坏，那不是天生的本质。"若夫为不善，非才(同'材')之罪也。"⑦人的本性都一样，正是这种性，构成了一般人通向尧舜的桥梁。"舜，人也，我，亦人也；舜为法于天下，可传于后世，我由未免为乡人也，是则可忧。忧之如何？如舜而已矣"⑧，对于所有的人来说，只要修养反性，"服尧之服，诵尧之言，行尧之行，是尧而已矣"，都可以成尧那样的人。所以又说："人皆可以为尧舜。"⑨

对孟子的一切人同类、同性说，应做两面观。一方面，它对圣人不可企及的思潮是一大冲击，提高了凡人的地位，用人性同一论证了人在本质上

①《孟子·公孙丑上》。
②⑦⑨《孟子·告子上》。
③⑧《孟子·离娄下》。
④⑤《孟子·滕文公上》。
⑥《孟子·尽心下》。

是平等的,凡人也可以成为尧舜式的人物。但是另一方面,又通过人性的同一性把"仁义"提高到了更高的地位。从表面看,圣人的地位被降低了,因为圣人不是天生的,是通过修行反性达到的。"舜明于庶物,察于人伦,由仁义行,非行仁义也。"①圣人的降低反衬出仁义的崇高;凡人与圣人同类,凡人的地位上升了,然而提高的基础是仁义,并不是社会经济、政治地位。这样,在圣人与凡人一降一抬之中,伦理观念被绝对化了。

(二)人性的分化与道德化的政治人格

人的本质是相同的,依照本性发展,人都应该是善人,是尧舜。实际情况并非如此,有"尧之徒",也有"跖之徒",有"为善"者,也有"为不善"者。这种情况是怎样造成的? 孟子认为有人性的内在原因,也还有社会的原因。

内在原因指的是,"性善"这种"大体""大性"与耳目口鼻之性欲这种"小体""小性"之间的矛盾斗争,造成了人向不同方向发展。性善虽然是"大性",但存在内心深处;耳目口鼻之欲这种"小性",则表现在与外物的交往中。心与耳目口鼻的作用不同:"耳目之官不思,而蔽于物。物交物,则引之而已矣。心之官则思,思则得之,不思则不得也。此天之所与我者。"②大意是:耳目这类器官不会思考,因而容易被外物蒙蔽,耳目一接触外物,就可能被引入歧途。心这个器官是用来思考的,思考就能得到善性,不思考就得不到。心的这个本能是天赋予我们的。这就是说,沿着感官欲望发展,就会走上歧路;如果用心控制感官欲,就会使人保住性善的本质,并使之发扬光大。依孟子之见,人心与人欲是矛盾的,人欲会引导人走向迷途。由此可见,孟子尽管主张人性善,但他同时又承认在人的本能中还存在着恶的基因。

怎样使心战胜欲望呢?孟子提出要做到"尽心""存心"。做到"尽心""存心"的第一步是保住"良心",即天生的"四心"。为保住"良心",最重要的是与"放心"做斗争。欲望压倒了良心叫"放心"。孟子说:"学问之道无他,求其放心而已矣。"③遇到外来事物的刺激要"不动心"④。存心、尽心更积极的方式是要以心思求性,如前所引"思则得之"。除心思之外,还有一种方式,叫"养

---

① 《孟子·离娄下》。

②③ 《孟子·告子上》。

④ 《孟子·公孙丑上》。

气"。特别要善养"夜气"或"平旦之气"。①因经一夜之息,旧欲淡泊而新欲未出,此时之气最合于性。这种养气之术有点神秘的味道。上述种种"存心""养心"之术,归结为一点,就是要同欲做斗争,秘诀只有两个字,即"寡欲"。

引起人性变异的原因,除了心、欲之间的矛盾斗争之外,还有外因。他曾用如下一个事例说明外因的作用:"牛山之木尝美矣,以其郊于大国也,斧斤伐之,可以为美乎?"②人性也是这样,好比天天有斧子砍伐的树木,受坏人的教唆,好人也会变成坏人。③外因归根结底还要通过内因起作用,即通过人的内在欲望起作用,变坏是由"放心"造成的。这种人是意志不坚定分子,有道之士是不会受外物干扰的。

保持住善性的叫"君子",失去善性的叫"小人"。君子与小人在春秋之前是人们社会等级的区分,直到战国仍有等级的含义。但是从西周末年开始,"君子""小人"已有政治品质的含义,这在《诗经》某些篇中表现得很清楚。春秋时期政治品质和道德含义更明显,孔子讲的"君子""小人",既有社会等级的含义,又有道德政治品质含义。孟子也是如此。

在道德与政治品质上,孟子认为君子与小人的分野在于,前者"尽心""存性",后者"放心""从欲"。"君子所异于人者,以其存心也。君子以仁存心,以礼存心。"④"养其小者为小人,养其大者为大人。""从其大体为大人,从其小体为小人。"⑤"大人者,不失其赤子之心者也。"⑥在这里孟子所说的"大人"与"君子"是一回事。"大人""君子"是善性的人格化;"小人"是感官欲的人格化。感官欲的发展是对心性的否定。孟子又说:"欲知舜与跖之分,无他,利与善之间也。"⑦君子在于求善,小人在于求利。当然,君子也不绝对排斥财产与权力,不过重要的是要守住性。"广土众民,君子欲之,所乐不存焉;中天下而立,定四海之民,君子乐之,所性不存焉。君子所性,虽大行不加焉,虽穷居不损焉,分定故也。君子所性:仁、义、礼、智根于心。其生色也睟然,见于面,盎于背,施于四体,四体不言而喻。"⑧大意是:君子喜

---

① 参见《孟子·告子上》。

②⑤《孟子·告子上》。

③ 参见《孟子·滕文公下》。

④⑥《孟子·离娄下》。

⑦⑧《孟子·尽心上》。

欢有广阔的土地、众多的人民，但乐趣不在于此；君子乐于为天下之主，但他的本性不在这里。他的本性不随权势的增减、顺境与逆境而有所变化。君子的本性是仁、义、礼、智，发自内心，溢于言表，叫人一目了然。你看，孟子让君子占有了社会资源，又让他们占有道德，真是两全其美！

"君子"与"小人"是相对的称谓。"君子"一方有"大人""仁者""有道者""贤人""善者""圣人"；"小人"一方有"不仁者""残贼""暴""谗谄面谀之人""幽""厉""跖"等。

(三)圣人

这里要特别说一下孟子理论中的圣人。

孟子以"法先王"著称，最理想的政治是遵从先王之道。先王就是圣人。他虽然没有用过圣王这个概念，但在他心目中最高尚的王和政治人物都是圣人，诸如尧、舜、汤、禹、后稷、文王、周公等。先王之道又称为"圣人之道"。

圣人无疑是善性的化身。"心之所同然者何也？曰理也，义也。圣人先得我心之所同然也。"①"形色，天性也。唯圣人，然后可以践形。"②"终条理者，圣之事也。"③性善的体现就是人伦，因此圣人又是人伦的化身。"圣人，人伦之至也。"④"圣人……教以人伦：父子有亲，君臣有义，夫妇有别，长幼有序，朋友有信。"⑤

孟子还特别强调，臣中之圣人地位虽不及王，道德却高于王。王的权力可以指挥一世，圣人之教却百代不衰。"圣人，百世之师也。"⑥依孟子之见，伊尹、伯夷、柳下惠是圣人，而孔子则是生民以来最伟大的圣人。"自生民以来，未有盛于孔子也。"⑦

孟子的圣也属于一个悖论体，既是先天的，又是修养而成的，其修养的过程大体是："尽其心，知其性也，知其性则知天矣。存其心，养其性，所以事天也。"⑧简化一下即"尽心—知性—知天"。孟子的"天"说的是天理，天理亦

---

① 《孟子·告子上》。

②⑧ 《孟子·尽心上》。

③ 《孟子·万章上》。

④ 《孟子·离娄上》。

⑤ 《孟子·滕文公上》。

⑥ 《孟子·尽心下》。

⑦ 《孟子·公孙丑上》。

即伦理,于是伦理本体化了。与天理相合,"我"也因此而膨胀,于是"万物皆备于我","君子所过者化,所存者神,上下与天地同流"。①此境界的"我"在精神上已经神秘兮兮,超越一切,很有点儿道德巫觋或萨满味了。

圣人是"人伦之至"②。于是以孝为核心的人伦便成为圆心,并由此向外扩散,展现出圣人的神功和魔力。

(四)人性分化与等级

君子与小人一方面是性与道德的区分,另一方面又是阶级之分。例如,人们对执行王道的军旅的态度是:"其君子实玄黄于匪以迎其君子,其小人箪食壶浆以迎其小人。"③匪,同筐,盛物的竹器。玄黄,黑黄两种织物,用作礼器。这里所说的"君子""小人"显然指不同等级的两种人。又说:"无君子,莫治野人;无野人,莫养君子。"④这里的君子与小人显然也是指不同等级。

为了论证阶级、等级的合理性,孟子一反自己的人性相同的观点,说什么"人之所以异于禽兽者几希,庶民去之,君子存之"⑤。人与禽兽的差别就在于有否"不忍人之心","庶民"去掉了,"君子"保存了,庶民一下子都成了与禽兽为伍的异类!类似的话还有:"不仁、不智、无礼、无义,人役也。"⑥"人役"指奴婢、役夫等所有的下层劳苦人。与"人役"相对,"君子所以异于人者,以其存心也。君子以仁存心,以礼存心"⑦。他还一反天生同"才"(材)的观点,宣扬人有天生的先觉先知与后觉后知之分。他说:"天之生此民也,使先知觉后知,使先觉觉后觉也。"⑧孟子用笔实在是够狠的,竟然认定庶民统统没有保住人性,与禽兽无异,这与他说的人"同类"和"民为贵"相去何其远!

孟子的劳心劳力分工说,在他论证阶级、等级合理性的理论中,具有特殊的地位。劳心劳力分工说并非起自孟子,早在春秋初曹刿已提出:"君子劳心,小人劳力。"墨子也主张王公大人与庶民各有"分事",不可混淆。孟子

---

① 《孟子·尽心上》。

②⑤⑦ 《孟子·离娄下》。

③ 《孟子·滕文公下》。

④ 《孟子·滕文公上》。

⑥ 《孟子·公孙丑上》。

⑧ 《孟子·万章上》。

更进一步发挥了劳心劳力分工说。他说："或劳心，或劳力。劳心者治人，劳力者治于人；治于人者食人，治人者食于人。"①孟子不只是肯定和承认了这种事实，他还以社会产业的分工论述了这是必然的。他指出社会上有工、农分工，工中又有百工之分，每一个人不可能备百工之所备，只有靠交换劳动才能生活，进而指出劳心者与劳力者也是一种分工。尤其值得重视的是，他还指出，不能把不从事耕耘的君子看作白吃饭。君子佐助君主治理国家、从事教育，是更为重要的事情。

孟子承认和肯定阶级与等级划分的事实，与他的人性分析既可以并行，但又有矛盾。

人性善所讲的是人的共性，等级与阶级则属于个性。共性必寓于个性之中，反过来说，从个性之中可以抽出共性。共性是人人应该遵守的，不管属于哪个等级，都应奉行仁道。他说："天子不仁，不保四海；诸侯不仁，不保社稷；卿大夫不仁，不保宗庙；士庶人不仁，不保四体。"②这段话清楚地表明，天子、诸侯、大夫、士庶人等级不相同，但都应行仁道。

人性分析与阶级分析的矛盾有两种情况：一是抛弃人性相同论，认为君子存之、庶民失之，使人性理论屈从于阶级的现实；二是把人性理论放在第一位，用人性理论准则衡量各色人物。庶民被放置于劣等，这合乎孟子贵族立场的本性，无须多论。较为有意义的是，他用这种理论对王、诸侯、大夫们进行了衡量。他认为失去"不忍人之心"和不行仁政者，不配做民父母，不似人君；居王位而行暴政者是率兽食人之辈。这种君主不配做君主，只可称之为"残""贼""幽""厉""桀纣"那样的君主，只能称之为"一夫"，即独夫民贼。这又是孟子的杰出之处。孟子理想的是贵贱、上下、君民的和谐，而仁便是和谐剂，具体就是他的仁政说。

三、仁政说

孟子所说的"仁政""王道""王政""先王之道""道""尧舜之道""文王之治"等，都是一回事。仁政是直接面对现实提出的，先王之道则是以历史的方

---

① 《孟子·滕文公上》。
② 《孟子·离娄上》。

式提出的。我们不可把孟子讲的先王之道视为对历史的描述,更不可简单地认为是复古。孟子的政治主张不是从历史上抄袭过来的,而是性善理论与现实相结合的产物。

仁政说从理论上出自性善说。"有不忍人之心,斯有不忍人之政矣。以不忍人之心,行不忍人之政,治天下可运之掌上。"①不忍人之政的基点,是要人能生活下去,能"养生丧死,不饥不寒"。"仰足以事父母,俯足以畜妻子。"②所以他说:"养生丧死无憾,王道之始也。"③

仁政的内容,主要有下列各项。

第一,给民以"恒产"。恒,常也。恒产就是固定的产业。恒产主要指土地和园宅。当时的民产是由君主掌握的,所以要由君主来"制民之产"④。制,即规定或制定。孟子认为,恒产不只是农民的生活保证,同时还是统治者能否统治民的中心环节。"无恒产而有恒心者,唯士为能。若民,则无恒产,因无恒心。苟无恒心,放辟邪侈,无不为已。"⑤如何解决这个问题?孟子提出了两个方案。其一是对齐宣王与梁惠王讲的"制民之产"方案。这个方案的内容是,使民有"五亩之宅,树之以桑,五十者可以衣帛矣。鸡豚狗彘之畜,无失其时,七十者可以食肉矣。百亩之田,勿夺其时,八口之家可以无饥矣"⑥。其二是对滕文公讲的井田制。依孟子之见,井田制是西周之制,不过可以用之于今。其内容为:"请野九一而助,国中什一使自赋。卿以下必有圭田,圭田五十亩,余夫二十五亩。死徙无出乡,乡田同井,出入相友,守望相助,疾病相扶持,则百姓亲睦。方里而井,井九百亩,其中为公田。八家皆私百亩,同养公田;公事毕,然后敢治私事,所以别野人也。此其大略也;若夫润泽之,则在君与子矣。"⑦对这段文字人们争论不休,文字本身自相矛盾的地方也很多。例如:井田制到底在哪一部分人中实行?从文中看似乎只在"国人"中实行。讲到野九一而助,似乎又包括野人。在先秦典籍中,这是最早关于井田制的记载。孟子讲的井田制究竟是学说还是历史,难以断定。孟子本身就自相矛盾。《孟子·尽心上》讲到文王"制其田里"时,大体与第一说相同,没有

①《孟子·公孙丑上》。
②③④⑤⑥《孟子·梁惠王上》。
⑦《孟子·滕文公上》。

涉及井田制。在《孟子·滕文公上》讲殷实行助法,周百亩而彻时,周制中有"公田",亦未言及井田。《孟子·万章下》讲到周室班爵禄时,其中有关农夫庶人之田,也只讲"一夫百亩",并未言及井田。总之,孟子的说法多有抵牾。不过有一点是共同的,那就是使民有百亩"恒产"。孟子的恒产论在当时是极有价值的。恒产是农民恒心的物质前提,说明他不是空谈恒心。面对当时农夫希望得到土地是时代的呼声,法家主张用赏军功的途径来解决,孟子主张通过制民之产来实现,是同一个潮流中两种不同的声音。

第二,赋税徭役有定制。赋税和徭役是维系统治机构得以生存的物质基础。赋徭的轻重对农民的生产与生活有直接的影响,甚至具有决定性的作用。赋税徭役是以无偿和暴力征收为其特征的,征收多少固然要受到生产水平和经济规律的限制,但是量并不是固定的,征多征少主要取决于统治者的需要与意志。孟子主张轻徭薄赋,徭役要以"不违农时"为原则。否则就会造成"父母冻饿,兄弟妻子离散"①,这叫"陷溺"其民。

第三,轻刑罚。这里特别需要指出的是,他反对株连,提出"罪人不孥"②。这个见解很好,不过从未被统治者接受。另外,更为令人钦佩的是,他认定民之所以犯罪,多是统治者逼迫的结果。

第四,救济穷人。孟子认为实行仁政,必须先从救济鳏、寡、独、孤做起。

第五,保护工商。孟子认为工商是社会产业与交换所不可缺少的经济部门。当时关市之征对工商业是个大桎梏。针对这种现象他提出:"市,廛而不征,法而不廛。""关,讥而不征。"③这种主张对工商业的发展是有利的。

孟子认为,能否实行仁政是兴衰的根本。"三代之得天下也以仁,其失天下也以不仁,国之所以废兴存亡者亦然。"④国之兴衰有内因和外因,孟子认为起决定作用的是内因,内因在政策,政策在是否行仁政。治理国家,不是处理几件个别事件所能奏效的,必须从"道"入手、从政策入手,他讲的"天下溺,援之以道"⑤就是这个意思。

在孟子看来,当时的政治都与王道相违背,他斥责诸侯收取赋税像强

---

① 《孟子·梁惠王上》。

② 《孟子·梁惠王下》。

③ 《孟子·公孙丑上》。

④⑤ 《孟子·离娄上》。

盗一样残暴。为了争夺土地,陷人民于死地。"争地以战,杀人盈野;争城以战,杀人盈城。此所谓率土地而食人肉,罪不容于死。"①然而这也是行王道的最好时机,因为"民之憔悴于虐政,未有甚于此时者也。饥者易为食,渴者易为饮"。在这种情况下,只要实行一点点仁政,就能争得人民。"虽有智慧不如乘势",当今正是乘势之时,"事半古之人,功必倍之,唯此时为然"②。

孟子在批评当时之政时,打着先王之道,认为今不如昔。荀子批评他法先王,法家斥责颂古非今之论属于"非愚则诬"。往日许多研究者也多认为孟子复古、复旧。为了准确地说明这个问题,有两个根本问题要辨清。其一,孟子的先王之道是属于历史学的范围,还是一种学说与理论?其二,他的这些主张从当时的社会历史条件看,有怎样的意义?依我之见,他所说的先王之道不是历史学范围之内的问题,而是借助先王表达自己的理论,是拉大旗作虎皮。就其形式而论无疑是陈旧的;就其内容而论,与时代的要求又合拍。孟子讲的仁政不是空头的仁义道德之论,而有着实在的经济内容。他的先王之道也不是复古主义,而具有现实批判主义精神。

孟子的仁政思想关键是社会"利益"的分配问题,通过调整分配争取民众。他说:"民之归仁也,犹水之就下,兽之走圹也。"③又说:"仁者如射。"④仁对老百姓而言,仍不免是禽兽的诱饵和射箭的靶子,从根本上说仍属于恩赐和施惠观念,但即使如此也还是很值得褒扬。

孟子的仁政理想只限于政策,是政策的优化,而与基本的政治制度没有大的关系。由于寄希望于圣贤,而他想象的圣贤是不会降于人世的,所以又不免落入空想。

四、论君臣与道德重于权势

(一)君权神授

关于君主的起源,孟子承继了天命论,即君权神授论。他赞成"天降下民,作之君,作之师"⑤。王位是天授的,因此王本身不能把王位看作纯粹的

---

①③《孟子·离娄上》。

②④《孟子·公孙丑上》。

⑤《孟子·梁惠王下》。

个人私有物,王位不能私自处理。"天子不能以天下与人。"①他反对私相禅让。当时燕王哙把王位传给了子之,他认为燕王哙超越了权限。未经神的批准,燕王哙"不得与人燕"②。孟子也不是绝对反对禅让,不过他认为禅让必须有天意,禅让者首先要把接班人荐于天。荐之于天的方式是:"使之主祭,而百神享之,是天受之;使之主事,而事治,百姓安之,是民受之也。"他又引《泰誓》的话:"天视自我民视,天听自我民听。"③没有天意,没有天子的推荐,道德再高尚也不行。"匹夫而有天下者,德必若舜禹,而又有天子荐之者,故仲尼不有天下。"④大意是:道德必须像舜禹那样,而且还要有天子的推荐,才能为天子。孔子虽然是圣人,由于没有天子的推荐,所以不能得到天下。

孟子从报应论出发,认为祖先立有大功者,子孙必昌。"苟为善,后世子孙必有王者矣。君子创业垂统,为可继也。若夫成功则天也。"⑤创业垂统是天子的基础,但最后的决定权还是天。

君权虽属神授,君主还必须行仁政才能保持住君主的宝座,否则必定要引起天怒人怨,终将垮台。

君权神授、创业垂统、行仁政是君主合法性的依据。

(二)君主的品分

孟子认为历史的进程是一治一乱。治是"圣人""圣王"之功,乱是"暴君"之过。圣王和暴君决定着历史的面貌。君主暴虐则民背离,君主行仁政则民顺从。"君子之德,风也;小人之德,草也。草尚之风,必偃。"⑥孟子认为君主的品质是维系天下的纽带,君主"身正而天下归之"。因此君主最为紧要的是修养,反身自省,从己做起。"天下之本在国,国之本在家,家之本在身。"⑦"君子之守,修其身而天下平。"⑧"君仁,莫不仁;君义,莫不义;君正,莫不正。一正君而国定矣。"⑨政治是个人的延伸,基本路数是《中庸》的修、

---

① ③ ④《孟子·万章上》。

②《孟子·公孙丑下》。

⑤《孟子·梁惠王下》。

⑥《孟子·滕文公上》。

⑦ ⑨《孟子·离娄上》。

⑧《孟子·尽心下》。

齐、治、平。

君主要成为道德的楷模并治理天下，就应该学习。孟子说，尧舜都是善于学习而成为圣王的。舜"善与人同，舍己从人，乐取于人以为善。自耕稼、陶、渔以至为帝，无非取于人者"①。大意是：舜极好学习，能舍弃自己不正确的东西，接受别人正确的东西，善于吸取别人长处。从种庄稼、做陶器、捕鱼，直到做天子，没有一样长处不是从别人那里吸取来的。禹也有这种品质："禹闻善言则拜。"孟子提出在学习的问题上，必须把权势思想抛在一边。他说："古之贤王，好善而忘势；古之贤士何独不然？乐其道而忘人之势。"②大意是：古之贤王，喜好善而忘记自己的权势；古之贤士也是这样，乐于行道而忘记别人的权势。孟子的看法极有见地。在学习问题上，权势是不能帮什么忙的；只有把权势抛在一边，才可能学到一点儿东西。为此，孟子提出天子也应与"匹夫"为友③，放下架子。

对孟子的上述说法，我们应做两面观。一方面，他向君主提出了极高的要求，认为君主应该成为道德的楷模和天下的表率，而不是道德服从权力。由此对乱君、暴主进行了批评，认为乱君、暴主应承担人民苦难的罪责。另一方面，在向君主提出道德要求的同时，又把天下的命运系在了君主的脖子上。孟子猛烈地抨击了时弊，尖锐地批评了当时的君主，斥责他们是率禽兽食人之辈。言辞尽管激烈，不过老百姓切不可轻举妄动。孟子教导人民，等着吧，"五百年必有王者兴"！

孟子的仁政是君主道德修养的外化。把整个政治归结为道德，而且归结为君主的道德水平，这无疑把政治关系和政治过程简单化了。简单化的结果是在道德的声声期盼中把君主绝对化。所以政治道德化是专制主义的最好理论支柱。

（三）臣的作用与品质

孟子十分重视臣在政治中的作用，没有臣的辅佐，贤王也难以成事。"不用贤则亡。"④他劝君主要以仁爱贤能为急。"仁者无不爱也，急亲贤之

①《孟子·公孙丑上》。

②《孟子·尽心上》。

③ 参见《孟子·万章下》。

④《孟子·告子下》。

为务。"①各级官吏应由贤能者担任。"贤者在位,能者在职。""尊贤使能,俊杰在位。"②

臣对于君的态度不能以顺为上,一味顺从是"妾妇之道"③。臣事君要以道义为基础。孟子反对君命无二的传统观念。他认为敬不敬君王,不在于表现为顺不顺,而在于讲不讲仁义。离开仁义原则的唯唯诺诺恰恰是不敬,进言仁义才是真正的敬。他在齐国自诩:"我非尧舜之道,不敢以陈于王前,故齐人莫如我敬王也。"④衡量臣的标准是"道"。"立乎人之本朝,而道不行,耻也。"⑤他提倡为臣者须有大丈夫精神,这种精神的主旨是为道义献身而不向权势低头。"居天下之广居,立天下之正位,行天下之大道;得志,与民由之;不得志,独行其道。富贵不能淫,贫贱不能移,威武不能屈,此之谓大丈夫。"⑥这里所说的"广居"指的是仁。他说:"夫仁……人之安宅也。"⑦"正位"指的是礼。孔子说的"不学礼,无以立"⑧便是孟子"正位"的原本。为臣的必须坚持"仁""礼""道"。得志时要乘势实行这些;不得势,则宁可独善其身也不能阿谀顺从。他说:"天下有道,以道殉身;天下无道,以身殉道;未闻以道殉乎人者也。"⑨意思是:天下有道,道能被我所实行;天下无道,不惜为道献身;没有听说过损害道去迎合人的。孟子认为帮助君主为恶的人虽然有罪,但这种罪还比较小。罪大恶极的是阿谀奉承。"长君之恶其罪小,逢君之恶其罪大。"⑩

孟子讲的仁义不管怎样评价,但有一点:他把理论原则看得比君主更神圣,这在政治思想上很有意义,对君命无二的盲从主义是有力的一击。

(四)君臣关系

孟子把道义置于君臣从属关系之上。由这一点出发,引出对君臣关系的新认识。

---

①⑨《孟子·尽心上》。

②⑦《孟子·公孙丑上》。

③⑥《孟子·滕文公下》。

④《孟子·公孙丑下》。

⑤《孟子·万章下》。

⑧《论语·季氏》。

⑩《孟子·告子下》。

孟子认为君臣是一种相对关系,而不是绝对服从的关系。他对齐宣王说:"君之视臣如手足,则臣视君如腹心;君之视臣如犬马,则臣视君如国人;君之视臣如土芥,则臣视君如寇仇。"①在君臣关系这个问题上,孟子是站在时代前头的一位思想家。他断然反对把臣视为君主的奴才与奴隶。

孟子特别强调君主应向臣子学习。他认为俯首听臣之教是君主的一种美德。他说:"将大有为之君,必有所不召之臣,欲有谋焉,则就之。其尊德乐道,不如是,不足与有为也。故汤之于伊尹,学焉而后臣之,故不劳而王;桓公之于管仲,学焉而后臣之,故不劳而霸。"②

前边已讲过,孟子认为国家兴衰在王。这里他又强调臣的贤能有超过王者。很显然,孟子企图在权力与道德、知识之间建立一个制约圈。君主的权力在现实生活中是至上的,但道德、知识在观念范围内又高于权力,从而给权力以制约。这种权力与道德的二元论在实际上未必有多大作用,但在理论上却有着重要意义。它在二元之中,否定了君主至上性,这对人们认识君主与道德的关系有开耳目的作用。

臣子在道德与权力之间,应以前者为重。持道之臣对于君主要以进谏为己任,根据仁义的原则去"格君心之非"③。"责难于君谓之恭,陈善闭邪谓之敬,吾君不能谓之贼。"④大意是:要求君主实行仁政,叫作恭;向君主陈言直道、禁绝邪端,叫作敬;认为君主不能行善,叫"贼"。臣以道事君,如果君主不接受,则应辞职而去,不可贪于利禄而舍原则。

在一般情况下,臣的职能是进谏,不听则去;在特殊情况下,可以放逐或取而代之。齐宣王问卿。"孟子曰:'王何卿之问也?'王曰:'卿不同乎?'曰:'不同。有贵戚之卿,有异姓之卿。'王曰:'请问贵戚之卿。'曰:'君有大过则谏,反复之而不听,则易位。'王勃然变乎色。曰:'王勿异也。王问臣,臣不敢不以正对。'王色定,然后请问异姓之卿。曰:'君有过则谏,反复之而不听,则去。'"⑤他在另一个地方又讲到,异姓之臣贤如伊尹,也可以

---

① 《孟子·离娄下》。

② 《孟子·公孙丑下》。

③④ 《孟子·离娄上》。

⑤ 《孟子·万章下》。

用放逐君主的办法给予教育，改正错误之后再致君位。采取这种方式，必须以有伊尹之志为前提；否则，那就是篡位。①如果君如桀、纣，那么臣是可以"放"或"伐"的，因为桀、纣完全丧失了君主的条件。②

孟子关于君臣之间上下从属关系和道德高于权力的二元论主张，为调整君臣关系装置了一个转动轴，使硬化的君主专制制度多少具有一定灵活性。不过孟子的主张并没有否定君主专制制度，也没有否定家天下，只是补充了一些理性原则，企图使君主专制多增加些开放性和善性。这对改善君主专制制度无疑具有很重要的意义。

五、义与利、得民与不得罪巨室

(一)义、利与阶层的关系

许多研究者认为孟子把义与利绝对对立起来，认为他倡义而反对利。全面考察孟子的言论，可知这种说法有片面性。孟子认为义与利有对立性，又有统一性。

义与利的矛盾并不是义与利两者之间的绝对排斥，而是把何者放在第一位，以何者为指导的问题。如果以利为指导，人们都去计较利，政治和人伦关系就会混乱而不可收拾。他说，舜与跖的分别"无他，利与善之间也"③。舜以善为指导，跖以利为目的。当梁惠王问他有什么办法使魏国得到利时，他回答："王何必曰利，亦有仁义而已矣。"④应该说，孟子给梁王的回答，根本取消了问题的意义，这有点儿驴唇不对马嘴，把事情绝对化了。在孟子看来，诸侯求利国，大夫求利家，士庶人求利身，那么利就会压倒君臣、人伦关系，引起上下左右厮杀之祸。"君臣、父子、兄弟终去仁义，怀利以相接，然而不亡者，未之有也。"⑤由此，说孟子走到极端，以仁义排斥利，也是有一定根据的。

其实孟子辨义、利，应该说是辨何者为指导的问题。孟子主张性善，在

---

①③ 参见《孟子·尽心上》。

② 参见《孟子·梁惠王下》。

④《孟子·梁惠王上》。

⑤《孟子·告子下》。

他看来,欲望的发展会导致性的蜕化质变。如果把利放在第一位,他的全部理论与主张就会顷刻瓦解,所以他也反对把利放在第一位。

其实,孟子并不是不言利的人,更不是绝对排斥利。相反,如果以仁义为指导,为政者应该关心被统治者起码的衣食之利。他提出的一套仁政方案与政策,都是落实在利上的。

如果细致分析孟子义利之论,就会发现,他针对不同对象强调的重点不同。对于统治者必须先仁义而后利。对于民,他认为只有获得实际的物质利益之后,民才可能行仁义。下面一段话把问题讲得很清楚。"今也制民之产,仰不足以事父母,俯不足以畜妻子,乐岁终身苦,凶年不免于死亡。此唯救死而恐不赡,奚暇治礼义哉?"①孟子认为对民而言,恒产与衣食是第一位的。"民之为道也,有恒产者有恒心,无恒产者无恒心。"②很明显,对于民恒产是第一位的。如果民无恒产,无衣无食,必然会"放辟邪侈",触犯刑科。孟子对民固然有贬斥,可贵的是并没有到此为止。他认为造成民犯罪的祸首是君主和官吏。他们使民失去了起码的生活保证,民不得不铤而走险。《孟子·尽心上》中孟子把民先有饭吃而后才可能有仁义这个道理讲得更为透彻:"圣人治天下,使有菽粟如水火。菽粟如水火,而民焉有不仁者乎?"孟子所说的义、利关系不是抽象的,统治者行义首先应施利于民;对于民,只有衣食足而后才能行仁义。分清孟子义、利关系的两重含义,特别是后一种内容,才能把握他有关得民之论的要领。

(二)以利得民

孟子对民极为重视,以至于有不少人认为孟子是民本主义者。严格地说,这种说法是不准确的,因为在当时条件下不可能把民视为政治的最高主体。不过从言论上看,孟子确实有不少重民言论。"民为贵,社稷次之,君为轻"③是最著名的一句。关于这句话,人们有不同的解释:有的认为应理解为民最尊贵;有的说民指自由民,不包括劳苦大众;有的说,贵指民的重要性而言。我认为后一种说法比较符合实际,民最为重要主要有两方面的内容:

---

① 《孟子·梁惠王上》。

② 《孟子·滕文公上》。

③ 《孟子·尽心下》。

其一,民之背向关系国家兴亡。"暴其民,甚则身弑国亡,不甚则身危国削。""桀纣之失天下也,失其民也;失其民者,失其心也。得天下有道:得其民,斯得天下矣。"①"得乎丘民而为天子。"②"天时不如地利,地利不如人和。"③

其二,民是统治者的财用之渊。无民就断了君子的财渊。无民则君子不能行事。

民既然有这样的作用,统治者怎样才能得民呢?在这个问题上,孟子讲的不是空泛的道德,而是实际的利益。他说:"得其民有道:得其心,斯得民矣;得心有道:所欲与之聚之,所恶勿施,尔也。"④得民之道的诀窍在于抓住一个"欲"字,抓住民欲,一切迎刃而解。孟子还提出统治者的行为举止要考虑人民的乐与忧。与民同乐,与民同忧,这样才能换得人民的支持与回应。"乐民之乐者,民亦乐其乐;忧民之忧者,民亦忧其忧。"⑤乐与忧并不是精神道德上的安慰,首先要在物质上同忧乐。一次齐宣王问他:文王有囿方七十里,而我只有四十里,可是民还以为大,这是为什么?孟子回答说:文王有囿"与民同之",人民随便去打猎、砍柴;而王之囿是禁区,独享其乐。"民以为大,不亦宜乎?"⑥这个例子表明乐忧的实际内容是物质利益。这种物质内容,孟子又概括为"佚道"和"生道"。佚即逸,使民安逸;生即生存。他说:"以佚道使民,虽劳不怨;以生道杀民,虽死不怨杀者。"⑦意思是说:为了使民安逸而使民,民即便劳苦也不报怨;为了使民得到生存而使民死亡,民也不会因此而怨杀者。

下面的一个例子,表明孟子把同情投到人民一边。一次鲁、邹争杀,邹的官吏三十三人被鲁人杀死,邹民见死不救。邹穆公很恼火,对孟子说:"诛之,则不可胜诛;不诛,则疾视其长上之死而不救。如之何则可也?"孟子没

①《孟子·离娄上》。

②《孟子·尽心下》。

③《孟子·公孙丑下》。

④《孟子·离娄上》。

⑤《孟子·梁惠王下》。

⑥《孟子·梁惠王上》。

⑦《孟子·尽心上》。

有直接回答如何办。他对邹穆公说,邹国之民饥寒交迫无人过问,四处逃亡无人救济,君主的仓库却装满了财货粮食。两两相比,百姓抗上不是很正常的吗?他引用曾子的话,这叫"出乎尔者,反乎尔者也"①。

总之,孟子认为得民之道关键在于给人民以物质利益,给人民以生活保障。当政者的义,首先是让民获利。

(三)依靠巨室

对民要施利,以争取民众;但为政则要依靠"巨室"。孟子说得非常坦白:"为政不难,不得罪于巨室。巨室之所慕,一国慕之;一国之所慕,天下慕之。故沛然德教溢乎四海。"②巨室是哪些人呢?就是卿大夫。在孟子的社会结构观念中,其排序是诸侯—卿大夫—士—庶人,这也符合当时的情况。由此可以看到,孟子政治的阶级路线是非常明确的。其实在他的言论中,对大夫阶层有许多批评,乃至谴责。但这不影响将卿大夫作为依靠对象。说孟子走贵族路线,没有冤枉他。由此也可以看到,说他是民本主义者显然是不能成立的。还可以看到,他与法家抑制私门是大不一样的。

六、王道、霸道与统一

王、霸早在春秋时期已提出来了,其后孔、墨也都使用过王、霸概念。起初,王与霸并没有明显的对立,只是在政治上有所区分。王指统一的君主,霸指诸侯扮演了王的角色,王与霸都是被肯定的。王与霸作为政治路线而区分大约在战国前期,商鞅游说秦孝公就明确分出帝道、王道与霸道,但《商君书》中并没有用这几个概念。从文献上看,把王与霸作为不同的政治路线概念而使用的是孟子。

从历史上看,孟子认为霸是对王的破坏与否定。"五霸者,三王之罪人也。"③我们如果拘泥于历史的过程,就会由此得出孟子复古的结论。其实孟子所讲的历史并不是用历史学家的眼光看待历史,而是把历史作为理论的注脚,所以王、霸的区分主要还在政治路线。

---

① 《孟子·梁惠王下》。

② 《孟子·离娄上》。

③ 《孟子·告子下》。

所谓"王道",也就是他的仁政理论与政策,要点在于保民、行德和服民心。

所谓"霸道",就是"以力服人"①。霸道也讲仁义,不过那是为了做招牌和旗帜以骗人。他说:"以力假仁者霸。"②孟子所说的霸,应该说就是他斥责的辟草莱、尚耕战的法家。

孟子提倡王道,反对霸道。他认为在当时,只有实行王道才能统一天下。

当时各家各派和实际的政治家都在讨论统一问题。孟子认为统一之本在内政,内政在行仁政。行仁政就能使天下向往而归心。齐宣王想效法齐桓、晋文,称霸天下。孟子认为行不通。他说,像齐国这样的大国有九个,以一服八根本不可能。只有行仁政,才能使国内之民安业,使天下之人归心。"其若是孰能御之?"③

孟子提出仁政无敌于天下。他反复说:"仁者无敌。"④"夫国君好仁,天下无敌。"⑤"仁人无敌于天下。"⑥"得道者多助,失道者寡助。寡助之至,亲戚畔之;多助之至,天下顺之。"⑦仁政之下的人民有无穷的战斗力。

对待战争,孟子不是偃兵主义者。他提出用兵原则要以仁伐不仁。这种战争的特点是"诛其君而吊其民"⑧,即是说诛杀暴君而拯救人民,战争的目的在于救人民于水火。

孟子热切地希望统一,认为只有统一才能安定。"天下恶乎定?定于一!"不过他所提出的统一之路空想的成分多于实际,在当时行不通。从统一的实际看,只有"霸道"一条路。漂亮的空话让人感到很舒心,但历史的道路是实际的。

---

①②《孟子·公孙丑上》。

③④《孟子·梁惠王上》。

⑤《孟子·离娄上》。

⑥《孟子·尽心下》。

⑦《孟子·公孙丑下》。

⑧《孟子·梁惠王下》。

七、结语

孟子的政治体制思想是君主专制呢,还是跳出君主专制另开创了民本主义的政治体制呢?我认为在体制上,孟子依然在君主专制主义框架内。简要说有以下几点可以证明:

其一,他主张君权神授,这就把君主置于绝对地位。

其二,他赞成孔子说的"天无二日,民无二王"。在解释上更绝对。

其三,"无君无父,是禽兽也"。这是反对杨朱和墨子时放的重话。他说:"杨朱为我,是无君也;墨氏兼爱,是无父也。"由此往狠处推论,这就是"无君无父,是禽兽也"。再进一步,杨、墨之论的后果是"率禽兽食人,人将相食"。孟子无限上纲,往死里整人,由此可以看出,孟子把君主看得多么神圣。

其四,他的整个政治思想都是在追求"王""王道",并把一切寄希望于王。

其五,他自己宣称,他是最"敬王"的,没有人能超过他。还说"仕则慕君,不得于君则热中"。

其六,在论人性时,说庶民失去人性,与禽兽无异。如此用笔着实够狠,这与他说的人都是"同类"和"民为贵"相去何其远!

有了这几项,就不可能不是君主专制主义。但孟子的仁政主张又提倡宽松和适度,因此可以说他的君主专制主义有相当的柔性,可名之"柔性的专制主义"。

孟子的仁政说,是君主专制体制内的理想。他的理想由于和现实差距太远,显得有些迂腐。他编造的理想尽管不可能实现,但与现实并不是对立的。他的理论是现实生活的高度抽象,在这种高度抽象的图画中,既肯定了现实的等级、君臣、剥削与被剥削,以及家族关系,又为这些关系涂上了一道釉彩,显得温情脉脉。孟子的理论,一方面引导人承认现实的基本关系,另一方面又在这个现实的基础之上给人们悬挂起一个可望而不可即的理想王国,让人们在现实与理论之间上下跳跃。你对现实不满意吗?不满意可以,在你头上有一个理想国,等着吧,五百年后必有王者兴!你向往那个理想国吗?那你首先必须对现实的基本关系给予肯定。正因为孟子的理论有这样的特点,所以才被统治者看中。孟子的理论虽然缺乏改革精神,但却充满了温情的自我改良气息,想在现有的秩序中求一条平衡线,用心亦可谓佳矣!

第六节　荀子的礼治思想

荀子名况,字卿,又称孙卿。战国末年赵国人。生卒年不详,大约在公元前298年至前238年之间。他曾在齐国稷下学宫游学,是稷下先生之一,一度充任稷下学宫的祭酒。荀子在赵、魏也活动过,还到过秦国,对秦的政治有过评述。晚年游楚,受到春申君的礼遇,并委以兰陵令,最后死于楚。

荀子的主体思想属于儒家,同时又批判地吸收了诸子百家的思想。看起来有点杂,但杂而不乱,反而显得浑厚、充实、容量大。荀子的著作很多,现存的有三十二篇,其中有几篇是荀子学生编辑的有关荀子的言行录。从现存的著述看,荀子几乎无所不论,天地、古今、政治、经济、哲学、军事、教育、道德、文艺等,都有专论,在每个方面均有自己的见解。他的著作具有百科性质。

荀子的思想对汉儒有很大的影响。唐宋以后理学兴起,荀子遭到厄运,很多人批评他杂而不纯,有的主张把他革出孔教之门。还有的认为他号儒而实法,应划入法家行列。就实而论,荀子思想中的法家气味是相当浓厚的。可以说在中国的思想史上,在儒家阵营,他是最早把儒法结合起来的思想家之一。

荀子在政治思想上最主要的特征是主张礼治。他的礼熔儒家的礼与法家的法为一炉。荀子的礼法一体论为两千年来封建统治者所采纳。下边我们从几个方面评述一下荀子的政治思想。

一、政治思想的理论基础——性恶论及对性的改造

荀子的政治思想是建立在对人的本性认识基础之上的。如何认识人、如何对待人,是荀子政治思想的起点、过程和归宿。

（一）人在自然中的地位

人是怎样来到世间的？这是先秦诸子讨论的一个重要问题。在当时的历史条件下，这个问题是不可能说清楚的。不过在这个问题上存在着两种不同的认识路线。一种把人之源归之于神，一种求诸于自然。荀子沿着后一条路线进行探索。他认为，"宇中万物，生人之属"，是天地、阴阳交互作用的产物。"天地合而万物生，阴阳接而变化起。"[1]"天职既立，天功既成，形具而神生。"[2]人同万物一样，是天地自然的产物，不过，又不同于万物，有其特殊性。在万物之中，有"血气"的动物高于无"血气"的植物。有血气的最主要的特征是"必有知"。这里所说的"知"，指的是知觉。"有知之属，莫不爱其类。"由此我们可以看到，荀子对客观事物的观察是多么细致。荀子认为人是有"血气"中的一类。人与其他有"血气"的动物相比，最有智慧。"有血气之属莫知于人。"[3]

人与动物的区别，还在于人有"辨"，"辨"同"别"。"故人之所以为人者，非特以其二足而无毛也，以其有辨也。夫禽兽有父子而无父子之亲，有牝牡而无男女之别。故人道莫不有辨。"[4]"别"的具体内容就是"义"。"水火有气而无生，草木有生而无知，禽兽有知而无义，人有气、有生、有知，亦且有义，故最为天下贵也。"[5]

人与动物的另一个区别，还在于人能"群"，动物不能群。人与牛马相比，"力不若牛，走不若马，而牛马为用，何也？曰：人能群，彼不能群也"[6]。这里所说的"群"，并不是自然成群之群，而是指结成一定的群体，具有一定的组织，与我们所说的"社会性"相近。

荀子关于人与动物区别的看法是相当深刻的，在今天看来，仍具有科学的价值。荀子不赞成庄子把人视为与万物相并的一种自然。在荀子看来，人在自然中居于最高地位，是万物的主人。万物的生长与存在虽然是无目的的，但它们都能为人所用，这是一种规律。"万物同宇而异体，无宜而有用

---

[1][3]《荀子·礼论》。

[2]《荀子·天论》。

[4]《荀子·非相》。

[5][6]《荀子·王制》。

为人,数也。"①万物为人所用是有条件的,这就在于人能"群",能"和","和则一,一则多力,多力则强,强则胜物,故宫室可得而居也。故序四时,裁万物,兼利天下"②。

(二)人性恶说

人在自然之林中虽处于最高枝,但人仍然属于自然的一部分。基于这一事实,荀子认为人的本性首先是自然性。"性者,本始材朴也。"③"凡性者,天之就也,不可学,不可事。"④"性者也,吾所不能为也。"⑤"生之所以然者谓之性。"⑥凡此种种,都说明自然生就的本能便是性。性的外延是"情"和"欲"。"性者,天之就也;情者,性之质也;欲者,情之应也。以所欲为可得而求之,情之所必不免也。"⑦情、欲是从性中引申出来的外在表现。由于人性根于自然,因此,所有人的性、情、欲都是一样的。"千人万人之情,一人之情是也。"⑧

那么,人的性、情、欲的具体内容是什么呢?归纳起来,有如下四个方面的表现。一是感官欲望。《荀子·性恶》说:"生而有耳目之欲,有好声色焉。"又说:"目好色,耳好声,口好味,心好利,骨体肤理好愉佚,是皆生于人之情性者也。"又说:"今人之性,饥而欲饱,寒而欲暖,劳而欲休,此人之情性也。"二是好利。好利无疑以感官欲为基础,但又超出感官的自然需求,表现为一种主观的欲望。好利的具体内容是对财产的追求与占有。《荀子·荣辱》说:"人之情,食欲有刍豢,衣欲有文绣,行欲有舆马,又欲夫余财蓄积之富也,然而穷年累世不知不足(当为'不知足'),是人之情也。"三是排他性和嫉妒心。《荀子·性恶》说:"生而有疾恶焉。"疾,同"嫉";恶,憎恶。排他性和嫉妒心是好利的一种特殊表现形式,又可称之为"好利的外延"。四是好荣恶辱。《荀子·荣辱》说:"夫贵为天子,富有天下,是人情之所同欲也。"《荀

---

① 《荀子·富国》。

② 《荀子·王制》。

③ 《荀子·礼论》。

④ 《荀子·性恶》。

⑤ 《荀子·儒效》。

⑥⑦ 《荀子·正名》。

⑧ 《荀子·不苟》。

子·王霸》说:"夫贵为天子,富有天下,名为圣王,兼制人,人莫得而制也,是人情之所同欲也。""名声若日月,功绩如天地,天下之人应之如景向,是又人情之所同欲也。"荀子所说的好荣首先表现为一种权力欲,高居人之上,指使一切人。

就上述这些本性而论,荀子并没有分善恶,都是"生之而然"的本能。不过荀子并没有到此为止。依荀子之见,这些本性之中包含着恶的基因。当这些本能向外扩展的时候,也就是下文说的"顺是"时,便走向了恶。《荀子·性恶》说:"今人之性,生而有好利焉,顺是,故争夺生而辞让亡焉;生而有疾恶焉,顺是,故残贼生而忠信亡焉;生而有耳目之欲,有好声色焉,顺是,故淫乱生而礼义文理亡焉。然则从(纵)人之性,顺人之情,必出于争夺,合于犯分乱理而归于暴。"荀子认为顺乎本性扩张,就会与"辞让""忠信""礼义文理"发生对抗。从这个意义上说,人性是恶的。

性恶还表现在人的欲望的扩展破坏了社会的正常秩序,破坏了财权与政权的稳定。《荀子·富国》说:"欲恶同物,欲多而物寡,寡则必争矣。"争必然造成乱,乱则穷。由此荀子也认为性是恶的。

在荀子看来,人的本性在其外化的过程中,要与人们的社会关系发生冲突和对抗。就人的自然性与社会性相矛盾这一点而论,荀子与老、庄有相近之处。不过两者的立场截然不同。老、庄站在自然性上,用自然性否定社会性;荀子与之相反,他肯定社会性,即儒家的礼义道德。他认为人的自然性与社会性是冲突的,人的自然性向社会性转化就会变成恶的,于是又得出人性恶,而性恶应加以改造的结论。

(三)性恶的改造与人皆可以为尧舜

荀子认为,任人性自由发展会带来不可收拾的恶果,因此对人性必须进行改造。如何改造呢?荀子提出了如下几种途径。

最根本的是圣人起伪以化性。"伪"指后天的人为作用。"可学而能,可事而成之在人者,谓之伪。"[1]大意是:学了就能做到,照着做就能收到成效,经过人为造成的,叫作"伪"。《荀子·性恶》又说,性情这种东西是"感而自然,不待事而后生之者也。夫感而不能然,必且待事而后然者,谓之生于

---

[1]《荀子·性恶》。

伪"。大意是:和外物一接触就自然发生,并不需要靠人为努力自然就有的,这叫作"性情";只凭感受而不能产生,必须经过人的主观能动性去做才能出现的,这叫作"人为的创造"。"伪"不只是一般地指人的主观能动性,还表现在对性的改造上。这样的"伪"不是一般人所能有的,而是出自圣人的心力。"圣人化性而起伪,伪起而生礼义,礼义生而制法度。然则礼义法度者,是圣人之所生也。"①大意是:圣人为了改变恶的本性,而提倡人为的改造。随着提倡人为的改造而产生了礼义,根据礼义又制定了法度,礼义法度是圣人制造的。这样一来,圣人与一般人就产生了分野。圣人"不异于众者,性也";但圣人又不同于众,"所以异而过众者,伪也"②。于是,在理论上荀子陷入了无法解决的矛盾之中,圣人成了不可知的怪物,当然也可叫作"神物"。无论怪也罢,神也罢,圣人肩负着改造人类性恶的使命!

改造性恶的另一个办法是靠老师的教育。《荀子·儒效》说:"人无师法,则隆性矣;有师法则隆积矣。而师法者,所得乎情(疑应作'积'),非所受乎性,不足以独立而治。"大意是:人没有师法,本性就会任意发展;有了师法,就会增加知识的积累。师法来自于学习的积累,不是来源于先天的本性。所以单靠本性是不能达到改造性的目的的。《荀子·性恶》也讲,为了改造性,"必将有师法之化"。

改造性恶的再一种办法是靠环境和习俗的熏陶。《荀子·儒效》说:"注错习俗,所以化性也。""习俗移志,安久移质。"大意是:改正风俗习惯,可以改造人的本性。风俗习惯会改变人的思想意志,长久地安于习惯也就会改变人的本质。荀子指出,不同的文化环境会使人形成不同的习俗和文化特质。"居楚而楚,居越而越,居夏而夏,是非天性也,积靡(摩)使然也。"③《荀子·劝学》篇对社会环境的影响与作用做了精辟的论述:"蓬生麻中,不扶而直;白沙在涅,与之俱黑。兰槐之根是为芷,其渐之滫,君子不近,庶人不服。其质非不美也,所渐者然也。故君子居必择乡,游必就士,所以防邪僻而近中正也。"

改造性恶的办法还有修身,以"道""理"节制本性。荀子很重视修身,专门写了《修身》。他提出,遇事要时时注意以礼义克制自己,要用心思理智控

---

①② 《荀子·性恶》。

③ 《荀子·儒效》。

制自己的性欲。《荀子·正名》说："性之好、恶、喜、怒、哀、乐谓之情。情然而心为之择谓之虑。心虑而能为之动谓之伪。"感官的欲望要由心加以节制。荀子认为，人们的欲望既不可以抹杀和弃而不顾，也不可能都得到满足，即使天子也是一样。欲不可去，又必须加以节制，这就要靠"道"和"理"了。

上边几点并不是平行的，最主要的是圣人创建了礼义，其他都是沿着圣人指示的方向和道路往前走。

荀子的人性恶似乎把人都视为坏蛋。其实不然，柳暗花明又一村，诸种改造之术又把人引向光明之路。人们不是都称赞禹舜吗？荀子告诉人们，努力改造吧，禹舜就在前头。且看《荀子·性恶》对此说得多么畅快。有人问："涂(同'途'，道路、路)之人可以为禹，何谓也？"荀子答道："凡禹之所以为禹者，以其为仁义法正也。然则仁义法正有可知可能之理，然而涂之人也，皆有可以知仁义法正之质，皆有可以能仁义法正之具；然则其可以为禹明矣。"只要沿着仁义走，便可以成为禹舜一样的人物，自然也就是圣人了。"圣人者，人之所积而致也。"

孟子认为保持和发扬善的本性，就可成为尧舜一样的圣人；荀子认为努力改造自己的恶性，也可以成为尧舜一样的圣人。殊途而同归。两人不同的地方在于：孟子引导人向内做功夫，修心养性；荀子则强调自我改造与社会改造，而更注重外在的改造。

二、礼治、法治和人治的统一：君主专制理论的完善

(一)礼、法的起源和本质

礼、法是矫治人性的工具，是由圣人制定的。荀子并没有到此为止。圣人制定礼法又基于社会的矛盾。这些矛盾是以人的性欲、自然和社会之间的矛盾冲突为基础而展开的。

矛盾首先表现在欲的无限性与物的有限性上。《荀子·富国》说："欲多而物寡，寡则必争矣。"《荀子·礼论》说："人生而有欲，欲而不得，则不能无求，求而无度量分界，则不能不争。争则乱，乱则穷。"

矛盾还表现在欲望的平等性与社会关系不平等上。《荀子·王制》说："夫两贵之不能相事，两贱之不能相使，是天数也。势位齐，而欲恶同，物不

能澹(同'赡')则必争,争则必乱,乱则穷矣。"依荀子之见,社会只有分贵贱、上下,才能相制约而成为一部机器,欲望的平等性是这种制约关系的对立物和破坏者,是造成社会混乱之因。

矛盾还表现在,恶性与伦理道德水火不容,随性任意发展,必定导致对礼义的破坏。

上述矛盾不能从自身中找到出路,圣人制定的礼法便是钳制和理顺这些矛盾的工具。在荀子看来,人类的生存除了自然条件之外,必须依靠"群"和"分"来保证。"群"与"分"是一个事物的两方面。没有"群",个人无法存在;没有"分","群"又难以维系。他以日常生活为例论证了群与分都不可缺少。《荀子·富国》说:"百技所成,所以养一人也。而能不能兼技,人不能兼官。离居不相待则穷,群而无分则争。""群"是人原本就有的,"分"则是发展到一定阶段的产物。礼义和法的基本精神便在于"分"。《荀子·王制》说:"人何以能群?曰分。分何以能行?曰义。"又说:"先王恶其乱也,故制礼义以分之。"

礼义之分表现在各个方面。首先表现在分物以养体。人的欲望不可能取消,离开物质条件就不能生存,然而物又是有限的。礼之分可以调节欲和物的矛盾,求得两者的平衡。《荀子·礼论》说:"养人之欲,给人之求。使欲必不穷乎物,物必不屈于欲,两者相持而长,是礼之所起也。故礼者,养也……所以养体也。"这就是说,礼要满足人的起码的物质生活要求。在当时这是一个很有意义的命题。荀子认为一切人都应该有生存的权利和起码的生活保障。孔、孟的礼主要表现为社会道德规范,没有上述内容。这是荀子新增加的。荀子说的养体当然并不是平均主义的。它与等级制紧密相关,受等级制的制约。所以礼之分又表现在等级规定上。"君子既得其养,又好其别。曷为别?曰:贵贱有等,长幼有差。"[①]"君君、臣臣、父父、子子、兄兄、弟弟,一也。"[②]"贵贵、尊尊、贤贤、老老、长长,义之伦也。行之得其节,礼之序也。"[③]等级贵贱之分和对物质财富占有之多寡相为表里。《荀

① 《荀子·礼论》。

② 《荀子·王制》。

③ 《荀子·大略》。

子·富国》说："古者先王分割而等异之也,故使或美或恶,或厚或薄,或佚或乐,或劬或劳,非特以为淫泰夸丽之声,将以明仁之文,通仁之顺也。"又说:"贫富轻重皆有称者也。"毋庸多说,这是在为政治等级和经济关系的等级分野做辩护。

荀子所说的礼之分还表现在职业分工上。礼要使农、士、工、商各守其业。《荀子·王制》说:"农农、士士、工工、商商一也。"另外,劳心劳力也在礼分之中。"君子以德,小人以力。"[1]甚至礼还要分"知愚""能不能"[2]。

礼之分还要使人的行动规范化,引导人达到心正意诚的境界。《荀子·礼论》说:"礼者,断长续短,损有余,益不足,达爱敬之文,而滋成行义之美者也。"过去有人把"断长续短,损有余,益不足"解释为进行财产和权力的再分配。这种解释与原意有违。原意是指,通过断长续短,使行为达到适中和心诚之境。

以上种种之分,都是矫饰人性恶的过程。《荀子·性恶》说:"起礼义,制法度,以矫饰人之情性而正之,以扰化人之情性而导之也。使皆出于治,合于道者也。"又说:"今人之性恶……得礼义然后治。"

荀子对礼的起源与本质的论述,在先秦诸子中独树一帜。较他人深刻之处在于:他是从人与自然、欲与物、人与人之间的矛盾中论述问题的。礼尽管是由圣人制定出来的,但圣人没有离开上述客观矛盾,而是面对着这些矛盾,为了解决或调和这些矛盾。由于圣人解决了人类自身难以解决的矛盾,所以也不免被神化。"故天地生君子,君子理天地;君子者,天地之参也,万物之总也,民之父母也。无君子,则天地不理,礼义无统,上无君师,下无父子,夫是之谓至乱。"[3]这里的君子亦即圣人,显然有点儿神气了。

荀子还在《礼论》《大略》等篇中对各种礼做了具体的规定和叙述,诸如祭礼、养生、送死、婚嫁、军旅、冠礼和日常行动之礼等,相当烦琐。他认为凡属《礼经》中有的,都要遵从;《礼经》所无的,则要顺人心而行。顺乎人心则为礼。《荀子·大略》说:"礼以顺人心为本,故亡于《礼经》而顺人心者,皆礼

---

① 《荀子·富国》。

② 《荀子·荣辱》。

③ 《荀子·王制》。

也。"荀子所谓的"人心"并非无经无纬地漫游,而自有其规定性,这就是《荀子·礼论》中所说的"三本"。文中曰:"礼有三本:天地者,生之本也;先祖者,类之本也;君师者,治之本也。""故礼,上事天,下事地,尊先祖而隆君师,是礼之三本也。"

荀子认为礼是治国安民之本。《荀子·大略》说:"礼之于正国家也,如权衡之于轻重也,如绳墨之于曲直也。故人无礼不生,事无礼不成,国家无礼不宁。"礼之所以有如此功效,就在于"分"。只有上述种种之分才能互相制约,才能形成一定的秩序。《荀子·王制》说:"使有贫、富、贵、贱之等,足以相兼临者,是养天下之本也。《书》曰:'维齐非齐',此之谓也。"大意是:使有贫、富、贵、贱的等级差别,才能互相制约,这是养育天下的根本。《尚书》中说,要想做到整齐划一,必须有不等齐划一,就是讲的这个道理。

把礼的本质归结为"分"或"别",是相当深入的,点出了礼的特征。这种看法应该说也还是比较诚实的。

(二)关于法

荀子主张礼治,同时又主张行法。他常常把礼法并提。荀子所说的法有许多不同的含义。有的地方指政治传统和被模式化了的历史经验,如"三王之法"①"千岁之法"②"百法之法"③。有的地方指政策或法术,如《荀子·王霸》中讲的"王者之法""霸者之法""亡者之法"等。有的地方指一定的制度,如《荀子·王制》中所说的"王者之法:等赋,政事,财(同'裁')万物,所以养万民也。田野什一,关市几而不征,山林泽梁,以时禁发而不税"等。有的地方指法令,如《荀子·议兵》中讲的"立法施令,莫不顺比"、《荀子·礼论》中说的"刑法有等",等等。上述这些法都是治国所不可缺少的。这里我们主要讨论后两种含义,即法律政令与法家所说的法相类。

荀子认为,法要以礼为根据。《荀子·劝学》说:"礼者,法之大分,类之纲纪也。""类"指法的律例。这句的意思是,礼是法的纲领或指导原则。《荀子·修身》说:"故非礼,是无法也。"在礼的指导下,荀子对法的理论做了别有见

①《荀子·大略》。

②《荀子·王霸》。

③《荀子·儒效》。

地的阐述。

荀子首先提出"法义""法数"和"类"三个概念。"法义"相当于今天所说的"法学原理"或"法哲学"。"法数"即具体的法律。他认为法义是法数的指导。《荀子·君道》说："不知法之义而正法之数者,虽博,临事必乱。"法数不管多么详细具体,也不可能包纳一切,这就需要引"类"去处理。《荀子·王制》说："有法者以法行,无法者以类举,听之尽也。""类"即律例。只有兼通义、数、类三者,才能运用自如。正如《荀子·修身》所说："人无法则伥伥然,有法而无志(训为'识')其义则渠渠然,依乎法而又深其类,然后温温然。"《荀子·王制》也说："以类行杂,以一行万。"把法义、法数、法类区分开来,是荀子在法律思想上的一个重要贡献。

有法必依,不能以私乱法。《荀子·修身》说："怒不过夺,喜不过予,是法胜私也。"但是人并不是法的工具,而有很大的主动性,这一点与法家有很大的差别。荀子提出要处理好法、职、议、通四个方面的关系。《荀子·王制》说："故法而不议,则法之所不至者必废;职而不通,则职之所不及者必队(坠)。故法而议,职而通,无隐谋,无遗善,而百事无过,非君子莫能。"法,指法律条文;职,指职责。法和职都有明确的规定性,但又不能包罗无遗,这就需要"议""通"来补充。"议"和"通"都讲灵活性。不过灵活性并不是指任意而行,要与法、职相贯通。

严于执法是绝对必要的。《荀子·成相》说："君法明,论有常,表仪既设民知方,进退有律,莫得贵贱孰私王?"《荀子·议兵》说："庆赏刑罚欲必以信。"但是政治不能只依赖于法,法不是万能的。在施法之前还必须先进行教育。同样教育也不是万能的,又必须补之以法。荀子对教、诛、赏、类的关系做了如下的论述："不教而诛,则刑繁而邪不胜;教而不诛,则奸民不惩;诛而不赏,则勤厉(励)之民不劝;诛赏而不类,则下疑、俗俭(通'险')而百姓不一。"[①]教、诛、赏、类四者是辩证统一和互相补充制约的关系,但以教为首。教中还包括对法律的宣传,要让每个人都知道法,力求自觉地守法。

关于刑罚有一点特别值得注意,荀子反对血缘株连。他认为"一人有罪

[①]《荀子·富国》。

而三族皆夷"的"以族论罪",是乱世的暴政,荒唐至极。①当时的株连是普遍施行于各国的一种刑罚,一些法家也极力主张以株连为严刑。针对这种情况提出废除以族论罪,实在是一种卓见。

(三)有治人,无治法

礼法是治国之具,但是与人的因素比较,荀子认为人的因素更重要。他所说的"有治人,无治法"的"法",并不是指法律之法。这个法的含义很广,如前所述,既有法律,又包含法术、政策,礼也在其中。因此也可以说"有治人,无治礼"。《荀子·王制》把问题说得很清楚:"无君子,则天地不理,礼义无统,上无君师,下无父子,夫是之谓至乱。"很明显,礼义是依赖于君子而存在的。据此,"有治人,无治法"不局限于论述人与法律的关系,而是讲人在整个政治诸种因素中的地位问题。

从礼法的起源上看,礼法是由圣人、君子制定出来的。压根人就重于礼法。

从历史的经验看,荀子认为国家的兴亡盛衰是由圣主、暴君造成的。关于这一点,下边将谈到。因此起决定的是人,而不是礼法。

治国之经术方略,先圣早已给准备好了,就储存在历史的仓库之中,用不用在人。"羿之法非亡也,而羿不世中;禹之法犹存,而夏不世王。"②

荀子还认为,人是法、礼、政策的主体。"法不能独立,类不能自行;得其人则存,失其人则亡。法者,治之端也;君子者,法之原也。"③这一思想与《中庸》所说的"为政在人"是一致的。

从孔子开始,儒家基本上都是沿着"为政在人"这个思路论述政治中的各种关系的。政治与道德都是"由己及人"的过程,至于如何由己及人,儒家中的各派主张又不一致。荀子虽强调礼法,但归根结底,仍然更看重人。

圣王、礼、法三者兼具,是荀子的理想政治,也是理想的君主专制。

三、道义分析和对政治的品分

荀子最终强调人治,可是人并不是一个模样,而是千姿百态的。什么样

---

① 参见《荀子·君子》。
②③《荀子·君道》。

的人是"治人",用什么标准去衡量呢？

历史与现实生活清清楚楚地告诉人们,居于统治地位的人,并不都是统治阶级或统治集团所满意的。于是统治阶级或统治集团所要求的普遍利益与统治者个人之间发生了矛盾。在大变动的时期,这种矛盾常常表现得格外明显,有不少统治者与他所赖以存在的基础几乎形成脱节现象。比如夏桀、商纣和类似的君主、官吏,他们虽是在一定的土壤上生长出来的,可是他们的行为又损害了自己的基础。于是引起了许多人的思考:这样的君主和官吏能是自己的代表吗?历史表明,统治者的个性表现得越充分,越是千奇百怪。背离本阶级或集团的行为走得越远,就越使人们去思考,促使人们去提出共性要求和行为准则,以便对当权者个人有所制约。于是政治、道德原则逐渐从具体的人身上分化出来,变成具有独立性的东西。这种情况早在西周初就出现了。到了战国,诸子百家有关政治"共性"的论述更加发展,并被当作武器来使用。他们提出的政治、道德原则被用来作为分析君主行为、政策和人品的标准。荀子在前人的基础上做了更深入的论述,是一位更有深度的思想家,他把道义与制度结合了起来。

(一)政治准则

《荀子》整部书从不同方面描绘了一个理想国,其中《王制》描绘得最为集中。所谓"王制"即"王道"。这个王是理想化的王,是王的最高典型与理论化的表现。荀子从"王者之人""王者之制""王者之论""王者之法"四个方面描绘了他的理想国。

王者之人:"饰动以礼义,听断以类,明振毫末,举措应变而不穷。夫是之谓有原,是王者之人也。"大意是:实行王道的君主应该是这样的人——用礼义来约束自己的行动,以法行事,明察秋毫,善于应变。

王者之制:"道不过三代,法不二后王。……衣服有制,宫室有度,人徒有数,丧祭械用,皆有等宜。声,则凡非雅声者举废;色,则凡非旧文者举息;械用,则凡非旧器者举毁。夫是之谓复古,是王者之制也。"这里讲的是等级制度和器用制度,从内容上看十分陈腐,令人压抑。把"复古""用旧"作为旗帜和标准,用以抑裁现实,这足以说明荀子之迂。

王者之论:"无德不贵,无能不官,无功不赏,无罪不罚……"王者之论讲的是用人原则,其中不乏灼见。

王者之法："等赋,政事,财(通'裁',成也)万物,所以养万民也。田野什一,关市几而不征,山林泽梁,以时禁发而不税。相地而衰政(同'征'),理道之远近而致贡……"王者之法讲的是财政经济制度和政策。

荀子的"王制"既是理想国,又是标准、要求和原则。这个原则高于现实的一切统治者和君主。现实的君主都应该向这个目标迈进。

(二)道义分析

荀子的理想国又可简称为"道义"。一般人都把权力和财富视为上乘珍品。荀子认为还有比这些更珍贵的,这就是道义。有人问"为国",即如何治理国家,荀子到处都在讨论这个问题,照理应该给以正面回答。出乎意料,他认为根本不应这样提问题。"闻修身,未尝闻为国也。君者,仪也;民者,景也。仪正而景正。"[1]荀子之所以不让提"为国",因为这是就事论事,而且着重的是权力和发号施令,只有"修身"才是问题的根本。修身以道义为标准,君主与当政者修身,而后才能恰当地使用权力。对于财富,也是这样。《荀子·修身》中有两段话很有意思:"志意修则骄富贵,道义重则轻王公;内省而外物轻矣。""身劳而心安,为之;利少而义多,为之。事乱君而通,不如事穷君而顺焉。……士君子不为贫穷而怠乎道。"道义高于富贵,宁为道义而忍贫困,不为权贵而折腰。《荀子·劝学》说:"是故权利不能倾也,群众不能移也,天下不能荡也。生乎由是,死乎由是,夫是之谓德操。"《荀子·儒效》说:"彼大儒者,虽隐乎穷阎漏室,无置椎之地,而王公不能与之争名。"只有具备道义的君子才是至尊、至富、至重、至严。把道义看得比富贵更神圣,在理论上很有价值,它使人变得更富有理性。很明显,这里承继了孟子的大丈夫精神。

道义是最高法官,一切人都要站在它的面前接受审判。君主的权势高于一切,一般人不敢分析,君主也不让人分析。荀子却高举道义的旗帜,命令所有的君主在道义面前排队入座。依据道义,他把君主分为"贪主""暗主""明主""霸主""王",以及以尧舜为代表的"圣主"。在荀子眼里,只有历史上有过明君、圣主,现实的君主多半是暗、贪之辈,最好者也不过平庸之属。

对于臣,荀子也用道义进行了分析。把臣分为谄、顺、贼、篡、忠、谏、争、辅、拂、圣等十余类。

---

① 《荀子·君道》。

对于一般人也要按道义分为小人、君子、顺民、奸民等。

同属士,也有各式各样的士,如公士、通士、直士、悫士、法士、处士、小人等。

同是儒,还要分为俗儒、小儒、贼儒、散儒、雅儒、大儒等。

依荀子之见,人的社会地位应由道义之高低决定,庶人积礼义可以升为大夫、官吏,天子诸侯缺德则应贬为庶人。人之道义高低在自己的修养和学习,血缘、门第不能给人以道义。《荀子·荣辱》说:"可以为尧禹,可以为桀跖,可以为工匠,可以为农贾,在注错习俗之所积耳。"

那么,是否可以打倒缺德的君主呢?在理论上,荀子也敞开了这条路。《荀子·臣道》说:"夺然后义,杀然后仁,上下易位然后贞,功参天地,泽被生民,夫是之谓权险之平,汤、武是也。"这种理论对君主来说,不能说不带有威胁性,从理论上考察,这与他一再宣扬的贵贱等级之分也有抵牾处。于是在《荀子·正论》中反复说明:汤、武杀桀、纣不算弑君,只不过是杀了一个独夫;是天下归顺汤、武,不是他们夺取天下。此论与孟子一样,从道义上先把桀、纣从君主名分中排除掉,认为杀这样的人不是杀君主,仅仅是杀了一位独夫民贼,由此免除汤、武杀君之名。由此可以看出,孟子、荀子是不赞成杀君的。汤、武不是夺取天下,而是天下归顺他们,以此衬托汤、武的伟大和崇高。

还有一点饶有兴味。荀子的弟子们认为,根据道义标准,他们的老师"宜为帝王"[①]。事实总是爱同理论开玩笑,荀子终生只不过当了一个小小县令。然而,也不应该因此而轻视理论。从理论上看,荀子毕竟把道义的位置放在了王冠之上。

荀子提出了在道义面前人人平等的思想。这种平等表现在:

第一,人的本性相同,通向道义之路在理论上对每个人都是敞开的。

第二,道义高于一切,人人都应遵从道义。人之所以有不同,是由修行道义高低不同而形成的。

第三,从理论上说,应该按道义为标准分配权力和财产。实现不了,只能说明占有权力财产者是窃夺者,拥有道义者在精神上是高人一筹的。

---

① 《荀子·尧问》。

但是,我们应该看到,荀子所说的道义平等,其本身就是不平等的。他把贵贱等级之分视为道义,同时还视为"天数"。在这种道义面前的平等,是以不平等为前提的,即他所谓的"维齐非齐"。因此,人人遵从道义,不是打破等级制度,而恰恰使这种制度获得了普遍的保证。在这里,荀子不是用维护一个君主的地位来维护他所肯定的制度,因为他看到了君主的个性与他所维护的制度之间有较大的差距,甚至相背离。荀子改变了办法,用维护制度的一般规定性来维护他需要的制度。看起来没有突出君主,其实由于加强了等级制度,反而使君主的地位更加巩固。这是荀子高明的地方,也是一个阶级的统治理论成熟的表现。

荀子的道义分析在当时有它的意义。一方面,它顺应了打破西周以来财产权力由氏族贵族垄断的历史潮流,证明了财产与权力不应是僵化的和固定不变的;另一方面,在纷争的时代,争夺天下应该靠"道义",而不能靠天命。道义是历史中的能动因素。

四、论君臣、君民关系和从道不从君

中国历史进入阶级社会之后,国家政体一直是沿着君主专制的轨道向前。君主专制越强化,君主的权力越集中,君主对政治和整个社会的影响就越大。可是每个君主的个人能力、质量是极不相同的,好的、坏的、守旧的、革新的、忠厚的、狡诈的、节俭的、挥霍无度的、糜烂不堪的……都在历史上做过表演。历史的经验告诉人们,不能盲从君主,否则会给整个统治阶级或集团带来不利。于是君主问题成为政治理论研究中的最重要的课题之一。这种研究早在春秋已开始,到了战国蔚然成风。君主本身成为认识对象,是思想的一大解放。过去君主与神同体,不能作为认识对象,只能作为崇拜对象。战国时期不同了。在对君主的认识与研究中,荀子提出了很值得注意的新见解。

(一)君主的起源与君主的职责

关于君主的产生问题,荀子无一贯见解。有的地方说天"立君"①。这个"天"是自然性的,还是神秘主义的? 显然带有神秘性。在另外的地方又说,

---

① 《荀子·大略》。

为了矫饰人性而产生了圣人，最早的圣人也就是最早的君主。从这种观点看，君主是社会矛盾的产物。他还说过积善可以为尧舜。于是君主又可以起源于修身。又说君主之所以为君主是因权势在握。"人主者，天下之利势也。"①

荀子对君主的起源虽没有深刻的见解，对君主的职责却做了别有见地的论述。《荀子·王制》说："君者，善群也。群道当则万物皆得其宜，六畜皆得其长，群生皆得其命。""群"是人类的特点和存在的条件，君主的职责就在于维护这种特点和条件。这在先秦诸子中，可以说是最深刻的认识之一。"群道"包括哪些内容呢?《荀子·君道》指出有如下四项："善生养人者也，善班(同'辨')治人者也，善显设(任用)人者也，善藩饰人者也。"君主的职责在于养人、治人、用人和教育人。

君道的中心又可称之为"分"，分而后能群。所以又讲："人君者，所以管分之枢要也。"②人君尊贵、华容是施行分的必要条件。"分"又通"礼"，"以礼分施，均遍而不偏"③。君主的职责，最后又落实在礼上，"隆礼至法则国有常"④。

君主的职责既然在善群、能分，那么如下几方面的关系必须谨慎对待。

(二)君主与臣的关系

君主须有臣的佐助才能成其事。如何对待臣子，荀子提出了"好独"与"好同"、妒贤与用贤两大问题。与慎到、申不害等法家倡导的贵"独断"的精神相反，他反对"好独"，而提倡"好同"。这个"同"与前几章讲的"和同论"之"同"不一样。荀子的"同"相当于"和同论"中之"和"。《荀子·臣道》说："故正义之臣设，则朝廷不颇;谏争辅拂之人信，则君过不远;爪牙之士施，则仇雠不作;边境之臣处，则疆垂不丧。故明主好同而暗主好独。明主尚贤使能而飨其盛，暗主妒贤畏能而灭其功。""好同""使能"强调由一个集团协力进行统治，不能只靠君主一个人。荀子分析与总结了历史上帝王君主成败的经验教训，认为"好同"还是"好独"、用贤还是妒贤，是问题的关键。

尚贤、用贤这股风已经吹了很久，无人不知，因此荀子指出，问题不在

---

① 《荀子·王霸》。
② 《荀子·富国》。
③④ 《荀子·君道》。

于口头和理论,而在于行动。《荀子·致士》说:"人主之患,不在乎不言用贤,而在乎不诚必用贤。"依荀子之见,贤人到处都有,不存在人才难得问题。只要打开眼帘,贤人就在眼前。对于贤人应该大胆提拔,不必历阶而上。"贤能不待次而举,罢不能不待须而废。"[①]选贤用能要出于公,君主可以把财货珍宝送给亲信,但绝不可委之以官。

君主对臣下一定要"兼听"。"兼听齐明则天下归之","兼听齐明而百事不留"[②]。《荀子·不苟》还指出:"公生明,偏生暗。"君主在决断时要仔细分析事物的两种可能性:"见其可欲也,则必前后虑其可恶也者;见其可利也,则必前后虑其可害者也;而兼权之,孰计之,然后定其欲恶取舍,如是则常不失陷矣。"历史上败亡的君主多半是由于拒谏饰非造成的。

呼唤君主兼听、纳谏是先秦诸子的共同声音,响彻云霄。这种思想无疑带有民主的气味,然而人们之所以如此大声疾呼,原因恰恰在于君主权力太集中了。人们希望用兼听、纳谏给君主以制约。其实这种制约又恰恰是君主专制制度的一种补充。

荀子还提出,使贤任能中最紧要的是善于择相,因为相是百官之首。《荀子·王霸》说:"强国荣辱在于取相矣!身能,相能,如是者王。"《荀子·君道》也讲:"在慎取相。"以相为首组成外朝的官僚系统。君主要维护自己的威势,光有外朝还不行,还必须有一套"便嬖左右"进行贴身活动,如收集情报、暗里监视官吏、调查社情等。这些人直接受君主指使,颇有点儿类似于特务。特务这类的职事与君主专制是不可分的。法家、墨家都有论述。

别有意味的是,荀子讨论了奸臣之类人物产生的原因。他认为奸臣固然有其自身的因素,更重要的还在于君主本人。"凡奸人之所以起者,以上之不贵义,不敬义也。"[③]

(三)君舟民水论

君民关系是一个老问题。荀子在老问题上有他的新认识。君与民究竟谁为谁呢?春秋以来明显形成两种见解:一是民为君,一是君为民。荀子持

---

① 《荀子·王制》。

② 《荀子·君道》。

③ 《荀子·强国》。

后一种看法。《荀子·大略》说："天之生民，非为君也，天之立君，以为民也。"在君民关系上，荀子提出的新思想是君民舟水论。《荀子·王制》说："马骇舆，则君子不安舆；庶人骇政，则君子不安位。马骇舆，则莫若静之；庶人骇政，则莫若惠之。……庶人安政，然后君子安位。《传》曰：'君者，舟也；庶人者，水也。水则载舟，水则覆舟。'此之谓也。"据荀子称，君舟民水是孔子提出的。不过在荀子之前未见著录。君舟民水论极为深刻。一方面它指出了民是君主赖以存在的基础，另一方面承认了民的力量能够推翻君主。到荀子时为止，朝代的兴替与国家的兴亡已发生了许多次，原因在哪里？许多思想家都在思索这个问题。荀子的认识达到了当时的最高水平。《左传·哀公十一年》记载孔子这样一句话："鸟则择木，木岂能择鸟？"荀子借此发挥，把木比作君，把民比作鸟。君善，民则择之，不善则弃之。从整个思想体系看，荀子断然不赞成臣民造反和抗上。出奇的是在《荀子·富国》中竟有如下一段惊人之笔："臣或弑其君，下或杀其上，粥（鬻）其城，倍（背）其节，而不死其事者，无它故焉，人主自取之也。"这种说法在先秦诸子中虽不是绝无仅有，不过讲得这样明白的当时还是少见。

基于上述看法，荀子认为必须处理好爱民与使民的关系。他与其他儒家相同，主张先爱利而后使之。《荀子·君道》说："有社稷者而不能爱民，不能利民，而求民之亲爱己，不可得也。民不亲不爱，而求其为己用，为己死，不可得也。"在《荀子·富国》中又分析了爱利与使民的三种情况和三种不同的后果："不利而利之（不利于民而取民之利），不如利而后利之之利也。不爱而用之，不如爱而后用之之功。利而后利之，不如利而不利者之利也；爱而后用之，不如爱而不用者之功也。利而不利也，爱而不用也者，取天下矣。利而后利之，爱而后用之者，保社稷也。不利而利之，不爱而用之者，危国家也。"总之，君主越爱利民，自己越强；反之则亡。所以《荀子·君道》又说："君人者，爱民而安，好士而荣，两者无一焉而亡。"

荀子讲的爱利主要指物质方面，但在道理上不能让民知道得太多；知道怎样做就行了，不必知道为什么。《荀子·正名》说："夫民易一以道而不可与共故。"大意是：用正道统一民的行动，但不可以和他们讲明道理。《荀子·法行》说："礼者，众人法而不知，圣人法而知之。"大意是：对于礼，众人知道怎样做，不必知其理。圣人既知怎样做，又知其中的道理。这与孔夫子讲的

"民可使由之,不可使知之"的愚民政策,是一路货色。

（四）君主与公、私

前边讲了,一般的政治原则已从君主身上分化出来,成为一种独立的东西。于是对君主说来也有一个公、私问题。荀子提出,国家是君主存在的前提条件,君主要先国而后己。《荀子·王霸》说:"国危则无乐君,国安则无忧民。"他又劝君主要先治国,后取乐,国治才有取乐的基础。又说:"故明君者,必将先治其国,然后百乐得其中。"暗主与此相反,结果连安乐窝也倾倒了。

治国必须立公,遇事要公字当头。首先用人要公,不私己之亲人,不隐外之贤人。①办事要"公道","明分职","公道达而私门塞矣"②。听取意见要"公察"。决断事情要光明,不搞阴谋。"主道利明不利幽,利宣不利周。"③主公而臣忠。"人主不公,人臣不忠也。"④

君主要公,必须对权势与道理有一个正确的态度。荀子一方面指出,君主之所以为君主,首先因权势在握。"人主者,天下之利势也。"⑤另一方面又认为,君主不应当把权势看得高于一切。权势固然不可松手,更要紧的是以善服人。"聪明君子者,善服人者也。人服而势从之,人不服而势去之。"⑥又说:"明主急得其人,而暗主急得其势。"⑦权势之用须和道理结合在一起。根据是非曲直,他把权威分为三种:"威有三:有道德之威者,有暴察之威者,有狂妄之威者……"⑧三种威有三种不同后果,前者王,中者危,后者亡。不能正当使用权威,只能为自己的垮台制造条件。《荀子·强国》中又说:"处胜人之势,行胜人之道,天下莫忿,汤武是也。处胜人之势,不以胜人之道,厚于有天下之势,索为匹夫不可得也,桀纣是也。然则得胜人之势者,其不如得胜人之道远矣。"法家把权势看得高于一切,认为权势可以指挥一切,荀子与此有异。他看重权势,更看重道义,认为道义高于势。相形之下,荀子的看法在理论上显得深透,不过法家的看法在当时更现实。现实不一定是有理的或最为有理的,有理的也不一定是现实的。从历史的长河看,无疑应该

---

① 参见《荀子·君道》。

②⑦《荀子·君道》。

③《荀子·正论》。

④⑤⑥《荀子·王霸》。

⑧《荀子·强国》。

注重道理。

(五)法后王与法先王问题

先王论是君主理论的一种表现形式。在君主专制的条件下，一般是不能面对君主品头论足的，于是思想家们发明了"先王"这个武器，通过塑造先王来表现自己的理想。先王论早在西周就出现了。春秋时期言先王之道者，流行于朝野。

先王理论实际是向一切君主提出了一般性的同时也是高标准的要求。现实的君主批评不得，于是借先王而讽今。打出先王的旗帜也还有另一层意思，即用先王为自己的理论张目。从先秦的历史我们可以看到一个现象，君主专制越强化，各式各样的先王论吹得就越盛。法家反对借古喻今，目的是为了强化君主专制；即使如此，法家中的一些人物也不免要抬出先王来。在法先王的呼声中，叫得最响的要数孟子。孟子与荀子虽同属儒家，大约由于同门相妒的缘故，敌意显得更重。于是荀子便拿孟子开刀，举起了法后王的旗帜。他批评孟子"略法先王而不知其统"①。在《荀子·儒效》中更尖锐地指出法先王造成了政治混乱："略法先王而足乱世，术谬学杂，而不知法后王而一制度。"表面看去，荀子把法先王与法后王对立起来，看作政治上的两种路线，把问题看得十分严重。其实，对于什么是先王、后王，他本人的看法也相当混乱。他本人也是提倡法先王的，《荀子·非十二子》说："劳知而不律先王，谓之奸心。"《荀子·非相》说："凡言不合先王，不顺礼义，谓之奸言，虽辩，君子不听。"接着提出了"法先王，顺礼义"。《荀子·儒效》中也说："儒者法先王，隆礼义。"孟子等所说的"先王"指尧、舜、周文、周武，尚未言及尧舜以前的圣人君王。荀子说的先王比孟子等追述的还要古远。《荀子·成相》篇上溯到伏羲、后稷、夔、契、益、皋陶等圣君、圣臣。荀子攻击他人法先王，其实他也是一个法先王者。

荀子所说的后王指谁呢？有人认为指当世之王，以此说明荀子面对现实、反对复古。究其实，则全然不是。荀子所说的后王指的是三代之王，五霸以下不足挂齿。他声称儒门羞言五霸，当世之君主更是鞭挞的对象。《荀子·宥坐》指斥当世之君皆为"乱其教，繁其刑"的祸首。《荀子·王霸》说："今君

①《荀子·非十二子》。

248

人者,急逐乐而缓治国,岂不过甚矣哉!"《荀子·议兵》对秦有过好的评价,但又多次抨击秦不讲仁义,只不过是强国暴兵。

所以,荀子的法先王或法后王均构不成一个理论命题,前后矛盾,混乱不堪。其实,荀子的历史观倒是相当陈腐的,他认为百王之道一以贯之。"以道观尽,古今一也。"①他指斥持"古今异情,其所以治乱者异道"观点的人是"妄人"。在先秦明确提出"复古"的不是别人,倒是荀子。当然荀子也不是真的要复古,《荀子·性恶》说:"善言古者,必有节于今。"

荀子的法后王与别人提的法先王,在理论上没有原则的差别,只是提法不同而已。

(六)论臣道与从道不从君

荀子很重视臣的作用。如同有各色各样的君主一样,臣也分为不同品级。《荀子·臣道》专门对臣进行了政治分类,如"态(借为'愍',奸险)臣""篡臣""功臣""圣臣""顺臣""谄臣""恶臣""谏臣""辅臣"等。

在君臣关系上,荀子提倡以道为上。当道义和君主发生矛盾时,"从道不从君"②。臣在君主面前绝不可以顺为上,要敢于亮明自己的观点。"君子立志如穷,虽天子三公问正(读如'政'),以是非对。"③

根据上述精神,他提倡臣要力争做谏臣、争臣、辅臣、拂臣。"君有过谋过事,将危国家、殒社稷之惧也,大臣、父兄有能进言于君,用则可,不用则去,谓之谏;有能进言于君,用则可,不用则死,谓之争;有能比知(比知,合谋)同力率群臣百吏而相与强君矫君,君虽不安,不能不听,遂以解国之大患,除国之大害,成于尊君安国,谓之辅;有能抗君之命,窃君之重,反君之事,以安国之危,除君之辱,功伐足以成国之大利,谓之拂。故谏、争、辅、拂之人,社稷之臣也,国君之宝也,明君之所尊厚也,而暗主惑君以为己贼也。"④

道理如是,但面对专制的君主,一切直言直行都不免要冒个人的生命危险,荀子不能不回到现实中来,于是又教人以进退之道。且看《荀子·非

---

① 《荀子·非相》。
②④ 《荀子·臣道》。
③ 《荀子·大略》。

相》如下一段议论吧:"凡说之难,以至高遇至卑,以至治接至乱。未可直至也,远举则病缪(同'谬'),近世则病佣。善者于是间也,亦必远举而不缪,近世而不佣,与时迁徙,与世偃仰,缓急嬴绌,府然若渠匽櫽栝之于己也,曲得所谓焉,然而不折伤。"大意是:进说的困难在于,以最高尚的道理去说服浅薄之人,用治国的道理去说服乱国之君。对这种人不能直接把问题说清楚,可是举远古的事例嫌荒诞,举近世的事例又嫌浅薄。善于进言者遇到这种情况,应提到远古之事而不流于荒诞,谈到近世之事又不显得粗鄙,根据情况而变易,依世而俯仰,该缓则缓,该急则急,需增加的增加,需减少的减少,像河堤、櫽栝一样控制住自己。这样既可把话说尽,又可达到目的。像荀子这样古板的君子也教人看脸色行事,足以说明进言之难了。这正是后来韩非《说难》的张本。其间的承继关系是十分明显的。

在《荀子》中,还有比这更加等而下之的权术之论,如教臣要学会"持宠处位,终身不厌之术"[1]。在《臣道》中还讲了如下一段相当狡猾的理论:"事圣君者,有听从无谏争;事中君者,有谏争无谄谀;事暴君者,有补削无矫拂。迫胁于乱时,穷居于暴国,而无所藏之,则崇其美,扬其善,违(读作'讳')其恶,隐其败,言其所长,不称其所短,以为成俗。"这实在近似妾妇之道了。

实践上的困难与理论上的开脱是两回事。在君主面前进言确实很困难,如果理论上屈从这种困难,并为之圆场,这种理论就显得等而下之了。我们不应苛求荀子,但对这种现象则是应该注意的。

五、富国富民论

荀子认为君臣都应该以富国、富民为己任。国富、民富而后国强。为了富国、富民,他认为应处理好如下几方面的关系。

首先要正确认识自然与生产的关系。当时有些人把人类的贫困归咎于自然,认为自然界的财富有限,人越来越多,于是出现财源匮乏。在荀子看来,墨子持有这种见解(按:墨子讲节用,并无此主张),批评墨子"私忧过计"。荀子认为自然界的财富固然有一定限量,不过只要生产好,在财物的

---

[1]《荀子·仲尼》。

占有与分配上又能"明分",那么丰衣足食是不成问题的。

为了达到富国、富民的目标,还必须处理好分配、消费与生产的关系。《荀子·富国》说:"足国之道,节用裕民,而善臧(藏)其余。节用以礼,裕民以政,彼裕民故多余,裕民则民富,民富则田肥以易(易,治理),田肥以易则出实百倍。上以法取焉,而下以礼节用之,余若丘山,不时焚烧,无所臧之。"最后一句是吹牛皮,其他的论述很有见地。荀子认识到分配、消费、生产是一个统一的经济过程,生产是基础,分配和消费又直接影响生产。民不富就不可能扩大再生产和提高生产效率,民能否富裕又取决于分配与消费。

荀子还论述了国家财政与经济的关系。《荀子·富国》说:"田野县鄙者财之本也……等赋府库者货之流也。"经济生产是财政的基础,据此,他提出"节其流,开其源"。荀子认为"下贫则上贫,下富则上富"。如果不顾下的实际情况,一味搜刮,这叫"伐其本,竭其源",结果"将以求富而丧其国,将以求利而危其身"[1],财政经济危机会转化为政治危机。

对发展经济问题,荀子主张以农为主,适当限制工商。对当时把农业视为本业、把工商视为末业的观点,荀子是赞同的。他以粮食作为衡量生产者与消费者的标准,于是只有农民才是生产者,除了士大夫外,工商也被划入食之者之列。这种看法显然是不全面的。如果从价值观点看,不仅工是价值的创造者,是生产者,商也创造一部分价值。

如何发展农业,他提出了一些引人注意的措施:

第一,"众农夫"[2]。即增加农业生产人数,减少食之者人数。除了减少工商业者之外,他认为必须减少士大夫和官僚冗员。《荀子·富国》说:"士大夫众则国贫。"这种看法显然受了《商君书》的影响。

第二,"罕举力役,无夺农时"[3]。当时力役繁多,荀子的说法是有针对性的。

第三,"掩地表亩"[4]。"掩地"指在播种前要翻耕土地,"表亩"指标明田亩界限,以防土地纠纷。

---

①④《荀子·富国》。

②《荀子·君道》。

③《荀子·王霸》。

第四,"相高下,视肥,序五种"①。种植五谷要因地制宜。

第五,"修堤梁,通沟浍,行水潦,安水臧(藏),以时决塞;岁虽凶败水旱,使民有所耘艾(读如'刈')。"②

第六,"多粪肥田","刾中('草')殖谷"③,提倡精耕细作。荀子特别强调耕作要在"善"字上下功夫。"善"与"不善"大不相同。"今是土之生五谷也,人善治之,则亩数盆,一岁而再获之……"④

第七,税收要有定制,提出"相地而衰政(政读为'征')"和"田野什一"⑤。

对工商业既要保护,又要限制。限制,一方面要控制工商人数,如《荀子·君道》提出的"省工贾";另一方面要限制工商的欺诈投机行为。

荀子比其他儒家认识深刻之处在于:他更深刻地认识到经济问题是政治的基础,又是政治好坏的标志。

六、论王、霸以及强、安、危、亡

王、霸、强、安、危、亡诸命题,讨论的是关于国家的基本政策、形势和前途问题。

孟子首先从理论上把王、霸对立起来,主王道而斥霸道。荀子所论王、霸的分野与孟子有同有异。孟子以仁和力分王霸。荀子认为霸不单是恃力,而且还讲信。单纯恃力者称之为"强"。在荀子看来,王与霸虽有原则的差别,但不是截然对立的。荀子鄙薄的是强、安、存、亡之道。王、霸、强、亡的区分可从对外对内两方面考察。

对外:"王夺之人,霸夺之与,强夺之地。夺之人者臣诸侯,夺之与者友诸侯,夺之地者敌诸侯。臣诸侯者王,友诸侯者霸,敌诸侯者危。"⑥"夺之人",指争取人心。"夺之与",指同他国结好,讲信用。"夺之地",指占领他国土地。实行"强道",一心想侵占别国土地,势必招致他国的反抗。一招失算,反而招祸。所以"强道"是向弱亡转化的契机。荀子说的"强道"与孟子所说的"霸道"相类。在荀子看来,"霸道"是"王道"的候补者。王、霸可以相通。"上可以王,

①②⑤⑥《荀子·王制》。
③④《荀子·富国》。

下可以霸。"①要想统一天下，必须实行王道，争取天下之心归服。

对内：王、霸、强、亡之道以对不同阶层的态度做区分。《荀子·王制》说："王者富民，霸者富士。仅存之富国大夫，亡国富筐箧、实府库。筐箧已富，府库已实，而百姓贫，夫是之谓上溢而下漏；入不可以守，出不可以战，则倾覆灭亡可立而待也。故我聚之以亡，敌得之以强。聚敛者，召寇、肥敌、亡国、危身之道也，故明君不蹈也。"

对外与对内政策相互联系，相互作用，其中以对内政策为基础。②

王、霸、强、亡摆在每一个君主面前，任他们选择。每个国家内部都有两种因素、两种力量。"无国而不有治法，无国而不有乱法；无国而不有贤士，无国而不有罢士；无国而不有愿民，无国而不有悍民；无国而不有美俗，无国而不有恶俗。"③没有必胜之国，也没有必败之国；每国都有强盛的因素，也都有衰败的因素。问题在于君主做何种选择。"两者并行而国在，上偏而国安，在下偏而国危；上一而王，下一而亡。"④大意是：对两种因素采取调和立场，仅仅可保住国家的存在；偏重积极力量，国家可以安稳；偏向消极因素，国家面临危亡。依靠积极力量，压抑消极力量，就可以称王；反之，必定走向灭亡。

王、霸、强、亡问题的提出，对统治者有重大意义。荀子告诉当权者，自己的宝座并不是放置在坚不可摧的磐石上，而是时刻有倾倒的危险。朝代的更替、君主的递代为荀子的理论提供了无可辩驳的铁证。荀子希望君主们分析一下形势，看清楚，一边是万丈深渊，一边是伸向顶峰的大道，切莫一失足而悔恨千古。

从历史事实考察，霸、强、亡活生生存在于历史之中。王道似乎只可视为理想。荀子这些人为什么热衷于这种无法实现的理想国呢？对此可以从两方面分析。一方面，理想国虽然无法实现，但也并非虚无，它概括了占统治地位阶级的最一般的和最本质的要求。将理想国理论置于当权者个人之上，向当权者提出了行为准则，以便对君主起某种制约作用。一种制度要保证它的存在，就必须不断地实行自我批判和检查，否则必定僵化。只

---

① ③ ④《荀子·王霸》。

② 参见《荀子·王霸》。

要走向僵化,势必失去应变能力。理想国的提出为自我批判提供了理论依据,也为应变和自我改革提供了模式。另一方面,对人民来说,理想国理论可以起一定的欺骗与安慰作用。理想国告诉人们,一切苦难的现实并不是必然的。只要君主改变政策,或更换一个君主,王道乐土就会到来。等着吧,一切都会好的,会有王道乐土的! 这种王道乐土理论也确实给农民以希望、安慰和精神满足。盼望有个好君王就是这种理想国理论在农民身上起作用的表现。

七、结语

人性恶和人性改造是荀子政治思想的理论基础。外来的改造与内在的修身是进行改造的两条途径,缺一不可;不过外来的改造占主要地位。外来改造的武器是礼。礼既是道德规范,又是政治制度。礼这个东西不是从天上掉下来的,是由圣人、君子制定出来的,并肩负在圣人、君子身上。于是圣人、君子构成了治之原、治之本。在思想逻辑上,荀子与孔、孟不同之处在于,孔、孟强调由己及人,荀子则强调由圣人君子进行改造。圣人君子即统治者,从而论证了统治和压迫秩序是不可侵犯的。荀子虽讲了许多为民、富民的美言,但最终的目的都是为统治者着想。

圣人与王结为一体,于是创造出“圣王”这个概念。在诸子中使用“圣王”这个概念最早的人是墨子,其后陆续被人采用。一般说来“圣人”与“圣王”是相通的,在荀子的著作中也是一样,不过把圣王再升格的又是荀子。且看下边荀子的区分:“圣也者,尽伦者也;王也者,尽制者也。两尽者,足以为天下极矣。故学者以圣王为师,案以圣王之制为法。”[①]这里把圣人与王做了区分,而圣王是两者的结合。我们要特别注意荀子这段话,它标志着一个新的意义,这就是圣与王彻底合二为一了,而且“圣王”比泛泛说的“圣人”要更高一级,无疑也更神圣。孟子把孔子誉为“千古一圣”;在荀子的这段定义性的论题中,孔子则是不够格的,因为它宣布孔子要接受圣王的再教育和再定位,而这是后来秦汉的事了。

圣人、圣王理论无疑是一个美妙的理想,但同样把理想交给君王来实

---

① 《荀子·解蔽》。

现,从而同样把君王置于最神圣的地位。

荀子的圣人、圣王理论进一步证明,它导向的只能是君主专制主义!

第七节 《易传》的应变政治思想

一、《易传》及其政治思想的特点

《易传》是解释《易经》的,《传》有七种共十篇,又称《十翼》。《易传》成书的时间是个很难定断的复杂问题,学界的争论和歧义多多,特别是马王堆汉代楚墓出土帛书中有一篇《要》,记述孔子与弟子说"易"(《易经》)的事。郭店楚墓出土竹简有孔子论"易"的文字,证明今本《易传》中的部分文字出自孔子,但又不能证明整个《易传》都是孔子之作。看来《易传》还是众人之作的汇集。这里把它放在战国。对《易传》学派归属问题,传统都列入儒家,近有学者认为是道家之作。从内容看的确有道家与阴阳家的影响,但主题还应是儒家。这里仍按习惯列为儒家。《易传》由如下七篇文章组成,具体为:

《易传·彖传(辞)》:分上下篇,解释六十四卦卦名及卦辞。"彖"者,断也,断一卦之义。

《象传》:分上下篇,释卦义,因主要解释卦象,故称《象传》。

《文言传》:是乾、坤两卦的解说。

《系辞传》:分上下篇,是易经的通论,以论述经义与功用为主,兼及筮法、宇宙起源等问题。

《说卦传》:主要记述八经卦所象之事物。

《序卦传》:解说六十四卦顺序排列关系。

《杂卦传》:错杂解说六十四卦之义,故名《杂卦》。

《易经》为卜筮之书,归根结底是一种神学。任何神学都标志着认识的终结和僵化,《易经》所提供给人们的最终教训也是如此。但神学也并非一个模式,有各式各样的神学,不同的神学在认识中的地位也不尽一样。原始的和以偶像崇拜为特征的神学所给予人们的主要是寄托和安慰。还有另一种神学,比如像《易经》这样的神学,在到达神的启示终点之前,有一个漫长的世俗认识过程。这个世俗过程越长，所容纳的有价值的内容就越多。

《易经》的论述与吉凶相连接，无疑是一种模式化的认识。但是模式化的认识也有不同情况，一种是直观性的模式，一种是理性的模式。直观性的模式只能给人以模拟，但理性的模式却蕴藏着对事物的抽象化表达，有时深刻地揭露了事物的本质，给人以智慧。《易经》与《易传》两种模式都有。《易经》中直观模式较多，如"枯杨生华，老妇得其士夫""枯杨生稊，老夫得其女妻"①"见龙在田""飞龙在天"②等。《易传》中更多的是理性模式。理性模式是从具体事物中抽象出来的。抽象越具有科学性，那么与具体事物的联系就越广。由于《易经》与《易传》所概括的模式，有很多极为深刻，长时间以来，人们不只在迷信上需要它，在认识上也需要它。

《易经》与《易传》主要是帮助人们选吉避凶。在阶级社会，吉凶无不具有阶级的规定性，而且首先表现在政治上。因此"易"在政治思想史上有它的独特地位。"易"不是直接论述现实的政治与政策。"易"的政治思想有如下两个特点：

第一，它从总体上论证了政治关系，规定了人事吉凶的标准。

第二，"易"重点在言变，它从变的角度与事物的关系上提出了处理政治问题的方法与原则。

"易"的最终目的还在于政治，正如《系辞传上》所说："夫易，圣人之所以极深而研几也。唯深也，故能通天下之志；唯几也，故能成天下之务；唯神也，故不疾而速，不行而至。"意思为：圣人穷究"易"之深奥，研求"易"之几微。"易"道深奥，所以能贯通天下之思想意志。"易"道几微，所以能定天下之事务。又说："夫'易'何为者也？夫'易'开物成务，冒天下之道，如斯而已者也。"开物成务即揭开事物的真相，确定事物之办法。冒，覆也，犹包也。"冒天下之道"，意即包括天下事物之道理。由于"易"有这样的作用，圣人用之，"以通天下之志，以定天下之业，以断天下之疑"。"易"是打开所有奥秘之门的钥匙，只有掌握它，才能统治天下。

---

①《易经·象传下·大过》。
②《易经·象传上·乾》。

二、社会结构本于自然说

从大的自然观来看,人类社会无疑是自然的一部分,是自然发展到一定阶段的产物。人类社会与自然界虽有质的不同与差异,但两者之间又存在着内在的统一性。先秦诸子的最大优点之一,是对这种统一性进行了探讨。"易"的最明显的长处就在于对这种统一性进行了更广泛深入的描述,有许多精到的见解。比如对矛盾统一的规律做了更为深刻的揭露,《易传·象传下》讲:"天地睽而其事同也,男女睽而其志通也,万物睽而其事类也。""睽",指事物的矛盾,"同""通""类"指事物的"合"。事物通过矛盾的形式连接在一起,相反而相成。除了哲学抽象之外,《易传》还用比附和人造结构的办法制造了自然与人事的统一。

作者认为自然与人类是一种父子生成结构,把人类社会说成是天地的子孙。《易传·序卦传》说:"有天地,然后有万物;有万物,然后有男女;有男女,然后有夫妇;有夫妇,然后有父子;有父子,然后有君臣;有君臣,然后有上下;有上下,然后礼义有所错。"这种子孙生成关系无疑包含了统一性的认识,但是这种关系显然是人为结构的产物。这种父子生成关系把君臣关系与礼义制度自然化了,使之成为自然演进中的一环。既然是自然演进中的一环,那么君臣与礼义制度不仅是必然的,也是绝对合理的和不可动摇的。

天地自然与人事相对应是另一个特点。《易传·系辞传上》说:"天尊地卑,乾坤定矣。卑高以(同'已')陈,贵贱位矣。"乾是天,坤是地。天高,地卑。这种"高""卑"不仅表示势位的不同,而且代表着"贵"与"贱"。《易传·说卦传》在以卦比物时,认为乾代表着"天""父""君""金""玉"等,坤代表着"地""母""众"(臣民)"布"等。很明显,前者贵,后者贱。《易传·文言传》在讲到"地道"时,认为"地道""妻道""臣道"均属阴。地道的特征之一是顺天从阳。《易传·象传上》在解释"泰"卦时提出"内阳而外阴,内健而外顺,内君子而外小人"。诸如此类的层次相对应关系,把君臣、父子之间的主从、上下依附关系说成是自然的,从而把人间的关系绝对化、固定化,赋予不可抗拒的超人的性质。

作者认为人事的典章制度和权力也是由自然中引申出来的。《易传·系辞传上》说："圣人有以见天下之动,而观其会通,以行其典礼。"大意是:圣人见天下事物运动变化,观察其会合贯通之处,从而推行社会之典章制度。作者把天地之"动"与"会通"作为行典礼的根据,"典礼"则是人的行为规范及其相互关系的准则。《易传·象传上》在解释"履"卦时也说:"君子以辩上下,定民志。"人们的志趣不能自由,要用上下的地位加以限制和固定。《易传·说卦传》对君人南面的礼俗也从卦义与卦位上进行了论证:"离也者,明也,万物皆相见,南方之卦也。圣人南面而听天下,向明而治,盖取诸此也。"《易传·象传上》认为王公的武备也取诸于卦象。文中说:"天险,不可升也。地险,山川丘陵也。王公设险,以守其国。险之时,用大矣哉。"如果"易"是神圣的,那么制度、典礼、武备也都有神圣的根据。

作者还把八卦与道德连接为一体。先赋予八卦以道德性质,再反过来神化人间道德。《易传·系辞传上》说,阴阳相交,"显诸仁,藏诸用"。大意是:阴阳之道,其显明易见者乃其生育事物之仁,其隐藏难知者乃其所以能生育万物之作用。《易传·说卦传》说,圣人"立人之道,曰仁与义"。天地阴阳之性与人道是一致的。人道本于阴阳八卦。

《易传》用哲学抽象寻求自然与人事的统一性,在认识方向上有它的意义;不过,在粗糙的、人为的结构中表现的统一性,多半是一些比附话语。这些话语之所以能使一些人相信,主要是因为问题本身在当时比较深奥;另外,哲学的抽象也帮了不少忙。这种人为结构的统一性在科学认识上虽无多大意义,但在政治上却有极为重要的作用,因为它论证了统治者与被统治者、君臣上下之间的关系是自然生就的,是不可违反和改动的。

三、应变政治

"易"在思想上最显著的特点是研究变。《易传·系辞传上》说:"阖户谓之坤,辟户谓之乾,一阖一辟谓之变,往来不穷谓之通。"阖,闭也。辟,开也。坤象征着地、阴、秋、冬,乾象征天、阳、春、夏。这句的大意是:秋冬之时,宇宙之门闭,万物入藏。春夏之时,宇宙之门开,万物出放。宇宙之门一闭一开,万物一入一出,叫作"变"。闭开入出,往来不穷,叫作"通"。天地自然在变,人事也在变。"日中则昃(昃),月盈则食。天地盈虚,与时消息(蕃息),而况于人乎?况于鬼神乎?"①《易传·系辞传下》还论述了历史之变,由包牺而神农,由神农而黄帝、尧、舜。作者把历史划为三个阶段,人类的经济生活由田猎而农耕,再由农耕而到商业与文明的全面发展。由结绳记事到有文字书契,由无礼制而创制礼制等。变化中有一个基本的规律叫作"穷则变,变则通,通则久"。这里所说的"久"并不是永久不再变更,而是一个循环的结束,继"久"而来的又是"穷",又进入新的循环周。"穷则变,变则通,通则久"是一个极其光辉的命题。由此可以看到一个基本事实:尽管"易"在总体上是封闭的,归结点又是僵化的,但在具体的事物范围之内,总是以"变"的观点考察一切。把变化的思想运用于政治,可称之"应变政治"。

应变首先表现在顺时。前边提到的"天地盈缩,与时消息",与《易传·象传下》讲的"君子以治历明时",就是要求人们与自然之变相一致。历即历法。自古以来人们对历法特别重视,把它作为政治生活的主要内容之一。以时令规定时政是政治的一项基本原则。《易传》常说"与时偕行"(如《易传·文言传》《易传·象传》),"时止""时行"(如《易传·象传》)。时间本身无所谓行与止的问题,这里所言的时止、时行指与时间相关的客观条件的相对稳定与变化。人的行动应随时间与条件的变化而动。如《易传·象传下》所说:"时止则止,时行则行。动静不失其时,其道光明。"《易传·系辞传下》也说:"变通者,趣时者也。"《易传》认为时间运动是一个伟大的自然力量。这种力量会带来巨大的后果。《易传·系辞传下》说:"日往则月来,月往则日来,日月相推而明生焉。寒往则暑来,暑往则寒来,寒暑相推而岁成焉。往者屈也,来者信(同'伸')也,屈信相感而利生焉。"时间对一个人来说有个机遇问题。时机不当,祸从天降,如《象传下》说:"不出门庭,凶,失时极也。"时遇得当,代价小而收获大。《易经·象传下·既济》说:"东邻杀牛,不如西邻之禴祭,实受其福。"《易传·象传下·象传下》解释道:"东邻杀牛,不如西邻之时也。"杀牛是盛祭,禴是薄祭;盛祭不如薄祭得福,因后者得时之助。时间及其条件确是一种伟大的自然力,单单是时间的不可转性,就足以使人庆幸一世或抱恨终身。时间的作用是不可胜数的。

①《易传·象传下》。

259

基于上述的认识,作者们特别强调要善于选择时机,善观时变而后动。《易传·系辞传下》说:"君子藏器于身,待时而动,何不利之有?"《易传·彖传上》讲:"大'亨贞无咎',而天下随时,随时之义大矣哉。"大意是:大吉大利之事要随时而应之。随时之意义重大,不可错过,失时则无可挽回。《易传·系辞传下》告诫人们要善于捕捉时机而后行。"君子安其身而后动,易其心而后语,定其交而后求。君子修此三者,故全也。危以动,则民不与也。惧以语,则民不应也。无交而求,则民不与也。莫之与,则伤之者至矣。"意思是:君子行动不行险以侥幸,说话要平心静气,向人求助必是求有交谊之人。有了这三条就能保证平安无事。反之,如不察时变,冒险行动,内心恐惧而言,无交情而求人,不会得到人的帮助。应时而动要特别注意微彰、安危、名实、盈虚、静动。

　　微与彰是讲事物变化的阶段性。几、微即通常所说隐蔽和萌发状态,彰指显赫状态。作者告诫人们要善于观察几、微、彰。"君子知微知彰,知柔知刚,万夫之望。"尤其要注重苗头,见微而知著。"几者,动之微,吉凶之先见者也。君子见几而作,不俟终日。"[①]

　　安危讲的是事物的两种前途。《易传·系辞传下》说:"君子安而不忘危,存而不忘亡,治而不忘乱,是以身安而国家可保也。"居安思危,防乱,安才有保证。《易传·象传下》说:"君子以思患而豫防之。"如果明知险在前,切不可冒险。《易传·象传上》说:"不犯难行也。"《易传·象传下》说:"见险而能止,知矣哉。"

　　名实一般指主客观关系。其实名实问题也是个运动变化问题。在变化中会引起名实之间的背离现象。《易传》作者认为名实相符是吉,名实相悖是凶。《易传·系辞传下》说:"德薄而位尊,知小而谋大,力少而任重,鲜不及矣。"《易传》特别强调言语的作用,认为乱由言生。《易传·系辞传上》说:"乱之所生也,则言语以为阶。君不密则失臣,臣不密则失身,几(机)事不密则害成。是以君子慎密而不出也。"君主说话于内室,作用于千里之外,尤其应慎重。《易传·系辞传上》说:"君子居其室,出其言善,则千里之外应之,况其迩者乎?居其室,出其言不善,则千里之外违之,况其迩者乎?言出乎身,加

---

①《易传·系辞传下》。

乎民;行发乎迩,见乎远。言行,君子之枢机。枢机之发,荣辱之主也。言行,君子之所以动天地也,可不慎乎!"这种情况,只有在君主高度专制的情况下才能发生。

盈虚是讲事物变化的程度。作者认为盈虚在不断变化。"损刚益柔有时,损益盈虚,与时偕行。"①"盈不可久也"②,虚增益,所以"君子以虚受人"③。盈标志事物到了极端,虚尚在发展阶段,作者认为物极必反。《易传·序卦传》说:"泰者,通也,物不可以终通,故受之以'否'。""'剥'者,剥也。物不可以终尽剥,穷上反下,故受之以'复'。"为了防止物极,最好的办法是持虚。作者不是把虚作为目的本身,而是作为自我保存的条件。《易传·系辞传下》在讲到屈伸关系时说:"尺蠖之屈,以求信(伸)也;龙蛇之蛰,以存身也。"把问题交代得十分清楚。

《易传》还反复讲到进退。进退表示事物空间的移动,正如时间是一种伟大的自然力量一样,空间同样也是一种伟大的自然力量。《易传·系辞传上》说:"变化者,进退之象也。"把变化说成是进退,不尽确切,但进退的确是变化的一个特征,所以对事物特别注重进退和往来。

动静讲事物运动的两种形式。《易传》着重研究动,同时对静也很重视。乾代表着动,坤则代表着静。动中有静,静中有动,以动为主,动静又互相转化。《易传·系辞传上》说:"夫乾,其静也专,其动也直,是以大生焉。夫坤,其静也翕,其动也辟,是以广生焉。"乾的动中有静,坤的静中有动,动静又可转化。"坤至柔而动也刚,至静而德方。"④坤为至柔可以转化为刚,至静也可以转化为动,这叫"刚柔相易"⑤。

在运动的各种形式中,《易传》的总原则是不偏执,而是主张持"中"。《易传》中讲到"中"的地方不下百处,其中最主要的意思是指中正不偏。"中"在政治上体现为制度。《易传·彖传下》说:"天地节,而四时成。节以制度,不伤财,不害民。"《易传·象传下》云:"君子以制数度,议德行。"

①《易传·象传下》。
②《易传·象传上》。
③《易传·象传下》。
④《易传·文言传》。
⑤《易传·系辞传下》。

《易传》虽强调应时、应变、顺乎自然，但不是消极的，而是相反，认为应该发挥主观能动性。《易传·系辞传上》说："化而裁之谓之变，推而行之谓之通。"这里的"变""通"不同于自然本身的过程，而有人的因素。"化而裁之"的"化"指自然，"裁"指人为，指顺自然而用人力制裁。《易传》认为自然有变革才分出四时，循环不已。人事到了一定程度也必须变革，才有出路，正像《易传·彖传下》在解释"革"卦时所说："天地革，而四时成。汤武革命，顺乎天而应乎人。革之时，大矣哉。"《易传》从事物变革的观点论述了社会朝代更替的必然性。作者所说的"革命"无疑有神秘主义的含义，但应乎人则完全是现实主义的。在中国历史上《易传》是第一次提出了"革命"这一概念。这一点对以后的政治思想产生了深广的影响。

四、圣人之治道

《易传》没有直接论述过时政，但对君主和政治的一般原则也有一定的论述。

《易传》对君主的品德与条件有一些别开生面的论述。作者认为，君主的基本条件应该是有道德，能为人表率并能服众。《易传·文言传》说："君子体仁足以长人。"《易传·彖辞传》说："'师'，众也。'贞'，正也。能以众正，可以王矣。"意思是说：能使众人皆正，便可以成就王业。除为人表率之外，君主还必须通变化之道。《易传·文言传》说："夫'大人'者，与天地合其德，与日月合其明，与四时合其序，与鬼神合其吉凶，先天而天弗违，后天而奉天时。天且弗违，而况于人乎，况于鬼神乎！"能通天地、日月、四时、鬼神，自然远在凡人之上。这样的人当然应为君主。《易传·彖传上》也讲了类似的看法："分，刚上而文柔，故'小利有攸往'。刚柔交错，天文也。文明以止，人文也。观乎天文，以察时变。观乎人文，以化成天下。"天文指阴阳交错、天地变化；人文指社会制度教化。上知天文，下知人文，并且知道如何"化"之，这种人无疑是可以"成天下"的。不过，要想上知天，下知人，作者认为必须通"易"，掌握"易"是走向君主的阶梯。前边引证过的一段文字很能说明问题："夫易，圣人之所以极深而研几也。唯深也，故能通天下之志；唯几也，故能成天下之务。"通天文、人文者为圣人，圣人又以法天为其本职。《易传·系辞传上》说:"天生神物,圣人则之;天地变化,圣人效之;天垂象,见吉凶,圣人象之;河出图,洛出书,圣人则之。"圣人不同于凡人之处就在于知"道"。所以又说:"一阴一阳之谓道,继之者善也,成之者性也。仁者见之谓之仁,知者见之谓之知。百姓日用而不知,故君子之道鲜矣。"大意是:一阴一阳矛盾而又统一,谓之"道"。阴阳交错,来者继往者,来者为善;后者继前者,后者为善。阴成为阳,阳成为阴,这是本性。人们面对着道,认识往往不同。百姓只知其然而不知其理,只有君子才能全面认识道。能认识道的君子无疑具有无限的能力,会使万人折服。《易传·文言传》说:"云从龙,风从虎。圣人作而万物睹。""物",犹"人"也。"睹"通"著", 附也。意思是:圣人兴起,万人亲附。英雄指挥一切,万人都拜倒在英雄脚下。

《易传》认为,通"道"的君主应该像天地养万物那样养育万民。《易传·彖传上》说:"天地养万物,圣人养贤以及万民。"《易传·象传上》说:"地势坤,君子以厚德载物。"意思是:地顺天势,其体厚,能载万物,君子法地,以厚德养臣民。对这种思想,我们应做两面观。一方面,它对君主提出极高的要求,君主应承担养育万民的责任,如同天地于万物一样,否则就不配做君主;另一方面,在这种养育与被养育的关系背后,万民都是君主的附属物,仰赖圣人而生。作者向君主提出了极高的要求,在这种呼声中,把君主置于绝对的地位;万民应受到君主的养育,在这种养育中,万民被降到了依附地位。然而乍一看,却又是用温情的面纱掩盖着。

君主养育万民,养育则要合天地之道。《易传·象传上》说:"天地交,泰。后(君主)以财(同'裁')成天地之道,辅相天地之宜,以左右民。"大意是:国君观"泰"卦,裁天地之规律,辅助天地之所宜,支配万民从事生产和生活。《易传·彖传上》说:"天地以顺动,故日月不过,而四时不忒。圣人以顺动,则刑罚清而民服。""顺动"即顺从自然社会规律之意。作者认为圣人顺动和养育相结合才能使天下服。《易传·彖传下》说:"日月得天,而能久照。四时变化,而能久成。圣人久于其道,而天下化成。"又说:"天地感,而万物化生。圣人感人心,而天下和平。"

圣人之政治还必须明察事物。如何明察,作者有许多论述,要之,有两种方法。一种方法是从矛盾的观点即对立统一的观点考察事物,知道事情的两个方面。《易传·彖传下》讲:"天地睽(矛盾)而其事同也,男女睽而其志通也,万物睽而其事类也。""睽"讲的是事物的矛盾性;"同""通""类"讲的是矛盾双方的统一性,又称之为"合"。矛盾的双方既有"睽",又有"合"。天地以时睽,以时合,故万物育。男女以时睽,以时合,故家室成,子女生。万物以时睽,以时合,故相需相养。《易传·象传下》把问题概括得更清晰:"君子以同而异。"即君子认识事物,综合事物之同又分析事物之异。《易传·文言传》中也讲了类似的认识道路:"知进而不知退,知存而不知亡,知得而不知丧,其唯圣(王肃本作'愚',是也)人乎! 知进退存亡而不失其正者,其唯圣人乎!"事物对立面转化有一个过程,圣人必须明察苗头。《易传·文言传》中说:"臣弑其君,子弑其父,非一朝一夕之故,其所由来者渐矣。由辩(同'辨',察也)之不早辩也。"

明察事物的另一种方法是类分。类分包括分析总合两个方面。《易传·象传上》曰:"天与火,'同人'。君子以类族辨物。"《易传·系辞传上》曰:"方以类聚,物以群分。吉凶生矣。"万物分为"类""群"。"类""群"包含了一类事物的共性,同时又与他物相区分。君子之所以明如"天"、亮如"火",就在于他善于分析事物之种类以辨别事物之不同。

圣人养育万民具体表现在经济与政治两方面。在经济上作者主张取民有度。《易传·象传下》曰:"损上益下,民说无疆,自上下下,其道大光。"《易传·象传上》曰:"地中有水,'师'。君子以容民蓄众。"又说:"地中有山,'谦'。君子以裒(借为'采',取也)多益寡,称物平施。"又说君子"不独富"。《易传·文言传》说:"积善之家必有余庆,积不善之家必有余殃。"统治者要想使民,必先取悦于民,而后民可用。"说以先民,民忘其劳。说以犯难,民忘其死。说之大,民劝矣哉。"①《易传》的作者反复强调要施德于民,施德而民顺。

在政治上主张明礼慎罚,居上位者对下的态度要谦虚。"以贵下贱,大得民也。"②上下顺是国家的保障。《易传·象传上》说:"利用'御寇',上下顺也。"《易传·系辞传上》说:"二人同心,其利断金。同心之言,其臭如兰。"

在用人上,《易传》作者主张"尚贤""养贤"③。《易传·文言传》说:"贵而

---

① 《易传·彖传》。
② 《易传·象传上》。
③ 《易传·象传上》。

无位,高而无民,贤人在下位而无辅,是以动而有悔也。""尚贤"的对立面是"远小人"①。

《易传》也主张治家为正天下之本,因此特别强调父父、子子、兄兄、夫夫、妇妇之道。②

为了统治人民,《易传》作者明确提出以神道设教。《易传·彖传上》云:"观天之神道,而四时不忒。圣人以神道设教,而天下服矣。"

关于道德观念,《易传》属于儒家体系。但其侧重点不是讲具体规范,而是教导人在行动中如何掌握儒家道德的关节点。

《易传》认为君子之德要在自强不息,持之以恒。《易传·象传上》说:"天行健,君子以自强不息。"又说:"君子以言有物,而行有恒。"《易传·象传下》说:"天施地生,其益无方。凡益之道,与时偕行。"《易传·文言传》在解释"君子终日乾乾,夕惕若,厉无咎"卦辞时说:"君子进德修业。忠信所以进德也。修辞立其诚,所以居业也。知至至之,可与言几也。知终终之,可与存义也。是故居上位而不骄,在下位而不忧。故乾乾因其时而惕,虽危无咎矣。"上述种种议论,告诫人们要勤勉而小心,以忠信立身,以诚待人。言要中肯,行要有恒。遇事要细心估量事物会走到哪一步、得出什么样的结果,须慎之又慎。处安而不懈,处危境也不会有大害。这些都是由自强不息的精神换取的。

与自强不息相伴的是刚健果行。刚健是乾卦的本性,人应效法行刚健。《易传·彖传上》说:"其德刚健而文明,应乎天而时行。"刚健说的是内心意志,表现在行动上则是果行。《易传·象传上》说:"君子以果行育德。"即是说,君子持道要果断而不回,以增大自己的德行。《易传·文言传》也讲:君子"贞固足以干事"。贞,正也,贞固即正而坚。干,主办,主持。君子要坚定地以正道主办事务。

当生命与志向发生矛盾时,要舍性命而遂志。《易传·象传下》说:"君子以致命遂志。"志向与君主发生矛盾,从志不从君,《易传·象传上》说:"不事王侯,志可则也。"功名与志向发生矛盾,遂志而弃功名,"不可荣以禄"③。《易

---

① 《易传·象传下》。

② 参见《易传·象传下》。

③ 《易传·象传上》。

传·文言传》说:"初九曰:'潜龙勿用。'何谓也?子曰:'龙,德而隐者也。不易(易,犹移也,不为时人所移)乎世,不成乎名,逐世无闷,不见是而无闷,乐则行之,忧则违之,确乎其不可拔,潜龙也。'"大意是:有德持志者,不为世俗所移,不图功名,避世不烦闷,不为世人所知也不烦闷。符合己志者则行,违反者则避之,志向是绝对不可拔的。

君子之德的另一个表现是以谦待人。《易传·象传上》说:"人道恶盈而好谦。"《易传·象传上》说:"谦谦君子,卑以自牧也。""劳谦君子,万民服也。"又说:"君子以虚受人。"谦虚,一方面表现为尊重人,《易传·系辞传上》说:"谦也者,致恭以存其位者也。"另一方面表现为不伐功,《易传·系辞传上》说:"劳而不伐,有功而不德。厚之至也。"谦逊要求人们思不越位。"君子以思不出其位。""君子以惩忿窒欲。"①

在处理人与人的关系时,君子要积善。《易传·象传上》说:"君子以遏恶扬善,顺天休命。"又说:"君子以见善则迁,有过则改。"行善固然很好,不过在行善背后还有另一套打算。《易传·系辞传下》说:"善不积,不足以成名;恶不积,不足以灭身。"积善是为了成名。

圣人政治导向的无疑也是君主专制主义。

五、结语

《易传》是一部奇书,以占卜为基础,综合了儒、道精华。它既神秘,又理性;既有深邃的形而上的抽象,又有形而下的具体展现。全书处处贯彻着天人合一的思维,并勾画出了一幅和谐的图景。从政治的角度说,这是一套政治哲理和一部宏观政治学。

第八节 《礼记》以礼乐治国与君主专制主义

从先秦的历史看,礼可以说是无所不包的社会生活的总规范,融习俗、道德、政治经济制度、婚姻制度、思想准则为一体。礼最初表现为不成文的习惯,到了后来形成条文规定。《中庸·二十八章》说周礼"礼仪三百,威仪三

---

① 《易传·象传下》。

千",大约就是荀子所说的《礼经》。①儒家多以教师为业,礼是其教学的一门主课,除了口耳之传外,不能没有"本本"。《礼记》诸篇与"本本"应该有密切关联。

礼渗透到整个社会机体的各个方面、各个角落,渗入每个人的血液中,礼对汉族文化的形成有过巨大的影响。

作为一种习俗和制度,可以陈陈相因,经久不衰。如果一种事物仅靠习俗维持,而没有理论论证,说明这个事物尚不成熟,还缺乏自觉性;只有经过理论论证之后,才能由盲目或自发变为自觉。理论不仅能阐发事物的价值,同时又可提高事物的地位。礼在西周以前,以成俗或直接规定的形式存在;直到春秋时期,人们才开始给礼以理论的论证。

春秋战国时期"礼崩乐坏"只是礼发展中的一个阶段,并不是礼本身的废弃。因为礼赖以存在的社会土壤依然存在,如同离离原上草,有枯必有荣。儒家在礼衰之时,看到了它必将复荣,并为礼的再兴进行了顽强的奋斗。儒家之外,除少数思想家主张废除礼外,多数思想家都给礼留下了大小不同的空间。历史是这样的怪癖:一方面礼崩乐坏;另一方面复兴礼的呼声四起,特别是理论性的论证,为礼的再兴提供了理性依据。

儒家对礼的论述是很多的,仅载于《汉书·艺文志》的即有五十三种、八百多篇。《礼记》就是以论礼、乐为中心的一个选本。《礼记》又分《大戴礼记》和《小戴礼记》。前者是戴德的选本,后者为戴圣的选本。戴德、戴圣均为汉昭、宣帝时期著名的儒家经师,戴德为叔,戴圣为侄,故称大、小戴。《大戴礼记》原有八十五篇,现存四十篇,《小戴礼记》为四十九篇。《小戴礼记》于汉宣帝时曾列入官学。《大戴礼记》是否列入官学,学界有争议,待考;不过也与经相类,西汉后期名臣论奏中多有称引。②

《礼记》中诸篇的制作时代是个有待深入考证的问题。郭店出土竹简与上海博物馆藏竹简中有数十篇与《礼记》有密切的关联,像《缁衣》等篇基本是相同的,还有许多篇在文字上有相同之处。研究者常常归入"礼记类"。由此很多学者如李学勤、彭林等,认定《礼记》应是先秦的文字。20 世纪 80 年

①参见《荀子·大略》。
②参见《汉书·韦玄成传》《汉书·梅福传》等。

代我写《先秦礼论初探》时用了《礼记》;但在写政治思想史时,依辨伪书的学术倾向,把《礼记》放在汉代。这里移到先秦来写,但我仍不全否定《礼记》中有汉代之作或汉代人的增删内容。这里难以细论。《礼记》多篇与荀学关系很明显,孰先孰后,学界有不同看法,这里也从略。还要说一点,有些篇有阴阳五行等诸子的影响。由于上述诸因,这里把《礼记》放在先秦儒家的后期来论说。

《礼记》有论礼、乐制度的内容,也有对礼、乐理论的阐发。因非出自一人之手,所论多有歧义;但其论尊尊、亲亲,其义一也。《大戴礼记》《小戴礼记》本文一并论之,文中引文出自《小戴礼记》的仅注篇名。

礼是儒家立论的主体,但诸子也程度不同地把礼视为必要的论题,所以下边文中间或也提到诸子。

一、关于礼之源的诸种理论

理论认识揭示出对象必然存在的根据,是首要的课题。古今中外的历史证明,对必然性及其存在根据论证越充分,就越能服人。儒家和维护礼的人们,花了大量心血去发掘礼赖以生存的必然根据。在当时条件下,这个问题实在难以说清楚,因此即使在儒家内部也无首尾一贯的统一理论。这里我们只好用归类的办法,分别加以叙述。

(一)天生礼说

天神生礼是殷周以来的传统观念。春秋战国之时,天神虽大大"降价",但依然为众多人所信奉。天生礼作为一说也依然流行于世。"礼以顺天,天之道也。"[①]《大戴礼记·曾子天圆》说:"神灵者,品物之本也,而礼乐仁义之祖也。"这一说法没有新东西,毋庸多言。

(二)礼是天、地、人统一的体现

春秋以降,在思想界兴起一股强大的思潮,即从天、地、人的统一性论述人事。天地观念包含着事物的本原、规律或必然性,又常常兼有神秘性,是一个模糊概念,容量极大。天、地、人的关系是一种由宏而微的层次结

---

①《左传·文公十五年》。

268

构,其间存在着制约关系和统一性。关于其间的制约关系与统一性问题,这里不能详细讨论,只能当作既定的前提。礼仪便是这种制约关系和统一性的体现和反映。子产说:"夫礼,天之经也,地之义也,民之行也。天地之经,而民实则之。"①礼是天、地、人的统一规律和秩序,人只能恪守实行。《乐记》说:"大礼与天地同节。""礼者,天地之序也。……序故群物皆别。"又说:"天地尊卑,君臣定矣。卑高以陈,贵贱位矣。动静有常,小大殊矣。方以类聚,物以群分,则性命不同矣。在天成象,在地成形,如此则礼者天地之别也。"《易传》也有相类的论述。《礼运》说:"夫礼必本于天,动而之地,列而之事,变而从时……"《丧服四制》说:"凡礼之大体,体天地,法四时,则阴阳,顺人情,故谓之礼。"在这种天、地、人对应论中,既有规律和必然性,又有模拟和比附,还有人造的结构,其中又不乏神秘性。礼便是这一切的集中体现和反映。

与礼本于天地说相近的,还有礼生于阴阳说。《大戴礼记·曾子天圆》说:"阳之精气曰神,阴之精气曰灵。神灵者,品物之本也,而礼乐仁义之祖也,而善否治乱所由兴作也。"

从天、地、人的制约关系和统一性考察问题,是古代思想家的一大贡献和一大优点。就礼的内容而论,的确有一部分反映了这种制约关系和统一性,如顺天地之规律、行四时之政。但也有许多规定与天地人之间的制约关系与统一性并无联系,如贵贱等级之分绝不是根源于天地之别,硬把两者对应起来,完全是人为的比附。于是在这中间形成真理与谬误的交融,谬误被真理包裹起来,真理之中又掺杂着谬误,难分又难解。接受真理就不可避免地要吸收胶着在一起的谬误。

用天、地、人的统一性与其间的制约关系证明礼的必然性与合理性,在当时有很大的说服力。

(三)礼根于人性和人性与环境的矛盾

人性问题是战国诸子讨论的一个热门问题。儒家中的两大巨擘都认为礼与人性紧密相关。

孟子倡导性善说,据此认为礼根源于人的本性。无须多辩,这是一种先

①《左传·昭公二十五年》。

验论。荀子主张人性恶,在荀子看来,礼是为了解决和调和人性与社会财富和权力分配之间的矛盾而产生的。

《礼记》中有些篇,从人的性欲与外物接触中形成的矛盾来说明礼的产生。《乐记》说:"人生而静,天之性也;感于物而动,性之欲也。物至知(心智之知)知(对外物的认识),然后好恶形焉。好恶无节于内,知诱于外,不能反躬,天理灭矣。夫物之感人无穷,而人之好恶无节,则是物至而人化物也。人化物也者,灭天理而穷人欲者也,于是有悖逆诈伪之心,有淫泆作乱之事。""故先王之制礼乐,人为之节。"大意是:人的本性是清静的,无所谓善恶,但一接触外物便形成好恶欲望。外物的刺激无穷,欲望随之而增;如果不加节制,被物吸引过去,便失去了自我控制能力,什么坏事都会干出来。于是圣人制礼义,用来节制人的欲望。《乐记》的说法与孟、荀不尽同,认为礼是为了求得性、欲望、外物三者之间的平衡而产生的。

在《礼记》中还有一些篇侧重从节制人的情感角度来论述礼的产生。《礼运》说,人有喜、怒、哀、惧、爱、恶、欲之情,有饮食男女之欲,死亡贫苦之恶。人的欲望有时表现于外,有时深藏于心,不可测度。如果没有一定规矩外控内抑,势必酿出祸乱。于是制定出了礼,以公开的方式裁抑人的欲望,以教育的方式疏导其心,使人们反躬自省,自我控制。

儒家把礼同人性联结在一起,使礼获得了深奥的哲学依据。应该承认人的欲望与社会生活之间存在着矛盾这一事实。在社会生活中,人的情欲应该有所节制。如果不加节制,任其自由放纵,人将与禽兽为伍。节制情欲是诸子中多数人的共同主张。儒家主张以礼节制,法家主张以法节制,墨子提出以义节制,道家主张以道节制。途虽殊,但都主张节制。先秦诸子中也有主张纵欲的,这些主张虽不能说毫无道理,但谬误多于合理,故不能为多数人所接受。

礼在节制和陶冶性情上有过不可泯灭的历史功绩。不过,繁缛的礼仪和等级规定又使人举手违禁,礼的桎梏使人的性情向畸形发展。所以,随着历史的发展,消极作用越来越突出。

(四)为维持人的再生产而制定了礼

人的再生产早已为古人所注意。先人一向把传宗接代视为头等大事。尊祖、慎终追远不只表现为道德观念,还表现为一整套祭祀制度。因此,孝在礼中占有特别重要的地位。"孝,礼之始也。"①孝道是儒家思想的主要支柱。《礼器》明确指出,礼的本质在于尊祖反初。文中说:"礼也者,反本修古,不忘其初者也。"《乐记》也说:"礼反其所自始。"古代的尊祖和孝敬家长除为了保障人的再生产这一目的外,还有经济的原因。在当时自然经济条件下,家庭是社会的经济细胞,家长则是细胞核,尊祖崇孝也是维护社会经济细胞所必需的。

婚姻制度的建立与改善是野蛮人走向文明的重要标志。婚姻制度的直接目的之一是实现人类再生产。于是有礼本于婚姻的需要说。《昏义》说:"夫礼始于冠,本于昏。"《易传·序卦传》曰:"有夫妇,然后有父子;有父子,然后有君臣;有君臣,然后有上下。"于是"礼,始于谨夫妇,为宫室,辨外内"②。男女婚姻是人类赖以延续的不可缺少的链条,是人们生活中不可缺少的组成部分。人们很早就认识到,"同姓相婚,其生不蕃",时时注意改进婚姻制度。因此,把礼视为始于婚姻,是有一定根据和道理的。

人是物质的,必须靠物质来维系,其中以饮食为先。于是又有人提出礼出于饮食之道。《礼运》说:"夫礼之初,始诸饮食。"人类为了生存,对饮食费尽了心机,从茹毛饮血到熟食、美食,经过了艰苦的历程。人无食不得生,所以很早就有人提出"民以食为天";神鬼是人虚构出来的自身模特,也要吃要喝,祭祀的贡品便是为了神鬼填腹果肚。人要食,食不得其道,又反受其害,正如《庄子·让王》中所指出的,许多人"以所用养害所养"。所以需要讲求饮食之道。把礼说成起于饮食,未必抓住了要点;但作为依据之一,又不无道理。

人的再生产是一个复杂的历史现象,其中有许多道理可以研究,儒家把这个问题提出来是一大贡献,礼中的许多规定有利于人的再生产。当然,其中也有许多落后的习俗和规定,又有损人的再生产。对此要结合礼制做具体分析。儒家把礼与人的再生产联结在一起,确实给礼提供了一个强有力的根据。

---

① 《左传·文公二年》。
② 《礼记·内则》。

(五)礼起于治乱

许多思想家从社会历史进程中的矛盾说明了礼的产生。他们大都认为人类最初乱作一团，不可自理。于是有圣人出，制礼以理乱。《管子·君臣下》说，人类初始无君臣之别，"以力相征，乱而不止"，待圣人制定出礼法道术，天下才走上正常生活之路。儒家诸书和《墨子》《商君书》《吕氏春秋》等，都有类似的论述。这种说法看似平淡无奇，但它的长处恰恰在于把礼视为历史发展到一定阶段的产物，是为解决社会矛盾而由人制定出来的。

(六)礼生于理、义，或顺民心以成礼

《管子·心术上》说："礼者，谓有理也。"《仲尼燕居》说："礼也者，理也。"《乐记》说："礼也者，理之不可易者也。"何谓理？在诸子的论述中含义不尽相同，这里不能评述。要之，理指的是事物的必然性和道理。这样一来，礼就是必然性和道理的体现。把礼视为理，显然是一种更高的抽象。

与上述说法相近的另一种说法，认为礼出于义。晋师服说："义以出礼，礼以体政，政以正民。"①郤缺说："义而行之，谓之德礼。"②《管子·心术上》说："义者，谓各处其宜也。礼者，因人之情，缘义之理，而为之节文者也。"义是什么，这又是一个剪不断理还乱的问题。通常的说法，义者，宜也。《曲礼上》说："礼从宜。"各家对宜又有不同的理解。大凡可以解释为适当、适宜，不违其义。礼出于义，同样也是一种更高的抽象。

如果把理与义落实在实际，便与世故和习俗紧密相关，于是又有礼出于习俗之说。《管子·枢言》说："法出于礼，礼出于俗。"《慎子·逸文》说："礼从俗。"《坊记》说："礼者，因人之情而为之节文，以为民坊(防)也。"俗，情可考之于人心，所以荀子对礼又有一种变通的说法："礼以顺民心为本。……顺人心者，皆礼也。"③

从理、义和世俗上说明礼的产生，使礼获得了群众基础，同时又使礼具有了灵活性，礼应随时而变更。

除以上诸说外，还有其他一些说法。如道家中有的主张礼出于道，法家

---

① 《左传·桓公二年》。
② 《左传·文公七年》。
③ 《荀子·大略》。

272

认为礼出于法,等等。

给一个事物寻找的根据越多、越充分,它就越有存在的理由。学思兼具的儒者,从天上、天下、四面八方、七情六欲都掘出了礼赖以存在的根据。上述种种说法不能说都正确,但从那个时代看,或多或少都有一定的道理,而且是不能完全驳倒的。当时虽有人,如《老子》和《庄子》中某些篇的作者,曾把礼置于被告席,或想投诸北鄙,由于驳不倒上述种种道理和根据,都不免归于失败。

人类的社会生活不能没有自我控制和行为规范,否则人将不成其为人。在华夏族的历史上,礼充当了自我控制的工具,又是一种自我规范。给礼找到上述存在的理由是有客观的历史根据的。

二、关于礼的价值的诸种理论

要说明一个事物存在的合理性,最要紧的莫过于论证它的价值,即说明它的地位、作用和影响。价值阐发得越透彻,或者说得越突出,它就越有存在和发展的理由。文化不发达时,愚昧常常可以作为一个事物存在的支柱;等到文化发展了,只有理论才能给它以支持。

礼的价值在哪里呢?

把礼作为人与动物区分的标志,是儒家论证礼的价值最称意的一说。最先提出这个问题的是孔子。他说:"今之孝者,是谓能养。至于犬马,皆能有养。不敬,何以别乎?"①敬是礼的主旨之一。生养不能区分人与动物,只有礼才能说明两者的差别。孟子、荀子对此都有相关的论述。《曲礼上》说:"鹦鹉能言,不离飞鸟。猩猩能言,不离禽兽。今人而无礼,虽能言,不亦禽兽之心乎?夫唯禽兽无礼,故父子聚麀。是故圣人作,为礼以教人。使人以有礼,知自别于禽兽。"《冠义》说:"凡人之所以为人者,礼义也。"《郊特牲》说:"无别无义,禽兽之道也。"这一认识也被某些法家所接受,如《管子·形势解》说:"辨明礼义,人之所长,而蜼蝚之所短也。"

在先秦诸子中,关于人与动物区分的标志并不止上述一说。墨子提出以"力"作为区分人与动物的标志。"力"近似今天所说的"劳动"。墨子的说

①《论语·为政》。

273

法无疑更为深刻和接近科学。可惜墨子的理论仅如火石的闪光，未能引起理论上的大火。所以最有影响的还是儒家倡导的礼义说。

用礼作为人的标志，礼的价值被置于无可怀疑的地位。这种说法虽不及以"力"为标志深刻，但它也有一定的道理。在华夏族范围内，礼集中体现了人们的社会性和社会关系。社会性是人所特有的。

先秦时期存在着许多民族或部族。华夏族与其他族的区分在哪里？许多人认为区分的主要标志是礼义。平王东迁时，辛有适伊川，看见有披发而祭于野者，于是感慨地说："不及百年，此其戎乎？其礼先亡矣。"[①]周内史过认为蛮夷之族都是失礼义而被流放者的后裔。蛮夷与华夏的区别在于礼。孔子评价管仲时曾说："微管仲，吾其被发左衽矣。"[②]辛有、内史过和孔子都认为只要改变礼俗必然出华而入于夷。《左传·襄公十四年》记载姜戎氏驹支的话"诸戎饮食、衣服，不与华同"，也是从礼俗上分华夷的。一些人自认为礼是文明的最高点，常因夷狄不行礼而诬之为禽兽。直到战国许多人亦复如是。赵武灵王胡服骑射引起一场华夷之辩。两方态度相背，但都认为华夷之别主要在有无礼义。[③]秦出自戎狄，习俗与中原有别，所以春秋时常被一些人视为夷狄。自商鞅变法之后，秦日益强大，东方诸国不得不刮目相待，但仍有一些人常借礼义上的差别，辱骂秦为虎狼之国，或称"虎狼秦"。《檀弓下》说戎狄之道与礼有原则的区别。还有多篇论述了戎狄与中国之别主要在礼仪。

礼无疑是区分华夏族与戎狄的重要标志。一般地说，生活方式、习俗和文化水平，与经济的发展是同步关系，经济越发达，生活方式、习俗相对地也较文明，文化水平相对也较高。先秦时期，华夏的经济水平总的看居于先进地位，礼作为一种生活方式和文化也较先进。不过将礼义作为歧视和贬低戎狄诸侯的根据，不只是片面，有时甚至成了谬误。对此，先秦有识之士早有所批评。赵武灵王曾指出，各族生活习惯不同，只要"利其民""便其事"即可取，不必拘泥于传统之礼。可惜，这种观点未能为多数人所接受。

礼的价值还表现在它是人们的生活行动准则。关于这一点，人所共知，

①《左传·僖公二十二年》。

②《论语·宪问》。

③ 参见《战国策·赵策二》。

毋庸多论。

在诸子之前众多的人已把礼看作治国的大纲与根本,《左传》《国语》中有许多这类论述。如:"礼,经国家,定社稷,序人民,利后嗣者也。"①"礼,王之大经也。"②"礼,国之纪也。"③由孔子开创的儒家,也可称之为"礼家",他们在政治上的共同主张是以礼治国。法家政治思想的主旨是法、势、术,提倡"以法治国"。其实除了《商君书》某些篇对礼有所批判外,多数法家认为礼与法是并行不悖的,也是治国基本手段之一。其实商鞅变法并未废除礼,只是对礼做了某些变更,称之为"变礼"。慎子把法与礼并提,认为礼与法本质一样,都是"立公义"④。《管子》中的法家著作对礼更为重视。《君臣下》说:"礼孝弟,则奸伪止。"《形势解》说:"礼义者,尊卑之仪表也。"《任法》说:"群臣不用礼义教训则不祥。"《君臣上》认为"常礼"是不可更改的。当然,礼法相比,礼要从法。正如《任法》中所说,"仁义礼乐者皆出于法"。韩非是法家的集大成者,对仁爱进行了猛烈的抨击,但对礼却另眼相待,认为礼也是治国所不可缺少的。

道家倡导以"道"治国。在《老子》与《庄子》某些章句与篇章中,认为道与礼水火不容,痛斥礼是杀人的罪魁与刀刃。可是某些章句与篇章中,仍给礼留下了一定的位置。《庄子·在宥》一方面蔑视礼,另一方面又认为道化之礼仍是必要的,"存可也","节而不可不积者,礼也"。郭庆藩《疏》云:"积,厚也。节,文也。夫礼贵尚往来,人情乖薄,故外示折旋,内敦积厚,此真礼也。"《庄子·天道》提出,在"大道"为纲的前提下,礼仍可作为治之目。《庄子·大宗师》说:"以礼为翼,所以行于世也。"《管子》道家派著作和主黄老的马王堆《老子》乙本卷前古佚书,完全把道与礼统一起来。《管子·心术上》说:"虚而无形(原作'虚无无形',依王念孙校改)谓之道,化育万物谓之德;君臣、父子、人间之事谓之义;登降、揖让、贵贱有等,等疏有体(原作'之体',依丁士涵校改),谓之礼;简物大('大'原作'末',依丁士涵校改)小一道,杀僇禁诛,谓之法。"道、德、义、礼、法构成一条龙。古佚书虽未论及礼,但有关贵贱

①《左传·隐公十一年》。

②《左传·昭公十五年》。

③《国语·晋语四》。

④《慎子·威德》。

等级之论与礼无二致。

墨家以批判儒学著称,但墨家批判的是儒家繁缛之礼,并不反对礼本身。相反,墨子对"无君臣上下长幼之节,父子兄弟之礼"[1]的现象十分恼火。依墨子之见,只要符合节用和义利原则,礼仍是不可缺少的。"昔者尧舜有茅茨者,且以为礼。"[2]"宫墙之高足以别男女之礼,谨此则止。"[3]"墨辩"还对礼做了与儒家完全相同的解释。《墨子·经上》说:"礼,敬也。"《墨子·经说上》说:"礼,贵者公,贱者名,而俱有敬僈焉。等,异论也。"礼是墨家治国论中不可缺的一环。荀子在《乐论》指责墨子不要礼,不符合墨子实际。

在先秦诸子中,绝大多数思想家都把礼视为治国方略中不可缺少的一着。当时的社会是个等级社会,礼的最本质的规定性是明等级。因此把礼视为治国之本有着深刻的社会基础;只有实现礼,统治者才能稳坐金字塔之巅。礼被视为国基和国策,它的价值自然是无上的了。《礼记》的有关论述在下边论述。

关于礼的价值,还表现在它是立身之本和品分人格高低的标准。早在《诗·鄘风·相鼠》中就说:"人而无礼,胡不遄死!"儒家对这一点尤为强调。孔子说:"不学礼,无以立。"[4]孟子讲:"礼,门也。"[5]《乐记》说:"礼乐不可斯须去身。"礼乐是使人保持"人道"的保障。《礼器》云:"礼也者,犹体也,体不备,君子谓之不成人。"根据对礼的态度和履行的情况,儒家把人分为君子、小人、佞人、恶人等。这类论述比比皆是,无须征引。

有关礼的价值的论述,虽有许多悖谬和夸大之处,但在当时又有相当的历史根据。认识史一再表明,无稽之论不难攻破;但理和谬相掺的东西却难被人识破,也难驳倒。有关礼的价值论就多属于后一种情况。

三、礼、乐——社会制度

行为、道德、认识、情感一体化,礼、乐相为表里,是儒家政论中的核心。分而论之,礼主要表现为国家、社会、群体和各种行为的制度、规范;乐主要

---

① 《墨子·尚同中》。

② 《墨子·三辩》。

③ 《墨子·辞过》。

④ 《论语·季氏》。

⑤ 《孟子·万章下》。

表现为与礼相应的情感和文化心理。儒家几乎都把礼乐视为治国之本。《礼记》在这方面的论述尤为详尽。有一些经典性概括如下：

《经解》说："礼之于正国也，犹衡之于轻重也，绳墨之于曲直也。"

《仲尼燕居》说："治国而无礼，譬犹瞽之无相与。"

《哀公问》说："为政先礼，礼其政之本与！"

《礼运》说："故治国不以礼，犹无耜而耕也。"

各行各业都有本行的基本工具，礼便是治国的基本工具。所以《礼运》又说："礼者，君之大柄也。"礼之所以为君之"大柄"，就在于礼能"别嫌明微、傧鬼神、考制度、别仁义，所以治政安君也"。《曲礼上》说："夫礼者，所以定亲疏，决嫌疑，别同异，明是非也。"

春秋时期有人把礼的本质与"仪"做了区分。荀子又明确把礼分成"义"与"数"两个不同层次。"数"指形式化的规定与相应的行为，"义"指形式内在的义理和精神。《礼记》既要求行为遵礼之"数"，更强调思想情感从礼之"义"。《郊特牲》说："礼之所尊，尊其义也。失其义，陈其数，祝、史之事也。故其数可陈也，其义难知也。知其义而敬守之，天子之所以治天下也。"

礼与乐的"义"是什么呢？简言之，礼的本义是明"别""异""等""殊""分""序"；乐与礼相对，其义为"和""同""合""爱"。《乐记》云："乐也者，情之不可变者也。礼也者，理之不可易者也。乐统同，礼辨异。"又云："乐者为同，礼者为异。同则相亲，异则相敬。"又云："乐者，天地之和也。礼者，天地之序也。和，故百物皆化；序，故群物皆别。"

"别"与"和"是稳定社会秩序、保障社会正常运转的两种力量，但是"别"与"和"却不能依其自身单向起作用，而是应该沿着两者合力向前运动。这样才能别而不离，和而不疏，既保持贵贱等级秩序，又控制这种秩序不要走向公开的对抗。"别"与"和"，是维持社会秩序的普遍原则，是政治哲学的高度概括。关于把"别"与"和"同"礼""乐"相结合，荀子在《乐论》中也说过："乐合同，礼别异。礼乐之统，管乎人心矣。"在《臣道》中说："恭敬，礼也；调和，乐也。"《礼记》与荀子的论述孰先孰后，有待考证。

分而言之，礼重在明"分"，乐重在相"和"，礼乐作为一个整体，礼中又注之以"和"，乐中又贯之以"分"。礼、乐的精神是相通而混一的。孔子的弟子有子早就说过："礼之用，和为贵。"①《礼记》中进一步论述了礼之用在"和宁"②，这种"和宁"应达到心、体相合的程度。"民以君为心，君以民为体。……心以体全，亦以体伤。君以民存，亦以民亡。"③礼中体现"和"，乐也要体现"分"。乐是情感化表现，是心声。但人们的心声各不相同，除喜、怒、哀、乐之外，从道德上可分为"正声"与"奸声"。④所以乐也不能任情而发，而应倡"正声"抑"奸声"。"乐者，所以象德也。"⑤所谓"德"，就是与政治伦理相呼应、相协同，乐要为政治、道德服务。"声音之道，与政通矣。""乐者，通伦理者也。"⑥乐之通政，通伦理。首先，五声本身被政治伦理化。"宫为君，商为臣，角为民，徵为事，羽为物。"⑦五音本身君臣化了。其次，音本身也代表着特定的道德。"明乎商之音者，临事而屡断；明乎齐之音者，见利而让。临事而屡断，勇也。见利而让，义也。"⑧由通音乐而通乎道德，乐与礼几近同一。"知乐则几于礼矣。"⑨这样一来，情感完全被礼化了，而礼化的情，不是情的开放，而是情的压抑。任意放情不免于偏狂；但把情完全纳入礼的轨道，这种情就不再有主体性，完全变成了礼的附属物，换句话，变成了政治的工具。音乐本于情感，是不应排斥私欲的。在《礼记》中，认为君子之乐"不私其欲"⑩，乐的精神在于体现"道"。正因为如此，乐才有移风易俗的作用。"乐也者，圣人之所乐也，而可以善民心。其感人深，其移风易俗，故先王著其教焉。"⑪

礼、乐互补，礼、乐相通，用于政治，就是把外在的社会制度与人的内在情感交融为一，使制度转向为情感，使情感局限于对制度的认同。这里需要特别指出的是，礼作为社会关系的骨架，同时又是道德与认识的出发点和准则，即以礼成道德、以礼察物、以礼同心。

仁义道德与礼的关系，在孔、孟那里大致是互为表里关系。荀子、《礼记》进一步把礼视为仁义道德的标准。《曲礼上》说："道德仁义，非礼不成；教训正俗，非礼不备；分争辨讼，非礼不决；君臣上下，父子兄弟，非礼不

---

① 《论语·学而》。
② 《礼记·燕义》。
③ 《礼记·缁衣》。
④ 参见《礼记·乐记》。
⑤⑥⑦⑧⑨⑩⑪《礼记·乐记》。

定。"这样一来,道德便失去了它的相对独立意义、独立发展之势,也减弱了社会批判意义,变成现有制度、体制和社会关系的从属物。

值得特别注意的是,礼还被视为认识上的是非准则。孔子讲的"非礼勿听,非礼勿言"便是以礼为听、言之准绳。荀子对判别认识是非的标准虽有过不少精湛的见解,但最高标准仍然归结为礼。《荀子·解蔽》说:"非察是,是察非,谓合王制与不合王制也。天下有不以是为隆正也,然而犹有能分是非、治曲直者邪?"荀子的王制即礼。《礼记》的作者们把问题说得更加明确。《礼运》说:"礼者……所以别嫌明微。"《曲礼上》说:"夫礼者,所以定亲疏,决嫌疑,别同异,明是非也。"具体言之,便是以礼正名、决讼、察物、同心。

以礼正名早就行于世了,有关理论在春秋已见端倪。如叔向、晏婴都有过类似正名的论述。不过明确提出正名论的是孔子。关于孔子的正名说,人们从各方面进行了论述和评价。从认识论方面考察,孔子主张以礼为标准对各种事物进行规定。

决讼是指认识和行为发生分歧和冲突时如何进行判决。很多人,特别是儒家,主张以礼为准进行决断。叔向反对子产铸刑书,孔子讥斥晋铸刑书,都是以礼为准绳而非之。关于孔子杀少正卯,有无其事暂且不论,据荀子说,少正卯罪状有五,即:"心险而达,行辟而坚,言伪而辩,记丑而博,顺非而泽。"[1]这五条中,除第二条,其他都属认识上的问题。所以为罪,皆因违反了礼。

察物,即认识事物必须以礼作为出发点和核验认识的标准。孔子讲的"非礼勿视,非礼勿听,非礼勿言,非礼勿动",正是把礼作为一种防范和外在的规定,《礼记》则进一步把礼作为出发点、必由之路和检验认识的标准。换言之,要把礼作为思维方式。《礼器》说:"无节于内者,观物弗之察矣。俗察物而不由礼,弗之得矣。故作事不以礼,弗之敬矣。出言不以礼,弗之信矣。故曰:'礼也者,物之致也。'"什么是"节"呢?礼本身就是天地之节。"礼也者,合于天时,设于地财,顺于鬼神,合于人心,理万物者也。"这就是说,不把礼作为认识内在的起点和价值,认识就无从谈起。察物由礼,就是以礼

---

①《荀子·宥坐》。

作为认识的出发点和前提，礼为"物之致"，即礼是判断认识的标准。礼既是出发点、内在的价值取向，又是标准，认识的结论就是认识的前提。认识的标准不是在实践中和认识过程中求得，而是在认识之前已由礼设定了。这种认识只能是封闭性的认识，论证则是循环的论证。这里姑且把这种思维方式称为"牢笼思维方式"。

同心，指用礼统一人们的认识和思想。孔子强调以礼教民，"齐之以礼"。《乐记》提出："礼以道其志，乐以和其声，政以一其行，刑以防其奸。礼、乐、刑、政，其极一也，所以同民心而出治道也。"要同心，首先要"导心"。以礼导心，以礼同心，即以礼作为统一社会认识的准则。

用礼把社会制度、行为、道德、认识一体化，仅仅从认识角度看，不能说不是一种创见；用行政方式强加于社会之上，对维护社会秩序无疑也有重要作用。但从历史角度看，只能说更多的是灾难。因为从总体上看，这种"一体化"精神窒息了社会的创新精神。

礼、乐在政治中的作用主要是教化、引导，与礼、乐相伴的还须有刑、政。"礼者禁于将然之前，而法者禁于已然之后。"[1]礼、法需互补。又说："礼节民心，乐和民声，政以行之，刑以防之。礼、乐、刑、政，四达而不悖，则王道备矣。"[2]

四、君为心、民为体与君主专制主义

依据"别""和"相依的精神，在处理君民关系上，《缁衣》提出了君为"心"、民为"体"论。心与体是既有支配与被支配的关系，又互相依存。"民以君为心，君以民为体。心庄则体舒，心肃则容敬。心好之，身必安之；君好之，民必欲之。心以体全。亦以体伤。君以民存，亦以民亡。""大人溺于民。"

民是君主赖以生存的基础，这一点先哲早有论述。《大戴礼记·子张问入官》也说："上者尊严而绝，百姓者卑贱而神，民而爱之则存，恶之则亡也。"民的向背决定着君主的存亡，但对民的品性的认识却有两种相反的观点。

一种观点认为，民的本性是愚昧贪鄙，从敌对的观念出发而惧民。《缁衣》说："夫民闭于人而有鄙心，可敬不可慢，易以溺人。故君子不可以不慎

---

[1]《大戴礼记·礼察》。
[2]《礼记·乐记》。

也。"把民视为卑鄙的愚氓。

另一种观点,把民视为天地相参的力量。《大戴礼记·四代》云:"(哀)公曰:'所谓民与天地相参者,何谓也?'(孔)子曰:'天道以视,地道以覆,人道以稽。废一日失统,恐不长飨国。'"

这两种认识的出发点虽然不同,但归结点是同一的:惹翻了民众必自毙。这中间的关键是统治者的政策。《大戴礼记·子张问入官》说:"故上者辟如缘木者,务高而畏下者滋甚。六马之离,必于四面之衢;民之离道,必于上之佚政也。"失政必失民。

《礼记》的作者一再告诫统治者,为政务在调和。"上之亲下也如腹心,则下之亲上也如保子之见慈母也。上下之相亲如此,然后令则从,施则行。"①调和之道在通民情。"所谓贤人者,好恶与民同情,取舍与民同统,行中矩绳而不伤于本。"②调和之术在把握度量。"凡民之为奸邪窃盗历法妄行者,生于不足,不足生于无度量也。"正像驾车马一样,聪明的驭者可以致千里,鲁莽汉难以致远,"进退缓急异也"③。为政也如同驭马之道。《檀弓下》对急政、苛政进行了严厉的谴责,指出"苛政猛于虎也"。调和落在实处,即轻徭薄赋、实行授田、每夫百亩、养孤敬老、进行教化等。

《礼记》在论述和民的同时,也广泛地论述了用贤的重要,值得一提的是专门讨论了尊师问题。《礼运》把天、地、父、师置列为君主的四大支柱:"天生时而地生财,人,其父生而师教之,四者君以正用之,故君者立于无过之地也。"君主能否成为明君,在很大程度上取决于"师""傅""保"的教育与辅佐。师傅体现的是知识和道德,君主必须接受知识和道德的教育,强调师傅的作用,把帝王置于受教育的地位,这对君主不能说不是一种制约。

《礼记》强调君主以民为体、用贤和尊师,是否意味着与君主专制相背呢?不是的。这些仅仅是改进君主专制。从《礼记》看,君主及君主专制是绝对的和神圣的。

君主受命于天,德与天地相参。《表记》假孔子之语:"唯天子受命于天,士受命于君。"《经解》称:"天子者,与天地参,故德配天地,兼利万物;与日

①《大戴礼记·主言》。
②《大戴礼记·哀公问五义》。
③《大戴礼记·盛德》。

月并明,明照四海,而不遗微小。"

天子又与圣人相通。先秦以来,诸子制造了一套崇圣文化。圣人是真、善、美的人格化,是智慧的人格化。"所谓圣人者,知通乎大道,应变而不穷,能测万物之情性者也。大道者,所以变化而凝成万物者也。情性也者,所以理然不然取舍者也。"①圣人通天地万物,圣人当为天下王。"圣人参于天地,并于鬼神,以治政也。"②"圣人为天地主,为山川主,为鬼神主,为宗庙主。""圣人立五礼以为民望。"③圣人当为天子,身为天子者即使未许以圣,圣的位子也是留给君主的。

天子受命于天而又通圣,天子的合法性与合理性便成为理所当然的了。

天子是天下一元之首,是绝对的"一"。"子云:'天无二日,土无二王,家无二主,尊无二上,示民有君臣之别也。'"④绝对排斥二而独尊一,"以一治之也"⑤。君这个"一",也就是"天"。"父之于子,天也;君之于臣,天也。……有臣不事君,必刃(杀)。"⑥不事即"刃",一方面说明臣民是君主的奴仆,"不事"便是犯罪;另一方面说明君主对臣民诛戮之残,不事奉就要杀头。儒家向来讲仁慈,这一点同法家主张杀隐士又走到了一起。一句话,臣民不为君主所用,就是犯罪,就是多余的。

君主为天下"立极","定一",任何与君主之"一"相矛盾或抵牾的,都属罪杀之列。《王制》说:"析言破律,乱名改作,执左道以乱政,杀。作淫声、异服、奇技、奇器以疑众,杀。行伪而坚,言伪而辩,学非而博,顺非而泽,以疑众,杀。"《礼记》中论述杀之列的不多,这里要杀的都是思想犯。

什么是君主专制主义?可以从许多方面去论述,但禁绝思想自由,以思想异于"一"而定罪,应该说是专制主义最为突出的标准。人是有思想的动物,人的一切创造性大都以思想为先导,人只要思想,就不可能同于"一";而不"一"便是犯罪,就要杀,这无疑是专制主义最野蛮的表现。没有奇思,

---

① 《大戴礼记·哀公问五义》。

② 《礼记·礼运》。

③ 《大戴礼记·曾子天圆》。

④ 《礼记·坊记》。

⑤ 《礼记·丧服四制》。

⑥ 《大戴礼记·虞戴德》。

自然也就不会有奇技、奇器，社会也就不会有生机。所以我们一再阐述，专制主义是造成中国古代社会停滞的最主要的原因。

君主又是天下之大父母，政治关系与伦理关系结合为一。在宗法制度下，父母与子女，血亲关系与占有、支配关系胶结为一体。作为民之父母，无疑要宣扬爱。"古之为政，爱人为大。"这种爱不是以相互之间的平等为基础，而是以"父权—君权"相结合的双重占有、双重支配为前提。于是进一步说："所以治爱人，礼为大。所以治礼，敬为大。……弗爱不亲，弗敬不正。爱与敬，其政之本与？"①"敬"所体现的是贵贱、上下、主从关系。君主父母化，固然增加某种亲切感，但更增加了威严的神圣性。君、父在观念上一体化，把君主进一步置于独一无二的专制地位。恩赐的爱，对被恩赐者虽不无好处，却为进一步剥夺和占有提供了更多的依据。帝王在理论上是唯一的施爱者，垄断爱，就是剥夺被施者怒、恨之权。儒家一再教导臣民，对君主要崇敬，即使是昏庸之君，也只能怒而不恨。"为人臣下者，有谏而无讪（讥笑），有亡而无疾（怨恨）。"②"为人臣之礼，不显谏，三谏而不听则逃之。"③为臣的绝对不可有犯上作乱之行。"下之事上也，虽有庇民之大德，不敢有君民之心。""事君可贵可贱，可富可贫，可生可杀，而不可使为乱。"④剥夺臣民对君主的怨恨之心的合理性，正是从另一方面维护君主的绝对专制。

《礼记》中的以民为体、爱民论、调和论等，与君主专制是不矛盾的。前者是实现后者的条件，而不是对后者的否定。

五、"大同"理想与"小康"之王制

《礼运》以历史的方式描述了"大同"与"小康"两个不同时代。人类最初为"大同"之世，当时的社会是："大道之行也，天下为公，选贤与能，讲信修睦。故人不独亲其亲，不独子其子，使老有所终，壮有所用，幼有所长，矜、寡、孤、独、废、疾者皆有所养。男有分，女有归。货恶其弃于地也，不必藏于

---

① 《礼记·哀公问》。

② 《礼记·少仪》。

③ 《礼记·曲礼下》。

④ 《礼记·表记》。

己;力恶其不出于身也,不必为己。是故谋闭而不兴,盗窃乱贼而不作,故外户而不闭。是谓大同。"①

应该说,"大同"之境是很美妙的,然而也是最无生机的,因为只要"谋闭",社会就只能是死水一潭,人只能非人化。儒家的"大同"理想只能是道德化的社会,同时又是排斥知识、智谋的社会。"大同"之世与继起的"小康"所不同的是,"大同"是道德的实现,"小康"是对道德的追求。正是以"道德"同一为基础,"大同"与"小康"并不是截然对立的。儒家追求"大同",同时又歌颂"小康",特别是以夏禹、商汤、周文—周武所代表的三代"小康",正是儒家"复古"的目标。"小康"之世是这样的:"大道既隐,天下为家,各亲其亲,各子其子,货力为己。"但社会并没有因此而堕落,圣王们创立了一整套礼,禹、汤、文、武、成王、周公"未有不谨于礼者也"。社会治理得井然有序。"小康"虽不及"大同",但有礼为砥柱,也是令人向往的。

儒家固然希冀"大同",但更多的是企求"小康","小康"离现实更近些。《礼记·王制》便是"小康"规划的蓝图。据《史记·封禅书》载,汉文帝时"使博士诸生刺《六经》中作《王制》"②。《礼记》的《王制》与此篇是什么关系,有待考证。《礼记·王制》集儒家制度论之大成,受荀子的《王制》影响尤明显,《礼记·王制》可谓国家与社会制度大纲,方方面面均有论述,其中心是用礼规范社会与国家体系。除了《王制》外,其他诸篇也多有论述。总括一句话,均为"小康"之求。在儒家眼里,现实离"小康"还有相当距离。

儒家如果是一个躯体,那么礼是它的骨架。从这个意义上说,儒家也可称之为"礼家"。封建统治者之所以能以儒治国,维系国家和社会秩序,仁义的说教无疑有重要作用,但主要是靠礼这个"硬件"来维系、支撑的。礼把人分为贵贱,并造成崇圣的思维定式。这同近代社会关系与观念是截然不同的。

---

① 《礼记·礼运》。

② 《史记·封禅书》。

第九节 《周礼》中的国家体制思想

一、《周礼》一书及其政治思想的意义

《周礼》，又称《周官》，《汉书·艺文志》又称其为《周官经》。相传这部书是西汉河间献王刘德从民间收集来的一部古书，内容是讲国家体制和官吏的职掌。《周礼》把国家官吏分成六大系统，并用官制联系各种制度。它把天、地、四时与六大官属联系相配合：一曰天官"冢宰"，其下属官有六十三种；二曰地官"司徒"，其下属官有七十八种；三曰春官"宗伯"，其下属官有七十种；四曰夏官"司马"，其下属官有六十九种；五曰秋官"司寇"，其下属官有六十六种；六曰冬官"司空"，这篇亡佚了，不知其属官有多少。由于缺少了冬官，汉人将内容相近的《考工记》补入。

相传，这部书是西周初年周公"制礼作乐"的产物之一。这种说法已为许多学者批驳，不足信。从书中的官名看，的确有许多古老的官名。但从全书的体系看，显然是晚出的。关于这部书成书的年代问题，学界多有争议。在我看来，把它说成是战国后期的作品，是比较可信的。

这部书使用了许多古老的语言，记述了许多古老的制度。研究西周历史和西周考古，经常从这部书中寻求史料和佐证。但就这部书的性质来说，应该说它是一部关于国家体系的设计图，其中吸收了许多古代的材料。

战国后期君主专制制度迅速发展，全国趋向于统一，建立什么样的国家机构更适应君主专制的需要，遂成为政治家与思想家们关注的一大问题。墨子、孟子曾讨论过这个问题，但还比较简略，且不系统。荀子对这个问题论述得较多，集中反映在《王制》。《管子》有一些篇间或谈到，但未有专论。所以《周礼》是第一部关于国家机构体系的著作。

这部书在河间王献书后一段时期并没有受到重视。西汉末年王莽居摄，他以周公自居，模仿周制，于是这部书受到特别的青睐，当作"国典"，并立于博士。王莽垮台后，这部书又遭到冷遇。直到东汉末郑玄为它作注，才又为人重新看重，并与《仪礼》《礼记》并列于"三礼"之中。北朝西魏的宇文

泰执政时期,曾以《周礼》为蓝图组织政府机构。唐玄宗又仿效《周礼》作《唐六典》。王安石变法时推崇《周礼》,作为变法理财制度的历史根据。其后虽然没有人再照搬《周礼》那一套,但一直作为儒家经典,成为学子必读之书。

这部书的具体制度在历史上影响有限,但它所蕴藏的君主专制的精神,对于中国古代政治的影响是相当深刻的。

关于这部书的派别归属问题,有的学者认为属于法家之作。此说可备参考。我们这里依照传统,仍视为儒家之作。

二、君主专制的政治思想

贯穿《周礼》最基本的思想是君主专制。从文中看,直接论述这个问题的地方很少,但细加分析,这一点是全书的出发点和归宿点。"五官"《叙官》的开头与《考工记·总叙》集中反映了君主专制的要义。

"五官"《叙官》开头的文字是这样的:"唯王建国,辨方正位,体国经野,设官分职,以为民极。"这五个分句概括了王的最高的绝对权力。关于这几句话的解释历来歧义甚多,例如对"唯王建国"便有如下三种不同解释:一种说法认为这是泛指封建诸侯的权力问题,另一种说法认为这指周公成王建立王城洛邑,第三种说法认为两者兼有。其他几个分句也多有分歧,这里不一一介绍。要之,这段话的大意是:只有王才能封诸侯和立国,选择和确定国都、宫室的方位,列序君臣之位,分别国野疆域,任命百官,规定职守,为民确立榜样。《考工记·总叙》分别规定了君、臣、民的不同职责,而君的职责是"坐而论道",即是说,君主专管发号施令和颁布思想原则。由以上诸项可以看出,王集中了一切最高权力,成为独一无二的大独裁者。

《周礼》的君主专制主张还表现在:国家体系中只有行政机构,六官全部是王的臣子、仆从和办事人员;除了王属下的行政机构之外,没有其他的任何制约王的机构。《地官司徒》有"保氏"之职,保氏"掌谏王恶",似乎有点儿监督作用。其实,保氏的职责只不过是推行谏议,对王并没有任何制度性的制约作用。《秋官司寇》中的"小司寇"之职,曾谈到"掌外朝之政,以致万民而询焉"。《地官司徒》谈到"乡大夫"之职时,也有一项谈到,王"大询于众庶,则各帅其乡之众寡而致于朝(外朝)"。这两处讲的询万民,有点儿像全

286

民大会;不过这里的"民"只限于"乡"内之民,即"国"民,不包括"野"民在内。这种大会主要解决三个问题:"一曰询国危,二曰询国迁,三曰询立君。"即国家有兵寇之难、迁都邑、王无嫡而选庶子为嗣时要询于众庶。这三个问题无疑是全局性的大事,乍然看去王的权力受到了制约,因此有人将此作为古代民主制的证据之一,孙诒让在《周礼政要》中将此比作现代的"议院"。从一个角度看,这些说法不无道理;但从《周礼》体系看,这只是一种咨询制而不是民主制。因为召集人是王和王的行政事务官,这种会只是咨询而没有决议权利,咨询无疑具有一定的民主精神,但不能把它与民主制混为一谈。另外,征询于众的只限于上述三种特殊情况,其他政事概无咨询。所以从《周礼》的整个体系看,不存在制约王权的制度,也不存在行政过程之外的任何其他具有制约性的民主机构。

《周礼》的君主专制政体制还表现在:行政、司法、监察在中央都是王的职能官员,在地方则是地方长官的左右手。《周礼》六官职责中都有对下级官吏推行考课、检查的规定,但是没有平行的监督机构,更没有对王的监督机关。一切权力机构都是君主的办事机构,这是君主专制制度的一个重要特征。

《周礼》的君主专制还表现在:天下一切均为王有;日月所照、人迹所至,无不属于王有。

君主专制制度还表现在:对所有被统治者用超经济的各种行政手段加以控制和束缚。其中包括:职业的固定化;产业的所有权受到政权的支配和制约;严格的户籍制度,不准自行迁徙;所有的居民被划分为不同等级并规定相应的礼制;人身要受国家的控制,婚姻亦然;等等。在这种种限制之下,人民完全变成了统治者任意支配和役使的对象。政治的限制到了这样的程度,要么在一棵树上栖息,要么就吊死,除此之外是没有出路的。

基于上述种种理由,我们认为,《周礼》所要建立的,是一个君主专制的政治制度。

三、关于国家机构的设计与礼刑

(一)国家机构设计与官职官堂

《周礼》是中国历史上第一部系统全面论述国家机构体系和各种官职职掌的著作。官职的名称一部分取自于春秋以前的旧称,例如大宰、司徒、司寇等;一部分则取自战国;还有相当一部分不见于文献、甲骨文、金文,这部分名称或系作者新创,或系沿用旧称但文献阙如。《周礼》所叙述的国家机构与官僚职掌,有一些与历史吻合,但作为一个体系显然是作者设计出来的。

《周礼》中所列官职计有三百六十多个。这三百多个官职分属六大官。这六大官是中枢官。书中所列的三百多个职官虽然都系六官之下,但这三百多职官并不都是中央属官,有些是地方官和职事官,所以我们不能把《周礼》仅视为是叙述中枢机构。下边分几方面来介绍《周礼》中的官职构成:

第一,中枢六官。

冢宰(大宰):一些研究职官的人把"冢宰"比作后来的吏部尚书。冢宰作为六官之首,与吏部作为六部之首,这一点有相同之处。不过从职掌上看,冢宰与吏部尚书有很多差异。"冢宰"一职应该说相当于宰相兼吏部尚书。《周礼》对大宰之职规定了十余项,这十余项都是属于全局性的,如《天官冢宰·大宰》中所讲:"大宰之职,掌建邦六典,以佐王治邦国。"这一项与其他五官有明显的不同。六典之首为"治典"。"治典"是大宰的本职。"治典"包括三方面的内容,即:"以经邦国,以治官府,以纪万民。"很明显,这三项包括了政治的最主要内容。大宰除主"治典"之外,又兼统其他五典,这五典的内容为:"二曰教典,以安邦国,以教官府,以扰(驯也)万民;三曰礼典,以和万邦,以统百官,以谐万民;四曰政典,以平邦国,以正百官,以均万民;五曰刑典,以法邦国,以刑百官,以纠万民;六曰事典,以富邦国,以任百官,以生万民。"这五典分别为其他五官的本职,但又归总于大宰。可见大宰又高于其他五官。大宰还有其他职责,如以"八法"治官府,以"八则"治都鄙,以"八柄"御群臣,以"八统"御万民,以"九职"安万民,以"九赋"理财货,以"九式"调节财政,以"九贡"收属国贡物,以"九两"协和万民等,所以大宰是总理政务官。

如果分析一下大宰的属官,就会发现一个显著的特点,大凡宫官均为大宰的属官。这种安排是有一定历史根据的,因为在周代的大宰和春秋以后兴起的相或宰相,原本都是君主的大管家。

大司徒:相当于后来的大司农、户部,主管农业和财政。具体职掌为:了解和管理土地、山川形势,管理户籍、赋税、货币、财政、荒政,整顿风俗,等等。

大宗伯:相当于后世的太常、礼部,主管礼仪、祭祀等。

大司马:相当后世的太尉、兵部,负责编制军队、征讨、田猎、校阅、阵法等。

大司寇:相当于后世的廷尉、刑部,主管刑罚、司法、治安等。

大司空:相当于后世的工部,主管土木建筑等。

《周礼》把这六官与天、地、春、夏、秋、冬配合起来。天地四时从时空上囊括了自然界的一切,这六官也囊括了政治上的一切。把中枢机构划为六部分,是历史经验的总结,符合当时政治需要,所以成为封建社会中央机构的基本模式。

第二,地方机构。

《周礼》关于地方行政组织的设计是"乡""遂"制。

《地官司徒·大司徒》提出,在邦国都鄙(边境的意思)实行乡制,即"五家为比""五比为闾""四闾为族""五族为党""五党为州""五州为乡"。传统的注家认为这是国与郊的编制,与"野"不同(按:这种说法难以成立,因为都鄙又常常与"野"通,这里不去细考)。与上述编制相适应的有"比长""闾胥""族师""党正""州长""乡大夫"。

在"乡"之外的"遂",有另一套行政编制。《地官司徒·遂人》中说:"五家为邻,五邻为里,四里为酂,四酂为鄙,五鄙为县,五县为遂。"相应的编制为"邻长""里宰""酂长""鄙师""县正""遂师"。

《地官司徒·小司徒》的地方划分不同于《地官司徒·遂人》,而是依据土地分配划分:"九夫为井,四井为邑,四邑为丘,四丘为甸,四甸为县,四县为都。"

上述行政组织体系是否有历史根据,姑且不论,但其精神是一致的:都是按照地域原则组织居民,每个人和每个家庭都被编在一定的行政体系之中。地方官面对万民,主要职掌是管理户籍、土地、赋税、徭役、禁令、争讼、礼俗等。按照地域组织居民,与郡县制的精神相一致,而不同于封建制。

在地方行政关系中,《周礼》主张实行联保制。《地官司徒·族师》中讲:"五家为比,十家为联;五人为伍,十人为联;四闾为族,八闾为联。使之相保相受,刑罚庆赏相及相共,以受邦职,以役国事,以相葬埋。"《地官司徒·比长》中讲:"比长各掌其比之治。五家相受相和亲,有辠奇衺则相及。"这种行政株连制度,使人们互相监督、互相钳制,这对维护统治秩序十分有用。在中国整个封建社会的历史中,这种联保制一直为统治者所采用。

行政体系与联保制说明君主的权力是落实到人头的,是一竿子插到底,是对每个人的直接统治。

第三,分封制。

《周礼》还主张实行分封制。《地官司徒·大司徒》具体论述了五等爵的分封情况:"凡建邦国……诸公之地,封疆方五百里……诸侯之地,封疆方四百里……诸伯之地,封疆方三百里……诸子之地,封疆方二百里……诸男之地,封疆方百里。"《夏官司马·职方氏》又说:"凡邦国,千里。封公以方五百里则四公,方四百里则六侯,方三百里则七('七'字讹,当作'十一')伯,方二百里则二十五子,方百里则百男。"这种分封制分封的地域实在是太大了,远不是《孟子》中说的分封所能相比的。在《孟子》中,公国只不过方百里,其他更小了。《周礼》分封地域如此之大,必以广阔的国土为背景。

第四,关于军队编制。

《周礼》关于兵制的基本原则是寓兵于农,兵制与行政体制相配合,教民与军训合而为一,行政长官也就是军事长官。在《周礼》中虽有专门的军事长官,但他们都是行政长官的佐助。《周礼》中的军队,大体可分为如下四种:

一是王的宿卫之士,由"宫正""宫伯"管理、率领。宿卫之士由卿大夫之子充任。

二是"国子之倅"。《夏官司马·诸子》中云,卿大夫士之子编为"国子之倅",由太子指挥。

三是民兵。《地官司徒·小司徒》中所讲的军卒就属此。《地官司徒·小司徒》中的军事编制为:"五人为伍,五伍为两,四两为卒,五卒为旅,五旅为师,五师为军。"按军事编制进行田猎、功事、追寇、捕贼、役徒、贡赋等活动。

四是专门的治安兵。如"司虣""司稽"专门负责市场治安,"修闾氏"负责国中治安,"野庐氏"负责野中治安和交通治安,"候人"负责边防治安等。

(二)礼与刑

各种组织和各种官吏都有自己特殊的职责,但它们还有一项最基本的和共同的职责,这就是维护礼和实施刑。

从职掌分工上看,"大宗伯"是专门掌管礼的。但实际上,礼贯穿于全书,各级组织和各种官吏都必须维护礼,按礼办事,所以全书无处不讲礼。

"礼"在政治中的作用,《天官冢宰·大宰》中概括为:"以和邦国,以统百官,以谐万民。""……礼俗,以驭万民。"《地官司徒·大司徒》云:"以五礼防万民之伪而教之中。"可见礼是治国的基本原则。

《周礼》把礼分为五大类和数十小类。五大类为"吉礼""凶礼""宾礼""军礼""嘉礼"。吉礼包括祭祀天神、地祇和祖先;凶礼包括吊丧、救荒、抚恤;宾礼包括朝、令、觐、迎之礼,主要讲上下的礼宾接待;军礼主要包括检阅军队,征任徒役、田猎等;嘉礼包括婚冠、宾射、飨燕、饮食、庆贺等。

所有的礼都有等级规定,各种不同等级在都城、宫室、车旗、衣服、器用、座位、用乐、揖让等方面都有具体的规定。礼不仅是习俗,而且是行政规定,两者合而为一。把礼俗行政化,表明专制制度意图深入人们日常生活之中。

与礼相伴的还有刑。刑在治国中与礼几乎具有同等重要的意义。《地官司徒·大司徒》说:"不用法者,国有常刑。令群吏宪禁令,修法纠职,以待邦治。"《天官冢宰·大宰》说:"刑典以诘邦国,以刑百官,以纠万民。"《秋官司寇·大司寇》中把刑分为五种,即"野刑""军刑""乡刑""官刑""国刑"。野刑的对象是农民,目的是鼓励农功,惩罚不勤力者。军刑的对象是军士,目的是鼓励勇战和遵守命令,惩罚亏职和怯懦者。乡刑的对象是国都之人,目的是维持道德,惩治不孝。《地官司徒·大司徒》开列了乡刑的具体内容,文曰:"以乡八刑纠万民:一曰不孝之刑,二曰不睦之刑,三曰不姻之刑,四曰不弟之刑,五曰不任之刑,六曰不恤之刑,七曰造言之刑,八曰乱民之刑。"可见乡刑以道德为主要内容,违反道德便是违法。官刑的对象是官吏,目的是"上能纠职"。国刑用于城郭廛里。《秋官司寇·士师》中又有五禁,即"宫禁"

"官禁""国禁""野禁""军禁"。禁与刑相近。《周礼》中有关刑禁的规定十分繁杂。

《周礼》中的刑法是等级法。《秋官司寇·大司寇》中提出,对卿大夫之争讼,用"邦法"断案,对庶民则用"邦成"断案。"邦法""邦成"是不同的。用刑时也要因等级高下而有轻重不同。《秋官司寇·小司寇》中提出"八议",要依据"亲""故""贤""能""功""贵""勤"(勤劳官事者)"宾"(宾客)不同情况适当减刑或免刑。文中还规定:"凡命夫命妇不躬坐狱讼。"

在判决上,《周礼》强调细致查问,重物证,另外还要广泛征询意见。《秋官司寇·小司寇》中提出:"以五声听狱讼,求民情:一曰辞听,二曰色听,三曰气听,四曰耳听,五曰目听。"详细观察争讼者的神色,从中发现问题。《天官冢宰·小宰》中论述了在听讼时,应特别注重物证。文中提出,以伍籍断役赋之争,以户籍地图断里闾之讼,以契约断债务之争,以礼籍策令断禄位之争,以券书断官民贷款之争,以券质断买卖之争,以会计簿断官府财物之争。把物证开列得如此具体细致,在先秦典籍中是仅有的。《秋官司寇·小司寇》中还提出,在判死刑时,要广泛征求各方面的意见。文中提出要"讯群臣""讯众吏""讯万民"。这种主张应该说很有见地,不过当时并没有实施的条件。

在判刑时,《周礼》提出要区分过失罪和犯罪者的神志情况。《秋官司寇·司刺》中提出,对认错了人而杀人、无意杀人而致死、不知有人而误致死等情况,应与故意杀人有所区分,量刑时要适当减免。另外,七岁以下的儿童,七八十岁以上的老人,以及白痴等犯罪,一般要赦免。

《周礼》还提出,对一些构不成刑事案件的过失或纠纷,应加强教育和调解。《地官司徒》中的《司救》《调人》专门论述了这方面的问题,很有意思。

《周礼》中规定的刑罚是很苛刻的。《秋官司寇·司刑》中谈到墨、劓、宫、刖、杀诸刑各有五百条之多。

礼与刑是国家政治职能的主要体现,两者互相配合、补充,才能确保统治者的安全。《周礼》特别注重礼与刑,贯穿于全书各个部分。

四、国家对土地与人口的控制，以及赋税和徭役

（一）王占有全国的土地与人

《周礼》认为，全国土地的所有权与主权是统一的，土地全部归王所有，大司徒首要职责之一是掌握和了解全国土地与经济地理状况。"以天下土地之图，周知九州之地域、广轮（东西为广，南北为运，轮与运通）之数。辨其山、林、川、泽、丘、陵、坟（水崖曰坟）、衍（高平之地）、原、隰（下湿之地）之名物。"又说："以土会（会计）之法辨五地之物生。""以土宜之法辨十有二土之名物，以相民宅而知其利害，以阜人民，以蕃鸟兽，以毓草木，以任土事。"①《夏官司马·职方氏》专门论述了关于掌握天下地形、都邑、民族分布、九州经济地理、服外封国经济状况等职责。"司会"的任务是"掌国之官府郊野县都之百物财用，凡在书契版图者"②。《地官司徒·遂人》说："以土地之图经田野。"《地官司徒·土训》说："掌地道图。"《夏官司马·司险》说："掌九州之图。"掌握土地和经济地理状况是为了使用分配土地和征收税赋。

《周礼》的作者认为天下人民也如同土地一样，最高的所有权与支配权都属于君主。在《周礼》中，户籍制度并不仅仅是一种行政管理，户籍与分配土地、收取赋税、征发徭役兵役等紧密结合在一起。《周礼》中许多官吏的职掌都与管理户籍有关。《地官司徒》中《小司徒》《乡师》《闾师》《乡大夫》《族师》《闾胥》《县师》《媒氏》《职方氏》以及《秋官司寇》中的《司民》等篇，从不同角度谈到户籍的管理。综合起来户籍制中包括如下诸项内容：

第一，掌握人口情况。性别、年龄、社会地位（贵贱）、智慧情况（贤、能）、健康状况（残病）、生死、族别等，都要一一掌握。

第二，掌握能服役的人数情况。国中"七尺以及六十"，野中"自六尺以及六十有五"皆征之。③

第三，掌握和了解每家的财产，主要指牲畜、器物。《周礼》中没有把土地作为个人财产的记录。

---

① 《周礼·地官司徒·大司徒》。

② 《周礼·天官冢宰·司会》。

③ 参见《周礼·地官司徒·乡大夫》。

第四，婚姻管理。春天男女之会不限，其他时间要进行管理，严禁私通。作者提出男子在三十岁以前、女子二十岁以前必须婚配，过时则加重征税。这种规定与商鞅之法是一致的。

对户口每年都要检查，三年进行一次普查，并汇集于王。

《周礼》的作者提出，要根据土地与户口情况进行土地分配。如何分配土地，《周礼》中有不同的方案。计有如下六种：

第一，《地官司徒·大司徒》中以"家"为单位的分配法。"不易之地，家百亩；一易之地，家二百亩；再易之地，家三百亩。""不易之地"为每年都可耕种的好地，"一易之地"为两年轮耕之地，"再易之地"为三年轮耕之地。

第二，《地官司徒·小司徒》中以"夫"为单位的井地形式分配法。一夫百亩，九夫为一井，四井为一邑，四邑为一丘，四丘为一甸，四甸为一县，四县为一都。这里的"夫"即家长，与《地官司徒·大司徒》中的分配单位"家"无异，但形式大不相同。这种井田法与行政组织合而为一。

第三，《地官司徒·小司徒》中还有另一种分配法，即按劳动力状况分配。"上地，家七人，可任也者家三人；中地，家六人，可任也者二家五人；下地，家五人，可任也者家二人。"七口之家有三个壮劳力的给上地，六口之家有两个半劳力的给中地，五口之家有两个劳力的给下地。每家中分"正卒"与"羡卒"，壮劳力为"正卒"，其他为"羡卒"。

第四，《地官司徒·遂人》中的分配方案与上述又不同，把家庭与劳力状况统一起来，综合计算。上地：每"夫"廛一处，田百亩，菜五十亩，余夫如之。中地：每"夫"廛一处，田百亩，菜百亩，余夫如之。每"夫"之"夫"为一家主，"余夫"则为一家之主外的劳力。

第五，《夏官司马·大司马》中讲的是分配法第三、第四种的混合物。"凡令赋，以地与民制之。上地，食者参之二，其民可用者家三人；中地，食者半，其民可用者二家五人；下地，食者参之一，其民可用者家二人。"文中讲的是如何出赋，但其所讲的分配土地的方法则别具一格。

第六，《地官司徒·载师》记载的掌土之法与上述诸种又不相同，主要讲分封与赏田。文中说："以廛里任国中之地，以场圃任园地，以宅田、土田、贾田（给贾人之田）任近郊之地，以官田（官家出租）、牛田、赏田、牧田任远郊之地，以公邑之田任甸地，以家邑之田任稍地，以小都之田任县地，以大都

294

之田任畺地。"这里是以"国"为中心,分远近不同,把土地分配、赏赐、分封给各色人物。

关于上述分配土地的方式,史家做了许多历史的考证,这里不去讨论。我们关心的是,作者们认为土地属于王所有,应该由国家进行分配。在两千多年的封建社会里,特别是秦汉以后,土地的所有制极为复杂,但在观念上帝王具有最高的支配权。《周礼》正是宣传了这种观念。

(二)征收税役问题

与上述观念相适应,向王纳税和服役是天经地义之事。从《周礼》的内容看,作者们也是把收税和征赋作为目的的。所以在叙述每一种分配法之后,接踵而来的便是如何收税与征役。《周礼》中关于收税与征役的办法也很不一致。

就土地税而言,凡属受田或受封者,必须交税和进贡。《地官司徒·载师》规定,场圃交二十分之一,近郊交十分之一,远郊交二十分之三,甸、稍、县、鄙之田不超过十分之二,漆林为二十分之五。《地官司徒·均人》主张以年成好坏收税。《地官司徒·司徒》中《闾师》《委人》记载收征实物,经营什么则交纳什么。

关于力役之征,包括徭役、师役、田(猎)役三大项。《夏官司马·大司马》中记载:"凡令赋,以地与民制之。"即是说,按土地与劳力情况征发。《地官司徒·均人》中记载:"凡均力政,以岁上下。丰年则公旬用三日焉;中年则公旬用二日焉;无年则公旬用一日焉。凶札则无力政,无财赋。"

另外,还有"口赋"。《天官冢宰·大宰》中的"九赋",《地官司徒·乡大夫》中关于对国中七尺以上、六十以下,野中六尺以上、六十五以下的人"皆征之",指的都是口赋。另外还有"廛布",即房屋税。《地官司徒》中《载师》《廛人》《司关》还讲到国中之廛布,《地官司徒·遂人》讲农民也有受廛收税之事。可见房屋税国野均有。

为了保障赋税的收入,《周礼》的作者对生产也很注意。《地官司徒·大司徒》中指出要广开生财之道,具体讲了十二种职事,有"稼穑""树艺""作材(虞衡)""阜蕃(畜牧)""饬材(百工)""通材(商业)"等。《地官司徒》中的《司稼》《草人》《稻人》《土训》和《秋官司寇》中的《柞氏》《薙氏》《萚蔟氏》等,主要负责农、林、牧的技术指导与推广。如:"司稼"的职责为巡视耕作,按时令推动耕稼,对农民进行技术指导等;"草人"的职责是掌握土质情况,审理宜种之作物,指导施肥,不同土质要施放不同肥料;"稻人"负责指导压绿肥、植稻等技术。

对于分配了土地而不认真从事生产者,《周礼》的作者提出要给予惩罚,罚其出"里布""夫布"等。①

遇到荒年,则要实行荒政。《地官司徒·大司徒》论述"荒政"政策有十二条,主要有"散利""薄征""缓刑""弛力""舍禁""去几"等,以保存民力,恢复生产。

(三)关于工商管理与税收

《地官司徒》中的《司市》《质人》《廛人》《胥师》《贾师》《司虣》《司稽》《胥》《肆长》《泉府》《司门》《司关》《掌节》,就市场管理与征收商业税分别做了论述。

关于市场行政管理,有以下诸项:一是划定市场,二是以时开闭市肆,三是发给并检查商人节符凭证,四是维持市场治安,五是处理市场争讼,六是统一规定成交的券书(凭证),七是关、门检查,八是规定并检查度量衡标准。

关于物价管理,作者提出如下职责:一是平抑物价,检查物品与价钱是否相符;二是禁止奢侈品上市;三是禁止投机活动;四是收购滞销物品;五是赊货国家收购的物品;六是用泉府货币调节市场;七是收购珍品以供王用。

关于税收,计有市肆税、货物税、印花税(即《司市》《质人》讲的"质剂")、关税、门税、屠宰税(屠牛羊者以皮角筋骨为税)、仓库租金等。

《周礼》对商业控制很严,但不是抑商主义。作者认为商是不可缺少的部门,大宰以九职任万民,其中第六职便是"商贾阜(盛也),通货贿(布帛曰贿,金石曰货)"。"司市"等官吏之责,既要对商贾严格控制,同时又要保护正常的商业活动。从书中记载看,当时已出现合股经营的现象,这无疑是商业发达的标志之一。对此,作者亦主张保护。《秋官司寇·朝士》中曰:"凡民同货财者,令以国法行之。"郑司农注:"同货财者谓合钱共贾者也。""以国

---

① 参见《周礼·地官司徒·闾师》。

法行之",谓"司市为节(符节)以遣之",说明对工商业的保护。

《周礼》对财政特别注重,官吏的职责,除维护统治秩序外,最主要的任务就是征收赋税、徭役。

五、结语

在先秦典籍中,《周礼》是论述国家政治体制最完备、最系统的一部著作。书中虽然使用了许多古老的语言,但它的精神与战国时期君主专制制度的发展是完全吻合的。尽管不是出自一人之手,但书的主旨是一贯的,其主旨就是全面突出超经济强制,王权高于一切,控制社会,以此为框架使社会秩序井然有序,各就各位,尽职尽责,上下协调。这是一部论国家机构和职能的奇书。

《周礼》中的所有官吏都是王的办事人员和仆从;但是对各级官吏职责的规定,又不是简单地要求对王一味阿谀奉承顺从,而是要求官吏把尊王命、恪守职责、体恤民众三者结合起来。这种要求对巩固王权和稳定统治秩序是十分必要的。

刘泽华全集

刘泽华◎著

南开大学历史学院◎编

先秦政治思想史 （下）

天津出版传媒集团

天津人民出版社

第六章　法家以法、势、术为中心的政治思想

第一节　法家概述

"法家"作为一个学派概念是司马谈在《论六家要旨》中提出来的。《孟子·告子下》中所说的"入则无法家拂士"之"法家",指守法令的世臣,并不是指法家这个政治流派。先秦的法家不大讲师承关系,因此,显得自我派别意识较淡薄。其实细加考察,他们在思想上还是引朋为党的。在其他流派眼里,他们是独立而明显的一派。儒家的党派观念最强,他们对异己也最为敏感。孟子指斥的"善战者""辟草莱,任土地者"①,便是指的法家一派。法家在反对儒家等派别时,也表现出了其鲜明的党派性。先秦法家虽然没有一个明确的共同的派别概念,但表明党派的概念还是有的,他们常把自己的一派称为"法术之士"②"法士"③,以及"耕战之士"等。在各自的著作中也经常引用和称赞同派人物的观点和行为。因此,司马谈把法家作为一个派别是很有道理的。

关于法家的起源问题,学界有多种说法。《汉书·艺文志》最先提出法家出于理官,即司法官。刘劭在其《人物志·流业》中说:"建法立制,强国富人(兵),是谓法家,管仲、商鞅是也。"刘劭这一说为很多人接受。还有一说,认为起于李悝,章太炎的《检论·原法》认为:"著书定律为法家。"李悝是著书定律的第一人。上述诸说都有一定道理。理官和法家既有联系,又有区分,

---

① 《孟子·离娄上》。
② 《管子·明法解》。
③ 《韩非子·五蠹》。

不能说理官就是法家。但理官的确又是法家学说产生的前提之一。法家以讲刑法著称,刑法早在法家出现之前就存在了。这些刑法有很大一部分被法家所继承。从这个意义上说,没有理官就不可能突然冒出法家来。但是法家又不是理官的简单继续,法家同社会变革有密切的关系。春秋战国是中国历史上的一大变化时期。在这种变化中,有一批人主张通过变法或立法途径促进和顺应历史之变,用变法解决和处理社会矛盾。这样的人早在春秋时期就出现了,管仲、郭偃、子产就是其中的著名人物。这些人的实践活动为法家学说的创立提供了前提和依据,后来的法家对这些人的尊重也说明了其间的关系。不过,从严格意义上说,管仲、子产等人还不能称为法家,因为他们还没有提出相应的理论。作为一种理论形态的法家应该说是从李悝开始的。李悝不仅是一位政治实践家,进行了立法和变法活动,而且还提出了相应的理论。因此,作为特定学派的法家的开山祖应该是李悝。

一、法家思想的特点

法家之间虽很少讲师承关系,但他们在思想上有着共同的特点,归纳起来主要有如下几点。

第一,以法治国。他们特别强调法的作用,认为法是治国的不二法门,概括言之,即以法治国,一切一断于法。他们主张把人们的一切行为规范都用立法的形式给以明确的规定,因此法要不厌详。为了使所有的人都能按法行事,法一定要公之于众,要使人人都知道。法不是一成不变的,而应随时而变,所以他们特别强调变法,以便使法与时代的需要相符合。法家对立法的原则做了详尽的探讨。立法权虽然操在君主之手,但君主在立法时要充分考虑立法的客观根据,这就是顺天道、随时变、因人情、循事理、量可能。

顺天道是讲立法要考虑到自然规律,要把自然规律和遵循自然规律的人事行为用法律的形式肯定下来,这就是他们所说的“法天地”“象四时”[1]。

随时变是讲时代的变化与立法的关系。法家认为历史是不断变化的,

---

[1]《管子·版法解》。

法也应随时代变化而变化。与之相适应,他们提出"变法""更法"等主张。

因人情是指要考虑人们的需求和愿望。慎到提出:"法非从天下,非从地出,发于人间,合乎人心而已。"[①]韩非讲:"凡治天下,必因人情。"[②]

循事理大抵指遵循事物的规律和必要的惯例、传统、习俗。正如《管子·版法解》中所说:"审治刑赏,必明经纪;陈义设法,断事以理。"

量可能是指把法建立在客观可能性基础上。《管子·形势解》说:"明主度量人力之所能为,而后使焉。故令于人之所能为则令行,使于人之所能为则事成。"

在执法上,法家主张赏罚严明。有功者赏,有罪者罚,不得徇私。他们主张在功罪面前让人们重新排队:卑贱者立功可以步入高贵者行列;高贵者有罪要依情节轻重使之下降,直至为庶人或奴隶。在赏罚上不仅要严明,多数法家还主张重罚、苛刑。

第二,倡导耕战。法家特别注重实力,认为实力是解决社会矛盾的基本手段。他们分析了历史的进程,认为当时是力的竞争时代,特别是在国与国之间的交往中,实力是决定性的因素。力多则人朝,力弱则朝人,只有力量雄厚才能统一天下。在社会诸种因素中,他们认为农与战是力的源泉,与之相应,都有一套加强耕战的政策。

第三,强化君主专制和独裁。法家是君主专制的讴歌者,处处事事都为君主打算。在先秦诸子中,他们把君主专制主义思想推到了顶峰。在哲学上法家接受了道家的基本思想,并把道和君主一体化。道是事物的本原、规律,万物由道主宰,君主就是人间的道,或道的体现者。"道无双,故曰一"[③],君主便是人间的"一"。君主要独操一切权势。《管子·法法》说:"凡人君之所以为君者,势也。"如果君主失去权势就不成其为君主了。"人君失势则臣制之矣……故君臣之易位,势在下也。"权势必须落实在独断上。所谓"独断"就是要独自掌握最高和最后的决断权。法家认为要真正实现君主的绝对统治,不仅要在政治上支配一切,而且还要控制人们的生计,让一切人都感

---

① 《慎子·逸文》。

② 《韩非子·八经》。

③ 《韩非子·扬权》。

到,他们之所以能生活全赖君主的恩赐。正如《管子·形势解》所说:"主者,人之所仰而生也。"君主要实现专制,还必须控制人们的思想。在法家看来,人民除了知道政令之外,其他任何知识都是多余的和有害的。他们一再提出要禁绝百家。为了达到一统思想的目的,韩非明确地提出"言轨于法"和"以吏为师"两大主张,从而为禁绝百家和实现文化专制提出了切实的行动方案。实现君主专制主义是法家思想的最高宗旨。

第四,主张历史进化说和人性好利说。法家中的多数人认为,社会历史是一个进化过程。最初的人类是不开化的,经济也极为原始和落后,没有政治,社会没有秩序,人们在混乱中生活。后来出现了圣人,引导人类走向文明,并逐步向高级发展。法家用分期的方法对历史的进程进行了描述,如把历史分为"上世""中世""下世""当今"等不同阶段,每世都有它的特点。他们由历史进化得出的最基本的结论是:一切都应向前看,应面对现实和未来;历史的传统虽然不可忽视,但绝对不应当作宝贝和圣物,一切传统都应在现实需要面前接受检验,以决定取舍。他们最响亮的语言是:"不慕古,不留今,与时变,与俗化。"①这在先秦诸子中可以说是最豪迈、最富有生气和革命精神的,是时代的最强音。

法家认为,人的本性是好利的。这种本性既改不了,也无须改。政治家的责任不是要改造人的本性,而是应该适应人的本性,并善于利用人的本性。高明君主的妙术之一是搞好利的排列组合,使人们追逐利益的活动汇成一股合力,以利于君主或为君主所用。法家用利的观点考察人们的一切活动,法家所说的"以人为本",就是以利治民,也正是这个"利"字推动了整个社会的运转。反之,如果有人不好利,或不以利为生活之目的,法家认为这些人就无法被利用。因此这种人是令人讨厌的,是不治之民,是多余的。对待这种人,与其让他们留在世间当蠹虫,不如让他们到另一个世界去为好。

第五,法家在政治上使用的最基本的概念和范畴,主要有法、势、术、刑、罚、赏、利、公、私、耕、战等。这些概念和范畴是法家思想的支柱,使法家独具特色。

---

① 《管子·正世》。

二、法家与当时社会问题的关系

在战国社会变动中,法家对社会变动反应得最灵敏,观察得最细致,并为历史之变开了"催产剂"。战国时期最为突出的一个社会矛盾是诸侯国之间的争战与斗争。这种斗争关系到每一个国家的生死存亡。人们对争战、兼并的看法极不相同,在种种不同见解中,法家最为实际。他们认为战争是解决矛盾的唯一途径。战争不仅是军事的较量,同时又是经济力和智力的较量。在新的矛盾面前,许多传统的东西不仅不能适应需要,而且还有许多东西越来越成为阻力和障碍。他们认为:旧的贵族垄断政权的局面过时了,旧贵族不劳而获、无能而在位、无功而受禄的情况与战争的需要发生了尖锐的冲突;旧的经济体系,即贵族分割土地和支配劳动者的状况阻碍了国家经济实力的增长;分封制度妨碍了政治和军事力量的集中;等等。针对这些过了时的东西,法家提出要按功劳重新分配权力、地位和俸禄。无功者靠边站,有功者升上来;打破旧贵族对土地和人口的分割与占有,使土地掌握在国家之手,使劳动者变成国家直接控制的编户民,国家要把土地当作鼓励人们积极耕、战的奖品。法家以战为杠杆推动了当时政治、经济的改革,适应了当时社会发展的需要。

战国时期的政治、经济、军事诸方面的矛盾斗争,促使君主更加集权和专制。法家敏锐地观察到这一事实,极力鼓吹君主专制,从而获得了君主们的欢心。他们的理论对促进君主专制制度的发展起了重大作用。在战国时期,法家代表了君主和新兴军功将士和官僚们的要求,是这个阶层的理论家。这个阶层是当时统治者中的主要组成部分。

三、法家中的不同流派

法家的基本政治倾向是一致的,但每个法家人物又各有自己的个性和特点。对这种情况,先秦法家自身也有觉察。例如韩非在评论商鞅、申不害时曾谈道:商鞅知法而无术,而法又未尽;申不害知术而不通法,术又未尽。先秦法家都讲法、势、术,但这三者在各自思想中的地位又不尽相同。本章要介绍如下几家:

李悝:法家的创始人,主张变法和以法治国。可惜他的著述已亡佚。

慎到:以讲势为主。慎到吸收了道家的思想,把道的理论与势、法结合在一起,给势、法以理论的论证。

申不害:以言术为主,兼论法、势,受道家的影响,发展了君人南面之术。

《商君书》:这是一部论文集,提倡耕战和以法治国。作者强调重罚。

韩非:先秦法家的集大成者,同时也吸收了其他诸派的一些思想,成为法家中最宏富的代表人物。

另外,在《管子》一书中,有二十余篇法家派作品。关于《管子》中法家思想,我们放在第十三章另行论述。

第二节　李悝的变法与法治思想

李悝,又名李克①,生卒年已不可考,与魏文侯(在位时间为公元前445年至公元前397年)同时。魏文侯是战国初年很有作为的一位君主,他启用了一批著名的政治家、军事家和思想家,李悝就是魏文侯班子中的一位著名人物。李悝初为魏文侯的上地守,后升为魏相。由李悝倡议,魏文侯支持,魏国实行了一次大规模的变法运动,从而使李悝获得了战国时期法家始祖的地位。李悝不仅是一位杰出的政治实践家,同时又是一位出众的思想家,《汉书·艺文志》有《李子》三十二篇,列为法家之首,可惜书已亡佚。另外《艺文志》中又列有《李克》七篇,李克即李悝。乍然看去,同一人之作,一部分列入法,一部分列入儒,很难统一。其实,战国初年诸家尚在分化初期,李悝是位由儒而入于法的人物,在他的著述中有儒家的东西是可以理解的。可惜《李克》七篇也失传了。

李悝在法律的建设与改革上具有特殊的重要地位。他对春秋以来变法政治做了一次理论的总结:"撰次诸国法,著《法经》。"②这部《法经》在魏国

---

① 李悝、李克是一人还是二人,有不同看法。崔适《史记探源》认为李克是李悝异名。章太炎《检论·原法》亦持此论,杨宽《战国史》认为《史记》的《货殖列传》《平准书》所载李克当为李悝之误,其他古籍所记载李克当为另一人。

② 《晋书·刑法志》。

付诸实施了。后来商鞅携带这部《法经》到秦国又发动了一次变法运动,秦律应该说是李悝《法经》的嫡传子。在湖北云梦睡虎地出土的秦律中,有全文抄录魏律的记录。《晋书·刑法志》云:"秦汉旧律,其文起自魏文侯师李悝。"李悝的《法经》虽然也已失传,但它的精神包含在了秦汉以来的法律中。

从零星的材料看,李悝的政治思想大致有如下几点。

一、奖励耕战

李悝提出"尽地力之教",发展农业生产。"尽地力之教"的主要内容包括实行授田制度、进行种植指导和实行平籴法。

授田法起于何时,学界迄无定论。李悝之时魏国确实实行了授田制。《汉书·食货志上》在叙述李悝作"尽地力之教"时写道:"一夫挟五口,治田百亩。"治田百亩不只是表明当时的一个劳动力的效率和能力,它显然与授田制有内在的关联。关于魏国实行授田制的情况,《吕氏春秋·乐成》有记载,文中谈到"魏氏之行田也以百亩"。西门豹治邺,因邺的土地贫瘠,每户行田"二百亩"。所谓"行田"即分与土地。《汉书·高帝纪下》载:"法以功劳行田宅。"苏林注:"行,音行酒之行,犹付与也。"所以"行田"亦即"授田"。如果把李悝所说的"治田百亩"与"行田"统一起来考察,说李悝推行授田制是可信的。事实上,尽地力如果不同土地的分配与使用联系在一起,是很难落实的。

李悝在实行授田时,还对种植提出指导和规定。他提出:"必杂五种,以备灾害。"①所谓"五种"即稷(谷子)、黍、麦、菽(大豆)、麻。杂种五谷既便于充分利用土地,又可以防止灾害。李悝还提出,要在住宅周围种桑,在园子里种菜,田埂道路上多种瓜果。②李悝还提出要精耕细作,勤于锄草,收获时要抓紧时间抢收等。

为了保证农业正常的进行,李悝还提出"平籴法",稳定市场和粮价。他认为:"籴甚贵伤民,甚贱伤农;民伤则离散,农伤则国贫。"③这里所说的民,

① 《太平御览》卷八二一引《史记》《通典·食货二·水利田》。

② 参见《通典·食货二·水利田》。

③ 《汉书·食货志上》。

指的是城市里的非农耕人口。为了解决这一矛盾，他提出"平籴法"。李悝规定每亩平均标准产量，每年为一石五斗。超过此标准的为好年成，低于此数的为坏年成。好年成又分三等，叫"上熟""中熟""下熟"；坏年成也分三等，叫"小饥""中饥""大饥"。李悝提出，丰年时，国家按一定的价钱征购余粮作为储备，保证粮价不致暴跌伤农；荒年时，国家按照一定的价格出售粮食，供应城市居民，保证粮价不致上涨，安定城市居民的生活。李悝的这种设想应该说相当周到；不过在当时条件下能否实行颇可怀疑，即使部分地实行，也必定会有各式各样的敲诈相伴行。

李悝实行的尽地力之教有利于农业的发展，保证了国家有充足的税源，对当时封建关系的发展也起了促进作用。李悝之所以特别注意经济的发展和调整，是因为他认为只有经济稳定，政治才能安稳。政治上的动乱最主要是由"饥寒而起的"，而饥寒又来自富贵者的淫佚。"富足者为淫佚，则驱民而为邪也。"[1]这一见解相当深刻。

李悝鼓励农业生产的同时，也奖励勇战。这方面的材料留下来极少，下边的一个故事说明他对勇战的重视。《韩非子·内储说上》记载，李悝为上地守时，曾下了这样一道命令："人之有狐疑之讼者，令之射的，中之者胜，不中者负。"意思是说：遇到难断的案子，就看双方射箭是否能射中靶子来决定胜负，射中的为胜，射不中的为败。从诀狱角度看，这种做法是相当荒谬的；但鼓励善射则是事实。他靠这种办法使人们"日夜不休"地习射，后来与秦交战，因士卒善射而大胜。魏文侯时期曾进行过军制改革，奖励勇战，李悝在这中间肯定起过作用。

提倡耕战是战国法家思想的主旨之一，李悝是最早的倡导者。

二、使有能，禄有功

《说苑·政理》记载了李悝这样一段论述："为国之道，食有劳而禄有功，使有能而赏必行、罚必当。""夺淫民之禄，以来四方之士。"在这里提出了用人的基本原则。他反对世卿世禄和无功受禄，主张启用和提拔有能力并且在实践中富有成效的人。"来四方之士"的主张打破了传统的狭隘的用人圈

---

[1]《说苑·反质》。

子,也打破了当时国的界限,从更宽广的范围揽延人才,把更多的有知识、有能力的人吸取到官僚队伍中来。这种主张在当时是有针对性的,对用人唯亲唯旧的传统是一个强有力的冲击。

三、制定《法经》

李悝研究和总结了当时各国的法律,并集其大成制定了一部新法典。这部法典被后世称为《法经》。《法经》共有六篇:《盗法》《贼法》《囚法》《捕法》《杂法》《具法》。李悝认为:"王者之政,莫急于盗贼,故其律始于盗贼。"①这里所谓"盗",主要指对私有财产的侵犯;所谓"贼",主要指犯上作乱和对人身的侵犯。可见这部法律目的主要在于保护私有权、政治统治权,以及统治者的人身安全。《囚法》讲的是断狱。《捕法》讲的是捕亡。《杂法》包括惩治"轻狡、越城、博戏、借假、不廉、淫侈、逾制"②等犯法行为。《具法》是以"《具律》具其加减"③,即根据具体情况从重或从轻治罪的有关规定。

制定详细的法律并公之于众,就能使社会上每一个人都知道自己应该有怎样的行为准则。李悝所制定的法律代表了当时统治者的意志,对劳动人民的镇压是十分残酷的;但比之任意施法无疑是一大进步。强调社会生活一切遵法,这是先秦法家的基本特征。李悝在这方面具有开创之功。

先秦的法家与儒家不同,他们不大讲师承关系。但李悝的基本思想为后来的法家所继承,受到后来法家的尊重。

第三节　慎到的势、法、术思想

一、慎到及其在法家学派中的地位

《史记·孟子荀卿列传》载:慎到,赵人,曾游齐稷下学宫。慎到生卒年代已不可确考。《孟子·告子下》曾记载:"鲁欲使慎子为将军。"赵歧注:慎子名滑釐。焦循《孟子正义》认为"釐"与"来"通训,"来"与"到"义同,据此判定慎子名滑釐,字到。《汉书·艺文志》"慎子"条下班固自注:"名到,先申、韩,申、

---

①②③《晋书·刑法志》。

韩称之。"申不害相韩昭侯,卒于公元前337年。慎到如比申子早,也要长孟子若干岁。可是《盐铁论》又载,慎到在齐宣王和齐湣王时游稷下,比前一说晚了几十年。这里从《汉书·艺文志》说。

慎到在先秦颇有影响,《荀子》《庄子》《韩非子》《吕氏春秋》都称引过他。关于他的思想倾向历来有不同看法。《庄子·天下》把慎到归入道家又兼及法。韩非相当尊重慎到,视为法家。荀子的评价不统一,在《非十二子》《解蔽》中主要批判了慎到的法,显然把慎到视为法家。但在《天论》又批判了慎到的道家思想。《吕氏春秋·慎势》把慎到列为法家。《史记·孟子荀卿列传》说慎到"学黄老道德之术",而《汉书·艺文志》又把慎到列入法家。这些分歧一直延续到现在。尤论入法入道均有埋由。从哲学上看,慎子属于道家;从政治思想上看,则为法家的重要代表人物。

慎到曾有系统的著作,《史记·孟子荀卿列传》中云:"慎到著十二论。"即《汉书·艺文志》云:慎子四十二篇。"原书已散失,传世的仅有七篇及诸书引用的佚文。这就是目前通行的《慎子》。另商务印书馆所出《四部丛刊》影印明万历年间吴人慎懋赏本,多数研究者认为是伪书。现在研究慎到,主要依据残本《慎子》一书,及诸书中保留的有关慎到的言论。

《慎子》一书不仅讲势,而且尚法,书中虽没有明确提出"术"的概念,但有一部分内容是论"术"的。这样在《慎子》一书中,势、法、术思想都具备了,这对考察后来法家思想渊源有重要的意义。如果把《慎子》与《申子》《商君书》《管子》书中法家派的著作和《韩非子》加以比较,《慎子》一书有明显的特点,这就是贵势而不尚独断,尚法而不崇苛严,任术而不贵阴谋。整个思想显得庄重、深沉。慎到又是法家中最先把道、法结合起来的人物,所以在法家学派中占有特别重要的地位。

二、贵势与天子为天下说

在权、法、礼、政策等政治诸因素中,慎到把权力即势放在了首要地位。掌握权势是从事政治活动的前提条件。慎到从历史与现实的经验中论述了:在政治中谁服从谁,不是以才能、是非和道德为标准,而是要看权势的大小。"贤而屈于不肖者,权轻也;不肖而服于贤者,位尊也。尧为匹夫,不能使其邻家；至南面而王，则令行禁止。由此观之，贤不足以服不肖，而势位足以屈贤矣。"①慎到的说法显然是在反驳儒、墨等派崇尚圣贤的说教。从理论上看，慎到把权力看成高于一切，把道德、才能、是非看成不过是权力的仆从，无疑是片面的。但这种说法是符合当时历史实际的。臣民中，在才能、道德、见识等方面都超过君主的，大有人在，然而他们仍然必须听命于君主。君主所依恃的就是权势。所以慎到说，这种权势是不可须臾离之的。正如腾蛇、飞龙不可离开云雾一样，一旦云消雾散，失去依靠，就会立刻掉下来，只能与蚯蚓同辈。君主也是一样，一旦失去权势，只能与匹夫为伍。

为了确保权势的威力，最忌讳同一种权力有"两"，即二元化或多元化。"两则争，杂则相伤。"②慎到认为权力的平等不能并存。"两贵不相事，两贱不相使。"③如果有并行的权力，那么在其上则要有一个更高的权力加以制约。"臣有两位者国必乱，臣两位而国不乱者，君在也，恃君而不乱矣。"④一国之内只能有一个君主。"多贤不可以多君，无贤不可以无君。"⑤在政治体制上，慎到主张君主一元化的独头政治。

君主要实现独头政治，最紧要的是权势一定要超过一切臣属。"君臣之间，犹权衡也。权左轻则右重，右重则左轻。轻重迭相橅，天地之理也。"⑥谁权力大谁就有指挥权。君主怎样才能使自己的权势大于臣子？慎到提出，要在"得助于众"⑦。他从生活中的事例说明得助的重要。"爱赤子者，不慢于保。绝险历远者，不慢于御。"意思是：喜爱儿子的人，不要怠慢保傅；历险远游者，不要怠慢赶车的。从历史上看，三王五伯之所以能成大功，都因为得到了天地之助、鬼神之助、万物之助。一句话："得助则成，释助则废。"⑧"得助于众"的关键在于"兼畜下者"。他说："民杂处而各有所能。所能者不同，此民之情也。""下之所能不同，而皆上之用也。是以大君因民之能为资，尽包而畜之，无能去取焉。是故不设一方以求于人，故所求者无不足也。大君不择其下，故足。不择其下，则易为下矣。易为下则莫不容，莫不容故多下，多下之谓太上。"⑨从这段论述可以看到，慎到在政治上颇通辩证法。这里他提出了两

---

①⑦⑧《慎子·威德》。

②④《慎子·德立》。

③⑤⑥《慎子·逸文》。

⑨《慎子·民杂》。

个关系及其处理办法。一是"民能"与"君用"的关系。民各有其长,各有其短,君主不要求备于民,要善用其长,兼畜而择能用之。二是"上"与"下"的关系。君主不要挑剔,不管什么样的"下"都要兼容,这样"下"就多。拥有的臣民越多,"上"的地位就越稳固,权势也就越大,故"多下之谓太上"。

慎到一方面特别强调权势的重要,认为权势要集中于君主之手;另一方面,又指出权势的大小取决于能否得到"下"的支持。这样一来,慎到主张的"势"就不是脱离"下"的权力至上论,而应以"下"为基础。慎到这种思想的产生与当时的社会背景是相适应的。战国中期是君主集权的形成发展时期。然而由于当时国与国之间的斗争和各国内部争权的斗争,都与争取民紧密相关,谁能争取群众支持自己,谁胜利的可能性就大些。慎到的主张正是反映了这种历史潮流。

从政治体制与权力结构上看,慎到主张君主独操大权。但他又提出君主应该掌权为天下,而不应借权吞天下。他从君主的产生论述了这个问题:"古者立天子而贵之者,非以利一人也。曰:天下无一贵,则理无由通。通理以为天下也。"①慎到这里提出了贵、利、理、天子、天下五者的关系。天子是基于社会的需要,为通天下之理而产生的。贵天子是为了通理平天下,不是为了利一人。因此,"立天子以为天下,非立天下以为天子也。立国君以为国,非立国以为君也"②。慎到这种说法可说是开亘古之新论、启迪后人之烛光,给君主占有天下说以有力的一击。

在春秋以前宗法分封制下,国事与家事是一回事。国家机构与职能很大一部分寓于血缘宗族关系之中。到了战国,情况有了很大变化。国家机构与职能的大部分与君主的宗族关系相分离。国事与君主的私事明显地区分开来。从春秋中后期开始,一些思想家逐渐把君主个人与社稷、国家区分开来。慎到在这里把两者做了更明确的区分。这种区分在理论上有重要意义,是国家观念发展的重大突破。国家不仅与君主分析为二,而且国家的利益高于君主个人的私利,君主应该为国家和天下服务。

慎到在理论上还提出了一个非常有意义的问题:圣人与百姓谁养活谁?许多思想家认为圣人、君主养育万民,由圣君明主"利民""抚民""养民"

---

①②《慎子·威德》。

"安民""惠民""亲民",向民施恩赠惠。慎到与上述看法相反,他认为:"百姓之于圣人也,养之也;非使圣人养己也。"①慎到的百姓养圣人之说,从经济关系上给"立天子以为天下"的主张,提供了有力的根据。

慎到还提出了如下论点:"圣人之有天下也,受之也,非取之也。"②究竟谁把天下授给了圣人,慎子没有交代。不过其中寓意是清楚的:圣人不应把天下攫为己有。

慎到以上的说法,在理论上无疑是对君主的一种制约。它教导君主应该摆正个人与天下的关系,从道理上看,无疑是一首绝唱。然而这一理论仅到此为止,没有再深论;至于如何实现,也没有做出制度设计,寄希望的仍是明君。

慎到提倡君主权力一元化是现实的,而君主为天下则不过是一种理想。君主们对权力一元化理论无疑感兴趣,而为天下的旗帜多半被踏在了脚底下。不过有时也会举起来招摇一番,以示自己无私,颇能欺骗一些老实人。

三、尚法贵公论

(一)实行法治,反对人治

一些研究者把慎到视为主势的理论家,其实他也很注重法。法治与人治是儒、法在政治思想上的一个重要分野。儒家主张人治,《中庸》明确提出反对法治。慎到与之相对立,鲜明地提出实行法治,反对身治。身治即人治。慎到指出身治有两大弊端:第一,身治无一定标准,随心而定。"君人者,舍法而以身治,则诛赏予夺,从君心出矣。"君主以自己的主观好恶进行赏罚予夺,臣属也必将从自己的主观喜恶相对待。君心与臣心相抵牾,结果"受赏者虽当,望多无穷;受罚者虽当,望轻无已"。而且心机易变,只要一转念,对事情的处理便会差之千里。"君舍法而以心裁轻重,则同功殊赏,同罪殊罚矣。"赏罚不公,"怨之所由生也"③。第二,人治使"国家之政要在一人之心矣"④。事

---

①②④《慎子·威德》。

③《慎子·君人》。

情千头万绪，一个人无论多么高明，他的认识能力也是有限的。"一人之识识天下，谁子之识能足焉？"①慎到从个人知识的有限性论证了把国家政要系于一人之心是危险的，实在是超群卓识。

人治不足以治国。治国之道在于实行法治（也称"法制"），"唯法所在"②，"事断于法，是国之大道也"③。慎到对立法的原则、法的目的、法的职能、执法原则，以及如何处理守法、变法等问题，都做了简要而明确的论述。

慎到从两个方面论述了立法原则。从哲学上看，法是"道"的人事化、社会化的表现。慎到认为每一种具体事物都有局限性。在一般人看来，天地无所不包。慎到却高人一筹，认为天、地也有短处。"天能覆之而不能载之，地能载之而不能覆之。"④天、地尚且如此，万物更不待言了。所以"万物皆有所可，有所不可"。既然每个事物都有个性与局限性，那么只拘泥于个别的、具体的事物，必然要陷入片面性，故曰："选则不遍，教则不至。"意思是说：只要有选择，必定选不全而有遗漏，有所教，必定不能周全而有偏颇，顾此而失彼。"道"与天地不同，它包容万物，但并不消除事物的个性。"大道能包之而不能辩之。"⑤"辩"依马叙伦《庄子义证》作"平"解。这句话的大意是：大道虽然包容万物，但不使万物等齐划一。那么《庄子·天下》说慎到主张"齐万物"又是什么意思呢？据侯外庐的解释，"齐万物"之"齐"，如同《荀子·荣辱》所说的"斩而齐"之"齐"。"斩"读如"傪"，"傪"，互不齐也。又如《荀子·正名》篇所说的"差差然而齐"之"齐"，即"非齐之齐"。⑥这样"齐万物"的"齐"并不是把万物整齐划一，而是说对不齐的万物保持同距离，一视同仁。据此可知，"道"与具体事物的关系具有两个特点：一是包容万物，二是对万物一视同仁。慎到认为法与"道"相对应，法也有两个特点：一方面是包容一切人事；另一方面，法对人一视同仁。法犹如"权衡""尺寸"一样，是衡量的标准。由于法无所不包，又一视同仁，所以法能起"一人心"的作用。⑦因而法又称之为"道术""常道""法度"。

---

①③《慎子·逸文》。

②《慎子·君臣》。

④⑤《庄子·天下》。

⑥ 参见侯外庐等：《中国思想通史》，1版，第1卷，人民出版社，1957年，第602页。

⑦ 参见《慎子·威德》。

法要因"道"，但同时又要面向现实。慎到指出："法非从天下，非从地出，发于人间，合乎人心而已。"①所谓"合乎人心"，就像《荀子·非十二子》中所说："上则取听于上，下则取从于俗。"合人心、从俗，也就是因人情。人情的具体表现是"自为"。慎到说："人莫不自为也。"②关于"自为"，他没有做进一步解释。从《慎子·逸文》看，"自为"就是为自己，为利。"家富则疏族聚，家贫则兄弟离，非不相爱，利不足相容也。"③兄弟之间尚且计利，亲族之外更不待言了。所以他又说："匠人成棺，不憎人死；利之所在，忘其丑也。"④慎到所说的立法因人情、合人心的实际内容，便是从人情好利出发，把法的关系建立在利害关系上。

法要遵道与因人情的理论，奠定了法家立法理论的基础。先秦后起的法家关于立法原则的种种理论，都是以这两条为基础而展开的。

立法要因人情好利之性，但是法又不是简单直接地保障一切个人私利，而是要在相互利害关系中找出一个共同的准则，从而使人们好利的本性获得普遍的保证。这个共同的准则叫"立公去私"。立法就是实现这一目的的手段。《慎子·威德》说："法制礼籍，所以立公义也。凡立公所以弃私也。"什么是"公"和"私"呢？慎到没有明确的论述。大凡"公"指的是有关事物的一般规定。他说："蓍龟所以立公识也，权衡所以立公正也，书契所以立公信也，度量所以立公审也。"权衡、度量是从具体的重量和长度中抽出来的公共标准。法制如同权衡、度量一样，是从人事中概括出来的共同准则。这种准则便是"公"。慎到所说的"私"，不是指自私的私，而是指与法相违背的或破坏法制规定的行为。所以慎到的"公""私"是政治法律概念，而不是指道德或财产占有关系的概念。关于这一点我们从慎到论君主与"公""私"的关系中可得到证明。慎到认为君主并不是"公"的化身，"公"在理论上比君主更高。法虽然是由君主制定出来的，但法一旦制定出来，君主也必须遵从。因此君主也有奉公和行私的矛盾。君主无上的权势应通过推行法制来体现，而不能随个人的好恶乱施淫威。个人的"爱""欲"都不能超出法的规定范围，"欲不得干时，爱不得犯法"，赏罚不能随心所欲，"定

---

①③④《慎子·逸文》。

②《慎子·因循》。

赏分财必由法"①。慎到指出:"立法而行私,是私与法争,其乱甚于无法。"②
这个道理讲得极为深刻。因为"私与法争"会造成政治分裂。一方面有法而
行私,使法丧失了应有的权威;另一方面,既然有了法,法便不以制定法律
者的个人意志为转移而成为一种标准,起着衡量每个人的作用,包括君主
在内。所以有法而不行法,必然造成法与统治者两败俱伤。

(二)法与"分"和"公"

法的目的是要求奉公弃私,那么通过什么具体办法实现呢?这个办法
就是"分"。所谓"分",就是分清每个人的职守,分清每种行为的界限。慎到
举了如下例子,说明"分"的重要作用。"一兔走街,百人追之,贪人具存,人
莫之非者,以兔为未定分也。积兔满市,过而不顾,非不欲兔也,分定之后,
虽鄙不争。"③《吕氏春秋·慎势》引述过这段话,字句略有不同。《吕氏春秋·
慎势》中有一个重要的结论是《慎子·逸文》中所无的。这个结论是"故治天
下及国,在乎定分而已矣"。具体而论:有君臣之分,天子、诸侯、大夫各有其
位,不得逾越;有职守之分,如"士不得兼官,工不得兼事"④;有权限之分,如
"职不得过官"⑤;有赏罚之分,赏罚要与功罪相当,"定赏分财必由法"⑥;在
家庭有父子、嫡庶、正妻嬖妾之分;等等。

慎到不愧为一个政治设计家。在他的设计图中,所有臣民都被法"分"
为特定的个体,法作为纽带把每个个体连接起来,使之成为整个国家体系
中的一个部件,君主把握着法,掌握着全体。因此慎到的法治也可叫作"分"
而治之。

有了法就要依法办事,执法的关键人物是君主。"为人君者,不多听,据
法倚数以观得失。无法之言,不听于耳;无法之劳,不图于功;无劳之亲,不
任于官。官不私亲,法不遗爱。上下无事,唯法所在。"⑦把法作为察言、观行、
考功、任事的准绳。《庄子·天下》对慎到有四句概括:"公而不当(借为
'党'),易(平易)而无私,决然无主,趣物而不两。"大意是不阿党,不行私,
不先入为主,一视同仁。依慎到之见,如果真正依法办事,不需要超人的才

----

① ④ ⑥ 《慎子·威德》。
② ③ 《慎子·逸文》。
⑤ 《慎子·知忠》。
⑦ 《慎子·君臣》。

314

智,有中人的水平便可治理国家。"厝钧石,使禹察锱铢之重则不识也。悬于权衡,则氂发之不可差,则不待禹之智,中人之知莫不足以识之矣。"[1]

慎到还提出了守法与变法的关系问题。"治国无其法则乱,守法而不变则衰。有法而行私谓之不法。以力役法者,百姓也;以死守法者,有司也;以道变法者,君长也。"[2]寥寥数语,提出了有法与无法、守法与变法的关系,以及君、吏、民在法中各占什么地位。有无相比,有胜于无。"法虽不善犹愈于无法。"[3]有法必须执法,有法不执法,如同无法。严于守法又要善于变法,守法而不知变亦不能治国。君主、臣民在法中的地位是迥然不同的:君主掌握制法与变法之权,官吏只能充当执法的工具,而百姓则只能充当法的奴仆。

如何保证私不侵犯公呢? 对臣下来说,由君主加以制约;对于君主来说,就只能靠道理和君主的自觉了。慎到晓以利害,劝君主克己奉公,除此之外,他没有提出任何制约君主必须奉公的办法。所以实际上,君主的权可以高于法,君主的私可以破坏公,君主的行为可以使全部法陷于瘫痪。在君主专制制度下,这是不可避免的。

慎到的尚法贵公思想要求把国家职能规范化,通过规范的形式体现和保证统治阶级的普遍利益。在春秋以前的分封制中虽然也有泱泱大国,但更多的是小国寡民。小国寡民不会迫切提出政治规范化的问题。随着兼并的发展,一些国家的地域成倍地扩大,臣民成倍地增加,组成统治者的成分也复杂化了。于是要求政治向规范化发展。如果我们考察一下春秋以来的历史,可以看到一个明显的事实:变法与制定新法都是与几个大国的发展同步前进的。

尚法贵公思想还表明,国家职能观念由自发向自觉化又迈进了一步。关于国家职能的观念早就产生了, 不过在春秋以前多半以传统习俗为基础,体现在宗法关系之中。尚法贵公的提出,把国家职能的观念上升为理论,并极大地冲击了宗法关系对国家作用的影响。

尚法贵公在理论上还提出了君主与国家职能的关系问题。在春秋以前,国家职能是从属于天子、君主的;而尚法贵公思想则认为天子、君主应

---

[1][2]《慎子·逸文》。

[3]《慎子·威德》。

该是国家职能的执行者。

尚法贵公思想在慎到那里是相当严肃的，后来的法家吸收了一部分，但有很大一部分被庸俗化了。

四、"君无事、臣有事"的驭臣之术

(一)尚法而不尚贤

儒家倡导君臣关系应建立在礼义忠信基础之上。慎到认为这是不可能的，君臣之间是权力与利害的较量。可是君又不能不用臣。为防止君轻臣重的现象发生，慎到讲的驭臣之术便是为君主开的一剂药方。

这剂药方的主药叫"尚法而不尚贤"。战国时期尚贤之风吹得很盛，尤其以儒、墨为最。慎到迎面泼了一瓢冷水。他告诫君主尚贤是最危险的。"立君而尊贤，是贤与君争，其乱甚于无君。"[①]慎到反对尚贤有两个理由。其一，尚贤影响了一元化政治。君主一元化政治需要的是"民一于君"，"臣下闭口，左右结舌"[②]。可是，尚贤、尊贤降低了君主的地位，或者是给君主树立了一个对手，使民慕贤而不尊君。所以尚贤是万万使不得的。其二，尚贤与尚法相矛盾。如果提倡尚贤，势必降低法的地位，把政治命运系在贤者的身上。慎到反对尚贤的第一个理由显然是为君主着想，没有什么值得称道的价值；第二个理由则很有见地。法作为制度在政治中表现为一般的规定性，反映的是普遍的东西。而人，即使是圣贤，只是历史进程中的偶然因素。把政治命运寄于偶然因素之上，无疑是危险的。

慎到反对尚贤，但在用人上，他非但不反对使能任贤，反而极力倡导。他要求"臣尽智力以善其事"[③]。他还特别强调：一国之治乱，不能全归功或归罪于君主一人。"亡国之君，非一人之罪也；治国之君，非一人之力也。将治乱，在乎贤使任职。"[④]可见慎到对臣的作用有足够的估计。慎到的这种说法与"尚贤"之论不同之处在于：慎到的使贤任能是以君主独操权势与行法为前提的。在这两个前提下，君主要善于用臣之智能和一技之长。慎到指

①②《慎子·逸文》。

③《慎子·民杂》。

④《慎子·知忠》。

出,每个人各有所长,各有所短,君主应"不设一方以求于人"①。君主把每人之所能、所长集合起来,君主就无所不能。"廊庙之材,盖非一木之枝也;粹白之裘,盖非一狐之皮也。"②君主要想居廊庙、衣粹白之裘,就不能弃一枝之木、一狐之腋。

(二)君无事、臣有事

为了充分发挥臣子的智能与作用,慎到还提出了"臣事事而君无事,君逸乐而臣任劳"的主张。慎到说的"君无事"并非君主袖手旁观,不做事,当摆设,而是指君主要善于发挥臣子的才智,让他们把事情干完、干好。最美妙的状况是臣子尽力,君收其利,即所谓"仰成而已"。做到这一步,不一定需要有超众的才能,妙道在于有得当的驭臣之术。这种术即前边讲到的贵势、尚法、兼畜、用长等。在慎到看来,君主事必躬亲、逞能恃才不表示君主聪明,倒是无本事和低能的表现。"人君自任,而务为善以先下,则是代下负任蒙劳也,臣反逸矣。"③君主什么事都包揽起来,看起来很有权,其实干的是臣子应该干的事,实际上把自己降低到臣子的地位。君主自以为自己最有本事、最聪明,那么臣子们谁敢"与君争为善以先君"呢?臣子们只好把智慧藏起来。然而臣子们是不会闭目养神的,他们睁大两眼注视着君主的行动,一有过失,"臣反责君",使君主处于尴尬的地位。如果君主是一个平庸之辈,而又要摆出一副无所不能的架势,指挥一切,势必出乱子;即使"君之智最贤",但一个人的智慧毕竟有限,"以一君而尽赡下则劳,劳则有倦,倦则衰,衰则复反于不赡之道也"。说得多么透彻。依慎到之见,君主的职责是用臣,而不是代臣行事。代臣办事"是君臣易位也,谓之倒逆,倒逆则乱矣"④。荀子批评慎到"蔽于法而不知贤"⑤,是不准确的。

慎到把事情看得很透彻。君主不要指望臣子无条件地忠于自己,无条件地为自己献身。从人皆"自为"的本性看,这是不可能的,臣子有这种表白也是靠不住的。慎到提出要"用人之自为,不用人之为我",因为"人莫不自为也,化而使之为我,则莫可得而用矣"⑥。在这里慎到提出了"自为"与"为

---

①③④《慎子·民杂》。

②《慎子·知忠》。

⑤《荀子·解蔽》。

⑥《慎子·因循》。

我"两个涉及君臣基本关系的概念。"自为"即为自己,"为我"是什么呢?郭沫若的解释较为贴切:"为我"是君主站在自己的立场,要求天下人都为自己服务,"为我"之我是王者一人之我。①讲得更明白些,"为我"就是臣子牺牲个人利益献身于君主。依慎到之见,因人之情就是因人"自为"之情,如果臣子抛弃"自为",那么君主就没有可"因"的了。一个连自己都不为的人,对君主难道是可靠的吗?显然是靠不住的。君臣之间是权衡利害的关系,而一切为了君主的人失去了与君主交换的价值,君主既无可"因",自然就失去了可用的基础。

与上述思想一脉相承,慎到也不赞成用忠臣。他说:"将治乱,在乎贤使任职,而不在于忠也。故智盈天下,泽及其君;忠盈天下,害及其国。"②在先秦诸子中这真是一曲绝唱。当时人们普遍地呼喊要忠臣,认为忠臣得不到重用是亡国的重要原因。慎到与这种论调恰恰相反,乍然看去,使人感到有些蹊跷。其实慎到颇有些道理。首先,慎到认为忠与法是对立的,按照法的规定,臣只能在规定的职守范围内尽其智力。"忠不得过职,而职不得过官。"通常所说的忠臣总是超出法的范围,不在其位而谋其政。这样,忠臣的行为便破坏了法。在慎到看来这是断断不能容忍的。他提出"忠臣不生圣君之下"。其次,从历史上看,忠与治乱兴亡没有必然的因果关系。"乱世之中,亡国之臣,非独无忠臣也。治国之中,显君之臣,非独能尽忠也。"既然有忠臣也可以亡国,显君之臣又未必都是赤忠,那么有什么理由把忠臣作为治国的依托呢?再次,忠臣常有,而国未必常安。"世有忠道之人。臣之欲忠者不绝世"。君主并没有因此而常得安宁。最后,忠与智是两回事。有些忠臣成事不足,败事有余,因为并不是所有的忠臣都像比干、子胥那样有才能。有些忠臣忠则忠矣,主意并不高明,结果"毁瘁主君于暗墨之中,遂染溺灭名而死"。遇到这样的忠臣,非但不能救乱世,反而"适足以重非"③。应该说,慎到的看法是有见地的。

慎到的上述理论是符合当时实际的,在历史上第一次较深刻地揭开了君臣关系的帷幕:君臣之间是互相利用关系。君主不必寄希望臣子尽忠,需

---

① 参见郭沫若:《十批判书·稷下黄老学派的批判》,东方出版社,1996年,第174页。
②③《慎子·知忠》。

要的是有实效的智能。

五、结语

综上所述,慎到的势、法、术是互相制约、互相补充的关系。势是法、术的前提,但又不能离开法、术独立施行。势要通过法来实现,君要通过术驾驭臣并处理与臣的关系。

在君主专制制度下,实际上很难区分国家与君主的权限。然而基于统治阶级整体利益的要求,又需要把两者加以区分。君主作为国家的统治者,他的行为不一定反映统治者最普遍的利益和要求,甚至会损害这种利益和要求。特别随着统治地区的扩大、臣民的增多,政治情况必然复杂化。战国时期国家形式和职能与春秋以前大不相同。春秋以前国家形式主要通过氏族宗法制表现出来, 国家的职能在很大程度上是在宗法制外壳下实现的。到了战国,这种情况有了基本的变化,郡县制和官僚制占了主要地位,统治集团内部结构相应也有很大变化。情况越复杂,越需要找出一个政治上的中轴线,找出内在的规定性。可是君主有权不受这种规定的约束。于是君主个人行为和决断背离统治阶级一般要求的情况就不断发生。如何解决这个矛盾?这就是慎到所呼喊的:提倡国家观念,国家政治要规范化,建立法制,君主应该遵从法,国家利益高于君主个人私利,等等。

沿着慎到设计的道路走,会不会削弱君主专制制度呢?不会的,相反只会加强。不过加强的办法不是简单地突出君主个人无限的权力,而是通过实现法治来进行。应该说,这种办法更富有理性,从而也更加牢固。

慎到的理论是相当严肃的,早期法家多半都具有这个特点。相形之下,后期法家显得庸俗多了。

第四节　申不害的术治思想

申不害,生年不可确考,死于公元前337年。《史记·老子韩非列传》载:"申不害者,京人也,故郑之贱臣,学术以干韩昭侯,昭侯用为相。内修政教,外应诸侯,十五年,终申子之身,国治兵强,无侵韩者。"韩昭侯在位时间为公元前362年至公元前333年。《史记·韩世家》载:韩昭侯八年申不害为相,至二十二年而卒。申不害与商鞅是同时代的政治家。

申不害有专门论著,《史记·老子韩非列传》说:"著书二篇,号曰《申子》。"《汉书·艺文志》有《申子》六篇。《申子》已散佚,《群书治要》保留了一篇,名曰《大体》。申不害的著作在先秦曾广泛流传,《韩非子》《吕氏春秋》等书称引过申不害的一些论说。《玉函山房辑佚书》有《申子》的辑本。

申不害在政治思想史上具有重要的地位。后世常以申、商齐称。势、法、术是法家政治思想的三足。慎到侧重于势,申不害侧重于术,商鞅侧重于法,形成战国中期法家三大巨擘。

申不害主术,但对势、法也很重视。行术首先必须握住势与法。申不害告诫君主:"君之所以尊者,令。令之不行是无君也,故明君慎之。"①君臣之位切不可颠倒,君主要牢牢掌握住权柄。"明君如身,臣如手;君若号,臣如响;君设其本,臣操其末;君治其要,臣行其详;君操其柄,臣事其常。"又说:"明君使其臣,并进辐辏,莫得专君。"②群臣都要像车轮辏集于毂那样,围着君主转。申不害虽没有明确使用"势"这个概念,但他所讲的"号""令""本""要""柄"与慎到"势"的内容基本相同。君主除了把握权势外,还必须奉法行治。"君必有明法正义,若悬权衡以称轻重,所以一群臣也。"③申不害也有任法不任智的思想,他说:"尧之治也,善明法察令而已。圣君任法而不任智,任数(法术)而不任说。黄帝之治天下,置法而不变,使民安乐其法也。"④这种说法与慎到的主张也极为相近。申不害还主张赏罚不能随意,要依法而行。"法者见功而与赏,因能而授官。"⑤

申不害重视势、法,但他更讲究术。什么是术呢? 现存申不害的言论中未见明确论述。韩非对术有过明确的说明:"术者,因任而授官,循名而责实,操杀生之柄,课群臣之能者也,此人主之所执也。"⑥术不同于法:法的对

①《北堂书钞》卷四十五引《申子》。

②《申子·大体》。

③《艺文类聚》卷五十四引《申子》。

④《太平御览》卷六三八引《申子》。

⑤《韩非子·外储说左上》。

⑥《韩非子·定法》。

象是全体臣民,术的对象是官吏臣属;法要君臣共守,术由君主独操;法要公开,术则藏于胸中;法是一种明确的规定,术则存于心计之间,翻手为云,覆手为雨。

申不害特别注重术,同他如下的认识有重大关系。他认为威胁君主地位的主要危险来自左右大臣。常人总把民众视为最危险的敌人,筑高城大墙,严加防备。申不害一反常人之见,他认为对君主来说最可怕的,还是左右大臣。"今人君之所以高为城郭而谨门闾之闭者,为寇戎盗贼之至也。今夫弑君而取国者非必逾城郭之险而犯门闾之闭也。"他提醒君主,盗贼固然不可不防,可是弑君取国者并不是这些人,而多是那些居住在萧墙之内用不着逾城犯闭的大臣。所以他又说:"妒妻不难破家也,乱臣不难破国也。"①申不害还告诫君主,对君臣关系要有个清醒的估计,那就是所有的大臣都靠不住。君主如果寄希望于臣子对己忠贞,到头来必定为臣子捉弄,"失之数而求之信则疑矣"②。君主只靠势、法是远远不够的,没有术,势、法就会变得威严而不受用,刻板而不通达;如果助之以术,那么势、法也就会虎虎有生气,无论是动或是静,都会使臣子慑服。申不害所说的术可归纳为如下数种。

其一,正名责实之术。

君主对一切都要有明确的规定。事情千头万绪,难以一一应付,关键在于给事物以规定性。规定要明确具体,凡事有章可循。"昔者尧之治天下也以名。其名正,则天下治。桀之治天下也,亦以名,其名倚,而天下乱。是以圣人贵名之正也。主处其大,臣处其细,以其名听之,以其名视之,以其名命之。"③君主要善于抓大事,抓住了大事,就能控制细小,控制住臣下。申不害认为,君主不应把精力放在论人忠奸上,重要的是应该抓住一般的规定,并按规定进行检查、考察和评论得失。"为人君者,操契以责其名。名者,天地之纲,圣人之符。张天地之纲,用圣人之符,则万物之情无所逃之矣。"④对官吏不要求他们如何表示忠诚,而是要求他们按规定办事,只有遵从规定才是真正遵从君主。君主不准臣下有超出规定的能动性,即使这种能动性符合君主的利益,也要禁绝。因为这种能动性破坏了君主的绝对权

---

①③④《申子·大体》。

②《韩非子·难三》。

威,它与不执行君令在本质上并无差别。申不害主张严格实行"治不逾官,虽知不言"①。由于要求一切官吏都必须按君的规定办事,因此君主的规定便格外的神圣,失之毫厘,谬以千里。在申不害看来,君主"一言正而天下定,一言倚而天下靡"②。这句话旨在强调君主一句话会牵动全局,发号施令要慎之又慎,告诫君主只能"正",不能"倚"。但这句话也透露了申子所主张的君主专制达到了何种程度。只有在绝对的君主专制的条件下,才可能出现一言治天下、一言乱天下的局面。因此他又说:"明君治国,三寸之机运而天下定,方寸之谋正而天下治。"③申不害的主观意图或许并不坏,但到了这般田地,与其说是历史的幸运,不如说是历史的苦难,至少苦难会多于幸运!

其二,静因无为之术。

静因无为之术是申不害术治的另一个基本点。这一点最明显地反映出了老子的影响。申不害的静因之术基于对自然与人事规律的认识。"因冬为寒,因夏为暑,君奚事哉?"④冬、夏推移是不以人的主观意志为转移的客观的规律,在这种规律面前,只能因循,不可违抗。申不害认为天地自然规律的特点是静。"地道不作,是以常静。是以正方举事为之,乃有恒常之静者。"⑤申不害并不否认动,但他认为动静之间以静为本。《申子·大体》说:"刚者折,危者覆,动者摇,静者安,名自正也,事自定也。"基于上述认识,对待一切事情要贵因、贵静。贵因则要"随事而定之",善于顺水推舟;贵静就要"示天下无为"⑥。"无为"之术最关紧要的一点是把自己深藏起来,对任何事情都不要在其未决断之前表示自己的好和恶、是和非、知和不知。因为只要有任何倾向性的表示,臣下就会钻空子或乘机捉弄。他说:"上明见,人备之;其不明见,人惑之。其知见,人惑之;不知见,人匿之。其无欲见,人司(伺)之;其有欲见,人饵之。"如果不动声色,没有任何表示,臣下便无机可乘,君主也就

① 《韩非子·难三》。

② 《大平御览》卷六二四引《申子》。

③ 《大平御览》卷三九〇引《申子》。

④ 《吕氏春秋·任数》。

⑤ 《北堂书钞》卷一五七引《申子》。

⑥ 《申子·大体》。

不会受臣子的左右和捉弄，这样就可以知道一切。这叫作"唯无为可以规(窥)之"①。无为之术还要求君主不可全依靠个人的直接知觉办事，因个人的知觉总带有极大的局限性和片面性。自以为自己的听觉很灵敏，但"十里之间，而耳不能闻"；自以为自己眼睛明亮，但"帷墙之外，而目不能见"；自以为自己的心明察一切，但"三亩之宫，而心不能知"。更何况偌大的天下、辽阔的地域，怎么能靠个人的耳、目、心去认识，去掌握呢？如果凭借自己的耳、目、心去处理天下芸芸众事，那就不可避免地要出现漏洞，出现片面性。由此得出结论：治理国家不要依赖自己的知觉，而要设法把握事物的必然性和全局；而且只有抛弃个人感情上的好恶，才能明察事物，公道办事，才是真正的聪明。故曰："去听无以闻则聪，去视无以见则明，去智无以知则公。去三者不任(用)则治。三者任则乱。以此言耳目心智之不足恃也。"又说："至智弃智，至仁忘仁，至德不德。"②对于矛盾的事物不得不有所选择的话，那么无为之术要求选择有发展或有活动余地的一方。《申子·大体》说："善为主者，倚于愚，立于不盈，设于不敢，藏于无事。"因为"示人有余者，人夺之；示人不足者，人与之"。无为只是君主工作的一种过程，并不是事情的终结。需要见分晓时，君主要独揽一切，决断一切。所以申不害又说："独视者谓明，独听者谓聪。能独断者故可以为天下主。"③由此可以看到，无为以君主的独断为前提，同时又是为独断服务的。如果没有君主独断权力这个前提，无为就一文不值。试想，一个普通人的无为究竟又有什么价值呢？所以无为之术只能是君主专制的一种特殊工作方式。离开君主专制制度，无为之术是不会有什么意义的。

其三，巧于用人。

掌握用人之道是申不害术治的另一项内容。《申子·大体》说："鼓不与于五音，而为五音主。有道者不为五官之事，而为治主。君知其道也，官人知其事也。十言十当，百为百当者，人臣之事，非君人之道也。"又说："因者，君术也；为者，臣道也。为则扰矣，因则静矣。"④君主要巧于用人，而不要与臣

---

① 《韩非子·外储说右上》。

② 《吕氏春秋·任数》。

③ 《韩非子·外储说右下》。

④ 《吕氏春秋·任数》。

争事,陷入事务主义的圈子;要使群臣围着君主转,君主稳居中心。

其四,权术。

申不害的术还有很大一部分属于耍手腕、弄权术、搞诡计阴谋之类的东西。有关韩昭侯的一些行事记载,活灵活现地体现了这些术的具体运用。例如《韩非子·内储说上》记载了这样一个故事:"韩昭侯使骑于县,使者报,昭侯问曰:'何见也?'对曰:'无所见也。'昭侯曰:'虽然,何见?'曰:'南门之外,有黄犊食苗道左者。'昭侯谓使者:'毋敢泄吾所问。'乃下令曰:'当苗时禁牛马入人田中,固有令,而吏不以为事,牛马甚多入人田中,亟举其数上之,不得,将重其罪。'于是三乡举而上之。昭侯曰:'未尽也。'复往审之,乃得南门之外黄犊。吏以昭侯为明察,皆悚惧其所而不敢为非。"韩非把这种术叫作"挟知而问"。韩昭侯的行事未必都是申不害教的,但与申不害有密切关系,当无疑义。

术这种东西是官场尔诈我虞、你争我斗的理论表现,随着战国官僚制的推广而得到迅速的发展。术这种东西在理论上与仁义道德是互相排斥的,它是以利害为中轴来考虑问题的。因此有君驾驭臣属之术,也有臣子欺君弄君之术。申不害的术是为专制君主着想的。实行术这种东西必须以有权作为前提条件,对控制臣属有巨大作用。由于它不是一种政策,过分玩弄权术有时也会走到自己的反面,反而会助长钩心斗角,使统治集团走向涣散。正如韩非所批评的:"申不害不擅其法,不一其宪令,则奸多。"①

第五节 《商君书》的耕战和法治思想

一、商鞅与《商君书》

(一)商鞅与商鞅变法

商鞅,生年不可考,卒于公元前338年。商鞅是卫国人,因是卫公的同族,故称之为"公孙鞅"或"卫鞅"。卫鞅初仕于魏,因不得志,挟李悝《法经》赴秦,与秦孝公畅谈,说帝道、王道和霸道,秦孝公采纳霸道说。商鞅受到秦

①《韩非子·定法》。

孝公的重用,初被任命为左庶长,主持变法。变法取得了明显的成效,后来晋升为大良造。由于功绩卓著,被封于商,由此而号"商君",又称"商鞅"。

变法一开始,就发生了激烈的斗争。以杜挚等为代表的守旧派极力反对变法。他们提出:"利不百,不变法;功不十,不易器。""法古无过,循礼无邪。"商鞅批驳了他们复古守旧的谬论,依据进化的历史观,指出:"前世不同教,何古之法?帝王不相复,何礼之循?"治国必须从现实情况出发采取对策,不能让古老的传统拖住历史的车轮。商鞅明确提出:"治世不一道,便国不必法古。"①秦孝公支持了商鞅的主张,在秦国开展了一场变法运动。

商鞅在公元前359年和公元前350年,先后实行了两次变法,历时二十一年。商鞅变法的主要内容有如下几项:

第一,开阡陌封疆,把土地授予农民,实行"授田制",国家直接征收赋税。

第二,废除世卿世禄,奖励军功。制定二十等军功爵,不论出身,依军功受爵赏。

第三,建立君主集权的行政制度。全境设三十一县,县下设乡、邑,居民实行什伍编户制。

第四,推行重农抑商政策,奖励农业生产,抑制工商业。

第五,废除大家族制。男子成年必须另立门户,以增加户赋。

第六,彰明法令,禁绝游说。焚毁《诗》《书》,打击儒家。

第七,统一秦国的度、量、衡。

这场变法不仅受到宗亲权贵的反对,"宗室贵戚多怨望者",连一般的百姓也感到不习惯。但实践证明效果是好的,新法"行之十年,秦民大悦","乡邑大治"。②商鞅变法使秦国迅速走向了强盛,改变了过去与诸侯交往中的被动局面,成为"兵革强大,诸侯畏惧"的强国。③由于商鞅变法取得了实际成效,秦惠公即位后,虽借故把商鞅车裂,个人落了个悲剧的结局,但变法成果依然保存下来了。正如韩非所说:"及孝公、商鞅死,惠王即位,秦法未败也。"④

① 《商君书·更法》。

② 参见《史记·商君列传》。

③ 参见《战国策·秦策一》。

④ 《韩非子·定法》。

商鞅是战国时期也是中国历史上最著名的改革家之一。

(二)《商君书》

《汉书·艺文志》著录:"《商君》二十九篇。"班固自注为商君撰。《商君书》现存只有二十四篇。商鞅是位著名的政治家,同时又是著名的思想家和著作家。《汉书·艺文志》兵权谋家中又载:"《公孙鞅》二十七篇。"《汉书·刑法志》也说:"吴有孙武,齐有孙膑,魏有吴起,秦有商鞅,皆禽敌立胜,垂著篇籍。"另《汉书·艺文志》农家中有"《神农》二十篇"。颜师古注:"刘向《别录》云,疑李悝及商君所说。"商鞅是法家,在他的政治主张中,耕与战占有特别重要的地位,因此他很可能有兵、农方面的论述,可惜这两部书都亡佚了。

《商君书》在内容上大体首尾一贯,与前所列商鞅变法的内容也基本相符。但细加分析,大部分篇章非出自商鞅的手笔。从现有二十四篇看,大体可分为三类:

第一类可能出自商鞅之手,如《垦令》《外内》《开塞》等篇。第二类记述了商君的言论,如《更法》,但从全文看并非商鞅之作。第三类是由商鞅后学写作的。这一类写作的时间不一,最晚要属《徕民》,文中记述了长平之战。长平之战发生于公元前 260 年,离商鞅死近八十年。因此《商君书》应该说是商鞅及商鞅后学的论文总集。《商君书》在先秦已流传开来,《韩非子·五蠹》称:"藏商、管之法者家有之。"又《韩非子·内储说上》也引述过公孙鞅的话。

《商君书》是研究公元前 360 年至公元前 250 年之间秦国法家思想的重要资料。

二、政治思想的理论基础

耕战政策与以法治国,是《商君书》政治思想的两大支柱。政治上追求的目的是"治""富""强""王"。作者们提出的耕战与法治两大政策,不是凭空想出来的,而是通过对历史、现状的综合分析引出来的结论。这就涉及政治思想理论基础问题。通观《商君书》,有三个最基本的思想值得注重。

(一)历史进化思想

人们探讨现实问题时,总爱回味一下历史,企图从古今关系或古今对比中,找到一把解剖现实的刀子。于是,古今问题便成了诸子们讨论的一个热门题目。孔子认为历史的过程是个损益过程,到周代达到了高峰,于是发出"郁郁乎文哉,吾从周"的感叹。他对今投以鄙视的目光,似乎今只有损而无益,像从高峰掉进了深谷。老子承认在技术和知识上今比古都有了无可比拟的进步,不过在他的曲光镜下,这些进步是人类的变态和堕落。墨子认为生产技术今胜于古,而道德今比三代要坏得多。孟子言必称三代,主张一切率由旧章。

我们不认为凡称颂三代或上古者都是复古之辈,他们各有特定的理论内涵,对此请看有关章节。不过他们有一个共同点:在理论形式上,都认为今不如昔。撇开内容,这个理论形式无疑是落后的、陈旧的,是思维向前发展的一大桎梏。《商君书》的作者们最为重要的贡献之一,就是彻底抛弃了这种陈旧的理论形式,提出了历史进化理论。在中国思想史上第一次用分期的方法分析了历史的过程,并得出了今胜于昔的结论。分期与朝代不同,分期表达的是社会形态之类的问题。

关于人类的起源问题,当时有各式各样的说法,《商君书》的作者把问题看得比较简单。《商君书·开塞》(以下只写《商君书》篇名)说:"天地设而民生之。"人与天地同时来到世界。从科学上看,这个说法什么也没有说明。但有一点值得珍重:人不再是神的后裔或孽生物。自从生人之后,作者们认为人类的发展经历了三个阶段,如果把当时也算进去,便是四个阶段。

生民之始及其以后一个相当时期叫作"上世"。"上世"的特点是"民知其母,而不知其父"①。这种说法类似今天所说的"母系社会"。这个时期人们的互相关系是"亲亲而爱私"②。继"上世"而来的叫"中世"。"中世"是对"上世"的否定,"亲亲废,上贤立矣"。"中世"的特点是"上贤而说仁"。继"中世"的是"下世"。"下世"有了私有、君主、国家、刑法,用今天的说法,人类进入了阶级社会。"下世"的特点是"贵贵而尊官"③。

应该特别引起注意的是,作者认为历史演进不是由社会外部原因,而

①②③《商君书·开塞》。

327

是由社会内部的矛盾引起的。"上世"的"亲亲爱私",便包蕴着矛盾。"亲亲"引出了"别",造成了近疏之分;"爱私"引出了"险"(奸险),造成互相忌妒猜疑。再加上人口的增多,更加重了矛盾。"民众,而以别险为务,则民乱。"在一片混乱中,人们都设法战胜对方,拼命争夺私利。在这种情况下,人们正常的欲望要求都无法保证。这就是文中所说的"民务胜而力征。务胜则争,力征则讼。讼而无正,则莫得其性也"。这个时期矛盾的特点是亲族与社会的矛盾。然而人类是不会走进死胡同的,在矛盾斗争中,产生了解决的办法,出现了"贤者"。贤者树立了公正的准则,即"立中正",并用"中正"抑裁人们的自私行为。贤者的改造取得了成效,人们抛弃了爱私而"说仁",社会得到了安定。但是问题没有到此终结,"贤者"又出了毛病。那些"贤者""仁者"之间互相争高,一个个骄能逞才,"爱利为务","相出为道"。结果,道高一尺,魔高一丈,无休无止,又出现混乱。人类有着自我拯救的搏斗本领,又从纷乱中理出了头绪。时代的要求造就了新"圣人"。"圣人"把定制度作为己任。首先"作为(划定)土地、货财,男女之分"。为了保证"分",于是"立禁",设立制度。有制度必须有人负责执行,于是"立官"。有官而无一统,仍将陷于乱,于是又"立君"。由于君与官具有指挥权,所以社会风气为之一变,"贵贵而尊官"。①在作者看来,历史世相更替,是由个人与社会、财产的分配、权力斗争等矛盾引起的。《商君书》作者这种分析与科学的历史观还有遥远的距离,然而我们应该承认,在这种认识中包含着科学历史观的萌芽,是人类走向科学历史观漫长道路的起点。这里应该着重说明一点:尽管作者认为贤者、圣人是一个时代的开创者,但贤者、圣人又是社会矛盾发展到一定阶段才酿造出来的,是应运而生的。

《画策》对历史的进展还有另一种分析方法,即以人物为代表把历史分为三世。最早时期称之为"昊英之世"。这个时代人类生活的特点是:"伐木杀兽,人民少而木兽多。"类似今天所说的"渔猎时代"。人类靠索取自然物生存。继昊英之后,进入了"神农之世"。神农之世,类似今天所说的"农耕时代"。"男耕而食,妇织而衣,刑政不用而治,甲兵不起而王。"这个时期人类已不是单纯依赖自然,而是走向了生产创造之路。继神农之后的是"黄帝之

---

① 参见《商君书·开塞》。

世"。作者说,神农死后,人们开始互相争夺,"以强胜弱,以众胜寡",黄帝适应时代的需要而起。为了治乱,制定了"君臣上下之义,父子兄弟之礼,夫妇妃匹之合;内行刀锯,外用甲兵"。历史进入了我们所说的"阶级社会"。《画策》作者最为可贵的一点认识,是用经济特点与国家权力的产生作为划分时代的标志。

《更法》还记述了商鞅对历史进展的看法:"伏羲、神农教而不诛。黄帝、尧、舜诛而不怒。及至文武,各当时而立法,因事而制礼。"

《商君书》的历史进化观像一把锐利的宝剑,斩断了一切迂腐守旧、死抱住历史僵尸不放的陈词滥调,为政治上的变法改制提供了最有力的论据。由这种历史观直接引出了改革的结论。《更法》说:"三代不同礼而王,五霸不同法而霸。"当今面临的任务就是"更法""更礼"。"反古者未必可非,循礼者未足多(肯定)也。"如果说,这句话多少有些委婉,那么《开塞》则喊出了时代的最强音:"不法古,不修(循)今。"改革必须向现实开刀!

(二)人性好利说

慎到持人性好利说。《商君书》的作者继承了这一思想,但有一点稍稍不同:《商君书》把人性看成是一个历史的发展过程。"上世"之人"爱私","中世"之人则"说仁"。经过一个马鞍形,从"下世"开始,一直到作者生活的时代,人的本性变为好利。《算地》说:"民之性,饥而求食,劳而求佚,苦则索乐,辱则求荣,此民之情也。"作者从人的生理和生存需求探求人的本性。文中又说:"民之生(性),度而取长,称而取重,权而索利。""民生则计利,死则虑名。"人们的一切社会活动都是为了追逐名利。"名利之所凑,则民道之。"哪里有名利,人们就向哪里奔跑。《赏刑》说得更干脆、简明:"民之欲富贵也,共阖(借为盖)棺而后止。"只有到进棺材之时,才会停止对名利的追求。

《商君书》的作者还具体分析了人们追求名利的具体内容。泛而言之是爵禄,具体而论便是土地与住宅。《徕民》说:"意民之情,其所欲者田宅也。"这种说法是十分中肯的,切中了时代的脉搏,战国时代正是原来的土地"公"有向土地私有迈进的时代。当时的土地最高所有权仍掌握在君主手里。《商君书》的作者们主张君主以田宅作为争取民众和利用民众的资本。尽管公、私是矛盾的,但依照这条道路走,双方都得到了一定程度的满足:民获得了一定数量的田宅,君从民那里获取了赋税、徭役与兵源。相反而相成,形成一股合力。这股合力极大地推动了当时社会经济、政治的发展。

《商君书》的作者教导君主们要懂得政治诀窍,这个诀窍就是"利"。

(三)力的原则

社会政治关系在很大程度上是由力量的对比决定的。孔老夫子罕言"力",说明"力"已经向他袭来,只不过他采取了鸵鸟政策。墨子明确地提出了"力"这个概念,并论述了它在政治中的作用。《商君书》是力的讴歌者。作者们指出,当今这个时代是以争力与力的较量为其特征的时代。《慎法》说,一个国家有成千上万辆的兵车,这样的国家,即使像夏桀那样的君主,也不会向敌人屈服,不会说半句软话。反之,一个国家进不能攻,退不能守,即使有尧那样的贤圣君主,也不能不屈服于强国。"自此观之,国之所以重,主之所以尊者,力也。"作者进而指出,力量是提高国家和君主地位的最根本的凭借。力量不是从天上掉下来的,《商君书》作者明确地认识到,力量藏于民。《靳令》说:"圣君之治人也,必得其心,故能用力。"《错法》也讲到,君主用赏罚的目的就在于换取民力。

《靳令》还提出了这样一个问题:力量和仁义之间是一种什么关系?按照儒家的说法,力量来源于道德仁义,特别是孟子讲得最多。《靳令》的作者做了完全相反的回答:"力生强,强生威,威生德,德生于力。"一反孟子之论,强、威、德都是力量的产物。圣君只有明白了这一点,才"能述仁义于天下"。意思是说:力量是打先锋的,力量到了才能谈施仁义。

进化、利益、力量三者构成《商君书》的政治理论基础。由进化观得出的基本结论是改革,不改革就没有出路。改革必须切中时代的脉搏,抓住人民的意愿,这就是利益。作者并不是道德家,而是以利益为诱饵,从人民中钓出巨大的力量。君主掌握这种力量,一方面用来攻打敌人,争王,图霸,另一方面又要施于人民,使人民慑服,接受统治。进化、利益、力量三者是有机地连在一起的,历史进化到当今,而当今是争力与争利的时代。政策要与时代的特点相适应。

三、耕战思想

《商君书》的作者认为,力量决定着政治关系,力量来自于耕战。《农战》

说:"国待农战而安,主待农战而尊。"他们批评当时的一些君主整日冥冥,幻想壮大自己的力量,却找不到力量在哪里,太糊涂了。作者提醒君主:力量就在农、战!他们劝告君主,要采取一切办法,把民引到农、战轨道上来。办法的中枢是一个"利"字。正如《慎法》所说:"民之欲利者,非战不得;避害者,非战不免。"

(一)使民务农之道

《商君书》的作者提倡农,并不把农吹得多么美好,相反,明确地指出农耕是一项苦事。《慎法》说:"民之所苦者无(作'唯'讲)耕。"《外内》说:"民之内事,莫苦于农。"苦与人的好利本性显然是矛盾的。作者认为要正视这种矛盾,而且要从"苦"着眼想办法,使民不得不耕,或变被动为主动。

第一种办法叫"劫以刑"①。农不是很苦吗?如果不务农受到的刑罚比务农还要苦,那么相形之下,务农反倒是件乐事了。《商君书》作者是一批正题反作的高手,下面我们还会看到这种绝招在其他方面的运用。

第二种办法叫"驱以赏"②。把"赏"作为驱使民务农的一条鞭子,这又是一种特殊的思维方式。《农战》中提出,对于力耕者要赏以"官爵"。《去强》中提出"粟爵粟任",即用粮食换官爵。《靳令》也提出:"民有余粮,使民以粟出(作'进'讲)官爵。官爵必以其力,则农不怠。"作者认为用粟买官爵可以收一箭双雕之利:国家既可以获得大量粮食,又可以防止民因富而佚。卖官爵的生意,对国家说来是一种无本万利的买卖,同时又加强和扩大了统治阶层。不过对底层的劳动者来说,则是增添了恶狼。《管子》作者和韩非子对卖官鬻爵颇有异议,认为这是亡国之道。

第三种办法是利用价格和税收鼓励农耕。作者认为粮价便宜,货币就贵,这对商人与手工业者有利。《外内》说:"食贱则农贫,钱重则商富。"究其实,这种说法并不科学,粮食便宜并不是钱币贵造成的。货币本身不决定商品之间的价值比例关系。作者只看到市场上的表面现象,便把罪恶推到货币身上,实在是错怪了货币。抛开其他因素,相比之下,如果粮食比手工业产品便宜,那完全是由于手工业生产不发达造成的。作者不了解这个道理,反而提出向工商业开刀,主张采取抑末政策:一方面限制人们从事工商业

---

① ②《商君书·慎法》。

活动;另一方面向工商业多征税,"不农之征必多,市利之租必重"①。作者认为采取这种办法,粮价就可以提高,农民就会安心农耕。其实,这种办法对打击工商业起作用,对提高粮价无济于事。相反,手工业产品的价格反而会上涨。所以抑末无补于农。至于作者提出减轻农业税收,无疑是一项鼓励农耕的有效办法。

第四种办法是加强行政管理。《垦令》中提出了二十条重农措施,其中有些可归入上边三项内容之中。另外还有一些特殊的行政手段。例如:实行愚民政策,民愚则安农;取消技艺人员,也不准农民观看技艺;取消旅店,既限制了社会交往和人员流动,又迫使开旅店的人去从事生产;不准自由迁徙,不务农则无生路。凡此等等,控制十分酷烈。

以上四个方面是互相关联的,构成了重农抑末政策的整体。《商君书》所以特别重农,还有一个重要的理论根据:作者们把粮食看成财富的主要标志。《去强》说:"国好生粟于境内,则金粟两生,仓府两实,国强。"从当时的情况看,农业是经济的主体,有了粮食就能生存,因此把粮食视为主要财富有其合理性。但这种看法是片面的,完全抹杀了手工业产品的价值。作者们重农还有政治上的考虑,认为农民好统治,工商业者难统治,为此也需抑末。

(二)使民勇战之道

农耕是苦事,比农耕更苦的是战争。作者非常清楚地认识到,人民更厌恶打仗。《慎法》说:民之所"危者无(作'唯'讲)战"。《外内》说:"民之外事,莫难于战。"然而政治的妙用便在于使民不得不勇战。其办法如同使民务农一样。一方面鼓励人们去打仗,使人们从打仗中获取利益。《境内》篇详细记述了二十等军爵,每升一级都能获得相应的权益。另一方面,你不是怕流血、怕死吗?那么就要造成一种环境,让你感到比流血、比死更为难受,相比之下,还不如去流血打仗。这种办法便是重罚和株连。《外内》说:"欲战其民者,必以重法。赏则必多,威则必严。"赏之重、威之酷要达到这种境地:"民见战赏之多则忘死,见不战之辱则苦生。赏使之忘死,而威使之苦生。"重赏之下,必有勇夫;严刑之下,变怯为勇。途殊而同归。作者还特别强调要上"首功",以消灭对方的有生力量。

①《商君书·外内》。

为了加强军备,作者提出要通过赏罚与宣传,造成全国皆兵和闻战则喜的局面。《兵守》提出了全民皆兵的主张,分别把壮男、壮女、老弱编成三个军,使之各有职守,严守岗位。《画策》提出全国所有的人都要服兵役。"能一民于战者,民勇;不能一民于战者,民不勇。圣王之见王之致于兵也,故举国而责之于兵。"平时的宣传都要以战争为主题。"起居、饮食所歌谣者,战也。"①《画策》提出,要制造这样一种气氛:"民之见战也,如饿狼之见肉也。"父送子、兄送弟、妻送夫,出征时都应说这样的话:"不得,无返!"意思是,得不到战功,不要回来!有了这样的战士,如"百石之弩射飘叶",无往而不胜。

《商君书》还提出了以战养战的主张。《赏刑》说:"善因天下之货,以赏天下之人。故曰:明赏不费。"

战国时代是一个争战的时代,胜败高下只能由战争决断。作者们深切地认识到了这一点。他们的言论不免使人生畏,然而在当时却是最现实的!

(三)以农养战

《商君书》耕、战并提,如从表面看,农民与战士并没有什么联系。可是《商君书》的作者却发现了两者内在联系的奥秘:农民是战士的最好的预备兵,农业是培养战士的学校。《商君书》指出农民有三个特点:"朴""穷""怯"。这三个特点正是培养战士的起点。

当时的农业是一种自然经济,一家一户为一个生产单位。农民使用的是手工工具,力源一部分来自畜力,更主要的来自人本身。在这种生产条件下,不需要什么知识文化,有耳濡目染的经验便可以维持。这种环境养成了农民"朴"的性格和气质。朴不仅指淳朴,更主要指愚昧无知。分散的、愚昧无知的人最容易役使和受人指挥。《农战》对此说得很清楚:"归心于农,则民朴而可正也,纷纷(当为'纯纯'之误)则易使,信可以守战也。"《算地》中说:"属于农则朴,朴则畏令。"

农民的气质特点是"朴",物质生活是"穷"。穷则易利诱。《算地》说:"夫民之情,朴则生劳而易力,穷则生知而权利。易力则轻死而乐用,权利则畏法而易苦,易苦则地力尽,乐用则兵力尽。"大意是:从常情看,愚昧无知的人不知道自己劳力的价值,干活使劲不吝惜气力。穷困驱使人不得不去计

---

①《商君书·赏刑》。

较利害。不吝惜气力和不看重自己生命的人,乐意接受朝廷的役使。计较利害的人因害怕刑罚而忍耐受苦,不怕受苦利于开发地力,听从使唤打仗时就能发挥力量。

农民既"朴"又"穷",所以相应也就怯懦,胆小怕事。"怯"则害怕刑罚,刑治很易奏效。

照说,"朴""穷""怯"与战士应具有的品质并不相符。《商君书》看到了事物相反而相成,利用这些弱点,反而可以造就不怕死的战士。工商业者就做不到这一点,这些人追逐利益而避农。"避农则民轻其居,轻其居则必不为上守战矣。"①

(四)农、战交用

《商君书》还提出农与战要交替使用。用作者的话,就是要使"生力"与"杀力"互相转化。农耕叫"生力",战争叫"杀力"。作者认为生产多则富,富则淫,淫则生非。《说民》讲:力多而不用则志穷,志穷则有私,有私则有弱。故能生力不能杀力,曰自攻之国,必削。"《壹言》说:"力多而不攻则有奸虱。"奸虱指安逸、礼乐等,这些又被称为"毒"。《靳令》说:"国富而不战,偷生于内,有六虱,必弱。"所谓"六虱"即:礼、乐、诗、书、修善、孝弟、诚信、贞廉、仁、义、非兵、羞战。一个"虱"有两项,所以又称"十二者"。"十二者"主要指儒家,也有墨家和道家。崇尚"十二者",国家必弱。为避免自我遗患,生力之后一定要向外扩张,这叫"输毒"。《去强》说:"毒输于敌,国无礼乐虱官,必强。"

《商君书》的作者主张农、战互相转化,农为战做准备,战又促农,使战与农成为国家这辆马车的两轮。

战国时代是一个争高下的时代,为了争王争霸打红了眼。如何看待战争,是诸子争论的一个中心议题。有的主张寝兵,如宋钘、尹文;有的主张义兵,即把战争作为一定政策的继续(关于义兵的内容,各家又不一致,这里不一一列举);有的主张以德服人,如孔子、孟子等;有的诅咒一切战争,如庄子。《商君书》的作者们直截了当地宣布:战争是解决问题的唯一办法,王冠只有用战争摘取,而要战又必须以农作为经济和人力的保证。尽管在具

---

① 《商君书·农战》。

体的论述中,有些地方有血淋淋之感,手段也极为残忍,但从那个时代看,应该说,抓住农、战,确实握住了链条的中心环节。与其他诸子的言论相比,《商君书》远不如他们娓娓动听;但是从历史进程看,大而无当的娓娓动听之论,远不如著明切实的政策有利于事。

四、法治思想

韩非批评商鞅言法而不知术,从《商君书》看,情况是这样的。书中没有使用过"术"这个概念,但这并不是说毫无"术"这种思想,个别篇所讲的"数"与"术"相接近。《禁使》谈到君主驾驭群臣必须有"数",要使各种官职互相制约、牵制,使臣不敢为私,应该说属于"术"的内容。《商君书》论"势"的地方也很少。不过论及的地方,把问题点得很透彻。《修权》说:"权者,君之所独制也。""权制独断于君则威。"《禁使》说:"凡知道者,势、数也。故先王不恃其强,而恃其势;不恃其信,而恃其数。今夫飞蓬遇飘风,而行千里,乘风之势也。探渊者知千仞之深,县绳之数也。"不过从全书看,的确略势、术而详于论法。因此可以说《商君书》是法家诸派中的法治派。在法的理论上,《商君书》继承了慎到与《管子》的有关理论,同时又有自己的特点。《商君书》法治理论的要点是:定分尚公、利出一孔、弱民说和轻罪重罚四项内容。

(一)定分尚公

定分尚公是《商君书》法治理论的主旨,这一点与慎到、《管子》基本相同。《定分》引用了慎到百人追野兔的例子来论述"明分"的重要。文中说:"名分未定,尧、舜、禹、汤且皆如骛(乱跑)焉而逐之;名分已定,贪盗不取。"又说:"名分定,则大诈贞信,民皆愿悫(诚实)。"作者把明分视为治国的不二法门。"名分定,势(必然)治之道也;名分不定,势乱之道也。"

定分而后有标准。有标准,公私自明。《修权》说:"故立法明分,而不以私害法,则治。"《商君书》中的"公""私"有不同的含义。最普遍的一个含义是法律观念上的。凡法规定的都属于"公"的范畴,与法相悖的行为则属于"私"。私应该服从公。从法的观点看,对君主也有公私之分。《修权》说,历史上的圣君,公私"分明",公高于私。"尧舜之位天下也,非私天下之利也,为天下位天下也。"这一说法显然因袭了慎到"立天子以为天下,非立天下以为天子"①之语。作者接着指出,当今的君主与圣君恰恰相反,多是图私背公之辈。"今乱世之君臣,区区然皆擅一国之利,而管(掌握)一官之重,以便其私,此国之所以危也。故公私之交,存亡之本也。"由于公私关系事涉存亡,作者们提出,君主应该把法和公置于首位。《去强》说:"以治法者强,以治政者削。"陶鸿庆认为"治法""治政"应作"法治""政治"。"政治"指政令之治,即当时儒家所说的"人治"和慎到所反对的"身治"。法治与政治是两种不同的治国之道。实行法治,君主也应依法行事;政治则不然,政治所强调的是个人的品质与修养及由此而发的政令。由于人品有极大的随意性,无一定之规,所以属于"私"。以私治国则"国削"。在当时,法治未必都合理,人治也未必尽非,不过相形之下,人治造成的恶果更多些。所以《慎法》提出:"有明主忠臣产于今世,而能领其国者,不可以须臾忘于法。"又说:"爱人者不阿,憎人者不害,爱恶各以其正,治之至也。臣故曰:'法任而国治矣。'"

公、私问题又是国家与个人的关系问题。《商君书》强调国家至上。对于君主则是"为天下"还是"私天下"的问题。君主应该为天下,不能私天下。然而在当时,正像作者所指出的,君臣掌权都是为私。为了改变这种状况,他们大声疾呼:"尚公!""尚公"提出的根本问题是要求国家的整体利益放在首位。应该说,这是巩固统治阶级地位的最有效的办法。不过在实际上是难以实现的,因为君主专制的政治制度本身决定了权高于法。

依据尚公精神,作者提出:法不同于势,势由君主独据,而法由君臣"共操"②。为此,法要"明",要公之于众,使"天下之吏民无不知法者"③。由于人人知法,"吏不敢以非法遇民,民不敢犯法以干法官也"。不管是谁,虽有聪明口辩,"不敢开一言以枉法,虽有千金,不能以用一铢"④。官吏的首要条件是熟悉法律,如果不通法令或忘掉了,便被视为渎职。《定分》提出:官吏忘了哪一条,就用哪一条治他的罪;百姓问法,官吏必须如实相告,如果官吏

①《慎子·威德》。

②参见《商君书·权修》。

③《商君书·定分》。

④《商君书·定分》。

不告诉或说错了,百姓因此而犯法,那么官吏也必须同罪。

由于人人都知道法,遇事应该做到"里断""日断""家断"和"心断"。所谓"里断",即是说案子不出乡里便可断案。所谓"日断",指的是断案不过日。"家断",指不必告官,在家里就可以把问题弄清。"心断",指每个人都知道何谓犯法,自觉约束自己。《去强》说:"十里断者国弱,五里断者国强。"《说民》说:"日治者王。"又说:"治则家断,乱则君断,治国者贵下断。"《画策》说,每个人"不能独为非,而莫与人为非"。总之,有法之普及而后有法治。

"刑无等级"是"尚公"在执法上的应用。《赏刑》说:"一刑者,刑无等级。自卿相将军以至大夫庶人,有不从王令、犯国禁、乱上制者,罪死不赦。""一刑"还表现在不能以功折罪。"有功于前,有败于后,不为损刑。有善于前,有过于后,不为亏法。忠臣孝子有过则以其数断。"这种说法是很有道理的。功与罪是两种不同性质的东西,难以对折。以功抵罪,法将不成其为法。

《赏刑》特别提出,执法犯法,应加重惩办。"守法守职之吏有不行王法者,罪死不赦,刑及三族。"

作者们认为,君主的"德行""知""勇力"不一定比一般人强却照样可以治国,臣民之中有些人虽有"圣知""勇力"却不敢与君争强,其原因就在于有法。法是治国之本,是君主的凭借。

《商君书》中"公""私"还有另一种含义,"公"指国家和君主,"私"指贵族大家。在这种关系中,作者主张"开公利""塞私门"。《壹言》所谓"开公利",就是私家必须服从国家利益,为国效力方可富贵。"富贵之门必出于兵。"[1]"官爵必以其力。"[2]所谓"塞私门"主要指禁绝贵族大家的法外权,无功不得受禄,这就是《赏刑》所说的"所谓壹赏者,利禄官爵抟(专)出于兵,无有异施也"。《壹言》也说:"私劳不显于国,私门不请于君。"这与商鞅变法规定的"宗室非有军功,论不得为属籍""为私斗者各以轻重被刑大小"是一致的。

《商君书》尚公抑私的主张,一方面旨在把所有的人都变成法中人,裁抑贵族大家的法外特权,另一方面又是为了解决"政出多门",打击和削弱

---

① 《商君书·赏刑》。
② 《商君书·靳令》。

贵族大家的势力。这在当时历史变革中都是很有意义的。从理论上看，尚公抑私强调国家至上，但在实际上因为君主居于国家之巅，所以最后的结果是加强了君主专制。

（二）利出一孔

法与耕战政策是一种相辅相成关系，《商君书》强调法应是保证耕战政策实现的手段。为了保证耕战，作者提出了"利出一孔"的主张。所谓"利出一孔"，就是用立法的办法，只留出一条利途，把其他的利途统统堵死。这条利途就是耕战。利出一孔还是利出多孔，关系国家兴亡盛衰。《靳令》说："利出一空（通'孔'）者，其国无敌。利出二空者，（其）国半利。利出十空者，其国不守。"《弱民》说："利出一孔，则国多物。出十孔，则国少物。守一者治，守十者乱。"

为了确保耕战，必须打击一切不利于耕战的人、事与思想。作者把"豪杰""商贾""游士""食客""余子""技艺者"等列入非农战之人，主张采取政治与经济手段加以限制或制裁。在作者看来，问题不仅在于有那么一些人不事农战，而在于他们对农战之民起着瓦解作用。《农战》说："农战之民千人，而有诗、书、辩慧者一人焉，千人皆怠于农战矣。农战之民百人，而有技艺者一人，百人皆怠于农战矣。"如果情况真的如此，说明社会多么需要知识分子与手工业者！可是作者却把他们列入另册，视为打击对象。除打击非耕战之人外，还要取缔一切不利于农战的思想，其中儒家被视为主要攻击目标。作者们提出要禁绝有关礼、乐、诗、书、修、善、孝、悌、诚、信、贞、廉、仁、义、非兵、羞战、辩慧等主张与宣传。由于各篇的作者不同，把上述这些思想与行为分别概括为"六虱""八害""十害""十二害"等。作者指出，这些思想不禁，农战思想就不能在人们思想中扎根，农战政策就难以推行。

提倡耕战符合时代的需要，利出一孔却使事情走向了极端。适应需要而又把事情推向极端是《商君书》的特点之一。

（三）弱民说与轻罪重罚

《商君书》的作者认识到民厌恶耕战，而法又要驱使人民耕战，因此，他们知道法与民是一种对立关系。如何解决这种矛盾呢？只有一条路，就是人民必须服从法，法一经颁布，就必须遵从，不得违反，这叫作"法胜民"。"法胜民"是《商君书》法治理论的又一个重要内容和原则。《说民》说："民胜法，国乱。法胜民,兵强。"民在法的面前应如老鼠见猫一样,战栗不已。《去强》与《弱民》集中论述了去民之强、使民变弱的重要性,认为这是治国之本。《弱民》说:"民弱国强,国强民弱(此句当作'民强国弱')。故有道之国,务在弱民。"如何使民变弱,《商君书》的作者提出了种种办法。

第一,"政作民之所恶,民弱。"①大意是:政令实行人民所厌恶的东西,人民就弱。人民不是怕苦、怕死吗？政令就要用苦与死时时威胁他们,使他们处处如临深渊,人民自然就怯弱而服法了。

第二,奖励告奸,使人们互相监视,造成人人自危的局面。作者断然反对倡导行善。行善,近则亲其亲,与人便会包庇人。作者提出了"合"与"别"两个概念。"合"为兼顾他人,"别"为只顾自己。"合"也就是"善","别"则为"奸"。所谓"奸","别而规者"之谓也。陶鸿庆云,"规"读为"窥"。"窥"与"窥"同,即监视之意。所以只顾自己而监视他人叫作"奸"。作者说:"用善则民亲其亲,任奸则民亲其制。""任奸则罪诛。"②挑动人们互相监视、互相斗、互相揭发,统治者坐收其利。

第三,根据民的不同情况,有针对性地实行赏刑。《说民》说:"民勇,则赏之以其所欲。民怯,则杀之以其所恶。故怯民使之以刑则勇,勇民使之以赏则死。怯民勇,勇民死,国无敌者必王。"你不是勇敢吗？那就要用赏的办法使你更勇敢,直至勇而死。你不是怯懦害怕吗？你害怕什么就用什么治你,迫使你变得勇敢起来。

第四,设法使民在贫富之间不停地转化。《说民》说:"治国之举,贵令贫者富,富者贫。贫者富,富者贫,国强。"民疾恶贫苦,政府要通过耕战之路,使之变富。可是人富了又易生淫乱,那就要设法使他们再变穷,如用粟捐官爵、用刑治罪等。法的妙用之一就是要使民在贫富之间循环转化,君主坐收转换之利。民在贫富转换之中变得更弱,而君主则变得更加强大。

第五,使人民变得愚昧无知。《弱民》认为,民愚朴是民弱君强的基本因素。《算地》提出:"圣人之治也,多禁以止能,任力以穷诈。"

《管子》也提出过胜民主张,但没有充分展开。《商君书》从政令、经济、

①《商君书·弱民》。
②《商君书·说民》。

文化、人们的相互关系诸方面提出了弱民的具体措施。弱民之道最清楚不过地表明:法治不是用法保障人民的权利,而是要人民都变成法的奴仆;法又牢牢地把握在君主手中。

在法家诸派中,对刑罚原则看法颇不一致。慎到主张罚当其罪。《管子》诸篇,有的主张严刑,有的主张用刑要和平,有的主张轻刑。《商君书》是主张轻罪重罚最用力的一派。从全书看,作者既讲赏,又讲罚,重点在罚。从理论上考察,以罚为主基于人性好利说。人性好利决定了人们不可能孜孜求善,而是沿着另一种哲学行事——"今之民巧以伪"①。如果对奸诈虚伪者实行德义,只能是为虎添翼。治奸诈虚伪最有效方式是刑罚。所以法的重点只能是"求过不求善"②。赏也不是绝对不要,但只能作为罚的补充。《算地》说:"夫刑所以禁邪也,而赏者所以助禁也。"赏固然要施于立功,更要用来鼓励告奸。这就是《开塞》所说的"赏施于告奸"。

由于赏是罚的补充,所以在数量上,罚要多于赏,比数为"赏一而罚九"。《去强》说:"王者刑九赏一,强国刑七赏三,削国刑五赏五。"《开塞》说:"治国刑多而赏少,故王者刑九而赏一,削国赏九而刑一。"

与刑九赏一相伴行的是轻罪重罚理论。作者的逻辑是,轻罪重罚使人不敢犯轻罪,自然更不敢犯重罪。《说民》说:"故行刑重其轻(罪)者,轻者不生,则重者无从至矣。此谓治之于其治也。"《画策》认为,国家有了法之后还有犯法者,是由于"轻刑"造成的,"轻刑"等于无法。

轻罪重刑还不足以禁止犯罪行为,作者又提出要刑于将过,只要有犯罪的征兆就要施以刑罚。《开塞》说:"刑加于罪所终,则奸不去。赏施于民所义,则过不止。刑不能去奸,而赏不能止过者,必乱。故王者刑于将过,则大邪不生;赏施于告奸,则细过不失。"没有构成犯罪,只要有犯罪的苗头,便要用刑,实在是太残酷了。到了这一步,法已变成了滥刑。因为什么叫"将过"是不可能有规定性的,完全由掌权者随心而定了。这应该是"腹诽"罪的滥觞。

轻罪重罚的种种主张明明是向人民横施淫威,作者却振振有词地说这

①《商君书·开塞》。
②《商君书·靳令》。

是"爱民"。所谓"爱民",也有它的逻辑。轻罪重罚,人民都不敢犯罪;都不敢犯罪,自然也无须再用刑。这叫作"以刑去刑,刑去事成"①。《画策》也说:"以战去战,虽战可也;以杀去杀,虽杀可也;以刑去刑,虽重刑可也。"又说:"不刑而民善,刑重也。刑重者,民不敢犯,故无刑也,而民莫敢为非,是一国皆善也。"有人说《商君书》的作者颇通政治辩证法,"以刑去刑",相反而相成。这种评价只可叫糟蹋辩证法,为屠杀主义做辩护。在当时,人民触犯刑律的原因是多种多样的。战国时期的新法律固然有历史进步因素,甚至可以说在某些方面也有利于人民,但是从基本关系上看,法是进行统治的工具。如果真能做到以刑去刑,那只有如下两种情况:一是人民被杀光了,自然无人再犯法;二是人民都慑服了,然而这是不可能的。以刑去刑式的"爱民",是要人民变成任人宰割的绵羊而后"爱"之。绵羊式的人民的确是够"可爱"的,既可剪毛,又可挤奶,还可食肉。多么残忍的"爱"啊!我的结论是:以刑去刑论是野蛮的屠杀主义。杀人越多,积怨越深;蓄之愈久,其发必速!以刑去刑论,无论在理论上还是在实践上,均无可取之处。

五、结语

从秦国的历史看,《商君书》的政治思想,大体上付诸实践了。在先秦诸子中,它几乎是仅有的幸运儿。其实,它的幸运正在于它的应运。作者们沿着现实主义的思维方法认识世界,并针对现实中的问题相应地提出了改革的方案。

从变中求得生路,是《商君书》最为珍贵的思想。作者们不迷恋过去,也不满意现实,正如《开塞》中所说:"法古则后于时,修今则塞于势。"只有对现状进行改革才有未来。

把主客观有机地统一起来,是《商君书》思想的又一珍贵之处。作者们强调,对客观形势和发展趋势要有深切的了解,这就是《画策》中说的"圣人知必然之理、必为之时势,故为必治之政,战必勇之民,行必听之令。是以兵出而无敌,令行而天下服从"。作者提出:要把客观之"必"与主观之"必"紧密结合起来,从客观之"必"中引出主观之"必",主观之"必"又要以客观之

---

① 《商君书·靳令》。

"必"为基础,客观之"必"与主观之"必"契合才能有效。

作者们考察事物的基本方法是矛盾观。他们虽然缺乏明确的哲学概括,但在具体分析中处处以揭露事物的矛盾作为立论的出发点。《商君书》的历史观,就是从社会内在的矛盾运动中揭示了历史的进化,又从利害的冲突中揭示了人们的互相关系。他们在一切方面都要找到对立关系。比如:民的本性与耕是对立的,与战是对立的,与法也是对立的;农与工商对立,粮食与货币也是对立的;如此等等,比比皆是。

只要他们看到了事物的对立,总要指出双方的对抗性。不是东风压倒西风,就是西风压倒东风,这是他们对矛盾的基本态度。比如在民与法、民与政的矛盾中,只有两种可能:或者"民胜其政",或者"政胜其民";或者"民胜法",或者"法胜民"。①又如在讲到工商与农的矛盾时,他们认为"有技艺者一人,百人皆怠于农战矣"。关于矛盾双方一方压倒一方的观念,无疑是一种极为深刻的见解。但只强调这一点,无疑又是一种片面性。因为矛盾双方还有平衡和互相补充而相得益彰的情况。他们为了强调一方压倒一方,还常常用人为的方式扩大这种对立,如把工商与农看得火水不相容,就是最明显的一例。

作者们对于矛盾的双方绝不持中庸的态度,只要论及事物的对立,便毫不犹豫地站在矛盾的一边,能吃掉一方的就坚决吃掉,使双方归之于一。比如主张取消工商,使民一于农,这叫"民壹务"②。如果吃不掉另一方,就要彻底压倒它,使之成为附庸,如在法、政与民的矛盾中,主张法胜民、政胜民,使民成为法与政的依属物。

作者们还极力主张人为地制造矛盾。例如,抛开具体内容,纯从法律角度看,告奸未必当非。可是作者们却认为贯彻法的重要因素是利用人们的"奸"心。赏也主要用于告奸,要挑动人们互相监视、时时窥测对方,造成人人自危的局面。

作者们观察到,不论客观的矛盾,还是人为的矛盾,都会相激而产生一种力量。统治者的妙术则在于把这些相激而产生的力量统统收集起来,为

---

① 参见《商君书·说民》。
② 《商君书·壹言》。

己所用。前边讲到的人造的生力与杀力、贫与富不停地转化,把转化中生出的力量收集起来便是最典型的一例。

作者们在论述矛盾斗争时,特别看重"利"的意义与作用。他们认为矛盾的实际内容是围绕"利"字转化,解决矛盾的基本方式是利用,有时还要挑起利欲。赏与刑是因利才有作用。对这两手的运用,《商君书》作者们与其他的法家不尽相同。他们把赏视为一种特殊的驱使人们走上统治者指示轨道的鞭子;而刑则是要制造一种比你所不满意的现实更加残酷的环境,从而使你感到能有原来的水平就是幸福和幸运。

《商君书》的政治思想在历史上起过进步的作用,在当时最富有革命性质。沿着作者们的设计,人们的财产、权力、地位在耕战中发生了迅速的变化。这种变化正是对旧的政治、经济关系的破坏和瓦解,而新的关系便在这种运动中产生了。关于这种变化的具体的历史内容,历史学家们已做了论述。一般地说,新关系是在痛苦中产生的,有些方式还相当残酷,但痛苦的新生比残忍的陈旧总是一种进步。

《商君书》的内容表明,在当时历史条件下,进步、改革、狡诈、阴谋、痛苦、残忍等是融为一体的,人们可以从理论上对它们进行分析,但在实际的历史运动中它们却是一个有机体,根本无法分开。

第六节　韩非以"力"为基础的绝对君权的政治思想

一、韩非与《韩非子》

韩非,韩国人。祖上为韩国贵族,他本人已下降为士。约生于公元前280 年,死于公元前 233 年。

韩非与李斯同为荀卿的学生。从思想体系看,韩非与荀卿是相悖的。荀卿的思想虽有兼蓄的特点,但经过陶冶,已融入儒体。韩非从他老师那里只是获得了某些知识,在思想上走的却是另一条路。当他的老师还在世的时候, 他便高举法家的旗帜与老师分道扬镳了。韩非猛烈地抨击了儒家,却无一处提到他的老师,这大约就是对老师的尊敬了。荀卿以儒家为旗帜,集先秦诸子思想之大成;韩非以法家为旗帜,集先秦诸子思想之大成。荀卿培养出了一个自己的反对派,从学术思想史上看应该说是一个极值得称赞的佳话。

韩国在战国七雄中是最弱的一个。韩非不忍心看着故国走向灭亡,急切地探索救弱致强之道。韩非虽着眼于救韩,但他不是一个狭隘的目光短浅的孤立主义者。他从历史的纵横关系中思索强盛衰亡之道,从战国的全局出发为韩国寻求出路。司马迁说韩非的著作是"观往者得失之变"[1]而写成的。这个评价很中肯。韩非希望故国变弱为强,在他看来,求强之术,不是星星点点的行政措施所能奏效的,根本的办法在于改变韩国的政治路线。《韩非子·外储说左上》(以下只写《韩非子》篇名)有一句话把问题点得十分清楚:"夫慕仁义而弱乱者,三晋也;不慕而治强者,秦也。"韩为三晋之一。在《定法》中进一步批评了韩国无一定之法,从而造成政治不统一,无所适从。"晋之故法未息,而韩之新法又生;先君之令未收,而后君之令又下。"偌大的国家无一定之法,无疑是衰败的重要原因。韩非认为国之强弱关键在于是否奉法。《有度》说:"奉法者强则国强,奉法者弱则国弱。"又说:"当今之时,能去私曲就公法者,民安而国治。能去私行行公法者,则兵强而敌弱。"

韩非的目的在于拯救故国,可是他讲的道理具有普遍性,所以当秦王政看到他的著作之后,禁不住拍案叫绝,以致发出了"嗟乎,寡人得见此人与之游,死不恨矣"[2]的感叹。秦王政用武力把韩非抢到了秦国。韩非书生气太浓,念念不忘故国。在李斯、姚贾的挑唆下,冤死于狱中。韩非死在了秦国,他的思想也留在了秦国,在很大程度上被付诸实践。

韩非口吃,不善于说,但很善于写。据《汉书·艺文志》:"《韩子》五十五篇。"现有的《韩非子》也是五十五篇。从内容上看,除个别篇互相有抵牾外,全书的思想是一贯的。有人认为有些篇,如《解老》《喻老》《忠孝》等是他人之作,但证据尚嫌不足,笔者不取。

韩非政治思想的最主要的特征是综合法、术、势,以强化君主专制。

---

[1][2]《史记·老子韩非列传》。

二、韩非政治思想的理论基础

韩非与其他法家一样,他的政治思想是以对现实和历史冷静的分析作为依据的,同时又把具体的政治主张系在了宏观的总体认识之下。因此在他的政治主张背后,有深刻的理论做靠山。这些理论,承继了他的先辈,但又有新的发展或新的说明,下面分别加以介绍和论述。

(一)历史进化说

韩非的历史进化说大体是从《商君书》中承继而来的。韩非也用分期的观点分析了历史的进程。他把人类的历史从远古到当今分作四个时期,即"上古""中古""近古"和"当今"。"上古"是人类刚从自然中分化出来,初创人类衣、食、住生活方式的时代。人类最初混迹于野兽之中,茹毛饮血,于是有巢氏教人"构木为巢",燧人氏教人"钻燧取火,以化腥臊",从而使人类与动物相揖别,开创了人类的生活方式。"中古"以鲧、禹治水为代表,表明人类进入了改造自然的时代。"近古"指殷周之世。"近古"的特点是一治一乱。"当今"是用"力"争统一的时代。

韩非对历史进化的原因做了新的探讨。他认为人口增长的速度超过了生产增长的速度,人们为了争夺生活空间引起了社会矛盾与斗争。《五蠹》中说道,最初人口少,自然财富有余,人们和平相处。由于人口增长的速度太快,打破了事态的平衡。他说:"今人有五子不为多,子又有五子,大父未死而有二十五孙。"于是造成"人民众而货财寡"。人们之间的矛盾斗争便是为争财与争夺生存空间而引起的。从今天的认识看,韩非的看法无疑与科学认识有距离,但如果回到那个时代,应该说是当时有关历史进化原因最深刻的认识之一。这种说法完全排除了超社会的力量,力图从人自身寻求事变的原因,至少有两点值得珍重。其一,他指出了人口的增长速度超出了自然财富和生产的增长速度。这一点在当时的历史条件下,是符合实际情况的。在自然经济和人力劳动为主要力源的情况下,人口的增长率一般来说是高于生产增长速度的。其二,人们争取生存空间的矛盾会转化为社会矛盾。在人口增长高于劳动生产增长的情况下,人们不可避免地要把扩大生活空间作为维持生存的条件。这在原始社会是明显的事实,在阶级社会,只不过在这个矛盾之上又附加上了阶级的关系。一些学者不承认韩非人口论中的合理因素，不只是苛求古人，还失之冷静。

在韩非的历史观中，还有一点应特别值得珍重。他认为随着生产的发展、人口的增加，不仅人类与自然的关系在变化，人与人之间的关系和人们的观念也在变化。他说："上古竞于道德，中世逐于智谋，当今争于气力。"①韩非断然反对人伦道德退化的理论，而是认为一个时代有一个时代的道德标准。上古竞于"道德"，并不是人人都好，而是因为当时物多人少；今天人们互相争夺，不是人的退化，而是财少人多造成的。韩非这种理论的本身虽然远没有触及问题的本质，但他的思路令人赞叹，他是沿着物质生活条件决定着人们道德精神面貌这一条路来观察问题的。儒、墨两家总是歌颂古代人品高尚，"辞让"而不为己，指责今世之人处处为己而不"辞让"。在韩非看来，辞让和争夺都是时代的产物。古人辞让出于必然，今之争夺同样出于必然。古代物质文明落后，天子必须带头干，没有油水可捞，所以有"辞让"之举；今天做个县官，子孙受福无穷。所以"轻辞古之天子，难去今之县令"②。古之辞让与今之争夺原因是一个，何必厚彼薄此！

时代在变，政治应随时代而变。历史上的伟大创举只是在它那个时代才具有意义。把它原封不动地拿到后世，绝不是对历史的尊重，而只能说是一种愚蠢。如果历史进入"中古"，还有人提倡"构木为巢"，必然为鲧、禹所笑；同样，现在赞扬尧、舜、汤、武，守成不变，必定为新圣所笑。韩非的结论是："是以圣人不期修古，不法常可，论世之事，因为之备。""事因于世，而备适于事。"③这些思想在韩非之前的法家论著中虽然已有论述，但韩非也绝不是多余的，仍然起着发聋振聩的作用。

韩非认为，一切祖述尧舜、倡导文武之说的，都不过是"守株待兔"式的愚蠢的经验主义者。历史上有作为、有创造的人物，固然应受到一定的尊重，但他断然反对把任何历史人物当作现实的旗帜举起来招摇于今世。当今的旗帜只能掌握在当今的"新圣"手中。

韩非的历史进化思想为改革、创造、破除传统的束缚提供了强有力的思想支柱。

---

① ② ③《韩非子·五蠹》。

(二)人性好利论

韩非没有明确地使用过"人性"这个概念,但有关人的本性的论述充塞于其文中,并构成了他的政治理论的基础。许多研究者认为韩非继承了荀卿的性恶说。细加考察,这种说法是不确切的。荀卿的性恶论承认人性好利,但同时他又宣布这是属于"恶",应加以改造。韩非也认为人性是好利的,但认为这种本性无须改造也改造不了,倒是应该尊重人的好利本性。慎到、《商君书》、"管法"(指《管子》中法家派,第十三章将详述之)都认为人性好利,韩非继承了这一看法,只是更加彻底。他认为,人性好利首先基于人的本能需要。《解老》说:"以肠胃为根本,不食则不能活,是以不免于欲利之心。"人们都说父母与子女之间最亲近,恩恩爱爱,血肉之情,不可言以利。然而在韩非看来,父子之间也是计利而行的。你看,"父母之于子也,产男则相贺,产女则杀之"。同出父母之怀,为什么一贺一杀呢?原因就在于"虑其后便,计之长利也"①。"人为婴儿也,父母养之简,子长而怨。子盛壮成人,其供养薄,父母怒而诮之。子、父,至亲也,而或谯、或怨者,皆挟相为而不周于为己也。"②儿子长大成人,计较利害之心愈盛,"千金之家,其子不仁,人之急利甚也"③。父母子女之间"皆挟自为之心"④,"犹用计算之心以相待也,而况无父子之泽乎"⑤?韩非的这种说法太刻薄,刺伤了人们的情感,常被斥之为伤害了人的伦理尊严的谬论。其实,从那个时代看,韩非的论述是相当客观的,被温情包裹的父子之间的利害关系,由韩非彻底揭示出来了。没有极大的理论勇气是做不到这一点的。

既然在最亲密的关系中都是以利为纽结的,其他的关系无待言而自明。儒家说,君臣之间以礼义忠信相待,韩非告诫人们,切莫相信。他在中国史上第一次提出君臣之间是买卖关系。像《难一》所说:"臣尽死力以与君市,君垂爵禄以与臣市。君臣之际,非父子之亲也,计数之所出也。"有时说得更深切,那就是虎狼关系。

---

① 《韩非子·六反》。

② 《韩非子·外储说左上》。

③ 《韩非子·难四》。

④ 《韩非子·外储说左上》。

⑤ 《韩非子·六反》。

利可以使人变成懦夫,但更能驱使人变成猛士。"鳝似蛇,蚕似蠋,人见蛇则惊骇,见蠋则毛起。然而妇人拾蚕,渔者握鳝,利之所在,则忘其所恶,皆为贲诸。"①

韩非还认为,不要用某种道德观念衡量人,应该用利去解释人们的行为。"医善吮人之伤,含人之血",绝不是医生心地善良,那是为了求利。制造车的希望人富贵,制造棺材的希望有人死,绝不是前者心善、后者心恶,而同样是由利益决定的。人不富无人买车,人不死棺则不售。②同样,也不要相信有什么超脱利益的君子。"夫陈轻货于幽隐,虽曾、史可疑也;悬百金于市,虽大盗不取也。"③总之,不要用道德论人,而应以利害察人。

人的本性是"自为""好利",政治就应从这个实际出发,把全部政策自觉地建立在利的基础上。人们因利互相排斥,但又可以结合在一起。为了利,人们可以相互为用,也可以相互争斗。政治的妙诀就在于搞好利的排列组合,并为君主所用。

(三)"君""道"同体说

司马迁说韩非"喜刑名法术之学,而其归本于黄老"④。综观《韩非子》,黄学的痕迹不多,老子的影响昭著。韩非把法术与老子思想结合起来的最显著的特点之一是鼓吹"道""君"同体。韩非所说的"道",主要包括如下四种含义。其一,"道"是万物的本源。"道者,万物之始。"⑤"道者,万物之所以然也。"⑥其二,"道"是自然界万物的本性与特点。"天得之以高,地得之以藏,维斗得之以成其威,日月得之以恒其光,五常得之以常其位,列星得之以端其行,四时得之以御其变气。"⑦其三,道是万物的根本规律。"道者……是非之纪也。"⑧"道者……万理之所稽也。"⑨"万物各异理,而道尽稽万物之理。"⑩"理"是万物具体规律,"道"是统领具体规律的总规律。其四,"道"有

---

① 《韩非子·内储说上》。

② 参见《韩非子·备内》。

③ 《韩非子·六反》。

④ 《史记·老子韩非列传》。

⑤ 《韩非子·主道》。

⑥⑦⑨⑩ 《韩非子·解老》。

⑧ 《韩非子·主道》。

时又指具体的规律或规定性。如所谓的"君臣不同道"之"道"。道起着左右和支配一切的作用,是独一无二的。所以《扬权》说:"道不同于万物……道无双,故曰一。"君主与道的关系,从理论上看,君主也必须服从"道"。"有术之君,不随适然之善,而行必然之道。"①但是,在人世间,君主的地位与"道"相对应,臣民与万物相对应。根据"道不同于万物"的原理,"君不同于群臣","明君贵独道之容"。这样一来,君主与道变成相应和同体的关系。君主固然受道的制约,在人间君主又是道的体现者。君主独掌规律,群臣受君的制约。

君与道的关系是一个老问题,从春秋时期提出"王道"问题开始,就一直是思想家们关注的大问题。"体道"这个概念在《庄子》一书中有,荀子还有更具体的论述。韩非把这个问题更加具体化,以突出君主的绝对性。

(四)强调矛盾一方吃掉另一方的思想

韩非接受了老子对立统一的理论,又比老子更深刻地揭示了事物的对立统一,同时还具体论述了对立面转化的条件。《老子》提出了"祸兮福之所倚,福兮祸之所伏"的光辉思想,但没有具体论述祸福怎样转化。韩非在《解老》详细论述了祸福互相转化的条件与过程。他说:"人有祸则心畏恐,心畏恐则行端直,行端直则思虑熟,思虑熟则得事理,行端直则无祸害,无祸害则尽天年,得事理则必成功,尽天年则全而寿,必成功则富与贵,全寿富贵之谓福。而福本于有祸,故曰:'祸兮福之所倚。'"韩非强调了矛盾转化条件,无疑是对老子辩证法思想的发展。可是这并不是韩非矛盾观的特点。韩非矛盾观的特点是强调矛盾双方的对立与排斥。《显学》有一段话颇具典型性:"夫冰炭不同器而久,寒暑不兼时而至,杂反之学不两立而治。"在韩非看来,矛盾的双方都是"势不两立"的。②"害者,利之反也。""乱者,治之反也。"③"背私谓之公,公私之相背也。"④基于这种认识,对待矛盾双方,要强调两者之"异",不可着眼其"同"。君臣之间充满了对立,君臣上下之间是

---

① 《韩非子·显学》。

② 参见《韩非子·人主》。

③ 《韩非子·六反》。

④ 《韩非子·五蠹》。

"一日百战"的关系。①所有的臣都如同阳虎一样,时时刻刻觊觎着君主的权位。②他在《备内》说:"夫以妻之近与子之亲而犹不可信,则其余无可信者矣。"《八经》说:"知臣主之异利者王,以为同者劫,与共事者杀。"既然矛盾双方"势不两立",那么要在"势不两立"中求得和谐,必须一方面抑制住另一方面,把矛盾的双方分个上下,下服从上,才能"上下调和"。③矛盾双方不分上下是祸乱之源,"万物皆盛,而不与其宁","一栖两雄","一家两贵","夫妻持政",永不得安宁。④韩非主张要迎着矛盾上,要毫不犹豫地站在一方。能吃掉对方的,要不惜一切代价吃掉;不能吃掉的,就要绝对压倒对方。断断不可采取折中或平衡的立场。韩非在估量了法术之学与儒、墨等学说之间的矛盾之后,便主张彻底把儒、墨之学"吃掉",用行政的办法加以取缔,烧毁有关的书籍,直到消灭肉体。关于君臣之间的矛盾,不可能采取"吃掉"的办法,但必须设法绝对压倒一切臣属。《外储说右上》有一段文字,形象、生动、淋漓尽致地把这种思想亮了出来。文中说:"明主之牧臣也,说在畜鸟。""驯鸟者断其下翎焉,断其下翎则必恃人而食,焉得不驯乎?夫明主畜臣亦然。令臣不得不利君之禄,不得无服上之名,夫利君之禄,服上之名,焉得不服?"吃掉对方,或者绝对压倒对方,是韩非对待矛盾的基本思想。这一思想贯穿于他的全部政治理论之中,使他的政治思想独具特色。

(五)实力原则

在社会矛盾关系中,要想吃掉一方或绝对压倒一方,最有效、最可靠的手段就是"力"。"力"是定乾坤的不二法宝。《外储说左上》说:"先王所期者利也,所用者力也。"《显学》说:"力多则人朝,力寡则朝于人,故明君务力。"当今时代的特点是角力,正如《八说》中所说:"古人亟于德,中世逐于智,当今争于力。""力"究竟在哪里呢?韩非的头脑十分清醒。他不认为君主有拔山盖世之力。真正的力量在臣民之中。《制分》讲道:"死力者,民之所有者也。"韩非所说的"力",既包括劳力,又包括智力,还包括经济、军事等方面的力量和主观能动性等。政治艺术在于把臣民之力统统调动起来、集中起来,并为君主所用。

---

①③④ 参见《韩非子·扬权》。

② 参见《韩非子·难四》。

以上诸点不是孤立的,也不是对立的,在韩非那里是一个有机的整体,凝成浑然一体的理论体系。

三、君利中心论

怎样处理社会各阶级、阶层、集团之间的利益,是诸子百家讨论的一个中心问题,也是政治思想中一个根本性的问题。韩非把人与人之间全部关系归纳为一个"利"字。既然人人都为了自己,从逻辑上推理,"我"应是社会的核心。然而韩非并不这样简单。他既认为人人为己,同时又主张君主之利高于一切;制定政策要密切注视臣民的私利,但又要设法使臣民逐利产生的力量转化为利君。

先秦诸子讨论君主之利时,普遍提出了君主与国家、社稷的关系问题。许多思想家从不同角度论述了国家之利应高于君主之利。慎到、"管法"与《商君书》等还着重强调了国家的利益更为重要。韩非与诸子不同,他直截了当地提出君主之利高于国家之利。韩非在很多地方因袭了《商君书》的思想,对商鞅虽多有褒辞,但又严厉地批评了商鞅。他认为商鞅之法能富国强兵,但忽视了君主之利。《定法》说,商鞅治秦,"国富而兵强。然而无术以知奸,则以其富强也,资人臣而已矣"。韩非用最明快的语言表述了君主利益应高于国家。《外储说右下》说:"国者,君之车也。"国家是君主运行的工具。这与慎到君主为天下而不能私天下的思想显然有原则性的区别。韩非把天下完全视为君主的私囊之物。

把国家说成是君主的私物,在理论上与实践上都没有太多的困难,也是一个古老的观念和事实;可是要把臣民"自为"之心与相应的行为转化成为君主服务,则无论在理论上与实践上都要别费一番心思。慎到、《商君书》的作者对此都有过精辟的论述。韩非继承和进一步深化了这个思路。他认为不必改变臣民的"自为"之心,也不要否定追求私利之行,而应该用利导的办法,使臣民的"自为"行为产生的效果最后为君主服务,有利于君。在这个问题上,韩非不只是个现实主义者,而且相当谙熟政治辩证法。他说:"凡治天下,必因人情。""因"也就是"顺",所以又说:"善用人者,必循天顺人而

351

明赏罚。"①政治之妙术就在于善于因顺。《安危》说："先王寄理于竹帛,其道顺,故后世服。今使人犯饥寒,虽贲、育不能行;废自然,虽顺道而不立。"《大体》说："古之全大体者……不逆天理,不伤情性。"《外储说左上》说"以利为心"则人和,"以害为心"则父子离。据此,政治的枢要在于"议多少,论薄厚"②。无论对臣,还是对民,都要用"利"去调动。

韩非很清醒地认识到,没有臣僚的辅佐,只有光杆君主,必将一事无成。《观行》说："虽有尧之智,而无众人之助,大功不立。"《难二》说："凡五霸所以能成功名于天下者,必君臣俱有力焉。"但君与臣的关系是一种交换买卖关系,关键在于君主要善于做买卖。君卖给臣的爵禄是实惠的,臣卖给君的智力必须是有用的,这就是"法术""智术"。韩非认为"法术之士"是霸王之具;那些既无法术又无智术而身居重位的"贵重之臣",以及那些善说会道而不切实用的"文学之士",是一帮无用于君、多余而有害的人,君主应该用铁手腕罢免或削除之。

光有臣也不行,还必须把民也动员起来,动员的办法还是一个"利"字。《外储说左上》讲："利之所在民归之,名之所彰士死之。"《显学》说："夫上所以陈良田大宅,设爵禄,所以易民死命也。"韩非认为民之所以有存在的价值就在于对君主有用。《六反》说："君上之于民也,有难则用其死,安平则尽其力。"以下六种民是有用之民,即"赴险殉诚,死节之民""寡闻从令,全法之民""力作而食,生利之民""嘉厚纯粹,整谷之民""重命畏事,尊上之民""挫贼遏奸,明上之民"。这六种民概括起来有两个特点:一是唯命是听,二是卖力效死。除了这六种民之外,统统要给以惩罚。对那些视君命如草芥、不愿为君主贡职者,要格杀勿论。③总之,臣民只有对君主有用有利,才有存在价值,否则,统统应加以扫除。在韩非的全部言论中,偶尔也有几句利民的话,如立法要"利民萌,便众庶"④。韩非的利民不是目的,只不过是利君的一种手段。所以利民既不是怜悯,也不是欺骗,而是用利民的办法要人付出血汗和生命。

———————

① 《韩非子·用人》。

② 《韩非子·五蠹》。

③ 参见《韩非子·说疑》《韩非子·经说》《韩非子·难一》。

④ 《韩非子·问田》。

从当时的实际情况看,韩非为了把人们都引到利君的道路上而提倡的有些措施,如谋求实效、提倡耕战,是有一定的意义的。但他走得实在太远了,比之"民为贵""天下者非一人之天下"等思想,无疑是一种反动。这种以君利高于一切的主张,是君主专制主义的核心。政治上关于法、势、术等各种极端专制的主张都是为了保证君利不受侵犯。

四、势、法、术与君主绝对专制主义

先秦法家都讲势、法、术,但有讲多讲少之分。慎到主要论势与法,虽有论及术的内容,尚未提出"术"的概念。申不害重在讲术,但也兼及法、势。"管法"与《商君书》重在论法。韩非批评商鞅知法而"无术",批评申不害知术而"不擅其法"。如果从有无方面看,他的批评是不准确的;如果从言多言少看,还是有一定道理的。韩非批评商鞅言法而法未尽也,批评申不害言术而术未尽也,把韩非的势与慎到的势加以比较,慎到言势同样亦未尽也。

在势、法、术上,韩非无疑是集大成者,他明确地宣布,势、法、术三者都是帝王手中的工具。"人主之大物,非法则术也。"①"势者,胜众之资也。"②"势重者,人主之爪牙也。"③三者缺一不可。韩非除把三者集为一体外,在内容上也多有发挥,与法家先辈相比,势、法、术均有新的特点,下面分别加以论述。

(一)势治,自然之势与人为之势

在势、法、术三者当中,韩非更注重势。帝王之所以为帝王,首先在于有势。"凡明主之治国也,任其势。"④"民者因于势。"⑤"有材而无势,虽贤不能治不肖。"⑥势又是实行法、术的前提条件。君主失去权势就不成其为君主。"主失势而臣得国。"⑦失势,法、术亦无由说起。韩非论势不同于过去的地

①④《韩非子·难三》。

②《韩非子·八经》。

③《韩非子·人主》。

⑤《韩非子·五蠹》。

⑥《韩非子·功名》。

⑦《韩非子·孤愤》。

方在于：他把势分为"自然之势"与"所得而设之势"，即人为之势。自然之势指客观既成条件下掌权和对权力的运用，人为之势是指可能条件下能动地运用权力。对于君主而言，自然之势不是主要的，因它是既成的事实。真正的势应是人为之势。《难势》说："势必于自然，则无为言于势矣。吾所为言势者，言人之所设也。今曰尧舜得势而治，桀纣得势而乱，吾非以尧、桀为不然也。虽然，非一人之所得设也。夫尧、舜生而在上位，虽有十桀、纣不能乱者，则势治也；桀、纣亦生而在上位，虽有十尧、舜而亦不能治者，则势乱也。故曰：'势治者则不可乱，而势乱者则不可治也。'此自然之势也，非人之所得设也。若吾所言，谓人之所得势（陶鸿庆云，'势'当为'设'）也而已矣。"韩非之所以特别注重人为之势，其用意在于强调君主的能动作用。因为在他看来，像尧、舜那样好的时代和超人的才智，桀、纣那样坏的时代和残暴，都是千世难遇的。在大多数情况下，事情总有两种可能性，既可能向好处转，也可能变坏；多数的君主也不过是中人之材。这种情况下，需要充分发挥人的主观能动性，充分运用人为之势。韩非所说的"人为之势"又包括两方面的含义。

第一为"聪明之势"。《奸劫弑臣》说："明主者使天下不得不为己视，使天下不得不为己听。故身在深宫之中，而明照四海之内。"君主不必有超人的智慧，只要善于化天下之聪明为己之聪明，使天下人之耳目成为己之耳目。做到这一点，不出宫阙，尽知天下事。

第二为"威严之势"。《显学》说："严家无悍虏，而慈母有败子，吾以此知威势之可以禁暴，而德厚之不足以止乱也。"《人主》说："威势者，人主之筋力也。"《诡使》说："威者，所以行令也。"

依韩非之见，只要掌握了"聪明之势"与"威严之势"，君主不必是圣贤，只要有中人之材便可治天下。

"势"这种东西要牢牢把握在君主手中，须臾不可离之。《备内》说："人臣之于其君也，非有骨肉之亲也，缚于势而不得不事也。"君主一定要明白，臣子们时时都在觊觎着君主的权力，特别要注意阿谀奉承者。人之所以阿谀奉承，目的就是想攫取权势，正如《奸劫弑臣》所说，"凡奸臣皆欲顺人主之心以取亲幸之势者也"。拍马是为了骑马，这一点早被韩非揭破了。然而只要是君主专制，亲幸之势几乎又都被阿谀之臣窃去。在君主专制下，这是不可避免的。

韩非特别强调人为之势，意在鼓动君主把全部权力都握在自己手中，成为真正最高的绝对权威。

(二)法治与以法防奸

韩非以主张"法治"著称。什么是法呢？"法者，事最适者也。"①所谓"事最适者"，就是适合时代、符合事理、利于君主之用。韩非继承了法家以法治国的思想，但与前期法家相比，又有两个明显不同的地方。

第一，前期法家强调"变法"；韩非虽然也讲变法，但更侧重"定法"，即用法律把现有的社会秩序固定下来。他一方面讲："不期修古，不法常可，论世之事，因为之备。"②另一方面又说："有道之君贵静，不重变法。"③与前期法家相比，韩非的确没有就社会变革问题提出过什么新的建议或主张。

第二，前期法家变法重在富国强兵；韩非的法治重在加强君权，以法防"奸"。韩非认为任何人都靠不住，臣下都属虎狼之辈，时时刻刻想篡权夺位。大家都说尧、舜、汤、武是圣人，而韩非却说他们是一帮杀君的逆臣。因此君主千万不要"尚贤"，尚贤则"臣将乘于贤以劫其君"④。君主唯一可信的是法。

法是为了"治事"⑤。"治事"的中心是尊公废私。《诡使》说："夫立法令者以废私也，法令行而私道废矣。私者所以乱法也。""道私者乱，道法者治。"《五蠹》从字形上对"公""私"做过一个有趣的解释："古者仓颉之作书也，自环者谓之私，背私谓之公，公私之相背也。""公""私"是个历史的范畴。韩非所说的"公"是指人主，与人主相对的是"私"。《八说》云："匹夫有私便，人主有公利。不作而养足，不仕而名显，此私便也；息文学而明法度，塞私便而一功劳，此公利也。"韩非认为立法的最终目的是杜私门之便，张公门(人主)之利。

为使所有人都能遵法、守法、以法为路，法要详细具体。《八说》曰："书约而弟子辩，法省而民讼简。是以圣人之书必著论，明主之法必详事。"法

---

① 《韩非子·问辩》。

② 《韩非子·五蠹》。

③ 《韩非子·解老》。

④ 《韩非子·二柄》。

⑤ 《韩非子·八说》。

还要明，要公之于众。《难三》说："法者，编著之图籍，设之于官府，而布之于百姓者也。"这样，举国上下，事无巨细，一切决断于法。法令是国君制定的，国君也应该依法令行事。《问辩》说："明主之国：令者，言最贵者也；法者，事最适者也。言无二贵，法不两适，故言行而不轨于法令者必禁。"韩非还一再批评了君主不按法令行事的弊政，指出这是亡国之政。有人根据这点认为韩非思想中包含了在法律面前人人平等的观念。乍然一看，似乎有这种味道。其实，在"人人"中是不包括"君主"的。《扬权》说得很清楚："道不同于万物……君不同于群臣。""道无双，故曰一。是故明君贵独道之容。君臣不同道，下以名祷，君操其名，臣效其形，形名参同，上下和调也。"事情很清楚，在韩非那里不存在法律面前人人平等，而是在君主面前，人人要绝对服从君主。韩非把法绝对化，也就是把君主绝对化，树立君主的绝对权威。

君主颁布了法令，人人要遵从。那么臣属的作用是什么呢？臣的使命是贯彻法令。韩非借孔子之口说道："吏者，平法者也。"①《说疑》又说："法也者，官之所以师也。"官吏的任务是固守法，不得越雷池一步。违法固然要重罚，法之外立功也要罚。所罚的不是好事或立功本身，而是因为与人主争名。《八经》说："明主之道，臣不得以行义成荣，不得以家利为功。功名所生，必出于官法，法之所外，虽有难行，不以显焉。故民无以私名。"一句话，一切功德、美名、桂冠，都只能戴到君主的头上。

韩非主张以法治国，反对贤人政治。针对贤人政治，他提出："上法而不上贤。"②对君主而言，无须待贤君而后治。《守道》说："立法非所以备曾、史也，所以使庸主能止盗跖也。"他认为历史上的贤君和暴君都是千世不一出，绝大多数的君主是"中人"，中人只要"抱法处势"也可以治天下。甚至桀纣只要"抱法处势"亦可治天下，这无疑是绝顶的荒谬了。韩非的不尚贤，主要出于戒备的心理，尚贤将为贤者所篡，"信人则制于人"③。假若一个亲信也没有，事情也难办，不过越少越保险。《五蠹》说："贞信之士不盈于十。"韩非反对尚礼、恃信，但他又提出使能。《孤愤》说："主利在有能而任官。"从表面上，尚贤与任能没有什么明显的差别，不过在韩非那里，两者泾渭分明。

---

① 《韩非子·外储说左下》。
② 《韩非子·忠孝》。
③ 《韩非子·备内》。

尚贤是人治主义的体现,使能仅限于法的范围之内任人。

韩非强调法有积极意义,其中包含了抑制贵族法外特权的作用。但以法治否定人治,事情也就走到另一端。单纯强调人治而反对法治,如像孟子那样,固然是片面的;同样,只要法治而不要人治的韩非也是片面的。法是固定化、制度化了的东西,而人则是活的能动的因素。制度要通过人才能起作用,"明君"治国是不可缺少的条件之一。韩非尚法不尚贤,甚至认为庸人、暴君也可以依法治理国家的观念是错误的。

韩非的法治虽有强调政治规范化的内容,但更主要地表现了君主对所有的人的不信任。一方面信法而不信人;另一方面又要使所有的臣民都变成法的工具和奴仆,君主则要稳坐在法之巅。所以法如同势一样,是君主绝对专制的工具。

(三)术治与阴谋诡计

"术"是专门研究君臣关系的理论。战国时期讲术的空气很盛:道家固不待言,是发明术的宗主;儒家号称恪守忠信,可是荀子却在许多地方大谈术数;纵横家可说是一批术家;法家对术的实践方式论述得最为透彻。术的理论提出和发展,与官僚制度的推行有着密切的关系。术有君驭臣之术,也有臣弄君之术。韩非是君主的讴歌者,他所讲的术都是维护君主专制的驭臣之术。由于韩非把君臣关系视为虎狼与买卖关系,所以除了讲考课监察方法之外,更多的是讲阴谋诡计。《难三》说:"术者,藏之于胸中,以偶众端而潜御群臣者也。"术与法不同:法是臣之所师,术为主之所执;法要公开,术要暗藏。所以又说:"法莫如显而术不欲见。""用术,则亲爱近习莫之得闻也。"韩非在论术时着重指出近亲与近臣是最危险的人物,是防范的重点。《八经》把主母、后姬、子姑、弟兄、大臣、显贵六种人视为最有威胁性的人物,认为要格外提防。他还写了一篇《备内》,专门论述如何防备这些人干政和篡权。《说疑》指出:"难之从内起,与从外作者相半也。"

韩非之所以强调驾驭臣属,是因为他看到臣在政权中具有特别重要的作用。君主最终的统治对象是民,然而君主却不能直接面对民,必须通过官吏这一中间环节实现统治。《外储说右下》讲:"闻有吏虽乱而有独善之民,不闻有乱民而有独治之吏。"大意是:官吏叛乱,仍有守法的善民;如果民起来作乱,就绝不会有好的官吏,民作乱是由官吏逼出来的。依据上述认识,文中接着讲到"明主治吏不治民"。在整个统治结构中,官吏为"本",民为"末",官吏如网之纲,民如网之目。君主治吏比治民更重要,术的作用则在于治吏。

韩非的术中,有些属于积极的考课监察方法,主要有如下四点:

第一,任能而授官。

第二,赏罚严明。

第三,形名参验。韩非所说的形名参验主要指:官任其职,以其职课其功;臣不兼官,事不越位;言行一致,"听其言必责其用,观其行必求其功"①。

第四,众端参观,听无门户。《内储说上》说:"观听不参则诚不闻,听有门户则臣壅塞。"即是说,听谏不以私故,而看是否有利于事。《外储说左上》云:"忠言拂于耳,而明主听之,知其可以致功也。"听无门户,十分重要,但还要善于抉择。《八经》讲:"下君尽己之能,中君尽人之力,上君尽人之智。是以事至而结智,一听而公会。听不一则后悖于前,后悖于前则愚智不分;不公会则犹豫而不断,不断则事留。"《喻老》中也提出,要把各种意见摆出来,"说于大庭"。

但是,韩非的术更多的是阴谋诡计。撮其要,有下述十项:

第一,深藏不露。君主在决断之前要保持绝对的"无为"状态,去好去恶,绝不让臣摸到自己的意向。为了防止走漏机密,他特别提出要备内,即防备夫人、后妃、太子、左右之人等。他还生怕说梦话泄露机密,劝君主要"独寝"。真是地道的"孤家寡人"!

第二,国之利器不可以示人。

第三,"用人也鬼"②。用人要绝对秘密,不让任何人事先得知。

第四,深一以警众心。什么是"深一以警众心"呢? 不妨举一例说明:"周主下令索曲杖,吏求之数日不能得。周主私使人求之,不移日而得之,乃谓吏曰:'吾知吏不事事也。曲杖甚易也,而吏不能得,我令人求之,不移日而得之,岂可谓忠哉?'吏乃皆悚惧其所,以君为神明。"③这纯粹是一种小权术、小诡计。

---

① 《韩非子·六反》。

② 《韩非子·八经》。

③ 《韩非子·内储说上》。

第五，装聋作哑，以暗见疵。《主道》讲："道在不可见，用在不可知。虚静无事，以暗见疵。见而不见，闻而不闻，知而不知。"《扬权》说："听言之道，溶（容）若甚醉。唇乎齿乎，吾不为始乎；齿乎唇乎，愈惛惛乎。彼自离之，吾因以知之。"故意装聋作哑，实在有些下流。

第六，倒言反事。即故意说错话、做错事，以错检验臣下是否忠诚。"子之相燕，坐而伴言曰：'走出门者何，白马也？'左右皆言不见。有一人走追之，报曰：'有。'子之以此知左右之诚信不。"再举一例："卫嗣公使人为客过关市，关市苛难之，因事关市以金，关吏乃舍之。嗣公为关吏曰：'某时有客过而所，与汝金，而汝因遣之。'关市乃大恐，而以嗣公为明察。"[①]这种方法未尝不是对付那些贪官污吏的一种办法，但毕竟是一种阴谋。

第七，事后抓辫子。凡遇事，君必须设法让臣发表意见。《南面》说："主道者，使人臣必有言之责，又有不言之责。""人臣言者必知其端以责其实，不言者必问其取舍以为之责。"这一招实在太厉害了，而更厉害的是言必有记录。《八经》说："言陈之日，必有笑籍。"仅做记录还无关紧要，问题在于，韩非要求事情的结果必须与陈言相合，符合者受赏，不合者则受罚。人非神人，哪能言必有中！韩非的主观设想是为了防止臣下危言巧语，但实际上却使人根本不敢讲话；韩非又设法使人非讲话不成，然而讲了又抓辫子。令人毛骨悚然！

第八，防臣如防虎。时时有戒心，如"不食非常之食"[②]。

第九，设置暗探。《八经》说："设谏（同'间'，间谍）以纲（纠正）独为"，"阴使时循以省衰（当为'衷'）"。

第十，暗杀。对于可疑者或任重势大之人，要设法加以控制，不易控制便应借故处死。如果明罚不便，"生害事，死伤名，则行饮食"[③]。一句话：设法暗杀。

上面我们叙述了韩非术中的积极部分和消极部分。在理论上这两种术可以并存；在实际上前者被后者冲淡，或者被否定了。照韩非所主张的去做，将不是君把臣制服，而是为臣所制。秦二世不是被赵高玩弄了吗？靠术

---

① 《韩非子·内储说上》。

② 《韩非子·备内》。

③ 《韩非子·八经》。

驾驭群臣可以奏一时之效,但难以治理国家。然而在君主专制情况下,玩弄阴谋权术又是不可避免的。

韩非的势、法、术都是为君主实现绝对的个人专制服务的。势、法、术又相互补充,成为君主手中的三节鞭。由于以实现君主个人独裁为目的,因此改革的气息明显地被冲淡了。某些具有改革性质或有积极意义的内容也是为实现君主专制服务的。势、法、术已走进了死胡同。

五、制抑重臣

君与民、君与臣的关系问题,是政治思想中的重要命题。在韩非之前,诸思想家把讨论重点放在了君民关系上。他们从不同角度出发,强调了民为君之本,君主的政策应以争取民的支持为重点。韩非与诸子不同,他把讨论的重点移在了君臣关系上。从春秋后期到战国中期,政治生活的中心问题是夺取政权和进行改革,在这种情况下,讨论的中心势必是君民关系。到了战国中期以后,各国君主的地位已经稳定下来,改革高潮已经过去。统治阶级上层权力斗争更为突出,《和氏》说:"当今之世,大臣贪重。"由于大臣对君主地位的影响更为直接,主张君主专制的韩非便把君臣关系问题放在了首要地位。从《韩非子》全书看,多数篇目是讨论这个问题的。这是《韩非子》一书的一个突出点。

韩非认为,君主要集权于一人,首要的任务是制抑左右大臣。君臣之间绝不是忠义关系,而是虎狼关系、利害关系。君主对于一切臣属,直至自己的妻子儿女都必须时刻警惕戒备,切不可以"亲""爱""信"相待。因为篡位窃权者首先是这些人。《爱臣》说:"爱臣太亲,必危其身;人臣太重,必易主位。"《孤愤》说:"万乘之患,大臣太重;千乘之患,左右太信。此人主之所公患也。"《备内》说:"人主之患在于信人,信人则制于人。"亲属也不例外,如"后妃、夫人、适子为太子者,或有欲其君之蚤死者"。从人情上说,这些人未必憎君,但利害之争会超过情感,当"君不死则势不重",影响到自己权益时,利欲就会压倒人情,不仅欲君早死,甚至还会下毒手。为了防止大臣左右势侵君主,韩非提出了如下一些措施:

第一,严格控制分封。战国时期封君仍普遍存在,不少封君坐地割据,形同独立王国,凭借封地与君抗衡。《亡徵》说:"凡人主之国小而家大,权轻而臣重者,可亡也。"当时的情况是"国地削而私家富"①。对这种情况,韩非虽没有明确提出取缔封君制,但他提出了要限制封君的势力,或尽可能不分封。《爱臣》说:"大臣之禄虽大,不得籍威城市。"《扬权》说:"有国之君,不大其都。"不得已而分封或赏赐土地,须加以节制。"欲为其地,必适其赐。""适"为节制之意。

第二,臣不得擅专兵权。《爱臣》说,臣子"党与虽众,不得臣士卒"。对边疆大臣和领兵之将,更要特别警惕。《亡徵》说:"出军命将太重,边地任守太尊,专制擅命,径为而无所请者,可亡也。"战国时期大臣封君养士之风甚盛,其中带剑之客、必死之士,实际上都是私人的武装力量,是违抗君命的凭借。《八奸》篇把这种情况列为臣下八奸之一,建议君主加以取缔。

第三,臣不得专财权。《主道》说:"臣制财利则主失德。"还要严禁大臣私施救济,收买人心,这就是《爱臣》中所说的,其"府库不得私贷于家"。对像齐田氏用大斗出、小斗入来笼络人心、与君争民这样的现象,要严加禁绝。《八说》云:"行惠取众谓之得民","得民者,君上之孤也"。

第四,臣不得专人权。《主道》提出,任免臣吏之权,只能由君主独擅,臣下不得"树人","臣得树人则主失党"。

第五,臣不得有刑赏之权。《二柄》说:"明主之所导制其臣者,二柄而已矣。二柄者,刑、德也。"刑、德二柄落入臣下之手,"则一国之人皆畏其臣而易其君,归其臣而去其君矣,此人主失刑德之患也"。韩非用了一个非常生动形象的比喻说明这个问题:"夫虎之所以能服狗者,爪牙也。使虎释其爪牙而使狗用之,则虎反服于狗矣。"刑、德就是制服他人的爪牙。

第六,禁止臣下结交私党。《扬权》说:"大臣之门,唯恐多人","欲为其国,必伐其聚"。君主要时时提防出现"腓大于股"的现象。一旦发现臣下结党,就要下决心,"散其党,收其余,闭其门,夺其辅"②。

第七,取缔私朝。春秋时期,大夫之家势力膨胀。大夫效法国君设立家朝,家朝又称为"私朝"。在家朝内,大夫形同国君,家臣以君相奉。家朝制一

<hr />

① 《韩非子·孤愤》。
② 《韩非子·主道》。

直延续到战国。这种小朝廷无疑是君主大朝廷的对立物。韩非在《爱臣》中指出私朝是一种奸邪,应加以取缔,提出:"人臣处国无私朝。"

以上种种措施都是为了强本弱枝。在《扬权》中形象地说明了这个道理:"为人君者,数披其木,毋使木枝扶疏。木枝扶疏,将塞公闾,私门将实,公庭将虚,主将壅围。数披其木,无使木枝外拒;木枝外拒,将逼主处。数披其木,毋使枝大本小,将不胜春风,不胜春风,枝将害心。"文中以本喻君,以枝喻臣。大意是:君主要经常剪理枝权,切不可让枝叶长得太茂盛。枝叶茂盛,将壅蔽其君;私家充实,公室必将空虚。要经常剪理木枝,毋使枝叶长得太长。枝权太长,势必侵犯主利。要经常剪理枝权,切不可使枝大本小,否则将经不住春天微风的吹动。最后说的"枝将害心"指臣害君。韩非把大臣视为君主集权的主要障碍,是符合当时实际情况的。事实上,只有削弱臣的权势,君主才能实现专权。

韩非追求的是如下一种格局:"事在四方,要在中央。圣人执要,四方来效。"①君主"独制四海之内,聪智不得其诈","远在千里外,不敢易其辞"。"臣毋或作威,毋或作利,从王之指;无或作恶,从王之路。"②

韩非把君臣之间的较量视为能否实现君主集权的关键,应该说,他十分准确地抓住了要害。从中国历史实际过程看,君主的高度专权是在君臣之间的较量中形成的。在没有民主制度的情况下,君臣之间的每一次较量,不管是哪方胜利,所产生的合力必然是推动君主集权的发展。因此,我们可以说,统治阶级内部争夺权利的斗争,是推动君主专权的主要动力。

六、重本抑末思想

韩非重在论述政治,言及经济的地方较少,有关经济与政治关系的论述更少。不过在论及的地方,颇有特色。

对农业与工商业的关系问题,法家有两种不同的主张。有的主张保护工商,"管法"中有一派持此看法。《商君书》则主张抑制工商。韩非继承了《商君书》的思想,把农称为"本",把工商称为"末"。《诡使》说:"仓廪之所以

---

① 《韩非子·扬权》。
② 《韩非子·有度》。

实者耕农之本务也,而綦组锦绣刻画为末作者富。"本、末既明,韩非主张重本抑末。在《奸劫弑臣》表示赞成商鞅的"困末作而利本事"的政策。《五蠹》也说:"夫明王治国之政,使其商工游食之民少而名卑,以寡趣本务而趋末作。""寡趣",依陈奇猷校注,趣,当作"舍"。寡,少也。大意是:使工商游食之民少而卑,故舍本务而趣末作者少也。

韩非重农基于这样一种认识:农业是生财之源,粮食是财富的主要标志。《五蠹》说:"富国以农。"《显学》说:"盘石千里不可谓富。……而不可谓富强者,盘(石)不生粟。"《六反》说:"力作而食,生利之民也。"《外储说左上》说:"农夫惰于田者则国贫也。"为了促进农业生产的发展,《难二》从"天功""人事"及其相互关系中论述了提高生产的途径:

第一,从事农业生产必须把遵从自然规律作为首要条件。"举事慎阴阳之和,种树节四时之适,无早晚之失、寒温之灾,则入多。"

第二,徭役土功不要违背农时。"不以小功妨大务,不以私欲害人事,丈夫尽于耕农,妇人力于织纴,则入多。"

第三,因地制宜,懂得耕稼知识。"务于畜养之理,察于土地之宜,六畜遂,五谷殖,则入多。"

第四,根据地利条件,改进生产工具。"明于权计,审于地形、舟车机械之利,用力少致功大,则入多。"

第五,通商贾,促进商品交流。节用,减少浪费。"利商市关梁之行,能以所有致所无,客商归之,外货留之。俭于财用,节于衣食,宫室器械,周于资用,不事玩好,则入多。"韩非在较多的地方主张抑商,《五蠹》甚至把工商之民列于五蠹之一,视如害虫,主张加以扫除。但这里又相当重视工商的作用,视之为发展生产所不可缺少的条件之一。可见,韩非对工商的看法不尽一致,或前后有变化。

在"天功"与"人事"两者之中,韩非更注重"人事"。因此他说:"入多,皆人为也。""人事"之中,韩非更多地强调了政策的作用。在自然经济条件下,政府的政策确实对农业生产起着决定性的作用。

韩非重视农业生产,也提出了颇有见地的发展生产的政策与主张。但是韩非发展生产的目的不是为了富民,而是为了增加国家的财政收入。就《韩非子》一书看,虽不能说绝对没有富民的言论,比如在《八说》中就曾曲折地谈到过富民的问题。他在批评学者虚言之论时说道:"不能具美食而劝饿人饭,不为能活饿者也;不能辟草生粟而劝贷施赏赐,不能为富民者也。"

如果通观全书就会发现,韩非对民的态度,就其主旨来看,他既反对爱民的说教,又反对富民的说教。《五蠹》说:"今先王之爱民,不过父母之爱子,子未必不乱也,则民奚遽治哉!"父子之爱尚且避免不了父子之争,政治又怎么能以爱为出发点呢?《六反》指出:爱民主张"是求人主之过父母之亲也"。这是根本不可能做到的。"富民"主张同样既不实际,而且有害。一方面,从人的本性看,人皆自为好利,欲望无穷。除了像老子这样的极少数的特殊人物能自觉地"知足"之外,绝大多数人的欲壑是永远也填不满的。面对这种情况,怎么能够实行富民政策呢?因此他批评"足民""富民"之类的主张是"不察当时之实事"①的、大而无用的空论。另一方面,民不宜富,也因为富则淫,富则懒。《六反》说:"财货足用则轻用,轻用则侈泰。"又说:"凡人之生也,财用足则隳于用力。"

韩非反对把"爱民""富民"作为政策的出发点,但在实际中,他并不主张要人民都处于生死线上挣扎。他曾提出:"徭役多则民苦。"民无生计则逃亡,结果投于权势之家,国家反受其害。因此他提出了"徭役少则民安"的主张。②

韩非对贫富的看法颇为矛盾。他一方面为富者辩护,另一方面又提出均贫富的主张。韩非认为贫富的差别是由于侈惰与力俭造成的。《显学》说:"侈而惰者贫,而力而俭者富。"基于这种认识,他反对"与贫穷地,以实无资"的主张。当时可能有向富人征税以赈济贫民的事实,对此,韩非极力反对,他认为今上"敛于富人,以布施于贫家,是夺力俭而与侈惰也"。很明显,这是为富人辩护。但他在《六反》中又提出"论其税赋以均贫富"的主张。从文献上说,"均贫富"这三个字连在一起,是韩非最先提出来的。但这与前边的论点形成了明显的对立。两者怎样统一起来,不得而知,暂付阙如。

七、言轨于法,以吏为师,禁绝百家

从表面看,战国时期的思想领域是诸子并存,百家争鸣。但是,如果仔

①《韩非子·六反》。
② 参见《韩非子·备内》。

细考察一下每种学说的政治思想脉络,就会发现:争鸣的每一家都不把对方的存在当作自己存在的条件,给予应有的尊重;每一家几乎都要求独尊己见,禁绝他说。由于争鸣与争霸是一个过程的两方面,因此争鸣形成的合力是朝着文化专制主义方向迈进,法家是这方面跑得最快的一家。《商君书》把诸子思想,特别是儒家,视为虮子臭虫之类的秽物,要求严加禁绝。韩非继承并发展了这种主张,第一次提出了"言轨于法,以吏为师"的主张。这样就在理论与实践的结合上把文化专制主义落实了。

韩非提出,必须把全国人的思想统一到法令上来。他认为不仅要颁布法令,还要宣传法令,使妇孺皆知。《难三》说:"明主言法,则境内卑贱莫不闻知也。"所有人的思想方式和全部生活的出发点,都必须"以法为本"①。法要成为人们思考问题的规范和行为遵循的原则,《有度》说:"一民之轨,莫如法。"《五蠹》说:"境内之民,其言谈者必轨于法。"

韩非所说的法令,无疑体现了当时统治者的意志,特别是君主的意志。人人服从法,自然是维护当时统治秩序最有效的办法。把法作为人们的行为规范,从法律的观点看,无疑是合乎逻辑的,是先秦法家的共同主张。但是把法作为人们的思想规范,则是韩非提出的新主张。这个主张的意义不在于要求人们都必须遵法,而在于取消人们进行思考的权利,明确规定了思想罪。《问辩》中提出:"言行而不轨于法令者必禁。"人们不只在行动上要遵守法,在思想上也必须是法的"婢女"。《说疑》提出:"禁奸之法,太上禁其心,其次禁其言,其次禁其事。"用法禁心禁言,从根本上扼杀了人们的精神生产活动。人类不同于动物的重要标志之一,是人们有能动的意识活动,有丰富的精神生产。把人们的精神生活限制在法令之内,不准有与法令相违背的精神生活和超出法令规定的新思想的产生,是对人的本性的剥夺。这种专制主义无疑是非常严酷的专制主义。

法是君主制定的,官吏是君主的爪牙和法令的执行者。为了把人们遵法守令与学习结合为一体,韩非提出了"以吏为师"②。儒、墨等流派从不同角度出发,基本上都是倡导以圣为师、以贤为师。暂且不论以圣为师的内容

① 《韩非子·饰邪》。
② 《韩非子·五蠹》。

与实质,在形式上圣贤与当权者不完全一致,教育与政治也不完全是一回事,教育有它的相对独立性。以吏为师的提出,一笔勾销了教育的相对独立的性质,使教育完全变为政治的从属品,同时也取消了教育的认识价值。教育的职能只有一个,这就是政治驯化作用。从先秦的教育发展史看,以吏为师的提出扼杀了教育的发展,窒息了人们对知识的追求和探讨。

韩非在一切重大问题上都坚持不破不立的原则。在政治指导思想上贯彻得尤为突出。他把法术之学与诸子之学,特别是儒、墨之学,视为不可两立、不可并存的两种思想体系,对儒、墨进行了猛烈的抨击。他把一些国家衰败的原因归诸儒学的影响。《五蠹》指责儒学为"邦之蠹",只要有儒学存在,那么"海内虽有破亡之国,削灭之朝,亦勿怪矣"。他把山东六国的衰败与秦强盛的原因归结为一点:山东诸国受儒家影响太重,秦则一直奉行法术。《外储说左上》说:"夫慕仁义而弱乱者,三晋也;不慕而治强者,秦也。"《说疑》说:"卑主危国者之必以仁义智能也。"他在论述每个国家盛衰变化时都用是否奉法加以说明。韩非的公式是:奉法者强,弃法者败。韩非这种看法不免失之于简单化,但就其大体而论,他的分析还是切合实际的。变法与不变法、奉法与不奉法是盛衰的一个极为重要的原因。

韩非抨击儒、墨与诸子,并不全是简单地委罪,他也讲了一些道理。第一,也是最根本的一点,他认为仁爱之道与人的好利本性相悖。《六反》说:"今学者之说人主也,皆去求利之心,出相爱之道,是求人主之过于父母之亲也。"这种要求是根本不可能的,也是做不到的。又说:"今上下之接,无子父之泽,而欲以行义禁下,则交必有郄矣。"

第二,仁爱慈惠与法相对立。法术要求按规范化的规定处理问题。仁爱慈惠则以同情心为基础,表现为人治和心治。以同情心亦即个人的情感为基础处理事物,必然是随心而定,没有客观标准。《八说》云:"仁者,慈惠而轻财者也。……慈惠则不忍,轻财则好与。……不忍则罚多宥赦,好与则赏多无功。"《奸劫弑臣》说:"世主美仁义之名而不察其实,是以大者国亡身死,小者地削主卑。何以明之?夫施与贫困者,此世之所谓仁义;哀怜百姓不忍诛罚者,此世之所谓惠爱也。夫有施与贫困则无功者得赏,不忍诛罚则暴乱者不止……吾以是明仁义爱惠之不足用。"《难三》也说:"惠之为政无功者受赏,而有罪者免,此法之所以败也。"人们都喜欢高谈仁爱而厌恶残暴,其实在韩非看来,仁爱与残暴都是亡国之道,仁与暴是心治的两个极端,仁者与暴者并无本质的差别,"仁、暴者,皆亡国者也"。就实而论,韩非这种见解是相当有道理的。因为舍法而从心,失去了政治标准,在无标准的情况下,与其把仁义与残暴视为对立,不如视为一个问题的两方面。

第三,儒、墨等言辩而无验,迂腐而不实。儒、墨言必称尧舜,《显学》批评说这是诬妄之论:"孔子、墨子俱道尧、舜……尧、舜不复生,将谁使定儒、墨之诚乎?殷周七百余岁,虞夏二千余岁,而不能定儒、墨之真。今乃欲审尧、舜之道于三千岁之前,意者其不可必乎!无参验而必之者,愚也;弗能必而据之者,诬也。故明据先王,必定尧、舜者,非愚则诬也。愚诬之学,杂反之行,明主弗受也。"把儒、墨之学都说成"愚诬",无疑出自成见;但指出儒、墨之学"无参验""弗能必",还是击中了要害的。

除了儒、墨之外,韩非对其他学派也多有批评。批评的主要点也是不近实际。如公孙龙的白马非马说,辩则辩矣,然而白马过关并不能以此为据而免税。他还用画马与画鬼为喻,斥责诸子的宏阔辩说如同画鬼一样,不过是一派不近实际的鬼论。

韩非为了打击诸子百家,还使用了陷害手法。他认为凡称颂古圣者,都是借古讽今,借先贤而刺今主。《忠孝》说:"为人臣常誉先王之德厚而愿之,是诽谤其君者也。"为了加害于人,韩非甚至认为诸子百家称颂尧舜是鼓动人臣造反篡主。因为在他看来,尧、舜、汤、武都是人臣篡主之辈。"尧为人君而君其臣,舜为人臣而臣其君,汤、武为人臣而弑其主,刑其尸。"这些人哪里是什么圣人?分明是奸劫弑臣。儒、墨等倍加称颂,这分明是鼓动人臣篡主,"此天下所以至今不治者也"。如果说前边那些批评还有一定道理,这种说法显然是诬陷了。

"以法教心"[①]"以吏为师"和禁绝百家是韩非文化专制的主要内容,这与政治上的极端君主专制是一致的。

---

① 《韩非子·用人》。

八、结语

韩非的全部政治思想，是以加强君主独裁和维护君主利益而开展的，这是韩非观察问题和处理问题的出发点和归结点。

加强君主集权和维护君主利益会涉及社会生活的各方面。按照利导、利诱、利用、利禁的方式去调动臣民为君主服务时，不可避免地要引起社会经济、政治关系的变动。在这种变动中，有一部分内容表现了对旧秩序的破坏，如取消无功受禄者的特权等，这些变动有益于社会的进步。但是在韩非看来，严刑高压又是利导、利用、利禁的一种特殊方式，而且这种方式更简便、更有效，所以利导、利用一反手又引向了高压政策。

韩非的主张无疑符合君主的口味，但是他把君主公开置于一切人的对立面，又使君主陷于孤立。韩非最真实地揭开了君臣君民之间关系的帷幕。不揭开这个帷幕，双方都缺乏自觉性，遭了殃都不知原因在哪里；可是一旦揭开这个帷幕，又使双方处在了恐怖之中，这又给维护君主的统治带来了副作用。

韩非的著作不能说不明、不智、不圣，但他却没有捞到圣人的牌位，主要的原因恐怕是他太忠于事实了。在封建时代，虚伪比诚实更有用，更招帝王的喜欢。

第七章　道家以法自然为中心的政治思想

第一节　道家概述

一、道家流派

先秦没有"道家"之称。"道家"之称是从司马谈《论六家要旨》开始的，司马谈称之为"道德家"和"道家"。司马迁在记述他父亲师承时，说他父亲"习道论于黄子"[①]。所以道家又称"道论"。此后，"道家"遂成为传统的称呼。

先秦虽没有"道家"之称，但作为一个派别是个明显的事实，他们也有明显的自我意识。另外，在与道家不同流派者眼中，道家有着特殊的颜色。

道家的自我意识与儒家、墨家有着明显的不同。儒家、墨家有宗师，有旗帜，有师承，墨家甚至还有一定的组织。道家在这方面是欠缺的。道家的自我意识主要表现在如下三方面：

第一，他们有树立旗帜和宗师的倾向。他们的旗帜和宗师就是黄帝和老子。黄帝在先秦流传很广，正如司马迁所说，"百家言黄帝"[②]。不过言黄帝的情况极不相同。有的当作历史看待，有的视为神，有的则赋予其一定的思想和精神，使其成为思想的化身，这样黄帝就具有思想祖师的性质，在这方面道家走得较快。《老子》书中没有言及黄帝。从现有材料看，《庄子》一书的作者广泛地讨论了黄帝的地位，并赋予其一定的精神风貌。由于《庄子》一书出自众手，因此对黄帝的看法差距很大。综观《庄子》，大体

①《史记·太史公自序》。
②《史记·五帝本纪》。

可分为两派：一派把黄帝作为贬斥的对象，认为人类恬静的自然生活是由黄帝开始破坏的。在黄帝之前，人类生活在自然之中，悠然自得，天放自如。这种自然生活被黄帝扰乱了。他发明了仁义，搅得人心不安，从此每况愈下，离道越来越远。《至乐》《缮性》《天运》《秋水》《在宥》《天地》《盗跖》等篇基本上持这种看法。另一派与上述看法相反，如《大宗师》《齐物论》《天道》《知北游》《山木》《徐无鬼》等篇，从不同角度和程度肯定了黄帝。或认为黄帝是虚心学道者，虽未入室，至少可视为登堂弟子；或认为黄帝是道的体现，例如《知北游》中的黄帝便深得道术。黄帝曰："无思无虑始知道，无处无服始安道，无从无道始得道。"黄帝是位大悟大彻的大师。有的还把黄帝尊为"圣人"。《山木》假借庄子之口，称其言行和思维方式都是遵"神农、黄帝之法则也"。除《庄子》某些篇外，齐稷下学宫中的道家派，如田骈、接子等人也尊崇黄帝。《吕氏春秋·执一》记述田骈的言论中有"三代以昌，五帝以昭"之语。高诱注：五帝，黄帝轩辕等。可惜他们的著述都亡佚了，详细情况已不可知。马王堆出土的《老子》乙本卷前古佚书为道家的著作，其中《十六经》完全是以黄帝之口叙述道理，黄帝成了真正的祖师爷。除了尊崇黄帝外，道家中一些人还以老子为本宗，其中旗帜最为鲜明的是庄子与《庄子》一书的作者们。他们把老子视为自己的宗师和圣人，正如司马迁所说，庄周"其要本归于老子之言"①。黄帝和老子之于先秦道家，虽然远没有像孔子之于儒家、墨子之于墨家那样一致受尊崇，但这种趋势是明显的。所以司马迁在论述道家派人物时，常归本于黄老，如说慎到、田骈、接子、环渊等"皆学黄老道德之术，因发明序其指意"②。由于尊崇黄老，所以到西汉初，道家又称为"黄老之言"。

第二，思维方式和使用的范畴、概念基本一致。关于这一点，下边再谈。

第三，有一定师承关系。关于道家的师承问题至今是个不甚清楚的问题。不过从一些记载看，许多人都有弟子门徒。老子的弟子，据《庄子》记载，有柏矩、庚桑楚、阳子居（杨朱）。③杨朱、庄子以及齐稷下学宫中的道家，如

①《史记·老子韩非列传》。
②《史记·孟子荀卿列传》。
③参见《庄子》的《则阳》《庚桑楚》《寓言》等篇。

田骈等都有弟子。田骈的弟子多达百人。司马迁对黄老之学的传授有如下一段记载："乐臣公学黄帝、老子,其本师号曰河上丈人,不知其所出。河上丈人教安期生,安期生教毛翕公,毛翕公教乐瑕公,乐瑕公教乐臣公,乐臣公教盖公。盖公教于齐高密、胶西,为曹相国师。"[1]这只是道家学派中的一支传授关系,远非全部。学界对道家师承关系的认识分歧很大,这里不细讨论。我们只想说明一点:道家虽不像儒、墨那样师生分明、代代相传,但也还是有一定师承的。在当时,有师承,就会强化学派的自我意识。

除道家的自我意识外,外界是否把他们视为一党呢?从目前材料看,确实有这种认识。道家之中有些人不与当政者合作,拒绝入仕,隐居山林,于是被人们称为"隐者"。在思想和理论上,道家中的一些人主张贵己重生,因此把他们的学说称之为"全生之说"[2],或称之为"轻物重生之士"[3]"贵生之士"[4]。在一些评论中,这些人大抵都被视为一个集团。《荀子·非十二子》把它嚣、魏牟并列,把陈仲、史鳅并举。这四个人都属道家,前者因贵生而走向纵欲主义,后两者因贵己而走向禁欲主义。《庄子·天下》把彭蒙、田骈、慎到、关尹、老聃、庄周视为一个集团,大同而小异。《吕氏春秋·不二》对各家学说的要旨进行了概括,其中关于老聃、关尹、列子、田(陈)骈、阳生的概括显然是相近的,毫无疑问是将他们视作一个近亲集团。《庄子·重言》说:"圣人听于无声,视于无形,詹何、田子方、老聃是也。"这几位都属于道家,作者把他们视为一党。

综上所述,道家在先秦尽管无派别的名称,而且相互之间还有激烈的争吵,但这并不妨碍他们被视作一个独具特色的派别。

二、道家的理论特点

道家理论上的特点是什么?这是个尚待深入研讨的问题。依据我的粗浅考察,道家在理论上的特点主要有两点:一是讲道,二是讲因道或法自然。

---

[1]《史记·乐毅列传》。

[2]《管子·立政》。

[3]《韩非子·显学》。

[4]《韩非子·六反》。

道家之所以被称为道家,最主要的根据就是他们都讲"道"。"道"是他们整个理论中的核心范畴,也是整个理论体系赖以存在的基础。抽去了道,道家就失去了脊梁。道可以从两方面来分析。一方面是它的内容问题,另一方面则是它所具有的方法论的意义。

　　关于道的内容问题,哲学史家们已做了详细的分析与讨论。由于道的内涵极为博大和庞杂,因此在分析过程中歧义甚多,莫衷一是。从道家的著作看,应该说"道"是一个具有多层次的概念,在不同的地方具有不同的含义,须联系上下文具体分析来确定。要之,可以分为如下几个层次。

　　第一,代表宇宙和事物的本原。芸芸众物的本原究竟是什么呢?道家认为一切源于道,正如《老子》所言:"有物混成,先天地生。寂兮寥兮,独立不改,周行而不殆。可以为天下母。吾不知其名,字之曰道,强为之曰大。"①《管子·内业》说:"凡道无根无茎,无叶无荣,万物以生,万物以成,命之曰道。"《庄子·大宗师》说:"夫道,有情有信,无为无形。可传而不可受,可得而不可见。自本自根,未有天地,自古以固存。神鬼神帝,生天生地。在太极之先而不为高,在六极之下而不为深,先天地生而不为久,长于上古而不为老。"

　　第二,道有时指事物(包括天、地、人)的总规律,这个总规律在《老子》中有过描述,如"周行而不殆","反者,道之动","弱者,道之用"等。

　　第三,指具体规律,既可以表示自然,也可以指人事,《老子》分别称之为"天之道"和"人之道"②。

　　第四,指事物的道理,亦即客观事物在主观上的反映和说明,如"有余以奉天下"。

　　道家的"道"除了表达一定的内容外,在方法论上的意义似乎更为重要。"道"教导人们去分析和研究事物的本质及其相互关系和规律,以及人们怎样对待这些关系和规律。依照道的观点,任何具体的事物都不是一成不变的,而是一切在变;任何一个事物都不是孤立的存在,而是处于复杂的关系网中。这种方法论给人们的启迪显然比具体论述更有意义。

　　法自然(或因道)是道家思想的另一个特点.司马谈在《论六家要旨》中

---

①《老子·二十五章》。
②《老子·七十七章》。

对这一点分析得十分中肯,他说:"道家使人精神专一,动合无形,赡足万物。其为术也,因阴阳之大顺,采儒墨之善,撮名法之要,与时迁移,应物变化,立俗施事,无所不宜,指约而易操,事少而功多。"①司马谈的评论不能包容道家的全部,比如与庄学就多有抵牾之处,难以契合。但是其中谈到"使人精神专一","因阴阳之大顺","与时迁移,与物变化"等,的确是道家的共同特点。道家研究事物的规律与运动,意在引导人们的行动要符合道,符合自然。《老子》提出"法自然"。《庄子》提出"与天合一","与天地为一"。《管子》中道家派提出"随天"。马王堆《老子》乙本卷前古佚书中提出"顺天""顺理""用当"。这些都强调了人的行为要符合自然。道家以为,人是整个自然界的组成部分,受大自然的制约,人在其中就应顺从自然的规律。在因自然这一点上,道家有共同点,但对自然过程和规律的具体内容的认识,以及用什么方式法自然,又有不同的认识和主张,所以在法自然的大同下,又有许多差异。

以上所讲的两点,不可能概括道家的整个面貌,但这两点是骨架,没有这两点就不成其为道家了。

三、道家中不同的政治派别

道家政治思想的共同点是"无为而治"。至于如何"无为而治",又有不同的理解或侧重点,于是在政治上表现为不同的流派,这叫"派中之派"。这里把下边要谈的五家做一简单介绍。

《老子》作为道家最早的经典著作,包含了后来各派的因素,具有本原性。《老子》最先提出了"无为"政治的模式和框架。尤为值得注意的是,《老子》一书对阴、柔、弱在政治中的作用进行了全面的论述。政治这种东西从它诞生起就以强制为特点,在政治生活中人们比较注意阳、刚、强等的作用。而《老子》一书深入系统地阐述了为人们所忽视的阴、柔、弱的意义。作者认为这些并不是消极的和被动的,善用柔弱会得到常人意想不到的效果。《老子》的弱用之术既讲求居弱而用弱,又十分注重居强而用弱,遂成为一种君人南面之术。

①《史记·太史公自序》。

杨朱在道家中独具一格。他把个人作为自然的主体,认为每个人(或自己)都应以自己作为目的。但个人的目的不是通过损人利己的方式来达到,而应建立在互不损害的基础上,凡属不平等的"取"和"与"都应该摒弃。由于杨朱强调个人的独立和自主,由此而认为政治干预越少越好。牧童放羊式的政治是他的理想。他认为统治者应该像牧童那样,任羊自由选择水草。

以《庄子》一书为代表的庄子及其后学把自然主义的政治主张发展到了极端。他们不仅认为人是大自然的一部分,而且认为人不应有任何高于其他自然物的念头和想法。人应把自己视同为自然界的牛马,把自己融化在自然之中。他们认为只有这样才是人性的恢复。庄子及其后学认为,人的本性就是纯自然性,这种自然性与人们的社会性是根本对立的。在他们看来,一切社会性,特别是当时人们津津乐道的仁、义、法、治等,都是对人的自然性的破坏,常人所说的圣贤,如尧舜之辈,恰恰是破坏人性的罪魁祸首。他们认为整个社会就是一个大牢笼、大粪坑;因此不是要改造它,而是只有抛弃它才能解脱枷锁。回到自然中去,这是他们的基本主张和理想。

《管子》中的道家派(以《内业》《白心》《心术》为代表)认为,天和人都是一个自然的过程,因此既要顺天,又要从人。作者也主张"无为"政治。不过他们所说的无为与《老子》《庄子》又有所不同。他们所说的"无为"主要指统治者的主观行为应与天人的自然过程相符合,这就是文中谈到的"静因"之术。作者认为社会上通行的义、礼、法这些东西,不像《老子》《庄子》所说的那样,与"道"是对立的。在作者看来,这些东西与道是统一的,义、礼、法就是人世间的道。在这里我们看到了道、儒、法三家合流的倾向。这一派是道家积极主治的一派。

马王堆《老子》乙本卷前古佚书的作者是道家中最热心于政治的一个流派。古佚书作者归本于道,但在政治上却积极主治。他们广泛吸收了法、儒、阴阳、名、墨诸派的思想。司马谈说道家"采儒墨之善,撮名法之要",其实,在道家中只有古佚书和《管子》中的道家派著作才是这样。古佚书的作者把道与法、礼看成是一个系列,认为礼、法是道的体现和具体化。古佚书作者是道家中最积极的主治派。

374

四、道家的政治倾向

道家代表谁？迄今为止很少有人从总体上讨论这个问题。就实而论，且不说道家，就是其中的一个人物、一部书，比如《老子》《庄子》，人们就有各式各样的看法，有的人认为代表了当时最反动的奴隶主，有的则认为代表着劳动人民，大相径庭，莫衷一是。道家是一个大的派别，情况极为复杂，因此很难说它代表哪一个阶级。这里我们只能从倾向上稍作分析。从倾向上看，又可把道家分为两种不同情况。

《老子》《管子》中的道家派著作、马王堆《老子》乙本卷前古佚书可视为一类。作者们积极地参与政治，为统治者出谋划策。不过他们又不同于儒、法、墨诸家。如果我们把政治思想分为政治哲学、政治战略学、政策原理、具体政策等不同层次或不同组成部分，我们就不难发现，《老子》《管子》中的道家派著作和古佚书比较多地论述了政治哲学问题。政治哲学具有高度的抽象性，因而也就具有广泛的适应性。不管当时统治者具有怎样的性格，他们都可以从这种政治哲学中得到或多或少的启迪。人们把《老子》一书称为"君人南面之术"，其原因就在于此。道家中的这一派对统治者虽然有过激烈的批评，但归根结底是倾心而尽意的，如果没有这种内在的统一性，我们就无法理解汉初统治者为什么会把黄老思想奉为统治思想，为什么会把《老子》当作皇廷的教科书。

杨朱和《庄子》与上述情况有所不同，特别是《庄子》，既反对一切政治，又宣传不合作主义，还对当时所有的统治者进行了猛烈的抨击，指斥君主侯王皆虎狼之辈。作者在贬斥统治者的同时，对劳动人民投以同情，在不少地方反映了劳动者的呼声。但是从总体看，它不是教人去抗争，去争取生存的权利，而是引导人追求精神的满足和超脱。《庄子》书中有愤懑，更有消沉。统治者不仅需要积极的帮手和鹰犬，同时也需要群众的消沉作为维持自己统治的一种特别补充。消极出世与不合作对统治者固然不利，但构不成对自己的威胁。统治者害怕的是强梁之辈，而《庄子》正是要把强梁转化为对抗消沉的精神武器。从这个意义上说，《庄子》一书对统治者利多于害。

基于上述认识，我们可以这样说：道家一方面为统治者提供了丰富的政治哲学思想,同时又为统治者提供了精神麻醉剂。道家丰富的政治哲学是统治者必需的,但是对统治者尖锐的批评又是统治者所不喜欢的。这种状况决定了多数统治者对它不即不离的态度:既需要它,但又不能把它置于尊位。

第二节 《老子》的无为政治思想

一、老子与《老子》

老子与《老子》一书,是学术界争讼不决的疑难问题。这个问题早在战国就已不清楚。司马迁作《史记》虽给老子立传,但从内容上看是含混不清的。

近代以来,有人认为历史上根本没有老子这个人;更多的人认为历史上有其人,但具体看法又大相径庭。有人认为老子即东周时期的老聃,又名李耳,为东周的守藏史,孔子曾向他学过礼。有人认为老子是战国时期东周的太史儋。还有人认为是楚国的李耳。另外又有人认为上述三人本为一人,流传中一分为三。

关于《老子》一书的分歧比对老子本人的认识的分歧还要多。有的说是上述人的作品;有的说书中的思想是春秋末期老聃的,但成书于老聃生活年代之后;有的说书与人无关。就成书的时间,有春秋末期说、战国初期说、战国中期说、战国末期说等。

1973 年在马王堆汉墓出土了写在帛上的两本《老子》,称为“甲本”“乙本”。这两本与后来的流行本(俗称“今本”)没有大的差别。1993 年湖北郭店楚墓又出土竹简本《老子》,简称“简本”。“简本”与“今本”文字差别较大,除少一些章外,用语也有不少差别。这又引起了“老子”其人其书,以及“简本”与“今本”关系等新一轮的大争论。郭店楚墓的时间不晚于战国中期(也有战国后期说),这样,过去持《老子》成书于战国中期以后的说法自然不能成立。时下多数人认为《老子》一书应该是春秋晚期的老子之作。争论较多的问题是“简本”与“今本”是什么关系。歧义多多,迄今为止,争论依然火炽。这里只能取一说:“简本”是“今本”的古本之一。在我看来,“简本”与“今本”的政治思想没有大的差别,基本是一个体系。“简本”虽然比“今本”少很多更明确的表达,但从逻辑上看,"今本"基本没有违反"简本"的理论框架。有几句话有些差别,有些学者看得很重,我认为除一两句有明显的冲突外,"今本"多于"简本"的内容,基本都在同一理论框架之内。所以本节仍以"今本"为据进行论说。冲突明显的语句在相关地方再具体分析。

上述这些问题将会长期争论下去。我们同意如下看法:书中的思想是老聃提出来的,成书于战国前期,后有局部修正和补充。《老子》一书应是老子一派的共同创作。

《论语》以论人事著称,《老子》以论哲理称雄。许多人都认为《老子》是一部哲理诗,言简意深。《老子》一书长于哲理是事实,但也同样长于政治,它把哲学与政治融为一体,是政治哲学的经典之作。

关于《老子》一书的政治倾向,有的说代表劳动人民或公社成员,有的说代表奴隶主或小奴隶主,有的说代表由贵族下降的士。由于对政治倾向看法极不相同,对同一句话常常出现不同的解释。

我想暂且抛开人们对《老子》的不同政治评价,先看看先秦诸子对《老子》中心思想的概括与评述。

《荀子·天论》说:"有见于诎,无见于信(伸)。……有诎而无信,则贵贱不分。"

《庄子·天下》说:"以本为精,以物为粗,以有积为不足,澹然独与神明居。"

《吕氏春秋·不二》说:"老聃贵柔。"

这些概括大致不错。从《老子》书中得到的感受,大抵也是这样。但仅到此为止,似乎只能说及表而尚未及里。《老子》不是有见于诎,无见于伸,而是以诎求伸;不是贵贱不分,而是以诎藏贵贱;不只是以有积为不足,而是还讲以知足保有积,以俭广积。《老子》一书到处讲柔,但不是为柔而柔,而是以柔为用,正如书中所云,"弱者道之用"。《老子》把柔、弱、虚及其相类的东西在事物变化中的作用,做了淋漓尽致的阐发。《老子》的贡献,在我们看来,主要不在于阐述了事物的矛盾与对立面的转化,因为在这之前已有人做了阐述。《老子》一书的主要贡献在于全面揭示了柔弱在矛盾中的地位与作用。这样看待《老子》的贡献,才可以把握"为无为""知无知""事无事""无为无不为"和"柔弱胜刚强"的真谛。《老子》的作者是正题反做的专家。由于人们习惯正题正做,所以常被《老子》的正题反做所蔽。作者们极为聪明狡猾。他们为统治者出谋划策，却不正面陈言，更不阿谀，而是常常在嬉笑怒骂中奉上权谋治术。他们对下层寄予深深的同情，但又要置下层于无知、无欲的状态。从政治上看，应该说《老子》一书更有利于统治者。下面分几个问题简述一下《老子》的政治思想。

二、道与政治

(一)《老子》的道

《老子》的思想博大深远，不仅在哲学上起了启蒙振聩的作用，而且也为统治者提供了一套相当丰富的南面之术。《老子》把这些具有丰富哲学内容和政治内容的思想都归于一个最高范畴之下，这个最高范畴就是"道"。在这里，"道"不仅反映了老子本人的宇宙自然观，也反映了他的社会人生观。当"道"作为一种宇宙自然观出现时，它表达了老子对宇宙本体的认识；当"道"作为一种社会人生观出现时，它又向我们展现了老子对于社会规律的总看法。因此，我们只有弄清作为宇宙自然观的"道"的思想内容，才能识别作为社会人生观的"道"的基本精神，并由此了解"道"与政治的内在关系。

老子的宇宙自然之"道"是一个十分模糊的概念："道之为物，唯恍唯惚。"①因此作者给道以混沌难识的定义，即所谓"道可道，非常道；名可名，非常名"②。只能"强为之名"，"字之曰道"③。因而"道"展现在我们面前的，是一个由混沌的自在之物和迷离恍惚的词句所构成的宇宙本体论，正如书中所云："有物混成，先天地生。寂兮寥兮。独立不改，周行而不殆，可以为天下母。"④于此可见，"道"是一个自然的、独立的、不可名状的存在，是天地之母、万物之根。从它的宏观状态来说，是一个鸿蒙未辟，混沌未分，无象无物，弥漫于浩浩宇宙之间，以无生有为特征的宇宙本质；就其微观状态来说，又包含着物质因子，"其中有物"，"其中有精"，"其中有信"⑤，"朴散则为

---

① 《老子·二十一章》。
② 《老子·一章》。
③④ 《老子·二十五章》。
⑤ 《老子·十二章》。

器"①。但是，老子并不去深论"道"的这些非物又近似于物的宇宙本性，他注重的是"道"的原则及其运动形式，以及如何运用之。老子认为，"道"的法则及运动形式是宇宙间最理想、最完善的存在模式。这个法则就是"自然"，这个运动形式就是一种封闭式的往复循环。"夫物芸芸，各复归其根。归根曰静。是谓复命。复命曰常。"②又说：道"周行而不殆"。又说："强为之名曰大，大曰逝，逝曰远，远曰反。"③

　　然而道的循环不仅有它的本态，还有变态。一次又一次走向歧路，在老子看来，这就叫作"不道"或"违道"。"物壮则老，谓之不道，不道早已。"④"人之生也柔弱，其死也坚强。万物草木之生也柔脆，其死也枯槁。故坚强者死之徒，柔弱者生之徒。"⑤因而老子认为一切所谓"有生"之物，都违背了自然之道，即由生的"柔弱"走向了死的"坚强"。于是，他主张复归于"静"，复归于"无"。其实我们不难反诘老子：既然承认自然之道是有无相生、生死自然、强弱转替，那么，为什么要人们屈从于一方而远离另一方呢？可见，违背自然之道的并不是有生有死的宇宙万物，而恰恰是老子这一套以求长生永命、背离自然界生灭规律的形而上学理论。老子虽主张无为、无私、无欲，内中却满怀着私和欲，这就是他的以求长生永命、主宰万物的所谓"无为"之为。这种以"无为"为守道之术，并企图以求得从肉体到精神满足的功利思想，恰恰是他所倡导的"道"的对立物。这也就是老子宇宙自然观自相矛盾的瑕疵所在。因为老子企图在"有""无""生""死"这些对立的矛盾中，分离出一种便于自我控制的力量；因而他对矛盾的另一方面施以人为的压制，不承认矛盾双方都有存在和发展的合理性，而是企求操握一方，抑制另一方面。越过真理一步，往往就会成为谬误，老子的宇宙自然观，正是把自生自灭的宇宙之"道"扭曲为长生永命，并以"无"和"静"为极致世界，这显然是谬误。

　　我们再看看老子的社会人生观。《老子·七十七章》说："天之道，损有余

---

①《老子·二十八章》。

②《老子·十六章》。

③《老子·二十五章》。

④《老子·五十五章》。

⑤《老子·七十六章》。

而补不足,人之道,则不然,损不足以奉有余。孰能有余以奉天下?唯有道者。"《老子·五十三章》说:"大道甚夷,而人好径。朝甚除,田甚芜,仓甚虚;服文彩,带利剑,厌饮食,财货有余,是谓盗夸。非道也哉!"总之,人类的许多作为和自然的"大道"相背离。大道是以暧昧不明、清静无为为宗旨,即所谓"明道若昧,进道若退,夷道若颣"①。而人总是有所欲求,以进取为满足,以"有为"为能事,他们"不知足","可欲","欲得",好声色走马之乐,结果破坏了大道,导致了祸咎及身、"多藏"而"厚亡"的悲剧。

老子显然是用被自己歪曲了的宇宙自然观来衡量一切社会现象的,把人们对物质生活和精神生活的追求都看作是非"常"和反"道"的行为。其实不是别人,正是老子违反了"人之道"。

老子还认为社会历史的每一进步都是"道"的式微、"德"的颓废。《老子·三十八章》说:"失道而后德,失德而后仁,失仁而后义,失义而后礼。夫礼者,忠信之薄,而乱之首。""简本"没有这一句,但构不成根本性的歧义。《老子》全盘否定文明史,显然是悖谬的。不过,《老子》在这里也揭示了一个事实:在当时的历史条件下,人类社会的进步,使人与外在自然和自身的自然本性在某种程度上形成了一种对立。当时的社会关系把人的自然本性异化为一种畸形,有的人无衣无食,有的人却花天酒地。这种异化过程,又是在不断破坏人的淳朴本性中进行的。老子认为,人背离了无知、无欲的天性原则,结果,愈是"有为",愈是"争夺",愈是贪欲,也就离"道"愈远。所以,老子对"有为"政治提出了挑战,他把"道"的原则扩大到社会政治生活中来,企求按照"道"的原则对政治进行改造。老子对于宇宙自然之"道"和有违宇宙自然之"道"的社会人生的描述,大都是为自己的"以道莅天下"②这一目的服务的。

(二)"道"的政治特点

老子的宇宙自然观既是其政治思想的基础和出发点,又是其政治理想的最后归宿。因而,"道"也是一个融哲学、伦理、政治为一体的概念,这是道的第一个政治特点。我们看到,《老子》的作者们并不是出世的思想家;相

---

① 《老子·四十一章》。
② 《老子·六十章》。

反,他们从不同角度对国家政治进行了积极的干预,通过对宇宙自然与社会现实的大范围的类比观察,用正题反做的方式,嬉笑怒骂地奉上权谋和治术,而不像一般人那样正面陈言规劝。这种貌似消极,而实际是积极进行干预的迂回之术,不仅从理论上丰富了道家一派的哲学思想,而且也丰富了统治思想。

道的第二个政治特点就是混沌。这种混沌与"忠""孝""仁""义""法令"和各种规范形成鲜明的对立。《老子》的作者在讽刺儒家时说:"大道废,有仁义。智慧出,有大伪。六亲不和,有孝慈。国家昏乱,有忠臣。"①"简本"相应的语句是这样的:"故大道废,安有仁义?六亲不和,安有孝慈?邦家昏[乱],安有忠臣?"有的学者认为上述两种表述是对立的,"简本"的表述肯定儒家的基本价值。在我看来,没有这层含义。其一,"简本"其他地方没有正面肯定礼义。其二,"简本"是一个反诘句,做判断时不一定导致肯定。其三,即使导致肯定,也仅仅是这一句内的意义,构不成整个体系上的意义。其四,古人思维的"混沌"性,时有自相矛盾的地方。说"今本"摈弃礼义道德,其实也不尽然,例如"简本"说"绝伪弃虑,民复孝慈","今本"说"绝仁弃义,民复孝慈"。总之,我认为"简本"与"今本"小有差别,但没有原则性区分。《老子》认为儒家倡导的思想已属近世末流,并不能起到塞其源、杜其微的作用。用这种方法治世,只能越治越乱:"天下多忌讳,而民弥贫。民多利器,国家滋昏。人多伎巧,奇物滋起。法令滋彰,盗贼多有。"②这确实是一幅当时社会纷纭变幻图。然而从历史的发展看,"变"总是好的、应该肯定的,因为这是人类进步的必然;即使这种变化在一定范围内表现得极为残酷无情,我们也应从中看到与它相伴随的历史进步。然而老子却力求消除一切变的因素,提倡一种没有历史内容的静态社会。这个理想是要人们复归于宇宙初始的那个虚无世界中去,取消人类智慧对社会的干预,使人类永远保持混沌状态,这样就可以"为之于未有,治之于未乱"③。只有这样才能塞其流,杜其微。但是要做到这一步,必须以社会的凝固不变、永无进步为代

①《老子·十八章》。
②《老子·五十七章》。
③《老子·六十四章》。

价。这种"其人昏昏""其政闷闷"的以愚致愚状况，是以落后的蒙昧镣铐来保障的。

第三个特点就是政治与自然的一体化，这是《老子》政治思想的中心议题。《老子》认为，治国的圣人应该是"道"的化身，这些圣人的突出特点是因自然、因道。原因是："天之道，不争而善胜，不言而善应，不召而自来，繟然而善谋。"①"天道无亲，常与善人。"②"生而不有，为而不恃，长而不宰。"③"天长地久，天地所以能长且久者，以其不自生，故能长生。"④根据这些原则，圣人也应是"为而不争"，"为而不恃"，"以辅万物之自然而不敢为"⑤，"执左契而不责于人"⑥。

由此我们看到，老子坚持了"人法地，地法天，天法道，道法自然"⑦。我们不妨将这个递进关系的公式简化，于是看到它的结果只能是"王法自然"。因而，当人最终以自然模式为依据来造就自己时，一切自应遵循默默的自然法典，而这部法典的主体精神就是——"无为"政治。

三、无为政治：少扰民与愚民

《老子》的政治指导思想，可称之为"无为政治"。书中讲得很多，如："爱民治国，能无为乎。"⑧"圣人处无为之事，行不言之教。"⑨又一再说："无为无不为。"⑩

（一）无为政治的内容和实现无为的手段

《老子》的无为绝不是纯因自然或消极的观望。无为是一种政策，用于实际叫作"为无为"。

---

① 《老子·七十三章》。
② 《老子·七十九章》。
③ 《老子·五十一章》。
④ 《老子·七章》。
⑤ 《老子·六十四章》。
⑥ 《老子·七十九章》。
⑦ 《老子·二十五章》。
⑧ 《老子·十章》。
⑨ 《老子·二章》。
⑩ 《老子·三十七章》《老子·三十八章》《老子·四十八章》。

在《老子》看来,当时人们都是沿着"有为"的道路行事,这就是"有争""有欲""有知""有身""熙熙""昭昭""察察"等。这些正是产生祸乱之源。"为无为"首先要把这一切祸源铲除。为了把人们从有为的道路上拉到无为的道路上来,《老子》想了许多主意,要之有二:一是劝统治者减少活动,二是要使民失去有为的条件。

对统治者,《老子》要求他们减少政事活动,总的原则是"三去",即"去甚、去奢、去泰"①。具体而言,主要指薄税敛、轻刑罚、慎用兵、尚节俭。

《老子》没有从正面提出过薄税敛的主张,但对厚敛进行了猛烈的抨击,斥责当政者如同大盗。"民之饥,以其上食税之多,是以饥。"②"朝甚除,田甚芜,仓甚虚,服文采,带利剑,厌饮食,财货有余,是为盗夸。"③从这种入木三分的批判中,我们有理由认为《老子》是主张薄税敛的。

《老子》没有从正面提出轻刑的主张,但对统治者的刑杀进行过尖锐的控诉。"法令滋彰,盗贼多有"在因果关系上的确不准确,但其中包含着对统治者严令苛刑的批评。"民不畏死,奈何以死惧之?"④这虽是一种规劝,但也有批评的含义。因此我们有理由认为《老子》是主张轻刑的。

《老子》不是寝兵主义者,但对战争带来的灾难是痛惜的,指出:"大军之后,必有凶年。"⑤因此最理想的是不动干戈。"以道佐人主者,不以兵强天下。"⑥反之,"天下无道,戎马生于郊"⑦。

《老子》对统治者的"求生之厚"⑧进行过猛烈的鞭挞,殷切地希望他们从俭。

《老子》讲"治大国若烹小鲜"⑨。这句话应该说是无为政治最形象的说明和概括。这句话包含两层意思:一是要吃鱼,而不是不吃,在政治上就是要治,而不是不治;二是要谨慎小心,莫乱挑乱动,否则鱼就会烂。

---

① 《老子·二十九章》。
② 《老子·七十五章》。
③ 《老子·五十三章》。
④ 《老子·七十四章》。
⑤⑥ 《老子·三十章》。
⑦ 《老子·四十六章》。
⑧ 《老子·七十五章》。
⑨ 《老子·六十章》。

《老子·十七章》对上下关系做了如下的区分："太上,下知有之,其次,亲而誉之,其次,畏之,其次,侮之。"作者的理想是第一种状态。这无疑是最佳状态。既不是无政府,也不是大政府,可以说是一个小政府。

但是《老子》没有到此为止。过去一些文章在评价《老子》无为政治时,较多地强调了要统治者清静无为这一方面。其实,还有更重要的一面,即使民陷入无为之地,使民不能为,或想有为而不敢。这就是要把引起有为的社会条件,用行政、政治等办法加以消除。在《老子》看来,"有欲""有智"是产生有为的最根本的原因。因此,要实现无为,关键是消除智和欲,消除对物质生活和精神生活的追求。

经济上人们好争财夺利,为使人们不再争夺财货,要把一切巧利之器都毁掉,不贵难得货,把黄金视为粪土。

政治上人们都想捞取官爵,特别是统治者的"尚贤",更引起了人们争风斗智。《老子》劝统治者"不尚贤",这样便可以"使民不争"。[①]

在精神上要去掉一切知识,"绝圣弃智,民利百倍"[②]。"简本"相应的文字是"绝知弃辩"。有些学者认为两者有径庭之分,在我看来,"知""辩"与"圣""智"属于同一系列,没有质的差别。

为了彻底消除欲、智,当政者要制造一个禁区,使人不敢为欲求利。《老子》宣布:"罪莫大于可(当为'多'之误)欲。"[③]谁有欲望和智慧,就给谁以惩罚。"为奇者吾得执而杀之。"[④]"为奇"就是犯罪,就要被杀,这哪里是"无为",简直是残忍!

下边几段话最能说明《老子》无为政治的内容与要求:

"圣人之治,虚其心,实其腹,弱其志,强其骨,常使民无知无欲,使夫智者不敢为也,为无为,则无不治。"[⑤]

"见素抱朴,少私寡欲。"[⑥]

---

① 参见《老子·三章》。

②《老子·十九章》。

③《老子·四十六章》。

④《老子·七十四章》。

⑤《老子·三章》。

⑥《老子·十九章》。

"百姓皆注其耳目，圣人皆骇之。"①

"塞其兑，闭其门。"②

于上可见，《老子》的无为政治是要把人的社会性降到最低限度，以突出人的生物性。人，有些比牛马还要称主人之心，但是要使所有的人甘为牛马是办不到的。《老子》认为，不是要培养少数比牛马还听使唤的顺民，而是要使人类都接近牛马。如果真做到了这一步，自然是无为无不为了。

辩证法的思想，一般地说，总是同人类的认识发展相伴行，常常作为人们才智发展的标志。然而在《老子》那里，辩证思维在很大程度上不是引导人们走向聪明，而是利用辩证思维设法把人们引向愚昧。"智慧出，有大伪"，《老子》在很大程度上属于"大伪"之列。统治者用聪明才智使被统治者愚蠢，这是极为值得注意的一种历史现象。

（二）无为与圣人

在"简本"中没有"绝圣"这一提法，但有一系列的诸如"绝知""弃辩""绝巧""绝学""绝伪""弃虑"等概念，这应该说都属于世俗中的"圣"。"今本"提出"绝圣"是合乎逻辑的。细分"今本"中的圣人有两种，一是与道为一体的圣人，一是世俗的圣人。作者们颂扬前者，鄙弃后者，须联系上下文加以区分，否则会感到《老子》自相矛盾，不可理喻。

有的学者认为《老子》中的"圣人"与君主是相对立的，"圣人"的基本特征是为人民服务。的确，《老子》中的圣人不完全等于君主，但是圣人与君主也并非是完全对立的。《老子》所说的圣人有三个基本特征："道"的化身、人之楷模、统治者的样板。圣人融哲学、伦理、政治为一体。

圣人最突出的特点是因自然、因道。不过圣人并非消极的"因"，而是因而用之。用在政治上便可为"官长"："朴散则为器，圣人用之，则为官长。"③又说："知常容，容乃公，公乃王，王乃天，天乃道，道乃久。"④

《老子》讲"无为"，同时又讲"为无为"⑤。如果只强调"无为"，那么"无为

---

① 《老子·四十九章》。

② 《老子·五十二章》。

③ 《老子·二十八章》。

④ 《老子·十六章》。

⑤ 《老子·三章》《老子·六十三章》。

而无不为"就难以解释了。把"为无为"与"无为"连在一起考察，那么，"无为"绝不是无所作为或消极被动，它的本意是指遵循道和自然，不要违反道与自然。这种无为应该说是主观能动行为的一种表现。"为无为"则是指主动地、积极地遵循道和自然办事。如果这样理解，同《老子》讲的"治"就吻合了。通观《老子》全书，作者十分强调"治"。《老子》的治，不限于言教和引导，而且还有刑杀。《老子》所说的圣人"不伤人"①并不是无条件的，其前提是都遵从道；对于不遵从道的，必须施刑杀。所以"无为"只能说是圣人手中的一种政策形式。

《老子·二章》讲的"生而不有，为而不恃，功成而弗居"，确乎不大像阶级社会中的统治者。然而这并不是问题的归结点。归结点是"夫唯弗居，是以不去"②。"不去"什么呢？从上下文看指的是功业。表面上"弗有""弗恃""弗居"，结果却走到了它的反面——有、恃、居。这一点还可以从下一段话得到证明："圣人后其身而身先，外其身而身存，非以其无私邪，故能成其私。"③多么奥妙！"后其身""外其身""无私"，只不过是手段，目的却是"身先""身存""成其私"。

《老子》说过"圣人无常心，以百姓心为心"④。还有比这更加高尚的吗？且慢，接下去又说："圣人在天下，歙歙为天下浑其心。"大意是：圣人急迫地使天下人心混浊。从《老子》全部内容看，与百姓同心较为空泛，浑天下人之心，可说是有纲领、有要求、有手段。天下人之心都被搞混沌了，实际上也就无心可言了。

《老子》中的圣人不等于王，但王应该是圣人。王如果能依照道行事，就能长治久安。"侯王得一以为天下贞。"⑤"侯王若能守之，万物将自宾。"⑥"侯王若能守之，万物将自化。"⑦

---

① 《老子·六十章》。
② 《老子·二章》。
③ 《老子·七章》。
④ 《老子·四十九章》。
⑤ 《老子·三十九章》。
⑥ 《老子·三十二章》。
⑦ 《老子·三十七章》。

总之,《老子》中的圣人不是对王的否定,而是从另一个角度对王的肯定。王的职责不是消极的"无为",而是"为无为"。

(三)无为与兵

从"无为"的观点出发,兵无疑是它的对立面,但是《老子》并不主张非兵主义。《老子》对兵的看法相当奇特,有批判,更有肯定,有些论述成为治兵的至理名言。

《老子》批判兵为"不祥之器"①,并深刻地揭露了战争的破坏性。"师之所处,荆棘生焉。大军之后,必有凶年。"②照理应从这里引出对战争的否定,然而出人意料,作者一个筋斗又翻到战争的轨道上来,对如何用兵做了出众的分析。有人说《老子》是一部兵书③,无疑有些偏颇,但也不是毫无道理。下边看看对兵的论述吧。

《老子》从事情的全局和战略上指明,身为统帅的人切不可整日想着打仗。"善为士(帅)者,不武。"④依照常理,统帅的职责是打仗,《老子》却提醒人们,最好的统帅是制止战争的发生。这一思想很有意义。

打仗是流血之事,你死我活,怒在所难免。人们通常犯的毛病是因怒而不冷静,失去自我控制能力。有鉴于此,《老子》提出:"善战者,不怒。"⑤教导人们注意容易忘却的一面。

一般地说,只有经过拼搏才能胜利。《老子》却提出:"善胜敌者,不与。"⑥毫无疑问,能做到不战而胜的确实是最高明的指挥者。

事实上不可能都不战而胜,于是《老子》提出另一条原则,即"以奇用兵"⑦。一个"奇"字冲破了战争上的一切教条主义,把战略战术引导到一个崭新的领域。

"祸莫大于轻敌,轻敌几丧吾宝。"⑧无须解释,这是军事上的至理名言。

"抗兵相加,哀者胜矣。"⑨细分析,这句话显然把问题简单化了。因为两

---

① 《老子·三十一章》。

② 《老子·三十章》。

③ 毛泽东曾说《老子》是一部兵书。唐代王真说:"五千之言……未尝有一章不属意于兵也。"苏辙、王夫之、章太炎都认为《老子》是兵书。

④⑤⑥ 《老子·六十八章》。

⑦ 《老子·五十七章》。

⑧⑨ 《老子·六十九章》。

兵相交,哀者未必胜。不过一般说来,受屈辱的哀者战斗力是较强的。

《老子》提醒战胜者,切莫因胜而骄傲。"善有果而已,不敢以取强。果而勿矜,果而勿伐,果而勿骄。果而不得已,果而勿强。"①果,胜也。这些话可称为胜者的座右铭。

《老子》还提出了优抚败者的主张:"战胜以丧礼处之。"②这一原则在当时难以实行,由此更可显出这一思想的可贵。

《老子》论兵的特点在于揭示了容易被人忽略的方面,话虽不多,但不失为论兵的佳作。

总之,无为政治,首先不能理解为老子一派要取消政治,让统治者放弃权力,解除对人们的一切束缚。相反,老子正是企图以"无为"这种更为迂回的手段,来实现其"治世"的目的。因而,我们说他不是让统治者放弃权力,而是如何更好地、更巧妙地运用自己的权力;也不是解除对人们的一切束缚,而是试图把人民更有效地束缚在自然经济这块"老死不相往来"的土地上,以实现统治的稳定和功利。他谋求的不是通过统治者赤裸裸的严刑苛法或温情脉脉的仁义说教来维护统治,而是要造成一种人民的自我不发达的环境,实行以智治愚,最终导致"圣人"对广大的群氓的安稳统治。这就是老子"无为政治"的基本精神。

四、弱用之术

"反者道之动,弱者道之用。"③这是《老子》书中的一个基本思想。关于"反",人们有不同解释,有的认为是对立面的转化,有的认为是反旋、循环之意,还有的认为是指对立面的斗争。

确切地把握"反"的含义,对理解"弱"有重要意义。如果认为"反"是指对立面的转化,那么对立的双方都有向对立转化的可能性。《老子》确实有这种思想,如福祸对转。但从全书思想基本倾向上看,立意不在相互转化,而是强调向一个方向转化,即向"无"转化、向消极面转化、向弱方面转化。

---

① 《老子·三十章》。
② 《老子·三十一章》。
③ 《老子·四十章》。

"反"也有对立面斗争的含义,但同样不是主流。对立面斗争的观点一般总是引出发展观,这同《老子》恰恰是相悖的。所以我认为,把"反"的主要含义说成是反旋、循环,比较切合《老子》的思想。正如书中所讲,道"独立不改,周行而不殆"①。"周行"即"大曰逝,逝曰远,远曰反"②。周行的起点是道、是无,归结点仍然是道、是无。这样与"弱用之道"便可一以贯之了。

《尚书·洪范》提出"刚克"和"柔克",指出柔的作用是不可忽视的,但没有充分论述。《老子》充分阐述了弱在矛盾中的地位与作用。作者认为弱是"道"的最根本的属性,而刚强、进取与"道"是对立的。强、刚、壮等在发展中会突破道的规定性,柔弱则是保持事物符合于道的最妙手段。"弱者道之用"这句话最充分说明了作者对弱的重视。人们常说《老子》中有系统的君人南面之术,这种南面之术主要表现在弱用之术上。《老子》中的弱用之术计有以下数种。

（一）静观

《老子》虽然很注重动、变和转化,不过这一切都是派生的、暂时的,最终都要返回到"无"。《老子》教导人们不应该羡慕动和变,也不要为动和变所迷惑,面对动和变要持静观态度,坐待动复归于本。书中言道:"致虚极,守静笃。万物并作,吾以观复。夫物芸芸,各复归其根。归根曰静,是谓复命。复命曰常,知常曰明。不知常,妄作凶。知常容,容乃公,公乃王,王乃天,天乃道,道乃久,没身不殆。"③大意是:不杂成见,坚守安静原则。万物在变,我观察它们的循环。万物尽管复杂,最后都要回到老根,回到老根叫静。静叫复命。复命叫常。知道常是聪明。不知道常、轻举妄动,必遭凶患。知常才能通,通才能公,公才能王,天下都顺从。这样才符合道,才能长久,终生不会出乱子。书中又说:"牝常以静胜牡,以静为下。"④《老子》的观察可谓极细致,令人惊奇。但牝是否以静胜牡,颇可怀疑。不过从那个时代看,这种说法不失为创见。

《老子》把静视为事物的本态,把动视为变态。用于人事便主张"静为躁君"⑤,以安静主宰动、躁。在实际的政治生活与人们的交往中确实可以看

---

① ② 《老子·二十五章》。

③ 《老子·十六章》。

④ 《老子·六十一章》。

⑤ 《老子·二十六章》。

到,临事不惧、镇静自若,常常可以胜人一筹。但又必须指出,仅靠持静绝不可能获得一切。

静观待变,是《老子》的重要贡献;把静观绝对化,又是《老子》的致命弱点。因为动观比静观更为重要,置身于事物的运动之中,才能更深刻地把握事物。

(二)守弱用柔

一般人总认为强胜弱、刚胜柔,所以爱争强、持刚。《老子》一反常人之见。作者指出,刚强是迅速走向死亡的道路。"人之生也柔弱,其死也坚强。万物草木之生也柔脆,其死也枯槁。故坚强者死之徒,柔弱者生之徒。是以兵强则不胜,木强则共。强大处下,柔弱处上。"①又说:"物壮则老,是谓不道,不道早已。"②又说:"强梁者不得其死。"③与刚强相对的柔弱则是最有生命力的,是不可战胜的。"天下之至柔,驰骋天下之至坚。"④"天下莫柔弱于水,而攻坚强者莫之能胜。"⑤《老子》的这些论述不无道理,甚至是一种卓见;但是所得出的结论如果弱必生、坚强必死、柔弱必胜刚强等,显然是片面的。其中的谬误绝不比包含的真理更少。因为事物的生与死不是以柔弱与坚强为原因的。《老子》把某现象上的联系视为本质的联系,结论似是而非。另外,坚强向自己的反面转化是有条件的,弱者也不一定要转化为强者。还应指出,坚强与死亡是两回事,等待坚强的不一定都是死亡;柔弱有时是生的象征,但也不是都如此。赞美婴儿,无疑是生命的赞歌;如果想永远停留在婴儿阶段,那么比愚蠢还要无知。"柔弱胜刚强"⑥是可能的,但绝不是规律。

《老子》宣扬守弱、用柔,并非完全以弱用弱、以柔用柔,有时又主张握重而用柔弱。书中言道:"重为轻根。……是以圣人终日行不离辎重。""奈何万乘之主,而以身轻天下。轻则失本。"⑦又讲:"国之利器不可以示人。"⑧握重用柔无疑是一个绝招,常可以收到意想不到的效果。

---

① 《老子·七十六章》。

② 《老子·三十章》。

③ 《老子·四十二章》。

④ 《老子·四十三章》。

⑤ 《老子·七十八章》。

⑥⑧ 《老子·三十六章》。

⑦ 《老子·二十六章》。

(三)知盈处虚

《老子》对盈而溢有过精细的观察:"揣而锐之,不可长保。金玉满堂,莫之能守。富贵而骄,自遗其咎。"①"多藏必厚亡。"②在大千世界里,上述现象是常见的。《老子》的概括可谓深刻简练。而对这种现象该如何处理?作者开了许多处方。

《老子》所欣赏的办法之一是"持而盈之,不如其已"③。意思是:与其多多占有,不如干脆罢手。两手空空,似乎没有任何负担。可是《老子》忘掉了一个基本事实:这会饿肚子的!

罢手并不是《老子》教给人们的唯一办法。作者还教导人们如何持盈。"保此道者,不欲盈。夫唯不盈,故能蔽不新成。"④高亨《老子正诂》认为这句有误,"蔽不新成"当为"蔽而新成"。"蔽",通"敝"。"不"为"而"之误。意思是守道之人不希望充盈,正因为不过分充盈,所以反而使陈旧的保持新的状态。有些人认为不必改字,意思是保持旧的,不求新的。两种解释不尽相同,但基本思想可相通。要之,不盈就不会溢,也就不会走到极端。看起来仍是旧的,旧的常在,自然也就是新的。《老子》还说过,圣人"以其终不自为大,故能成其大"⑤。圣人多么聪明,以不自大来维持大,既让人看着好看,又安处大位。

如果事物过了量,面临倾覆之险又该如何处理?《老子》的回答是损有余以益不足。"天之道,损有余而补不足,人之道,则不然,损不足以奉有余。孰能有余以奉天下?唯有道者。"⑥又说:"圣人常善救人,故无弃人;常善救物,故无弃物。是谓袭明。"⑦

在处理事物量的关系上,《老子》有两条原则:第一叫不盈,第二叫去余。这样就可以保持事物的稳定和安全。《老子》相当重视量在变中的地位。

---

① 《老子·九章》。
② 《老子·四十四章》。
③ 《老子·九章》。
④ 《老子·十五章》。
⑤ 《老子·三十四章》。
⑥ 《老子·七十七章》。
⑦ 《老子·二十七章》。

不过论述的重点不是变,而是如何控制量的限度,以防量变引起质变。这是保守之术,非进取之道。

(四)居上谦下

《老子》对上下、贵贱、胜败之间的关系进行了惟妙惟肖的分析和考察。作者不像儒家那样主张居上示尊,维护上的神圣性。他们采取的方式比较迂回,主张居上谦下,以下安上。这类的论述甚多。"江海之所以能为百谷王者,以其善下之,故能为百谷王。是以欲上民,必以言下之,欲先民,必以身后之。是以圣人处上而民不重,处前而民不害。"①"善用人者,为之下。"②"贵以贱为本,高以下为基,是以侯王自谓'孤''寡''不谷'。此非以贱为本邪?非乎?"③"图难于其易,为大于其细。天下难事,必作于易。天下大事,必作于细。是以圣人终不为大,故能成其大。"④又说:"大国以下小国,则取小国。小国以下大国,则取大国。故或下以取,或下而取。""夫两者各得其所欲,大者宜为下。"⑤上述种种,可谓是《老子》正题反做的绝笔。依我看,这些并不都是必然规律,但确实是较为常见的现象。就上下关系而言,居上而不顾下,就把自己赤裸裸地置于下的对立面,这对自己是极为不利的;如果处上而又能谦下,这样就可抓住上下两面,使下成为自己所居上的补充从而以下安上。

(五)不争

《老子》讲矛盾,按逻辑应该讲争。可是恰恰相反,作者却倡导不争,这正表现了作者思维方法与众不同。其实《老子》的不争并非绝对的不争,而是以不争为争,所以不争也是用弱的一种方式和手段。《老子》所讲的不争有种种不同的形式。

"以其不争,故天下莫能与之争。"⑥这是最高的境界,也是最绝妙的手段。不过这只能停留在理论上,在实际上是难以做到的。在矛盾的世界,绝

---

① 《老子·六十六章》。
② 《老子·六十八章》。
③ 《老子·三十九章》。
④ 《老子·六十三章》。
⑤ 《老子·六十一章》。
⑥ 《老子·六十六章》。

对的不争,只有做好坐以待毙的精神准备,才有可能接近。

争众人之不争,是不争的另一种方式。"处众人之所恶,故几于道。居善地,心善渊,与善仁,言善信,正善治,事善能,动善时。夫唯不争,故无尤。"①《老子》多次赞扬水,认为水最具不争的性格。其实水绝不是不争,它的特点是争下流。争众人之不争,使自己离开矛盾的旋涡,一般地说,这是比较安全的。楚国叔孙敖不受膏腴之封,宁愿选择薄瘠之地,其意就是争众人之不争,从而得以长保。"众人熙熙,如享太牢,如春登台。我独泊兮其未兆,如婴儿之未孩。儡儡兮若无所归。众人皆有余,而我独若遗。我愚人之心也哉!沌沌兮,俗人昭昭,我独昏昏。俗人察察,我独闷闷。澹兮其若海,飂兮若无止。众人皆有以,而我独顽似鄙。我独异于人,而贵食母。"②大意是:众人欢天喜地,好像参加盛大的祭宴,如同游春登台瞭望。而我淡默无声,如同还不会笑的婴儿。疲惫得如无家可归。众人都有余,我却一无所有。我同愚蠢人的心一样,一无所知。众人都明明白白,我却昏昏然。众人清清楚楚,我却糊里糊涂。飘摇啊,如大海大风无尽头。众人都有自己的本领,我却笨拙无能。我与众人不同。我把吃饭当作根本。这段话的中心也是争众人之不争。其实作者忽略了一个基本事实:单单为了吃,也就必须争。

不争之争的再一种方式可称之为"曲线之争"。"不自见,故明。不自是,故彰;不自伐,故有功;不自矜,故长。"③这种方式不是迎着目标直接上,而是通过迂回的道路达到目的。

不争之争更为特殊的方式是设法使对方不争。"善者,吾善之,不善者,吾亦善之,德善;信者,吾信之,不信者,吾亦信之,德信。"④"报怨以德。"⑤"圣人执左契,而不责于人。"⑥争不争不是单方面的事,我不争,对方可能还争。因此为了不争,还要设法使对方不争。《老子》认为最根本的办法是满足对方的要求,即使不合理,也要迁就、宽容。

---

①《老子·八章》。

②《老子·二十章》。

③《老子·二十二章》。

④《老子·四十九章》。

⑤《老子·六十三章》。

⑥《老子·七十九章》。

(六)治弱

《老子》正面主张用弱,其反面则主张治弱。用弱与治弱在形式上是相对的,但基点有相通之处,这就是对弱的了解与把握。《老子》提出要把可能引起后患的事物扼杀在摇篮之中。"其安易持,其未兆易谋。其脆易泮(借为"判",分也),其微易散。为之于未有,治之于未乱。"[①]"民不畏死,奈如以死惧之?若使民常畏死,而为奇者,吾得执而杀之,孰敢?"[②]在这里用弱改为治弱、治微。

(七)创造条件使对方失败

《老子》从物极必反的观点观察事物,提出要善于等待,同时还要创造条件使某种事物走向自己的反面。"将欲歙之,必固张之。将欲弱之,必固强之。将欲废之,必姑兴之。将欲夺之,必固与之。是谓微明。"[③]《老子》的这段话被人们视为辩证法的绝唱。的确,这种深谋远虑为一般人所不及,又为一般人所不为。但事物也绝非像《老子》所说那样。因为歙、张、弱、强、废、兴、夺、与等,并不是自己手掌中的弄物。如果掌握了主动权,这些办法是可行的;如果没有相应的条件,事情未必如此。《老子》的说法只能是一计,而不是全谋;有可能,而无必然。言之为"必",实属谬误。但从用弱看,又不失为高招之一。

(八)以曲求全

"曲则全,枉则直,洼则盈,敝则新,少则得,多则惑。"[④]大意是:委曲反而能保全,屈枉反而能伸直,卑下反而能新盈,敝旧反而能新奇,少取反而能多得,多得反而能迷惑。委曲求全成为流行的口头禅,甚至被认为是一种美德。委曲求全有一定道理,它包含了个人服从整体、目前服从长远、局部服从全局等道理。在许多情况下,不委曲可能会伤害整体。但委曲求全并不完全正确。无论从理论或实际上看,"全"并不一定代表正确或进步。理论上的"全",在许多情况下,与其说是科学,不如说是僵化。认识是不断发展的,如果把某一种认识视为全,视为最终的真理,这不是僵化又是什么?在实际

①《老子·六十四章》。

②《老子·七十四章》。

③《老子·三十六章》。

④《老子·二十二章》。

上,任何所谓的"全",只是一定发展阶段的产物。"全"不是历史发展的终点,再向前发展必定要打破现有的"全"。因此,把"全"作为前提或终点,无论从理论上和实际上看,都是一个保守的命题。

另一方面,委曲未必能求全。因为个体是整体的组成部分,残缺的个体是不能组成一个健康的"全"体的。

(九)深藏不露

"国之利器不可以示人"是《老子·三十六章》的名言。还有一句话是"被褐怀玉"①。《老子》教导人们要把锋芒藏起来,不要让人知道自己的实力和底细。以虚掩实是很有用的一种谋略,是用弱的又一妙术。

(十)精神满足

"何谓贵大患若身?吾所以有大患者,为吾有身,及吾无身,吾有何患?"②"夫唯无以生为者,是贤于贵生。"③把一切都看透了,一切矛盾都用"无身"来解决。从个人讲,连自身都认为是多余的,或抛之云外,自然也就不怕什么矛盾与祸患了。精神上超脱一切,从理论上讲得通,但在实际上难以做到。人只要活着,就必须靠物质生活;有物质的制约,也就不可能有真正的精神上的超脱。于是作者又设计了另一个出路,这就是精神的满足。"知足者富"④,"故知足之足,常足矣"⑤,"知足不辱"⑥。用精神充当物质,以精神为富,以精神为足,看起来很惬意。用精神来充饥,又能解决什么问题呢?!用弱之术走向了空论和玄想。

以上从十个方面分析了《老子》的弱用之术。作者对"弱"在矛盾中的地位与作用做了充分的阐发,在认识上是个极大的贡献。作者的致命弱点是把问题说过了头。在充满矛盾斗争的社会生活中,靠"弱"是很难立足的。只有弱成为强的一种补充时,才可能显示出它的真正力量,也才可以化保守为进取。把用弱作为解决和对待矛盾的主要方法,在社会生活中多半要流

---

① 《老子·七十章》。

② 《老子·十三章》。

③ 《老子·七十五章》。

④ 《老子·三十三章》。

⑤ 《老子·四十六章》。

⑥ 《老子·四十四章》。

于应付,很少有进取精神。

五、小国寡民说

小国寡民是《老子》的理想国。人们的生活应该是这样的:"使有什伯之器而不用。使民重死而不远徙。虽有舟舆,无所乘之。虽有甲兵,无所陈之。使民复结绳而用之。甘其食,美其服。安其居,乐其俗。邻国相望,鸡犬之声相闻,民至老死,不相往来。"①这就是说,要消灭一切技术,消灭一切文化,把人们的社会关系和交往减少到最低限度,使人更多地变成生物人。

许多人认为,《老子》的小国寡民说是幻想回到原始社会或农村公社时代。依我看,这种说法并没有多少依据,与其说是历史观的复古,不如说是对现实的反动。小国寡民说不是从历史的回顾中得出来的结论,而是从逻辑中演绎出来的。前边已经谈到《老子》把奇巧利器视为祸患之源,把文化视为争名夺利的工具,为了避免祸患和争名夺利,须将利器与文化毁掉,小国寡民图画中的生活正是如此。《老子》对仁、义、礼、忠、信等进行过猛烈抨击,因为这些东西是对"道"的破坏,也是乱之本。"夫礼者,忠信之薄,而乱之首。"②因此主张将仁义礼信都抛弃。《老子》的杰出之处在于,深刻地揭穿了神圣礼义下的卑鄙行为,对礼义进行了鞭挞。但是作者完全忽视了这样一个基本事实:礼义又是人类文明进化的重要标志之一。批判礼义的肮脏面是对的,连礼义本身也抛掉,那就走到了另一端。

小国寡民说主要不是反对压迫与剥削,而是反对文明与技术进步。

六、结语

《老子》思想的出现,在中国思想史上可以说具有革命性的意义,在政治思想史上尤为突出。这主要表现在如下三个方面:

第一,比较彻底地摆脱了神学的桎梏,用"道"取代了天、帝。"道"固然仍有神秘性,但更多的是理性认识和高级理性的抽象思维。《老子》的作者

---

① 《老子·八十章》。
② 《老子·三十八章》。

们开拓了人对事务本体、本质和规律探索的新思维之路,这具有划时代的意义。

第二,它把人还给了自然,并对社会性对人的自然性的破坏恶迹进行了猛烈的批判,从而把社会批判思潮提高到一个新的水平和新的高度。它的批判在一定意义上具有颠覆性。

第三,在主旨上,它掀翻了历史传统的笼罩。在《老子》中基本没有历史的影子,什么尧、舜、周文、周武,统统被抛到了一边。这同儒家宪章文武形成鲜明的对立。一切的一切都是从"道"说起,也可以说是从"我"说起。

但《老子》的思想又不是按严格的逻辑展开的,几乎所有的命题、概念都有多种意义交织在一起,最核心的"道"就厘不清楚它的准确含义,具有通常说的"混沌性"的特点。且看下边这些命题的交叉:一方面提倡"无为""无名""无事""无味""不知""不言""不学""不欲",然而,笔锋一转又提出"为无为""事无事""味无味""知不知""学不学""欲不欲"。这些命题既相反又相成,形成一种"阴阳组合结构",权谋、君人南面之术必在其中。

《老子》是一部奇书,它把真善美、伪恶丑融为一体。在许多格言式的论断中,既有深邃的思想,又有浅薄的空论;乍然看去,充满了辩证思维,揭开另一面又露出了形而上学;看起来荒唐,细琢磨其中又包蕴着真理的成分。作者对许多丑恶的现象进行了尖锐的批判,使人感到痛快,可是借助批判又把人引向歧途。这部书给人以智慧,更教人以权诈。如果你相信它,那一定会上当;如果把它抛到一边,那就又抛掉了智慧之花。所有这一切都同政治思想连在一起。最后,我们要说一句:《老子》没有引导人们向前看。

第三节　杨朱的贵己及其童子牧羊式的政治主张

杨朱生卒年已不可确考。《庄子·应帝王》载:"阳子居见老聃。"《庄子·寓言》载:"阳子居南之沛……而遇老子。"《经典释文》:"阳子居,姓杨名朱,字子居。"《庄子·山木》载:"阳子之宋。"《经典释文》:"司马云:阳朱也。"阳、杨通,阳子即杨朱。照《庄子》几篇的说法,杨朱是老子的弟子或见过老子。但老子是什么时候的人,迄今学界争议甚多,其中多数人认为生活在春秋末期。孟子曾谈到杨朱,他说:"杨朱、墨翟之言盈天下。天下之言不归杨,则归墨。"①由此可以证明杨朱先于孟子。杨朱大约生于战国初年。杨朱思想的核心已"贵己"和"为我"。

孟子所说的杨墨之言盈天下，足以证明杨朱影响之大。在孟子看来，杨、墨是儒家的主要敌人："杨、墨之道不息，孔子之道不著。"孟子便以批杨、墨为己任，声称："能言距杨、墨者，圣人之徒也。"②《庄子·骈拇》篇也把杨、墨并称。《庄子·胠箧》提出"削曾（参）、史（鱼）之行，钳杨、墨之口"，也可证杨朱之显赫。《庄子·徐无鬼》中记载，庄子把儒、墨、杨、秉（公孙龙字子秉）和惠施并列为五家。荀子在《王霸》中曾提到杨朱。韩非在《说林》上下和《八说》《显学》诸篇中对杨朱均有所论述。《吕氏春秋·不二》把杨朱与先秦著名思想家并列。《淮南子·俶真训》也把杨朱与墨子、申不害、商鞅并排同列。凡此种种，证明杨朱确有其人，其理论在当时的思想界影响甚大。可是不知为什么《史记》无其传，《汉书·艺文志》无其书，连《汉书·古今人表》也无其名。这个历史之谜有待于破译。由于材料阙如，我们论述杨朱只能靠保留下的只言片语，做一轮廓性的描述。

杨朱在派别上的归属问题，迄今还是个争论的问题。有的人提出杨朱不属道家，而是独树一帜的杨派。我这里照传统仍把杨朱归于道家。

杨朱思想的核心是"贵己"和"为我"。杨朱的贵己本于因自然。《淮南子·泛论训》说："全性葆真，不以物累形，杨子之所立也"。"全性葆真"是道家的基本思想之一。道家所说的性和真，都归本于自然。但是杨朱并不主张把人融化在自然之中；他认为人是独立的实体，人与其他事物相比，其自身是第一位的。正是在这个基础上，他才从中引出"为我"和"贵己"的结论。这就是孟子所指出的"杨氏为我"③《吕氏春秋·不二》则概括为"阳生④贵己"。如何贵己和为我呢？杨朱从两方面做了论述。

一方面，不要损害自我，这就是"拔一毛而利天下，不为也"⑤。对这句话有两种不同的理解：一种理解是，拔一毛而有利于天下也不干；另一种理解是，拔一毛利之以天下，即把天下都给他，也不干。后一种理解就是韩非子

---

① ② ③《孟子·滕文公下》。
④《困学纪闻》引作"杨朱"。
⑤《孟子·尽心上》。

所记述的"今有人于此，义不入危城，不处军旅，不以天下大利易其胫一毛"①。这两种理解乍然看去是对立的，前者表现为极端的自私，后者表现为视名利如粪土，其实这两者是可通的。问题的实质不在于拔一毛"利于天下"或"利之以天下"，而关键在于拔一毛有损于全性葆真。"利于天下"或"利之以天下"只不过是一种夸张性的衬托说法而已。它的基本点是贵己，意在表示绝不把己当成一种交换物，哪怕是用一根汗毛换一个天下也不干。杨朱不是为了一根汗毛而计较，在现实生活中也根本不存在拔一毛"利于天下"或"利之以天下"的问题。这是个理论命题，目的在于说明"全性葆真"和"己"的神圣性。

另一方面，为了贵己，还必须处理好己与万物的关系。对此，杨朱的基本原则是"不以物累形"，即是说，不要因外物而损伤了形体。杨朱所说的"物"不仅包括自然之物，同时也包括社会之物。关于这些问题的具体论述虽然荡然无存，不过从孟子、韩非等人对杨朱的批判中我们可以看到，杨朱把君主、利禄、名位等都视为己外之物，他认为不应该让这些外物牵累自己。

由上所述，杨朱的"贵己""为我"并不是常人所说的那种低级的自私自利，他的用意是在说明"己"是一个自然的独立存在物，己的价值高于一切。他所说的"己"是一种抽象，包括所有的人在内。

杨朱的"为我"和"贵己"是不是必然要引出损人利己呢？就目前见到的材料看，还不能证明。从一些间接的材料看，杨朱倒是反对损人利己的。他主张每个人都应自立，人与人之间应该平等。《列子》是一部伪书，但其中的《杨朱》与杨朱的思想若合符节。即使不宜当作第一手材料，作为间接材料还是可用的。《杨朱》认为，每个人在与他人的交往中都不应该损人利己，相互之间都不应该占便宜。文中说道："古之人，损一毫利天下，不与也，悉天下奉一身，不取也。人人不损一毫，人人不利天下，天下治也。"很清楚，这里把拔一毛"利于天下"和"利之以天下"都否定了，对不平等的交换既"不取"又"不与"。所以杨朱的"为我""贵己"包括人人在内，这里他强调了人人的平等性和独立性。

杨朱哭衢途的故事，是他"贵己"在行动上的表现。《荀子·王霸》载："杨

<hr/>

①《韩非子·显学》。

朱哭衢涂曰：‘此夫过举跬步而觉跌千里者夫！’”大意是，杨朱见到歧路哭着说道：走错半步就会差之千里啊！《淮南子·说林训》也记载了这个故事："杨子见逵路而哭之，为其可以南，可以北。"杨朱所以哭衢途，目的是防止一失足而招千古恨。在当时，人生的道路到处有歧途，一步有失就可能含恨终生，乃至失身。在布满荆棘的世界里，哭衢是为了自重和"贵己"而不得不采取的预防措施。杨朱的旨意无非教导人们，凡事都要掂量一下，设法避开险和疑，以免损伤自己。

杨朱的个人独立自主的思想和强加于人的思想也是相反的。他认为，个人的独立自主不应导致对他人的压抑。《庄子·山木》记载了这样一个故事："杨朱之宋，宿于逆旅。逆旅人有妾二人，其一人美，其一人恶。恶者贵而美者贱。阳子问其故，逆旅小子对曰：‘其美者自美，吾不知其美也；其恶者自恶，吾不知其恶。’阳子曰：‘弟子记之：行贤而去自贤之行，安往而不爱哉？’"《韩非子·说林上》记载略有差别，其文为："杨子曰：‘行贤而去自贤之心，焉往而不美？’"由此可见，杨朱并不反对贤和美，问题在于，在杨朱看来，世俗之贤和世俗之美总表现为对他人的一种压抑。杨朱认为，凡是带有伤他性的贤和美都是不值得肯定的；真正的贤和美应以平等为基础，不自贤，不自美，一切如自然，才是真正的贤和美。

杨朱政治思想表现了明显的自然主义倾向。《说苑·政理》中的一段记载很可说明问题："杨朱见梁王言：‘治天下如运诸掌然。’梁王曰：‘先生有一妻一妾不能治，三亩之园不能芸，言治天下如运诸掌，何以？’杨朱曰：‘诚有之。君不见夫牧羊乎？百羊而群，使五尺之童荷杖而随之，欲东而东，欲西而西。君且使尧牵一羊，舜荷杖而随之，则乱之始也。臣闻之，夫吞舟之鱼不游渊，鸿鹄高飞不就污池，何则？其志极远也。黄钟大吕，不可从繁奏之舞，何则？其音疏也。将治大者不治小，成大功者不小苛。此之谓也。’"《说苑》所载多为故事，未必可信，但这段记载的中心思想与杨朱的思想是一致的。这里所讲的不干涉或少干涉的思想，与前边讲到的人与人之间互不占便宜是一致的，与尊重个人的独立存在也是一致的。杨朱所希冀的童子牧羊式的政治，可以说是无为而治的形象表现。在这里，统治者的活动减少到若存若无的程度，人民如童子所牧之羊一样，自由地生活，漫游于自然之中。正是从这里出发，杨朱对尧、舜持批判立场。在他看来，治越多，民也越无法措手足。人们都说

400

尧舜是圣人,杨朱则与之相反,认为尧舜之治恰恰是"乱之始"。

杨朱的思想可以说是一种个人本位论。个人作为一种自然的独立存在,与他人是平等的,又具有不可侵犯性。这种思想在当时可以说是最激进的思想之一,是反抗等级和人身依附关系的强大思想武器。殷周以来的社会是等级森严的社会,除了周天子和少数的诸侯贵族之外,所有的人都是作为不同的从属物出现在社会上的,自己根本没有独立的意义,自己并不是自己存在的目的。这种情况到春秋才开始有所变动。然而当时的变动是极为有限的,并未冲破等级隶属关系,只是以一种新的等级隶属关系取代了旧的等级隶属关系。在新旧取代过程中,出现了点点星星的空隙,为个人的自由提供了一点点活动场所。杨朱的思想正是在这种环境下产生的。他提出自己应该是自己的主人,可以说是时代的最强音,最富有解放意义。但是这种主张在实践上是根本无法实现的,是一种超越社会现实的空想。这种思想应该说曲折地反映了一部分劳动者某种美好的愿望和理想,更多的是反映了当时一些隐者的思想情绪,是他们的行为在理论上的升华。

由于杨朱要求自己成为自己的主人,就不可避免地要引起儒、法的反对,孟子和韩非等便从不同角度对杨朱的主张进行了猛烈的抨击。

孟子看得很准,他认为杨朱的"为我"主张,与"普天之下,莫非王臣"的君主至上观念是根本对立的,于是惊呼"杨氏为我,是无君也"①。诚如孟子所言,杨朱的主张在逻辑上必然与君主特权思想发生冲突。君主专制思想最基本的特征之一,就是认为一切人都是君主的从属物和臣民,除君主之外,谁也没有独立的价值。很显然,冲破了这一防线,君主专制主义就难以存在了。而杨朱的"为我"的确对它发动了一次猛烈的冲击。维护君权的孟子对此十分敏感,一下子就抓住了杨朱的要害。孟子把杨朱视为洪水猛兽,从他的思想体系看是必然的。正如他所说:"杨墨之道不息,孔子之道不著。"②的确是这样,杨朱的思想与儒家的思想是势不两立的。

法家是君主专制主义最露骨的鼓吹者,自然也不能容忍杨朱的主张。《管子》中法家派的作品《立政》和《立政九败解》把"全生之说"视为亡国之

---

①②《孟子·滕文公下》。

论,主张严加禁绝。全生之说虽不限于杨朱,但杨朱无疑是最主要的代表人物。韩非对杨朱和主张重生者进行了更激烈的斥责,主张杀而不赦。在韩非看来,杨朱和主张贵生者是一批不牧之民,不能为君主所用。在韩非的理论中,一切人都应是君主的工具或奴仆。杨朱这些人强调个人的独立性,势必与君主发生矛盾,在理论上两者水火不容,在实践上也会发生冲突。君主"陈良田大宅,设爵禄",为的是奖励臣民为君主卖命,可是杨朱之辈根本不把这些东西放在眼里,奖赏对这些人不具有任何吸引力。这些虽不是正面的冲突势力,但却是一批消极分子。当他们与君命发生冲突时,不是逃避,就是投敌,因此韩非把重生之士称为"畏死难,降北之民也"①。这样的人对君主有害而无利,是多余的。既然是多余的,自然没有必要让他们继续生存于世上。

杨朱的思想尽管是一种不切实际的空想,但应该说是相当严肃的。可是到了他的传人那里,就发生了极大的变化,出现了各式各样的极端形态。有的主张节欲以贵生,有的主张纵欲以贵生,有的主张混世以贵生,有的还主张损人利己以贵生。这些人或流为不负责任的狂士,或成为极端的个人主义者,没有或很少有什么积极意义了。

第四节 《庄子》的自然主义政治思想

一、庄子和《庄子》

庄子,名周,宋人。大约生于公元前369年至公元前286年之间。庄子是战国时期著名的隐士。他做过"漆园吏"这样的小官,有时又以打草鞋为业。②大约因庄子善文,又善辩,在知识阶层颇有名望。曾做过魏国相的惠施是他的朋友。因庄子有名望,楚国曾以五千金为资聘他为相。庄子视官禄为粪土,不仅不受请,反而奚落了一通楚使。他说:"千金,重利;卿相,尊位也。子独不见郊祭之牺牛乎?养食之数岁,衣以文绣,以入太庙。当是之时,虽欲

---

① 《韩非子·六反》。

② 参见《庄子·列御寇》。

为孤豚,岂可得乎?子亟去,无污我。我宁游戏污渎之中以自快,无为有国者所羁,终身不仕,以快吾志焉。"①

庄子一生不入仕,但他对世态炎凉的观察却独具眼光。庄子的主观目的是想出世,为此他极细致地研究了世态,相应地提出了一整套理论,在先秦思想界开辟了一个新领域。

现存《庄子》这部书共三十三篇,其中又分内篇、外篇、杂篇。关于《庄子》的作者,目前纷纭众说相距甚远。有的说内篇为庄子本人之作,外、杂篇为庄子后学之作。有的则认为外、杂篇多数属庄子本人之作,内篇为后学之作。还有的人认为,庄子本人之作分散在内、外篇中,应具体分析。至于写作的时间,看法同样也是五花八门,多数人认为是庄子本人和战国时庄子后学所作,有的则认为一些篇是汉初的作品。我认同《庄子》一书是庄子和战国时期庄子后学的论文汇编。由于出自众手,在具体看法上,许多篇多有抵牾之处,不过主体思想大体相近,故这里一并论述。《庄子》一书的政治主体思想,可概括为一句话,即人性自然说和自然主义的政治思想。

学界对《庄子》的研究主要集中在哲学上,对政治思想论述得较少。20世纪 70 年代以前多数持批判和否定态度。的确,从《庄子》一书中很难找到积极的治世方案。相反,看到的多是冷嘲热讽。然而在嘲讽之中却包含着出众的独到见解,从另一个角度开辟了认识社会的道路。《庄子》对许多问题的结论是荒谬的,但在认识的过程中却有许多光彩夺目的思想之花。荒谬的结论已有很多人鞭挞过了,思想之花还有待进一步阐发。

二、人性自然说与回到自然中去的主张

人是从哪里来的?这是探讨人性时不可避免的一个问题。关于人类的起源,早就为人类所关注。初民的观念暂且不论,殷周时期占统治地位的看法是"天生烝民"。直到春秋战国,这种观点仍相当流行。如墨子、孟子等人所持的就是这种观点。不过从春秋开始,有些人对天进行了改造,把天说成是自然的本体,从而天生人这个命题也就具有了自然主义的色彩。在中国思想史上,全面论述人是属于自然的一部分,是自然界的一种存在形式的,

①《史记·老子韩非列传》,参见《庄子·秋水》。

要首推《庄子》。《管子》中某些篇也有一些论述,但均不及《庄子》。《庄子》中有关这方面的论述很多,这里只抄录几段:

"夫大块载我以形,劳我以生,佚我以老,息我以死。"①

"舜问乎丞曰:'道可得而有乎?'曰:'汝身非汝有也,汝何得有夫道?'舜曰:'吾身非吾有也,孰有之哉?'曰:'是天地之委形也;生非汝有,是天地之委和也;性命非汝有,是天地之委顺也;子孙非汝有,是天地之委蜕也。'"②

"人之生,气之聚也。聚则为生,散则为死。"③

这里没有一点儿神秘主义味道。人的形体、生死、繁衍等,都是自然赋予的,是自然的过程。今天看来,这些论述未免太空泛了。但只就把人还给自然这一点,不能不说是人类自我认识史上的里程碑。

在《庄子》作者看来,人既然是自然的一种存在形式,那么人的本性也如同自然界的其他事物一样,应该从自然中去寻找。人性如同鸭子腿短、仙鹤脖子长一样,都是自然生就的。因此,自然的原生性是《庄子》人性论的最主要的论点。

(一)性自然义析

原生性是《庄子》人性说的总纲。但对原生性的具体内容,诸篇的论述又不尽一致,强调的方面有所不同。综观各篇的论点,大致可归纳为如下几点。

1.人的形神所固有的"仪则"

《天地》云:"泰初有无,无有无名;一之所起,有一而未形。物得以生,谓之德;未形者有分,且然无间,谓之命;留动而生物,物成生理,谓之形;形体保神,各有仪则,谓之性。"这段话明确地提出了人的形神是宇宙发展到一定阶段才有的,而人的形神有它固有的"仪则",即规律或规则。这种"仪则"就是"性"。"仪则"或"性"的基本特征是"自为"。《天地》所说的"自为",不是指人的自觉的能动性,而是指自发的自然过程。《天地》承认,人有"形""神"两个方面。但"神"的作用不应该向外发展,而应顺从性的"自为",用于"反(返)德"。什么是德呢?"物得以生,谓之德。"所以"反(返)德"就是要使人

---

① 《庄子·大宗师》。
②③ 《庄子·知北游》。

的主观意识及其行为顺乎自然的生长过程。

2.天生的本质本能

《庚桑楚》云："性者，生之质也。性之动，谓之为；为之伪，谓之失。"寥寥数语，提出了"性""质""为""伪"四个概念。成玄英《疏》（以下称《疏》）云："质，本也。自然之性者，是禀生之本也。"《在宥》所说的"物之质"，也是指物之本。关于"为"，郭象《注》（以下称《注》）云："以性自动，故称为耳；此乃真为，非有为也。""为"是指本能行为，不是指受意识支配的行为。关于"伪"，《疏》云："感物而动，性之欲也。矫性伪情，分外有为，谓之丧道也。"所以"伪"的概念与荀子讲的"化性而起伪"[①]之"伪"相同，指人的主观能动性。不过在《庚桑楚》中，"伪"是对"性"的破坏，故称之为"失"。所以人的能动性与性是对立的。性指的是生就的本质、本能。

这种本质本能是人的主观意识不能支配和改变的。《山木》云："有人，天也；有天，亦天也。人之不能有天，性也。"《注》云："凡所谓天，皆明不为而自然。""言自然则自然矣，人安能故有此自然哉？自然耳，故曰性。"文中前后两个"人"字，含义不同。"有人"之"人"，指自然形态的人。"人之不能有天"之"人"，指人的主观能动性。在作者看来，人的主观能动性不能支配和改变的自然本质和本能便是"性"。

3.无心计的纯自然化状态

《庄子》许多篇都把人的意识视为人性的对立物。这种对立集中表现在"心"与"性"的对立上。《缮性》说，唐虞以下，兴治化，浇淳散朴，人心开始动摇，结果离道行险，"去性而从于心"。心是破坏性之源，由心计而产生的机巧便是破坏性的工具。《骈拇》说，诸如绳、墨、规、矩等机巧，对人来说，都起着"削其性"、"侵其德"、毁其"常然"的作用。

心与情欲相通，所以情欲也是人性的对立物。《天地》说："且夫失性有五：一曰五色乱目，使目不明；二曰五声乱耳，使耳不聪；三曰五臭熏鼻，困惾中颡；四曰五味浊口，使口厉爽；五曰趣舍滑心，使性飞荡。此五者，皆生之害也。"

《庄子》中的许多篇反复论说了社会的经济、政治、人伦道德等关系，都

[①]《荀子·性恶》。

是人性的桎梏。全部人伦道德可以归结为美、恶两类。《天地》说,美、恶虽有区别,"其于失性一也"。《应帝王》认为,只要还有一丝一毫的仁义爱人之心,就是"未始出于非人"。只有像泰氏那样,"其卧徐徐,其觉于于;一以己为马,一以己为牛;其知情信,其德甚真",才算"未始入于非人"。

《庄子》认为,只有取消心计,禁绝一切欲望,摆脱一切社会关系,使人保持纯自然状态,如同日月、星辰、禽兽、树木一样,任其自然生活,把人完全融化在自然之中,才是最完整地保存了人性。

4.衣食为足的天放生活

《马蹄》说:"彼民有常性,织而衣,耕而食,是谓同德;一而不党,命曰天放。"这里讲的衣食为性,只限于人的生理需要。人生在世与所有的人不亲不远,一切任其自然。

以上诸点大同小异。大同之处在于都是沿着排除社会性回到自然的道路来讲人性。小异之点表现在强调的重点不同。在《庄子》一书中,只有一处例外,即《盗跖》有段对人性的论述,与上述思想有较大差异,即"……人之情,目欲视色,耳欲听声,口欲察味,志气欲盈。……天与地无穷,人死者有时,操有时之具而托于无穷之间,忽然无异骐骥之驰过隙也。不能说其志意,养其寿命者,皆非通道者也"。

从认识路线上看,这段文字也属于道家之论,同样是沿着自然性来论述人性的。但这段文字与前边诸论又有明显的不同。前边诸论强调顺性自然,不增不减。这段文字则主张把自然性放开,纵情极欲,这一看法在《庄子》全书中是独一无二的,与《庄子》其他篇非出一系。

(二)反性方式

《庄子》所讲的人性真谛是自然性。人类只有摆脱一切社会关系,和自然融为一体,如牛马悠然漫步在原野,才谈得上真正的人性。但是《庄子》所宣扬的自然性与现实社会处处相矛盾。人们不能离开社会,世俗关系层层包围着自然性。那么,怎样改变这种状况,使人们回到自然呢?概括起来有如下几种情况。

1.无目的的自然生活

《庄子》认为,弃知绝欲,耕而食,织而衣,无目的纯自然生活,就能使"性"得到满足。《马蹄》说:"民居不知所为,行不知所之,含哺而熙,鼓腹而游,民能以此矣。""以此"不通,据刘文典《庄子补正》,"以"当作"止"。《让王》对这种生活进行了更具体的描述。这种自然生活有一个标志,那就是:"同与禽兽居,族与万物并,恶乎知君子小人哉!"[①]也就是说,自然化到与禽兽为伍,排除全部社会关系,一任自然,才算性的恢复。

2.全形生

《庄子》一书中有"活身""全形""卫生""尊生""养生""达生"等命题,对这些问题的论述,各篇不尽一致,但有一个共同点,便是对生、形的重视。为了"全形养生",须处理好生、形与如下诸事的关系:

第一,与社会的关系。《庚桑楚》说:"夫全其形生之人,藏其身也,不厌深眇而已矣。"《疏》云:"全形养生者,故当远迹尘俗,深就山泉,若婴于利禄,则粗而浅也。"远世藏身是一种消极的方式。更积极的方法,应像庖丁解牛游刃于骨肉之间那样,要善于在社会的空隙中游泳。

第二,与思虑的关系。《庄子》认为心计思虑对形生有损,因此不要以思虑来伤害形生。《庚桑楚》云:"全汝形,抱汝生。无使汝思虑营营。"《德充符》说:"道与之貌,天与之形,无以好恶内伤其身。"

第三,与用养的关系。人的形生要靠物质营养,须有物质之用,但用养不当也会有损于形生。在处理用养与形生的关系上,《让王》提出:"不以所用养害所养。"又说:"虽富贵不以养伤身,虽贫贱不以利累形。今世之人居高官尊爵者,皆重失之,见利轻亡其身,岂不惑哉!"善养生者,应把自己的生命看得比一切都重要。在世俗者看来,最贵重的莫过于拥有天下了。在《庄子》看来,事情应该反过来。"夫天下至重也,而不以害其生","天下大器也,而不以易生"[②]。

第四,与无为和有为的关系。《庄于》认为,一切有为之举都伤害形生,无为是保全形生的要道妙术。《应帝王》提出:"无为名尸,无为谋府;无为事任,无为知主。"混沌术是保障生命的不二法门,开窍、有为是通向死亡之路。

第五,与有用和无用的关系。《人间世》说:"夫柤梨橘柚,果蓏之属,实熟则剥,剥则辱,大枝折,小枝泄。此以其能苦其生者也。故不终其天年而中

---

① 《庄子·马蹄》。

② 《庄子·让王》。

道夭,自掊击于世俗者也。"人也是如此,只要有用于人和社会,均会招来伤形害生之祸。反之,无用之物才能保其生、全其形,这叫"无用之用"。

由上可以看出《庄子》对形生的重视。这里需要稍加说明的是,《庄子》所讲的养生全形,与那些延年益寿之术不同,后者屡屡受到《庄子》的抨击。在《庄子》看来,那些"导引""吐故纳新"以求延年益寿者的致命伤在于怕死;而《庄子》的全生养形旨在遵从自然之道,不要让心思和社会关系搅乱了形生的天然进程。

3.养神

与前边的全形生不尽相同,有些篇提出反性重在"养神"。《刻意》说:"纯粹而不杂,静一而不变,恢而无为,动而以天行,此养神之道也。"

"纯粹而不杂"即"一无所欲",排除一切杂念,醒时无思虑,睡时不做梦。

"静一而不变"是说混迹尘世,置喜怒哀乐、好恶善丑于度外,不受其干扰。

"恢而无为"的要点是"不与物交"。只有断绝神与物的交往,才能使神处于绝对虚无状态,才是最好的养神术。

"动而以天行",是说人的行动像天体运行那样,无心而动。"天行"是针对"人行"而言的。《秋水》中说:"牛马四足,是谓天;落马首,穿牛鼻,是谓人。"由此可见,人行指受心计支配的能动行为,天行指自然的本能行为。作者主张一切顺乎自然的本能。

《缮性》中讲的恬智交养与《刻意》中讲的"养神"之术也颇为接近。"古之治道者,以恬养知(《经典释文》云,读如'智');知生而无以知为也,谓之以知养恬。知与恬交相养,而和理出其性。"这里所说的智与恬交相养,如《注》所云:"恬静而后知不荡,知不荡而性不失也。"

总之,养神之术在于顺乎自然,只有一切顺乎自然别无他求才叫作"智"。《庄子》某些篇简单地把性与心智对立起来,认为心智是对性的破坏,提出取消心智。这里不是简单地否定心智,而是要求用心智自觉地顺从自然。因此最终目的仍然是相同的。

4.忘己、无己、与天为一

《达生》提出"形全精复,与天为一"。所谓"与天为一",就是要把己完全融化于自然之中,不应因为己是"人"而喜而乐,不应有任何高于其他物的情感。像《大宗师》中所说："今之大冶铸金，金踊跃曰：'我且必为镆铘。'大冶必以为不祥之金。今一犯人之形，而曰'人耳人耳'，夫造化者必以为不祥之人。今一以天地为大炉，以造化为大冶，恶乎往而不可哉？"在作者看来，人不要因为是"人"而沾沾自喜，人与万物一样，都是天地造化的产物，应等量齐观。

怎样才能与天为一呢？《庄子》作者开的妙方之一是"忘己"。《天地》说："有治在人，忘乎物，忘乎天，其名为忘己。忘己之人，是之谓入于天。"作者认为，天下最难忘却的是自己；如果连自己也忘掉了，自然就能进入与天为一的境地。

比"忘己"更深妙的是"无己"。"无己"并不是简单地消灭自己，而是使己与自然为一。像《则阳》中说的："夫圣人未始有天，未始有人，未始有始，未始有物，与世偕行而不替，所行之备而不洫。"《庄子》中许多篇讲"无己"，以至宣颖得出抓住"无己"二字，一部《庄子》尽矣的结论。宣颖的说法显然失之于偏，因为《庄子》书中有许多地方特别强调有己。但"无己"确实是《庄子》中反性的重要理论之一。

5. 不以物害己，乘物以游心

这与前边的"无己"、排斥心计乍看去是不同的。但实际上，两者并非绝对排斥。不以物害己只是从另一个角度讲人与自然和社会的关系，其最终归结点仍是回到自然，只是方式不同。请看下面一段论述：

"知道者必达于理，达于理者必明于权，明于权者不以物害己。至德者，火弗能热，水弗能溺，寒暑弗能害；禽兽弗能贼。非谓其薄之也，言察乎安危，宁于祸福，谨于去就，莫之能害也。故曰，天在内，人在外，德在乎天。知天人之行，本乎天，位乎得；蹢躅而屈伸，反要而语极。"[1]

这段论述提出了如下几个问题：

第一，在道、物、己三者关系中，通过达理、明权以求物不害己。"己"被凸显出来了。

第二，"己"在火、水、寒暑、禽兽等物面前，不是掉以轻心，而是去掌握这些物的规律，使物"莫之能害"。"己"在这里起着主导作用。

第三，"己"之所以能取得主动权，在于"知天人之行，本乎天，位乎得"。

---

①《庄子·秋水》。

从表面看,这里十分强调"己",突出"己"的作用,但"己"的作用并不在于改造自然,而只在于顺从。

比不以物害己更超脱、更能满足己的要求的另一种方式,是乘物以游心。《人间世》说:"乘物以游心,托不得已以养中,至矣。"《疏》云:"夫独化之士,混迹人间,乘有物以遨游,运虚心以顺世,则何殆之有哉?""不得已者,理之必然也。寄必然之事,养中和之心,斯真理之造极,应物之至妙者乎!"这就是人们常说的随遇而安、随波逐流、无是无非之术。

6. 乘道德而浮游

前边所介绍的几种方式,都是以把人作为自然界的一种存在形式,使人回到自然为立足点。因此,都没有把人引到另一个世界中去,人总还是人。"若夫乘道德而浮游则不然。无誉无訾,一龙一蛇,与时俱化,而无肯专为;一上一下,以和为量,浮游乎万物之祖,物物而不物于物,则胡可得而累邪!"①这就是说,"乘道德而浮游"所达到的境界,不再是自然的人,而已从自然人逸脱出来具有神仙味了。《庄子》许多篇讲到的"真人""至人""圣人""神人""体道者"等,多半是神仙化了的形象。因此他们的"性"也不同于一般人,而是"其性过人"②。

《庄子》中的这些神圣化了的"真人""至人"等,不是殷周以来传统的天帝观念的简单移植或改造,也不是生硬的自我神化,而是用逻辑的方式引导出来的。这种逻辑的特点是,在把人还给自然的过程中,让自然的单个的人与自然的总体和本原合为一体。

《庄子》一书对宇宙万物的本原与生成变化过程进行了广泛的探讨。其主要论点是:道是宇宙的本原,天地是万物之母,阴阳是变化之因,等等。《庄子》一些篇的作者认为,真正明了事理者要使自己升华,在精神上与道、天地、阴阳一体化,"与天地为一"③。"乘天地之正,御六气之辩"④,"乘道德而浮游","浮游于万物之祖"⑤。这样一来,具体的自然的人就逸脱成为超

①《庄子·山木》。
②《庄子·天地》。
③《庄子·齐物论》。
④《庄子·逍遥游》。
⑤《庄子·山木》。

自然的人,即所谓的"真人"等。由于这些"真人""至人"是通过理论逻辑达到的,因此我们可以说,"真人""至人"等是理性之神。

综上所述,人性自然和回到自然中去,是《庄子》对人的最基本的认识。这种认识的致命弱点在于排斥人的社会性;然而就强调人的自然性这一点而论,在人类自我认识史上又有划时代的意义。在《庄子》作者生活的那个时代,社会扼杀了多数人的自然要求和生的权利。《庄子》把被扼杀的自然性揭示出来,开辟了人类自我认识的新途径。《庄子》强调人的自然本质,又为批判和揭露当时被人们认为神圣不可侵犯的许多社会准则与传统提供了理论依据。

三、对桎梏人的自然性的社会关系与社会观念的批判

《庄子》各篇对人性的看法虽然不尽相同,但多数篇在排斥社会性这一点上大体上是一致的。庄子及其后学认为,当时的各种社会关系是对人性的束缚。整个社会就是个大牢笼、大屠宰场。无论是"善"的还是"恶"的,都是对本性的破坏。越是被人们称为美妙的东西,在《庄子》看来就越坏。《庄子》的这种看法,不管在理论上怎样悖谬,但它是那个时代的绝唱;不管结论如何荒唐,它提出的命题实在发人深省;不管在论述上多么离奇,它的锋芒都是对当时现实入木三分的鞭笞。如果说作者看待社会的心理是阴暗的,那么其所披露的被掩盖着的那一面社会现实确实有许多肮脏之处。这是在剥削阶级占统治地位的历史上常可以看到的。一本正经的教训远不及辛辣的讽刺更能启发人们去深刻地认识事物。《庄子》便属于后者。

(一)对治人治世与权力的批判

人们习惯于歌颂治世、治人,谴责乱世、乱人。《庄子》却一反常人之见,认为一切祸乱的根源恰恰在这个"治"字上。人类的自然性与统治者的关系,同陶土与陶冶者、树木与工匠、马与伯乐的关系一样,都是后者对前者的破坏。这种破坏表现在两个方面:一是"乱人之性"[①],引起性情"烂漫",使人类自身每况愈下,不可收拾。二是"治人"也破坏了自然界的和谐。"乱天之经,逆物之情,玄天弗成;解兽之群,而鸟皆夜鸣;灾及草木,祸及止虫。"[②]

① 《庄子·天道》。
② 《庄子·在宥》。

人们都称道黄帝、尧、舜是"治天下"的"圣人",然而在《庄子》某些篇的作者看来,历史上一切混乱正是从他们的"治"开始的,故云:"治,乱之率也,北面之祸也,南面之贼也。"①《庄子》许多篇还讲到,救一世者,其后果殃及万世。

《在宥》篇曾经以这种思想为指导,具体叙述了黄帝倡仁义而乱世的历史。"昔者黄帝始以仁义撄人之心,尧、舜于是乎股无胈,胫无毛,以养天下之形,愁其五藏以为仁义,矜其血气以规法度。然犹有不胜也。尧于是放讙兜于崇山,投三苗于三峗,流共工于幽都,此不胜天下也!夫施及三王而天下大骇矣,下有桀、跖,上有曾、史,而儒、墨毕起。于是乎喜怒相疑,愚知相欺,善否相非,诞信相讥,而天下衰矣。"所以《庄子》曾借楚人老莱子之口说:"夫不忍一世之伤而骜(务)万世之患。"②人们都希望"治人"、贤能出来治世,而《庄子》却认为:"其存人之国也,无万分之一;而丧人之国也,一不成而万有丧余矣。悲夫!有土者之不知也。"③这就是《庄子》对那些希望"治者"出来拯救人类的人们的回答。《庄子》的回答未免太苛刻、太不通情理了,但在当时那个时代,这却是最深刻有价值的见解。这种见解是用近似荒唐的外衣包裹着的。

在战国时代,希望圣明君主出世拯救世道的呼声四起,弥漫了整个思想界。儒、墨、名、法,无不如此。《庄子》却与之相背行,给那些被想入非非弄得头脑发昏的人大泼冷水。这些冷水,不管其中包含着多少恶意或悲观情绪,都不失为一服清凉剂。

在那个时代,不论治与乱都同权力相连。那是一个有了权就有了一切的时代,一般人都把权视为宝物,人们为追逐权力打红了眼。而《庄子》却一反常态,对权力投以蔑视的眼光,视权为脏品。在《庄子》看来,权力是约束人性的桎梏。《庄子》中有两个寓言喻明了这番道理。

"庄子钓于濮水,楚王使大夫二人往先焉,曰:'愿以境内累矣。'庄子持竿不顾,曰:'吾闻楚有神龟,死已三千岁矣,王以巾笥而藏之庙堂之上。此龟者,宁其死为留骨而贵乎?宁其生而曳尾于涂中乎?'二大夫曰:'宁生而

①《庄子·天地》。
②《庄子·外物》。
③《庄子·在宥》。

曳尾涂中。’庄子曰：‘往矣，吾将曳尾于涂中。’”①

“惠子相梁，庄子往见之。或谓惠子曰：‘庄子来，欲代子相。’于是惠子恐，搜于国中三日三夜。庄子往见之，曰：‘南方有鸟，其名为鹓雏，子知之乎？夫鹓雏发于南海而飞于北海，非梧桐不止，非练实不食，非醴泉不饮。于是鸱得腐鼠，鹓雏过之，仰而视之曰：吓！今子欲以子之梁国而吓我邪？’”②

历史上有无其事，无关紧要。故事的用意在于表达了庄子一派对权力的看法，理论通过文学的形式表达出来。

从上述理论出发，《庄子》认为，君主尽管握有权柄，指挥一切，然而这正是自由的累赘和祸源。作者假魏文侯之口说：“夫魏真为我累耳！”③有一次鲁侯有忧色，问术于道家市南宜僚，市南子对他说：丰狐文豹，小心翼翼，不免罗网之患，“其皮为之灾也”。鲁国正是鲁侯的招祸之皮。如果忘其国，任其自化，就不会有这些忧愁了。④

以上是斯文的说法，在《庄子》中更多的是怒骂。不肖主是人们公骂的对象，不屑一语；《庄子》许多篇专骂那些被人们称颂为神圣的帝王君主，认为黄帝、尧、舜、禹、汤、王季、文王、武王、周公是真正的伤天害理的罪魁，君主是真正的大盗大贼。“大盗者为诸侯”，“窃国者为诸侯”。君主的所作所为都是自私的，是违反自然规律的。“天地之养也一，登高不可以为长，居下不可以为短。君独为万乘之主，以苦一国之民，以养耳目鼻口。”⑤表面上是在痛斥魏武侯，作者的真正意图是通过魏武侯这个典型来鞭打所有的君主。

浅薄之辈总是谴责士民的伪诈欺盗，而《庄子》却用力去捕捉引起士民伪诈欺盗行为的罪魁，这个罪魁就是君主。君主们强民所难，“重为任而罚不胜，远其途而诛不至。民知力竭，则以伪继之。日出多伪，士民安取不伪！夫力不足则伪，知不足则欺，财不足则盗。盗窃之行，于谁责而可乎”⑥？对此，郭象注了四个字：“当责上也。”其实，这里不注也是自明的。

从历史的进程看，在剥削阶级占统治地位的社会中，凌驾于社会之上

---

①②《庄子·秋水》。

③《庄子·田子方》。

④参见《庄子·山木》。

⑤《庄子·徐无鬼》。

⑥《庄子·则阳》。

的权力是不会消失的。任何人想把这种权力从社会上一笔勾销,都只能是幻想。然而这种权力的存在,又恰恰为对它进行批判和揭露的合理性提供了依据。《庄子》对当时权力的批判与揭露不能说是科学的,也不是积极的,但却是深刻的。最光辉之点是它第一次指出了当时由剥削者掌握的权力是对人性的破坏,是人的异己力量,是社会罪恶的制造者。

(二)对心计与知识的批判

人类不同于其他动物的一个最主要的标志,是人有能动的思想意识活动。在先秦诸子中,被称为"心""知""思"等。《庄子》诸篇对"心""知""思"等的看法不完全一致。如有的篇有限地承认"心""知"的作用,认为"心"应该用在顺"性"上,"知"应该用在知"道"上,从而使性、心、知统一起来。因此《庄子》有"养心""知道"之论。而另一些篇则认为"心""知"与人性是相背离的。心计、知识、智慧的活跃与发展,会给人性带来破坏,是社会的祸乱之源,把"心""知"放到了被告席上。下边我们着重来分析一下《庄子》中的后一种理论。

《庄子》认为,人类的原始状态是无心计、无知识的,因而过着无忧无虑的和平生活。自从黄帝、尧、舜等来到人间,这种生活环境就被破坏了。他们搅动了人心,挑起了情欲,把"心计"这个魔鬼放了出来,从而酿出了历史的大祸。"心""知"使人们争名夺利,结果破坏了自然界的秩序,造成了思想混乱,使日月、天地、四时、万物都失去了本性。"心""知"一出现,人们都竞相追求聪明,施计斗巧,其结果不仅使个人损性,而且造成"亡国戮民无已"之祸。①人们都说盗贼可恶,而盗贼又是从哪里来的呢?如果没有盗心贼智,又哪来的盗贼?所以在《庄子》看来,智慧、知识既是盗贼行为的发动机,又是盗贼行盗的工具。"举贤则民相轧,任知则民相盗。"②《庄子》的这种看法毫无疑问是谬论,然而它却又反映了一种事实,即那个时代政治上的奸诈、阴谋、猜忌及对人民的巧取豪夺,总是与聪明才智相伴行的。尔虞我诈、欺世盗名就是最令人瞩目的心智在邪恶方面的表现。毫无疑问,争名夺利、盗贼寇攘,不用心计是不行的,但产生这些现象的本质原因绝不是聪明才智。这

---

① 参见《庄子·徐无鬼》。

② 《庄子·庚桑楚》。

里显然是《庄子》错了。可是,我们从社会政治学的角度来看《庄子》的这个思想,它又具有独特的意义。它使我们看到这样一个事实:那个时代的大智大勇的确是用在争权夺利上的。从这个现实来理解《庄子》的说教,它对才智的抨击又是事出有因的。

《庄子》对知识采取否定态度,不只是认为知识破坏了人性和产生罪恶,而且还有更深的理论论证。哲学史研究者对此做了详细的分析,这里不再重复。

(三)对名利的批判

名利是当时社会人与人互相关系中最普遍的关系。就实而论,任何人也无法摆脱这种关系。《庄子》却认为,人们只有从名利中解脱出来,才能回到自然。因此,《庄子》对名利欲望大加鞭挞。

《庄子》认为,名利欲望同人的本性是对立的。《庚桑楚》把名利欲望概括为四个方面、二十四种表现,即:"贵、富、显、严、名、利,六者勃志也;容、动、色、理、气、意,六者谬心也;恶、欲、喜、怒、哀、乐,六者累德也;去、就、取、与、知、能,六者塞道也。"以上四个方面二十四种表现简称为"四六"。"四六"不去,人性难复。去掉"四六",便能使心归于正。"正"就是人性的恢复。故又说:"此四六者,不荡胸中则正。正则静,静则明,明则虚,虚则无为而无不为也。"这种连锁反应的最终结果,就是《庄子》所理想的"有人之形,无人之情"之人了。[1]

《庄子》认为,名利之类都属于性外之物,而"外物不可必"[2],如果一定要追求名利,就必然招祸。比如关龙逢、比干、箕子、恶来、桀、纣、伍员、苌弘、孝己、曾参等,都是因为追求外物——名或利,招致伤性害己。这些见物忘本之举,是庄子学派最禁忌的。父母与子女的关系称为"天属",如果千金与子女不可兼得,去卖儿弃女,破坏"天属"关系,那一定是贪利之辈。所以利是破坏"天属"的祸首。

《庄子》认为,名利之所以不可取,还因为名利必定要向灾祸转化。占有名利的人往往为他人所觊觎,最终的结果常常是占有名利者倒霉。"荣辱

---

① 参见《庄子·德充符》。
② 《庄子·外物》。

立,然后睹所病;财货聚,然后睹所争。今立人之所病,聚人之所争,穷困人之身,使无休时,欲无至此,得乎! "①《庄子》还指出,凡据名利者,如果他本人幸免于祸,他的后代也必然遭祸。"尧舜有天下,子孙无置锥之地,汤武立为天子,而后世绝灭,非以其利大故邪? "②《庄子》关于名利招祸的观点,如果不以个别人物为限,而是从总的趋势看,不无道理。因为只有"有者"才能有所失,一无所有者是不会失掉什么的。然而《庄子》完全忘掉了一个简单的事实:一个人如果不能得到起码的"有",连生命也是无法维持的。《庄子》把名利说得如此消极,与那个时代的精神是不相符的。但他所指的名利招祸、名利不能永久垄断,则确有见地。

《庄子》抨击名利,还有这样一个理由:一个人得到的名利越多,他的尊严丧失得就越多。《列御寇》中讲了这样一个故事:曹商为宋偃王使秦,因应对得当,秦王赐车百乘。曹商回到宋国,向庄子夸耀了一番。庄子有感于此,说:"秦王有病召医,破痈溃痤者得车一乘,舐痔者得车五乘,所治愈下,得车愈多。子岂治其痔邪? 何得车之多邪? 子行矣。"在作者看来,名利获得多少与人格下降程度成正比。这种说法失之于尖刻和偏颇,但确实刺中了当时官场的流行病。作者认为,为了保持自身人格的价值和尊严,最好不要让名利来玷污自己。

《庄子》如此猛烈地抨击名利和摒弃名利的思想,在当时是消极的,无益于当时历史,但他所论述的名利与人性相矛盾的观点打开了一个人们认识社会的新窗口。

(四)对忠孝仁义的批判

人伦关系是社会关系的重要方面之一。在先秦诸子中以儒家倡导最烈,有一整套以忠孝仁义礼乐为主要内容的理论体系与实践准则。法家中的《商君书》派与韩非子,从法与利的观点批判过仁义,但并未全盘否定仁义。《庄子》的某些篇也没有对仁义礼乐采取全盘否定的态度,而是按照道家的思想进行了改造。但是《庄子》的多数篇对仁义进行了猛烈的抨击,认为仁义、人伦一类关系应根本摒除。

---

① 《庄子·则阳》。
② 《庄子·盗跖》。

在《庄子》看来,仁义与道德(道家之"道德")是根本对立的。大道废而后有仁义这一说法,是《老子》一书首先提出来的,但未加说明论证。《庄子》继承和发挥了这一观点。《庄子》认为,"道""德"是自然的本性,仁义则是人的有意志的行为。"道不可致,德不可至。仁可为也,义可亏也,礼相伪也。"①又说:孝悌仁义、忠信贞廉,"此皆自勉以役其德者也"②。因此道德与仁义的对立是自然与人为的对立。道、德是自然的"全",而仁义总是偏执一方。偏执一方就会必然走向另一方。《庄子》所说的"合则离,成则毁,廉则挫,尊则议,有为则亏,贤则谋,不肖则欺"③,就是讲这个道理的。在《庄子》看来,偏执一方是对道、德的破坏,并且构成了恶性循环。

《庄子》认为,仁义这类东西不属于自然本性,是那些好事的"圣人"(非道家所称之圣人)制造出来的。"毁道德以为仁义,圣人之过也。"④仁义的兴起,引起了一系列恶果。

第一,礼乐引起了"分"。民原本是无分的,自从有了礼乐,民就有了贵贱之分。礼乐制度对人的自由是一种束缚和桎梏。烦琐的礼乐制度起着"匡天下之形"的作用。⑤

第二,仁义畅行动摇了"天下之心",从而引起了"疑"。由于人们互相猜疑勾斗,万事皆乱。⑥

第三,好知而争利,乃是万恶之源。

《庄子》认为,人只要悬仁义、礼乐、知、利之念,势必颠三倒四,坐卧不安。"不知乎,人谓我朱愚;知乎,反愁我躯;不仁则害人,仁则反愁我身;不义则伤彼,义则反愁我己。"⑦总之,只要与仁义沾边,便如同播穅眯目,四方不辨;如蚊虻叮肤,通宵不寐;如敲锣打鼓,觅求亡子,无一时安宁。

许多思想家总是把仁义与爱人连在一起,以儒、墨两家最为突出。众多的人睁大眼睛盼望着爱人者出世,以便受其惠。《庄子》的作者却冷眼以待,

---

① 《庄子·知北游》。

② 《庄子·天运》。

③ 《庄子·山木》。

④ 《庄子·马蹄》。

⑤⑥ 参见《庄子·马蹄》。

⑦ 《庄子·庚桑楚》。

仔细观察,他们得出的结论是:"捐仁义者寡,利仁义者众。"①因此越提倡仁义,假仁义以利己者就越多,甚至仁义其外,禽兽其内,仁义变成了兽行者的工具。我们不否认某些思想家宣传仁义、爱人的诚心和身体力行的品质,但从历史的发展过程看,《庄子》的说法更符合或接近剥削占统治地位的社会实际。

如果说上述论述还多限于对仁义实践进行的量的分析,那么《庄子》中也不乏对仁义爱人质的否定。例如:"虎狼,仁也。"②"夫兼爱不亦迂乎!无私焉,乃私也。"③这些是彻底否定仁爱的警句。《商君书》与《韩非子》亦曾把仁义比作虱子蠹虫,其用意只在于说明仁义是社会的寄生物。《庄子》对仁义的批判要比这深刻得多,它指控仁义是社会的刽子手。当然,《庄子》的这种说法肯定失之于刻薄、武断,但其中也包含了一针见血的揭露。在那个时代,可以有仁爱的呼声和笃信者,但却没有付诸实现的社会条件。仁爱之论可以是改造社会的美好愿望,然而这种美好的图画却被吸吮人民血汗的剥削者用来包藏屠刀。仁爱的温情脉脉的外表所掩盖着的这种虚伪性和残忍性,是由庄子首先揭露出来的。仅就这一点而论,《庄子》的看法就有划时代的意义。

(五)对喜生恶死观念的批判

生与死,既是生理过程,又是一个普遍的心理和社会问题。且不说厚生的社会影响,只要看看厚葬给社会带来的灾难,就会明白问题的严重性。因此,生死问题就成为各派思想家重要的研究对象。《庄子》认为,被生死问题所纠缠,实在是自寻烦恼。它提出了外生死的主张,以求彻底摆脱生死的束缚。如何做到外生死呢?《庄子》对此从各方面进行了说明。其中最有价值的一点是它反复说明了生死是自然的过程。作者再三指出,生死的自然过程是人的主观意志不能改变的。"死生,命也,其有夜旦之常,天也。人之有所不得与,皆物之情也。"④又说:"圣人之生也天行,其死也物化。"⑤以上这

---

① 《庄子·徐无鬼》。

② 《庄子·天运》。

③ 《庄子·天道》。

④ 《庄子·大宗师》。

⑤ 《庄子·刻意》。

些说法沿着自然的过程来认识生死,是正确的。《庄子》既批评了那种"形劳而不休则弊,精用而不已则劳,劳则竭"的苦生行为,也反对用"导引""养形"以求长寿之术。①这二者均不符合自然之道。基于这种认识,《庄子》极其藐视厚葬思想和风气。"庄子将死,弟子欲厚葬之。庄子曰:'吾以天地为棺椁,以日月为连璧,星辰为珠玑,万物为赍送。吾葬具岂不备邪?何以加此!'弟子曰:'吾恐乌鸢之食夫子也。'庄子曰:'在上为乌鸢食,在下为蝼蚁食,夺彼与此,何其偏也!'"②这真是大彻大悟之论、发聋振聩之言。在厚葬成风的时代,庄子心胸坦荡,又有如此之高的认识,实在是难能可贵的。相形之下,那些孜孜以求厚葬者显得多么渺小!

《庄子》把生死视为自然的过程,所以劝人们不必喜生恶死。为了克服人们对生的留恋,《庄子》从万物生成过程论述了生是后来的。原来"本无生","本无形","本无气",后来才"变而有气,气变而有形,形变而有生"③。从生到死,只不过像春夏秋冬四时那样自然地运行。生总归要死,生如白驹过隙,一驰即过。这些看法基本上是正确的。由于《庄子》强调生死的纯自然性,从根本上排除社会意义,以致得出了生死为一的结论。"善吾生者,乃所以善吾死也。""且夫得者,时也;失者,顺也。安时而处顺,哀乐不能入也。此古之所谓悬解也。"④"若死生为徒,吾又何患?"⑤"死生无变于己,而况利害之端乎!"⑥这些话的一个中心意思,就是把生和死看成了一回事。真理越过一步就会变成谬误。《庄子》由把生死看作自然过程的正确命题发展到排斥社会性就是一例。然而超越真理的谬误中又包含着真理的因素,这一点也是我们不应忘记的。

《庄子》的生死观,从根本上说是关于人生观的问题。《庄子》的人生观彻底否定了人生的价值,把生的意义轻率地从人类历史上抹去了。一般地说,任何否定人生价值的观念都是消极的。但是在产生《庄子》的那个时代,

---

① 参见《庄子·刻意》。

②《庄子·列御寇》。

③《庄子·至乐》。

④《庄子·大宗师》。

⑤《庄子·知北游》。

⑥《庄子·齐物论》。

下层人们的价值虽然已被一些人呼唤了好久,但依旧停留在游说家的口头上和笔头上,贵族们依然处于纸醉金迷之中。高贵者继续高贵,卑贱者照样卑贱。面对这种现实,《庄子》走到了另一个极端:与其肯定点什么,倒不如统统否定掉更痛快。《庄子》在这里有精神超脱的自我安慰,更有藐视一切的高傲。这里有沙子,也有黄金。

从以上论述我们可以看到,《庄子》对人类社会关系和一切文明成果进行了全面批判。《庄子》把人的自然性与社会性完全对立起来,无疑是一种谬误。因为即使在对抗的阶级社会中,人的自然性与社会性也有统一性与互相补益的方面。但是无可否认,也还有对立的一面。社会关系的不平等性,其间剥削与被剥削、压迫与被压迫的本质,使多数人陷于被奴役的地位;文明的果实被少数人垄断、吞噬,多数人在某种意义上反受其害。《庄子》作者们的杰出贡献,就在于他们最先把这种对立揭示出来,使人们大开眼界,重新看世界。

四、自然政治与理想社会

《庄子》主张人应从社会关系的束缚中解脱出来。但实际上就像一个人不能提着自己的头发离开地球那样,任何人也无法离开社会。所以《庄子》的作者们又不得不回到社会中来,并以他们的人性说为依据,提出了相应的改造社会的方案,编织了相应的理想社会。

(一)顺从自然

顺从自然,是《庄子》社会政治思想的主要特点。为了顺从自然,《庄子》着重分析了天人关系。

什么是天?《庄子》书中说法颇多。概括言之,即自然物和自然变化过程。在探讨事物的本原时,事物的本原也被称为天。

什么是人?《庄子》从两个方面进行了说明:一是指人具有不同于其他自然物的特定的形态。《庄子·德充符》云:"道与之貌,天与之形,恶得不谓人!"人与其他物体一样,都源于天,只不过形态有别于其他而已。二是指人具有主观能动性。"无为而尊者,天道也;有为而累者,人道也。"①《庄子》承

---

① 《庄子·在宥》。

认人有主观能动性,但又认为人的主观能动性不仅与整个自然界是矛盾对立的,而且与人的自然性本身也是不兼容的。如以成事为欢者,"事若不成,则必有人道之患;事若成,则必有阴阳之患"①。

在处理天人关系上,《庄子》提出了如下一些主张:

"天而不人"②,意思是说顺从自然,不要对天有任何的违拗行动,因为"物不胜天久矣"③,又何必去苦神伤形呢!这与"人定胜天"的思想形成了鲜明的对立。

"天在内,人在外","本乎天"④。《疏》云:"天然之性,韫之内心,人事所顺,涉乎外迹,皆非为也。任之自然。""恒以自然为本。"这就是说,人的行为要以天然之性为根本。这里虽不像"天而不人"那样绝对化,但仍然是以顺从自然为中心来谈人的主观能动性。

以"知"养天。《庄子·大宗师》说:"知天之所为,知人之所为者,至矣。"意思是说,分清了天人所为,就是到达了认识事物的最高境界。这本是个很有价值的命题,但可惜作者把"知"引向了自然主义的方向,分清天、人所为是为了养天。因此作者说:"知天之所为者,天而生也;知人之所为者,以其知之所知,以养其知之所不知。终其天年而不中道夭者,是知之盛也。"这里所说的"知之盛"并不是指深入研究天人"所为"的关系,发挥人之"所为",利用、改造和顺乎天之"所为",而是封闭有限的"知",杜绝对天之"所为"进行深入的探讨,并且用这有限的"知"去护养"所不知"的天。

"工乎天而拙乎人。"⑤这是《庄子》给圣人提出的处理天人关系的又一准则,即圣人善于契合自然而拙于人为。这里所强调的仍然是用尽全力去顺天。

更进一步的观点是"天人为一"。这一点在前边已经论述过了。

根据以上天人关系的理论,"治"属于"人"的范畴。《庄子》认为,照理讲最好不要提出"治"的问题,最好"不治天下",如果"君子不得已而临莅天

---

① 《庄子·人间世》。
② 《庄子·列御寇》。
③ 《庄子·大宗师》。
④ 《庄子·秋水》。
⑤ 《庄子·庚桑楚》。

下,莫若无为"①。无为就是顺从自然。"天有六极五常,帝王顺之则治,逆之则凶。"②"六极""五常"何所指,注家看法不尽一致,大凡"六极"即"六合","五常"即"五行"之说比较切合《庄子》的思想。

(二)顺民情性

顺民情性是《庄子》政治思想的另一个基本内容。《山木》的作者以舜、尧、禹为托,言治民之要在顺形率情。作者说:"形莫若缘,情莫若率。缘则不离,率则不劳。不离不劳,则不求文以待形;不求文以待形,固不待物。"缘、率皆顺从、遵循之意,缘形率情即任其自然。《则阳》的作者用长梧封人告诫子牢的一席话,具体形象地说明了治民的顺形率情之术:"君为政焉勿卤莽,治民焉勿灭裂。昔予为禾,耕而卤莽之,则其实亦卤莽而报予;芸而灭裂之,其实亦灭裂而报予。予来年变齐,深其耕而熟耰之,其禾繁以滋,予终年厌飧。"治民如同种庄稼,要顺其性而深耕细耘,否则带来的只能是报复。《则阳》的作者借庄子对上述这段话的评论,批判了当时治民中的离情火性之举:"今人之治其形,理其心,多有似封人之所谓,遁其天,离其性,灭其情,亡其神,以众为。"

《徐无鬼》中讲到治民时认为,治民如同牧马,最重要的是"去其害马者而已矣"。其意同《则阳》是一致的。

《庄子》认为,为了使民"安性命之情",至关紧要的是"无擢其聪明"③。擢其聪明就会使民心动荡,民心动荡是一切变乱之因。为了不惊动民心,关键是把握一个"静"字。

《庄子》的作者认为,他们所处的时代是民心动摇的时代,而这种情况是黄帝以来治天下的人搞的。所以他们提出了绝圣弃知的主张:"掊击圣人,纵舍盗贼,而天下始治矣。""圣人已死,则大盗不起,天下平而无故矣。"④更有甚者,作者对人类已经达到的科学技术文化成就都进行了攻击,认为只有毁弃这些成就才能使天下人恢复本性。

(三)君主无为

帝王问题是当时政治思想界广泛论述的重要问题。这个问题在《庄子》

---

① ③《庄子·在宥》。

②《庄子·天运》。

④《庄子·胠箧》。

中也占有一定地位。

《庄子》一书中许多篇章从其人性自然的立场出发,对黄帝以下,甚至上及伏羲、神农,所有的君主都嗤之以鼻。认为他们都是违反道家原则的世俗之主,是破坏人性的罪魁;他们之所以成为君主,除了少数是由转让而来之外,多数是"争""盗"而得。因此,君主是最大的骗子和盗贼。在《庄子》的作者看来,黄帝以下的全部历史都是违反人性的,而那些君主正是破坏人性的主谋;所有的君主都口衔仁义,而仁义正是奸恶的渊薮。《庄子》的作者把所有的君主都斥为大猾、盗首,无疑有反历史的一面,但何尝又不是对当时现实的最深刻的揭露呢? 在《庄子》之前,众多的思想家、政治家曾严厉地批判和鞭挞过昏君暴主。这种批评一般说来是作为歌颂圣明君主的陪衬来进行的,只有《庄子》对历史上的一切君主从整体上进行了批判,因此这种批判有着巨大的理论价值。在《庄子》那里,这种批判虽有着特定的含义,但命题的本身却打开了人们闭塞的头脑,揭开了对君主认识的新的一页。它在中国政治思想史上这种破天荒的影响是不能低估的,是后来的无君论的源头。

我们还看到,《庄子》虽对君主进行了正面的抨击,但又不是彻底的无君论者。在它描绘的理想社会的蓝图中,有的有君主,有的无君主,有的篇则把历史上所有的君主都涂成黑色。但不管哪一种理论,都没有明确提出不要君主的主张。所以要不要君主,《庄子》既没有明确提出这个问题,也没有明确回答这个问题。在其谈论君主的地方,除几篇肯定了黄帝,部分肯定了尧、舜外,都是理论上的君主,或称"君",或称"天子",或称"帝王",或称"圣人"。《庄子》认为取得君位的方式不应是争或盗,而应该是通过修行道德而来。"君原于德而成于天。故曰:玄古之君天下,无为也,天德而已矣。"①《天道》说,修道达到了"无天怨,无人非,无物累,无鬼责"的境地,就能"一心定而王天下","万物服"。《让王》云:"唯无以天下为者,可以托天下也。"这句话源于《老子》。就是说,只有无权力欲望的人,才可以委托以天下;那些争权力、争天下的人是不配做君主帝王的。《庄子》告诉人们,凡想要权者,那一定是自私自利之人;把天下交给这样的人,天下就会变成他的囊中私物。只有把天下托给"无以天下为者",天下才不会变成

---

① 《庄子·天地》。

私有之物。因为这样的人根本就不把天下放在眼里。究竟由谁把天下委托给这样的人？《庄子》一书没有更多的论述。只有《庄子·庚桑楚》中稍有涉及："人有修者，乃今有恒；有恒者，人舍之，天助之。人之所舍，谓之天民；天之所助，谓之天子。"《庄子》书中的"天"一般指自然，此处虽然没有明确指出天即自然，但从《庄子》整个思想看，未必不可作如是观。所谓天助，就是自然天性之助。

《庄子》关于君主理论最耐人寻味的一点，是关于君主不能有超越社会之上的特权的主张。这种主张的理论依据是：一切人在自然面前是平等的。"天地之养也一，登高不可以为长，居下不可以为短。"①根据这一原则，作者批判了当时君主"苦一国之民"以自乐的行为。这种行为不仅伤民，而且伤己之神。圣人之治如同天地化育万物而不占有，应该为而不恃。《庄子·应帝王》云："明王之治，功盖天下而似不自己，化贷万物而民弗恃；有莫举名，使物自喜；立乎不测，而游于无有者也。"

当然，细细分析起来，《庄子》这个命题也有问题。乍看起来，功盖天下而似不自己，与功盖天下而有天下是截然相反的，是对据有天下的批判，但实际上二者的前提是一致的，都是从"功盖天下"立论的。历史告诉人们，任何个人都不能功盖天下，更不能化育万物。人类历史的悲剧之一，就是自己给自己树立了这样一个荒谬的命题，昏昏然而不自知，直到近代民主观念出现。

与为而不有相续的是无欲而天下足。《天地》说："古之畜天下者，无欲而天下足，无为而万物化，渊静而百姓定。"这种说法显然是针对当时统治者贪多欲盛造成天下贫困。这种"无欲"论在经济关系上表现为薄税敛论。《列御寇》中以卖浆者薄利广销因而生意兴隆为例，劝说"万乘之主"也要薄收，薄收其统治才能长久。

根据在自然面前平等的原则，《庄子》认为帝王应具备有势而不骄的品质。"势为天子而不以贵骄人，富有天下而不以财戏人。计其患，虑其反，以为害于性，故辞而不受也。"②这种思想无疑是针对那些倚势骄人者而发的。这是《庄子》的作者以其人性论为中心，对权势者提出的限制措施。《田子

①《庄子·徐无鬼》。
②《庄子·盗跖》。

424

方》曾讲到周文王委政于臧丈人，"典法无更，偏令无出"，国家大治。"典法无更"是针对变法易俗而说的，因此是保守的；"偏令无出"则又有合理的成分，因为它反对的是人主随其喜好滥发命令的恶行。

帝王之道最根本的一条是运而无积。"天道运而无所积，故万物成；帝道运而无所积，故天下归；圣道运而无所积，故海内服。"①"运"即顺自然之理，随自然之动。"积"是"运"的对立行为，指阻止或干预事物自然的运动过程。帝道最忌的便是这个"积"字。如何"运而无积"？要在一个"静"字。在《庄子》的许多篇中反复讲了"静"的道理。"静"在政策上的表现就是"无为"。"无为"的政治内容前边已经叙述过了。这里需要说明的一点是，《庄子》中有几篇讲君道无为是与臣道有为作为一个问题的两个方面来论述的。"无为"是讲的君人南面之术，帝王可以"不自虑""不自说""不自为"。但臣不能如此，为臣的必须"有为"。"上必无为而用天下，下必有为为天下用，此不易之道也。"②帝王无为无责，臣下有为有责。"无为而尊者，天道也；有为而累者，人道也。""主者，天道也；臣者，人道也。"③这种"无为"理论应该说也是从《庄子》顺自然的人性论蜕变出来的东西，而且蜕变得相当符合某些帝王的胃口。

《庄子》还认为，君主不应有超社会的权利，但应有承担责任的义务。"古之君人者，以得为在民，以失为在己；以正为在民，以枉为在己。故一形有失其形者，退而自责。"④这里，《庄子》对君主提出了极高的要求，强调君主必须承担社会过失的责任，而功劳只能归于民。这是极有价值的思想。当然，《庄子》把社会的一切过失都归咎于君主，也未免太过分了。尤其是提出"一形有失其形"就要下台反省，实在太苛刻了。但它的用意是无可非议的。这段文字名义上是对古之君主的颂扬，实际上是用古之君主的标准来批评当今之主。

(四)平均思想

在《庄子》的政治思想中，"平均"思想具有特殊的地位。针对社会贵贱、贫富悬殊的现象，在《庄子》之前已有人提出了"平"和"均"的主张。但把"平

---

① ②《庄子·天道》。

③《庄子·在宥》。

④《庄子·则阳》。

均"连在一起的要首推《庄子》。在中国政治思想史上，《庄子》首先提出了在自然面前人人平等的思想。《庄子·人间世》说："与天为徒者，知天子之与己，皆天之所子。"这种思想在实际上只能是自我安慰，但在理论上却有划时代的意义。过去说，只有最高君主才配称"天子"，或虽都是天生，但天生有等差。而《庄子》却提出了"天子"与"己"都是"天之所子"。这个"天"不是神，而是自然。既然"天子"与"己"同出于自然，因此便无贵贱之分。那种贵贱之分是应当受到藐视的。《庄子》这种天赋平等思想，在当时是对等级制的最有力的批判，是"己"的自我解放。

《庄子》认为，"平均"是从无情中引申出来的。《达生》说："复仇者不折镆干，虽有忮心者不怨飘瓦，是以天下平均。"意思是说：名剑干将、莫邪虽被用来制造仇恨，但复仇者不会把它们折断以示报复，因为它们是无情之物；被风吹下来的落瓦打中最爱计较的人，他也不会产生怨恨之心，因为落瓦是无心之物，不是有意伤人。人间一切不平的事情都是由有情欲造成的。因此要消除不平，首先要根除人们的情欲。把人们的情欲视为"不平"的原因，从今天看，无疑是肤浅的。但从历史上看，这是人类探讨不平根源的最早学说，也是当时对社会的最深刻的认识之一，因它探讨了现象背后的原因。《庄子》上述观点的理论价值在于："不平"的原因不能从自然中寻找，而只能从人们的社会性中来寻求。

《盗跖》还从福害的转化关系上论述了"平"与"有余"的不同后果。"平为福，有余为害者，物莫不然，而财其甚者也。"接下去列举了"富人"因财物有余而带来的六种灾害。"此六者，天下之至害也，皆遗忘而不知察，及其患至，求尽性竭财，单以反一日之无故而不可得也。"在作者看来，处于有余地位者，一旦大祸降临，身家性命不可保，欲"平"而不可得。反之，如果能保持与他人均"平"，就不会招来他人的嫉妒，因此便可以保"福"而不败。

《庄子》还对"维齐非齐"的观点进行了驳斥，指出："以不平平，其平也不平。"[①]这就是说，以不平求平，焉有平之理？

《庄子》的平均思想，从历史的角度看是不现实的，但它是对不平现实的批判与谴责。不平是当时历史不可逆转的现实，然而正是这种现实造成

---

① 《庄子·列御寇》。

了人间灾难。为了铲除灾难,从而产生了这种善良的平均思想。这首"幻想曲"反映了苦难人们的心声。心声是衡量历史的尺度之一,我们不能否认它的历史价值。平均思想在当时乃至在整个中国古代都是反对特权思想最有力的最革命的武器之一。

(五)理想社会

《庄子》的作者还描绘了他们的理想世界,这就是"至德之世""建德之国""至治之世""无何有之乡"等。《庄子》这个理想国的最主要特征是人完全回到了自然,人与"万物群生,连属其乡"①,"民如野鹿"②。在《庄子》看来,一切社会关系都是人性的异化,应当统统抛弃。所以《庄子》的理想世界也是以它的人性观为基础,从批判现实中引申出来的。如何抛弃这些社会桎梏,历史没有给《庄子》的作者们提供可以利用的条件和进行推理的依据;在他们看来,唯一的道路就是将社会这个大"粪坑"毁掉,使人回到自然。

人类回到自然后的生活状况是怎样的呢?《庄子》是这样叙述的:人们的知识、心计减少到了最低限度,"民愚而朴,少私而寡欲"③。人类完全靠自然生活,无技巧之用,"山无蹊隧,泽无舟梁"④。人们尽力劳作,只求一饱,"知作而不知藏,与而不求其报"⑤。人们不知仁义礼乐,但却生活得很和谐,"不知义之所适,不知礼之所将"⑥,"端正而不知以为义,相爱而不知以为仁,实而不知以为忠,当而不知以为信;蠢动而相使,不以为赐"⑦。人们的行为既无一定的目的,也无特定的方向,"其行填填,其视颠颠"⑧。填填,安详满足貌;颠颠,无外求专一貌。"其生可乐,其死可葬。"⑨自然地出世,自然地生活,自然地消逝。除了自然过程之外,自己既无需要,也不应该给后世留下什么值得回味的东西,一切随自然而消失,这叫作"行而无迹,事而无传"⑩。在这样的社会中,没有君子、小人之分,更不会有"尚贤""使能"之举,阶级与国家都是不存在的。

除了上述言论之外,《老子》所向往的小国寡民、老死不相往来的社会,也在《庄子》的理想之内。

对于《庄子》的上述论述,有人说这是作者对原始社会的向往。的确,这

---

①④⑧《庄子·马蹄》。

③⑤⑥⑨《庄子·山木》。

②⑦⑩《庄子·天地》。

种叙述多半是以追叙历史的形式进行的。但这里有一个问题须搞清楚:《庄子》这些观点主要是由追忆历史形成的呢,还是从现实出发通过理论逻辑推理得来的呢? 我认为是后者。因为《庄子》的理想社会是建立在人性自然的理论之上的,而不是从历史的论证中得出来的。至于某些地方与原始社会相似(也未必相似),那是因为原始社会人类的自然性较之文明时代更突出的缘故。人具有自然性,又具有社会性,社会性是随着文明时代的到来而突飞猛进地发展起来的。所以历史越古,人的纯自然性成分也就越多。《庄子》把人还原给自然的理论正好与这种历史发展的过程有某些吻合之处。

由于《庄子》的理想社会是理论逻辑推理的产物,所以具有突出的理论性质和现实批判主义性质。《庄子》书中讲的历史不能当作信史看待,而应视为理论的一个侧面。用复古倒退批驳《庄子》,未切中要害。

五、结语

《庄子》代表谁呢? 有的说代表没落的奴隶主或贵族,有的说代表农民或农村公社成员。从这一端到那一端,莫衷一是。

研究历史,特别是研究政治思想,不能忽视坚持阶级与社会利益倾向分析。在我们看来,进行阶级、阶层分析并不限于给某种思想找一个固定的座位。例如,把《庄子》的阶级性说得越具体,就越难把事情说清楚。我认为,《庄子》的思想是当时不同阶级意识支流的混合物。所谓"阶级意识支流",是为了与阶级意识主流相区分。在阶级社会中,每个阶级有它的主流意识,同时又有支流意识。主流意识之间有明显的区别,但支流意识却可能相互交错渗透。对于一个思想家,他可以代表一个阶级或阶层的主流意识,也可以代表支流意识,还可能是不同阶级支流意识的混成物。《庄子》的思想便属于后者。在《庄子》书中,可以看到颓废没落者的奇谈怪论,但其中又有对吃人制度最无情的批判;作者们讲了一整套不与当权者合作的理论,但有时也给当权者提供一些治民的妙道要术;作者把被剥削者的苦难当作抨击统治者的根据,喊出了被剥削者的心声,可是他们又要把被剥削者好不容易争来的一点点物质与精神文明也要毁掉。在《庄子》思想中,有不少是弱者的精神安慰剂。然而在当时的条件下,这种安慰剂又是维护强者占据物质优势的特殊堤防。

《庄子》代表谁呢?它代表了弱者的愤恨和自我解嘲。在当时,这些弱者主要是那些失意的知识分子和脆弱的小农。《庄子》思想便是这两者支流意识的特殊的混合物。

第五节　马王堆《老子》乙本卷前古佚书的黄老政治思想

西汉时期,人们把"道家"又称为"黄老",所以"道家"与"黄老"是同义的。其实这种说法并不确切。黄老属于道家,但道家不都是黄老,黄老只是道家中的一个派别。

司马迁说申不害"本于黄老而主刑名"①。又说慎到、田骈"皆学黄老道德之术"②。司马迁这里所说的"黄老"应该说与"道家"同义,而不是狭义的"黄老"。《老子》书中没有言及黄帝,我们不能称之为"黄老"之学。从流传下来的《申子》《慎子》佚文看,明显地受到《老子》的影响,《申子·佚文》中有一处提到黄帝,但未见有理论意义,严格地说,只能说归本老子,不能说归本于黄帝。所谓"黄老"应具备如下两个条件:第一,称颂黄帝;第二,思想上承继老子。也就是说,要把黄帝与老子的思想结合在一起才可称之为"黄老"。从现有的资料来看,《庄子》中有些篇向这个方向迈出了第一步,马王堆《老子》乙本卷前古佚书则是实现两者结合的代表作。

我们在《老子》一书中看到,有许多地方对"圣人"倍加称赞。不过《老子》书中的"圣人"有两种:一是道化的圣人,二是俗圣。前者与历史和现实中俗化的圣人是格格不入的,可是在古佚书中两者实现了完美的结合。因此,在评价古佚书政治思想之前,需要简单地说明一下黄帝与诸子之说的关系。

一、黄帝与诸子以及古佚书的黄老思想

司马迁说:"百家言黄帝。"③这一说法概括了诸子百家与黄帝的关系。

————————————

① 《史记·老子韩非列传》。
② 《史记·孟子荀卿列传》。
③ 《史记·五帝本纪》。

为什么百家言黄帝？首先需要对黄帝做一点说明。

(一)战国时期关于黄帝的传说

现在我们常说中华诸族为炎黄子孙。考之于史，黄帝直到春秋才见诸史籍。史家最早言黄帝的是《左传》和《国语》。《左传·僖公二十五年》载：晋秦交兵，晋侯使卜偃问卜，卜偃问卜后说："吉，遇黄帝战于阪泉之兆。"如果《左传》可信，那么，春秋时期已有黄帝的传说。从占卜中的格套用语推测，关于黄帝的传说应该更早。《国语·晋语四》载晋国的司空季子语曰："昔少典娶于有蟜氏，生黄帝、炎帝。黄帝以姬水成，炎帝以姜水成。成而异德，故黄帝为姬，炎帝为姜，二帝用师以相济也。"依司空季子的说法，黄帝为姬姓之始祖。近代崔适认为黄帝即《尚书·吕刑》中的"皇帝"。《吕刑》作于何时，学界看法大异。如果属春秋以前之作，则黄帝之传说又可提前。今人关于黄帝的起源大体有两种看法。一种看法认为，"黄"与"皇"通，"皇"与"上"通，"黄帝"是从"上帝"演化而来，即由神而人；另一种看法认为，黄帝是古老历史传说中的人物。孰是孰非，难以辨明，姑且两存。

到了战国，黄帝的地位变得十分显赫了，在许多人的眼里，黄帝是人类帝王之始。《史记·魏世家》《集解》引荀勖语："和峤云：'纪年起自黄帝，终于魏之今王。'"《竹书纪年》是魏国编年史，以黄帝作为纪年之始。《世本》是赵人作的一部史书，其中《帝系》篇也以黄帝为始，少暤、颛顼、帝喾、帝尧、帝舜等均为黄帝之后。《吕氏春秋·慎大》说："武王胜殷，入殷，未下舆，命封黄帝之后于铸。"铸即祝，祝直到春秋尚存。《大戴礼记·帝系》篇云"黄帝产昌意，昌意产高阳，是为帝颛顼"，后经八世为"帝舜"。司马迁作《史记》把黄帝作为帝王之始，是符合战国以来传统之见的。

黄帝不仅是帝王之始，在战国人看来，黄帝又是一位伟大的拓荒者和创造家，人类的精神文明与物质文明，大部分都是黄帝创造的或由黄帝令其臣属创造的。后人是在黄帝拓荒得来的土壤上生息繁衍的。齐思和先生曾写过一篇《黄帝之制器故事》[①]，把有关的资料汇集在一起，颇能说明战国时期人们对黄帝的敬重和迷信。

由于黄帝具有显赫的地位，在讲血缘门第的时代，能作为黄帝的嫡系

---

① 载吕思勉、童书世编著：《古史辨》(七)，上海古籍出版社，1982年。

子孙无疑是无上光荣的。姬姓既以黄帝为祖,照理其他姓不宜再把黄帝请到祖宗牌位上。由于黄帝的荣光,许多人想与黄帝攀亲,战国的齐国本为姚姓,是虞舜之后,可是齐威王却把自己的祖宗追溯到黄帝。《齐侯因肻镈》铭文云:"绍緟高祖黄帝。"屈原《离骚》的开篇首句即是:"帝高阳之苗裔兮。"高阳也出自黄帝。这样一来,楚人也为黄帝之后了。

黄帝不仅是王和人祖,同时还被神仙化了。《山海经》中的黄帝是神仙。《吕氏春秋》以黄帝为中央之神。《史记·封禅书》记载,秦灵公时已把黄帝尊为神。《庄子》诸篇中所描述的黄帝也颇有神仙气。

正如《庄子·盗跖》中所说:"世之所高,莫若黄帝。"这种说法符合战国时期情况。

(二)诸子与黄帝

战国时期诸子在表述自己的思想时,总爱借先贤圣王之口,以增加神圣之气。正如《淮南子·修务训》所说:"世俗之人,多尊古而贱今,故为道者必托于神农黄帝而后能入说。乱世暗主高远其所以来,因而贵之。"由于黄帝在古圣贤中具有特殊的地位,诸子百家都极力与黄帝拉关系。从《汉书·艺文志》看,在著述题名中有黄帝之名者,有道家、阴阳家、小说家、天文、历谱、五行、杂占、医、经方、房中等。有些流派在著作题名中虽没有黄帝二字,但在内容中又不乏黄帝的形象。儒家一般只称道尧、舜、周文、周武,但在《易传》中也举起了黄帝的旗帜。法家中的《商君书》《管子》《韩非子》都从不同角度称道过黄帝。《吕氏春秋》也多处称引黄帝。

在先秦有没有自成一家的黄帝之学呢?有人认为应该有"黄学",此说可供参考。不过就目前的资料看,证据不足,尚不能勾画出"黄学"的思想轮廓。由于百家言黄帝,所以黄帝像块大理石,雕刻家想要雕成什么形象就雕刻成什么形象,所以黄帝无固定形象。应该说,黄帝入百家。

(三)道家与黄帝

前边提到,西汉人把"道家"与"黄老"作为同义语使用,其实这种用法是不确切的。道家有称道黄帝的,有反对黄帝的,也有不与黄帝发生关系的。

道家言及黄帝最早的是《庄子》。由于《庄子》出自众手,对黄帝的态度差别很大,有截然相反的两种看法。

有些篇如《至乐》《缮性》《天运》《秋水》《在宥》《天地》《盗跖》等,把黄帝作为鞭挞的对象。这些作者认为黄帝是破坏人性自然的罪魁祸首。在黄帝之前,人们在自然中安闲地生活,优哉游哉,天放自如。自从黄帝来到人间,一池清水便被搅浑了。黄帝以仁义"撄人之心",使人心走向"烂漫"①之路,而且每况愈下,弄得"天下大骇",儒墨并起,以使鸟兽都"莫得安其性命之情"②。使人类陷入永劫不复的深渊,"无以反其性情而复其初"③。

与上述诸篇相反,有些篇如《天道》《大宗师》《知北游》《山木》《齐物论》《徐无鬼》等,从不同角度,程度不同地肯定了黄帝。有的篇认为黄帝是位向道家靠拢的小徒弟,虽未入室,态度尚好,孜孜以求;有的篇则认为黄帝之治顺大从性,合乎人性自然;有的篇则把黄帝描绘成神化式的人物。

《庄子》某些篇对黄帝的肯定,开辟了老学与黄帝结合之路。在道家中,真正把黄帝当作旗帜的是《老子》乙本卷前古佚书,这可称之为真正的黄老之言。

1973 年,长沙马王堆三号汉墓出土了一批帛书。在帛书中,《老子》有两种写本,分别称为"甲本"和"乙本"。在乙本前有《经法》《十六经》《道原》《称》四篇古佚书。这四篇古佚书体裁不完全相同:《经法》以论为主,兼有韵文;《十六经》叙事带有议论的色彩;《称》多是押韵的格言;《道原》为韵体文。四篇佚书论述问题的方式和涉及的方面也多有差异,但思想基本上是一致的,所以可以放在一起评论。

这四篇中只有《十六经》言及黄帝,其中多用黄帝君臣问答的形式论述问题。《十六经》既尊崇黄帝,又详论道,无疑可称之为黄老派之作。其他三篇虽未拾出黄帝,但内容相近,故可视为同类。目前学界对四篇的渊源与成书年代尚有不同的看法。有的认为这四篇古佚书即《汉书·艺文志》道家类中的《黄帝四经》。有的认为四篇非一系,《十六经》当是《汉书·艺文志》道家类中的《黄帝君臣》。还有的认为不一定与《汉书·艺文志》中所列的黄帝书有什么关系,但可以肯定是黄老一派的作品。关于四篇成书的年代,有的主

①《庄子·在宥》。
②《庄子·天运》。
③《庄子·缮性》。

张成书于战国中早期,至晚不能晚于申不害生活的年代。有的认为成书于战国中后期。有的认为更晚些。四篇佚书中有不少语句与《国语·越语》《管子》《慎子》《鹖冠子》《庄子》《文子》相同或相类,谁抄谁,无有定说,从文意上看当为前者抄后者。据此我认为四篇佚书为战国后期之作。

四篇古佚书的基本思路属于道家,但与《老子》《庄子》等又有很大的差别。《庄子》发展了《老子》的自然主义,走上了另一条路。四篇古佚书归本于道,但在政治上积极主治,路数与《老子》迥异。四篇的政治倾向与《管子》中的法家派著作相近。这四篇古佚书还有一个明显的特点,那就是吸收了法、儒、阴阳、墨、名等家的某些思想。因此可以说,四篇佚书是以道为主,具有综合诸家的性质。有的学者认为主要是道、法的结合,称之为"道法家",可供参考。下边就四篇古佚书政治思想的几个主要观点做些分析和说明。

二、顺天合人与循理用当

(一)顺天合人

四篇古佚书政治思想的最主要特点之一,是主张把天、地、人统一起来,作为政治的立足点。只有兼顾三者,才能治国。《十六经·前道》说:"故王者不以幸(侥幸)治国,治国固有前道(前,先也。前道,首先之道),上知天时,下知地利,中知人和。"《经法·六分》说:"王天下者之道,有天焉,有人焉,又(有)地焉。参(三)者参用之,而有天下。"

四篇古佚书中所说的"天""天道""天极""道""虚无刑(形)""一""虚"等,细分起来稍有差别,但基本上指的是一个东西。道的本质是唯物的抑或唯心的,这里不论。要之,最常见的自然现象和运动规律都包括在道的范畴之中。《经法·论》中所讲的"天执一,明[三,定]二,建八正,行七法",基本上概括了天道的内容。"执一"何所指,由于阙文,不可确知,从残文"不失其常者,天之一也"看,可能与《经法·道法》中所说的"天地之恒常"相近,大抵指天地运动的基本规律。"明三"指日、月、星辰及其运行规律。"定二"指晦、明。"八正"指"四时有度,动静有立(位),而外内有处"。"七法"为"明以正""适""信""极而[反]""必",另外两项由于帛书的残缺而不可知。"明以正,天之道也。适者,天度也。信者,天之期也。极而[反]者,天之生(性)也。必者,天之命也。"另外《经法·亡论》认为天道的特点是"嬴(盈)极必静"。《经法·四度》说:"极而反,盛而衰","天道不远,入与处,出与反"。还有阴阳之变也为天道,等等。《经法·论》中提出的"七法",对自然规律的不同形式进行了具体分析,这是作者的一大贡献。

关于人之道,最主要指社会的基本秩序,即君主上下贵贱的区分。《经法·道法》说:"万民之恒事,男农,女工。贵贱之恒立(位),贤不宵(肖)不相放(妨)。畜臣之恒道,任能毋过其所长。使民之恒度,去私而立公。"在社会中,君、佐、臣、民各有其处,《经法·四度》说:"君臣不失其立(位),士不失其处,任能毋过其所长,去私而立公,人之稽也。"《经法·六分》中提出要"主主臣臣"。《经法·君正》提出"贵贱有别"。上述这些是人道的根本,另外,大家共同使用的器用标准,如度、量、衡之类,也属人之道。还有动静参于天地、生杀得当,也都属于人道。

天道、人道既有区分,又可为一体。《经法·四度》说:"极而反,盛而衰,天地之道也。人之李(理)也。"由于天人同理,人们的行为应该保持两者的统一与和谐关系,这样就可以形成天人之间的良性循环。《十六经·前道》说:"圣[人]举事也,阖(合)于天地,顺于民,羊(祥)于鬼神,使民同利,万夫赖之,所胃(谓)义也。"《经法·君正》说:"人之本在地,地之本在宜(指宜种之作物),宜之生在时,时之用在民,民之用在力,力之用在节。知地宜,须时而树,节民力以使,则财生。赋敛有度则民富,民富则有佴(耻),有佴(耻)则号令成俗而刑伐(罚)不犯,号令成俗而刑伐(罚)不犯则守固单(战)朕(胜)之道也。"这两段话把天、人关系良性循环的条件论述得十分清楚,关键是人要"因天"①,"顺天"②。

就天、人的基本关系而论,天地制约着人,天是人的主人。如果人顺天而行,人就掌握了主动权,反客为主。《十六经·姓争》说:"天道环(还)于人,反为之客。"大意是:人能掌握天道之时机,顺从天道,天道就成了人的客人。

天与人之间并不都是良性循环。人常有背逆天道的情况,如"时静不静","可作不作"③,这时天道就会显露出它的主人性格,使人处于客人被动

---

① 《经法·君正》。
②③ 《十六经·姓争》。

之位。《经法·道法》说:"虚无刑(形),其裻(音笃,衣背中缝,借为中枢)冥冥,万物之所从生。生有害,曰欲,曰不知足。生必动,动有害,曰不时,曰时而□。动有事,事有害,曰逆,曰不称,不知所为用。事必有言,言有害,曰不信,曰不知畏人,曰自诬(不能行而言之为'诬'),曰虚夸,以不足为有余。故同出冥冥,或以死,或以生,或以败,或以成。"作者指出人的生、动、事、言面临两种前途,一种是生和成,一种是死和败,成败的关键在于人的行为是否与道相悖。

作者一再劝告人主,政治的总方针是要天、地、人结合起来,顺天合人。《十六经·姓争》说:"顺天者昌,逆天者亡。毋逆天道,则不失所守。"《称》中讲:"毋先天成,毋非时而荣。先天成则毁,非时而荣则不果。"《十六经·观》说:"圣人不巧,时反是守",顺天则"五谷溜孰(熟),民[乃]蕃兹(滋)。君臣上下,交得其志"。《经法·论约》论述更为具体:"功不及天,退而无名。功合于天,名乃大成。人事之理也。顺则生,理则成,逆则死,失□□名。怀(倍)天之道,国乃无主。无主之国,逆顺相功(攻)……不循天常,不节民力,周迁而无功。养死伐生,命曰逆成。不有人僇(戮),必有天刑。……参之于天地之恒道,乃定祸福死生存亡兴坏之所在。"作者把天道视为一国之命脉。顺天道则兴;违反天道,必遭失败。《经法·论》更明确地提出,一切人事只有"与天道总",即综合在一起,才能安平和兴旺。

古佚书把天、地、人作为统一体来考察,强调三者和谐一致,是很有见地的。不论人的主观能动性有多大,必须承认,人总是自然的一部分,只要这个前提不变,顺天就是首要的问题。人类常常忘掉了自己是自然中的一部分,做出许多违反自然的举动,结果没有不受到惩罚的。经过曲折还必须走到符合自然规律的轨道。从今天的眼光看,古佚书对天道、人道的认识还很有限,甚至带有神秘的色彩,但作者思考问题的方法不能不使我们叹服。作者虽然强调顺从自然,但他们并没有窒息人的能动作用。人的能动作用概括为四个字,即循理用当。

(二)循理用当

什么是理呢?《经法·论》说:"七法(即前边所说的'七法')各当其名,胃(谓)之物。物各□□□□胃(谓)之理。理之所在胃(谓)之[顺]。物有不合于道者,胃(谓)之失理。失理之所在,胃(谓)之逆。逆顺各自命也,则存亡兴坏可知[也]。"这里把问题讲得很清楚,物合于道者即谓"理"。这是关于理的基本规定。细加分析,理又有不同的含义。有的地方把理同自然客观的规律性视为一体。如《经法·论约》中所说:"四时有度,天地之李(理)也。"有的地方则把人们遵守客观规律的行为叫作"理"。《经法·论约》中说:"[人]事之理也,逆顺是守。"有的地方则把人世间的相互关系和规范称为"人理"。《经法·四度》说:"其(当为'失'之误)主道离人理,处狂惑之立(位)处(疑为'而'字之误)不吾(悟),身必有瘳(戮)。"无论哪一种理,都不是显露在外一望可知的,而要通过人的考察思索才能把握。《经法·名理》说:"审察名理名(此'名'疑为衍文)冬(终)始,是胃(谓)厩(究)理。"考察事物之理不能存成见,必须"虚静公正",才能"得名理之诚"。古佚书中的理既是客观的,又必须见诸人的主观认识。循理,就是要把遵从客观规律与人的主观能动性结合在一起。

用当与循理相近,侧重讲人的行为与客观规律协调、平衡。《经法·道法》所讲的以平衡应变化,是"当"的核心。文中说:"应化之道,平衡而止。轻重不称,是胃(谓)失道。"抓住事物的平衡点就抓住了"当"。作者又把"当"分为"天当"和"人当"。天当指人遵从自然规律,人当指顺从社会规定和常习。作者认为,"过极失当"是人之大忌。违反"天当",必定要受到惩罚;违反"人当",也必定遭殃。"诛禁不当,反受其央(殃)。"[1]"当"还表现在要善于抓住事情变化的关节点,"静作得时,天地与之"[2],是"当"的最佳状况。如果事物还不到成熟之时,过早采取行动,就会事与愿违。《十六经·姓争》说:"时静不静,国家不定。"《称》中说:"先天成则毁。"《经法·国次》说:"不尽天极,衰而复昌。"反之,事情已经成熟,就应采取断然措施,否则也会招致祸患。"当断不断,反受其乱。"例如"禁伐当罪当亡,必虚(墟)其国",即彻底歼灭之。如果对当罪当亡之国,采取击而不灭的政策,必养后患。依作者之论,只要符合"当",便无德、怨可言。《经法·君正》说:"受赏无德,受罪无怨,当也。"意思是说:当赏,无须感恩戴德;当罪,也不会产生怨恨。总之,循理用当,无事不通;反之,"过极失[当],天将降央(殃)"[3]。

---

[1][3]《经法·国次》。

[2]《十六经·姓争》。

436

主观能动性还表现在善用"六柄"。《经法·论》中所说的"六柄"指观、论、动、转、变、化。"观则知死生之国,论则知存亡兴坏之所在,动则能破强兴弱,槫(转)则不失讳(韪)非之国,变则伐死养生,化则能明德徐(除)害。六枋(柄)备则王矣。"

顺天合人,循理用当,较为合理地解决了天人关系问题,既继承了《老子》因自然的思想,又纠正了老庄,尤其是庄子的自然主义的消极倾向。

三、法断与审形名

顺天、循理、用当落实在政治上,集中表现为实行法治、法断与审名实。

(一)法理与法断

古佚书作者认为法源于道。《经法·道法》说"道生法",紧接着又论述了法的本质和作用:"法者,引得失以绳,而明曲直者殹(也)。"大意是:法犹如绳墨区分曲直一样,决定着事情的成败得失。《经法·君正》说:"法度者,正(政)之至也。"

作者认为,法的基本精神是合民心、公正和无私。《经法·君正》说:"号令阖(合)于民心,则民听令。"所谓民心,首先表现在衣食男女上。《十六经·观》说:"夫民之生也,规规(细小貌)生食与继(生育)。"从高谈阔论的道德观念看,这种说法相当鄙薄,考其实则颇为中肯。因为吃饭和男女是当时人们生活的首要问题。《经法·君正》又说:"国无盗贼,诈伪不生,民无邪心,衣食足而刑伐(罚)必也。"古佚书的作者再三提倡爱民,认为爱民是从天地本性中引申出来的结论。《十六经·立命》借黄帝之口说:"吾畏天爱地亲[民]。"《经法·君正》说:"兼爱无私,则民亲上。"文中还提出了这样一个论点:民富是实行法的前提条件,即"民富则有佴(耻)",有耻则民听法令。如何做才能爱民和富民呢?基本方法是"苛事('苛事'上疑脱一字,应与下文之'节'为对文),节赋敛,毋夺民时"。另外还要有一颗父母之心。作者把合于民心作为法的立足点,应该说是抓住了事情的根本。

立法要合于民心,执法要公正无私。《经法·道法》中说:"使民之恒度,去私而立公。"《经法·君正》说:"精公无私而赏罚信,所以治也。"公正无私是道的本性,圣人因之。《经法·国次》说:"天地无私,四时不息。天地立

(位),耵(圣)人故载。"《经法·六分》说:圣人"参之于天地,而兼复(覆)载而无私也,故王天[下]"。公正无私又是通向聪明之路。《经法·名理》说:"唯公无私,见知不惑,乃知奋起。"《经法·道法》说:"公者明,至明者有功。至正者静,至静者耵(圣)。无私者知(智),至知(智)者为天下稽。"于是执法、无私与聪明三者构成一个良性循环。

作者认为,立法和执法是为政的根本。为此法一定要统一。《十六经·成法》记载黄帝问其臣力黑:"请问天下有成法可以正民者?"力黑答道:"吾闻天下成法,故曰不多,一言而止。循名复一,民无乱纪。"又说:"夫百言有本,千言有要,万[言]有蒽(总),万物之多,皆阅一空(孔)。"大意是:治理天下要有定法,法不能多,一个即足。人人都遵法,就没有乱纪的了。……百句话、千句话、万句话,都有中心纲要,万物万事都要从一孔出来,这一孔就是法。《经法·名理》说:"是非有分,以法断之。虚静谨听,以法为符。"《称》中说:"有义(仪)而义(仪)则不过,侍(待)表而望则不惑,案法而治则不乱。"

为了有效推行法,制定法者必须从自身做起。《经法·道法》说:"故执道者生法而弗敢犯殹[也],法立而弗敢废殹[也]。夫能自引以绳,然后见知天下而不惑矣。"在那个时代,没有任何社会力量制约生法者必须行法,而生法者不执法又使法处于瘫痪或混乱状况。于是思想家们呼吁生法者应首先从自身做起。然而没有相应的法律保证或法律制约,又只能流于宣传和说教。

(二)审核形名

与法制相接近的还有审形名。古佚书很重视"形名"之学,先秦有一派专门研究形名关系的,称为"名家"。除名家之外,儒、墨、法很重视形名之学。古佚书的作者从道家的立场出发,兼蓄并收了有关形名理论。在作者看来,形名同法一样,都是道在人事上的体现。《经法·名理》说:"故执道者之观于天下,□见正道循理,能与(举)曲直,能与(举)冬(终)始。故能循名厩(究)理。"对形名关系的看法,古佚书的基本思路是先形而后名,循名以责实,君主通过审核形名以控制臣下。

古佚书的作者认为形先于名,名应与实相符。《称》说:"有物将来,其刑(形)先之。建以其刑(形),名以其名。"大意是:一个事物,首先有形,形先确定,才可给予适当的名。这是唯物主义的认识。《经法·四度》说:"名功相抱

438

(孚),是故长久。名功不相抱(孚),名进实退,是胃(谓)失道,其卒必□身咎。"作者反对名实不符,更反对名过于实。名过于实是"失道"的表现,必招灾祸。名过其实,其名也难永存。"声洫(溢)于实,是胃(谓)灭名。"这句话讲得十分深刻,无其实的虚名终将被揭破。

形决定名,但是形又必须通过名才能反映出自身规定性和事物相互间的差别与关系。《经法·道法》说:"刑(形)名立,则黑白之分已。"《道原》说:"分之以其分,而万民不争。授之以其名,而万物自定。"作者认为,确定形名是从事政治的一项根本手段。确定形名可以使每个人知道自己的职守和行为准则。正如《经法·论约》中所说:"刑(形)名已定,逆顺有立(位),死生有分,存亡兴坏有处。"《十六经》结尾部分说:"欲知得失,请(情)必审名察刑(形)。"《经法·道法》中也讲:"天下有事,无不自为刑(形)名声号矣。形名已立,声号已建,则无所逃迹匿正矣。"君主掌握形名,便掌握了事物的准绳,就会变得聪明,臣下的好坏一目了然。《经法·名理》说:"刑(形)名出声,声实调和,祸材(灾)废立,如景(影)之隋(随)刑(形),如向(响)之隋(随)声,如衡之不臧(藏)重与轻。"作者告诫统治者,只有名正才能责实,因此要"正名",反对"倚名"。因为"倚名"会导致"法而乱",只有名实相副才能治平。"名实不(不,疑为衍文)相应则定,名实不相应则静(疑为'争'之误)。"[①]

(三)君主集权

古佚书主张君主集权,集权的凭依主要是法和审形名。君主只能有一个,不能有两个,更不能杂,这一点显然受了慎到的影响。君主是唯一的出命者。《经法·论》中说:"人主者,天地之□也,号令之所出也,□□之命也。"君臣之间的关系,只能是君重臣轻,不可颠倒。《经法·六分》说:"凡观国,有大(六)顺:主不失其位则国[有本]。[臣]失其处则下无根,国忧而存。主惠臣忠者,其国安。主主臣臣,上下不赾(斥)者。其国强。主执度,臣循理者,其国朝(霸)昌。主得□臣福(辐)属者,王。"与上述情况相对,称为"六逆"。明白这"六顺"与"六逆"之别的,称之为明"六分"。"主上者执六分以生杀,以赏□,以必伐(罚)。"《经法·亡论》中还讲过"六危",内容与"六逆"大体相

①《经法·论》。

同,意在说明威胁君权的各种情况,劝君主戒备。

古佚书一方面主张君主集权,另一方面又主张无为政治。古佚书的无为是建立在顺天行法和审核形名基础之上的。《经法·道法》说:"虚无有,秋稿(毫)成之,必有刑(形)名。刑(形)名立,则黑白之分已。故执道者之观于天下殴(也),无执殴(也),无处也,无为殴(也),无私殴(也)。"《十六经》的结论部分说:"刑(形)恒自定,是我俞(愈)静。事恒自㐸(施),是我无为。"《经法·道法》说:"称以权衡。参以天当,天下有事必有巧验。事如直木,多如仓粟。斗石已具,尺寸已陈,则无所逃其神。故曰:度量已具,则治而制之矣。""名刑(形)已定,物自为正。"《道原》说:"分之以其分,而万民不争。授之以其名,而万物自定。"于上可见,作者把顺天、行法和审形名作为一个过程来看待,三者互相制约补充。在这个基础上才有无为政治。所以无为绝不是无所事事,而是顺天、行法和审核形名的结果,是一种政策形式。无为政治强调按规定办事,在规定之外不要另增加其他活动。

四、文武、德刑、刚柔并用之术

古佚书的作者主张顺天、行法、审核形名,但他们没有把这些绝对化和僵化,而是同时又提出文武、德刑、刚柔并用。文武、德刑、刚柔相类而又有差别,从不同角度论述了政治中的两手政策。

古佚书作者从自然规律的不同运动形式和人与人之间相应的关系上,对文武做了新颖的解释。细加比较,各篇的说法又不尽相同。《经法·约论》认为自然规律分文武。"始于文而卒于武,天地之道也。"这里文指生长,武指肃杀。《经法·君正》从天人的关系对文武做了进一步说明:"因天之生也以养生,胃(谓)之文,因天之杀也以伐死,胃(谓)之武。"作者把养视为文,把伐视为武,但养和伐都不是随心所欲,必须与客观规律相适应。《经法·四度》所说的"动静参于天地胃(谓)之文,诛□时当胃(谓)之武"与前两种说法又略有不同:作者把符合天地自然规律的行动叫作文,把时机成熟、当时而伐叫作武。不论从哪一种意义上看,古佚书的作者都把客观规律与人的主观能动性统一起来,以确定文、武的内涵。这样文、武就不只是人的主观行为,而有其客观的标准。这种看法是很有见地的。作者一再强调,统

440

治者必须文武兼备。"文武并行,则天下宾矣。"①除文武并用之外,作者还提出要"二文一武"②。所谓二文一武,就是始于文,中间以武断,武之后再施以文,其公式是:文—武—文。二文一武的思想比之文武并用要深刻一些,它指出马上可以得天下,然而不可以治天下,只有"武刃而以文随其后",才能治天下。

与文武相类的另一种形式是德刑。古佚书作者认为德刑也本于自然。《十六经·观》说:"春夏为德,秋冬为刑。"基于此,德刑都不可废。在实际运用上,作者主张先德而后刑,德为主、刑为辅,阳德而阴刑。从事情的过程看,要以德为前导。"先德后刑以养生","先德后刑,顺于天"③。从主辅关系上看,要以德为主。《十六经·雌雄节》说:"德和者昌,[殃]和者亡。观其所和,乃知[祸福]之乡(向)。"其他一些篇提出的"亲民""兼爱""慈惠以爱人"等,都说明要以德为主。作者们还向统治者建议,德要施在明处,刑要暗暗地进行。《十六经·姓争》说:"天德皇皇,非刑不行。缪缪(穆穆)天刑,非德必顷(倾)。刑德相养,逆顺若成。刑晦而德明,刑阴而德阳,刑微而德章(彰)。"大意是:天之德是光明的,没有刑的配合必定失灵。所以德刑互相辅助,才能使民顺逆有规可循。刑要用在暗处,德要用在明处。刑属阴,德属阳,刑要隐晦,德要显明。很明显,德之用与欺骗权诈之术结合在一起了。

刚柔比德刑更加抽象化。古佚书与《老子》的贵柔思想有明显的不同,古佚书虽然以柔为主,但主张刚柔并用。《十六经·三禁》说:"人道刚柔,刚不足以(以,用也),柔不足寺(恃)。"意思是:人道刚柔兼备,只靠刚不足以为用,只用柔也靠不住。作者主张刚柔并用。不过根据物极必反的原则,在刚柔两者之间,作者更注重柔。《十六经》中有一篇叫《雌雄节》,雌相当于柔,雄相当于刚。文中说:"宪敖(傲)骄居(倨),是胃(谓)雄节;□□共(恭)验(俭),是胃(谓)雌节。"大意是:高傲目中无人叫雄节,恭俭叫雌节。"夫雄节者,湿(疑读为逞或盈)之徒也。雌节者,兼(读为谦)之徒也。"盈必损,凡事不要与盈沾边。《称》说:"不士(仕)于盛盈之国,不嫁子于盛盈之家。"持雄节者凶,尊雌节者吉。柔雌的基本要领是不争,《称》说:"柔节先

①《经法·君正》。
②《经法·四度》。
③《十六经·观》。

定,善予不争。"《十六经·顺道》提出"主柔"。古佚书所说的柔并非绝对的柔,而是"以刚为柔"①。也不是绝对的不争,而是"常后而不失膻(体)"②。先争者固然凶,但"不争亦无成功"③。所以柔又是一种谋略,"柔身以寺(待)之时"。只要时机成熟,必须争。《十六经·观》说:"当天时,与之皆断。当断不断,反受其乱。"

古佚书关于文武、德刑、刚柔的论述把天、人结合在一起,并从事物的两个方面观察问题、处理问题,说明作者较深入地总结了统治经验。这些论述又为统治者自觉地运用两手政治提供了理论依据。

五、用战争取天下

古佚书产于战国后期,这时正是七雄打得不可开交之时。作者对战争采取了慎重而又积极的态度,鼓动君主们用战争去摘取王冠,统一天下。

作者认为自然界和人类社会充满了矛盾斗争。《十六经·果童》说:"夫天有干('干'字前疑脱一'恒'字),地有恒常。合□□常,是以有晦有明,有阴有阳。夫地有山有泽,有黑有白,有美有亚(恶)。地俗(疑读为育)德以静,而天正名以作。静作相养,德瘧(虐)相成。两若有名,相与则成。阴阳备物,化变乃生。"文中指出的晦明、阴阳、山泽、黑白、美恶、静作、德虐都是相反而相成的矛盾物。万物因阴阳矛盾斗争才引起千变万化。《十六经·姓争》中还明确指出对立面是互相排斥的:"夫天地之道,寒湟(热)燥湿,不能并立;刚柔阴阳,固不两行。"自然界充满了对立斗争,人类社会也是以矛盾斗争为其开始的。《十六经·姓争》中又说:"天地已成,黔首乃生。胜(姓)生已定,敌者生争。"大意是:有了天地也就有了人类。姓氏已定,相互矛盾的现象发生,并产生了斗争。《十六经·观》中所描绘的初民社会是一片混乱,矛盾重重,经过黄帝兼并天下,定出制度,社会才走向了安定。当今又遇到了乱世,即"今天下大争"。面对大争局面必须以争对应,否则必处凶境。所谓争,就是战争。

---

① 《经法·名理》。
② 《十六经·顺道》。
③ 《十六经·五正》。

作者主张以武力争天下,但是战争这种东西毕竟不是好玩的,因此要以极严肃的眼光看待战争。作者把战争分为三种不同类型。《十六经·本伐》说:"世兵道三:有为利者,有为义者,有行忿者。"作者认为,行忿者败,为利者伤,只有为义者,即"伐乱禁暴,起贤废不宵(肖)",才能成功。为义之战,首先要分析国内与敌国的情况。《经法·四度》说:"顺治其内,逆用于外,功成而伤。逆治其内,顺用其外,功成而亡。内外皆逆,是胃(谓)重央(殃),身危为僇(戮),国危破亡。外内皆顺,命曰天当,功成而不废,后不奉(逢)央(殃)。"作者强调,用兵要内外皆顺,而后才能成功。从理论上说,这无疑是上策。作者所谓义兵,还表现在用兵要与天、地、人相顺。《十六经·兵容》说:"兵不刑(效法)天,兵不可动。不法地,兵不可昔(措)。刑法不人(此句疑有误,当为'不法人'),兵不可成。"

古佚书作者还具体论述了战争的策略与战术思想,如藏强示弱、谦下骄敌、详察攻守形势与时机、不杀俘虏等,表明作者颇通战争辩证法。

作者特别强调,只要消灭敌国的条件成熟,就要干净彻底地消灭之,切不可怜悯手软;一手软,必遗后患。

六、结语

由上所述,我们可以看到,古佚书以道家为主,吸取了法、儒、阴阳、墨、名、兵等家的思想,熔各种思想为一炉。司马谈《论六家要旨》中说:"道家,使人精神专一,动合无形,赡足万物。其为术也,因阴阳之大顺,采儒墨之善,撮名法之要,与时迁移,应物变化,立俗施事,无所不宜。指约而易操,事少而功多。"[①]司马谈所说的道家,显然不是指先秦所有的道家,只能说与古佚书的思想相当。

战国的诸子百家,绝大部分都是为了给统治者献计献策。就一隅而论,都不免有一定的局限性和片面性;不过犹如百衲衣一样,每一块又都是不可缺少的。统治者在实际政治中固守一隅的情况是有的,但更喜欢百衲衣,只要于实际政治有利,都会拿来使用。思想家们不务实,常有门户之见;但实际的政治运动也推动他们不得不把理论对手有用的东西明抢暗拿过来,

---

① 《史记·太史公自序》。

以适应实际政治的需要。古佚书的作者在这方面走得较快。如果把古佚书与《老子》相比较,就会发现道家的思想发生了多大的变化。一种思想和学派在其发展过程中,吸取其他思想越多,它的生命力就越强。

第八章 墨子以"尚同"推行"兼爱"的政治思想

第一节 墨子、墨家学派和《墨子》

墨子,名翟,鲁国人,一说宋国人。生卒年不可确考,大约生活于公元前468年至公元前376年之间(一说生活于公元前490年至公元前403年之间,还有一说生活于公元前475年至公元前390年之间)。墨子出身于下层,会制造木器,技艺很高。传说他曾制造了一只木鸟,高翔天空,三日不落。他的工艺水平与能工巧匠公输般齐名。木匠这类活当时是下层人干的,所以墨子有时被称为"贱人"。①他本人到后来并不"贱",曾做过宋国的大夫,又经常到各国游学,很有名气。楚国曾打算封给他书社五百。越王邀他仕越,许以五百里封地。因政见不合,墨子都拒绝了。

墨子起初从学于儒,"学儒者之业,受孔子之术"②,后来走到儒家的对立面,对儒学进行了猛烈的批评。他创立了一个自成体系的学派。墨子及其弟子形成了一个有严密纪律的团体,称之为"墨者"。墨子在世时,墨子为首领。墨子死后,通过选贤推出新首领,称为"钜子"。墨者有一套严格的纪律,称之为"墨者之法"。其中有一项规定:"杀人者死,伤人者刑。"墨者出仕,要由钜子派出。墨子曾"游荆耕柱子于楚"③,"游公尚过于越","出仕曹公子于宋"④。墨者不仅学文,也还习武。墨子曾派他的弟子禽滑釐率墨者之众为宋守城。墨者集团文武结合。墨者出仕所得的俸禄必须缴出一部分供

---

① 参见《墨子·贵义》。

②《淮南子·要略》。

③《墨子·耕柱》。

④《墨子·鲁问》。

墨者集团使用,墨者集团又带有经济合作的性质。

墨子死后,墨家分为三派。现存《墨子》书中有些篇,同一篇有大同小异三种版本,可能为三派所传不同而形成的。《墨子》一书是墨子及其后学的著作总汇,全书可分为五部分。第一部分从第一篇至第七篇。这七篇对墨子思想进行了概述。第二部分从《尚贤》至《非儒》共三十一篇,是墨子的讲学录。第三部分有《经》上下、《经说》上下、《大取》和《小取》六篇。这六篇主要讨论认识论和逻辑问题。第四部分有《耕柱》《贵义》《公孟》《鲁问》《公输》五篇。这五篇记载了墨子的言行。第五部分从《备城门》至《杂守》共十一篇。这十一篇讲城防问题,为军事著作。第一、第二、第四部分是研究墨子本人思想的主要材料,第三、第五部分属墨子后学之作。

第二节　刑政、政长的起源和社会政治的基本矛盾

一、一人一义的混乱时代

墨子认为,刑政、政长,即国家机器和官吏不是原本就有的。在人类历史上曾有过"未有刑政"①"未有正(政)长"②的时代。在那个时代,每个人都是平等的,每人都有自己的"义"。一人一义,十人十义,百人百义。最初,人比较少,相应"义"也较少。到了后来,"逮至人之众不可胜计也,则其所谓义者,亦不可胜计"③。

每人一义之"义"究竟指什么呢?这首先需要对墨子所说的"义"做一下分析。墨子所说的"义"有截然不同的两种,一种是他所批判和否定的,一种则是他所肯定和提倡的。凡属"自爱"而不爱人,并且有损于人的"义",是墨子批判和否定的。另一种"义"既有利于个人,又有利于他人和社会,这才符合墨子学说。墨子对这种"义"倍加称赞,将其作为自己手中的理论标尺。在《墨子》一书中,凡属"一人一义"的"义",均属否定之列;前边不加定语和特殊的说明的这种"义",大抵是墨子所倡导的。

---

①《墨子·尚同上》。
②③《墨子·尚同下》。

依墨子之见,原生形态的一人一义之义,不仅只知"自爱",而且有强烈的排他性,与他人格格不入。每个人"皆是其义,而非人之义"①。由于自是而非人,人与人之间根本无法和睦相处,一接触就闹矛盾,"是以人是其义,以非人之义,故交相非也"②。一人一义之争不只是思想之争,同时也还有物质内容。"厚者有斗,而薄者有争。"③斗的结果是天下乱作一团。《墨子·尚同上》说:"是以内者父子兄弟作怨恶,离散不能相和合;天下之百姓,皆以水火毒药相亏害,至有余力不能以相劳,腐臭余财不以相分,隐匿良道不以相教,天下之乱,若禽兽然。"人类是以混乱交争为其开篇的。一人一义则是祸乱之首。

"自爱"是人类的初始本性,在人口稀少、资源够用的情况下,"自爱"可以作为一种自然存在,有其活动空间。但"自爱"一走向社会化,就立即变成破坏社会关系的动因,在内首先就表现在父子兄弟之间的冲突,其外更不待言。从社会关系角度看,"自爱"是万恶之源。

二、刑政、政长的产生

墨子认为,一人一义是祸乱之源;与此相反,如果有了同一之义,祸乱就会消弭。为什么不能有同一之义呢?他认为这是"无政长""无刑政"造成的。用今天的话讲,就是由于没有国家、政府。为了改变混乱局面,使一人一义归于统一,首先需要建立"刑政",设立"政长",政长之首便是天子。

天子是怎样产生的呢?《墨子·尚同上》说:"选天下之贤可者,立以为天子。"《墨子·尚同中》说:"选择天下贤良圣知辩慧之人,立以为天子,使从事乎一同天下之义。"这两处墨子都没有指明由谁选择。有的学者认为是由民选举的,从而认为墨子是中国历史上的最早的民主主义者。究其实,这种说法并不符合墨子的本意。《墨子·尚同下》把问题交代得相当清楚。其文曰:"是故天下(孙诒让认为'下'字为衍文)之欲同一天下之义也,是故选择贤者,立为天子。"墨子崇尚神鬼,认为天神主宰一切,并一再宣扬天子也要受天的指挥。所以从墨子思想体系看,天子不是由民选举的,而是由天选择

---

①③《墨子·尚同下》。

②《墨子·尚同上》。

的。天子的基本职责是一同天下之义。但仅靠天子一人不能完成这一任务。于是由天子置三公，封建诸侯，诸侯之下又立大夫，再下又设乡长、里长。这就是"政长"系统。与政长系统相配合，还有刑政制度，犹如今天说的国家机构。在政长和刑政的领导和强制下，天下走上大治太平。在墨子看来，刑政、政长是为了调和与控制人与人之间的矛盾斗争而产生的，是为了不让社会在这种无谓的斗争中走向自我毁灭。墨子的这种看法离科学的历史观虽然还十分遥远，但其中包含了科学的萌芽。墨子的贡献在于沿着人类社会自身的矛盾运动对国家的产生进行探索。

中国历史何时进入以刑政、政长为标志的新时期？墨子的说法不尽一致。有的地方从尧舜开始，有的地方比尧舜还早，上溯至"有苗"，乃至更早。在先秦历史传说中，"有苗"与黄帝是同时的。有一次墨子与儒者公孟辩论，说儒家"法周而未法夏也"①。《淮南子·要略》据此称墨子"背周道而用夏政"。其实《淮南子》的说法并不准确。清人汪中在《述学·墨子后序》中指出："墨子质实，未尝援人以自重。其则古昔，称先王，言尧舜禹汤文武者六，言禹汤文武者四，言文王者三，而未尝专及禹。墨子固非儒，而不非周也，又不言其学之出于禹也。"韩非子在《韩非子·显学》早就说过："孔子、墨子俱道尧舜，而取舍不同。"韩非的说法比较中肯。在墨子看来，至迟从尧舜开始进入有政长和刑政时代。

有了政长和刑政，并不意味着历史进入了坦途大道。政长有贤与不肖之分，对刑政有如何使用的问题。历史仍然面临两种可能、两种前途。墨子说："昔者圣王制为五刑，以治天下，逮至有苗之制五刑，以乱天下。"②由此他得出结论："善用刑者以治民，不善用刑者以为五杀。"③正如人的嘴一样，可以说好话，也可以说坏话，话分好坏，但不能说"口不善"。刑政也是如此，可以为治，也可以为乱，但不能说刑本身坏。④墨子的这种比喻显然不准确，他把刑政视为唯一的治世之方是片面的。

三代是墨子眼中的盛世，禹、汤、文、武、周公是光照日月的圣王。然而

----

①《墨子·公孟》。

②③《墨子·尚同中》。

④ 参见《墨子·尚同中》。

在一片光明中也出现了桀、纣统治的黑暗时代。桀、纣起而为大乱,汤、武兴而为大治,于是墨子说治乱之因"存乎上之为政也"①。"政"指政策,在"政"问题上最为重要的是指导思想和态度问题。墨子认为事分两途,一种是持命论,一种是持力论。

"命"就是命运,一切都是命中注定的。在命面前,人的主观能动性毫无作用。"执有命者之言曰:'命富则富,命贫则贫,命众则众,命寡则寡,命治则治,命乱则乱,命寿则寿,命夭则夭……'"②又说:"昔上世之穷民,贪于饮食,惰于从事,是以衣食之财不足,而饥寒冻馁之忧至,不知曰'我罢不肖,从事不疾',必曰'我命固且贫'。昔上世暴王不忍其耳目之淫,心涂之辟,不顺其亲戚,遂以亡失国家,倾覆社稷,不知曰'我罢不肖,为政不善',必曰'吾命固失之'。"③墨子的杰出之处,不只是揭露和批判了命定论之排除人的主观能动性,更为有意义的是,他指出命定论是一种"暴人之道",是为坏人坏事做辩护。身为君主而相信命运,这种君主必定是"暴王"。他指出,桀、纣胡作非为所依恃的理论便是命定说。墨子把命定说与恶性行为联结在一起,指出前者是后者的理论指导,是一种非常深刻的见解,在先秦诸子中别具慧眼。命定论把必然性(有人把"命"说成是必然性)绝对化或神秘化,都会把人引向盲目而失去理智。当然,命定论有时也会使人变得虔诚。不过在命定论范围内,虔诚恰恰是恶性行为的必要补充和不可缺少的条件,也可以说这种虔诚是一种愚昧的表现。

与命定论相对的是信奉"力"和"强劲"。孔子罕言"力",墨子却把"力"作为一个十分重要的历史范畴和政治范畴来看待。

在墨子那里,"力"首先指劳动。墨子最有价值的贡献之一,是用"力"作为区分人与动物的标志。《墨子·非乐上》说:"今之禽兽麋鹿、蜚鸟、贞虫,因其羽毛以为衣裘,因其蹄蚤(爪之假借)以为绔屦,因其水草以为饮食。故唯使雄不耕稼树艺,雌亦不纺绩织纴,衣食之财固已具矣。今人与此异者也,赖其力者生,不赖其力者不生。"禽兽靠自然生活,人靠劳动生活,多么精彩的论述!

---

①《墨子·非命下》。

②③《墨子·非命上》。

449

把"力"移入政治叫作"强""强劲""疾"。墨子认为,"强听治"则治,"不强听治"则刑政乱。①三代的列士俊杰大夫们"慎言知行,此上有以规谏其君长,下有以教顺其百姓,故上得其君长之赏,下得其百姓之誉。列士桀(杰)大夫声闻不废,流传至今,而天下皆曰其力也"②。在《墨子·非命下》中又讲,天下的百姓如一,"存乎桀纣而天下乱,存乎汤武而天下治"。天下之所以治,"汤武之力也"。圣王所创造的盛世绝不是依赖于风调雨顺、天之恩赐;圣王有时也会遭到天灾,但由于"其力时急而自养俭"③,困难被一一克服,化险为夷。

三、社会政治的基本矛盾

由上所述,墨子认为有两个矛盾在社会政治生活中起着巨大作用。其一,一人一义的自爱本性与社会秩序的矛盾。墨子虽没有明确谈论过人性问题,不过从他的论述中可以看到,人的本性是恶的。一人一义及自爱不是社会的建设因素,不是积极力量,而是造成社会混乱之源。只有对这种本性进行改造,社会才能走向安宁。为了社会的安定,必须对一人一义和自爱这种本性进行改造和斗争。其二,君主的好坏决定着政治局面的好坏。在刑政与政长两者之间,政长居于主动地位,政治局面好坏的关键在于执政者的品质。

这两个矛盾有区别又互相联系和制约。一人一义造成的混乱,需要由圣人出来拯救和治理;圣人一出,万乱皆休。可是政长并不都是圣人。如果暴主乱君当权,人的自爱和坚持己义的本性犹如出笼的鸟,满天乱飞,势必造成天下大乱。

历史就是在这两个矛盾交错轮回中运动与发展。墨子开列的治世方略也都以这两个矛盾为出发点。

---

① 参见《墨子·非乐上》。

②《墨子·非命中》。

③《墨子·七患》。

第三节　"兼相爱、交相利"与平等观

尧、舜和三代圣王时期是墨子的理想国,这个时期虽有桀、纣之暴,但从总的形势看是大治而小乱。到了墨子生活的时代则全然不同了,天下是一片水火。《墨子·兼爱中》说:"今若国之与国之相攻,家之与家之相篡,人之与人之相贼,君臣不惠忠,父子不慈孝,兄弟不和调,此则天下之害也。"造成这种状况的原因是人与人之间"不相爱",不相爱又根源于"自爱"。"今诸侯独知爱其国,不爱人之国,是以不惮举其国以攻人之国。今家主独知爱其家,而不爱人之家,是以不惮举其家以篡人之家。今人独知爱其身,不爱人之身,是以不惮举其身以贼人之身。"社会上一切祸乱的罪魁祸首都根源于"自爱"。"自爱"的实际内容是"自利"。①

把"自爱""自利"视为万恶之源,这种看法无疑是肤浅的。每个人是社会的一分子,人的情欲在历史的进程中无疑有它的作用。墨子的肤浅之处就在于,他让个人承担社会动乱的责任,于是把"自爱""自利"作为攻击的目标。他没有找准鹄的。

如果从历史进程的角度进行考察,当时的"自爱""自利"具有特殊的历史价值。"自爱""自利"是人的一种本性,伴随着私有制的产生而更加膨胀。但是在春秋以前,由于分封制和氏族组织的存在,个人私有受到了极大的束缚。当时在思想上倡导的是"利公"。所谓"公"即氏族贵族和上层统治者。到了墨子的时代,分封制和氏族制土崩瓦解了,人们从这种桎梏中脱逸出来,个人私有制突飞猛进地向前发展,加之商业的活跃,追逐"自利"成为历史的潮流。墨子所说的"自爱""自利"在当时是历史发展的杠杆。墨子只看到了它的消极作用,却没有理解这种现象的历史意义。

墨子认为,批评和否定一个东西,就应该想出用另一个东西来代替它。如果光批评而想不出新办法,只能算空头批评家,无济于事。《墨子·兼爱下》说:"非人者必有以易之,若非人而无以易之,譬之犹以水(俞樾云,'水'当为'火')救火也,其说将必无可焉。"那么用什么来代替"自爱""自

---

① 参见《墨子·兼爱中》。

利"呢？墨子提出"以兼相爱、交相利之法易之"①。所谓"兼相爱、交相利"，即"视人之国，若视其国；视人之家，若视其家；视人之身，若视其身"②。天下人如都能按照这种精神行事，万祸皆消。"爱人若爱其身，犹有不孝者乎？视父兄与君若其身，恶施不孝，犹有不慈者乎？视弟子与臣若其身，恶施不慈，故不孝不慈亡有，犹有盗贼乎？故视人之室若其室，谁窃？视人身若其身，谁贼？……视人国若其国，谁攻？"③

从逻辑推理上，墨子的说法是可以成立的。每个人爱他人都像爱自己那样，毫无疑问会相安无事。可是当时的历史现实没有给人们提供互相爱的客观条件。墨子的"兼相爱、交相利"终不免流于空论。

我们绝不是说墨子的"兼相爱、交相利"毫无意义。尽管在实践上行不通，但在理论上却是一桩巨大贡献。最有价值的地方在于提出了人的平等性，人与人之间应平等相待。他提倡的"兼"是为了取代"别"。"别"指差别和等级，"兼"指平等。墨子认为"别"与"自爱""自利"相通；"自爱""自利"者待人、处世、行事也必然是"交别"（即"交相别"）。"交别"不仅分你我彼此，而且要分上下，损人以利己。"兼"则不同，"兼"贵平等相待。从墨子的全部言论看，他从来没有主张过政治上和财产的平等。因此"兼"的平等性只限于思想和态度。对这种精神，儒家是绝对不能宽容的，于是孟子批评墨子不分君臣，荀子批评墨子不要等差。其实这都是门户之见的片面指责，实际上墨子还是主张维护等级制的，这一点下边再讲。墨子的"兼"即使只限于思想和态度，在当时也有它的意义，这对冲破春秋以前的等级制起了促进作用。兼相爱是一种精神，落实在实际中则是交相利。交相利包括哪些内容呢？概言之，有如下几点：

交相利的起点是要保证每人的"生利"。《墨子·节葬下》说："衣食者，人之生利也。"在中国思想史上把衣食视为人的生利，墨子是最早的倡导者之一。人生下来就应有生活的权利。然而那个时代恰恰使众多的人丧失了起码的衣食之利。墨子指出，"饥者不得食，寒者不得衣，劳者不得息"④，是人

①②《墨子·兼爱中》。

③《墨子·兼爱上》。

④《墨子·非乐上》。

民的三大巨患。他大声疾呼，应该给人民以食、衣、息的条件。针对"民生为甚欲，死为甚憎，所欲不得而所憎屡至"①的情况，强烈要求统治者保障人民的生命。思想家的历史任务就是要把人民的要求用理论的形式集中起来。在衣食生息问题上墨子尽到了一个思想家的责任。

珍惜财物是交相利的基础。墨子认为凡是财物都应尽其功用，不可糟蹋和浪费。他认为每个人都有惜财求用之心，比如："今王公大人，有一牛羊之财不能杀，必索良宰；有一衣裳之财不能制，必索良工。"为什么要求良宰良工呢？"恐其败财也。"②同样，良马病了，良弓坏了，必定要去找良医、良工。这种惜财求用之心应成为一种普遍的原则，人人共同遵守，而后才可能交相利。

交相利还要从实际效用出发，用财、用物都应获得实际利益，收效应超过支出。《墨子·非乐上》说："古者圣王亦尝厚措敛乎万民，以为舟车，既以成矣，曰：'吾将恶许用之？'曰：'舟用之水，车用之陆，君子息其足焉，小人休其肩背焉。'故万民出财赍而予之，不敢以为感恨者，何也？以其反中民之利也。"墨子提出的"反中民之利"是一个很有价值的思想。取之于民，用之于民，一切支出都必须考虑到效果和对民是否有利，如无利，就是有害的，应加以制止。《韩非子·外储说左上》记载了如下一个故事，饶有兴味。墨子用三年制造了一只木鸟，高翔长空。弟子们交口称赞。墨子沉思之后，感到这是无用之巧，于是对弟子们说："不如为车辕者巧也，用咫尺之木，不费一朝之事，而引三十石之任，致远，力多，久于岁数。今我为鸢，三年成，蜚一日而败。"惠施听了这个故事评论道："墨子大巧，巧为辕，拙为鸢。"这个故事说明墨子以用为巧，以用为利。的确，无数的事例证明，离开实用价值和民利论巧，巧常常会被富贵者引向邪路。古代统治者追求的巧，多半是用于养尊处优，无补于生产，大有害于人民。针对这种情况，墨子强调利用之巧是很有见地的。如果墨子真的制造出能在空中飞翔的木鸢，那真是了不起的大发明；但他以实用为由自我否定，实在可惜，是历史的遗憾！

基于上述看法，墨子主张制造器物要质朴耐用，降低成本；求其实效，

①《墨子·尚贤中》。
②《墨子·尚贤下》。

不务华丽。增加成本而不提高效用,应加禁止。《墨子·节用中》说:"凡足以奉给民用,则止。诸加费,不加于民利者,圣王弗为。"

交相利还表现在上下调和。墨子主张上下、贵贱、君臣、国与国、父子、兄弟之间都要调和。调和才能使人平安无事,各得其所。调和生利,交相利又要利于调和。

交相利还包括某些精神活动,例如敬事神鬼。墨子认为神鬼如同工匠的规矩一样,是维系整个社会生活不可缺少的工具。天是最高主宰,又是他理想政治的主谋。事鬼能和亲,和亲则生利。他说如果有神鬼,祭祀算不上浪费,贡品敬奉给鬼神和祖先,那是应该的;如果没有神鬼,祭品也不会丢掉,大家在一块儿吃喝一顿,热闹一场,能起"合驩聚众"的作用,蛮有意味。

"兼相爱、交相利"能否行得通呢?墨子认为完全可以。根据有三:其一,古代实行过。"先圣六王"之时,天下兼相爱、交相利,相安无猜。古代能做到,今天也能做到。其二,"君说之,故臣为之"①。楚灵王好细腰,许多人每天只吃一顿饭。勾践好勇士,士卒不畏死。君好臣行,君主只要提倡兼相爱、交相利,天下之人必然如云从风。其三,"无言而不雠,无德而不报。投我以桃,报之以李,即此言爱人者必见爱也,而恶人者必见恶也"②。据此,"兼相爱、交相利"者,必有相应的回报。大家都实行,天下乐融融。就实而论,这三项与其说是根据,不如说是假设。把假设当作真凭实据,是无济于事的。

"兼"与"别"在墨子的理论中是两个大的对立面。从当时的整个社会观念考察,"别"与"礼"是一个东西,因为礼的本质就是讲"别",礼就是别贵贱、别上下、别亲疏。墨子的"兼"虽然不涉及社会与政治地位问题,但其精神面提倡的是人的平等和互相尊重,他要用"兼"取代"别",虽然只限于精神领域,但在当时也是划时代的突破。人首先需要在精神上倡导"兼"以打破"别"的藩篱,而后才有可能对社会历史层面的"别"有所改造、修正和改良,这些在下边论述。儒、墨的区分和对立主要就表现在儒家倡导"别",墨家提倡"兼"。墨子对孔儒之学的批评主要是:"以为其礼烦扰而不悦,厚葬

①《墨子·兼爱中》。
②《墨子·兼爱下》。

靡财而贫民,(久)服伤生而害事。"①正所谓"夫弦歌鼓舞以为乐,盘旋揖让以修礼,厚葬久丧以送死,孔子之所立也,而墨子非之"②。统治者无疑强调"别",下层人则要求"兼",即"平等",这是历史中两股潮流,墨子的"兼"显然代表了下层的呼声。

"兼相爱"与"交相利"是精神与实际的搭配。"爱"的精神不落实在"利"上,则是空洞的;只有落实在"利"上,才是有内容的爱。墨子把"利"字高高举起,也是历史的新声音,是勇于面对现实的巨人。

"兼相爱、交相利"是一种美好的愿望。用历史的眼光衡量,美好的愿望未必现实,但能给人以精神安慰,有时也给人以启迪。

第四节 尚同说与君主专制主义

墨子认为天下之乱在于"异义"。"异义"造成"交相非""交相害",是"兼爱"的大敌。尚同说便是为了解决异义而提出来的办法和措施。

一、立同一之义

墨子的生活时代正是天下大乱之时。墨子认为大乱的原因在于没有圣主和没有同一之义。如果人人同"义",天下就会统一太平;人人异"义",天下就会大乱。这在《尚同》三篇中有详细的论述。墨子尚同的主要内容之一便是要取消"异义"而同于一"义"。

"义"的内容由谁定准呢?从根上说,墨子的"义"来源于"天志",即所谓"天之志者,义之经也"③。落实在实处,就是他的十项主张。

在世俗的层面,墨子的"义"以"利"为内容和准则。墨子对"利"的计算又有自己的标准:其中有物质的,也有精神的;既要计算投入,还要计算产出,产出必须大于投入;既要计算短期的,还要计算长期的,他更关注长效;工巧与实用,要以实用为上;等等。总之,凡事都要计利而后决定取舍。墨子把政

①《淮南子·要略》。

②《淮南子·泛论训》。

③《墨子·天志下》。

治活动和行为纳入利弊得失计算之中，这是他的最大贡献之一，很值得称道。至于他说的功利是否符合时代与历史进程的需求，则是另一个问题。

从社会历史的角度分析，他的"义"可归纳为下列几点：

第一，在经济上，反对用暴力侵犯私有权；认定富人对民的剥削是合理的；主张"富民"，目的是让民更多地为富人出力。

第二，在政治上，主张打破旧的"亲戚"等级制和贵族专权，建立新的上下尊卑等级；坚决反对民造反；主张尚贤；反对攻国；等等。

第三，人伦道德就是兼爱。人们的伦理关系即"君臣上下惠忠，父子弟兄慈孝"①。

第四，敬奉神鬼。

可见，墨子"义"的本质就是建立一套统治秩序。"义"不仅是道德范畴，而且首先是一种政治主张。"同义"不是要统治者放弃其特权而同于民，而是要所有的人安于上下等级秩序。有些学者把"义"笼统说成"意见"，把"同"说成大家都"同意"，远没有抓住墨子"同义"的内容。

"义"的本质既然是这样，那么不会举国上下都同意。因此墨子提出由上立"义"，并通过由上而下的强制手段来实现："义不从愚且贱者出，必自贵且知（智）者出。"②"贵且智者"是天子、诸侯、大人，"愚且贱者"是民。民只能俯首从命。

同一之义具体表现在刑法宪令上。那么，刑法宪令由谁来制定呢？墨子提出由"家君"和天子等来制定。家君发宪布令于其家，各家之义不同，则总其家之义以尚同于国君；国君尚同于天子；天子尚同于天，依天的旨意发宪布令于天下。墨子这种层层"选其义""总其义"似乎是由下而上的集中，是民主的，不少的学者持有此论。"选其义""总其义"的决策方式无疑是很值得称赞的，说这是"从群众中来"也固无不可，相对当时盛行的凭权力盲目决断、刚愎自用，无疑是一个极高明的"集中"方式。但与民主集中不是一回事。因为"选"和"总"的主体不是"下"，而是"上"，最高的是天子。在墨子的言论中，他反复讲的都是要"下"绝对服从"上"，依天子的旨意来立义："里长顺天子政，而一同其里之义。"③天子是宪

①②《墨子·天志中》。
③《墨子·尚同中》。

456

令刑法的制定者,下一级绝对听命于上一级。这一点是尚同的另一主要内容。

有人说义虽出自天子、同于天子,但天子是大家选举出来的,是为大众服务的,因此民应服从政长、天子的领导。这实在是过誉了。天子、政长不是人民的勤务员,也不会是由民选举的。墨子的理论是天子由天选择,天子以下的政长由天子选择。有人说,把"天"去掉就是由民选举,可惜这不是墨子讲的。以民为天,与墨子把民看成愚贱之人是格格不入的。

二、推行"义"的手段

"上"立了"义",又怎样实现"义"呢?墨子提出了两个基本方法:"富贵以道其前,明罚以率其后。"①怎样才能使民富起来呢?首先必须使民能够安心从事生产。因此,他对劳师征战、徭役不断、使民无法生产的种种作为进行了严厉的抨击。②他提出:"凡费财劳力,不加利者,不为也。"③其次,他对统治剥削阶级浪费财富的种种无耻行为进行了严厉斥责,提倡节用、尚俭,这在《节用》《非命》《节葬》《非乐》诸篇都有详尽的论述。墨子不仅提出反浪费,还进一步提出用财的原则,即"诸加费不加于民利者,圣王弗为"④,从而减轻人民的负担,相对地改善人民的生活。

墨子虽然讲了许多利民、富民的话,对人民的苦难生活表现出了极大的关怀和同情,但他并不反对剥削和役使人民,他只是反对"过甚"而已。这点他自己有明确的议论:"贱人不强从事,即财用不足。"⑤这里所谓"财用"乃是指王公大人的财用。他又讲:"百姓不利,必离散不可得用也。"⑥可见他的富民、利民乃是缓和矛盾的一种手段。有人根据墨子类似的一些话就断定墨子反对人剥削人的制度,我认为是不符合墨子的思想实际的。

在人剥削人的社会中,改善一下被剥削者的生活条件,可能会在一定

---

① 《墨子·尚同下》。

② 参见《墨子·非攻》等篇。

③ 《墨子·辞过》。

④ 《墨子·节用中》。

⑤ 《墨子·非乐上》。

⑥ 《墨子·非命下》。

程度上暂时缓和一下阶级矛盾；但阶级对抗绝不会因此而得到根本解决，被剥削者不会放弃反抗斗争。对人民的反抗怎么办？墨子主张施以刑罚，这就是"明罚以率其后"①，并且认为这是最主要的手段，他说："古者圣王为五刑，请以治其民。譬若丝缕之有纪，罔罟之有纲，所（以）连收天下之百姓不尚同其上者也。"②

墨子认为刑法不是消极的防范，而有两个方面的作用，这就是所谓的"赏善"与"罚恶"。合乎"义"者为善，违反者为"恶"。赏是为了培植"顺民"，罚是用强制手段镇压人民的反抗，两个方法殊途同归。"赏善"不仅赏行善者，扬善者亦赏。"若见爱利家以告，亦犹爱利家者也。""若见爱利国以告者，亦犹爱利国者也。"③罚恶不限于罚作恶者，同谋、包庇或见恶不告者亦罚。"若见恶贼国不以告者，亦犹恶贼国者也。"④这不正是告密连坐的先导吗？

墨子一方面倡导相互告密，另一方面又提出最高统治者要有一批"贤良"的"羽翼"遍布全国进行侦察暗探和监视。他说："古之圣王治天下也，其所差论，以自左右羽翼者皆良。外为之人，助之视听者众。故与人谋事，先人得之。与人举事，先人成之。光（俞樾云'光'作'广'）誉令闻，先人发之。唯信身而从事，故利若此。"⑤又说："一目之视也，不若二目之视也。一耳之听也，不若二耳之听也。一手之操也，不若二手之强也。"⑥这里又可以看出，墨子虽然反对"亲戚"（血缘）集团专政，但又主张亲信集团专权。在剥削阶级当权的社会里，完全抛开"亲戚"的"信身"是根本不可能的。事实上以"亲戚"为"信身"的基础乃是通例。

建立"亲信羽翼"集团，近似内朝机构，一方面可以了解民情，另一方面可借以实行监察、权术、特务政治。他讲："上之为政，得下之情则治，不得下之情则乱。"⑦"耳""目"遍布全国，探听细微向上报告。"数千万里之外，有为善者，其室人未遍知，乡里未遍闻，天子得而赏之。数千万里之外，有为不善者，其室人未遍知，乡里未遍闻，天子得而罚之。"与人处事就能"先人得之""先人成之""先人发之"。墨子这种主张在实践上有监察意义，但又会流于

---

①③④⑤⑥⑦《墨子·尚同下》。

②《墨子·尚同上》。

458

权术和特务控制。正如他自己讲的："是以举天下之人皆恐惧振动惕栗，不敢为淫暴，曰：'天子之视听也神。'"①因此也可以说，墨子是权术与特务政治的先导之一。进一步说，在常设的政治体系之外，另设一套"羽翼""亲信"系统，也可以说是一种内朝机构和特务政治。

三、专制主义政治体系

实现尚同还必须有一定的"政长"体系来保证。墨子所设想的政治体系大致如下：最高的政长是天子。天子的能力有限，"不能独一同天下之义"，于是选择贤人"置以为三公"，佐助天子"一同天下之义"。面对着博大的领土，只靠天子三公是不能治理的，还必须封建诸侯，诸侯"一同其国之义"。佐助诸侯的有"左右将军大夫"。诸侯国之下设乡，乡有乡长。乡之下设里，里有里长。从理论上讲，每一级的政长都应是贤者。但下必须绝对服从上。"上之所是，必亦是之。上之所非，必亦非之。"每一级都要同顶头上级保持统一，层层如此，最后一统于天子。"里长顺天子之政，而一同其里之义。"里长直接对乡长负责。"率其里之万民，以尚同乎乡长。""乡长之所是，必亦是之。乡长之所非，必亦非之。"乡长要尚同于国君。"国君之所是，必亦是之。国君之所非，必亦非之。"国君又尚同于天子。"天子之所是，必亦是之。天子之所非，必亦非之。"天子再尚同于天。②这种逐级绝对高度同"上"的体系只能说是一个专制主义体系。

专制主义并不绝对排斥下对上进行规谏，相反，墨子还提倡"上有过则规谏之"③。但是绝对不准有"下比之心"，更不准有下比结党之行。因此，这种进谏对专制主义构不成任何威胁，反倒可以成为专制主义的一种补充。

墨子在讲尚同时还讲过许多"爱民""利民"的话。墨子的尚同并不是像有的人所说那样，是为了"爱民""利民"。墨子说得很清楚："凡使民尚同者，爱民不疾，民无可使。曰：必疾爱而使之，致信而持之。"④可见，尚同的目的是为了"使之""持之"。"使"就是剥削他们，"持"就是占有他们。在"持""使"

---

①③《墨子·尚同中》。

②参见《墨子·尚同中》。

④《墨子·尚同下》。

的前提下,"爱民"是从属于进行统治的一种手段。但毫无疑问,这种爱民也是值得肯定的。

兼爱导向平等,尚同导向专制,看起来两者截然相反,其实在墨子那里构成了奇特的统一。他用尚同的办法推引兼爱,兼爱变成行政权力的从属物;兼爱要靠尚同来实现,尚同成为社会操作的主体。所以只能归结为专制主义。

第五节　尚贤说与上下调和

一、官无常贵,而民无终贱

战国初期的下层封建主,特别是士,要求参与政事;但是政权为大贵族封建主垄断,在用人上还继承西周以来的传统。这就是墨子所说的,不管有能力与否,"亲戚则使之","无故富贵,面目佼好则使之"①。这种任人唯亲与社会经济发展是不相适应的。因此要求开放政路。任人唯贤就成了社会的呼声。针对这种状况,墨子提出"使能以治之"的用人原则,打破"富贵""亲戚"为用人范围的旧框框。用人应当"不党父兄,不偏贵富,不嬖颜色"②。"虽在农与工肆之人,有能则举之。"③进而提出:"官无常贵,而民无终贱";对那些"不肖者",要"抑而废之,贫而贱之,以为徒役"④。这些言论确有叱咤风云的气魄。墨子的"尚贤"论比之他人的举贤才更进一步,在观念上更有冲击性和改革精神,可谓难能可贵。但是墨子尚贤论的内容指什么,代表哪些人的利益,以及怎样估计这一理论的精神实质?学术界持有不同见解。这些是需要加以探讨的。

墨子批评亲戚则使之、无故富贵则使之,但并非像有人所说的那样把"亲戚""富贵"排斥在贤能之外。他曾列举三代圣王就是以"富贵为贤"⑤,只是"不偏富贵"而已。他所说的"虽在农与工肆之人,有能则举之",其用意也不是像有的人所说那样,是代表劳动人民的利益,要劳动者当权。他在口头

---

①②④⑤《墨子·尚贤中》。
③《墨子·尚贤上》。

上虽也承认农与工肆之人中也有贤者,但又认为民既"愚"且"贱",为"下愚之人"①,"百姓为愚不肖"②。而且又讲:"自贵且智者,为政乎愚且贱者。"③所以墨子尚贤不是要劳动者当权。墨子尚贤的对象不排斥农、工,但主要的是当时的知识阶层——士。他说:"国有贤良之士众,则国家之治厚。贤良之士寡,则国家之治薄。故大人之务,将在于众贤而已。"④墨子极力强调贤良之士的才能与重要性。"况又有贤良之士厚乎德行,辩乎言谈,博乎道术者乎!此固国家之珍,而社稷之佐也。"⑤"士者,所以为辅相承嗣也。"⑥因此,"尚贤者……政事之本也"⑦。

二、上下调和

墨子的贤能标准是他的十项主张。简而言之,即能实现"上下调和"的人。这些人对于其上的王公大人是:"贤人唯毋得明君而事之,竭四肢之力以任君之事,终身不倦。若有美善则归之上。是以美善在上,而所怨谤在下;宁乐在君,忧戚在臣。"⑧对"下"是:"为贤之道将奈何?曰:有力者疾以助人,有财者勉以分人,有道者劝以教人。若此则饥者得食,寒则得衣,乱者得治。若饥则得食,寒则得衣,乱则得治,此安生生。"⑨墨子所称赞的贤人就是所谓的奉公守法、廉洁尽职的清官。

贤良之士的任务,墨子在《尚贤》三篇中做了详细的说明,总其要义有三:

第一,进行政治改革,实行"变政",听狱治政以正刑法,建立与巩固"上下调和"的统治秩序。

第二,在经济与财政方面,必须在首先"实官府"的前提下"富万民",为此就必须注意生产的管理。

第三,在前两者的基础上达到王天下、正诸侯、统一天下的目的。

---

① 《墨子·非攻下》。

② 《墨子·非命中》。

③⑧ 《墨子·尚贤中》。

④⑤⑥ 《墨子·尚贤上》。

⑦⑨ 《墨子·尚贤下》。

贤士有如此重要的作用,因此墨子认为尚贤是统治者的首要责任。

尚贤必有术,墨子之术即"置三本"。何谓"三本"?曰:"爵位不高则民弗敬,蓄禄不厚则民不信,政令不断则民不畏。"①因此必须"富之、贵之、敬之、誉之,然后国之良士,亦将可得而众也"②。若不置"三本","贤者不至乎王公大人之侧",必然"不肖者在左右也"③。不肖者治国,势必造成"失措其国家","倾覆其社稷",这叫作"明小物而不明大物也"④。墨子"三本"的实质可归纳为下列三点:其一,为士打通进入政界之路,提高士的经济地位与社会地位;其二,造就一个新的官僚集团,实行官僚政治;其三,这也是一种高级文化政策。由此还可看出,尚贤根本不是由下而上的选举,也不是实行什么罢免权。尚贤的本义就是要以贤为上。按照墨子唯贤能是用的原则,在理论上似乎否定了政长的阶级局限和偏爱,这就是他所说的官无常贵,民无终贱,农与工肆之人只要贤能亦可为政长。

墨子的尚贤主张有其进步意义,在一定程度上也符合人民的要求。但是墨子的尚贤是由"上"来尚贤,而不是由人民来选贤。把尚贤说成民主制是不符合墨子原意的。

三、圣王治世

在墨子的圣贤观中,圣王是最高的人物。在墨子之前,"圣王"这个词很少见,梳理文献,只有《左传》用过一次。但圣、圣人已是常用词。圣、圣人的品性很多,但主要是人类的救星、社会与历史文明的创造者。在先秦诸子中墨子是第一位频繁使用"圣王"这个词的人,对后来诸子普遍张扬圣王有先导之功。

圣人如何产生的呢?墨子虽把"天志"视为最高指令,但他却没有说圣人是天生的;在他的理论中,圣人主要还是世俗的功夫,由学习、修行而成。"圣人之德,章明博大,埴固,以修久也。故圣人之德盖总乎天地者也。"⑤

"不义不处,非理不行,务兴天下之利,曲直周旋,利则止,此君子之道

---

① ②《墨子·尚贤上》。
③ ④ ⑤《墨子·尚贤中》。

462

也。"①圣人在政治上就是圣王。初民因自爱、自利引起天下大乱之时,于是有圣人者出,而被天选立为天子,建立了政长体系,以"从事乎一同天下之义"②,把人类引向秩序井然的新时期。天子的权力是天赋的,他法天而治、爱利万民,任命贤者担任各级政长,于是天下大治。墨子的圣贤政治将天志、道德与功利融合为一体。

墨子是先秦诸子高扬圣王的第一人,在政治思想史上有开创意义。

第六节 节用说与发展物质生产和人自身生产

墨子的节用理论不只是一个消费问题,它与整个的经济生活与政治生活紧密相关。春秋时期不少政治家提出过用俭政解决经济政治危机。孔子明确提出了"节用"。墨子继承并发挥了"俭政""节用"思想,把"节用"作为他整个思想的一个基本命题。

墨子的节用说不是单纯地从消费方面去解决经济财政问题。他十分重视生产,认为生产是生财之本,是用之前提。墨子高明之处在于,他把物质生产与人的生产结合在一起考察问题。

物质生产是用的基础。《墨子·七患》指出:"凡五谷者,民之所仰也,君之所以为养也。故民无仰则君无养,民无食则不可事。故食不可不务也,地不可不力也,用不可不节也。"又说:"其力时急而自养俭也","其生财密,其用之节也"。

要增加物质生产,就要鼓励增加人口。当时的力源主要来自人力本身,只有人多,才能增加生产力。春秋战国统治者把争夺人口当作一个很突出的问题。墨子反对用武力去掠夺他国人口,主张各国鼓励人口生产,提倡早婚,对晚婚者要给予惩罚,以此增加人口数。人多又能保证从事生产,财富就会增多。

生产增加了,但消费方面还要节用。墨子所说的节用并不是寡欲,他所说的"节"包含两方面的含义。其一,消费要有一定的水平,以满足生活的基

---

① 《墨子·非儒下》。
② 《墨子·尚同中》。

本需求为宜。《墨子·节用中》对此做了具体的说明，比如饮食："足以充虚继气，强股肱，耳目聪明，则止。"衣服："冬服绀缎之衣，轻且暖。夏服绤绤之衣，轻且清，则止。"器用："凡天下群百工，轮车、鞼匏、陶、冶、梓匠，使各从事其所能。曰：凡足以奉给民用，则止。"除此之外，墨子还对宫室住宅、交通工具、军器等都做了具体规定和说明。其二，消费要有利于再生产。《墨子·节用上》说："圣王为政，其发令兴事使民用财也，无不加用而为者。"《墨子·节用中》说："诸加费，不加于民利者，圣王弗为。"

更有深意的是，墨子提出节用是积财之道。《墨子·节用上》说："圣人为政一国，一国可倍也。大之为政天下，天下可倍也。其倍之，非外取地也，因其国家，去其无用之费，足以倍之。"

墨子对浪费进行了猛烈的抨击，为揭露歌舞玩乐与厚葬的大弊，专门写了《非乐》和《节葬》。墨子的非乐并不是反对正常的文化娱乐，而是鞭挞统治者以歌舞声色为特征的奢靡生活。当时的统治者盛行厚葬之风，为他们死后的舒服，剥夺了成千上万人的生活条件。墨子深刻地指出，统治者的奢侈浪费极大地破坏物质的再生产和人的再生产，还造成了政治败坏。奢靡无度，"国家必贫，人民必寡，刑政必乱"[①]。

在当时的历史条件下，统治者对生产的破坏主要不是直接干预生产和瞎指挥造成的，而是由无度的奢侈和厚敛造成的。因此节用说具有十分明显的针对性和现实性。墨子把问题提出来了，怎样才能实现呢？他把全部希望都寄托于圣人身上，如果没有圣人事情就只能落空。

第七节　"非攻"与"是诛"

"非攻"是墨子学说中的一个主要内容。首先需要指出的是，关于"攻"这一概念，有许多人只理解为指战争，这是不全面的。"攻"包括的内容极广，凡是不合墨子所谓的义或利的任何犯规的行动，皆称之为"攻"。因此，"攻"中包括经济、政治、道德伦理等方面的事。那么，"攻"的概念中是否有战争这一内容呢？有，但攻又不是指一切战争，它只是指不合他所谓义、利

[①]《墨子·节葬下》。

的那种战争。所以"非攻"并不是反对一切战争。

他把战争分成两种：一称"攻"，二称"诛"。墨子是"诛"而非"攻"。用什么区分"攻"与"诛"呢？总结墨子所述种种理由，可归结为"利""义"二字。不利反义者为"攻"，有利合义者为"诛"。

墨子认为当时兼并战争有害而无利，因此称为"攻"而非之。其理由有三。

第一，攻战侵犯了他人的私有权。正像入人园圃、盗人桃李一样，小则"芟刈其禾稼"，大者占领他人之城郭、土地和人民，所以攻战是不义的行为，利己而不利人，"不与其劳，获其实，已非其有所(当为'所有')取之故"①。

第二，攻战长途出师，兵甲辎重消耗不可胜计；即使能抢夺一些财物，可是两者相权，"计其所得，反不如所丧者之多"②。何况还有玩火自焚的可能，害莫大焉。

第三，对百姓有害无利。如果打仗，"君子庶人也，必且数千，徒倍十万"③，"春则废民耕稼树艺，秋则废民获敛"④，使"百姓易务"，结果，"百姓饥寒冻馁而死者不可胜数"⑤。总之，民皆欲生，而攻战则置民于死地，故当非之。

墨子反对攻战还因为攻战侵犯了私有权。在私有制中还有这样一条法则：只有在等价交换的情况下才能转让所有权。然而战争的掠夺根本破坏了这一法则，它用强力改变所有权。这种方法是大财产垄断者所惯用的，在当时是那些大贵族封建主所追求的，他们具有强烈的兼并性。无特权的人不是不想扩大自己的财产，无奈他们势力小，争不过大封建主。受兼并掠夺战争之害最大者当然是老百姓，可是丧失财权的主要是无特权的"小家"。他多次讲到"大家"不应掠夺"小家"。墨子更多地代表了"小家"的利益。

墨子不主张用"攻"的方式争夺土地、依属之民和王天下；但他认为要用"义"，并且应根据义采取"诛"的手段达到上述目的。他说："今若有能以义名立于天下，以德求诸侯者，天下之服可立而待也。"⑥这种方法的特点就是退一步，进两步，照老子的说法，就是"将欲夺之，必固与之"。为此，在与

①《墨子·天志下》。

②《墨子·非攻中》。

③⑥《墨子·非攻下》。

④⑤《墨子·非攻中》。

他国相交时必须"先利天下诸侯"："大国之不义也，则同忧之；大国之攻小国也，则同救之；小国城郭之不全也，必使修之；布粟之绝，则委之；币帛不足，则共之。以此效(交)大国，则小国之君说。"①这种政策可以一箭双雕：可以与大国保持平衡局面，又可以争取小国倒向自己一方，壮大自己、孤立敌手。对民要实行"宽惠"政策，即"必务宽吾众"，"宽以惠，缓易急，民必移"②。在军事上要实行"易攻伐以治我国"。实际上并不是真正"易攻伐"，而是指不要打无把握之仗，应保存自己实力，蓄精养锐，做好士兵训练，"信吾师"，然后对准敌手的弱点一攻而下之。这就是他所说的"人劳我逸，则我兵甲强"，"量我师举之费，以争(征)诸侯之毙，则必可得而序(俞樾云，'序'当为'享'字之误)利焉"③。实行如上诸术，就可以内有人民支持、强兵壮马，外有盟国，举师又有义名，"以此授(孙诒让云，'授'疑为'援'之误，'援'作'引''取'讲)诸侯之师，则天下无敌矣"④。墨子虽然以"攻"为不义，以"诛"为义，但这只是他个人的标准，与我们所讲的正义与非正义是不能同日而语的。"攻"不等于非义，"诛"不等于义。有些人认为"非攻"就是反对不正义的战争，反对侵略战争，这种说法没有全面把握墨子的观点，是不准确的。

墨子把战争分为"攻"和"诛"，反对"攻"，赞成"诛"，这种对战争性质进行区分的理论，有助于提高对战争是否合理问题的认识。

第八节 结语

墨子政治思想的社会倾向是什么？学术界有各种不同的看法：有的说是站在奴隶主阶级立场；有的则说是劳动农民、手工业者的代表。就其与时代的关系而论，有的认为是激进的，有的认为是妥协的，有的认为是保守甚至是反动的。为了确定和把握墨子的政治倾向，首先需要先看看墨子对当时各阶级各阶层的态度。

墨子认定王公大人士君子对农民的统治与剥削不仅是必要的，而且是合理的。这集中表现在他的"分事"论中。墨子认为王公大人士君子是专门从事统治与剥削的人，农民只能从事生产劳动，并且供养前者。他还认为前

①②③④《墨子·非攻下》。

466

者比后者重要得多,因此,前者不应该参加劳动生产。墨子的"分事"论并不像有的学者所说的那样,是社会劳动分工论;其根本是要建立层阶性的社会秩序。墨子说:"夫义者,政也。无从下之政上,必从上之政下。"①又说,士要管制庶人,将军大夫要管制士,三公诸侯要管将军大夫,天子则是最高的统治者。墨子把百姓放在最下层。孟子和荀子批评墨子"无等差"或"僈差等",我认为这并不全然正确。有些学者也认为墨子是反对不平等的,我认为这种说法也是不全面的。人们通常在谈到"治人"与"治于人"、"劳心"与"劳力"的所谓分工时,总是援引孟子的一些说法。其实,早在孟子之先,墨子就已提倡"分事"论了,孟子的理论只不过是墨子"分事"论的进一步发展和理论化而已。

墨子主张王公大人等统治剥削农夫,但他反对把农夫、庶人等变为奴隶,更反对用人殉葬,认为这些都是惨无人道的行为。

墨子的基本主张是"上下调和"。王公大人等对农夫压榨不要过甚,否则便成为"暴王"。又认为"下"绝不应该反抗"上";如果起来反抗,则认为这是"淫暴寇乱盗贼",应格杀勿赦。所以后期墨家有"杀盗非杀人"的谬论。墨子的"调和"论虽然有要统治者做适当让步的内容,但主要的还是要"下"对"上"顺从。因此他反对由下而上的抗争,只主张由上而下的改良。他说:"上以为政,下以为俗。"②"上变政而民易教。"③他把社会改革的希望寄托在"上变政"上。变政的内容就是它的十项主张。

墨子的政治倾向,应该说主要反映了无特权的"小家"特别是士阶层的要求。

---

①《墨子·天志上》。

②《墨子·节葬下》。

③《墨子·非命中》。

第九章　名家正名实的政治思想①

第一节　名家概述

一、名学与名家

战国之时，辩者风起。诸子立说驳难，术士纵横捭阖都要滔滔雄辩。故荀子说："君子必辩，凡人莫不好言其所善，而君子为甚。"②名家便是当时专以辩论著名者。荀子将辩者分为圣人之辩者、君子之辩者、小人之辩者，他把名家列入小人之辩者。名家晚起，大致形成于战国中期以后。然而名学之兴，却源远流长，可以上溯到邓析的"刑名"论、老子的"无名"论、孔子的"正名"论和墨子的"予名"论。正是他们开了名辩思潮的先河。

二、名家的变迁

考名家变迁之轨迹，可由"刑名""形名"和"名"等称谓的嬗变得之。刑名—形名—名，正是名家演变的轨迹。从"刑名"到"形名"，表明名实关系由政治而泛及一般事物，即由"治人"而进化到"历物"。"刑"意义较窄，偏于政治一面；而"形"则包罗万象，广涉天地万物，"刑"也包容在其中。"形名"的研究涉及自然和社会的一般原理。从"形名"到"名"，离形而言名，即司马谈所谓"专决于名"，进行纯粹的逻辑概念范畴的分析，相当于我们今

---

① 本章刘刚提供了初稿。
② 《荀子·非相》。

468

天所说的认识论和逻辑学。班固所言"訾者",即指此类。从实用理性向着纯粹理性发展,是人类智慧发展的趋势。然而,由于在传统社会中政治需要压倒一切,而政治上的功利主义往往与纯粹理性背道而驰,因此,纯粹理性的发展必然要受到政治的限制,这一点可以从司马谈、班固和后人对名家的喋喋不休的批判中看得清清楚楚。纯粹理性的发展随着名家的衰落而裹足不前。

三、名家的政治倾向

邓析重刑名而精于讼辩,惠施、公孙龙好奇谈怪论而务为治。在名家看来,物理与人情相通,"析物",归根到底还是要治人。《汉书·艺文志》说名家出于礼官,《论六家要旨》认为名家与道、儒、法、墨、阴阳诸家一样,殊途同归于王权主义。司马谈和班固对名家的基本政治倾向是肯定的,他们只对名家的思想方法提出了批判。从名家的有些思想命题来看,其中含有某种否定的精神,如惠施提出的"天与地卑,山与泽平"的命题,就与儒家所规定的"天尊地卑"针锋相对,它反映了惠施"去尊"的思想,这一思想在名家里面是有代表性的。名家的政治倾向比较复杂:一方面,他们是"务为治"者,基本政治倾向如司马谈、班固所言为王权主义;另一方面,他们的理性往往又越出王权主义的藩篱,闪耀着超越时代的思想火花,其科学精神为王权主义所不能容。这是名家之所以灭亡的根本原因之一。

四、名家人物及著作

名家著作亡失严重,其存者也多驳杂残缺。《汉书·艺文志》著录名家及著作共七家三十六篇,计有《邓析》两篇、《尹文子》一篇、《公孙龙子》十四篇、《成公生》五篇、《惠子》一篇、《黄公》四篇、《毛公》九篇。《隋书·经籍志》据阮孝绪《七录》,仅著录名家篇籍三卷,《邓析子》一卷、《尹文子》两卷。《公孙龙子》三卷则被列入道家,改名为《守自论》。《汉志》所存名家,已亡其四,卷帙亦乱,而新增者不伦不类,已失名家之宗旨,名家亦因此而淆杂。至清四库分类,即取消"名家"一目,将邓析、尹文、公孙龙归入杂家。魏晋时,名学虽一度复兴,然较之战国名辩思潮,已如强弩之末,不可同日而语。晋鲁胜《墨辩注叙》曰:"自邓析至秦时,名家者世有篇籍,率颇难知,后学莫复传习,至于今五百余岁,遂亡绝。"研究名家思想除上述材料可用之外,于诸子学说中也能窥见一鳞半爪。名家代表人物有邓析、尹文、惠施、公孙龙。

刘向曰:"邓析好刑名之学,操两可之说,设无穷之辞。""刑名"论和"两可"说,反映了邓析作为治者和辩者的两面,这两面都被后期名家以极端形式加以了发展。《邓析子》《尹文子》的作者发展了"刑名"的一面,这一派没有形成后期名家的主流。惠施、公孙龙发展了"两可"说,寓"治人"之意于"历物"和"析名"(概念分析,即"专决于名",正如刘向《别录·邓析子叙》所言:"论坚白同异,以为可以治天下。")。这一派在当时成了一大显学,形成后期名家发展的主流。荀子论及名家时,常将惠施和邓析相提并论,便说明了这点。故名家可分为两类,一类是名法家,另一类是名辩家。

第二节 《邓析子》的刑名无为思想

一、邓析和《邓析子》

邓析,郑国人,与子产同时,子产铸刑鼎,邓析造《竹刑》,"数难子产之法"。《列子·力命》篇谓"邓析操两可之说,设无穷之辞",与子产辩,子产不胜其辩,故"执而戮之"。然而据《左传》记载,驷歂杀邓析而用其《竹刑》,可见邓析之死与子产无关。邓析的行径颇类古希腊智者,用"两然""两可"法教民争讼,民从之"学讼者不可胜数"。他还按照讼狱的大小收费,"大狱一衣,小狱襦裤"。他运用"两然""两可"法,在刑书的法律条文内游刃有余。《吕氏春秋·离谓》说他"是非无度,而可与不可日变,所欲胜因胜,所欲罪因罪",使"郑国大乱,民口喧哗"。大概刑书粗疏,据刑书治狱,确有"两然""两可"之现象发生,故他用"两然""两可"法揭露刑书的弊端,以求用《竹刑》取代刑书。驷歂杀邓析而用其《竹刑》,"民心乃服,是非乃定,法律乃行"[1]。可见《竹刑》确实比刑书要严密得多,也方便实用得多,用《竹刑》治国后"两

---

[1]《吕氏春秋·离谓》。

然""两可"的现象消失了,而邓析也落了个作法自毙的下场。冥顽不灵的道德力量,能把伟人变成小丑,使先知成为罪徒,邓析在一片皆曰可杀声中成了刀下鬼。后人评论此事,除刘向说可以"用其道不弃其人",大都认为邓析是害群之马,该杀。王世贞《邓子序》云:"(邓析)固市井舞之魁也,孰谓驷歂失刑哉!"宋濂《诸子辩》亦云:"其被诛戮宜也,非不幸也。"在专制主义者看来,桀骜不驯的理性,必须用权力来阉割,就像被阉割过的肉体能得到君王的信任一样,阉割了的理性也能得到君主的垂青。谁要想维护理性的尊严,谁就得准备倒在断头台上,然后被画成跳梁小丑的模样。邓析的结局就是如此。

关于邓析的著作,公认为可靠者仅有《竹刑》,而《竹刑》又早已失传。今传《邓析子》一书,众说纷纭,大体而言,古人多信之,而近人多疑之。刘向《邓析子叙》曰:"臣所校《邓析书》四篇,臣叙书一篇,凡中外书五篇,以相校除重复,为二篇。"《四库全书总目》录有《邓析子》一卷,列法家类,云:"其书《汉志》作两篇,今本仍分《无厚》《转辞》二篇,而并为一卷。然其文节次不相属,似亦掇拾之本也。"我认为,《邓析子》一书,或许出于战国后期惠、邓徒属之手,但继承了邓析的思想。晁公武《郡斋读书志》云:"班固录析书于名家之首,则析之学盖兼名法家也。今其书大旨讦而刻。真其言,无可疑者。而其间时剿取他书,颇驳杂不伦,岂后人之附益也钦?"古人只疑其有后人附益,而不疑其为后人伪托,而且从刘向《邓析子叙》到清《四库全书总目》都把《邓析子》一书列为先秦时期的作品。认为《邓析子》出于秦汉以后人的伪托,到目前为止还只是臆说,尚无实证。我们仍然把《邓析子》视为邓析及其徒属的著作,时间断在战国中期以后。

《邓析子》的政治思想极其驳杂。通观全书,其思想兼名法,通黄老,主张君主集权。然而其间杂有兵家权谋、纵横家飞箝揵阖之言、老庄愤世嫉俗之谈、儒家先王礼乐之论。其意虽在包容诸子,融会贯通,以成一家之言,但仍给人以杂乱无章之感。不过其思想主线隐约可寻,我们认为,《邓析子》以刑名法治和无为而治为两条思想主线,贯串全书。

二、刑名法治思想

《邓析子》的刑名法治思想，"大旨主于势，统于尊，事覈于实"①，主张君主专制。

(一)君主审一定名

"一"在先秦诸子那里，是必然性的符号。《韩非子·扬权》说："道无双，故曰一。"用"一"称谓道，反映出道的基本属性。首先，道作为生生不息的本体独一无二；其次，作为最高必然性，道支配着天地万物，使之"复通为一"。君与道相对应，一方面表明其地位至尊无二，另一方面体现着最高的必然性。原则与万物相对应，因此，君与臣的关系犹如道与万物的关系；道派生和主宰万物，君豢养和驾驭群臣；正如万物服从必然性的支配，群臣则服从君主的统治。《邓析子·无厚》曰："明君审一，万物自定。"君主的智慧在于充分体认并且把握必然性，给事物以恰如其分的规定。"名当，谓之圣人。"所谓"名当"，就是抓住了事物的本质，并给予正确的规定。君主处理君臣关系，要以对必然性的认识——"审一"为前提；只要牢牢抓住"一"这个根本，万物(群臣)自然会安定。"审一"和"定名"是君主的特权。君失"一"，就会导致臣下擅权，政出多门，甚至臣弑君；同样，君失"名"，也会导致法乱政败，君弱臣强。弱君之道，先乱其"名"，再夺其"一"。故《邓析子》的作者反复强调君主必须"名"由己出。"名不可以外务，智不可以从他，求诸己之谓也。"②君主应审一定名，把政治纳入必然性的轨道，落实在君臣关系上就是君主专制、百官分职。君臣各处其位，各任其职，各谋其政；既不能玩忽职守，也不能越俎代庖，老老实实地服从必然性，而至高无上的君主就是现实的必然性。

(二)君王循名责实

"定名"之后，君主就要循名责实。"循名责实，君之事也。奉法宣令，臣之职也。""上循名以督实，下奉教而不违。"③"君之事"与"臣之职"泾渭分明，君操其名，臣效其实，二者各行其是，"下不得自擅，上操其柄而不理者，未之有也。"④柄者，权也；权者，定名之器也；名者，礼法、政令、爵号、仪式

---

①《四库全书总目》。
②③④《邓析子·无厚》。

等。总而言之,一切社会规定性皆谓之"名"。君失其名,臣逃其实,则"君有三累,臣有四责"①。何谓"三累"?唯亲所信,是君一累;以名取士,是君二累;近故亲疏,是君三累。任人唯亲,则失天下人心;以名取士,则人们竞为哗众取宠、沽名钓誉之事;好为亲近之事、行妇人之仁,则故疏皆怨。此为君失其"名"而行其事,故累及于身,祸及于国。何谓"四责"?受重赏而无功,是臣一责;居大位而不治,是臣二责;为理而不平,是臣三责;御军阵而奔北,是臣四责。有此四责,国家将分崩离析,家无宁日。然而究其原因,还在于君失其名。臣下逍遥于名之绳外,无以效其实。因此,君主要去"三累"除"四责",就要"循名以督实"。只要名实相符,"三累""四责"的现象自然会消失。"君无三累,臣无四责,可以安国。"②

(三)君王察法立威

在一切社会规定性中,法最具权威性。法能定人的生死予夺,为治国之利器,名中之尤者。然而法与威的确立,须以必然性为基础,"审"而后立法。因此,《邓析子》的作者们强调君主赏罚要体现必然性,不能随心所欲。"喜不以赏,怒不以罚,可谓治世。"③在名家那里,所谓循名责实之"名",主要指法,因此,名家又被人们称作"名法家"。循名责实的政治原则,落实为具体的政治行为,就是以法治国。察法立威可以看作循名责实这一政治原则在实际政治过程中的贯彻和实施。"循名责实,察法立威,是明王也。"④法与威是王权的根本,能始终不渝地抓住这一根本,当然是明君圣主。《邓析子·转辞》提出,君主该"自专",即独断独行,绝对专制,"君人者不能自专而好任下,则智日困而数日穷",君主尤其要"自专"赏罚之权,"喜而便赏,不必当功。怒而便诛,不必值罪"。赏罚出于喜怒,为法家之大忌,也与名家宗旨不合,然而在这里竟被堂而皇之地提出,而且与前面有着明显的矛盾。其实这种自相矛盾的主张,能更真实地反映出思想的复杂性:他们一方面强调专制必须建立在必然性的基础上,另一方面又主张君主的个性决定一切,这是那个时代的二律背反。儒家在显意识层次上主张以必然性制约王权,而在隐意识里却主张王权出于必然;法家则公开主张王权即必然,同时暗示了君主的个性向必然性转化的可能;而《邓析子》的作者们,在这里强调君

---

①②③④《邓析子·无厚》。

王的个性就是必然性,在理论上放纵了君主。儒法在理论上或多或少保留了批判的权力,而《邓析子》的作者们却使一切批判和制约都化为乌有。

(四)君立而不尊贤

春秋战国之时,尚贤之风甚炽,而《邓析子》的作者们却对此嗤之以鼻。他们把"尊贤"放在君臣关系的天平上,得出尊贤则臣重而君轻的结论。"立君而尊贤,是贤与君争。其乱也,甚于无君。"[①]这句话显然是从慎到那里转引过来的。君与贤的对立,反映了权力与品德、知识的矛盾。尊贤突出了品德和知识,却于无形中贬抑了权力的价值,这是专制主义所不能容忍的。同时,尊贤逾越了君臣关系的界线。君臣关系就其本质而言,是主仆关系。以主尊仆,则名分颠倒,会导致"君失其名"。再说,君主需要的是奴仆,而不是贤人。贤在朝则分君之权,贤在野则影响社会舆论,这两方面都犯了专制之大忌。而且,尊贤会对社会风气产生不利于专制主义的影响。人们追求知识完善,追求品德高尚,就不会去做君主的奴仆;只有追求权力的人,才会心甘情愿做君主的奴仆。因此,尊贤从某种意义上,可以说是对专制主义价值观念的一种否定;而当时提倡尊贤、尚贤者大都缺乏深谋远虑,只看到贤人们的智慧是富国强兵、克敌制胜的法宝,却没有看到尊贤对专制主义所含有的危险。《邓析子》的作者们一针见血地指出了这种危险性,问题提得如此尖锐,是诸子中少见的。他们认为"臣者君之马",君主要以鞭子治臣下,这便是专制主义造就庸人的秘诀。

上述思想,即审一定名—循名责实—察法立威—立君去贤,其基本导向是绝对君主专制。

三、无为而治思想

先秦诸子几乎都把"无为而无不为"视为政治上登峰造极之境界,道家自不待言,即使自强不息如儒家者,也多有"无为"之论。如《论语·卫灵公》:"无为而治者,其舜也钦?"《中庸·二十六章》:"不见而章,不动而变,无为而成。"《周易·系辞上》:"易,无思也,无为也。"《礼记·礼运》:"心无为也,以守至正。"其他诸家更是推波助澜,发展了这一思想。法家以法、术、势三位一

---

① 《邓析子·转辞》。

474

体为本,发展无为而治思想,如慎到、申不害、韩非;而黄老学派则以无为为本,结合法治思想,如马王堆《老子》乙本卷前古佚书的作者和《管子》中的道家派。《邓析子》的作者们以刑名为本,结合无为而治思想,趋势与法家相近。《四库全书总目》云:其大旨"于法家为近"。邓析的无为思想涉及君臣关系和君民关系两个方面。

(一)"视民出政"的治民思想

君民关系,是治与被治的关系,《邓析子》是务为治者,同诸子一样,苦心经营治民术。《邓析子》的治民术与老子的愚而后治不同,它主张教而后治;与法家只强调以法治民不同,它还主张教民用法。因此,其治术既无道家之阴柔,又无法家之峻急,颇为宽松。它主张:

君于民有厚:"为君者,当若冬日之阳,夏日之阴,万物自归,莫之使也。"[1]君主应该像冬天的太阳一样给人以温暖,像夏天的阴凉一样庇佑人们,根本用不着凶神恶煞一般,拿着鞭子治民。"岂在振目搤腕,手操鞭扑,而后为治欤?"[2]

以民为本:高以下为基,君以民为本,君主应与人民保持密切联系,把政治建立在民意的基础上。"明君视民而出政",因此,"据贵者,忧民离"[3]。

使民不争:"君之功,莫大于使民不争。"[4]"使民不争"之道,除定名立法之外,还有个为政的问题。"夫水浊则无掉尾之鱼,政苛则无逸乐之士。故令烦则民诈,政扰则民不定。"[5]苛、烦、扰之政使民苦、民诈、民不定,民因之而起争心。争心一起,则人欲横流,天下大乱。因此,为政之道,在于去苛、去烦、去扰,使民无忧无虑而争心自息。

君民同逸:"明君之御民,若御奔而无辔。"[6]明君治民,犹如骑着马儿奔驰,而又不给马装上笼头。民如"无辔之马",去掉了种种束缚和限制,自由宽松。明君御无辔之马,顺其本性,自然而然,无为而无不为,则君民同逸,高卧优游而天下治。"圣人逍遥一世之间,罕匹万物之形。寂然无鞭扑之罚,漠然无叱咤之声,而家给人足,天下太平。"[7]圣人逍遥,天下太平,有鞭子而不用,无言而民治。

---

[1][2][3][5]《邓析子·无厚》。

[4][6][7]《邓析子·转辞》。

475

民一于君:在君民关系中,君为目的,民为工具,"民者君之轮"。权势是载君之本,而民是带动车子的车轮,"民和则轮利"。对民实行宽松的政治,则无"折轮败载之患"①。然而,即使无为而治,御者(君主)和鞭子(法律)还是必不可少的。"民一于君,事断于法,此国之道也。"②民如散沙,无君则不能统一;人事纷纭,无法则不能裁断。作者要求君主一手抓住民,一手拿着法,治国平天下。

(二)"守虚责实"的驭臣之术

与对民的宽松政治相反,《邓析子》主张严驭臣下。不仅以"刑名"驭其外在的"有",而且"守虚"以驭其内在的"无"。"刑名"治其身,"守虚"治其心。君主专制至此可谓出神入化。

臣下之行事,可以绳之以刑名;而臣下之心机则变幻莫测,秘不示人,非刑名所能控制,亦非凭借一己之耳、目、心、知的功能所能把握,故当以"守虚"之术治之。何谓"守虚"? 无为也。无为并非无所事事,而是从"无"处下功夫,"无"中生"有"。因此,君主应该"视于无有","听于无声"。"有"以"无"为本:"无形者,有形之本;无声者,有声之母。"③所以,知其"有"而不知其"无",是谓不知本。君主对于臣下,不仅要听其言,观其行,知其有,循名责实,而且要于无声、无名、无有处,"守虚责实"。

"守虚"有两义。其一为抓住人的本质,以本治末。《邓析子·转辞》云:"夫任臣之法……不以人用人,故谓之神。怒出于不怒,为出于不为。视于无有,则得其所见。听于无声,则得其所闻。"《邓析子·无厚》云:"不以耳听,则通于无声矣。不以目视,则照于无形矣。不以心计,则达于无兆矣。不以知虑,则合于未然矣。"耳、目、心、知,只能用于"有",生动而具体地把握事物的殊相与个性,是丰富的感性活动。这种感性活动停留在事物的表象("有")上面,而不能深入事物的本质("无")。本质无形、无声、无象、无名,它是由必然性统治的世界,是理性活动的天地。君主的智慧,应该超越感官的限制和"有"的形名的局限,返璞归真,抓住本质。所谓政治,归根结底就是治人,而治人则必须抓住人的本质。在这里《邓析子》翻来覆去地以"无

---

①《邓析子·无厚》。
②③《邓析子·转辞》。

声""无有""无形"等喻指人的本质，认为只要把握了人性之"无"的一面，就能将形形色色、千变万化的人事一以贯之，即所谓"守虚责实，而万事毕"①。

其二为治人心。对人而言，"无形""无声""无有"之处，正是"心"的领域。心之动也，虚无缥缈，无迹可求，看不见，听不到，摸不着。这灵魂深处的奥妙，正是专制君主最感兴趣的地方，欲知臣下讳莫如深的思想和心理活动，君主当用二术：一是独行之术，一是天下之术。何谓"独行之术"？《邓析子·转辞》曰："抱薪加火，燥者必先燃。平地注水，湿者必先濡。故曰动之以其类，安有不应者？独行之术也。"君主掌握了必然性，所以"动之"，而臣必"应之"；君主通晓人性的弱点，所以能因势引导，使臣下顺着君主的意欲，展现其思想和心理活动的阴暗面，这就是所谓的君主"独行之术"。何谓"天下之术"？《邓析子·转辞》曰："以天下之目视，则无不见；以天下之耳听，则无不闻；以天下之智虑，则无不知。得此三术，则存于不为也。"天下人之耳目，皆君主之耳目，因此，"君者，藏形匿影，群下无私"②。臣下之思想和心理活动，虽然隐秘，但在错综复杂的人际关系中，总不能无一丝一毫之形迹显露出来；以天下之耳目监视之，人人告密，则"群下无私"。这便是所谓"天下之术"。

综上所述，《邓析子》无为而治的思想，论及君臣关系和君民关系两个方面。明杨慎评注曰："篇中多御辔励臣之语，邓析殆长于治国者钦？"杨慎可谓《邓析子》作者相隔千年的知己。

第三节　《尹文子》的刑名法术思想

尹文（约前360—前280），战国时齐国人，与宋钘、彭蒙、田骈等同在稷下游学。《汉书·艺文志》著录有《尹文子》，列入名家，谓其"说齐宣王，先公孙龙"。其活动事迹，各书记载不多，其思想众说纷纭。有人据《尹文子》断定其思想在黄老、申韩之间；也有人将他归入道家，与宋钘成一派。我的看法是，《尹文子》大抵可信，虽有后人移易，但基本构架未变，可以据《尹文子》一书来判断其大致的思想倾向。

---

①②《邓析子·无厚》。

一、道—形名—名分

《尹文子》分为上下两篇,上篇多形名之言,下篇多法术之语。尹文思想的特点,是由形名入法术。虽然在他的思想序列中,道作为本体被放在第一位,但他的思想却主要投映在形名关系方面。尹文之所以要在他的形名观中引入道,主要是为了满足思想的终极追求的需要,将思想安置在必然性的基础上。语言的逻辑功能,使人类的思想能超越自身的狭隘经验做终极的追求,并在超验中把握和建构实在。作为本体的道,实际上就是这种功能的产物,并不真正具有独立的实在性。尹文的形名观中引入的道,是超验的,因此,开篇就说:"大道无形","大道不称"①。但他不像老子那样"强为之名",明知说不清楚还要去说,相比之下,尹文的态度要超脱得多,道说不清楚就不说。尽管他说过:"大道治者,则名、法、儒、墨自废。以名、法、儒、墨治者,则不得离道。"但他同时又说:"道不足以治则用法。"②可见尹文对于道并非一味地膜拜。他认为,道也有不足之处,但人能弘道,名法可以补道之不足,这便是名家与道家的不同。在道器关系中,尹文更注重器,因为器有形、可名。名家之所以为名家,就在于言形名。尹文虽然未尝离道而言形名,但对道却敬而远之。公孙龙正是在尹文思想的基础上扬弃了道,正如他从尹文的"分别"论中引出了"离"的观点一样。

尹文在处理道、形、名三者的关系时,把道放在第一位。道无形,不可名,降而为器则有形,有形之物乃可一一别而名之。从道到器,从无形到有形,这一转换如何实现,尹文没有谈。老子对这点有过一些论述(如"朴散则为器"等),但名家似乎对这种形而上学的直观不感兴趣,道只是从道家那儿借来的一个逻辑前提。真正构成名家思想硬核的是形与名。

尹文没有在本体道与事物名称之间建立某种逻辑关系。也就是说,尹文的名还缺少形而上的根据。名的可靠性,不是由形而上的道,而是由形而下的形来保证。《尹文子·大道上》云:"大道不称,众有必名,生于不称,则群形自得其方圆。名生于方圆,则众名得其所称也。"名生于形,"形以定名","形者,应名者也"。名可靠与否,完全取决于有无与之相应的形。尹文认为,

①②《尹文子·大道上》。

478

并非所有的名都可靠："有形者,必有名,有名者未必有形。形而不名,未必失其方圆白黑之实。名而不形,不寻名以检,其差。"①在现实生活中"名而不形"也是一种司空见惯的现象,究其原因,在于名具有一种自生机制,"观念构成观念,名词解释名词",这样就使名的世界远离了形的世界,名也因之而发生异化。名的作用本来是"正形":"名也者,正形者也。形正由名,则名不可差。"但是,名在自身机制的催化下,却建立起自己的空中楼阁——"名而不形",结果产生了一种副作用,人们往往把名的世界当作实在,因名以求形,就像俗话中所说的"按图索骥"一样,名有时反而会成为人们接近实在的一道屏障。"世有因名以得实,也有因名以失实。"因此,作为名家首先就必须"正名",尹文开篇就说:"故仲尼曰'必也正名乎! 名不正,则言不顺'也。"所谓"正名",主要有三种情形:一是"形以定名",二是"事以检名",三是"寻名以检"。既要从形名关系上确证名的可靠性,又要在事件中通过实践来检验名的正确性,还要对名自身做些必要的限制以确定其界说。这样名就能与实在相契合,"虽未能尽物之实,犹不患其差也",使"形名之与事物,无所隐其理",从而有效地发挥名的"正形"功能。②

　　所谓以名"正形",要而言之,无非"名以检形""名以定事",其关键在于"别彼此而检虚实"③。如果说"正名"主要是解决如何使名实相符的问题,那么"正形"则侧重于名对事物的规范,以及名所赋予事物的意义和秩序。尹文将名分为三类,他说"名有三科":"一曰命物之名,方圆白黑是也。二曰毁誉之名,善恶贵贱是也。三曰况谓之名,贤愚爱憎是也。"④实际上,这"三科"体现了名的三种功能:"命物""毁誉""况谓";同时也反映了人对世界的三种取向:"命物"表现了人对于物的实证取向,"毁誉"表现了人对于人的价值取向,"况谓"表现了人的情感取向。在这里,物与人之客观形质谓之"名",而人的主观取向谓之"分"(这是"分"的一种含义)。尹文说:"名宜在彼,分宜在我。"名的可靠性由形来保证,因而具有客观性。而"分"则完全取决于个人好恶。"我爱白而憎黑,韵商而舍徵,好膻而恶焦,嗜甘而逆苦。白黑、商徵、膻焦、甘苦,彼之名也。爱憎、韵舍、好恶、嗜逆,我之分也。定此名

　　①③④《尹文子·大道上》。
　　②参见《尹文子·大道上》。

分,则万事不乱也。"①如果"分"纯由个人意志来决定,那么,芸芸众生,好恶不同,各行其道,则不能不乱。除非芸芸众生的意志皆等于零,上有一个绝对意志在主宰世界,否则,"万事不乱"就是一句空谈。"我"在这里并非指众多的个体,而是指圣人,尹文实际上是在代圣人立言。圣人以其自由意志"分"世界,而芸芸众生不过是圣人运作的对象和材料,尹文轻蔑地将他们称之为"私"。圣人正名定分,在于袪私。尹文说:"名定则物不竞,分明则私不行。物不竞,非无心,由名定,故无所措其心。私不行,非无欲,由分明,故无所措其欲。然则心欲人人有之,而得同于无心无欲者,制之有道也。"②人能"无心无欲"是由于名分已定。圣人之所以能定名分、立法制,就因为他有权有势。他是所向披靡的"风",而芸芸众生不过是望风披靡的"草"。他的好恶可以决定一切,而众生的意志则微不足道。尹文以齐桓、楚庄之事为例来说明这一点:"昔齐桓好衣紫,阖境不鬻异彩。楚庄爱细腰,一国皆有饥色。上之所以率下,乃治乱之所由也。"③权势者的选择决定着众生的需要,能把无足轻重的个性升为必然性。圣人的个性通过名分体现出来,使我们在神圣的承诺背后,常常能看到卑劣的情欲在蠢蠢欲动。

二、名分—法术—无为

"道不足以治则用法,法不足以治则用术,术不足以治则用权,权不足以治则用势。势用则反权,权用则反术,术用则反法,法用则反道,道用则无为而自治。"④

这一段话,缩微地概括了尹文的政治思想。政治从道出发,经过法、术、权、势等环节的传递、调整、转换,又复返于道。道在这里既是前提,又是结果;如常山之蛇,首尾相衔,形成一个封闭的环。从尹文思想的内在逻辑来看,这个环是很别扭的,我们几乎无法用因果链将它们连接起来。在道治与法治之间缺乏必要的逻辑中项,从道如何过渡到法,尹文没做任何说明。但是他却比较了道治与法治的优劣:"道行于世,则贫贱者不怨,富贵者不骄,愚弱者不慑,智勇者不陵,定于分也;法行于世,则贫贱者不敢怨富贵,富贵

---

①②③④《尹文子·大道上》。

者不敢陵贫贱，愚弱者不敢冀智勇，智勇者不敢鄙愚弱。此法之不及道也。"①文中所谓之道，乃指正名定分而言。在这里，作为名分而"行于世"的道，显然不是那个能使"名、法、儒、墨自废"的道，因为它要借着名法以展现自己。在上面两段引文中，出现了两个"道"字，一个是"道不足以治则用法"的道，另一个是"法用则反道"的道。我们很难相信后面这个"法用"所"反"之道，就是前面那个"不足以治"的道。从本体上说，它们当然可以合二为一。但是，经过一轮循环之后，它们在形态上发生了变化。"不足以治"的道乃是无名未分的混沌之朴，是纯粹的自然形态；而经过法、术、权、势等变化之后所"反"之道，却已经成为一种社会形态。尹文并没有提出取消名分世界复归于自然的主张；恰恰相反，他主张"大要在乎先正名分"，使世界变得秩序井然，然后术可秘、形可去、法可用。我们据此可以推断尹文欲"反"之道，是能"行于世"的名分之道。名分之道并非政治的形而上的基础，然而却是政治的实在的基础。上文"道—形名—名分"，是指道由形而上领域进入实在领域，而形名则是作为"万物之奥"的道转变为名分之道的关键一环。在这里名分至关重要，它既是道的终端，又是法的前提，所谓"法用则反道"，就是回到这个前提。当这个前提充分展开之时，政治便能达到无为的境界。尹文说："道用则无为而自治。"然而"道用"必须落实在"法用"上，通过法治实现无为，因此在"名分—法术—无为"这一思想之链中，法术被置于承上启下之中心一环。前面说过，尹文思想的特征，是由形名入法术，由此我们可以略见一斑。尹文将法分为四类，他说："法有四呈……一曰不变之法，君臣上下是也。二曰齐俗之法，能鄙同异是也。三曰治众之法，庆赏刑罚是也。四曰平准之法，律度权量是也。"②所谓"四呈"，即指法的四种功能：不变、齐俗、治众、平准。法具有公开性和普遍性，因此法治胜于人治。他比较了圣人之治与圣法之治的优劣，他说："圣人者，自己出也。圣法者，自理出也。理出于己，己非理也。己能出理，理非己也。故圣人之治，独治者也。圣法之治，则无不治矣。"③人治将政治命运系于君主一人之品性，因此，遇贤则治，遭愚而乱，是一种孤注一掷的政治；而法治则将政治命运系于普遍

---

①②《尹文子·大道上》。
③《尹文子·大道下》。

481

之法理,如此,"则顽嚚聋瞽,可以(同'与')察慧聪明,同其治也","遭贤之与遭愚,均矣"①。人治与法治的根本区别,就在于人治是偶然性的政治,法治是必然性的政治;人治是个性的政治,法治是普遍性的政治。尹文并不反对个性在政治上的作用。只要君主的个性能移风易俗,尹文也是用赞叹的口吻谈论:"昔晋国苦奢,文公以俭矫之,乃衣不重帛,食不兼肉。无几时,人皆大布之衣,脱粟之饭。越王勾践谋报吴,欲人之勇,路逢怒蛙而轼之。比及数年,民无长幼,临敌虽汤火不避。"②但是,君主个性的展开必须以法为前提,人治的根本作用就在于补法治之不足,"法不足则用术"。

通观《尹文子》全文,尹文所言之术,大致可以分为立法之术和行法之术两类。立法之术包括定分和专制两方面。"定分",首先要定君臣名分,以确立政本;其次,要统一思想和舆论,以维护君臣上下等级关系。"定分"之术,要在"先诛","先诛者,非谓盗,非谓奸"③,乃是"乱政之本"的权臣和辩者。权臣是指"下侵上之权,臣用君之术,心不畏时之禁,行不轨时之法"④者。他们对君主的权力构成严重威胁。辩者是指少正卯之流。"是以,汤诛尹谐,文王诛潘正,太公诛华士,管仲诛付里乙,子产诛邓析、史付。此六子者,异世而同心,不可不诛也。"⑤关于"专制",尹文说:"贫富皆由于君,则君专所制,民知所归矣。"⑥专制的秘密就在于使"贫富皆由于君"。所谓民心向背,不过视其利之有无而已:有利则天下归心,无利则众叛亲离。尹文说:"名利治小人,小人不可无名利。"⑦因此,君主专制,首先必须垄断天下之利,"无使民自贫富";倘使贫富皆由民自主,那么君主不过"虚临其国,徒君其民,危乱可立而待矣"⑧。故专制之术,贵在使民"由爵禄而后富","由刑罚而后贫",君主操此赏罚二柄以治民,"则人必争尽力于其君矣","人咸畏罪而从善矣"⑨。尹文在这里道出了一个基本事实:专制就是权力支配经济,就是超经济强制。

"政者,名法是也。"⑩名指正名定分,为立法之事;法指庆赏刑罚,为行法之事。尹文认为,导致政治动乱的原因有三,其中有两点与法有关:"治国无法,则乱。有法而不能用,则乱。"⑪前者指立法,而后者则涉及行法问题。

---

① ② ⑪《尹文子·大道上》。
③④⑤⑥⑦⑧⑨⑩《尹文子·大道下》。

尹文的行法术,归纳起来有以下几点:

一是君臣相分。"庆赏刑罚,君事也。守职效能,臣业也。"①"君事"乃行法之事,"臣业"为守法之业。君臣相分并非权力上的划分,而是明确权力与职能的关系(君主掌权,人臣尽职),明确权力主体与权力附属的关系。尹文认为,君臣应各行其道,各任其事。"君不可与臣业,臣不可侵君事。上下不相侵与,谓之名正。名正而法顺也。"②君臣关系以合乎名分为宜。太疏远固然不好,过"分"之亲密也会导致动乱。"君宠臣,臣爱君,公法废,私欲行,乱国也。"③过"分"之亲密必致"狎","狎"则不免要"臣侵君事"。因此行法之术,第一便要君臣相分。

二是与众共治。尹文认为:"天下万事不可备能,责其备能于一人,则圣贤其犹病诸。"④故行法之术,要在与众共治。"圣人之治,不贵其独治,贵其能与众共治。"⑤怎样才能实现与众共治呢?尹文说:"全治而无阙者,大小多少,各当其分。农商工仕,不易其业。"⑥治国之道,不仅要使君臣"各当其分",而且要使农商工仕"各当其分",君主不仅要与人臣共治,而且要与农商工仕共治:"老农、长商、习工、旧仕,莫不存焉。则处上者何事哉?"⑦农、商、工、仕皆自治,君主当然可以高卧而优游了。

三是归一准法。与众共治,当有共同标准,因此行法之术,贵在使"万事皆归于一,百度皆准于法"⑧。如:"人以'度'审长短,以'量'受多少,以'衡'平轻重,以'律'均清浊。"⑨"以'度'审长短",即以一驭多,以法治众。尹文认为,执一而治,则"能鄙齐功","贤愚等虑","顽嚚聋瞽,可以(同'与')察慧聪明,同其治也"⑩。此为"至治之术",与人之能鄙、贤愚全无关系。

统观尹文行法之术,其旨归都指向君主无为。在君臣相分中,臣有为而君无为;在与众共治中,民有为而君无为;在归一准法中,法有为而君无为。君主处于相对静止的无为状态,成为政治的第一推动者;他的使命是"立法"——建立体制,"行法"——推动体制运行起来;一旦体制运转,他便处于无为状态。这便是尹文的"法用则反道,道用则无为而自治"的理想。这样,人治就由法治所取代,个性则为普遍性所排斥。但是,只要尹文承认有

①②④⑤⑥⑦⑧⑨⑩《尹文子·大道上》。

③《尹文子·大道下》。

一个至高无上的个性，而且这一个性并非虚构的圣人，而是现实的君主，并且他还是普遍性的来源，那么他就无法摆脱普遍性背后的那个巨大的个性的阴影，这个阴影就必然会像操纵木偶一样操纵着普遍性。尹文关于普遍性的思想也许是真诚的，但从实际效果来看，它却成为一个为君主的随心所欲的个性而设计的圈套。人们在对普遍性的崇尚之中，不知不觉地落入了这个圈套。

第四节　惠施的去尊思想

惠施，宋国人，与庄子为友，先庄子而卒。他生前和死后的遭遇有如天壤之别。生前，才华横溢，"遍为万物说"；著述甚富，"其书五车"；权势赫赫，"相魏颇久"；名满天下，与"儒、墨、杨、秉"并驾齐驱，其思想为当时五大显学之一。死后，著作佚失，史无列传，且声名狼藉，其思想之一鳞半爪，借着庄子的书而流传。《汉书·艺文志》曾著录有《惠子》一篇，但早已失传，今存者唯《庄子·天下》中之"历物十事"。他的"万物说"，《庄子·天下》语焉不详。惠施好立异，庄子谓其"为怪"，并以之为"质"而斧正之。惠施死后，庄子叹息曰："自夫子之死也，吾无以为质矣，吾无与言之矣。"[1]不仅庄子以惠施为"质"，战国后期诸子也大都以其为"质"，仅《荀子》一书，点名批判惠施就有六处。还有六处泛论"坚白""同异""有厚无厚"，批判以惠施为代表的"合同异"派。惠施在当时名气太大，地位太高，而且好为"怪"，因而成为众矢之的。庄子谓其"日以其智与人之辩"，或许是不得已吧。

惠施与空言垂世的思想家不同，他还是个能行其道的政治家。他发起的"会徐州相王"和合纵运动，在当时具有划时代的意义。

公元前334年惠施任魏相，主谋齐魏相王，旨在联齐抗秦、借楚制齐，结果表明，惠施的策略是成功的。《吕氏春秋·淫辞》说：魏惠王想让国于惠施，惠施辞而不受。这一传说似乎有些荒诞不经，但在当时也非绝对不可能之事，燕国就发生了燕王哙传国于子之的事情。传说确否，我们暂且不

---

① 《庄子·徐无鬼》。

论,但这一传说本身就表明了惠施相魏的重要性和魏惠王对他的信任,连"一怒而诸侯惧,安居而天下息"的公孙衍也颇为推崇惠施。惠施之尊,由此可见。

一个在学术上能与庄子相颉颃,在政治活动方面为公孙衍所尊重的人,即使在群星丽天的战国时代,也算得上凤毛麟角了!

由于《惠子》一书早佚,我们不能得知其政治思想的全貌。不过,将目前所能掌握的一些零星材料串联起来,其思想之面目仍然可察端倪。惠施的政治活动与他的哲学思想之间,有一种深刻的内在联系;一旦阐明了这种联系,其政治思想的底蕴也就昭然了。

一、"去尊"思想

惠施政治思想的核心是"去尊"。当诸子,尤其是儒、墨、法围绕着尊卑这根政治轴心,来设计思想和构筑现实秩序的时候,"去尊"的提出无疑具有一定的挑战性,时人谓其"不法先王,不是礼义"。针对当时流行的"天尊地卑"说,惠施提出"天与地卑"的观点。"天尊地卑"与"天与地卑",是完全不同的自然观;根据这两种自然观,可以引申出截然相反的社会政治观,而"天与地卑"的实质就是"去尊"。

惠施的"去尊"思想可能受了杨朱的"为我"论的影响;从其个人本位的立场出发,也必然要走向"去尊"。在社会关系中,个人是"至小无内"的"小一",惠施的这种"小一"观,与杨朱的"为我"论大概有某种内在的联系,或许这种"小一"观恰恰就是"去尊"思想的哲学基础。惠施的"去尊"思想是否可以称之为"个人主义",由于材料不足,我们现在还很难断言。但有一点我们必须注意,个人主义与相对主义往往是一对孪生子,而惠施是个不折不扣的相对主义者则是众所周知的,而且据郭沫若先生的考证,惠施是杨朱之徒,而杨朱是个地地道道的个人主义者。因此,惠施的"去尊"思想与杨朱的"为我""无君"(这是孟子评语,杨朱没有这个提法)说,有某种内在的一致性。不过二者有一根本区别,即惠施是入世致用的"务为治"者,而杨朱是愤世嫉俗的弱政府主义者,在这点上,惠施的"去尊"与杨朱的"无君"迥然有异。惠施的"去尊"思想固然受了杨朱的影响,但提出问题的思路和方式却是独特的,而且更为深刻。如果说"为我"论表现了杨朱对个人利益的追求,那么"去尊"论则是从对自然本质的思考出发走向社会批判。

在惠施看来,万物皆变,而变化的根据就在于一切事物都处于相对的地位,"日方中方睨,物方生方死","天与地卑,山与泽平",自然界既没有绝对不变的事物,也没有至高无上的事物。自然界是"去尊"的,因此,他得出了"泛爱万物,天地一体"的结论。先秦诸子大都认为,自然和社会有某种深刻的同一性,并以这种同一性作为他们思想的基础,因此,他们总是在社会现象的背后去寻求某种自然性根源。儒家的天和道家的道,都是某种绝对的形而上的本体,是一切事物发展变化的不变的总因,是在冥冥中支配一切的必然性。它们都与现实的君主相对应,并赋予现实的君主以必然性的力量。而惠施的自然观却否定了事物的绝对性、至尊性,因此它也隐含着否定王权至尊的可能性。

二、"去尊"与王权

"去尊"的含义究竟是什么? 有人将"去尊"解释为无政府主义,也有人认为是去掉特权和要求平等的意思。这两种观点,都忽视了惠施的政治家的本色和"治农夫"的立场。一个自命为"治农夫"者,竟会主张"无君"和"去掉特权",岂非咄咄怪事? 还有人主张,"去尊",就是反对统一,即反对各诸侯国统一起来,定于一尊。"去尊"确有反对各国"定于一尊"的意思,但能否据此而认为惠施反对统一呢? "定于一尊"只是统一的一种形式,绝不是唯一的形式,"去尊"和反对统一之间没有必然的联系。这三种观点,虽然各有其片面性,但都提出了一个十分重要的问题,即"去尊"与王权的关系问题。解决了这个问题,也就把握了"去尊"思想的实质。

"去尊"真的是"不要王"吗? 问题并不这么简单。

诸子之学有一明显特征,那就是与政治水乳交融,而且都围绕着非常现实的权力主体——君主来展开。惠施不可能超越王权主义这一点,这充分表现在他的"为法"的立场上。

（一）"为法"

《吕氏春秋·淫辞》曰："惠子为魏惠王为法。为法已成,以示诸民人,民人皆善之;献之惠王,惠王善之;以示翟翦,翟翦曰:'善也。'惠王曰:'可行邪?'翟翦曰:'不可。'惠王曰:'善而不可行,何故?'翟翦对曰:'今举大木,前乎舆讙,后亦应之,此其于举大木者,善矣。岂无郑、卫之音哉?然不若此其宜也。夫国亦木之大者也。'"

这种民人和王"皆善之"的法,显然不是"不要王"的法,而是兼顾了民人和王双方利益的法。魏国本有法治的传统,魏文侯时,李悝变法,制定《法经》。惠施可以说是继李悝之后魏国的又一个变法家,他把李悝的使民畏之的法,变成了"民人皆善之"的法,他很可能在刑法之中注入了一些民法的因素。

关于这一点,我们很难用直接的材料来证明,因为惠施所制的法早已湮没无闻,也许惠施的法从来就没有真正实行过。不过,我们觉得《吕氏春秋》的这一条材料还是比较可信的:从名家的传统来看,邓析曾作《竹刑》,教民争讼,欲变子产之法,因此,可以说名家有变法的传统。而且邓析变法,以便民为本,子产铸刑鼎,将刑法公之于世,虽然表明了某种程度的公开性,但这种公开性仍是基于贵族立场的公开性。鼎和竹,这两种不同的物质载体,实际上反映了两种截然不同的立场:贵族的立场和平民的立场。鼎在春秋时期,仍是贵族身份的一种标志。以《竹刑》取代刑鼎,反映了法律平民化的趋势,因为《竹刑》可以人手一册,家喻户晓,使法律普及化。惠施继承了邓析的平民立场,他的"去尊"思想,既不是"不要王",也不是以民为本,而是"合同异"。

从上述材料中,我们可以看到,惠施的法实际上八面玲珑,兼顾了各种立场,不仅"民人皆善之",而且王也称善,甚至连反对惠施的贵族翟翦也不得不称善。这种人皆称善的法,便体现了"合同异"的精神。所谓"合同异",通俗地来说,就是求同存异,调和各种对立的立场,从各种对立的立场中,寻求共性。按照他的"万物毕同毕异"的观点,万物具有同一性,毫无疑问,这种同一性便是立法的基础。但是,万物绝不会因为具有同一性而丧失其对立的一面,因此,立法又必须以对立性为前提。"去尊"思想的实质就是"合同异"。"合同异"的王权是相对的王权,是包容了多种立场的王权,如果说"同"是"大一",那么"异"便是"小一",这种包括了"小一"的王权,多少兼顾了个人的利益。

现实的王权运动趋于绝对性和必然性,而惠施的"去尊"思想则要使王权趋于相对性和或然性。这种理论和现实的反差,使惠施的思想显得迂而无当。他的法虽然"人皆善之",却"善而不可行",正如翟翦所说的那样,抬大木必须唱豪壮的号子,不能奏哀怨悱恻、婉转缠绵的郑卫之音;治理国家也像抬大木一样,不能用"人皆善之"的法。惠施的法在当时之所以行不通,其根源就在于它有违王权主义的法权原则。

惠施的"去尊"思想,隐含着一种深刻的矛盾,他一方面肯定了王权的现实性,另一方面又含有否定王权的倾向。因此当王权在现实中展现其本质的时候,惠施的思想便显得捉襟见肘,难以自圆其说。他兼政治家与思想家于一身,政治家和思想家的矛盾也必然要在他身上表现出来。思想家从理论化的逻辑立场出发,追求思维的一贯性和彻底性;而政治家却要从现实出发,确立行动的准绳和思维的规范。前者对现实的事物往往采取批判的态度,而后者却恰恰相反。这种两重性不仅在他的"为法"中表现出来,而且也反映在他的"偃兵"立场上。

(二)"偃兵"

《韩非子·内储说上》曰:"张仪欲以秦、韩与魏之势伐齐、荆,而惠施欲以齐、荆偃兵。"正如《韩非子》旧注所说的:"以齐、荆为援,则秦、韩不敢加兵,故兵可偃也。"由此可见,惠施合纵的本意是"偃兵",而非"合众弱以攻一强"。"偃兵"这种政治主张,显而易见是针对秦国咄咄逼人的兼并之势而发的。先秦诸子中,除了法家和兵家主张"以战去战""以杀去杀"外,当时之显学如儒、道、名、墨等,均反对以战争兼并天下。这些思想的确反映了当时人心厌战的要求。然而人是复杂的,人性固然有"贵生"的一面,但同时还有"好利"的一面。从"贵生"的立场出发,人们要求"偃兵";可是从"好利"的立场出发,人们又不得不进行争战。正如黑格尔所说,欲望的满足是通过消灭对象的存在性来实现的。因此,当以人为欲求征服的对象时,"以战去战"便成为天经地义的了。一般来说,吃掉对方是满足欲望的最彻底的方式,对那些习惯于"吃"众生以养生、"以百姓为刍狗"的专制君主来说,"用兵而不休,攻击人而不止"乃是理所当然的。

488

惠施反对这种以人为刍狗的"以战去战",主张各国偃旗息鼓,和平共处。惠施认为,战略均势是和平共处的现实基础,因此,他从现实可能性出发,主张对"齐、荆偃兵",合纵抗秦,通过合纵,遏制秦国的兼并,实现战略均势,维持一种相对的和平。

那么"偃兵"是不是反对统一呢?如果以"以战去战"为正道,"偃兵"当然是倒行逆施。但是,这种假设只说明了二者的对立性,而不能说明它们的实质。认为"偃兵"就是反对统一,是由于忽视了统一的多样性和战国时期统一的多种可能性。"以战去战"作为实现统一的一种方式,虽然在复杂的历史进程中得到充分展开,但也不能据此而认为与之相对的"偃兵"就是反对统一。"以战去战"只是现实的统一方式,而不是唯一的理论方式。

"偃兵"的目的是要在战略均势的基础上实现各国和平共处。在这里,须进一步考察一下"偃兵"的思想基础,这是说明"偃兵"与统一的关系的一个关键。"偃兵"的思想基础是"合同异"。我认为"偃兵"也是实现统一的一种方式。我的看法是,既然惠施主张"大一",就不能说他反对统一。以合纵抗秦为理由来论证惠施反对统一,无论从逻辑上,还是从事实上都说不通。然而"大一"又绝不等于大一统,"大一"之中含有独立自主的"小一","小一"以"合同异"的方式组成"大一"。因此,"大"是相对的、去尊的,由此出发,不可能导致"定于一尊"的大一统局面,这些自由组合的"小一"很可能形成某种以和平共处为基础的政治共同体。可以说"偃兵"是实现和平统一的一种方式。当然这只是一种理论上的可能性。当它与现实力量结合时,才能转化为现实可能性。惠施的"以齐、荆偃兵"的合纵政策,就隐含着向现实可能性转化的契机。然而理论与现实毕竟有相当的距离,理论是引导现实前进的理想化的模式。当理论与现实结合时,一方面理论能促进现实,另一方面理论会发生某种程度的变形,理论的简明性和直接性必须做适当的修正,才能适应现实的复杂性和曲折性。惠施的"去尊"思想,就碰到了这样的现实难题。惠施是个政治家,他当然不会将现实削足适履似的塞进一种理论模式之中,让现实去满足理论的需要;恰恰相反,他让思想迁就现实,使思想在现实的阴影中变得模糊不清,为此他遭到政敌的讥笑。《吕氏春秋·爱类》云:"匡章谓惠子曰:'公之学去尊,今又王齐王,何其到(倒)也?'惠子曰:'今有人于此,欲必击其爱子之头,石可以代之。'匡章曰:'公取之代乎?

其不与？'（惠子曰：）'施取代之。子头所重也，石所轻也，击其所轻以免其所重，岂不可哉？'匡章曰：'齐王之所以用兵而不休，攻击人而不止者，其故何也？'惠子曰：'大者可以王，其次可以霸。今可以王齐王而寿黔首之命，免民之死，是以石代爱子头也，何为不为？'"

"偃兵"应该说是"去尊"思想的逻辑展开。也就是说"偃兵"是以"去尊"为前提的，作为一种结论，它包含在"去尊"的思想前提之中。然而"偃兵"的实现，又以王权主义为必要条件。对齐偃兵，是以"王齐王"为条件的，而"王齐王"与"去尊"又是自相矛盾的，这样"偃兵"就处在它的思想前提和现实条件的夹缝之中。就大体而言，先秦诸子的理性是脆弱的，缺少一往无前的逻辑力量，缺少自然立法的造物精神，缺少主宰现实的权力意志，它在现实面前总是退避三舍，让逻辑绕着现实走，变成不伦不类的怪圈。惠施的思想就是这样。合纵本来是实现"偃兵"的一种方式，后来竟与王权主义同流合污，变成了纵横捭阖的权术。当然惠施本人的"王齐王"，是出于"寿黔首之命，免民之死"的考虑，是"以石代爱子头"的权宜之计；然而正是在权宜之计中，理论的生命终结了。

如上所述，"去尊"不是"不要王"，而是否定王权的绝对性和至尊性；"去尊"也不是反对统一，而是反对"以战去战"，反对大一统。"去尊"表达了一种相对性的要求，它要求相对的王权、相对的统一，它把一切事物都置于相对性的立场来考虑，而相对性的要求又必须以"合同异"的方式来实现。

"合同异"的根底是爱，唯有爱才能"合"。爱能使天地万物融为一体，形成"大一"。"泛爱万物，天地一体"的精神，将墨子的对人的普遍的爱——"兼爱"，扩展到整个宇宙，转化为对整个宇宙的爱。如果说宇宙是"大一"，是万物之总和，那么万物便是"小一"，爱能"合"一切"小一"而成"大一"。惠施"逐万物而不反"，是出于对宇宙的深沉的爱。面对着宇宙之爱，万物统一起来，矛盾融合了，斗争调解了，宇宙一片和谐。从他的宇宙观出发，他主张"偃兵"，主张"天与地卑，山与泽平"；然而从"争于气力"的现实出发，爱又必须附在王权主义这张皮上。正是王权主义使惠施的爱之梦化为泡影。

490

第五节　公孙龙以"离"为本的名实观

先秦时有二公孙龙：一为仲尼弟子公孙龙；另一为名家公孙龙，即为坚白同异之辩者。此名家公孙龙比惠施小五十岁左右，他不仅精于析名，而且深谙政术，曾用"两然两可"法责秦王失约，指斥燕昭王和赵惠王的"偃兵"为口是心非，劝平原君勿受封地。在政治思想方面，他也独树一帜。如果说惠施的政治思想以"合"为中心，那么他的政治思想则以"离"为本。他的著作，《汉书·艺文志》著录有十四篇，扬雄《法言》载"公孙龙诡辞数万以为法"，所见可能是十四篇的全本。今本《公孙龙子》在流传过程中经历了去留删减，较之"诡辞数万"的《公孙龙子》，它更突出了公孙龙思想的个性，同时也抹掉了公孙龙与其他学派的思想联系的痕迹，使我们难以窥见其思想的全貌。例如，在今本《公孙龙子》中，我们已看不到公孙龙的"偃兵""兼爱""惠民"思想。今本《公孙龙子》仅存三千余字，它集中了公孙龙的那些光怪陆离的思想命题。我们的研究就是要从这些貌似荒诞的命题中，发掘出它们的社会政治意义。

公孙龙不是以知识为目的而过沉思生活的哲人，他与政治息息相关，志在经世。在他那些貌似荒诞的逻辑游戏中，隐含着严肃的政治目的。极端的荒诞与极端的正经，有时如一枚镍币的正反两面，可以统一在一起。《公孙龙子·迹府》云："公孙龙……假物取譬，以'守白'辩，谓白马为非马也。……欲推是辩，以正名实而化天下焉。""白马非马"这样的奇谈怪论竟与"化天下"密切相关。经验告诉我们，平庸的思想大都显得冠冕堂皇，而朴素的真理却往往以荒诞的形式表现出来。庄子的"寓言"、公孙龙的逻辑都很荒诞，然而荒诞之中却含有甚深的经世之意。要明了这层，须对先秦名辩思潮做一大致的考察。

统观先秦名辩思潮，大致有三种倾向：一是老庄的"无名"的倾向。老庄认为，一切名都有局限，都不足以言道；道一落言筌，便成粪壤。人的感觉只能获得道的鸡毛蒜皮的表象，而人的理性又把道弄得支离破碎。名作为人为的规定性和感性与理性综合的结果，当然是对道的桎梏和肢解。因此，自从有名之后，天下便纷纷扰扰，不得安定。二是儒法两家的"正名"倾向。儒家以礼正名,法家以法正名。尤其是法家,引道入法,认为道无名,器有名,道与名具有统一性,可道之道与可名之名即是恒道恒名,这样就为"正名"提供了一个形而上的基础。当然,这个基础仍然是未加分析的混沌的"无名"之"朴";若要追根溯源地推论下去,这个基础其实并不可靠。这样便导致了第三种倾向,即名、墨两家的"察辩"倾向。所谓"察辩"主要是考察"正名"的基础,即弄清楚名实相符的根据究竟是什么,使"正名"建立在经过分析和批判的理性的基础之上。墨家企图以经验为基础,为"正名"提供一个决定论的解释。墨子的"三表法",可以说是墨家"正名实"的"法仪"。名家从相对性的立场出发,分析了"正名"的基础。邓析的"两然两可"法便充分利用了名实关系的相对性。名家认为,为错综复杂的名实关系做决定论的解释,无异于将活生生的现实谋杀了;面对"日方中方睨,物方生方死"的现实,墨子决定论的解释显然无济于事,仿佛牢牢地抓住了什么,实际上却扑了一个空。即如墨家"三表法"之一的"上本之于古者圣王之事",实质上就是一句空言。儒家有儒家的圣王,道家有道家的圣王,墨家有墨家的圣王,五花八门,各有所"本"。即使各家都以"古者圣王之事"作为"正名"的标准,也无法形成一个比较客观的一致性的解释,思想前提的自明性迷失在意义选择的多样性之中。结果墨子不得不求之于"尚同",不得不将"正名"安置在"尚同"的基础上,最后得出了"上之所是,必亦是之;上之所非,必亦非之"的结论,生气勃勃的思想被套上等级森严、绝对"尚同"的专制主义枷锁。名家则不同,他们力求在相对性中把握名实关系的本质,惠施主张"合同异",公孙龙主张"别同异,离坚白",他们不仅扬弃了儒、法两家的大而化之的道,而且也扬弃了墨家的决定论。因此,尽管名、墨两家在政治思想方面有许多一致性,如都主张"兼爱""非攻"等,但是他们的思想基础却迥然有异。墨家将"兼爱""非攻"建立在决定论的基础上,而名家则将它们置于相对性的立场之中;前者"尚同",而后者却主张"合"和"离"。

从表面看来,公孙龙与惠施针锋相对,一个谈"合",一个谈"离";但是只要细细分析一下,就会发现公孙龙的思想其实是惠施思想的合乎逻辑的发展。惠施的"合同异"思想,还有异中求同的一面;公孙龙则把"异"绝对化,扬弃了惠施异中求同的一面,专门求"异",这一点在他的"白马非马"之辩中表现得尤为突出。他在《白马论》中说道:"马者,所以命形也。白者,所以命色也。命色者非命形也。故曰'白马非马'。"通常人们都认为,各色各样的马都可以统一在马的概念之中,无论黑马还是白马,极而言之,都可以称之为"马"。马是同,白马、黑马是异,从异中求同的观点来看,白马是马,黑马也是马。然而感觉告诉我们,世界上只有白马、黑马,并不存在所谓的马,马是无法感知的。说白马是马,实际上无异于把存在说成非存在,把"有"说成"无",骨子里仍然隐含着"以无为本"的倾向。因此,公孙龙断言"白马非马",并且像莱布尼茨所说的那样,用计算来判断思想是否正确,他通过一个简单的逻辑算术证明了"白马非马"这一命题的正确性:马是命形的,白是命色的,马(形)+白(色)≠马(形)。当然,对事物的定性并不能通过计算来解决,但是公孙龙的思想至少有一点是可取的,即他认识到"马"作为共性的非实在性。世上并无马,有的只是白马、黑马;马是人为了思想方便而做的假设,并非实在。然而人们在实际生活中却往往将白马与马等同起来,混淆了两者的差别。其实白马和马并无同一性,白马是实在,马是非实在;白马与黑马具有同一性,同一性就是马。公孙龙的卓越之处在于他的思想能够透过名(概念)的屏障,真切地把握实在,而一般人则充其量不过是在名(概念)的屏障之外,对实在隔靴搔痒。就大体而言,一般人容易倾向于"尚同",即在"一"与"多"的关系中比较喜欢"执一"。道家和法家就很喜欢"执一"以"齐万物"。所谓"执一",就是抓住事物的同一性,比如说在白马、黑马与马的关系中,抓住马就是"执一"。从逻辑上说,白马当然是马的一种,但是这种主谓句只能表达逻辑上的外延关系,并不能对存在做出判断,以之来正名实显然无法克服名实相怨现象。公孙龙的"白马非马"实际上反映了逻辑与实在的背离。逻辑上合理的并不一定具有实在性。所谓循名责实,往往并不可靠;用反映概念的大共名来把握实在,犹如用大网捕捞虾米。因此,公孙龙认为,要真切地把握实在,就必须深入对象的"物指"关系中去。何谓"物指",以白马为例,即指白色和马形,它们独立自藏,各自分离,所谓白马就是白色与马形的集合。在公孙龙看来,白色和马形并非白马固有的属性,而是由人的视觉赋予的特性。这样他就把"正名"建立在"物指"的基础上,其可靠性由感觉来保证。

公孙龙反对那种"执一不失,能君万物"的大一统的思维方式。然而这个喜欢透过概念把握实在的人,却犯了一个令人啼笑皆非的错误,他居然忘了这种大一统的思维方式与专制君主的存在息息相关。"天无二日,民无二主",这样的"正名"虽然一眼可知其无类附合,但是当时人却无不奉为金科玉律,只有像公孙龙那样迂腐的聪明人才会一本正经地提出"二无一"的观点。"无一"与"无二"相对,"无一"的提出,在当时可谓石破天惊,他在《通变论》中开篇就说:"二有一乎?曰:二无一!"在公孙龙看来,"二"就是二,"一"就是一,两者有着完全不同的内涵。以"白马非马"为例,白色和马形为二,二者相与为白马;如分别以"左""右"代替白色和马形,那么"二无右"就等于"白马非马","二无左"则等于"白马非白"。公孙龙之所以反对以一兼二和合二为一,是因为作为"物指"的白色和马形,其实在性早已为感觉所肯定,这是无法否认的,他想说的只是"白马非马",即不能以马兼白,使白化为乌有。白色和马形这两个感觉的元素是不能相争的,相争必然要导致兼并,兼并的结果或是白胜,或是马胜,总之要一方吃掉一方。公孙龙在《通变论》中,以青白二色相争而不相胜为例,进一步说明了他的"二无一"的思想,他说:"青白不相与而相与,不相胜则两明也,争而明,其色碧也。"青白二色相混杂,青不能胜白,白也不能胜青,于是青白二色各要表现自己,结果出现了碧色。公孙龙认为碧色是杂色,不是正色,因此他说:"与其碧宁黄。"黄色是正色,可以与青白二色相比,而碧色是"合二为一"的产物,当然不能与青白二色相比,"二无一"在这里就是要取消碧色。将这一原理运用到君臣关系上,公孙龙指出:"暴则君臣争而两明也。两明者昏不明,非正举也。"君臣相争无非有两种结果:要么是一方吃掉一方,要么是相争而"两明"如碧色。实际上这两种结果都应该归因于"合二为一"的思维方式。公孙龙认为:"二有一"则杂,杂则争,争则"两明","两明而道丧,其无有以正焉"。那么怎样才能"正"呢?"二无一"才能"正"。怎样才能"无一"呢?"离"才能"无一","离也者天下,故独而正"。

在《坚白论》中,公孙龙又提出了"离坚白"的问题。他以石头为例,说:"视不得其所坚,而得其所白者,无坚也。拊不得其所白,而得其所坚,无白也。"视觉和触觉有着不同的功能,人的感觉是分离的、无法统一的,视觉中的石头与触觉中的石头不一样,所以他说"坚白石二"而非三,在视觉中只有白石而无坚石,在触觉中只有坚石而无白石,这便是"离坚白"。如果主张"坚白石三",又不免要将"坚"和"白"相混杂了。在公孙龙看来,"盈坚白"实质上是混沌的思维，是一种未加分析的感觉，以之正名实必然要导致上述两种结果。以君臣关系为例，能"盈"君臣的又是什么呢？儒家认为道高于君，在君臣关系上假设了一个天道，天道当然可以"盈君臣"，然而天道可靠吗？其实在性又如何确定呢？以天道"盈君臣"，依然要道丧。所谓"道丧"，即君亦无道，臣亦无道，作为共同依据的天道实质上又不可靠，其结果当然是君臣相争而"两明"了。所谓道高于君，无非是用君道制约君主，以之为君臣关系"正名"，当然要"其无有以正"了。公孙龙认为，君有君道，臣有臣道，君臣各行其道，无须再在君臣之上悬以天道；只要以君道为君正名，以臣道为臣正名，这样就不至于"其无不正"了。这种"离君臣"的思想，实际上是"离坚白"的观点在政治领域的引申。

公孙龙不仅主张"离坚白""离君臣"，而且主张"离天下"。在《坚白论》的结尾，他一言以蔽之曰："离也者天下，故独而正。"这种"离天下"的思想具体反映在他的"偃兵"主张中。《吕氏春秋·审应》曰："赵惠王谓公孙龙曰：'寡人事偃兵十余年矣，而不成，兵不可偃乎？'公孙龙对曰：'偃兵之意，兼爱天下之心也；兼爱天下，不可以虚名为也，必有其实。今蔺、离石入秦，而王缟素布总，东攻齐得城，而王加膳置酒。秦得地而王布总，齐亡地而王加膳，斯非兼爱之心也，此偃兵之所以不成也。'"关于"偃兵"的材料，《吕氏春秋·应言》中还有一条。公孙龙主张"无一"，反对统一；主张"兼爱"，反对兼并。他认为，"兼爱"必须以"离"为基础，而不能以"同"为基础，在列国纷争的形势下，"尚同"只能导致兼并，这是一目了然的事实。墨家既要"尚同"，又主张"非攻"，陷入无法克服的悖论之中；将"兼爱"放在"尚同"的基础上也是阴差阳错。公孙龙既不满当时列国纷争——"碧色"的局面，也反对以武力兼并，弱肉强食。他从"惠民"的主张出发，主张以"离"为本，各国自治，无须统一。因为只有"离"，各国才能"偃兵"，人民才能从刀兵之苦中解脱出来，这在当时便是"兼爱"了。然而，当时各国之君皆有王者之心和霸者之心，都想"一天下"，对于他们来说，"偃兵"不过是苟延残喘时的缓兵之计，当然不会有"兼爱天下之心"。战国诸子，除了法家和兵家极力主张"以战去战""以杀去杀"，各家对战争或持谨慎态度，或持反战态度，然而在"一天下"这一点上完全一致。例如孟子一面鼓吹"善战者服上刑"，一方面又主张"不嗜杀人者能一天下"。这在当时是一种二难选择，甚至是二律背反。既要

"一天下"，又要不杀人，无异于痴人说梦。惠施虽然反对大一统，但主张以"合同异"的方式统一天下。公孙龙却认为，"合"必有争，争不能不杀人。因此，"合同异"不能实现兼爱的宗旨，达到"偃兵"的目的，只有"离天下"，而非"一天下"，才能达到"偃兵"的目的。公孙龙的"离天下"的思想实际上把惠施的"合同异"思想推到了极端。如果说惠施提出了统一的多样性问题，那么公孙龙则对统一本身提出了质疑和批判。也许有人会说，真理与谬误只有一步之差，公孙龙向前迈出了这一步，就已走向谬误。公孙龙反对统一，招来许多非议，无论当时，还是现在，人们都认为他不识时务。

综上所述，公孙龙的思想以"离"为核心，"离"的可靠性，可以由经过分析的感觉的实在性来保证，他把"正名实"放在"离"的基础上，得出"离坚白""离君臣""离天下"的结论，与以"同"为基础的"正名"所得出的结论截然相反。公孙龙思想的目的性和方向性很明确，"离"清清楚楚地指向"兼爱"和"偃兵"，我们只有从这两个方面入手，才能把握"离"的真谛，才能明了公孙龙从"白马非马"出发，走向"正名实而化天下"的全部意义。

第十章　阴阳家以天人配合为特征的
程式化政治思想

第一节　阴阳、五行说概述

　　阴阳、五行作为两个哲学概念,至晚在春秋时期就已经形成了。至于产生时间问题,学者多有歧义,早者至商,晚者至春秋,上下相差几百年。从春秋有关记载看,阴阳和五行之间尚未形成一体。把两者结合起来,构成一种体系,当是春秋以后的事。阴阳五行家作为一个学派,学界多数人认为是战国时期才出现的。

　　阴阳最初指日光的向背,向日为阳,背日为阴,后来被思想家们借用来表示两种对立和互相消长的物质力量和相应的现象,进而认为一切事物都是由阴阳两面构成的,并由阴阳的对立斗争而形成事物的运动变化。五行,指的是水、火、木、金、土。古代的思想家把这五种东西看成构成万物的元素。史伯曾说:"先王以土与金、木、水、火杂,以成百物。"①所以"五行"又称为"五材"。初期,人们只把这五者视为生活不可须臾离之的必备物品,就像子罕所说的:"天生五材,民并用之。"②但在进一步发展中,人们已经不满足于停留在简单的元素说上,越来越把注意力转向五行与万物的关系,以及五行之间的相互关系上。于是五行离它的个体对象越来越远,越来越抽象化。研究事物间的关系遂成为它的最主要的特征。

　　五行与万物的关系,主要表现在类分。五行中的某一个元素便是某一类事物的代表。史墨在占梦时曾预言吴在六年之后将侵楚,为此,他说:"入

---

①《国语·郑语》。
②《左传·襄公二十七年》。

郢必以庚辰,日月在辰尾。庚午之日,日始有谪。火胜金,故弗克。"①其中涉及的问题颇多,有些难以说清楚。但有一点是很明白的,即火、金都是一些事物的代表。当时以干支配五行,根据杜预注,午为火,庚为金,午又代表南方,南方又为楚之位,所以才有上述之论。《左传·哀公九年》又记载一段史墨的占辞。晋赵鞅卜救郑,占卜的结果是"遇水适火"。为此史墨有一段解说:"盈,水名也;子,水位也。名位敌,不可干也。炎帝为火师,姜姓其后也。水胜火,伐姜则可。"其中也有难以说清的问题。但五行的某个元素作为一些事物代表也是很清楚的。赵鞅出自嬴姓,嬴、盈古音相同,于是赵鞅则为水位。炎帝原为火师,于是属火。姜姓为其后,亦属火。水胜火,从而得出结论:"伐姜则可。"

五行本身之间还有一定的制约关系:一种是相生说,即木生火、火生土、土生金、金生水、水生木;另一种为相胜(或相克)说,即木克土、金克木、火克金、水克火、土克水。据一些学者研究,相生或相克说在春秋时期已初步形成。

关于五行代表事物的类和五行之间互相制约关系的理论,我们应做两方面评价:一方面,它促进了对事物关系的研究,而研究事物的关系,是认识发展的标志;另一方面,由于企图把复杂的事物都装进五行结构中,不仅出现了许多牵强附会、乱点鸳鸯谱的现象,而且为怪诞神秘主义开了方便之门。

由于阴阳五行理论重在研究事物的联系,而关于事物联系的思想又是人们最关切和最需要的,于是这一理论对当时各式各样的思想流派都有程度不同的影响,各派都或多或少借用了阴阳五行观念去说明事物的关系。谈论阴阳五行成为当时思想和学术界的一种普遍风气,阴阳五行派就是在这样的环境中形成和发展起来的。

战国时期关于阴阳五行的著作,根据《汉书·艺文志》记载,有十余种,可惜都亡佚了。幸运的是,在《管子》《吕氏春秋》《礼记》等书中还保留了几篇阴阳家的著作。另外,阴阳家主将邹衍的言论也还有一些零星的记录,可以起到窥豹的效果。

①《左传·昭公三十一年》。

498

司马谈在《论六家要旨》中对阴阳家做了提要和评价："尝窃观阴阳之术，大祥而众忌讳，使人拘而多所畏；然其序四时之大顺，不可失也。"[1]《汉书·艺文志》也有类似的评论："阴阳家者流……敬顺昊天，历象日月星辰，敬授民时，此其所长也。及拘者为之，则牵于禁忌，泥于小数，舍人事而任鬼神。"上述的评论是相当中肯的。阴阳家在以天人关系为中心研究各种事物的关系的论说中，确实有一部分具有科学性的论述，但同时又夹杂着相当多神秘主义的东西。在那个时代，科学和迷信是难分难解的。沿着科学思维探索事物原理的种种理论，都难免包藏着一些胡说和神秘主义的内容；反之，迷信之类的东西又常常将科学作为它的掩护或开道夫。阴阳家海阔天空讨论自然界的种种问题，而其落脚点却是人事和政治。阴阳五行派政治思想特点是，以天人配合、天人感应为基础，企图从中找出政治方程式。

第二节　邹衍五德终始下的政治循环理论

邹衍，齐国人，是阴阳家最著名的人物，生活在战国后期，生卒年不可确考。关于邹衍的活动情况，史载抵牾之处甚多，要之，在齐、燕、赵均有他的足迹，声名曾显赫一时。《汉书·艺文志》阴阳家类著录："《邹子》四十九篇，《邹子终始》五十六篇。"《史记·孟子荀卿列传》又载，邹衍"作《主运》"。《索隐》按："刘向《别录》云：邹子书有《主运》篇。"据此，《主运》是《邹子》中的一篇。可惜这些书都亡佚了。现在只能根据残存的零星材料和有关评述，勾勒一个大概。

《史记·孟子荀卿列传》曾有这样一段文字评论邹衍的思想和理论："邹衍睹有国者益淫侈，不能尚德，若《大雅》整之于身，施及黎庶矣。乃深观阴阳消息而作怪迂之变，《终始》《大圣》之篇十余万言。"由此可见，邹衍诸论的出发点是针对当时的统治者只顾淫侈而不顾社会和黎民的疾苦，只顾眼前享乐而不计后果的现象而发的。为了解决这些问题，邹衍不是枝枝节节局限于具体问题的针砭，而是从宇宙自然变化的必然过程来指出具体事物

---

[1]《史记·太史公自序》。

的命运。由于他宏论天地，无边无际，广大无垠，所以当时人们称他为"谈天衍"。现有的资料主要反映了他对历史和地理的看法。

邹衍在论述历史时，把描述和寻求内在的必然性结合在一起，由近及远，上推到洪荒时代。这就是《史记·孟子荀卿列传》所说的："先序今以上至黄帝，学者所共术（述），大并世盛衰，因载其禨祥度制，推而远之，至天地未生，窈冥不可考而原也。"关于"大并"之"并"，《索隐》按："言其大体随代盛衰，观时而说事。"对历史，他不限于描绘，而是力求探讨其盛衰的原因并给以评价；他不以人们已论述的最古的历史为限，而要把历史推向更远的时代，把人类的历史同自然的历史连接起来。邹衍认为历史是一个变化发展的过程。在发展变化中，有一个所谓的必然规律起着支配作用，这个所谓的规律便是"五德转移，治各有宜，而符应若兹"①。关于五德变化情况，其他书有这样的零星记载："邹子有终始五德，从所不胜，木德继之，金德次之，火德次之，水德次之。"②又："五德从所不胜，虞土、夏木、殷金、周火。"③前一段话的开头应是土，后一段续火的应是水。邹衍认为，每一德支配着一个朝代，每个朝代有特定的制度和政治，即"治各有宜"。可惜记载有阙，无从知道邹衍是怎样论述各朝代政治的。在某一德被另一德取代之时，邹衍认为必定会发生某种奇异的自然现象，作为换代的信息，这就是"符应"。《吕氏春秋》中有一篇叫《应同》，详细记述了五德转运过程和相应的符瑞。这篇可能是邹衍传人的作品，可资参考。邹衍这种历史观具有多种因素：从描述天地未开到人世繁荣看，显然具有进化论的成分；五德周而复始，则又是一种循环论；所谓的"符应"无疑是一种神秘主义。这样，邹衍便把先秦时期几种主要的历史观都吸收进来了。在科学尚未昌盛的时代，杂拌理论常常能满足各方面的要求。这里还应说明一点：在当时，五德终始的循环论，一方面比较合理地说明了朝代的更替，特别是其中关于周代之火德已衰，必将有体现水德者取而代之，这一点太符合战国诸侯的口味了。它在理论上论证了周必亡，新圣必兴，给那些想摘取王冠的诸侯以极大的鼓舞。另一方面，

①《史记·孟子荀卿列传》。
②《文选》左思《魏都赋》李善注引《七略》。
③《文选》沈休文《齐故安陆昭王碑》李善注引《邹子》。

500

五德除顺序更替外,还有政治分类的含义,即把政治分为五种类型。在今天看来,这种分类是形式主义的、机械的,但在当时却是一种高度的概括,把过去的政治活动都收纳进去了。一个朝代之所以走向灭亡,必定有它的政治缺陷;继起者只有救偏补蔽、更化才能立足,并以此表现新旧朝代政治上的差别。五德政治分类虽不是这种政治差别的准确反映,但也说明或反映了部分事实。

五德终始说尽管有许多浑话,但它指明一个朝代不是永恒不变的,必定有它的终数,这在当时还是颇能开人耳目的。

关于地理,邹衍提出,中国之外别有境天。他把中国称之为"赤县神州"。与赤县神州相连的还有类似的八个州,这九州为一大区。天下总共有九大区。也就是说,中国只不过是八十一分之一。邹衍的说法显然是一种推想,未必有什么根据,然而在当时却打开了人们的眼界,打破了除中国别无天下的狭隘观念。

邹衍论述问题的方法是"先验小物,推而大之,至于无垠"①。也就是把经验、推测和猜想结合在一起,以经验作为推测和猜想的依据。这种方法可说是别开生面,使人们疑而不能否其据,信而不能得其证。于是出现这种情况:"王公大人初见其术,惧然顾化,其后不能行之。"②

邹衍在政治哲学上多有阐发,在具体政治主张上主要受儒家的影响。司马迁是这样评论的:"然要其归,必止乎仁义节俭,君臣上下六亲之施,始也滥耳。"③又说他"尚德",这显然也属于儒家的思想。另外,他说的"整之于身,施及黎庶"④,同儒家"修身、齐家、治国、平天下"也相类。

第三节 《月令》天人相应的政治程式化理论

《月令》是战国阴阳家的一篇重要著作。吕不韦编《吕氏春秋》时,将全文收录(略有删减),作为全书之纲。汉初儒家又将它收入《礼记》中,其后遂成为儒家经典。

《月令》把科学、神学、五行、政令和社会生活杂糅在一起。文中所描述

---

①②③④《史记·孟子荀卿列传》。

的事物关系有两种情况：一种情况，作者确实揭示了某些事物之间的内在联系，这种联系具有不可更改的性质；另一种情况，作者搞了许多虚构，把一些毫不相干的事情连接在一起，其中还有一些生造的根本不存在的东西，如神等。这两种情况杂糅在一起，使科学充当了神学的伴侣，神学又使科学蒙上了非世俗的外衣。

在《月令》中，世界被描绘为一个多层次的结构。在这个多层次结构中，太阳是最高的，具有决定的意义。作者认为太阳在运转，每个月住在一个地方。比如：正月，"日在营室，昏参中，旦尾中"①；二月，"日在奎，昏弧中，旦建星中"②。太阳的运转形成了四时，每时又分为三个月。四时各有气候特征，每个月又有各自的征候。与四时相对应，每时都有一班帝神。比如：春天，"其帝太皞，其神句芒"③；夏天，"其帝炎帝，其神祝融"④。与时月、神的变化相对，每月各有相应的祭祀规定和礼制。五行与四时的运转相配合，春为木，夏为火，秋为金，冬为水，土被放在夏秋之交，居中央。四时的变化不仅受太阳的制约，还受五行的制约。再下一个层次是各种人事活动，如生产、政令等。上述结构基本是同向制约，特别是人事，要受到太阳、四时、月、神、五行各种力量的制约。因此在作者看来，人，包括帝王在内，不能是绝对自由的。人的自由不仅表现在利用自然，而且首先表现在遵循自然。当然，在遵循自然中还夹杂着许多神秘主义的规定。

在人事活动中，《月令》的作者对生产与政治的关系又做了分析。作者认为政令应以生产规律为依据，应有益于生产的发展和正常的进行，不能站在它的对立面破坏它。

《月令》比较系统地总结了当时的农业生产规律。概而言之，即春种、夏长、秋收、冬藏。根据四时运转、五德性质和生产的规律，《月令》开列了一个政治月程表。政治活动总的指导原则是："凡举事，毋逆天数，必顺其时，乃因其类。"⑤所谓"天数"，用今天的话讲，即基本规律，这里指阴阳之交、日月之变、五行之德等。所谓"必顺其时"，指的是顺从四季的变化。所谓"及因其

①③《吕氏春秋·孟春》。
②《吕氏春秋·仲春》。
④《吕氏春秋·孟夏》。
⑤《吕氏春秋·仲秋》。

类",在作者看来,万物以类分,自然现象与社会现象有类同之处,比如庆赏与阳气同类,刑罚与阴气同类。春夏属阳,秋冬属阴,所以春夏用庆赏,秋冬用刑罚。诸如此类,比附极多。作者是按月开列政令的。由于同季的政令有重复之处,这里按四时做一简要介绍。

春季:春季为木德,万物开始生长。春天政令的基本精神是"布德和令,行庆施惠,下及兆民。庆赐遂行,无有不当"①。根据这一原则,在生产上,要修封疆、分配土地、兴建水利、定产量、开道路、禁止伐木和杀生、保护山林地泽;对人民,要救济孤贫、赦罪犯、禁止起徭和用兵,多用赏赐、少用刑罚,招聘贤士等。这一切都以助生为特征。

夏季:夏季为火德,是万物繁荣季节。统治者的政治原则是佐助万物生长。为此要讲求礼乐、选拔人才,做到"行爵出禄,必当其位"②。夏季严禁兴土功、伐树木。为了鼓励生产,要命令臣属"劳农劝民,无或失时","命农勉作"。

秋季:秋季为金德,有肃杀之意,万物开始凋零。与此相适应,在政治上应注重武和刑。要选练武士,征讨不义;修订刑罚,决狱讼、戮有罪,但要做到"正平","斩杀必当,无或枉桡"③。秋天可以动土功,修建城郭。税收亦在此时进行。另外,还要加强商品交流,活跃市场,等等。

冬季:冬为水德,万物闭藏。与此相适应,要加强治安管理,惩治罪犯。"罢官之无事者,去器之无用者。"④山林开禁,但要掌握分寸,不得乱砍滥伐。对诸项事业进行年终检查和统计,如检查百工产品、统计人民土田之数,为来年农耕做好各种准备。

土德不配四时,而居于夏秋之交。与土德相应的,只有一些礼仪规定,没有具体的政令。土虽曰"中央",实处虚位。

《月令》的作者认为,上述程式化的政令不可更改,必须按时执行,周而复始,年复一年。作者特别警告当政者,如果违背上述程式,必将受到惩罚,若无天灾,必有人祸。"孟春行夏令,则风雨不时,草木早槁,国乃有恐;行秋

---

① 《吕氏春秋·孟春》。

② 《吕氏春秋·孟夏》。

③ 《吕氏春秋·仲秋》。

④ 《吕氏春秋·仲冬》。

令,则民大疫,疾风暴雨数至,藜莠蓬蒿并兴。行冬令,则水潦为败,霜雪大挚,首种不入。"①作者的说法不无牵强的地方,也有耸人听闻之处,但主旨是有道理的。在农业为主的经济条件下,使每年的生产条件与过程基本相同,从而为政治程式化提供了客观依据。作者强调政令必须与农业生产过程相统一,并为农业生产服务,至少不要干扰和破坏它。否则,是一定会受到惩罚的。在当时的历史条件下,君主有至高无上的权威,他可以不顾任何客观规律和条件胡作非为。《月令》的作者把科学、神学、规劝、警告、恫吓统统摆在帝王的面前,企图给帝王以制约,用心可谓良苦!

第四节　结语

阴阳五行派认为天人和谐是人类生存的基本保证和先决条件,一切政治活动只能保证天人和谐的实现,而不能破坏它。这反映了农业经济的要求。他们努力探求事物的联系,并企图通过类分的方式把事物贯穿起来,借以掌握事物联系的链条。在这种探求中,有许多精湛的见解,又有胡说。这是那个时代难以避免的。他们关于政治方程化的见解,虽不免有机械的地方,但基本精神是可贵的:想为君主立法,以制约君主,当然也神化了君主。

---

①《吕氏春秋·孟春》。

第十一章　农家许行自食其力的均平思想

《汉书·艺文志》把农家与儒、墨、道、法等各家同列,称:"农家者流,盖出于农稷之官。播百谷,劝耕桑,以足衣食。故八政一曰食,二曰货。孔子曰:所重民食,此其所长也。及鄙者为之,以为无所事圣王,欲使君臣并耕,悖上下之序。"神农、后稷是传说中发明农业的圣人和先知,被视为开创一个时代的先王。农家尊崇神农、后稷,以"神农之教""神农之法""神农之言"为旗号宣扬自己的主张。《汉书·艺文志》载有《神农》二十篇、《野老》十七篇,但后来都亡佚了。《吕氏春秋》中有《上农》《任地》《辩土》《审时》四篇,学者认定属于农家之作。《管子》中《地员》对土壤的好坏分级有精深的研究,与农家有密切的关系。对中国历史影响深远的《月令》应该说与农家也有密切的关联。农业、农民是农业社会的根底和基础,任何一派思想家都不可能不谈农业和农民,所以诸子百家论及农业与农民的比比皆是。

从班固的叙述看,农家中又分两大派。其中的主流派,讨论与"播百谷,劝耕桑,以足衣食"相关的问题。《吕氏春秋》中诸篇等当属这一派。与此不同的"鄙者"为另一流派,主张"无所事圣王,欲使君臣并耕,悖上下之序"。从现有资料看,以许行为代表的一派应属于"鄙者"。主流派的"播百谷"主要说土地与农耕技术问题,"劝耕桑"与儒家、法家的重农思想相类,这里不论。下边主要论述许行和与许行相近的陈仲的政治思想。

许行,楚国人,生卒年不可考。滕文公推行仁政,孟子与许行先后去滕国推行自己的主张,他俩的岁数相差不会太多。

《孟子·滕文公上》载:"有为神农之言者许行,自楚之滕。踵门而告文公曰:'远方之人闻君行仁政,愿受一廛而为氓。'文公与之处,其徒数十人,皆

衣褐,捆屦、织席以为食。陈良之徒陈相与其弟辛,负耒耜而自宋之滕。曰:
'闻君行圣人之政,是亦圣人也,愿为圣人氓。'陈相见许行而大悦,尽弃其
学而学焉。"陈相、陈辛原从学于陈良。孟子的说法是:"陈良,楚产也。悦周
公、仲尼之道,北学于中国,北方之学者,未能或之先也。彼所谓豪杰之士
也。"①陈相原从儒家,见到许行后改从农家。孟子对陈相兄弟改换门庭极为
不满,指斥他们:"子之兄弟事之数十年,师死而遂倍之。"②其实在当时改换
门庭不是罕见的事,孟子在这点上不大宽容,门派观念很重。

陈相与孟子的对话,把许行的理念做了大致的表述。由于材料有限,把
有关记载都抄录于下。

"陈相见孟子,道许行之言曰:'滕君,则诚贤君也。虽然,未闻道也。贤
者与民并耕而食,饔飧而治。今也滕有仓廪府库,则是厉民而以自养也,恶
得贤?'"③

按下来陈相与孟子进一步讨论了社会分工、交换诸事。"孟子曰:'许子
必种粟而后食乎?'曰:'然。''许子必织布而后衣乎?'曰:'否。许子衣褐。'
'许子冠乎?'曰:'冠。'曰:'奚冠?'曰:'冠素。'曰:'自织之与?'曰:'否。
以粟易之。'曰:'许子奚为不自织?'曰:'害于耕。'曰:'许子以釜甑爨,以
铁耕乎?'曰:'然。''自为之与?'曰:'否。以粟易之。'"

还有一段是讲商品交易的。陈相说:"从许子之道,则市贾不二,国中无
伪,虽使五尺之童适市,莫之或欺。布帛长短同,则贾相若;麻缕丝絮轻重
同,则贾相若;五谷多寡同,则贾相若;屦大小同,则贾相若。"④

从他们对话看,许行的基本理念有如下几点:

第一,"贤者与民并耕而食",即是说,君主应该与民一样自耕自食。

第二,手工业者与耕者都是自食其力的劳动者,其间的分工是自然
的。许行承认"百工之事固不可耕且为也",耕者与他们可以交换产品,互
通有无。

第三,同量的商品应该"市无二价",老幼无欺。许行认同市场与交换,
但要排除市场欺诈。

第四,君主应"饔飧而治"。君主应自己做饭自食,再从政治之事,也就

----

①②③④《孟子·滕文公上》。

506

是治者不能脱产,君主的作为要变成社会公益行为。君主不能有自己的仓廪府库。

第五,君主不能"厉民而以自养"。"厉"就是损害,大概就是常说的剥削之类。进行剥削就不能称之"贤"。

第六,寄希望圣贤实现上述主张。

许行与陈相身体力行,原则性也很强。滕文公说推行仁政,他们慕名而来,滕文公确实也分给他们住房和土地,应该说也是不错的,本应谢恩。但当他们知道滕文公有仓廪府库时,一改对滕文公的评价,说他不配称贤明!

许行、陈相无疑是诸子争鸣中的一兀突起,但也不是孑然孤立的,还有相类似的价值行为在社会上游动。《墨子·鲁问》记载鲁国的吴虑"冬陶夏耕",自食其力,在精神上"自比于舜"。他认为人人应自耕自食;儒墨等宣传的"义"都是空话,真正的"义"不必宣之于口,付诸实践即可。吴虑应该是接近农家一派的。郭店出土的楚简《唐虞之道》篇与上海博物馆藏的楚简《子羔》《容成氏》篇均记述和赞扬舜、禹亲自耕种。燕王哙受此思潮的影响,也"亲操耒耨,以修畎亩"[1]。

当时有一批隐士。隐士有各式各样的,其中有些就是以自食其力为道德价值的追求。这些人未必就是农家,但求自食其力,藐视权势,与农家很接近。《易经·蛊卦》说的"不事王侯,高尚其事"这类人,就以自耕为乐。孔子的弟子原宪,在孔子死后"遂亡于草莽中","不厌糟糠",自得其乐。[2]《庄子·让王》中说的颜回也是一位自耕自食的隐士。孟子批评的陈仲子应该也是接近农家的隐士。陈仲虽出身世家,但他坚持自食其力,不求于人,也不害人。有一次,他几天没有吃饭,饿得发慌,耳朵听不见声音,眼睛看不见东西。井边有一只被虫子啃去了一半的剩李,他吃了,才缓过气来。他有一个哥哥,叫陈戴,有万钟俸禄,十分富裕。他认为这是不义之财,分文不沾。有一次他回家,看到有人送给他哥哥一只鹅。他皱着眉头说:这种乱叫的东西做何用?过了几天,他母亲把这只鹅杀了给他吃。正好他哥哥也回来了,便告诉他,你吃的就是那只鹅。陈仲听后,赶快跑到门外,把吃的东西都吐出

---

① 《韩非子·说疑》。

② 参见《史记·仲尼弟子列传》。

来。陈仲认为吃母亲的合情理,吃哥哥的不义之物是违反道德的。陈仲自己编草鞋,妻子纺织,并用来交换其他用品。①看来陈仲是自食其力者。韩非认为陈仲的主张是"不恃人而食"②,即自食其力,不依赖别人为生。

原宪、《庄子》笔下的颜回、陈仲等,不必说成是农家,但他们都反对剥削和压迫,与农家有近似之处。

《吕氏春秋·爱类》有这样的记载:"神农之教曰:士有当年而不耕者,则天下或受其饥矣;女有当年而不绩者,则天下或受其寒矣。故身亲耕,妻亲绩,所以见致民利也。"《淮南子·齐俗训》说:"故神农之法曰:'丈夫丁壮而不耕,天下有受其饥者;妇人当年而不织,天下有受其寒者。'故身自耕,妻亲织,以为天下先。其导民也,不贵难得之货,不器无用之物。是故其耕不强者,无以养生;其织不强者,无以掩形。有余不足,各归其身。衣食饶溢,奸邪不生,安乐无事,而天下均平。"文中说的神农之教或神农之法,都是强调自耕、自织、自食其力,由此而得出"均平"的结论。与许行的思想相比,虽没有许行那样彻底,但路数大体是一致的。

孟子对许行和陈仲都进行了严厉的批判。他对许行的批判主要有三点。其一是说许行反对社会分工。这一批评应该说是歪曲,许行没有反对社会劳动分工。其二是批评"市无二价"论。孟子认为商品的质量千差万别,量相同,质可能不同,怎么能价格都一样呢?实行"市无二价"会把市场搞乱,也会导致天下大乱。孟子的批评很对,许行只说量而把质抛开,显然是错误的。其三是批评许行对等级秩序的否定。孟子从分工说起,接着说劳心、劳力也是社会分工。当然这也是对的。再推下去,孟子认为劳心者治人,劳力者治于人,治人者要由被统治的人来供养,被统治者要供养统治者,这是"天下之通义"。从现实的角度说,孟子的批评基本上是对的。他与许行间最基本的分歧是,许行否定君臣上下之别,主张自食其力,而这点恰恰是孟子最不能同意的。孟子高唱道德,如果与许行相比,应该说他的道德逊许行远矣,两人所谓的道德有原则的差别:孟子是在等级贵贱的秩序中讲道德,许行讲的道德是要消灭等级贵贱。

---

① 参见《孟子·滕文公下》。
② 《韩非子·外储说左上》。

508

孟子对陈仲的批评缺乏理论性,只是说像陈仲那样,人只能做蚯蚓。这样的挖苦与调侃,无疑是很霸道的。

许行、陈仲等人的主张,对当时的统治秩序和相应的道德理念是猛烈的冲击,具有颠覆性,是现行秩序和统治者的敌人。荀子说有的是盗货者,有的是盗名者,像陈仲就是盗名之辈,比盗货的更危险。颠覆理论体系的确是最大的叛逆,因其能倾动整个社会!

从统治者的立场看,像陈仲这样的人对统治者是无用的。主张君主专制的法家认为应该消灭这类人。《战国策·齐策四》有一段记载赵威后问齐国使者说的话:"于陵子仲尚存乎?是其为人也,上不臣于王,下不治其家,中不索交诸侯,此率民而出于无用者,何为至今不杀乎!"这与法家的主张是一致的。

以往学者对许行有不同的评价。梁启超在《先秦政治思想史》中说其是"无政府主义","绝对的平等、人人自食其力——各以享用自己劳作之结果为限,无上下贵贱之分"[1]。有的说是古代社会主义或共产主义。[2]胡寄窗先生不同意此说,认为是对"社会主义和共产主义的曲解"。他的评价是:"反映了古代小农阶层热爱劳动,反对统治阶级剥削,反对商人资本侵蚀的善良意愿。"[3]或曰:"反映了原始公社时代农民的平等平均思想。"[4]在我看来这些评价没有原则性的差别。总之是反对剥削和压迫,主张自食其力,其归旨是"欲使君臣并耕,悖上下之序"。从极端道德看,许行的主张最具正义性;但其主张不符合历史进程,对历史的发展只能是一种阻力。可是现实的社会剥削与压迫的矛盾又是很严酷的,这种严酷性又是引发极端道德的社会根源。许行的极端性道德是空想,但其批判性很强,这又是一种精神力量,是推动社会关系的调整不可或缺的批判武器之一。

农家的理论可能更接近道家的纯任自然派,如庄子之辈。陈仲子不能

① 梁启超:《先秦政治思想史》,商务印书馆,1923年,第154页。

② 参见甘乃光:《先秦经济思想史》,第六章,第四节,商务印书馆,1927年;[日]渡边秀方著,刘侃元译述:《中国哲学史概论》,商务印书馆,1933年,第154页。转引自胡寄窗:《中国经济思想史(上)》,上海财经大学出版社,1998年,第496页。

③ 胡寄窗:《中国经济思想史(上)》,上海财经大学出版社,1998年,第490页。

④ 朱森溥:《先秦农家思想初探》,《四川大学学报》(哲学社会科学版),1986年第1期。

就归为农家。《荀子·非十二子》把陈仲子与史鳟视为一派，从其批判的特点看，应该属于道家的纯任自然派。道家纯任自然派的社会主张是古代无政府主义或古代个人自由主义。在自食其力、反对剥削与压迫上，农家与道家纯任自然派是很接近的。梁启超在《先秦政治思想史》中把陈仲子与许行列入道家，应该说是有一定合理性的。

许行等的思想是诸子百家中最富特色的一派，但由于空想不切实际，加之统治者视为洪水猛兽，所以后继者寥寥，以致《荀子·非十二子》《庄子·天下》与司马谈《论六家要旨》均没有提及他，很是遗憾。但许行等的思想有社会基础，后来的太平、平均和无君论与许行的思想相类似，在下层民众中有广泛的影响和流布。

第十二章 《管子》"轻重"诸篇的国家垄断商业以治国的理论

第一节 关于"轻重"诸篇

《管子》中有一部分专门论述"轻重"问题的篇章,俗称为"轻重"诸篇。言轻重的共十九篇,亡佚了三篇,现存十六篇,其中《轻重己》是阴阳家的作品,除去此篇,还有十五篇。这十五篇为:《臣乘马》《乘马数》《事语》《海王》《国蓄》《山国轨》《山权数》《山至数》《地数》《揆度》《国准》《轻重甲》《轻重乙》《轻重丁》《轻重戊》。有些人把上述著作列入法家,就某些观点而论,确实与法家接近,或受到法家明显的影响。但就总体而论,是不宜与法家同列的。有一种意见认为它们是一个独立的思想体系,不同于其他各派,也不同于法家,我赞同这种看法。这一派可称之为"轻重派"。轻重派在政治思想上的主要特点是商业治国,在理论上又吸收了法家、儒家和道家的东西,在先秦诸子中是很独特的一派。

关于"轻重"诸篇写成年代问题,学界争论炽热,有的认为属战国之作,有的认为写成于西汉中期,有的认为是王莽时期一批理财家的托古之作。尽管其中有些可疑之点,但在我看来,把它视为战国时期的作品,还是比较稳妥的。战国时期百家争鸣的气氛和当时商业的发达情况,是完全可能酿出这种意识和理论的。另外,这些理论和主张也并不是孤立的一兀突起,类似的思想或主张在战国也出现过。计然、白圭的商业理论就是共生物。从实际上看,战国初年魏国李悝实行的平籴法可以说是"轻重"诸篇理论的实践前提。另外,战国各诸侯国都有官营手工业,采矿、铸币、铸铁也主要由国家掌握。国家大量经营工商业为这种理论提供了客观依据。尽管在个别语句上有些晚生的疑点,但把疑点作为支点,使整个著作年代后移,尚不足以令人信服。从诸篇的情态看,似乎只有战国这种环境才能产生"轻重"这一套理论。太史公读过这些,也说明其不会晚出。

"轻重"诸篇的作者已无法知晓,可能与齐稷下学宫中的学者有关,故被收入《管子》书中。

"轻重"诸篇的政治思想别具一格,故单独列为一章。下边分几个问题对"轻重"诸篇的政治思想做一介绍和研讨。

第二节 以"轻重"治国说

一、"轻重"一词的含义

"轻重"一词最早见于《国语·周语下》,文中载:周景王患钱轻,"将铸大钱。单穆公曰:'不可。古者,天灾降戾,于是乎量资币,权轻重,以振救民。民患轻,则为作重币以行之,于是乎有母权子而行,民皆得焉。若不堪重,则多作轻而行之,亦不废重,于是乎有子权母而行,小大利之。今王废轻而作重,民失其资,能无匮乎'"? 单穆公所说的轻重,主要指货币本身的重量,不过他已清楚地觉察到,货币本身的轻重与商品交换有密切的关系,是人民关心的一件大事。因此单穆公所说的"轻重"已不是一个简单的重量概念,在某种意义上已是一个货币学与商品学的概念。

《管子》"轻重"诸篇广泛地使用了"轻重"这一概念。这一概念在不同篇和不同地方,有不同含义。归纳起来,主要有以下三方面的意义。

第一,轻重指观察事物的一种方法。这种方法的基本特点是:对任何事情都不抱成见,一切事情都像市场上的商品那样流动起伏不定。在一切变动的世界中,要善于区分事物的轻重缓急,找出中心环节和决定性的因素。根据这种方法,对待事情要伺机应变,灵活机动。《管子·揆度》(以下只列《管子》篇名)说的如下一例足以说明这种方法。文中曰:"彼轻重者,诸侯不服以出战,诸侯宾服以行仁义。"在一般人看来,出战和行仁义是两种对立的政策,但在作者看来都可纳入轻重之术,说明轻重之术旨在随机应变。

根据上述方法,在考察历史时,表现为一种进化的历史观。历史条件是不断变化的,与之相应,采取措施和政策也应有所不同。《轻重戊》载:"桓公问于管子曰:'轻重安施?'管子对曰:'自理国虙戏(即伏羲)以来,未有不以轻重而能成其王者也。'"接着作者假借管子之口历数了伏羲、神农、黄帝、有虞、夏、商、周各代面临的主要问题和相应采取的措施。例如:神农教民种五谷、知谷食;黄帝钻燧生火,教民熟食;有虞氏教民知礼;夏王治水,教民筑城郭室屋;殷王教民服牛马而利用之。接下去,管子建议齐桓公应该实行"弱强继绝,率诸侯以起周室之祀"。《揆度》与《轻重戊》的思路相同,也从不同的历史时期采取不同措施以治国的经历,论述了轻重之术。由这两篇可以看到,"轻重"的观点运用于历史,旨在说明历史的发展和变化,不同时代应有不同政策,不应拘于一策,抱残守缺。

由于轻重是一种方法,因此可以用于各种领域,作者们广泛讨论了经济、政治、军事、文化、道德、历史等各方面的问题。

第二,轻重表现为一种制度或法令的规定。《揆度》说:"轻重之法曰:'自言能为司马不能为司马者,杀其身以衅(衅)其鼓。自言能治田土不能治田土者,杀其身以衅(衅)其社。自言能为官不能为官者,劓以为门父。'故无敢奸能诬禄至于君者矣。"这里所说的轻重之法指赏罚规定和以实责名。《轻重甲》说:"士非好战而轻死,轻重之分使然也。"这里所说的轻重指厚赏。

第三,"轻重"一词除上述两种含义外,主要是指有关市场、商品流通、货币、财政、物价方面的理论,以及相关的政策和措施。这是"轻重"诸篇特点之所在。下文主要讨论这方面的问题。

二、以"轻重"治国

"轻重"诸篇在先秦诸子中独树一帜的地方在于,作者们认为治国之道的关键是掌握轻重之术。从方法论上说,治国之术不应守成和循规蹈矩,而且不应成为既有经验的奴仆,正如《国准》所说:"时至则为,过则去。王数不可豫致。"大意是:适合时代的则为之,过时的则去之,帝王之政策不能事先做出规定而不变。所以又说:"国准者,视时而立仪。"从具体方面考察,轻重之术把政治的重点移到市场、财政和经济方面。《国蓄》说:"凡将为国,不通于轻重,不可为笼以守民。不能调通民利,不可以语制为大治。"《山至数》说:"财终则有始,与四时废起。圣人理之以徐疾,守之以决塞,夺之以轻重,行之以仁义,故与天壤同数。此王者之大轡也。"又说:"不通于轻重,谓之妄言。"《山权数》说:"今欲为大国,大国欲为天下,不通权策,其无能者矣!"这里所说的权策是轻重之术的另一说法。轻重治国的中心,就是通过掌握市场和物价,把社会的财富集中到国家和君主手中。君主只有掌握了丰厚的资财,才能通理天下。

作者认为,人与人之间的关系,以及君臣、君民之间的关系,都是由一个"利"字相连接的。《国蓄》说:"夫民者信亲而死利,海内皆然。"《轻重乙》说:"民,夺之则怒,予之则喜。民情固然。"既然"利"是中轴,那么君主就要把利柄牢牢掌握在手中,只有能左右人民的生计,才能治理人民,据此把政治的重点移到财政和经济上来。

儒家宣传要通过仁孝忠义等道德媒介,使智士、谋士、勇士尽力于君主。"轻重"诸篇的作者认为这是不可能的。君主要想使智士"尽谋"、谋士"尽智"、勇士"轻死",只有一条路,那就是君主要把利柄掌握在手中,使这些人离开君主就不能生活,这样他们就不得不尽力于君主。《事语》说得最为清楚:"非有积蓄,不可以用人;非有积财,无以劝下。"

法家、儒家从不同立场出发,都把强本抑末、强本节用、发展农业作为治国的基本国策之一。"轻重"诸篇的作者们虽然也赞成发展农业生产,但他们认为停留在这一步非但不能治国,反而会有害。《轻重乙》载:"桓公曰:'强本节用,可以为存乎?'管子对曰:'可以为益愈,而未足以为存也。昔者纪氏之国,强本节用者,其五谷丰满而不能理也,四流而归于天下。若是,则纪氏其强本节用,适足以使其民谷尽而不能理,为天下虏,是以其国亡而身无所处。故可以益愈,而不足以为存。'故善为国者,天下下我高,天下轻我重,天下多我寡,然后可以朝天下。"文中"益愈"颇难解,马非百《管子轻重篇新诠》:益,多也。愈,读为"偷",意为苟且偷安。大意是说,只顾强本节用,而不善于理财,虽然可获丰收,其结果却走到自己的反面:一是造成人民苟且偷安;二是谷物外流,为他人所用。作者认为治国之道,要在掌握轻重之术,即"天下下我高,天下轻我重,天下多我寡"。通过这种办法就可拥有最雄厚的经济实力,并以此制服天下。《轻重甲》说:"人君不能散积聚,调高下,分并财,君虽强本趣耕,发草立币而无止,民犹若不足也。"《地数》也讲,只顾生产而不善于理财,财物反为他人所用,有害而无益。

法家主张以法治国,"轻重"诸篇虽然也主张立法,但与法家有很大的不同。他们清醒地看到,经济力量比法的威力要大得多。法令能否生效不在法本身,而是由经济条件决定的。《国蓄》说:"民富则不可以禄使也,贫则不可以罚威也。法令之不行,万民之不治,贫富之不齐也。"由此得出结论,单靠法治国是行不通的。作者认为,治国之道必须靠轻重之术,只有掌握住了经济命脉,操纵了人民的生计,才能治国治民。可见轻重派与法家有着明显的不同,把"轻重"诸篇列入法家之列是不适宜的。

儒家把仁义看得高于一切,义高于利。"轻重"诸篇则与此相反。作者们认为经济利益是仁义的基础,仁义是经济利益的派生物。《轻重甲》说:"国多财则远者来,地辟举则民留处,仓廪实则知礼节,衣食足则知荣辱。"《揆度》说,人民经济生活安定,"故民高辞让,无为奇怪者"。作者还明确提出,仁义这种东西并不是以道德原则的规定为内容,如儒家所说的那样,而是一定物质利益的实现。《山至数》说:"散振不资者,仁义也。"

在国与国关系问题上,"轻重"诸篇很少讲兵战,其立足是商战,只要拥有经济实力便可制服对方,而经济实力来源于轻重之术。《事语》讲:"不定内,不可以持天下。""定内"关键在于储存粮食,"国有十年之蓄"即可以有"十胜",其结论是"富胜贫"。商战与国富之道仍在轻重之术。

"轻重"诸篇与儒、法、兵等家在基本思路上有着原则的不同。这种不同是它独立为一派的重要根据。

第三节 关于市场规律的认识与理论

通过市场和操纵物价获取资财,是轻重之术的核心。"轻重"诸篇的作者们仔细考察了商品交换过程和市场情况,对商品价格起伏的种种因素和条件做了相当深入的分析,提出了一些具有规律意义的认识。

一、谷物、货币、万物的比价问题

这里首先把作者对货币和万物的认识做一简单说明。货币又称为"通货""通施"。作者对货币的流通职能的认识相当深刻和精辟。《国蓄》说:"黄金刀币,民之通施也。"《轻重乙》说:"黄金刀布者,民之通货也。"《揆度》说:"刀币者,沟渎也。"作者们天才地认识到,货币是商品的一般等物价。基于这种认识,把货币视为商品流通的沟渎是顺理成章之事。作者们对货币的储藏职能也有明确的认识。《山权数》说:"万乘之国,不可以无万金之蓄饰。千乘之国,不可以无千金之蓄饰。百乘之国,不可以无百金之蓄饰。"《国蓄》说:"使万室之都必有万钟之藏,藏繦千万。使千室之都必有千钟之藏,藏繦百万。"繦,钱贯也,这里用作一种计算单位。另外,他们还揭示了货币的支付职能等。关于"万物",作者泛指一切商品。但这里有一个与谷物的关系问题。在货币面前,谷物为万物之一;在万物之中,谷物又有其特殊地位与意义。作者常常把谷物从万物中抽出来,使之成为一种特殊的东西,成为一种等价物。所以谷物具有两种性质:一是作为商品中的一种商品;二是作为商品的等价物,即具有货币的性质。由于谷物具有这两种性质,所以才出现了谷物、货币、万物三者的比价关系。

关于货币与万物的比价关系,《山至数》概括为:"彼币重而万物轻,币轻而万物重。"这里所说的"币重"指货币的购买力高,相形之下,万物则显得便宜,故称之为"轻"。事情反过来,便称为"币轻而万物重"。货币购买力的高下与万物(一切商品)价格的高下成反比。这里要指明一点,作者所说的货币与万物的比价关系并不是指两者之间价值量的比例关系,而仅仅指市场上的价格现象。造成两者之间比价上下起伏的原因,除内在的价值量的作用外,还有许多人为的因素。作者们看重的是后者,轻重之术即在其中。这点下边再讲。

谷物与万物也有一定的比价关系,这种关系如同货币与万物一样。《轻重乙》说:"粟重而万物轻,粟轻而万物重,两者不衡立。"《山至数》说:"谷重而万物轻。"这里所说的轻重也是指价格现象。作者之所以要把谷物从万物中抽出来,并且专门研究两者之间的比价关系,这与当时的经济条件和谷物的特殊性质与作用有紧密的关系。作者指出,谷物之所以不同于其他的商品,正像《国蓄》中所说:"凡五谷者,万物之主也。"《轻重乙》又说:"五谷粟米者,民之司命也。"在农业为主的经济条件下,粮食是人民赖以生存的最主要条件,当时社会上流行的"民以食为天"的说法深刻地说明了五谷的重要意义。因为粮食是万物之主和民之司命,所以它在市场上占有特殊的地位,正如《乘马数》所说,"谷独贵独贱"。作者所说的谷物独贵独贱,一方面是由谷物的生产量和投入市场量决定的,谷物的贵贱要从谷物本身数量去考察;另一方面还因为谷物是当时市场上的主导商品,在与其他商品的比价关系中,它居于主导地位,它的贵贱影响和决定了其他商品价格的起伏,这就是文中接着所说的"谷重而万物轻,谷轻而万物重",谷物的轻重与万物的轻重成反比。

关于货币与谷物的比价关系,作者认为两者是互相影响、相互作用的。《轻重甲》说:"粟重黄金轻,黄金重而粟轻,两者不衡立。"在货币与谷物之间,作者有时强调这个,有时强调那个,无肯定性的高下之分。但在某些情况下,似乎更看重谷物。货币虽然能作为"通货",可以换取一切商品,但它不像谷物那样具有直接的实用价值,"握之则非有补于暖也,食之则非有补于饱也"①。因此在货币与谷物的关系上,更重视谷物, "故善者重粟之贾(价)"②。

作者对谷物、货币、万物三者之间比价关系的认识基本上符合市场情况。

二、供求与物价

"轻重"诸篇的作者们对市场物价受供求的影响,有准确的观察。《国蓄》说:"夫物多则贱,寡则贵。"《乘马数》说:"物轻则见泄,重则见射。"《山权数》也说:"彼重则见射,轻则见泄。"《揆度》说:"物重则至,轻则去。"这里所说的物轻、物重,指价格下跌或上涨;泄,指流散、抛售、推销;射,指抢购、争购。以上所论述的是一个事情的两方面,不过观察的角度不同。从商品数量看,供应的多少与价格成反比;从价格上看,价格的上下与购买的趋势成

①《管子·国蓄》。
②《管子·轻重甲》。

正比。

商品的社会总数是一定的,但向市场投放多少,可以通过人为的方式加以调节,其基本手段是囤积和投放。囤积和投放对价格的上下有直接的影响。《揆度》说:"物藏则重,发则轻,散则多。"《国蓄》说:"散则轻,聚则重。"藏、聚,均指囤积。囤积可使物价见涨;反之,投放(即所谓的"散")可使物价见跌。囤积和投放能够影响市场的供求关系,所以也能够影响物价的涨落。

在论述物价的起落时,作者还深入地考察了物价与成本的关系。他们认识到,成本与物价在正常的情况下成正比。成本高,物价也高;成本低,物价也相应下跌。但事情并不全然如此,他们还明确指出,物价的涨落常常与成本形成背向关系。《国蓄》说:"物适贱,则半力而无予,民事不偿其本。物适贵,则什倍而不可得,民失其用。"大意是:物价下跌,有时连成本的一半也换不回来,这样生产者就会出现蚀本现象;物价上涨,有时又会出现高于成本十倍也买不到东西的现象,使消费者深受其害。

基于上述认识,作者认为,要操纵物价,首先必须设法控制住供求,特别是供更具有意义。

三、自然条件与物价

当时的农业生产在很大程度上还依赖于自然条件。自然环境、气候、时令等对农业生产有直接的影响。因此,也直接影响到物价。比如,他们认识到,劳动力相同,但由于土地的肥瘠情况不同,也会造成产量悬殊,进而影响粮价。膏腴地区粮价偏低,贫瘠地区粮价偏高。《山权数》把田分为"高田""间田""庸田""荒田"四等,产量分别为每亩十石、五石、三石、三石以下,粟价则分别为"一""十""三十""百"。这里我们不可把上述数字视为实际存在的比数,只能作为抽象性的假定数字。膏腴之地的粮价比荒田地区要低得多。作者在分析这个问题时,是从地区来考察的。正如《轻重乙》所说:"狄诸侯,亩钟之国也,故粟十钟而锱金。程诸侯,山诸侯之国也,故粟五釜而锱金。"狄诸侯国地膄丰产,所以粮食便宜。程诸侯为多山之国,所以粟贵。《轻重丁》说:"齐西之粟釜百泉,则鏂二十也。齐东之粟釜十泉,则鏂二钱也。"

同一个地区中,插花性的肥瘠土地对谷价是不会有直接影响的。

年成好坏对物价也有直接的影响。《国蓄》说:"岁有凶穰,故谷有贵贱。"谷物之贵贱又会影响万物之贵贱,所以又说:"岁适美,则市粜无予,而狗彘食人食。岁适凶,则市籴釜十缗,而道有饿民。"《揆度》说:"一谷不登,减一谷,谷之法什倍。二谷不登,减二谷,谷之法再什倍。"丰歉之年相比,谷价相差不啻十倍。

季节对物价也有明显的影响。秋后谷价下跌,春天青黄不接之时,谷价上涨。关于这种现象,论述多多,无须征引。

四、政令与物价

政府的政令对物价的起伏有着直接的作用。政令对物价的影响是由征收赋税徭役等引起的。《地数》说:"令有徐疾,物有轻重。"《揆度》说:"君朝令而夕求具,民肆其财物与其五谷为仇。"

由于上述种种因素,市场物价总处于活动之中,不会稳定不变,《轻重乙》说:"衡无数也。衡者,使物一高一下,不得常固。"衡即指物价。市场物价虽然变化无常,但却有规律可循,也是可以把握的。作者建议国家要掌握并利用市场物价起伏规律以谋大利。《轻重丁》提出:"可因者因之,可乘者乘之,此因天下以制天下,此之谓国准。"《轻重甲》说:"轻重无数。物发而应之,闻声而乘之。"市场上的活动要敏锐、疾捷、果断,拖泥带水是不可能有收益的。作者还提出,要把在市场上的活动看作一场战斗,因此有些地方把商业活动径称为"用兵"。

上述认识为进行市场投机提供了理论指导。

第四节　国家垄断货币和主要商品

市场是商品的舞台,这里盛行的是平等、自由的原则。"轻重"诸篇的作者站在国家和君主的立场,对这种状况是不满意的。他们要把市场也变成专制君主施展淫威的场所,成为君主获取财利的渊薮。为了达到这一目的,他们建议国家要垄断和控制住货币和主要商品,从而为操纵市场做好经济准备。

一、垄断货币的铸造与发行

货币是"通货",可以换取一切商品。然而货币之用并不仅限于经济,同时还有直接的政治效果。《国蓄》对货币的作用概括为如下三项,即"以守财物,以御民事,而平天下也"。货币既然是一种超级武器,作者认为只能控制在国家手中。为此,首先要垄断铸币权。《国蓄》说"人君铸钱立币",又说君主"自为铸币"。《山权数》借历史说明铸币之权要由君主掌握。"汤以庄山之金铸币……禹以历山之金铸币。"《山至数》说:"君有山,山有金,以立币。"掌握铸币权也就掌握了发行权,《乘马数》说:"布币于国。"掌握了货币,就能控制住利途,正如《国蓄》所说:"黄金刀币,民之通施也。故善者执其通施,以御其司命,故民力可得而尽也。"《轻重乙》说:"五谷粟米者,民之司命也。黄金刀布者,民之通货也。先王善制其通货,以御其司命,故民力可尽也。"作者还提出,国家在垄断货币过程中,关键要把握住币值。《揆度》说:"币重则民死利,币轻则决而不用,故轻重调于数而止。"币重指货币购买力高,币轻指购买力低。过高或过低都有弊病,所以要善于掌握和调剂货币的轻重。

二、掌握充足的谷物

由于谷物是民之"司命",是"万物之主",因此国家要把大部分谷物掌握和控制在自己手中。《山至数》把掌握谷物提到这样的高度:"彼守国者,守谷而已矣。"民以食为天,君主掌握了五谷,自然就处于天的地位了。正如《国蓄》所说:"人君挟其食,守其用,据有余而制不足,故民无不累(犹系也)于上也。"国家究竟应该掌握多少粮食呢?作者们提出了两个基本数字。其一,国家所握谷物在整个国家谷物总产量中的比例问题。《山至数》提出:"常操国谷三分之一。"又说:"常操国谷十分之三。"其二,总储藏量问题。作者提出储藏量越多越好。《国蓄》提出:"使万室之都必有万钟之藏……使千室之都必有千钟之藏。"整个国家要"有十年之蓄"。备粮不仅是内政的基本条件,同时又是备战的基本保证。《轻重乙》说:"天下有兵,则积藏之粟足以备其粮。"掌握了货币和粮食就掌握了政治主动权。《山至数》说:"人君操谷币金衡而天下可定也。"积谷的方法主要是租税、借机强征、以币放贷、以谷收贷、收购等。

三、控制盐铁

盐为民食不可缺之物,铁为民用不可缺之器。"轻重"诸篇对盐铁是否全部要由国家垄断,看法并不完全一致。有些篇认为盐铁不一定全部由国家垄断,但主要部分应由国家掌握;对民营部分,国家要做到能够控制。如《地数》和《轻重甲》论述了对民间经营盐业的限制措施,《轻重乙》论述了对民间经营铁的限制措施。其他诸篇虽未明确表示一切归国家垄断,但从论述看,这种倾向是十分明显的。《海王》主张"官山海"。《地数》主张国家独占矿山。"山上有赭者其下有铁,上有铅者其下有银……上有丹砂者其下有鈺金,上有慈石者其下有铜金。此山之见荣者也。苟山之见荣者,谨封而为禁。"又说这些为"天财地利之所在",应由国家控制。

四、垄断山林及特产

《地数》《轻重甲》《山权数》《山国轨》诸篇从不同角度论述了山林池泽和山林特产等需要国家垄断或控制。《轻重甲》说:"故为人君而不能谨守其山林菹泽草莱,不可以立为天下王。"《地数》从历史上论述了有名的圣主,如周文王、周武王都是"以天财地利立功成名于天下者"。总之,一切自然财富都应收归国有。

对以上几项的垄断或控制,主要不是通过经济方式获得,而是依靠国家的政治暴力获得。在当时的历史条件下,控制或垄断了这几项,也就为垄断或控制市场准备了物质前提。

第五节　操纵市场,从中渔利

国家财政是否充足,是封建国家强盛与否和君主实力大小的重要依据之一。国家获取财政的传统方式是靠横征暴敛和直接的剥夺。征收赋税和徭役在常人看来是天经地义之事,但它毕竟又是一种明夺,所以常常招致被夺者的不满,乃至反抗。"轻重"诸篇作者把征收赋税的掠夺性质公开揭露出来了。他们指出,各种不同名目的赋税,如田租、租籍、户口税、人头税、房屋税、牲畜税等,都属于明夺之列。明夺招人怨,他们认为应该改变这种方式,由明夺变为暗取。所谓暗取,就是通过市场方式来获取资财。市场上通行的原则是平等和自由,在外观上不带有强迫的性质。可是轻重家们并不是一批交易平等自由原则的歌颂者和倡导者;相反,他们极力主张加强政治干预,主张把政治权力贯彻到经济过程,贯彻到市场交易过程。他们与那些赤裸裸用暴力掠夺财富者不同的地方在于,他们主张把政治暴力掩藏在市场平等自由交易这块遮掩布下,使明夺变为暗夺。正如《国蓄》所说:"民予则喜,夺则怒,民情皆然。先王知其然,故见予之形,不见夺之理。故民爱可洽于上也。"为此,他们不仅提出要轻税,甚至还不断提出免除赋税。《臣乘马》说:"无籍于民。"《地数》提出:"毋税于天下"。《轻重甲》主张轻税或不征税,在外观上无疑是仁德之政。可是在他们的主张中,通过市场方式所获取的财利不仅不比直接征收的赋税少,反而要远远多于赋税,有些篇甚至提出把人民收获的十分之九用市场方式席卷而去。从表面上看,轻重派不像法家那样倡导强权政治;但实际上,他们却把君主专制强权贯彻到了经济过程。应该说,轻重家以他们的特殊方式大大发展了君主专制主义。

为了从市场获取资财,轻重家提出了各式各样的办法和措施,其中最基本的方式是把政治权力,货币、谷物等垄断与市场结合起来,制造价格起伏,从中取利。

一、通过垄断价格以取利

轻重家主张国家垄断盐、铁和一些土特产,并利用垄断价格大发横财。《海王》篇就铁器垄断算了一笔账,文中说到,每个妇女"必有一针、一刀",每个耕者"必有一耒、一耜、一铫",每个手工业者"必有一斤、一锯、一锥、一凿"。每种物品价格适当加减,其数量就蔚然可观。比如一针加一钱,三十针就加三十钱,三十钱就相当于一个人的人头税。一刀加价六钱,五把刀就增加三十钱,也即相当于一个人的人头税。其他铁器都适当提价,收益不可胜数。于是作者说道:"举臂胜事,无不服籍者。"盐是每人不可缺少之物,人人都得买盐吃。只要每升适当提高一点儿价钱,累计起来,就成千上万。作者得意地说道,如果强征,"则必嚣号";通过提高盐价,神不知,鬼不觉,钱落入了国家的口袋。每人吃盐,等于每个人都交了税,"人以无避此者"。垄断某些土特产,同样也可大发横财。《山权数》谈到梁山之阳有两种特产,一种叫"绨绣",大约是一种颜料,一种叫"夜石之币"(不详,大约是以夜邑之石为币)。这两种东西既是天下所需,又为他处所无,这样便可通过垄断价格赚取大量货币。垄断物品的垄断价格虽然要靠市场实现,但由于无竞争对手,所以垄断价格具有明显的随意性。在当时,这种垄断价格又是以权力为后盾的。

二、用行政手段制造物价起伏,从中获利

《国蓄》对命令与物价的关系有这样一句概括:"令有缓急, 故物有轻重。"文中对命令影响物价的程度做了如下的描述:"今人君籍求于民,令曰十日而具,则财物之贾什去一。令曰八日而具,则财物之贾什去二。令曰五日而具,则财物之贾什去半。朝令而夕具,则财物之贾什去九。先王知其然,故不求于万民,而籍于号令也。"《地数》也说:"令疾则黄金重,令徐则黄金轻。先王权度其号令之徐疾,高下其中币,而制下上之用,则文、武是也。"文中谈的办法大体是这样:国家征收赋税时要收货币,由于人民手中缺少货币,只好出卖谷物等农产品。大家一齐把谷物等投入市场,供过于求,物价必然大幅度地下跌,此时国家要乘机收购,等到物价回升之时,国家再把货物投放市场。这种方式可以达到十分酷烈的程度,因此作者提出只能在一定限度之内使用。如果过分酷烈,人民无法生活,就会逃亡。《乘马数》对通过这种方式取利的数量做过一个假定,提出每年取十分之三。文中说:"人君之守高下,岁藏三分,十年则有必五(当为'三')年之余。"

三、强令货币谷物互相折代,从中取利

《臣乘马》说:"彼善为国者,使农夫寒耕暑耘,力归于上,女勤于纤微,而织归于府者,非怨民心,伤民意,高下之策,不得不然之理也。""高下之策"也就是"轻重之策"。具体办法是:春天放贷时用货币,秋天收获之时,粮

价下跌,让借贷者用粮还债,这样大批粮食集中于国家之手。国家掌握了大量的粮食之后,等粮价上涨之时,国家再去征购其他各种物品,如手工业品等,但这时国家并不付给货币,而以粮食代货币。乍然看去,一切都按市场的原则进行,只是交替用货币和粮食折代,农民的血汗成果便不知不觉流入了国库。《山至数》从另一个角度提出了使用谷物、货币两件武器的办法。作者建议,在秋收粮贱之时,政府用货币大量收购粮食。另外秋天收税时不收谷,而收币,人民手中无币,可以用谷代币,这样又可多收谷。采用这种办法,"国谷三分,则二分在上矣"。等到春夏之交,粮价上涨之时,国家再售谷物,从而又赚回大量的货币。如此反复,国家坐收大利。由于上述过程是从囤积谷物开始的,所以便称之为"守谷之术"。作者甚至说:"彼守国者,守谷而已矣。"《山国轨》又提出了另一种办法:"国币之九在上,一在下。币重而万物轻。敛万物,应之以币。币在下,万物皆在上,万物重十倍。府官以市杋出万物,隆而止。"市杋,即市价。隆,降也。大意是:货币十分之九掌握在国家手中,十分之一在民手中,货币的购买力就会上涨,万物价格就会相应下降。这时国家以高值货币征购各种实物。万物集中于国家手中之后,市场上的万物就会上涨,国家此时以高价投放各种物品,直到物价下跌时再停止。这里侧重讲如何运用货币的力量,我们可以称之为"守币之术"。

上述诸篇具体办法不尽相同,但基本精神是一致的,这就是把强令征收或征购、市场价格的起伏、货币与谷物互相折代三者结合起来,从中取利。在三者中,强权居于主导地位。而这个主要角色又藏在商品交换的外衣里面,狡猾透顶!

四、利用市场规律取利

关于市场规律问题,第二节已叙述过了。这里再讲一下如何运用和掌握这些规律,从中取利的问题。其中最基本的一条便是根据"物多则贱,寡则贵。散则轻,聚则重"的道理,进行商业投机。为此,国家要善于囤积并及时进行吞吐。《国蓄》说:"人君知其然,故视国之羡不足而御其财物。谷贱则以币予食,布帛贱则以币予衣。视物之轻重,而御之以准。故贵贱可调,而君得其利。"在进行这种活动时,最重要的一点是手中要有充足的囤积。物价便宜时要大量收购,物价上涨时再放。这就是《国蓄》所说的:"夫民有余则轻之,故人君敛之以轻。民不足则重之,故人君散之以重。敛积之以轻,散行之以重,故君必有什倍之利,而财之扩可得而平也。"《山至数》也说:"藏轻,出轻以重,数也。"《轻重甲》甚至说:"物之所生,不若其所聚。"大意是:与其从事生产求利,不如通过囤积取利。在进行上述活动时,作者还提出要特别注意观察四时和年成对物价的影响,从中找出可乘之机。

五、放贷以取利

作者最重视国家放贷的作用。放贷既可以扶植生产, 又可坐收大利。《山国轨》提出,春天谷价上涨时以币放贷,为保证秋后能够收回本息,贷款时要根据土地好坏发放。秋收谷贱之时收本息,在收本息时不收货币,而收谷物,以谷代币。等谷价上涨之时,再出售谷物。放贷不限于货币,还有器用、工具、衣物等,秋后以谷折价偿还。值得注意的是,作者还建议,对富裕之家要强行放贷。

上述诸种取利之法, 从不同角度把政治权力与经济方法结合为一体。在实行过程中,政治支配着经济,经济原则变成了政治的婢女和政治掠夺的工具。在这里,我们看到了统治者如何把绝顶的聪明与阴险毒辣之谋巧妙结合在一起,令人敬畏,又令人毛骨悚然!

第六节　以经济实力为基础解决社会各种矛盾

轻重家认为,财政是国家的实力基础。国家握有的经济实力越大,处理各种社会问题和矛盾的能力就越大。

君主能否控制住所有的臣民, 是政治统治稳固与否的一个根本问题。为了解决这一问题,法、儒、墨等派开了各式各样的方剂。轻重家不同诸派之处在于,他们把重点移到了经济上来。轻重家认为,君主对人民的统治与支配能力取决于经济支配能力。为此他们提出如下一些主张:

第一,君主要操纵和支配人民的生产活动,要像《国蓄》所说的那样:"春以奉耕,夏以奉芸,耒耜械器、钟馕粮食,毕取赡于君。"做到这一步叫作

"君养其本谨也"。人民从事生产的基本条件既然是由君主提供的，君主自然也就控制了人民的生活之路。

第二，要控制住谷物。"谷者，民之司命也。"①如果国家把谷物控制在自己手中，那就等于掌握了人民的生命之机。

第三，人民的贫富之机要掌握在君主之手，要做到"予之在君，夺之在君，贫之在君，富之在君"。能做到这一步，像《国蓄》说的，"民之戴上如日月，亲君若父母"。轻重家也讲"利出于一孔"。不过，他们所说的利出一孔与法家有所不同。法家讲的一孔指耕战，轻重家所说的一孔指君主。《揆度》说得更为彻底："夫富能夺，贫能予，乃可以为天下。"

第四，对人民富贫的程度要掌握适当。那么究竟民富好治，还是民贫好治呢？轻重家认为民富难治。《臣乘马》说："五谷兴丰，则士轻禄，民简赏。"《山权数》说："民富则不如贫。"《揆度》说："善为天下者，毋曰使之，使不得不使；毋曰用之，使不得不用也。"意思是说：不应该主动去使用人民，而需要造成一种条件，使人民自动找上门来，求君主使之，求君主用之。这个条件就是民贫。所以《轻重乙》又说："国有十岁之蓄，而民食不足者，皆以其事业望君之禄也。"轻重家虽然主张民贫，但他们又认为，也不能使民过于贫苦。过于贫苦则民易铤而走险，如果政府派军队镇压，势必引起"内战"，反而走向事情的反面。使民贫而又不至于暴乱，这实在是一种统治艺术！

轻重家除主张经济控制外，也还主张经济鼓励，只有奖赏才能使臣民尽力。《轻重甲》说："爵禄不随，臣不为忠。"重赏之下必有猛士。《山权数》详细开列了奖励的对象，凡从事农业、畜牧、技艺、种瓜、种果木、养蚕、治病者，以及通诗、时(历法)、春秋、易、卜者，都要给予物质鼓励。

在瓜分农民的血汗成果上，国家与大夫之家、大商人、称贷之家存在着矛盾，在市场上能与国家抗衡的也只有这些人。轻重家还指出，这些人经济势力增大又会转为政治上的对抗力量。为了抑制这些人的势力，轻重家提出，首先要从经济上对这些人进行限制、控制乃至剥夺。其办法有强征、强购、查封、利用各种借口摊派、取缔他们的债务关系等。作者认为，只要在经济上能控制住这些人，他们也就失去了政治抗衡力量。

---

① 《管子·山权数》。

在处理国与国的关系上,轻重家也着眼于经济。他们认为,依靠重赐、商业战争和赈贫等方式,便可使诸侯宾服或置对方于死地。对边远的四夷之国,《轻重甲》提出应实行重赐,重赐必然来朝。对于四邻之国则要实行商业战争。对此作者做了许多假设性的论述。《轻重戊》说,鲁、梁之民"俗为绨"。为了鼓励鲁、梁之民织绨,齐国从公室到所有的臣民都要以绨为质料做衣服。鲁、梁之民看到齐国大量购买绨,必然弃农专门从事绨的生产。在鲁、梁转向专门生产绨的同时,齐国要大力发展农业,一方面供应鲁、梁之用,另一方面又要大量存谷。等到鲁、梁之民全转向专业生产绨之时,齐国要当机立断,戛然而止,既不收购鲁、梁之绨,又不卖给鲁、梁五谷。此时在齐国之内实行粮食大减价。鲁、梁之民无谷可食,齐国之粮又很便宜,鲁、梁之民必然大量逃归齐国。如此这般,不战,鲁、梁必服。《轻重甲》的作者也提出,在与邻国交往中,只要在经济上打了胜仗,便可不战而胜,即所谓"请战衡,战准,战流,战权,战势。此所谓五战而至于兵者也"。这里所说的"五战",都属于轻重之术,即商业计谋。

"轻重"诸篇以重商为其特征,在许多地方,把农业生产排到次要地位,这一点在前边已论及。不过综观各篇,也有不少地方颇为重视农业生产。为保证农业生产的正常进行,作者们提出,不要侵占农时,实行"相壤定籍",实行各种农业信贷,如贷币、贷种子、贷工具、贷园圃等。最值得注意的是,这些作者对农民的劳动生产率、维持再生产的条件和如何掌握一个适当的剥削量,有一些精辟的论述和计算。《揆度》说:"上农挟五,中农挟四,下农挟三。上女衣五,中女衣四,下女衣三。农有常业,女有常事。一农不耕,民有为之饥者。一女不织,民有为之寒者。饥寒冻饿,必起于粪土,故先王谨于其始。事再其本,民无檀者卖其子。三其本,若为食。四其本,则乡里给。五其本,则远近通,然后死得葬矣。事不能再其本,而上之求焉无止,然则奸涂不可独遵,货财不安于拘。随之以法,则中内撕民也。轻重不调,无檀之民不可责理,鬻子不可得使,君失其民,父失其子,亡国之数也。"这段精彩的论述中谈了如下几个问题:其一,估计了耕农织女劳动生产率及其所能提供的剩余劳动量。其二,劳动是财之源,不劳动则无财。"饥寒冻饿,必起于粪土。"于邑云,"粪土"当是古语,盖懒惰之谓也。的确,在相同条件下,勤惰的结果不会一样。但作者认为穷都是懒惰造成的,则失之偏颇。其三,农民维持再生产的起码条件是"三其本",即收成三倍于成本。其四,如果农收不能"再其本",即二倍于成本,那么在这种情况下统治者还横加征敛,必然引起人民暴乱和起义;如果人民暴乱之后还施之以刑罚,那就是残杀人民,即所谓的"撕民"。其五,征敛不适量,尤其在人民缺食卖子的情况下,就不可能以理责难无食之民,另外卖子之民也不会听从使唤。到了这一步,君就失去了民,必然要招致亡国之祸。上述有关劳动生产率、维持再生产条件和剥削量的分析,是否符合当时的实际情况,这里不去考察;但这种分析方法,在先秦诸子中可以说是独一无二的。这些人是当时统治阶级代言人中最清醒的一部分人。他们的清醒之处就在于他们分析了经济过程中的数量关系,正是这种量决定了政治统治是否稳固。

为了准确地把握经济,做到心中有数,轻重家特别注重对与经济相关的基本数字的统计和计算。《山国轨》专门论述了要准确了解和掌握土地、人口、货币、物产、行政区划等情况与数字,并以此作为制定政策的依据。把统计作为政治的基本依据,在先秦诸子中是少有的,是当时难得的卓见。

第七节　结语

战国时期商业有了迅猛的发展,商业利润远远高于其他行业。轻重家站在国家的立场,主张垄断当时主要的商业活动,并且把垄断与政令结合起来,人为地扩大商品交换范围,制造价格大起大落,从中攫取高额利润。这种利润远远超过了当时商业的平均利润,是一种以商业为掩盖的强盗式的掠夺。商业在这里充当了政治暴力的工具,商品自由平等的交易从市场中被武力驱赶出去,变成刺刀逼迫下的强迫交易。所以在这里,商品交换已被扭曲,成为一种畸形的怪物。

轻重家所推行的商业交易不能促进生产的发展和商品交换的繁荣,因为他们用权力摧毁了价值规律,把价值规律置于了无用之地。不遵循价值规律的商业交易,在当时除了具有掠夺性和破坏生产的作用外,很少有什么进步作用可言。

乍看去,轻重家格外注重经济关系;究其实,他们更看重政治暴力的作用。他们的这一套理论把君主专制主义贯彻到了经济生活过程中,所以大大促进了专制主义思想的发展。

从认识上看,轻重家是一批天才人物,他们对经济生活的考察和认识在当时是最深刻的。不过他们的落脚点与历史发展是相悖的。他们破坏了商品生产与交换的自然过程,使它变成了专制君主手中的弄物。这一套主张在中国的历史上起过很恶劣的作用。

第十三章 《管子》融合各派的政治思想

第一节 《管子》与各派的融合性

《管子》早在先秦就已流传,并且相当广泛。《韩非子·五蠹》所说"藏商、管之法者家有之",应该与《管子》一书有某种关联。现存《管子》附有刘向叙录,据刘向说,《管子》原有五百六十四篇,驳杂重复。刘向在重新编辑时除去重复的四百七十八篇,剩下八十六篇。《汉书·艺文志》著录的《管子》即是刘向编辑的本子。目前的本子从目录上仍是八十六篇,其中十篇有目无文,实存七十六篇。

《管子》一书是一部论文汇编,这是大家公认的。但对每篇写作时代的看法分歧很大。最早的,有人认为有些篇是春秋初期管仲之作或管仲的言录;最晚的,有人认为是王莽时代的作品。关于各篇写作时代是一个尚待深入研究的问题,这里不能具体讨论。我认为,《管子》是战国中后期的作品。有人说是齐稷下学宫的学者之作,可备参考。

稷下学宫初建于齐桓公时期,昌盛于齐威王、齐宣王时期,终于齐亡。齐国对稷下学士给予了优厚的待遇,对其中著名的先生"皆赐列第,为上大夫"①,"为开第康庄之衢,高门大屋"②。稷下学士最多时达"数百千人"。当时的许多著名学者如邹衍、淳于髡、田骈、接予、慎到、环渊、孟轲、荀卿等,都到稷下学宫进行过教学与研究。稷下学士专门从事精神生产,不负责实际

---

① 《史记·田敬仲完世家》。
② 《史记·孟子荀卿列传》。

政务,司马迁概括为"不治而议论"①。把治与议论分开,任议论自由开展,这是中国历史上光辉的一页,极大地推进了思想文化的发展。稷下学宫的成果不限于《管子》,但《管子》肯定是稷下学宫的重要收获之一。

《管子》一书是当时各种思潮作品的总汇,法家的作品居多,另外还有道家的、阴阳家的、儒家的和杂家的等。各篇的作者,除有极少数几篇考出了作者外(学界还有不同看法),绝大多数篇目,迄今为止尚未找到具体作者。

《管子》一书具有极高的价值,不仅思想极为宏富,而且广泛地记录了社会的风貌。

《管子》虽不是一个学派之作(有的学者认为可称之为"管子学派"),但收入《管子》中各派各家的作者有一个共同的倾向,即融合性。各派在吸收其他派别的观念时,一般都经过消化,作为养分吸收到自己的机体中来。融合性越明显,自己派别的极端性就越小,派别之间的排斥性、对立性也大大弱化。有些篇因融合性突出,很难判断派别的归属。

法家派的著作在《管子》中居多,但各篇的风格、气质不尽一致。多数篇论述问题比较平和,理论上程度不同地与道、儒相融。一些篇把法与道视为一体。《管子·法法》说:"明王在上,法道行于国。"《管子·任法》说:"百姓辑睦,听令道法,以从其事。"《管子·君臣上》说:"明君之重道法。"有些篇把儒家的最主要的东西拿过来,使之成为法的一部分,或并行而不悖。《管子·任法》说:"仁义礼乐者皆出于法,此先圣之所以一民者也。"又说:"群臣不用礼义教训,则不祥。"《管子·君臣下》说:"礼孝弟,则奸伪止。"《管子·版法解》既吸收了儒,又吸收墨,作者从"兼爱"出发,说:"度恕而行也。度恕者,度之于己也。己之所不安,勿施于人。"显然,把墨子与孔子的思想糅合在一起了。

道家的著作在《管子》中占有突出的位置。这些著作舍弃了道家中极端自然主义的东西,积极主治,把道与法、礼、义有机地结合为一体。属于道家著作的《管子·心术上》说:"故事督乎法,法出乎权,权出乎道。"又说:"君臣父子人间之事谓之义。登降揖让,贵贱有等,亲疏之体谓之礼。"礼、义也是

---

① 《史记·田敬仲完世家》。

符合道的。《管子·内业》说："止怒莫若诗,去忧莫若乐,节乐莫若礼,守礼莫若敬,守敬莫若静。内静外敬,能反其性,性将大定。"把道家的性与主静同儒家的诗、礼、乐、敬融合为一体。

儒家的著作收入《管子》的为数较少,从仅有的几篇看,也有明显的法家、道家的成分。

《管子》中阴阳家的著作兼采儒、法、道。

兵家的著作在《管子》中有《七法》《地图》《小问》《兵法》《参患》《制分》《势》《九变》等篇。本书不讨论兵家,要说明的是,《管子》中的兵家派著作同样具有明显的融合性。

在《管了》中还有一些篇,很难说清属于哪一派。从内容上看,既没有一个统贯全篇的理论元点,又很驳杂,兼收诸家之说,真可谓之"杂家"。比如第一篇《牧民》,就很难断定它的派别归属。有人认为属儒家,因为文中把礼、义、廉、耻视为国之四维,"四维不张,国乃火亡"。可是文中法家的东西也很突出,如"严刑罚""禁文巧"等,所以有人把它列入法家之作。文中还讲"明鬼",无疑受墨家影响。又讲"无私者,可置以为政",显然有道家的烙印。《管子·正》把治国之要概括为如下五个字:刑、政、法、德、道。《管子·五辅》杂儒、法,作者治国的五字箴言为:德、义、礼、法、权。《管子·八观》杂法、儒。这些篇由于没有明确的理论元点,因此也不大讲理论逻辑,而是以政治实用为目的。只要有利于实用的,便采撷入文。这些文章有许多精粹而高明的论断,足以垂千古。《管子·牧民》开篇两句话就十分精彩:"凡有地牧民者,务在四时,守在仓廪。国多财则远者来,地辟举则民留处。仓廪实则知礼节,衣食足则知荣辱。"寥寥几十字,点明经济、政治、道德的关系,使人豁然开朗。文中又说:"政之所兴,在顺民心;政之所废,在逆民心。"十六字道破兴亡之奥秘。《管子·五辅》说欲为圣王,要在"得人"。《管子·八观》说:"谷非地不生,地非民不动,民非作力毋以致财。天下(刘绩云,'天下'当作'天财')之所生,生于用力;用(戴望云,'用'字当衍)力之所生,生于劳身。"作者对劳动创造物质财富的论述是当时最深刻的认识之一。以上这几篇把诸子之说融合到了杂而无主的地步。应该说,这是诸子融合过程中必然要出现的现象之一。从学术宗派的观念看,是折中;从实际政治看,折中的东西常常更有实用价值。善于折中是政治智慧发展的标志之一。

532

《管子》与《吕氏春秋》代表了诸子百家综合趋势中两种不同运动方式。《管子》是作者们在自由争鸣中,自主地从内容和逻辑上进行综合;《吕氏春秋》是政治家用行政的方式进行外在的综合。两种方式都很有意义,故各列一章专门论述。《管子》中虽存各家之言,但有些派别篇目较少,也不大典型,如儒家、名家、农家,难以列专章论述。下面只就法家、道家、阴阳家分节讨论,轻重家已在上一章做专门论述。

第二节　法家派兼收道、儒的政治思想

一、《管子》中的法家派著作

《管子》中法家派著作最多,这里把各篇主旨做一简介。《法禁》主要讲加强君权,防臣侵君,列举十八项禁臣事项。《君臣》上、下,主要讲君臣关系与君臣之道,染有道家与儒家色彩。《七臣七主》主张法治,但不赞成繁重;主张君道有为,倡导节用。《法法》主要讲尚法、贵势、尊君、慎兵。《权修》强调经济对政治的决定作用,主张重本抑末,重法又兼及礼、义。《重令》主要讲权势与命令的重要,倡导重农抑末,以农为"经产"。《治国》重点讲重农抑末,认为粟是国治兵强的基础。《正世》主张变法,政治的关键要把握住"齐",即恰到好处,不可偏颇。《禁藏》认为,法要适中,不能烦苛,受阴阳家的影响明显。《任法》主张守法,反对变法,赞扬黄帝,倡导文、武、威、德并重。《乘马》主要讲功利,又吸收道家无为思想。《版法》《版法解》以法为主,综合各家,提倡兼爱。《立政》《立政九败解》基本为法家,同时兼收儒家。《立政九败解》中批评了九家,但不包括儒家,主张限制工商,但不主张过分抑末,与《权修》不同。《形势解》以法为主,兼收道、儒,文中着重分析了各种事物之间的关系。《明法》《明法解》主张尚法主势,贵公去私,以法任人。《九守》为术家之作,"九守"即君之九术。《霸言》《霸形》《问》三篇主要讲如何争霸,以及外交、用兵之术。

如果细致分析上边开列的文章,在内容上有很多抵牾之处。这些矛盾都属于小局,不伤法家之大体。因此我们将其放在一起,综合论述,简称为"管法"。

二、立法的理论基础

"管法"的政治理论是以天、地、人的总体关系为出发点的。只有把握住三者的规律及其相互关系才能治理好国家。《管子·禁藏》中说:"夫为国之本,得天之时而为经,得人之心而为纪,法令为维纲,吏为网罟,什伍以为行列,赏诛为文武。"又说:"顺天之时,约地之宜,忠人之和。"《管子·版法解》中指出,圣人之治,要在"法天""法地""法四时"。《管子·君臣上》提出:"天有常象,地有常形,人有常礼,一设而不更。此谓三常兼而一之,人君之道也。""君失其道,无以有其国。"《管子·霸言》特别强调政在得人,"以人为本","明大数者得人,审小计者失人,得天下之众者王,得其半者霸",失人者亡。

"管法"认为法不是天外的来客,而是人为的产物。正如《管子·任法》中所云:"有生法者。"在"管法"看来,生法者只有一个人,这就是君主。"生法者,君也。"但是君主制定法又不能随心所欲,而应遵循和反映自然与社会关系的必然性。为了了解和把握住事物的客观必然性,首先要从调查入手,掌握实际情况。《管子·正世》说:"古之欲正世调天下者,必先观国政,料事务,察民俗,本治乱之所生,知得失之所在,然后从事。故法可立而治可行。"这里所谓的"观""料""察""本""知"均指调查研究。只有准确地掌握了情况才能立法,才能治国。这里表现了"管法"立法的唯物主义的认识论。具体来说,立法时应遵循哪些客观必然呢?"管法"家提出了如下诸项:顺天道,随时变,因人情,遵事理,量可能。

(一)顺天道

天地、阴阳、四时等自然现象,概括起来称为"天道"。"管法"认为天、地、阴阳、四时等是一个整体。在这个互相制约的统一的整体中,各有各的作用。"天覆万物,制寒暑,行日月,次星辰,天之常也。""地生养万物,地之则也。"四时是由阴阳之气的变化造成的。"春者,阳气始上,故万物生;夏者,阳气毕上,故万物长;秋者,阳气始下,故万物收;冬者,阴气毕下,故万物藏。"①

---

① 《管子·形势解》。

自然界在其自身运动中有一定的规律，"管法"称之为"道""常""则""节""度""数""时""序"等。细致分析，"道"的含义有不同层次的内容。有时指自然运动的轨道与特点，《管子·七法》说："根天地之气，寒暑之和，水土之性，人民鸟兽草木之生物，虽不甚多，皆均有焉，而未尝变也，谓之则。"《管子·重令》说："天道之数，至则反，盛则衰。"《管子·形势解》说："天之道，满而不溢。"有时，道指事物的纲要，《管子·君臣上》说："道也者，万物之要也。"有时又指社会关系和人的行为标准。道的具体含义要与上下文内容连贯起来具体分析。

"管法"认为自然的规律是不以人的意志为转移的。《管子·乘马》说："春秋冬夏，阴阳之推移也；时之短长，阴阳之利用也；日夜之易，阴阳之化也。然则阴阳正矣，虽不正，有余不可损，不足不可益也。天地莫之能损益也。"《管子·君臣上》说："道者，诚人之姓（生）也，非在人也。"

"管法"认为，当政者必须顺从天道才能取得成就，违反天道必遭失败。顺天道，首先表现在精神上。"管法"认为，"天道"的本性是对万物一视同仁而无私，据此立法要从公而无私。这叫："法天合德，象地无亲，日月之明无私。"①立法尚公的原则是从天道中引申出来的。

其次，立法要依从自然规律，并把自然规律纳入立法的内容，使人们必须遵从。"管法"认为：春天万物复生，性质属"仁"，相应地也应行仁政，如不准杀生、毁卵，要赈济贫苦、贷种子、助孤民、赦罪犯等；夏天万物茂长，性质属"忠"，这时要实行鼓励政策，以劝天功；秋天万物肃杀，性质属"急"，与之相应，政治要从严，如行五刑、诛大罪等；冬天万物休息，性质为"闭"，与之相应，要集聚财货、妥加储藏、对民进行教育等。②《管子·七臣七主》中也讲到四时之政："春无杀伐""夏无遏水达名川""秋无赦过、释罪、缓刑""冬无赋爵赏禄"。《管子·版法解》中也详细论述了四时之政。

根据不同的时令要行不同的政令，是很有道理的。人是自然的一部分，人类的行动必须依照自然规律办事。但在实践中，事情并不都是这样，逆自然规律而动的现象屡屡发生。统治者滥征徭役、兵役，违反四时规律，极大

---

① 《管子·版法解》。

② 参见《管子·禁藏》。

地破坏了生产,破坏了人类赖以生存的自然条件。在"管法"之前许多思想家、政治家一再呼吁政令不要违时;但把顺从四时作为法令加以规定,"管法"是最早的倡导者之一,这是很有价值的认识。当然,在其论述中也有荒谬之处,如把四时与刑赏等相对应,把四时赋予人事道德性质,这显然是一种附会。这种附会给法律政令注入了自然性质,并通过自然化使法律神圣化,从而肯定了赏罚是必然的。这无疑是为统治者的暴力行为辩护。

(二)随时变

立法的另一个根据是"随时""从化"。事物是不断变化的,法令也要"随时而变。因俗而动"①。"管法"认为,圣君不应把历史传统当作包袱背起来。历史传统有碍于治者,均属改革之列。圣君之治"不慕古,不留今,与时变,与俗化"②。法在"从化"中并不是被动的,既要随俗而化,又要起化俗的作用,这就是《管子·七法》中所说的"变俗易教"。

在变法时要把握住形势,深入分析问题的症结,对症下药。《管子·正世》说:"国家不安,失非在上,则过在下。""失在上,而上不变,则万民无所托其命。""过在下,人君不廉而变,则暴人不胜,邪乱不止。"《管子·小问》中提出治民之道要因形势而变。"有时先事,有时先政,有时先德,有时先恕。"年景好,民骄佚,则要"厚收善藏,以充仓廪",反之要行救济。《管子·形势解》中提出:"世谓之圣王者,知为之之术也。"这就是说,政令要掌握机遇,采取相应对策。

从时原则的提出,反映了"管法"对历史的看法,认为历史是变化的,因此法也应随时而变。这里涉及法的起源问题。"管法"虽未进行专门论述,但有些篇也间或提到这个问题,认为法并不是从来就有的,而是圣人为了治乱而制定的。"管法"认为人类最初并没有君主,也没有法,处于乱争状态,后来出现了能人,平治了乱子,创立了法。正如时代在变一样,圣人因时而立法,所以法也随时代而变。

(三)因人情

"管法"有关人性的论述虽然不太多,但很明确。要之,可归结为两个字,即"好利"。"利"表现为生死、衣食、荣辱等方面。《管子·形势解》说:"民

---

① ②《管子·正世》。

536

之情莫不欲生而恶死，莫不欲利而恶害。""贵富尊显，民归乐之，人主莫不欲也。""民利之则来，害之则去。民之从利也，如水之走下。"《管子·禁藏》说："凡人之情，见利莫能勿就，见害莫能勿避。"《管子·七臣七主》说："死与不食者，天下之所共恶也。"

"管法"认为好利之性人皆有之，不论贵贱、贫富皆同。《管子·禁藏》说："凡人之情，得所欲则乐，逢所恶则忧。此贵贱之所同有也。""管法"所说的人情好利，一方面是指人的生理需要，如衣食，另一方面又包括人的社会性，如尊贵荣辱。把人的本性归之于"好利"，在当时是对人的本质最深刻的认识之一，也最切近实际。这比把人性归之于仁义道德要深刻得多，因为它接触到了人们与社会的物质关系。

由人性好利而得出的政治原则，就是一切政令政策要建立在物质利益的基础之上。只有物质利益才能调动臣民，并为君所用。《管子·形势解》说："人主之所以令则行，禁则止者，必令于民之所好，而禁于民之所恶也。""法立而民乐之，令出而民衔之。法令之合于民心，如符节之相得也，则主尊显。故曰：衔令者，君之尊也。人主出言，顺于理，合于民情，则民受其辞。"《管子·明法解》说："明主之道，立民所欲，以求其功……立民所恶，以禁其邪。"《管子·君臣上》说："明君顺人心，安情性，而发于众心之所聚。"《管子·禁藏》说："居民于其所乐，事之于其所利，赏之于其所善，罚之于其所恶，信之于其所余财，功之于其所无诛。"

"管法"认为，能否认清民情，是把握民之背向的枢纽，是政治胜败的关键。由于民情是一种客观存在，因此是可以把握的。《管子·权修》说："人情不二，故民情可得而御也。审其所好恶，则其长短可知也。观其交游，则其贤不肖可察也。二者不失，则民能可得而官也。""管法"还提出，政策的失败，最关键的是没有抓住民之好恶。正如《管子·形势解》所说"故欲来民者，先起其利，虽不召而民自至。设其所恶，虽召之而民不来也"，《管子·牧民》所说"政之所兴，在顺民心，政之所废，在逆民心。民恶忧劳，我佚乐之，民恶贫贱，我富贵之。民恶危坠，我存安之，民恶灭绝，我生育之"。

这些论述突出了一个最基本的思想：立法要把握住人性好利这一中轴。立法不是以君主的好恶为准，而是以民之好恶为准。君主的妙术在于利用民之好恶，使之对己有用、有利。这样一来，法又成了一个传送带，要把人们追求利益所产生的果实,转送到君主手里。所以这种"法"不仅表现为治民的暴力,而且表现为沟通统治者与被统治者的渠道。

(四)循事理

"管法"认为,立法必须遵从事理。《管子·版法解》说:"审治刑赏"必明经纪;陈义设法,断事以理;虚气平心,乃去怒喜。"《管子·七法》说:"论道行理,则群臣服教,百吏严断。"《管子·形势解》说:"以法数治民则安,故事不广于理者,其成若神。"

什么是"理"呢?综观各篇,大致有如下三方面内容:一是事物的规律性,二是惯例、传统与习俗,三是事物的轻重关系。

《管子·乘马》对市场之理的论述便是讲事物的客观规律。文中说道:市者,货之准也。是故百货贱,则百利不得。百利不得,则百事治。百事治,则百用节矣。……市者可以知治乱,可以知多寡,而不能为多寡。"大意是:市场能反映物资供应的情况。如果"百货"价格低,各行生意就不能获得过多利润;如果各行生意得不到过多的利润,各种生产(百事)就会得到发展。生产发展了,供求关系才能得到平衡。……从市场可以观察到国家的治乱,可以知道物品的多少,但不能决定物品的多少。作者指出,生产是市场的基础,管理市场的基本办法是从发展生产入手。在生产发展的基础上,市场也比较容易管理,也才能治理国家。作者这种看法可谓卓识。

《乘马》等篇所讲的"朝廷之理""父子之理"等,主要指惯例、传统和习俗。朝廷之礼、等级之分无疑有它存在的客观基础,但具体表现形式在很大程度上取决于传统与习俗。作者把贵贱等级之分也视为理,显然是在为贵贱等级之分做辩护。

事物之间的轻重关系,也是一种理。《管子·七法》中提出:"故不为重宝亏其命","不为爱亲危其社稷","不为爱人枉其法","不为重禄爵分其威"。作者指出,珍宝与命令相比,命令重于珍宝;亲戚与社稷相比,社稷更重要;等等。作者提出,应分清事物的轻重关系,当两者发生矛盾时,要断然舍轻取重。

"管法"认为,统治者,包括君主在内,应受"理"的制约与节制。循事理指出了立法之前要深究事物内在联系,法要依"理"而立。

538

(五)量可能

"管法"主张立法要考虑客观的可能性。法要建立在现实可能性的基础之上,只有如此,法才能实行。《管子·形势解》说:"明主度量人力之所能为,而后使焉。故令于人之所能为,则令行;使于人之所能为,则事成。乱主不量人力,令于人之所不能为,故其令废;使于人之所不能为,故其事败。""管法"认为,民之"所能为"与"所不能为"之间的"度量"线,是由生产水平与人的体力决定的。《管子·权修》说:"地之生财有时,民之用力有倦。"君主立法行令,不能超越一定的度量;超越了,必然要走到法令的反面。正如《管子·法法》中所说:"故未有能多求而多得者也,未有能多禁而多止者也,未有能多令而多行者也。"

"管法"认为,在可能性的度量以内,人民能够接受或忍受,对统治者有利,也安全;超出这个度量界线,人民无法忍受,就会起来造反,统治者也将陷入危险境地。《管子·权修》说:地力与民力有一定限度,而人君之欲望是无穷的,"以有时与有倦,养无穷之君,而度量不生于其间,则上下相疾也。是以臣有杀其君,子有杀其父者矣。故取于民有度,用之有止,国虽小必安;取于民无度,用之不止,国虽大必危"。《管子·正世》把这个"度量"界线称为"齐","治莫贵于得齐。制民急则民迫,民迫则窘,窘则民失其所葆;缓则纵,纵则淫,淫则行私,行私则离公,离公则难用。故治之所以不立者,齐不得也;齐不得,则治难行。故治民之齐,不可不察也"。所谓"齐",就是既不要使民富裕,又不要使民穷困至死。使民能维持简单生产的条件,恰到好处。

"管法"所说的量可能主要指征收赋税和徭役。他们把度量线画在仅仅能够维持简单生产的条件和延续生命的边缘上。他们所说的量可能是要统治者把最大限度的剥夺与长久持续剥夺结合起来。因此这种结合的可能一旦变为现实,扩大再生产就失去了可能。

由于"管法"各篇出自众手,因此对许多问题的看法也颇多差异。如在立法的原则上,有的提出爱民,有的反对爱民;有的主张变法,有的主张把法固定化,《管子·任法》提出:"黄帝之治也,置法而不变,使民安其法者也。""国更立法以典民则不祥。"由是而提出"法古之法"。

"管法"提出立法应遵循顺天道、随时变、因人情、循事理、量可能等原则。这些原则的提出，表明"管法"对法有一个清醒的认识。虽然主张以法治国，可是法并不是从天上掉下来的，也不具有超越一切的威力，法本身首先是被制约的。君主制法，但君主应该觉悟到，法不应是个人意志的肆意表现，而应是一定关系的反映。特别有意义的是，在"管法"看来，法不只是制定人们的社会行为规范，同时也要规定人对自然的行为规范。"管法"对立法原则的论述，推进了法学理论，使立法摆脱了经验主义，向理性大大迈进了一步。"管法"关于立法原则的思想继承了慎到的立法思想，无论是在深度与广度上又都远远超过了慎到。

"管法"关于立法原则的论述，与当时各国变法与行法过程中遇到的各种问题有密切的关系。就其主要倾向看，"管法"重点是反对君主立法的随意性。"管法"也清楚地看到，法令是由君主颁布的，随意性极大。当时的情况大致是：前主所是，后主所非；旧法未除，新法又立；朝立夕废，轻重无度。这种情况破坏了法的严肃性，使法不能发挥其应有的作用。针对这种情况，"管法"对立法原则进行了深入的探讨。这些原则在实践上究竟起了多少作用，我们尚说不清楚；但在认识上，显然提高了立法的自觉性，是极为有价值的认识。

三、法的普遍性与以法治国

"管法"主张以法治国。《管子·七法》说："夫法者，上之所以一民使下也。"要实行法，法必须统一而明确，这就是"管法"经常谈论的法要"一"、要有"恒"、要"有常"。《管子·明法解》说："明主一度量。"《管子·任法》说："法者不可不恒也（原无第二个'不'，依郭沫若等《管子集释》补）。"《管子·君臣上》说："法制有常，则民不散而上合。"法又称为"常经"。《管子·法法》说："国无常经，民力必竭。"

"管法"为了论证法的普遍性与以法治国，对法的定义、本质、职能等进行了深入的论述。

(一)法的定义

法的定义问题是探讨法的基本属性的一个重要命题，在"管法"之前已有人向这个问题迈进，但还未做出明确的概括。"管法"是最早给法下定义

540

的学派之一。讨论法的定义,对明确法的规定性有着指导意义。

直到春秋,法与刑基本是同义的,随着春秋成文法的制定与战国初期变法运动的开展,法与刑逐渐区分开来。刑仅是法中的一部分,表示法的强制性方面,具体表现为惩罚规定与惩罚手段。法除了包括刑之外,还有赏。从广义上讲,由君主和政府颁布的各种行为规范都可称之为"法"。在实践过程中,随着认识的深化,提出了法的定义问题。

在"管法"之前,慎到把法比作尺寸、权衡,这种形象比喻可以说是探索法的定义的萌芽。《管子·心术上》属道家之作,《管子·心术上》曾对法下过定义。其文曰:"法者,所以同出不得不然者也。""出",郭沫若解释为"参差不齐"。"同出",就是把参差不齐的事情等齐划一。①"不得不然者",指都必须按等齐划一的标准去做,强调了法的强制性。《心术上》给法下的定义加深了对法的认识。"管法"给法下的定义与《心术上》基本相同。这里选几个典型的说法:

> 夫法者,所以兴功惧暴也;律者,所以定分止争也;令者,所以令人知事也。法律政令者,吏民规矩绳墨也。②
> 法者,天下之程序也,万事之仪表也。③
> 法者,天下之仪也,所以决疑而明是非也,百姓所悬命也。④
> 法者,天下之至道也。⑤

以上的定义,从不同方面说明了法是固定化了的程序、仪表,是从个别事物中抽象出来的有关事物的一般的和普遍的规定,因此法又被称为事之"常"。⑥这里附带说一句:在中国历史上,"法律"这个概念最早是由"管法"提出来的。

---

① 参见《管子集校》。

② 《管子·七臣七主》。

③ 《管子·明法解》。

④ 《管子·禁藏》。

⑤ 《管子·任法》。

⑥ 参见《管子·法法》。

强调事物的一般性,首先是因为事物个性的复杂化与多样化。面对复杂化、多样化的个性,如果不从中抽出一般性,就找不到个性之间的联系,就会陷入事务主义;如果抓住了一般性,就能牵动每个具体事物。事物的个性与一般性虽然都是客观存在,但对人的认识而言,个性是可以通过人的感觉体察到的,而一般性则只有通过抽象思维才能发现。"管法"把法视为事物的一般性,反映了对社会现象的理性认识发展到了一个新阶段。

"管法"把法看作决疑明是非的标准,那么法不仅是每个人的对立物,而且又高于每个人,从理论上也高于君主。这样一来,在法的面前,人人都应以法为准约束自己,违反了法就应受到制裁。"管法"给法下定义,从理论上把法的权威摆到了最高地位,君权也应服从法权。

"管法"关于法的定义,应该说概括了法的外部特征,至于说法还有阶级性这一点,作者们虽然也有论述,但远没有深入,我们也不应该向古人提出这种要求。

(二)法的等级性与遵法的平等性

从"管法"关于法的定义上看,强调把法作为社会的共同规范。但是"管法"的法不是外观上的平等法,而是等级法。关于等级问题,"管法"从不同方面做了论述。

第一种是职业化的等级,这就是《管子·乘马》中讲的商、工、农、士职业化的等级规定。文中说:"非诚贾不得食于贾,非诚工不得食于工,非诚农不得食于农,非诚士不得立于朝。"

第二种是按劳心劳力而划的等级,如《管子·法法》中所说:"君子食于道,则上尊而民顺;小人食于力,则财厚而养足。"食道者要聪明,食力者应愚昧。[1]

第三种是职分上的等级,如《管子·君臣上》说:"主画之,相守之;相画之,官守之;官画之,民役之。""上之人明其道,下之人守其职,上下之分不同任而复合为一体。""岁一言者,君也;时省者,相也;月稽者,官也;务四支之力、修耕农之业以待令者,庶人也。"

以上表现出对既有等级的维护。另外,还要通过执法对等级中的成员

---

[1] 参见《管子·君臣上》。

进行调整,受赏者升,受罚者降,在调整中再造等级。

"管法"主张的法虽是等级法,但法一经制定出来,所有的人都必须遵守。《管子·七臣七主》说:"法断名决,无诽誉。故君法则主位安,臣法则货赂止,而民无奸。"又说:"法令者,君臣之所共立也。"《管子·任法》中说:"君臣上下,贵贱皆从法,此谓大治。""管法"认为法是规范化了的规定,君主的命令是行使权力的表现。命令与法的关系,法应高于命令。《管子·君臣上》说:"君据法而出令,有司奉命而行事,百姓顺上而成俗。"许多思想家都把官吏视为民之父母,《管子·法法》却说:"法者,民之父母也。"强调法高于官吏。

为了使法得以实行,"管法"特别提出君主要从自身做起,以法为准,克制自己的好恶。《管子·法法》说:"禁胜于身,则令行于民矣。""明君知民之必以上为心也,故置法以自治,立仪以自正也。故上不行,则民不从。民不服法死制,则国必乱矣。是以有道之君,行法修制,先民服也。"《管子·任法》说:"君臣上下,贵贱皆从法。""明君置法以自治,立仪以自正。"

君主怎样才能身体力行,遵守法度呢?"管法"作者除了以国家危亡盛兴晓以大利外,还开了另一种药方,那就是节制喜怒。劝说君主不要以喜怒好恶用法行令,这就是所谓的"喜无以赏,怒无以杀"[1]。无论是以兴亡为诚,还是劝节情,对君主必须奉法来说都显得软弱无力。"管法"作者们想出了许多办法迫使臣民遵法,就此而论,可以说他们是一批发明家;但是如何使君主必须奉法,他们没有想出什么有效办法,是一批"低能儿"。从历史时代看,是不能责难他们的。因为那个时代是君主至高无上的时代,君主有至上的权威。但是从理论上分析,这不能说不是"管法"的缺陷。

"管法"劝君主奉法,从行动和制度上规定臣下必须从法。为使臣民从法,明主要"见必然之政,立必胜之罚"[2]。这就是说,要臣民感受到君令的威严,听令而战栗。"行令在乎严罚,罚严令行,则百吏皆恐。"对于"亏令者""益令者""不行令者""留令者""不从令者",应格杀勿赦。[3]

在法的推行过程中,要抓住"必"字。《管子·禁藏》说:"先易者后难,先

---

① 《管子·版法解》。

② 《管子·七臣七主》。

③ 参见《管子·重令》。

难而后易,万物尽然。明王知其然,故必诛而不赦,必赏而不迁者,非喜予而乐其杀也,所以为人致利除害也。"必"从"难"始,这不仅是经验之谈,也合乎事理。《管子·禁藏》的作者还认为:"于下无诛者,必诛者也;有诛者,不必诛者也。"这就把"诛"绝对化了。从逻辑上推论,由"必诛"可引出"无诛"的结论。但在实际中,"必诛"与"无诛"虽有某种联系,但绝不是因果关系。"必诛"指主观行法的坚决性;"无诛"指所有的人都不再犯法,不犯法,自然就消灭了诛杀之刑。然而后者不是前者的必然结果。犯法不犯法有多方面的复杂的社会原因,特别在阶级社会,存在着剥削与被剥削、压迫与被压迫的根本对立。在这种情况下,希冀用"必诛"来消灭犯法现象,根本不可能。从"必诛"推导出"无诛",只能从中引出高压的酷刑。在"管法"中这点还不突出,在《商君书》中便成一个专门理论了,那就是"以刑去刑"论。

行法从"难"起。"难"在何处?"管法"提出"难"在亲近,即"亲贵""便嬖"。《管子·重令》说:"凡令之行也,必待近者之胜也,而令乃行。"这种说法无疑是有道理的,但能否实行则是另一回事了。

为了使法获得普遍实行,还要以"公"执法,断事以"理"。《管子·版法解》说:"凡法事者,操持不可以不正,操持不正,则听治不公。听治不公,则治不尽理。""审治刑赏,必明经纪;陈义设法,断事以理;虚气平心,乃去怒喜。"《管子·禁藏》说:"夫公之所加,罪虽重,下无怨气;私之所加,赏虽多,士不为欢。行法不道,众民不能顺;举措不当,众民不能成。""公""理"虽然被提出来了,但靠什么保证"公""理"的实现,"管法"除了强调节制情感之外,没有提出任何有效的措施。因此"公"与"理"不过是执法者良心问题,这样一来,"公""理"也就被架空了。

等级法与遵法的平等性,两者在理论上可以统一起来,但实际是矛盾的。只要是等级法,就不可能有实际的法律面前人人平等。《管子·明法解》中的一段话把问题全盘指出来了。文中说:"制群臣,擅生杀,主之分也;县(悬)令仰制,臣之分也。威势尊显,主之分也;卑贱畏敬,臣之分也。令行禁止,主之分也;奉法听从,臣之分也。"

(三)法的职能在于明"分"、尚公

"管法"认为法的基本作用在于"分",这一点与慎到的主张基本相同。《管子·君臣上》说:"上有法制,下有分职。"《管子·小问》说:"明分任职,则治而不乱,明而不蔽矣。"《管子·权修》篇对法在分职中的作用做了扼要的论述:法用于"立朝廷者也"以分贵贱;"用民力者也"以重禄赏,加有功;"用民能者也"以授官通理;"用民之死命者也"以审刑罚。

法既能分贵贱,又能通过法"用民力""用民能""用民之死命",实在是君主的不二法宝。

等级爵制也属于法之"分"。《管子·立政》提出,在"制服""量禄""饮食""衣服""宫室""轩冕""棺椁"等方面都应按爵等加以区分。

在"管法"看来,法之"分"还表现在道德上。法同时又是道德之纲。有了法,上下分明,贵贱有别,因此,"义礼明也"①。"管法"对礼义孝悌看得相当重要,是法的不可缺少的必要补充。《管子·任法》说:"群臣不用礼义教训则不祥。""管法"认为礼如法一样,也是圣人为治乱而作。最初无君臣上下之别,乱而不正。于是有智者出,在设法之时制礼。《管子·君臣下》说:"上下设,民生体(礼)而国都立矣。"《管子·形势解》把法度与礼义并列,视为治民之仪。"法度者,万民之仪表也;礼义者,尊卑之仪表也。"在法与礼义的关系上,《管子·任法》认为礼义出于法。"仁义礼乐者皆出于法,此先圣之所以一民者也。"

法在"分"上的另一重要作用就是破私立公。私一般指臣民,公一般指国家。法以尚公为宗旨,"管法"认为私的发展是对公的侵蚀与破坏。"国多私勇者,其兵弱。吏多私智者,其法乱。民多私利者,其国贫。"②在某些论述中,君主与公也是对立的,君主也可称之为私。《管子·君臣下》说:"为人君者,背道弃法,而好行私,谓之乱。"在"管法"中,"公"与"私"的观念大体上继承了慎到的理论。"公"与"法"是统一的,"法"是制度,"公"则是"法"在观念上的表现,反映了社会与统治者最普遍的和最一般的要求与利益。

在"管法"看来,法对事物的规定性要由"分"确定。这个道理在法学上具有普遍意义。

(四)法与民的关系问题

法与民的关系问题,是法的规定性中的一个根本问题。"管法"对民的

---

① 《管子·君臣下》。

② 《管子·禁藏》。

态度很不一致。突出表现在如下三个问题上。

第一个问题是关于行法与爱民。对这个问题有两种截然对立的看法。一种看法认为行法与爱民是一致的,爱民应是法的出发点。《管子·权修》提出对民要"厚爱利"。《管子·版法解》从"兼爱"出发,提出对民要"便其势","利其备","爱其力","勿夺其时以利之"。又说:"度恕而行也。度恕者,度之于己也。己之所不安,勿施于人。""能以所不利利人。"《管子·小问》中也提了类似的见解。从语言上看,显然是受了儒墨的影响,有法、儒、墨合流趋势。另一种看法与此相反,认为爱民不能成为行法的出发点。《管子·法法》说:"计上之所以爱民者,为用之爱之也。"意思是说:考察上之所以讲爱民,那不过是手段,目的在于用民。作者认为用民与爱民是矛盾的:如果讲爱民,其结果必定要走到另一个方向;因爱而宽惠,民反而不得用。因此主张以法用民,不以爱用民。《立政九败解》对"兼爱"进行了猛烈的抨击,认为是九败之一。

第二个问题是法要不要胜民。对这个问题也有两种不同看法。一种意见认为,行法必须胜民。《管子·正世》说:"为人君者,莫贵于胜。所谓胜者,法立令行之谓胜。"《商君书》对此有更详细的论述。另一种观点反对胜民。《管子·小问》说:"胜民之为道,非天下之大道也。"作者说,要胜民也不难,实行严诛、奖励告奸,就能胜民。但这样做,其结果并不好,"民畏公而不见亲"。民与君主形成对立,欲治而不能,反而造成"君之国岌乎"。

第三个问题是关于量刑的轻重。这个问题是前两个问题的继续。"管法"对量刑问题论述较少,大体有三种主张。第一种主张"轻刑",反对过严。《霸刑》主张轻刑、轻税。《管子·七臣七主》说:"刑法繁则奸不禁,主严诛则失民心。"第二种主张用刑要严。《管子·重令》说:"行令在乎严罚。罚严令行,则百吏皆恐。"这一派特别提出不能赦小过,因为"上赦小过,则民多重罪,积之所生也"。《管子·法法》说:"赦出则民不敬,惠行则过日益,惠赦加于民,而图圄虽实,杀戮虽繁,奸不胜矣,故曰:邪莫如蚤(早)禁之。"又说:"凡赦者,小利而大害者也,故久而不胜其祸。"第三种主张用刑要"平和"。《管子·形势解》说:"明主犹羿也,平和其法,审其废置而坚守之,有必治之道,故能多举而多当。"

在传统的看法中,多把严刑峻法、轻罪重罚视为法家的特点。从上述情况看,这种看法显然是不确切的。对法家中各派要具体分析。

(五)遵法律,禁异说

"管法"认为法令不仅是人们的行动准则, 同时也是人们的思想准则。"管法"主张一切要遵从法令,不准有任何违反或背离法令的思想与学说存在。《管子·法禁》说:"不贵其人博学也,欲其人之和同以听令也。"意思是说,只能表彰遵从命令的人,断断不可表彰博学之士。文中提出要"一国威,齐士义"。当时各种不同意见和学说几乎全都是由士提出的,针对这种情况,文中提出了"齐士义"。统一了知识分子的思想,也就统一了全国的思想。

《管子·法法》提出,对一切与法令相悖的私议,要采取严厉的手段加以禁绝,这个手段就是"诛"。文中说道:"倨傲易令、错仪、画制、作议者,尽诛。""强者折,锐者挫,坚者破。引之以绳墨,绳之以诛僇。"一切持异说者,均属于"不牧之民,绳之外也。绳之外,诛"。一路杀下去,"民毋敢立私议自贵者","万民之心皆服而从上"。在"管法"看来,思想统一是杀出来的。从当时的情况看,用杀统一思想有否效果呢?无疑,杀可以使许多人害怕,不得不慑服,但要做到民心皆服是根本不可能的。

《管子·立政》和《管子·立政九败解》具体开列了应禁绝的各流派的一个单子, 共有九种:"寝兵之说""兼爱之说""全生之说""私议自贵之说""群徒比周之说""请谒任举之说""金玉货财之说""观乐玩好之说""诌谀饰过之说"。这九说,有些可以指出具体代表人或流派,有些则不清楚所指。"寝兵之说"显然指宋钘学派。"兼爱之说"无疑指墨子学派。"全生之说"指杨朱学派。"请谒任举之说"当指鼓吹尚贤之说者,也可能还包括纵横家。"金玉货财之说"当指范蠡、计然、白圭重商之说。"观乐玩好之说"指魏牟等纵欲之论。"私议自贵之说"可能指那些隐士、不肯与统治者合作之辈。"诌谀饰过之说"不知何所指,先秦无论哪个学派也没有主此说者,可能指一些说客。"群徒比周之说"不知何所指,先秦无此学派,可能是指群徒比周这种现象。

在上述被禁的九说中,没有儒家。是作者偶然的疏忽吗?不是。"管法"与《商君书》作者和韩非有一个明显的不同之处:"管法"没有把主攻矛头指向儒家;虽然也有批驳儒家论点的地方,但在许多地方又颇为重视忠、孝、礼、义和德政等。《管子·君臣下》认为礼与法一样是立国所不可缺少的。"上下设,民生体(礼)而国都立矣。"《管子·形势解》说:"礼义者,尊卑之仪表也。"《管子·任法》说:"群臣不用礼义教训则不祥。"《管子·君臣下》说:"礼孝弟,则奸伪止。"《管子·君臣上》认为"常礼"是不可更改的。"管法"把仁义礼乐视为法的不可缺少的补充手段。所以《管子·任法》说:"仁义礼乐者皆出于法,此先圣之所以一民者也。"当然仁义礼乐必须以行法为前提,否则就无准绳,如《管子·法法》说:"仁而不法,伤正。"从基本思想体系上看,"管法"与儒家是截然不同的。但对儒家的一些具体的道德规范,"管法"不仅不反对,反而认为是绝对不可缺少的,因此没有举起反儒的旗帜。这一点与《商君书》作者及韩非有所不同。

尽管"管法"给儒家留下了座位,但从总体精神上看,"管法"主张在思想领域必须实行专制。

四、论君主与法、势、术的关系

"管法"主张以法治国,那么法与君主的地位如何摆法?君主的权势与法的关系应该如何处理?君臣关系应遵循什么原则?对这些问题,"管法"都做了详细的论述。

(一)君主的产生

"管法"为了说明君主的品质,首先论述了君主的产生。"管法"认为君主并不是与世俱来的,而是历史发展到一定时期的产物,人类最初并无"君臣上下之别"。由于无别因而也无秩序,人们"以力相征",天下很乱。在相互角斗中,"智者假众力以禁强虐,而暴人止。为民兴利除害,正民之德,而民师之"[1]。智者为了平乱,制定出上下"名物"等级之礼、"是非之分",建立起赏罚,从而成为君主。"君之所以为君者,赏罚以为君。"[2]"管法"关于君主起源的论述摆脱了神秘主义的影响。君主是人而不是天使。君主的素质所不同于一般的人,只是在于他有才智。"神圣者王,仁智者君,武勇者长,此天之道,人之情也。"[3]"管法"从人类社会矛盾与人的不同素质中,寻找君主形成的原因和根据,在当时,这不能不算是一大贡献。这里还应特别指出的是,智者上升为君主的过程,不是靠修养,也不是单枪匹马的奋斗,而是借助和利用众力实现的。与同时代关于帝王起源的论说相比,"管法"的这一

①②③《管子·君臣下》。

548

看法确实高人一筹。

(二)什么样的君主能王天下

当时，要求统一是时代的共同呼声。作为君主要具备哪些条件才能王天下？《管子·君臣下》认为，只有民能亲君，君能用民，君民相协才可以致天下。实现君民相协的条件是制礼法、富国廪、行赏罚。文中说道："民用，则天下可致也。""德之以怀也，威之以畏也，则天下归之矣。"这是法、儒结合的路线。

《管子·重令》提出，要具备威、兵、德、令四者才可王天下。反之，"威有与两立，兵有与分争，德不能怀远国，令不能一诸侯，而求王天下，不可得也"。又说："若夫地虽大，而不并兼，不扰夺；人虽众，不缓急，不傲下；国虽富，不侈泰，不纵欲；兵虽强，不轻侮诸侯；动众用兵，必为天下政理。此正天下之本，而霸王之主也。"这是霸王路线。

《管子·霸言》认为，王天下需具备以下几方面的条件。其一，要有"独明"，即独见之明，高人一筹。"独明"之人不与人共位，不与人同道，并且以威易暴。其二，要善于抓住时机。"霸王者有时，国修而邻国无道，霸王之资也。"其三，先德而后权使。"欲用天下之权者，必先布德诸侯。"其四，必须借助地利。"诸侯之得地利者，权从之；失地利者，权去之。"其五，争天下先争人。"得天下之众者王，得其半者霸。"意思是：得到天下人支持者可以为王，得到半数支持者可以为霸。得人之道在于明"大数"。所谓"大数"又有很多内容，要之，"物利"二字而已，即使人各得其利，并为君主所用。这是法、儒结合。

《管子·形势解》认为，人主是臣民生活的保障。"主者，人之所仰而生也。"因此，反过来，谁能给人以生活保障，谁就可以为天下主。"古者三王五伯，皆人主之利天下者也，故身贵显，而子孙被其泽；桀纣幽厉，皆人主之害天下者也，故身困伤，而子孙蒙其祸。"

《管子·七法》中着重论述了兵胜才可以为王。"兵不必胜敌国，而能王天下者，未之有也。"

综上所述，"管法"认为，要王天下，主要不是靠继承，而是靠尚法、靠能力、靠臣民支持、靠权、靠兵。在战国时期，王天下是各个诸侯力争的目标，在思想上是各家所讨论的重大课题。"管法"的论述比其他各家之说要切近实际。在上述诸种论述中没有君权神授的影子，谁想王天下，必须从解决实际问题做起。这个基本认识是"管法"要求君主实行法治和变法理论的根据之一。

(三)君主与法的关系及对君主的品分

"管法"主张以法治国。那么君主与法是什么关系呢？"管法"认为是双重关系。一方面，君主是法的制定者，如《管子·任法》中所说："有生法，有守法，有法于法。夫生法者，君也。守法者，臣也。法于法者，民也。"另一方面，法一旦制定出来之后，君主也必须"固守之"[①]。《管子·法法》对这种二重关系做了形象的说明："巧者能生规矩，不能废规矩而正方圆。虽圣人能生法，不能废法而治国。故虽有明智高行，倍法而治，是废规矩而正方圆也。"这段话讲得十分深刻。"管法"阐明了如下的道理：圣人君主可以发现治国的一般规律或一般道理，但他本人并不等于事物的一般和事物的规律；工具虽是由人造的，但工具一旦被制造出来，它的作用又超过了人的能力。正是根据上述道理，治国不能靠个人，而必须靠法，靠工具，不以个人的好恶行事。正如《管子·明法》说："先王之治国也，不淫意于法之外，不为惠于法之内也。动无非法者，所以禁过而外私也。"

行法，首先要抓住法的最基本的职能。前边讲了，法的最基本的规定性在于"分"。君主行法就要紧紧抓住这个"分"字。《管子·乘马》说："圣人之所以为圣人者，善分民也。圣人不能分民，则犹百姓也。于己不足，安得名圣！"《管子·明法解》中也提出"审于分职"是明君的标志之一。

行法还要区别大体与小物之分。"明主之务，务在行道，不顾小物。"[②]所谓"道"，即治国方略、规律和大事；所谓"小物"，即吃喝玩乐之类。《管子·形势解》把"燕爵"视为小物，《管子·禁藏》把宫室、钟鼓称为"小末之物"。

"管法"认为君主的最基本的职责在于行法、明分、识大体，从而向君主提出了一般性的要求。但实际上，每个君主的政治表现极不同，因此对君主又进行了区分。"管法"品分君主的基本标准是法。《管子·七臣七主》以君主对法的态度、立场和实行情况，把君主分为七种：

申(当为"信")主："任势守数以为常，周听近远以续明"，审法令，必赏罚。

---

① 《管子·任法》。
② 《管子·形势解》。

惠主：好行惠，"伤法"而败。

侵主："反法以自伤"而"失势"。

芒主："目伸五色，耳常五音"，贪图享受，"国权大倾"。

劳主："不明分职，上下相干，臣主同则。"

振主："喜怒无度"，"法数日衰"。

芒（当为"亡"）主："通人情以质疑"，不信臣下，"尽自治其事"，揽事而昏庸。

《管子·任法》也以法为准品分君主。作者认为法的中心是"公""私"关系。明主"任公不任私"，"以法制行之，如天地之无私也"，"上以公正论"。与明君相反，乱君"私亲""私虑""私听"。"夫私者，壅蔽失位之道也。""上舍公法而听私说。"《管子·任法》中还把君主分为上、中、下三品。"上主"不私行，一切从法；"中主""专以其心断者"；"下主""专听其大臣者也"。

《管子·形势解》与上述品分标准略有不同，以是否顺应"理义"和民心来区分明主和乱主。"明主之动静得理义，号令顺民心"，乱主反是。文中言道："民之所以守战至死而不衰者，上之所以加施于民者厚也。"反之，"上施薄，则民之报上亦薄"①。也特别强调君主要听于民。"夫民，别而听之则愚，合而听之则圣。虽有汤武之德，复合于市人之言。"

"管法"为君主树立标准，并用标准对君主进行品分，把君主当成了现实的认识对象。君主虽然是法的制定者，但也应遵守法，也应受法的制约，受法的衡裁。根据品分君主的理论，君主可以分析；同时，这一理论也宣布了某些君主虽身居君位，但实际上丧失了为君的资格。所有这些都是很有意义的认识。

（四）君主持势、操权、贵独

"管法"强调君主应该带头遵法。但是君之所以为君，并非因遵法。"管法"指出，君之所以为君，在于有势。《管子·法法》说："凡人君之所以为君者，势也。"如果失去权势，也就不成其为君主了。"故人君失势，则臣制之矣……故君臣之易位，势在下也。"《管子·明法》说："非计（'计'依戴望校补）亲也，以势胜也。百官识（当为'职'）非惠也，刑罚必也。"管法指出，君臣

---

① 《管子·君臣上》

之间根本不是忠孝关系、信义关系，而是以权势为转移。《管子·明法解》明确指出，臣"非以爱主也，以畏主之威势也"。"百姓之争用，非以爱主也，以畏主之法令也。"因此权势这种东西不可假人，正如《管子·法法》中所说，权"在臣期年，臣虽不忠，君不能夺也；在子期年，子虽不孝，父不能服也"。"管法"指出，其他的可与人共，唯独权力必须独操。《管子·七臣七主》说："法令者，君臣之所共立也；权势者，人主之所独守也。……罪决于吏则治，权断于主则威。"《管子·明法》说："威不两错，政不二门，以法治国。""君臣共道则乱。"权力这个东西是不可须臾离之的。《管子·法法》说："堂上有事，十日而君不闻，此所谓远于百里也。"

权势最核心的部分是政令与军权。《管子·霸言》中说："夫明王之所轻者马与玉，其所重者政与军。"《管子·重令》中说："君国之重器莫重于令。令重则君尊，君尊则国安。""治民之本，本莫要于令。"《管子·版法解》提出君主要掌握三器，这就是"号令也、斧钺也、禄赏也"。《管子·法法》更具体地提出君主要掌握生、杀、贵、贱、富、贫六权。"人主操此六者以畜其臣，人臣亦望此六者以事其君。"《管子·任法》把势归纳为"文""武""威""德"四项内容。"此四位者，主之所处也。藉人以其所操，命曰夺柄；藉人以其所处，命曰失位。夺柄失位，而求令之行，不可得也。法不平，令不全，是亦夺柄失位之道也。"

"管法"还提出，君主要深居以隆其势。《管子·形势解》说："人主，天下之有势者也，深居则人畏其势。"如果人主近民，则民轻之。这种说法与等级森严的时代相符合。因为深居才能诡秘，诡秘是君主个人专权的必要补充。但是深居又不可避免地造成臣下分权。作者知其一，而不知其二。

君主一方面要有势权，另一方面还必须有"必治之势"。所谓"必治之势"，即是说，要使自己的权势真正有效，令发而必行。《管子·明法解》说："明主操必胜之数，以治必用之民；处必尊之势，以制必服之臣。""必"的关键在于赏罚。

君主不仅要独操权势，还要独断。独断就是由君主个人决断事情。"管法"认为，独断与兼听并不矛盾。听要多其门户，许多篇主张有"谏臣"，并指出无谏臣"国必亡"。[①]《管子·霸言》中甚至提出"夫一言而寿国，不听而国

----

① 参见《管子·八观》。

亡,若此者,大圣之言也"。但决断权不可分,这叫"兼听而独断"①。《管子·霸言》说:"夫权者,神圣之所资也;独明者,天下之利器也;独断者,微密之营垒也。此三者,圣王之所则也。"君主对臣下的公开的言行不必过多顾虑,但对臣下的微密之行要严谨提防。君主对臣的憎恶不要显露于色,而要深藏于内。不兼听而独断者谓之"独王",独王必败。②

"管法"一再提出,君主要独操最高之权,要独断攸关之事。那么法与势的关系是怎样的呢?在理论上,"管法"没有直接论述这个问题。从实际上看,势高于法。其一,君主是生法者;其二,法是势的一部分;其三,法要共守,而势只能独操。但在理论上,强调的是君主不应违法用势,势应遵法。所以我们可以做如下概括:势高于法,有至高无上的权威;势应遵法,但没有制约关系,只是一种规劝。

(五)驭臣之术

君臣之间是权力与利害关系,虽也提倡信义,但不可靠。于是"术"便被凸显出来。在"管法"中,大凡权谋、手腕、心计、阴谋之类都可称之为"术"。在君臣计较中,有君驭臣之术,也有臣弄君之术,如《管子·明法》所说"所谓乱国者,臣术胜也"。"管法"处处为君主着想,着重讲的是君主驭臣之术。《管子·明法解》说:"明主操术任臣下,使群臣效其智能,进其长技。"

君主驭臣之术的标准是法,依靠的是权。《管子·明法解》说:"制群臣,擅生杀,主之分也。"君主要抓住人欲生恶死这个中轴以驭群臣,否则"使人不欲生,不恶死,则不可得而制也"。

君主驭臣之术,首先在于选臣。选臣就要有一个标准。"管法"的标准可概括为三个字,即德、功、能。

德指德行、品质。德的主要内容是忠于君、守法和致力于行政。这三者是统一的,能行此三者为忠臣。《管子·君臣上》说:"能上尽言于主,下致力于民,而足以修义从令者,忠臣也。"忠君并非盲目服从,而要与法结合起来。《管子·君臣下》又说:"能据法而不阿,上以匡主之过,下以振民之病者,忠臣之所行也。"作者斥责那些背法阿谀奉承之辈:"穆(悦)君之色,从其

---

① 《管子·明法解》。

② 参见《管子·形势》《管子·权修》。

欲,阿而胜之,此臣人之大罪也。"①"管法"主张君主专制,又主张臣子进谏。不过有一点看得十分清楚:臣子能否进谏,不取决于臣子本人,而取决于君主。《管子·法法》说:"世无公国之君,则无直进之士;无论能之主,则无成功之臣。"《管子·七臣七主》说:"凡私之所起,必生于主。夫上好本,则端正之士在前;上好利,则毁誉之士在侧。"

除了德之外,还有功与能。功指实际效果,能指能力,这两项也必须与德联系起来。《管子·重令》把德、功、能具体分七个方面:一是察身能而授官;二是"不诬于上";三是"谨于法令以治";四是"不阿党";五是"竭能尽力而不尚得";六是"犯难离患而不辞死";七是"受禄不过其功,服位不侈其能,不以毋实虚受者"。做到以上七项可称为"朝之经臣"。

君主选任臣属要以法为准,绝不可从己之好恶。《管子·明法》说:"先王之治国也,使法择人,不自举也;使法量功,不自度也。故能匿而不可蔽,败而不可饰也;誉者不能进,而诽者不能退也。"

对臣有标准,自然就有品分。品分的标准主要看对君和法的态度。《管子·七臣七主》把臣分为七种:

法臣:一切遵法,上下无违。

饰臣:表里不一,求虚名而不务实,当面唯唯,背后另搞一套。

侵臣:枉法行事,狡诈行私。

谄臣:阿谀奉承之辈。

愚臣:深罪重罚,多赋多敛,招致民怨。

乱臣:"多造钟鼓,众饰妇女,以偌上。"

奸臣:造谣生事,挑拨离间,结党私营,陷害他人。

作者指出,只有法臣为治国之臣,其他均属害国之臣。《管子·明法解》还分析了"奸臣败主"之术。这种术的特点是"积渐积微",潜移默化,一点一滴使君主走向腐败之路。作者提醒君主要格外小心。

君主要想驾驭全国之臣,首先要控制"中央之人"。中央之臣既可以是枢纽,又可以是梗阻。"制令之布于民也,必由中央之人。中央之人,以缓为急,急可以取威;以急为缓,缓可以惠民。威惠迁于下,则为人上者危矣。贤

---

① 《管子·君臣下》。

不肖之知于上,必由中央之人;财力之贡于上,必由中央之人。能易贤不肖而可威党于下,有能以民之财力上陷其主,而可以为劳于下。兼上下以环其私,爵制而不可加,则为人上者危矣。"①为了控制中央之人,《管子·法禁》提出了十八种禁。这里仅举九项,以示其要:

一禁"乱国之道,易国之常,赐赏恣于己者"。

二禁"擅国权以深索于民者"。

三禁"其身毋任于上者"。

四禁利用职权而"私行者"。

五禁"举毋能、进毋功者"。

六禁"交人则以为己赐,举人则以为己劳,仕人则与分其禄者"。

七禁"枉法以求于民者"。

八禁"其禄甚寡而资财甚多者"。

九禁"常反上之法制以成群于国者"。

"管法"还提出了"参验"之术。参验的要点是名实相符。《管子·明法解》说:"言者责之以其实,誉人者试之以其官,言而无实者诛,吏而乱官者诛。是故虚言不敢进,不肖者不敢受官。""以法案其言求其实。""功充其言则赏,不充其言则诛。"为了参验,君主掌握情况要"周密"。《管子·法法》说:"人主不周密,则正言直行之士危。"正言直士危,"则人主孤而毋内","人臣党而成群"。行参验之术还要分工明确,检查严格。《管子·明法解》说:"明于分职,而督其成事。胜其任者处官,不胜其任者废免。"

君主还要兼听而独断。要做到兼听而不分权,独断而不盲目。

驭臣之术,有些可以公开,有些则要藏于胸中,秘而不宣。《管子·禁藏》说:"禁藏于胸胁之内,而祸避于万里之外,能以此制彼者,唯能以己知人者也。"这也就是《管子·七法》中所说的"心术"了。

《管子·九守》是专门讲术的,可视为术家之作,九守即九术。九术为:

"主位":处虚静,持安应变。

"主明":以天下之耳目为耳目。

"主听":听以静,不闻风而动。

①《管子·君臣下》。

"主赏"：赏贵诚、贵必，以耳目为据。

"主问"：问天、地、人、上下、左右。

"主因"：顺势而行，如"因其所以来，因而予之"。

"主周"：周全而不偏暗。

"主参"：耳要"飞"，目要"长"。

"督名"：修名而督实，按实而定名，名实相生。

"管法"中有些篇颇受道家的影响，因此而有"无为之术"。《管子·乘马》说："无为者帝，为而无以为者王，为而不贵者霸。""管法"所说的"无为之术"，主要指如下两点：一是充分发挥臣的智与力，君主不包办代替。《管子·形势解》说："明主不用其智，而任圣人之智；不用其力，而任众人之力。""明主之治天下也，必用圣人。""圣"，聪明才智之最高者也。君主能任用和指使最有才智的人，无疑是一种最高的领导艺术。二是任法与数，而不劳心。《管子·任法》提出：全在持"法""数""公""大道"以治国，这样就可以"不事心、不劳意、不动（勤）力，而土地自辟，囷仓自实，蓄积自多，甲兵自强，群臣无诈伪"。君主便可以安然"处佚乐，驰骋弋猎"，肆意钟鼓，"养寿命，垂拱而天下治"。由此可见，"管法"所说的"无为之术"并非君主无所事事，而是通过任人用法使君主不必事必躬亲。

以上从几个方面分析了"管法"的君主理论。在君主专制时代，君主是政治的核心，君主的作为对政治有决定性的影响，许多政治上的争斗也都是围绕君主开展的。例如《管子·君臣下》把国乱分为五种："宫中之乱""兄弟之乱""大臣之乱""中民之乱""小人之乱"。在这五乱中，前三乱与君主直接相关。在"管法"看来，不管什么样的败乱，最根本的原因在于君主的好或坏，君主明则治，暗则乱。《管子·明法》说："所谓治国者，主道明也；所谓乱国者，臣术胜也。"臣术胜的原因还在于君主无能或无法。《管子·重令》指出，政有六攻。所谓六攻，即"亲也、贵也、货也、色也、巧佞也、玩好也"。攻而不备则有六败。君主能否敌御六攻、防止六败，取决于君主的认识与行为。从"管法"的整个思想看，他们强调以法治国。但归根结底，法又系于君主，法是一人之下、万人之上的一种政治工具。从理论上分析，只要有一人高于法，那么这种法就不具有民主的因素，而只能说是一人奴役万人的工具。一些学者在讨论先秦法治与人治问题时，认为法家的法治具有民主精神，这种看法与法家主张君主专制显然是矛盾的。

五、关于国家体制的设想

在"管法"著作中,关于国家体制问题的论述比较少,仅有轮廓性的论述。在有关论述中,个别的篇章,如《管子·君臣上》曾提到"天子出令于天下,诸侯受令于天子,大夫受令于君,子受令于父母……",基本上是按照分封制的模型描述国家体制的,除此之外,其他篇都不言分封制。在"管法"作者们的笔下,虽然没有一个地方谈到郡县制的,但所描绘的国家行政体制图画与郡县制相类,以地域为单位建立地方行政机构,文中看不到氏族血缘关系的陈迹。

从天下看,最高的执政者是天子。天子只能独一无二。《管子·霸言》说:"使天下两天子,天下不可理也。"除了"天子"这一名号外,还提出了"皇""帝"等名称。《管子·兵法》说:"明一者皇,察道者帝,通德者王,谋得兵胜者霸。"秦始皇后来称"皇帝",在"管法"中早已有了酝酿。天子、君主是主脑,在他们的周围还有百官辅佐。《管子·立政》说:"百吏在朝,君乃出令,布宪于国。"《管子·君臣下》把朝廷百官、百吏称为"中央之人"。百官和中央之人的执掌,"管法"中没有专论,只有片段的论述。从片段的论述看,百官都是君主的办事人员。

关于中央以下的地方行政系统,各篇的说法多不一致,这里把几个主要的说法分列于下。

《管子·乘马》对这个问题论述得最多,作者从四个系统论述了国家的体制。一是行政系统。"方六里,命之曰暴,五暴命之曰部,五部命之曰聚。"这个系统叫"官制"。二是居民组织。其文曰:"五家而伍,十家而连,五连而暴,五暴而长,命之曰某乡,四乡命之曰都。"这个系统叫"邑制"。从文中看,并不只讲邑制,邑之上还有行政单位。三是生产编制。"邑成而制事:四聚为一离,五离为一制,五制为一田,二田为一夫,三夫为一家"。这个系统叫"事制"。四是军事编制系统。"方六里为一乘之地也,一乘者四马也,一马其甲七,其蔽五。四乘,其甲二十有八,其蔽二十,白徒三十人奉车两。"这个系统叫"器制"。以上所说的"官制""邑制""事制""器制",内在的配合关系不清楚,但有一点是完全清楚的:在这一完整的系统中,彻底打破了血缘关系,完全以地域为单位建立行政系统。除了以上四"制"之外,《管子·乘马》还讲到国、都如何建置。文中说:"上地方八十里,万室之国一,千室之都四;中地方百里,万室之国一,千室之都四;下地方百二十里,万室之国一,千室之都四。"这种方方整整的规划无疑是一种设想,但所提出的国、都的腹地的大小应视土地好坏而有不同,这一点是很有意思的。

《管子·立政》对行政体系的设计精神与《管子·乘马》近似,具体形式略有不同。作者的设计为:"分国以为五乡,乡为之师;分乡以为五州,州为之长;分州以为十里,里为之尉;分里以为十游,游为之宗。十家为什,五家为伍,什伍皆有长焉。"

《管子·九变》中讲到的行政体系为州、县、乡、党四级组织。《管子·问》中讲的是国、州、乡、邑四级。

《管子·小匡》中讲的行政体系与上述又不同,作者称是桓公时管仲所作,分"国""鄙"两个系统。史家们多视为管仲改制的一部分,作为信史看待。考其实,证据不足,依我看多半是思想家们的设计。具体内容这里不再征引,要之,也是以地域为系统组织居民的。

以上种种说法与战国的历史是难以吻合的,只有个别的行政建制的名称与齐有相同之处。因此,将其视为学说更为妥帖。

与上述行政体制相适应,实行官僚制。官吏的任免权握于君主之手。官吏不能长久占有某种权力,君主可以随时将其调换,官吏的任务是执行君主所颁布的法律与命令。这样,从地方到中央,权力完全归君主。君主凭借手中的法网与官僚机构,可以达到"千里之内,束布之罚,一亩之赋,尽可知也"[①]。

"管法"有关国家体制的设想,完全是为君主专制和集权服务的。

六、经济政策是政治治乱的基础

"管法"在论述法、势、术在政治中的作用的同时,对经济问题也十分重视,认为经济问题关系到政治的安危。"管法"从生产、流通、分配诸方面分

---

① 《管子·君臣下》。

析了经济与政治的关系。由于作者不同,对这些问题的认识也不尽一致。如对农与末业(工商业)关系的看法,有明显的两种观点。一派主张重农抑末,《重令》《治国》《权修》诸篇表现得最为明显。另一派主张在重农的基础上保护末业,《乘马》《君臣上》属这一派。

(一)重农抑末主张

重农抑末的出发点是从粮食与生计、战争、农民的关系来考虑问题的。《管子·治国》说:"粟也者,民之所归也;粟也者,财之所归也;粟也者,地之所归也。粟多则天下之物尽至矣。"在自然经济和以农业为主的社会里,粮食是人们主要的食品,也是社会财富的主要存在形式。粮食是保证人们生存的物质基础,因此作者把粮食视为君主能否进行统治的先决条件,有了粮食,就有民,就有财,就有土地,就能有天下之物。

粮食还是战争的物质基础。《管子·权修》说:"地之守在城,城之守在兵,兵之守在人,人之守在粟。"正是从这个角度,作者认为粟是兴亡之本。《管子·治国》说:"众民强兵,广地富国之必生于粟也。""不生粟之国亡,粟生而死者霸,粟生而不死者王。"

粟又是安民之本,粟多国富而民安乡重家,这样社会就稳定。《管子·治国》的作者认为,民"安乡重家,则虽变俗易习,殴众移民,至于杀之,而民不恶也,此务粟之功也"。又说:"粟者,王之本事也,人主之大务,有人之涂,治国之道也。"

在这一派看来,粟是民生、用兵、安民、治国的基础,而粟只能由农业生产出来,由此在政策上得出的结论必然是重农。《管子·治国》说:"夫富国多粟,生于农","先王者,善为民除害兴利,故天下之民归之。所谓兴利者,利农事也。所谓除害者,禁害农事也"。为了确保农业生产,必须打击害农之事。什么是害农之事呢?作者认为主要是末业。

的确,仅从粮食这一点看问题,末业非但不生产粮食,而且是粮食的消耗者。在《管子·重令》的作者看来,"末生不禁"则"荻粟不足"。特别是"雕文刻镂"之工为害尤甚。《管子·权修》也说:"末产不禁,则野不辟。"

依这些作者之见,末业的另一祸害是改变了人们的财富观念。工商业的发展必然促进市场经济的活跃与发展,货币的职能也会随之增加,货币成为货殖的资本和财富的标志。货币会凌驾在一切商品之上,自然也会凌驾在粮食之上,这就是《管子·权修》所说的"金与粟争贵"。随着商品经济的发展,人们不再以粟为财富之本,而势必追求货币,结果"民缓于时事而轻地利"。

基于上述理由,作者提出要重农抑末。用什么手段实现重农抑末呢?作者提出要用权力进行干预。

作者提出,最主要的手工业要由国家专官工师掌握起来,不准一般私人插手。《管子·立政》说:"论百工,审时事,辨功苦,上完利,监一五乡,以时钧修焉,使刻镂文采毋敢造于乡。"《管子·治国》提出,国家要"禁末作文巧","民无所游食,则必农"。

另外,国家还要设法使农、士、商、工各得其利。"使农、士、商、工四民交能易作,终岁之利,无道相过也,是以民作一而得均。"[1]用今天的观点解释,即都按价值规律交往。为此,国家应该采取如下一些措施。其一,对农不要横征暴敛,横征暴敛会使价格暴涨暴落,商人便会从中得利;其二,关市之征要有定额;其三,设法使整个国家的经济生活稳定。作者把这种办法叫作"均术"。

"管法"中的重农抑末派把粮食作为考察问题的支点,这种看法是否有现实的根据呢?有的。人首先必须吃饭,而后才能从事其他活动。这个道理虽然很简单,但是把它说破,却是一大发现。把吃饭问题作为用兵、安民、安国的基础,比把信义看作治国基础显然更切合实际。从当时的历史条件看,粮是人们的主要食物,无粟则无以为生,这种观点是后来"民以食为天"的先导。

但这种理论也有很大的片面性,它抹杀了手工业的生产性质,忽视和抹杀了商业对经济发展的巨大促进作用。

(二)在重农基础上兼顾工商业

这一派以《管子·乘马》为代表。作者认为重农必须从土地开始。《管子·乘马》说:"地者,政之本也,是故地可以正政也。"《管子·问》说:"理国之道,地德为首。"

地为政本,最主要的是对土地进行分配。分配土地要"均平和调","地

---

① 《管子·治国》。

不均平和调,则政不可正也。政不正,则事(生产)不可理也"①。"正地"要根据土地的"长""短""大""小",使之"尽正"。"正地"又称之为"均地"。作者把分配土地作为重农的根本,比之把粟看作重农的根据,在认识上要深入得多。贵粟可以引出重农,但只有解决土地问题,才能把重农放在现实的基础上。"均地"的实际内容大凡与授田制相类,即国家把土地分配给农民耕耘。

作者认为光有"均地"还不够,还必须实行"分力"与"分货"制,才能调动劳动者的积极性。《管子·乘马》说:"均地分力,使民知时也,民乃知时日之蚤晏,日月之不足,饥寒之至于身也。是故夜寝蚤起,父子兄弟不忘其功,为而不倦,民不惮劳苦。故不均之为恶也:地利不可竭,民力不可殚,不告之以时而民不知,不道之以事而民不为。与之分货,则民知得正矣。审其分,则民尽力矣。是故不使而父子兄弟不忘其功。""均地"如前所述,"分力"大抵与《吕氏春秋》中所说的"私作""公作"中的"私作"相类。"公作"是集体在一起劳动耕作,或即劳役地租形态。"私作""分力"即实行一家一户的生产。故文中说,如不均地分力而实行"公作",劳动者是被动的,"不告之以时而民不知,不道之以事而民不为",即便出工也不出力。实行均地分力之后,父子兄弟一家人起早贪黑,努力不已。与均地分力相并行的,还有"分货"。"分货"可以解释为分取土地上的收获。那么"分货"到底是指抽实物税呢,还是租佃关系中的实物地租呢?这里无从确定,留待史学家去考证吧。

作者把重农同"均地""分力""分货"连在一起,显然是将土地使用方式、经营方式、分配方式总体联系起来观察问题、解决问题。这可以说是先秦诸子中有关重农诸说中最深刻的见解。

这一派重视农业生产,同时还很注意商业交流。他们对商业、货币经济在国民经济中的地位有精辟的见解。《管子·乘马》说:"市者,货之准也。"这个定义十分深刻,指出市场是检验货物价值的场所。《管子·问》说:"市者,天地之财具也,而万人之所和而利也。"作者从交换方面对市场经济进行了分析和肯定。《管子·乘马》又说:"市者可以知治乱,可以知多寡,而不能为多寡。"其深刻地指出市场是社会生产与政治的一面镜子。由于这一派看到了商品经济的积极作用,他们认为对商品经济应采取保护政策。

---

①《管子·乘马》。

(三)赋税的"度量"与政治的关系

把赋税的轻重视为政治问题,这是诸子早已论述过的问题。但是十分明确地提出"度量"概念,并且用"度量"关系去分析和说明政治的治乱,在中国政治思想史上要首推"管法"派。

前边已谈过,"管法"把"利"视为人与人之间最本质的关系。作者认为,统治者制定政策也必须从"利"出发,抓住了"利"就全盘皆活。《管子·禁藏》说:"故善者执(原为'势')利之在,而民自美安。不推而往,不引而来,不烦不扰,而民自富。"又说:"夫法之制民也……故审利害之所在,民之去就。"反之,如果不考虑民利,一味刻剥,有令而民不听不从。《管子·权修》说:"赋敛厚,则下怨上矣。民力竭,则令不行矣。"《管子·版法解》说:"民不足,令乃辱;民苦殃,令不行。"这个道理讲得十分透彻。作者认识到:令能否实行的基础,不是像孔丘说的那样,由统治者"身正"决定,也不像墨子说的那样,一切从属于圣王明君。作者指出,经济关系是行政命令能否实行的基础。

如何处理"利"的问题,作者认为关键在于要找到一个度量线。这个度量线取决于两个因素:一个是统治者的欲望,一个是民力的实际。"管法"指出,向民索取赋税徭役的数量在很大程度上由上之欲望决定。《管子·法法》说:"君有三欲于民。……三欲者何也? 一曰求,二曰禁,三曰令。""求必欲得,禁必欲止,令必欲行。"人君之欲从本质上看是无底洞。"人君之欲无穷。"[1]仅从欲望出发,必定是苛求无限。然而民力是有限的,"地之生财有时,民之用力有倦"[2]。于是,君主无限之欲与民有限之力便发生了矛盾。根据实际的经验,多欲未必能满足,而且未必能多得,因竭泽而渔则无鱼。所以《管子·法法》说:"未有能多求而多得者也,未有能多禁而多止者也,未有能多令而多行者也。""管法"提出,君主的欲望应该建立在民力实际可能的基础上。《管子·形势解》说得很透彻:"造父,善驭马者也,善视其马,节其饮食,度量马力,审其足走,故能取远道而马不罢。明主犹造父也,善治其民,度量其力,审其技能,故立功而民不困伤。"又说:"明主度量人力之所能为,而后使焉。故令于人之所能为,则令行。"《管子·正世》把"度量"称为"齐",原文在前边已引述,这里不再重复。《管子·正世》所说的"齐",指既不要使

---

① ②《管子·权修》。

562

民富,又不能置民于死地。能使民维持简单再生产,恰到好处。

在"管法"中还有不同于"齐"的说法,主张富民。如《管子·治国》说:"凡治国之道,必先富民。民富则易治,民贫则难治。"

"管法"对度量线划分在哪里有不同看法,但都认为一定的度量线是统治能否安全的警戒线。在这个线内政治稳定,超过线则乱起。

"管法"为了使君主明了大势,克制自己的欲望,一方面,从正反两方面讲了节用与否对统治安危的影响。《管子·七臣七主》说:"台榭相望者,亡国之庑也;驰车充国者,追寇之马也;羽剑珠饰者,斩生之斧也;文采纂组者,燔功之窑也。明王知其然,故远而不近也。能去此取彼,则人主道备矣。"为此提出制度要从"俭",能别贵贱即可。[1]另一方面,宣传个人生理上也不能太侈,侈则伤身体。《管子·禁藏》说:"夫物有多寡,而情不能等;事有成败,而意不能同;行有进退,而力不能两也。故立身于中,养有节:宫室足以避燥湿,食饮足以和血气,衣服足以适寒温,礼仪足以别贵贱……故适身行义,俭约恭敬,其唯无福,祸亦不来矣。骄傲侈泰,离度绝理,其唯无祸,福亦不至矣。是故,君子上观绝理者,以自恐也;下观不及者,以自隐也。"应该说,上述道理讲得都相当深刻。但最终有一个问题无法解决,这就是:君主之欲是最高和最后的动因,当君主不通事理,事情就毫无办法了。这不能怪思想家们,因为那个时代君主具有最终的决定权。

七、兵、民为王霸之本

先秦诸家差不多都十分重视战争及其在政治中的作用。在诸子中,法家尤为重视战争。"管法"许多篇对战争进行了专门论述。其中还讲了不少战术方面的问题。这里我们只想简述一下战争与政治的关系。

战国时期有不少人从不同角度反对战争,如墨子的"非攻"、宋钘的"寝兵"等。"管法"是断然反对寝兵论的。《管子·立政九败解》指出,寝兵说是政治九败之一。《管子·法法》也指出,今为乱世而求废兵,"不亦难乎"。《管子·参患》指出:"君之所以卑尊,国之所以安危者,莫要于兵……兵者,外以诛暴,内以禁邪。故兵者,尊主安国之经也,不可废也。"战国时期提出寝兵的

---

[1] 参见《管子·法法》。

人不乏主观的善意,然而面对现实,这是不可能实现的幻想。"管法"指出,寝兵之论无论是理论上还是实际上都不能成立。

兵不可废,但兵这种东西也不是好玩的。《管子·法法》说:"贫民伤财,莫大于兵;危国忧主,莫速于兵。"这个话讲得十分中肯。作者提出用兵关键在于"当"。《管子·法法》说:"兵当废而不废则惑也,不当废而欲废之,则亦惑也(依王念孙校改)。"

"管法"认为,国与国的关系取决于实力,而不是什么仁义道德。《管子·重令》说:"凡国之重也,必待兵之胜也,而国乃重。"《管子·兵法》说:"兵虽非备道至德也,然而所以辅王成霸。"通向帝王之路除了战争之外,别无他路。正如《管子·禁藏》所说:"凡有天下者,以情伐者帝,以事伐者王,以政伐者霸。"要达到帝、王、霸,都离不开战。"管法"上述见解是符合当时实际的,这种看法显然是对儒家以仁义得天下的回答。

"管法"对战争的胜败因素做了多方面的分析。在诸因素中具有决定意义的是民的作用,民为兵之本,法为民之纪。《管子·重令》说:"凡兵之胜也,必待民之用也,而兵乃胜;凡民之用也,必待令之行也,而民乃用。"《管子·参患》中论述了用兵在用众,用众在得心,"得众而不得其心,则与独行者同实"。民为兵本,表现在不仅要获得本国之民的支持,而且同时要得到敌国之民的支持。《管子·兵法》说:"得地而国不败者,因其民也。"要想得到民的支持,首先必须要有好的政治。《管子·制分》在论述武王胜纣王之事时说,武王之胜绝不是一朝之胜得来的,根本原因在于"其前政多善矣"。《管子·霸言》中也指出:"霸王之所始也,以人为本。"取人之道则在于轻刑、轻税、用民有时。"管法"认为政治的好坏是用兵的基础。这一见解是很深刻的。基于这种认识,进行战争,首先要了解敌人的政治情况。正如《管子·七法》所说:"不明于敌人之政,不能加也。"

战争之本在民、在政,另外还有正义与否的问题。《管子·七法》中说,用兵"不理不胜天下,不义不胜人"。可是有"理""义",并不一定必然胜利。《管子·七法》具体论述了兵胜的八个条件,即:聚财、论工、制器、选士、政教、服习、遍知天下、明于机数。每一条又都有丰富的内容。如果把八个条件配合起来,那就是一个伟大的舞台了。《管子·霸言》中曾就实力对比与用兵谋略关系作了论述,指出:"强国众,合强以攻弱,以图霸。强国少,合小以攻大,以图王。"反之,"强国众,而言王势者,愚人之智也。强国少,而施霸道者,败事之谋也"。用兵一定要看清形势,抓住机遇。文中又说:"善用国者,因其大国之重,以其势小之;因强国之权,以其势弱之;因重国之形,以其势轻之……"

"管法"从政治角度考察战争,又把战争视为政治的存亡之机,是很有见地的。

八、结语

《管子》中法家派著作是东方法家著作的总汇,《商君书》则是西方秦国法家著作的汇编。作为法家一大派,两者思路基本相同,但在风格和气质上有明显不同。《商君书》说理性较差,主要表现为政策的规定和说明。"管法"则不然,文中虽不乏具体政策的论述,但更注重政治原理和法治理论的探讨。《商君书》热衷于用极端的方式处理问题,"管法"比较注意事物的分寸。《商君书》对其他诸子持绝对排斥的立场,"管法"在很多地方注意吸收其他诸说。《商君书》和"管法"所背靠的文化环境有不小的差距,山东诸国的文化比秦国要发达得多。这种环境使"管法"的理论比之《商君书》要丰满得多。但可惜的是,"管法"没找到政治支柱,未能显示出它的思想威力。

第三节　道家派兼收法、儒的政治思想

一、《管子》中的道家派著作

《管子》一书收录一部分道家派的作品。多数人认为《白心》《心术》(上、下)、《内业》四篇为道家之作。关于这四篇的关系,何如璋认为《心术下》为《内业》之解,错附于《心术》。吴如纶认为《心术下》与《内业》相出入,非一人之作。郭沫若认为《心术下》为《内业》别本之散简。

关于这四篇的作者问题,有如下两种意见:一种意见认为这四篇属于宋钘、尹文学派的作品。这一说为许多人所接受。另一种意见认为这四篇与宋、尹无关,并认为这四篇与宋、尹思想相左,当为另人之作。我同意后一种说法。

除上述四篇外，还有《形势》《枢言》《戒》《桓公问》等也属道家之论，或其主要倾向属道家。《管子》中还有一篇《形势解》，是解释《形势》的。《形势解》为法家之作，于是一些人也把《形势》视为法家之作。其实两篇的倾向并不一致。《形势》的主要倾向属道家，文中讲"道""气"，政治上提倡"无为"。其中有些话是从《老子》中脱胎出来的，如"必得之事，不足赖也；必诺之言，不足信也""能予而无取者，天地之配也"。《形势解》利用了《形势》中的命题，做了法家的解释，属法家之作。

《枢言》主要倾向属道家，同时又兼有法家气味。文旨以道为体，以法为用，个别地方还兼收儒家之意。文中有些话与《白心》颇近似，如"名正则治，名倚则乱""以卑为卑，卑不可得；以尊为尊，尊不可得""故德莫如先，应适(敌)莫如后"。这些话至少受了《白心》的影响。《戒》以道为主，兼收儒旨，融道儒为一体。《桓公问》文意简疏，从主张"无为"看，当属道家语。文中特别称道黄帝，又可视为黄老之作。

以上这些篇基本倾向属道家，但各篇所论又颇多出入。因主要论点和路数相近，故放在一起论述。这些篇的政治思想，主旨既不同于老，又不同于庄，也不同于宋、尹和其他道家人物，如杨朱等。这一派在政治上积极主治，同时又吸收了部分法、儒的思想。

二、顺天从人的政治原则

道家最大最主要的范畴是"道"，上述诸篇中除用"道"表示事物的本原和规律之外，还用"虚""气"（"气"中又分"精气""灵气""形气"等）"精""一""天地""心""阴阳""神"等概念，表述事物本原和规律。这些概念细分起来是有差别的，强调的重点和方面不尽相同，但大同小异。这些概念中，具有特别重要意义的是"气"。气既是万物之本，又寓万物之中，能得到气，就能得到万物。《管子·内业》说："凡物之精，此则为生，下生五谷，上为列星。流于天地之间，谓之鬼神；藏于胸中，谓之圣人。是故民气，杲乎如登于天，杳乎如入于渊，淖乎如在于海，卒乎如在于己（郭沫若《管子集校》云，'己'当为'山'）。是故此气也，不可止以力，而可安以德；不可呼以声，而可迎以音。敬守勿失，是谓成德。德成而智出,万物果(当为'毕')得。"①

作者认为"道""气""天"等,是万物的本原,又各有它自身运动的规律。"天不变其常,地不易其则,春秋冬夏不更其节,古今一也。"②

最有意义的是,作者认为"道"不只表现在自然方面,也表现在人事方面,因为人本身也是气和道的产物。"凡人之生也,天出其精,地出其形,合此以为人。"③由此进一步提出:"道之在天者,日也;其在人者,心也。"④这里要说明,作者所说的"心",指的是人们的一种普遍要求、趋势与倾向,近似今天所说的社会思潮。

基于上述观点,作者提出了政治的根本原则在于遵天而从人。《管子·白心》说:"上之随天,其次随人。"《管子·形势》说:"其功顺天者,天助之;其功逆天者,天违之。天之所助,虽小必大;天之所违,虽成必败。"作者从天道中引出了两个最主要的政治原则:第一,根据"天不为一物枉其时"的规律,明君圣人也应该"不为一人枉其法"。天对万物是平等的,圣人对万民也应一视同仁,不分远近。第二,"天行其所行,万物被其利。"根据这一规律,"圣人亦行其所行,而百姓被其利"⑤。

这样,不仅圣人的行事以自然规定为依据,"圣人"的行事也如天道一样成为不可变更的规律。百姓对"圣人"的关系,如同万物对天道一样。这种理论,一方面把圣人与天道对应,使之神圣化,高居于百姓之上;另一方面又给"圣人"规定了行为原则。如果对百姓不公、不利,那就失去了为圣人的资格。

《管子·枢言》也特别强调,利民是从"道"引申出来的原则,是"道"在社会人事方面的表现。为此,帝王必须奉行利民的政策。"爱之、利之、益之、安之,四者道之出。帝王者用之而天下治矣。帝王者审所先所后,先民与地则得矣。先贵与骄则失矣。"帝王必须把民与生产(与地)置于最重要地位,如同对待"道"一样,不可违抗,这既是帝王的天职,又是帝王治天下的不二法门。《管子·戒》中也提出:"消息盈虚,与百姓诎信(伸),然后能以国宁。"

---

①③《管子·内业》。

②《管子·形势》。

④《管子·枢言》。

⑤《管子·白心》。

遵天从人思想,在政治思想史上有极为重要的价值。这种思想把自然与人事规律置于君主意志之上,规定了君主必须是遵从客观规律的典范。反之,遵从规律又是成就帝王事业的根本保证与条件。从这个意义上看,作者把帝王从神秘的天堂拉回到自然与人世面前,使帝王失去了神秘性,君主也不再是绝对的权威。但是事情又没有到此为止,遵天从人的圣人又如同天地一样,高居于百姓之上,获得了超人的地位。

三、气和心平治天下

前边讲了"气""道"是万物之本和规律。据此,治国的根本不在刑赏,而在于是否把握住"气"。《管子·内业》说:"赏不足以劝善,刑不足以惩过。气意得而天下服,心意(张佩纶:意当为'一')定而天下听。"《管子·心术下》说:"心安,是国安也。心治,是国治也。治也者,心也。安也者,心也。"这就是说,圣人之气与心为治国之妙术。为什么"气"与"心"会如此之重要呢?

治天下者必须是圣人,圣人又是从哪里来的呢?作者认为圣人是精气的产儿。圣人是人,但圣人不同于一般人,其区分在于他身心中凝聚了更多的精气。作者认为有了精气,人才能变得聪明。"气道(戴望:道,通也)乃生,生乃思,思乃知,知乃止矣。"[1]意思是:有了精气,才有生命;有了生命,才产生思维;人类有了思维,才产生聪明才智。作者认为思维、才智起源于精气,要使才智聪明得到更进一步发展,还必须不断地把精气补充到身心之中。精气充足,"人能正静,皮肤裕宽,耳目聪明,筋信(伸)而骨强,乃能戴大圜而履大方,鉴于大清,视于大明",可以洞察一切。但是并不是所有的人都能做到这一步,能做到这一步的就是圣人。所谓"藏于胸中,谓之圣人"[2]。

有了"气",才能"无私",不为利所诱。《管子·心术下》说:"气者,身之充也;正者,行之义也(原作'行者,正之义也',依郭沫若《管子集校》改)。充不美,则心不得;行不正,则民不服。是故,圣人若天然,无私覆也;若地然,无私载也。私者,乱天下者也。"遵公是治天下的根由,持私是乱天下的根由。能否公,关键在于持气。持气而心正,正心而公。

《管子·内业》认为,保持气能使人"宽舒而仁"。仁是圣人不可缺少的品

---

① ②《管子·内业》。

质,也是治天下的必备方术。

作者还提出,只有充气才能使心保持"正""平""中""和"状态。"正""平""中""和"含义相近,都是针对偏颇讲的。这些是天道自然的属性,又是治国治民应具有的品质。"天主正,地主平,人主安静。"圣人"能正能静,然后能定。定心在中"。"得一之理,治心在于中。""中"而后能"公"。①"意气定然后身正(原作'反',依《管子集校》改)。"②"若左若右,正中而已矣。""和以反中,形性相葆","和则能久"③。

总之,保持住气,就能使人聪明、无私、宽仁、和平,就能成为圣人。依靠些这品德才可以治天下。由此可以看到,作者们认为,君主个人的品质是治国的根本。作者们一方面向君主们提出了很高的要求,另一方面,在要求声中又突出了君主的地位与作用。

四、道、义、礼、法的统一

《老子》把道与礼、法看成对立的。法家突出法,儒家强调礼。《管子》中的道家派兼收并蓄,把道、义、礼、德统一起来,看作政治不可缺少的组成部分。《管子·心术上》说:"虚而无形(原作'虚无无形',依王念孙校改)谓之道,化育万物谓之德;君臣父子人间之事谓之义;登降揖让,贵贱有等,亲疏有体(原作'之体',依丁士涵校改。体,分也)谓之礼;简物大小('大'原作'未',依丁士涵校改)一道,杀僇禁诛谓之法。"从文中可以清楚看到,道、德、义、礼、法构成一条龙,以"道"为首。"道"也就是"气",是"虚而无形"的,万物却因得到气而形成个体。"道"与"德"是全体与部分的关系、一般与个别的关系。全体由部分组成,一般寓于个别。所以又说:"德者,道之舍。"由于本性是一回事,因此,"道之与德无间,故言之者不别也"④。反过来说,"道"与"德"无间之理,也就在于"德"为"道"之"舍"也。人类社会关系也需要遵循"道"的原则,具体体现在"义""礼"法"上。

君臣、父子、人间之事的关系准则谓之"义","义者,谓各处其宜也"⑤。

---

① 《管子·内业》。
② 《管子·心术下》。
③ 《管子·白心》。
④⑤ 《管子·心术上》。

宜,指事物之间的关系恰到好处。"义"与"正"通,"正者,行之义也"①。"义"的原则表现在君臣关系上,是各守其位。"子而代其父曰义也,臣而代其君曰篡也。"②作者把家天下看作"义"。但作者并未把问题绝对化,"篡"在一定条件下也可以歌颂,像武王伐纣就属歌颂之例。

登降、揖让、贵贱是礼的表现形式,即所谓的节义。礼的本源在于"因人之情,缘义之理"。"情"主要表现在"敬"上。③又说:"礼者,谓之有理。"这显然是循环论证。文中还说:"礼出乎义,义出乎理,理因乎道。"④(原文作"故礼出因义,义出乎理,理因乎宜者也",依《管子集校》改)。通过几个环节,礼也从道那里找到了依据。

法的本质在于整齐人事,即"简物(物,郭沫若解释为'繁杂')大小一道",意思是给简、繁、大、小诸事一个同一的标准。所以又说:"法者,所以同出('出',郭沫若解释为'参差不齐'),不得不然者也。""同出"就是把参差不齐的东西整齐划一。事物繁杂,无法则事不理,所以说:"事督于法。"办事虽然要依法,然而事在变化,法也要随事而变,这叫作"法出乎权"。权意为权变。作者没有把法绝对化和僵化。在作者看来,事物的变化又源于道。"权出乎道","道也者,动不见其形"⑤。

从上述我们可以看到,《管子》中的道家具有综合的性质,以道为主导,把儒的礼义与法家的法有机地融为一体。

五、君主无为静因之道

君主是当时专制主义政治制度的核心人物。面对着广阔的土地与民众、庞大的官僚机器与众多的官僚,君主怎样才能驾驭它们,并稳固地居于全国之巅呢?思想家们纷纷为君主出谋划策。《管子》中的道家提出了一整套无为之术。"无为"并非不作为,而是指对事有深刻的了解,后发制人,遵循物理,因物理事。

静因之道是君主统治之术的根本。静因之道的主旨是对事物采取客观

---

① 《管子·心术下》。

② 《管子·白心》。

③ 参见《管子·心术上》。

④⑤ 《管子·心术上》。

态度。静因之道的具体内容如下：第一，待物不要先有主观成见。《管子·心术上》说："因也者，舍己而以物为法者也。感而后应，非所设也；缘理而动，非所取也。"大意是，主观应是客观的反映，主观见解应在客观之后产生。第二，不要干预事物的发展过程。《管子·心术上》说："因也者，无益无损也。以其形，因为之名，此因之术也。"作者指出："过在自用，罪在变化。"自用指自以为是，变化是任意干预事物的过程。第三，要善于利用事物之能。《管子·心术上》说："因者，因其能者（李哲明云，'者'字当衍，当删）言所用也。"

根据静因之道的原则，作者着重论述了以名制形、以静制动、以阴制阳、以虚制实、以心制窍之术。

作者认为事物之名应根据事物之形制定。《管子·心术上》说："以其形，因为之名。""姑（郭沫若云，读如'诂'，诂物之形而像之）形以形，以形务（郭沫若云，'务'读为'侔'，取也）名。"名与形必须相当。《管子·心术上》说："物固有形，形固有名。此言名（依王念孙增'名'）不得过实，实不得延名。"统治者的责任在于掌握名实关系。名因实而得，而实必须由名条贯。善于给事物以名者，才能成为圣人。"名当，谓之圣人。"[1]即对事物有深刻而准确的认识者，才可称之为圣人。作者把对事物的认识正确与否作为衡量人的标志，是很有道理的。作者指出，能否认识事物是实行统治的重要条件之一。《管子·白心》说："正名自法，奇名自废。名正法备，则圣人无事（原'法'为'治'，依《管子集校》改）。"《管子·枢言》也讲过这个意思："正名则治，名倚则乱，无名则死。""有名则治，无名则乱，治者以其名。"名必依实，这在认识路线上是正确的，由于有这个正确的前提，因此作者提出的以名制实与孔子的"正名"论有原则的区分。作者在唯物主义认识论的前提下提出以名制实，是很有见地的。"名"就是理论、规定和章程。只有根据理论、规定、章程，才能把握事物的一般性和规律性。最高的统治者固然要处理具体事物，但更主要的是要抓住普遍性的东西，否则就不得要领。圣人之"强""智"超过一般人，即使如此，圣人的"强"与"智"也是有限的。"强不能遍立，智不能尽谋。"[2]只有抓住一般性才能指挥全局。

事物分阴阳、静动。阴主静，阳主动。道家重阴和静。《管子》中道家主

---

① ②《管子·心术上》。

张以阴制阳,以静制动。《管子·心术上》说:"毋先物动,以观其则;动则失位,静乃自得。"文中对此又做了解释:"毋先物动者,摇者不定,趡者不静,言动之不可以观也。位者,谓其所立也。人主者,立于阴,阴乃静。故曰动则失位。阴则能制阳矣,静则能制动矣。故曰静乃自得。"又说:"纷乎其若乱,静之而自治。"上述主张显然继承了老子的静观之术。静观之术很有用,但以静制动必须有两个条件:其一,必须身居君主之位;其二,必须实权在握。没有这两条就很难实行以静制动。以静制动有一定道理,如"毋先物动,以观其则",但是从根本上看,这是事后抓辫子的阴谋手腕。所以,以静制动可以驭臣,而不足以成事。

以虚制实主要是讲虚而无藏,不先抱成见。《管子·心术上》说:"人皆欲知,而莫索之,其所以知(知的对象),彼也(本作'人皆欲知而莫索之,其所以知其彼也',依王念孙校改);其所以知(知的主体),此也。不修之此,焉能知彼。修之此,莫能(作'如'解)虚矣,虚者无藏也。故曰:去知则奚求(本作'奚率求',依王念孙校改)矣,无藏则奚设矣。无求无设则无虑,无虑则反复虚矣。"用在君臣关系上,"彼"指臣,"此"指君。虚而无藏首先是指君主无欲望。有欲望就会造成"上离其道,下失其事"①。如果"洁其宫,开其门,去私毋言,则神明若存"。君主不存成见才能客观地考察臣下的行为,才有可能不为臣下所围。

"虚"还有另一层含义,就是深藏不露,使臣下不可揣度。"不出于口,不见于色,言无形也。四海之人,孰知其则,言深囿也。"②君主装得越神秘,四海之人越恐惧,至少不敢轻易触犯。

《管子》中的道家还广泛论述了持满、自戒和用弱之术。《管子·枢言》特别提出要谨慎,要"慎贵""慎民""慎富""慎所失所后""慎所入所出"等。

以上讲的都是君主无为之术。这种术掌握在君主手中,臣子必须努力从事,所以叫"君无为而臣有为",这又叫作"心制窍之术"。正如《管子·心术上》所说:"心之在体,君之位也;九窍之有职,官之分也。耳目者,视听之官也,心而无与于视听之事,则官得守其分矣。"在整个国家这个躯体中,君为心,臣为窍,"心处其道,九窍循理"。君不要代替臣下的职事。"毋代马走,使

①②《管子·心术上》。

尽其力;毋代鸟飞,使弊其羽翼。""心术者,无为而制窍者也,故曰君。"①

《管子》中道家派强调君主要把顺天因人作为自己政治的起点和行动的依据,这种观点是很可贵的。但是作者又一再教导君主要运用规律或必然性,作为驾驭臣民的手段,从而流为权术。由于作者把君主与"道""气""天"等视为同体,君主便又借助于理性变成了万民之上的社会主宰,从而论证了君主的绝对性。

第四节　阴阳家派的务时寄政与以水治国论

在《管子》一书中,阴阳家派有广泛的影响。但哪些篇可称为阴阳家派的作品,学者看法颇不一致。比较典型的阴阳家派作品有《四时》《五行》《幼官》《轻重己》。另外,《水地》《度地》的思维方式亦应属阴阳家派。由于非一人之作,各篇结构与风格有很大不同。这里分两组介绍它们的政治思想。

一、《四时》《轻重己》《五行》诸篇的务时寄政理论

《四时》《轻重己》《五行》三篇所描绘的世界图式和对五行的解释不尽一致。《四时》所说的五行或五德与通行的说法有明显的差别。它所说的五德是星、日、土、辰、月。从时间配置上看,星代表春,日代表夏,辰代表秋,月代表冬,土无固定的代表,但辅佐四时。从空间方位配置上看,星为东,日为南,辰为西,月为北,土为中央。四时各有相应之气,气又生出代表之物。春之气曰风,风生木与骨。夏之气曰阳,阳生火与气。秋之气曰阴,阴生金与甲。冬之气曰寒,寒生水与血。土没有专门之气,起辅佐四时的作用。星、日、土、辰、月各有相应之德。在上述结构中,土与星、日、辰、月构成循环圈,居中央之位,地位突出;星、日、辰、月则居于从属地位。

《轻重己》详论了四时之变与四时之政,但在明文上没有与五行相配。不过作者的思想显然是阴阳家的。

《五行》的结构特点是,在时间上,把一年分成五段,每段七十二日,依次配以木、火、土、金、水。与之相适应,实行"木政""火政""土政""金政"

①《管子·心术上》。

"水政"。《五行》还有一点尤为特殊,即把音乐的"六律"作为天道、地道与人道契合的中间环节。

上述各篇五行结构虽然有明显的差异,但由天人合一、人随天数所得出来的政治思想又颇为接近。

《四时》《五行》都把宇宙视为一个复杂的多层次的结构,上制约下,大制约小。《四时》把自然与人事分为五个层次,即道、天地、德、政、事。德指五行之德,即一年四季的不同的性质和特点。政指由五行引出的必然的政治规定。事指人事。作者认为,这五者是一个顺向制约关系,即"道生天地","道生德,德生正(政),正生事"。《五行》把自然人事分为三个层次,即天道、地理(理亦道)、人道。天道指阴阳、日月星辰的运转和四时变化。地道指万物的荣枯生死。人道本于天道和地道,并要服从天道与地道。《轻重己》所描绘的结构则别具一格。文中说:"清神生心,心生规,规生矩,矩生方,方生正,正生历,历生四时,四时生万物。"清神即精神。在这种结构中,精神和人心是原生的,历数、四时、万物以精神为本原。

在人世间,中心人物是君主。身为君主,首先要通晓天道和地道,而后才能把握人道。《五行》说:"以天为父,以地为母,以开乎万物,以总一统。"又说:"通乎阳气,所以事天也,经纬日月,用之于民。通乎阴气,所以事地也,经纬星历,以视其离(读如'列')。通若(此也)道,然后有行。"人君的作用就是要把天道、地道、人道三者统一起来,总合为一体。如果做到这一步,就不必去求神明保佑,便能达到"治之至也"的境地。《四时》也说:"天曰信明,地曰信圣,四时曰正。"人君能法天、法地、法四时,即为明圣,也就可以治理好天下。《轻重己》虽然把世界的本原倒过来,但作者并未把精神视为个人的意志。在上边所说的那种结构中,对君主说来仍然是主体之外的东西,君主必须遵从其间的制约关系,因此说:"圣人因而理之,道遍矣。"

天、地、人统一,是阴阳家政治总体战略思想。这种战略思想具体化则表现为"时政",即根据天地运转、四时变化、五行之德引出来的四时政治原则。关于这些政治原则,在第十章《月令》一节中已评论。这里只介绍一下《轻重己》的有关论述。作者根据春天的特点提出,春天的政治原则应该是"生而勿杀,赏而勿罚。罪狱勿断,以待期年"。春天的一切政令要保证一年生产得以顺利开始,并保护万物的生长。夏天的政治原则是"毋聚大众,毋行大火,毋断大木,诛大臣(此三字为衍文),毋斩大山,毋戮大衍(生长之意),灭三大而国有害也"。"三大"指大山、大衍、大林木。夏天是万物生长的良时,要禁止一切使万物夭折的行为。秋天是收获季节,也是万物走向萧爽之时。秋天一方面要注意收藏,另一方面要实行刑罚。秋时之令为"罚而勿赏,夺而勿予。罪狱诛而勿生。终岁之罪,毋有所赦"。冬天进入农闲季节,此时可以征徭役,允许上山取木打柴,入水捕鱼。但是这些活动都必须有一定限制。"毋行大火,毋斩大山,毋塞大水。"《四时》把一年的活动概括为:"圣王务时而寄政焉,作教而寄武焉,作祀而寄德焉。此三者,圣王所以合于天地之行也。"大意是:政令要顺时,施教而后习武,设祭以示德,习武和设祭也要与四时相配合。作者认为,上述这些时政原则是不可更改的,君主必须遵从,不可违反,违反必败。所以又说:"唯圣人知四时。不知四时,乃失国之基。不知五谷之故,国家乃路(败也)。"

在四时之政中,中枢是农事。一切政事活动都是围绕农业生产而提出来的。当时的经济生活以农业为主。农业最明显的特点之一是受制于天。农业不同于手工业,它不仅必须以自然过程为基础,而且在当时的条件下,农业在很大程度上还靠自然的恩赐。因此强调人的活动必须从四时,是符合农业生产需要的。

四时的运动规律是客观的,阴阳家以此为基础把政治方程化。这种方程拥有坚实和充足的客观依据,这是它的内核。尽管在这个内核外包了一层又一层奇怪荒诞的寄生物,但由于它有一个合理性的内核,所以仍然得到了广泛的传播。

对事物进行类分,是阴阳五行家的突出特点。他们把政治活动分成两大类,这就是刑和德。刑德又与阴阳四时相配。《四时》说:"阴阳者,天地之大理也。四时者,阴阳之大经也。刑德者,四时之合也。刑德合于时则生福,诡(违也)则生祸。"在四时之中,春夏主德,秋冬主刑。这样一来,刑德既获得了自然的论证,又得以符合自然规律。作者提出,刑德两手要像四季循环一样交替使用。"是以圣王治天下,穷则反,终则始。德始于春,长于夏。刑始于秋,流于冬。刑德不失,四时如一。"

阴阳家强调天人合一、天人契合,但事情不是一帆风顺的。天会出现异象,人会有背离方程之外的举动,于是出现了天人相悖的情况。由于作者主张人随天数,所以一旦天出现异象,人就应反省自问,检查自己的行为是否离开了轨道。他们把天象变异说成是天对人的谴告。《四时》把天谴也规范化。文中说:"日掌阳,月掌阴,星掌和。阳为德,阴为刑,和为事。是故日食则失德之国恶之,月食则失刑之国恶之,彗星见则失和之国恶之……是故圣王日食则修德,月食则修刑,彗星见则修和,风与日争明则修生。此四者,圣王所以免于天地之诛也。"天谴论无疑是一种神秘主义,是胡说。不过在胡说之中还应看到如下两方面的意义:其一,君主与天并不完全是同一体,君主的行为也不完全体现天的意志和要求,其间会出现矛盾和相背离的现象,此时君主的权威应服从天的权威。于是在君主头上出现了一种超级的玄想的钳制力量。其二,与天时相应的政治原则是不可更易的法则,君主必须执行它,绝不能改变它。在当时的历史条件下,这两点对权力无上的君主都有一定的制约作用。当然,这种制约只表现在理论上,它能不能转化为现实,还需要视其他许多条件。

二、《水地》《度地》以水为中枢的政治理论

《水地》和《度地》是《管子》书中两篇奇特的著作。这两篇是不是阴阳五行家的作品,学界看法并不一致。《水地》和《度地》都把水视为人类生活中具有决定意义的东西。文中虽没有明确论及五行,但显然受到五行理论的影响。所以把这两篇视为五行家之作。

《水地》和《度地》都尚水,但思路又不尽相同。《水地》用水利和水性来解释自然社会现象。《度地》着重从水害和对水的治理来说明人的政治活动。

《水地》在论述水的作用之前,先论述了"地"的作用。文中说:"地者,万物之本原,诸生之根菀也,美恶贤不肖愚俊之所生也。"接着讲:"水者,地之血气,如筋脉之通流者也。故曰水具材也。"水以地为躯体,地以水为气血,地无水不过是具僵尸,有了水才有生机。作者的"尚水"理论就是从这里开始的。作者认为天地万物赖水以生,于是又把水视为万物之本原。"水者何也?万物之本原也,诸生之宗室也。"人也是由水为始点的。"人,水也,男女精气合而水流形。"作者还认为各地民情也是由各地的水性决定的。"楚之

576

水淖弱而清,故其民轻果而贼(当为'敢'之误),越之水浊重而洎,故其民愚疾而垢。"依照这种方式,作者论述了各地的水性与民情。作者还把道德说成是水的派生物,如:"水,淖弱以清……仁也。""量之不可使概,至满而止,正也。""唯无不流,至平而止,义也。"水既然是自然和社会的主宰、民情的本源、道德的化身,由此作者便认为,政治的根本在于顺从水性,向水学习,一切以水为榜样。"圣人之化世也,其解在水。故水一则人心正,水清则民心易。一则欲不污,民心易则行无邪。是以圣人之治于世也,不人告也,不户说也,其枢在水。"这种主张与先秦其他学派相比,实在显得太粗糙了,把复杂的政治简化到了不能再简单的地步。这种说法是五行说中走向极端而陷入荒谬的一例。但是,也还应看到另一面:水是农业的生命。这种说法反映了对水的重视和崇拜。

《度地》认为国家的首要任务是治水。作者认为:"善为国者,必先除其五害。"所谓五害,即水、旱、风雾雹霜、厉(疾病)、虫。五害之中,"水最为大"。"水妄行则伤人,伤人则困,困则轻法,轻法则难治,难治则不孝,不孝则不臣矣。"社会祸乱的根源在于水。因此根治水害是为政的首要任务。为了治水,作者提出要建立从中央到地方成系统的治水机构,设立相应的官吏,并把人民组织成治水大军,配置各种治水器具。作者还论述了四时的水政,认为春天是修建治水工程的最好季节。水政又制约着其他政治活动。治水的确是农业社会的头等大事,大禹的功绩就是以治水为先。有一种说法,水利是中国古代产生专制主义的基础。此说过于简单,但也说明治水的确是一个影响社会结构的问题之一。

水既可为利,又可为害。《度地》着重论述了防治水害的重要,在先秦诸子中独具特色。

第十四章 《吕氏春秋》兼收并蓄的政治思想

第一节 吕不韦和《吕氏春秋》

吕不韦在中国历史上是一位传奇性的人物。吕不韦原籍为卫国濮阳,后在韩国经商,成为阳翟(韩国都)著名大商,"家累千金"。商业利润虽然丰厚,然而并不能满足他的胃口。吕不韦与他父亲的一段对话把问题说得活灵活现。吕不韦问他父亲:"耕田之利几倍?"他父亲答道:"十倍。"又问:"珠玉之赢几倍?"答曰:"百倍。"又问:"立国家之主赢几倍?"答曰:"无数。"①吕不韦问他父亲时,正在酝酿一项政治谋划。他到邯郸经商,结识了在赵国做人质的秦公子异人。异人是秦太子安国君(即后来的孝文王)的庶子,此时为人质,前途渺茫,颇为寒碜,门庭冷落。可是吕不韦却认定异人是件"奇货",把握住这个奇货,一旦时机到来,就能一本万利。吕不韦一方面周济异人,使他广交社会名流,提高声望;另一方面又到秦国进行活动。当时安国君有位宠姬,叫华阳夫人,但没有儿子。于是吕不韦买通华阳夫人的姐姐(一说是弟弟)进言华阳夫人,收异人为儿子。华阳夫人听从了她姐姐的话。华阳夫人又说通安国君,立异人为嫡。安国君继承王位之后,异人一跃而为太子。孝文王即位一年即去世,异人便继承了王位,是为庄襄王。庄襄王为了酬谢吕不韦,任他为丞相,封文信侯。庄襄王在位三年去世,继位的即秦始皇。由于秦始皇年仅十三岁,吕不韦又与秦始皇母亲私通,朝廷大权便落在吕不韦和秦始皇母亲手中。秦始皇称他为"仲父",食洛阳、河间十余万户。吕不韦的地位显赫至极,比做商人不知阔气多少倍!

---

① 《战国策·秦策五》。

人们常常讥讽吕不韦为投机家,其实在当时,搞政治投机的何止吕不韦,只不过他的方式比较特殊,易引人注目,事情本身倒不必多怪。吕不韦的政治活动虽然沾点儿"桃色",就实而论,他对秦国的功绩应该说是杰出的。在他主政期间,他把秦统一六国的进程向前推进了一大步,为秦始皇的统一奠定了基础。吕不韦不仅注重武功,还相当注重文治。秦国历来讲求武道,对诸子百家不感兴趣。战国诸子百家争论得是那样的热闹,可是在比较著名的人物中,没有一个是在秦国的土壤上培植出来的。儒家在当时是那样的活跃,荀子到秦国游观之后却感慨地说:秦国无儒。吕不韦当政期间,一改过去文化封锁局面,搞了大量的文化引进。在他所养三千多门客中,有一大批各色各样的文化人。吕不韦对各种学派采取了兼收并蓄的政策,这一点在他主持编辑的《吕氏春秋》中得到了充分的反映。《吕氏春秋》的编写不只是一部书的问题,而是一种文化政策的产物,这一层意义更值得注意。

　　吕不韦把诸子百家各派人物都吸收进来了。从《吕氏春秋》中可以看到,集聚在他门下的有儒、道、墨、阴阳、法、纵横、兵、农、名诸家门徒,另外还有一些难以归入某一家的人物。这真是伟大的创举、空前的盛事,它的意义应该说可与吕不韦的军事胜利相媲美!

　　吕不韦杰出之处,不光在于广收人才。他很善于折中,吸取各家之长,去粗取精。班固在《汉书·艺文志》中对各家都采取了两分法。每一家中,既有平实接近实际的一派,又有走向极端、流为玄学、烦琐苛刻的一派,即班固所称的 "辟者""放者""拘者""刻者""瞽者""蔽者""邪人""荡者""鄙者""狂夫"等。从《吕氏春秋》各家著述看,基本上没有后一类现象。之所以会这样,恐怕是吕不韦的总揽和指导起了决定性的作用。孔子折中六艺被视为一大贡献,吕不韦折中诸子,视野更宽。

　　还有一点值得称道:吕不韦没有强行改造各家,而是让各家各派保留了自己的面貌和特色,做到了学术上的存异。学术上的存异是学术发展不可缺少的条件之一。

　　吕不韦在编辑这部书时,有明确的直接的政治目的,即为了给实际政治提供理论依据,找出治乱存亡之因,从中吸取教训和作为借鉴。但又不限于此。吕不韦还有一个更开阔的眼界,那就是"以为备天地万物古今之事"①。也就是说，把编这部书看作文化积累。这一点对秦国更有特殊意义。秦国历来只注重打仗，忽视文化。然而没有广博的文化基底，统治者是难以长久维持其统治的。吕不韦想补上这一课。秦始皇有他的长处，可是在这一点上是一个近视眼。后来历史的发展证明了这一点。

班固在《汉书·艺文志》中把《吕氏春秋》列入杂家，这一点是学界一致接受的。但对"杂家"的理解和认识又有很大的差别。一种意见认为是拼盘式的杂，除了少数的篇章如十二纪之外，其他各篇之间没有思想和逻辑联系，是各家和不同人的作品汇编。另一种意见认为，杂中又有一个主旨或主线。对主旨和主线的认识又呈现纷纭之状。有的认为以道家为主，有的认为以儒家为主，有的认为以墨家为主，有的认为兼撮儒、道。在我看来，与其从中找出一个主旨，不如用杂的观点去分析，这样似乎更为朴质些。《吕氏春秋》的杂，并不是杂糅或杂凑。概括言之有三个特点，即杂存、杂选、杂通。

"杂存"，是说吕不韦没有取消任何一家的企图，也没有想用一家一派把其他家吃掉和融化。他对诸家之说采取了兼收并蓄的方针。吕不韦的度量是很宏大的。

"杂选"，是说吕不韦对各家各派是有选择的。对各家各派中走向极端的流派，吕不韦是不选的。比如：对儒家的君臣父子伦理道德之论选取了，对儒家许多迂腐之论和繁缛之礼却弃而不选；对法家的通变、赏罚分明、依法行事的思想选进来了，但遗弃了轻罪重罚那一套；对道家的法自然的思想选取了不少，但对道家中以自然排斥社会的思想却弃而不取；对墨家的节葬、尚俭思想选取了，但对明鬼、非乐的思想却置之不顾。总之，很有眼光。

"杂通"之"通"，并不是以一家通百家，而是说杂存、杂选的内容都通于王者之治，或者说，以王者之需要通百家。班固说杂家"兼儒、墨，合名、法，知国体之有此，见王治之无不贯，此其所长也"②。颜师古注："王者之治，于百家之道无不贯综。"班固和颜师古的评论是十分中肯和贴切的。先秦诸子百家的主流基本上都是为君主献计献策的。吕不韦不囿一家一派之成见，

---

①《史记·吕不韦列传》。
②《汉书·艺文志》。

而是居高临下，看到各家各派之中都有利于君主统治的内容。他像百花中的蜜蜂，无花不采。他站在百家之上，用有益于统治这一标准去通百家。政治家与思想家应该不同，思想家贵一以贯之，政治家贵杂取以应变。

吕不韦的"杂"是有见解的、有选择的，因此可以称之为"一家"。吕不韦编辑《吕氏春秋》是为了调整秦国自商鞅以来的指导思想。他把成稿张贴在咸阳市门，"悬千金其上，延诸侯游士宾客有能增损一字者予千金"①。这一举动，既不能看成是摆阔，也不表示字字不可更易、无瑕可剔。我看仍然是表示一种政策。一方面像燕王筑黄金台招纳贤士那样，是为了吸收东方六国知识分子前来秦国。秦国武士有余，文士不足，吕不韦希望通过"收购大脑"弥补秦国文化的缺陷，为统一做好文化准备。另一方面，他企图通过这种方式，表明他这一套的权威性。当吕不韦正在得意之时，他忽视了宫中正在走向成熟的那位少主。他终于垮台了。他编辑的《吕氏春秋》也一同被打入冷宫。不过，思想理论的生命力常常要比它的主人的生命力大得多。吕不韦的肉体被秦始皇消灭了，可是《吕氏春秋》却一直在流传。后来的封建统治者虽然谁也没有把《吕氏春秋》作为思想正宗加以膜拜，可是它始终作为一本案头书，给人以启迪。下边将书中的政治思想做一综述性的评述。

第二节　关于政治法自然和随时变的思想

政治活动与自然、时变之间是什么关系？先秦诸子的看法有很大的差异。吕不韦选择了政治要法自然、随时变的有关理论和主张。

一、法自然思想

如何处理天人关系，是诸子讨论的一个重大问题，也是政治思想中的根本问题之一。在这个问题上，吕不韦采取了阴阳家中《月令》的思想。编者把《月令》稍加调整，删去夏、秋之交论土德那一节，全部抄入《吕氏春秋》中，并列为十二纪，作为全书之纲。与此相配合，还吸取了道家中积极法自然一派的思想。《吕氏春秋》中的天人关系思想有如下几个特点：

---

①《史记·吕不韦列传》。

第一，从最初的"太一"到天、地、人是依次生成过程。在天地之前，是一个混沌未开的世界，这种混沌状态又叫"太一"，也叫"道"。太一生天地，天地生万物。《吕氏春秋·大乐》说："太一出两仪，两仪出阴阳，阴阳变化，一上一下，合而成章。浑浑沌沌，离则复合，合则复离，是谓天常。天地车轮，终则复始，极则复反，莫不咸当。日月星辰，或疾或徐……或暑或寒，或短或长，或柔或刚，万物所出，造于太一，化于阴阳。"这种生成过程，也就形成依次的制约关系。"太一"或"道"是世界的本原，也是支配一切的总规律，这就是《吕氏春秋·孟春》中所讲的"天之道""地之理""人之纪"。依据上述理论，人类并不是超乎自然之上的，而是自然发展的产物，是自然的一部分。这种观点成为《吕氏春秋》处理人事问题的基本根据。

第二，人之纪与天地自然规律有内在的统一性和对应关系。这又可以从两方面分析。一方面指人类社会的活动规律与自然是相适应的。这在十二纪中讲得很具体，逐月对人的活动做了规定。这些规定都是不可更改的，是应遵守的规律。另一方面，就人的生理而论，同样与自然有内在统一性和对应性。《吕氏春秋·知分》说："凡人物者，阴阳之化也。阴阳者，造乎天而成者也。天固有衰嗛废伏，有盛盈蚡息；人亦有困穷屈匮，有充实达遂，此皆天之容，物[之]理也，而不得不然之数也。古(故)圣人不以感私伤神，俞(愉)然而以待耳。"在《重己》《本生》等篇，都有近似的论述。

第三，个人的主观行为必须遵循天之道、地之理、人之纪。《序意》说："天曰顺，顺维生；地曰固，固维宁；人曰信，信维听。三者咸当，无为而行。行也者，行其理也。"《吕氏春秋·圜道》说："天道圜，地道方，圣王法之，所以立上下。"类似的论述还很多，反复说明每个人要遵循天地之理。

第四，在天人关系中，某些篇宣扬了具有神秘色彩的天人感应思想。八览中有，《应同》《召类》还进行了专门论述。感应说并不都是胡说，在大千世界中，确实存在"类同相召，气同则合，声比则应"①的现象。但是作者借助这种科学的思想和认识，做出了超乎当时科学认识水平的无限的推演和类比，从而陷入了神秘主义。例如，下面一段话便把科学的观察与胡诌结合在一起："鼓宫而宫动，鼓角而角动；平地注水，水流湿；均

---

① 《吕氏春秋·召类》。

薪施火,火就燥。"①这些说法是很有道理的,观察之细致令人叹服。接下去又说:"覆巢毁卵,则凤凰不至;刳兽食胎,则麒麟不来;干泽涸渔,则龟龙不往。"②这中有真有假,以真掩假,使人迷惑。再往下说:"黄帝曰:'芒芒昧昧,因天之威,与元同气。'故曰,同气贤于同义,同义贤于同力,同力贤于同居,同居贤于同名。帝者同气,王者同义,霸者同力,勤者同居则薄矣,亡者同名则恸矣。"③这些显然多是浑话了。由于这些浑话以前面的科学观察为前导,在当时很容易使人信而不疑。

在《吕氏春秋》关于天人关系的论述中,有科学性的描述,有大胆的猜想,有胡话。但不管哪种情况,都在追求天人的统一性,倡导法天地,要求人的政治行为不要背离天道,避免走上与自然对抗的道路。就实而言,当时的政治行为与自然对抗的现象太严重了,国家权力的不断扩大,不仅有可能用强力保证人们遵循自然规律,同时也为大规模的破坏自然、违反自然规律提供了可能。在当时的条件下,后者要多于前者。针对这种情况,《吕氏春秋》的上述主张和思想是有积极意义的。

二、随时变思想

《吕氏春秋》对历史的看法,占主导地位的是历史进化思想。与此相适应,主张适时而变法,只有"因时变法者",才是"贤主"。《吕氏春秋·察今》明确地指出,历朝历代没有一贯不变之法。文中说:"先王之法,胡可得而法?虽可得,犹若不可法。凡先王之法,有要于时也,时不与法俱至。法虽今而至,犹若不可法。故择先王之成法,而法其所以为法。"作者反对形式主义地模仿先王之法,倡导学习先王之法的精神实质,即"有要于时也"。作者还明确指出,只有把守法和变法统一起来才能治国。"故治国无法则乱,守法而弗变则悖。悖乱不可以持国。世易时移,变法宜矣。"作者以"刻舟求剑"等寓言性故事讽刺和批评了政治上的经验主义。《吕氏春秋·异用》指出,同样一件事情,由于历史条件的变化,其性质和意义可以完全不同,比如同是射箭,"古之人贵能射也,以长幼养老也。今之人贵能射也,以攻战侵夺也"。既然一切在变,就不要怕抛弃传统。

①②③《吕氏春秋·应同》。

在历史观中,有一点应特别值得注意:一些篇的作者深刻论述了历史条件、形势与个人作用的关系。作者从英雄创造历史的窠臼中解脱出来,认为形势胜于个人。《吕氏春秋·具备》说:"夫立功名亦有具,不得其具,贤虽过汤、武,则劳而无功矣。汤尝约于郼薄(亳)矣,武王尝穷于毕裎(毕丰)矣,伊尹尝居于庖厨矣,太公尝隐于钓鱼矣,贤非衰也,智非愚也,皆无其具也。故凡立功名,虽贤必有其具然后可成。"

《吕氏春秋·观世》还提出如下一个耐人寻味的问题:为什么古来乱世多且长,治世少而短?作者认为是不重用贤人造成的。这个回答虽然有一定道理,但远不是事情的根本原因。不过这个问题本身是深刻的,指出了普遍存在的事实。

《吕氏春秋·贵因》对历史上成功者成功原因的分析,别有见地。作者认为最基本的原因就是"贵因"。"三代所宝莫如因,因则无敌。"所谓"因",就是遵循客观规律,比如:"禹通三江、五湖,决伊阙,沟回陆,注之东海,因水之力也。"在社会生活中,"因"的中心点是顺民心、从民欲。"汤武以千乘制夏商,因民之欲也。"

《吕氏春秋·慎人》把历史进程中的诸种因素分为"天"与"人"两个方面。"天"指必然的力量和形势,其中还有一些神秘的东西。"人"指人的主观能动性。作者指出"功名大立,天也"。但又不能因此而忽略人为的作用。"夫禹遇舜,天也;禹周于天下,以求贤者,事利黔首,水潦川泽之湛滞壅塞可通者,禹尽为之,人也。"作者批评了宿命论和盲目从天思想,强调了事在人为和奋斗精神,认为这是历史发展中活的能动因素。这是一种卓见。

当然,《吕氏春秋》各篇的历史观并非一以贯之,还有与上述理论相悖的颂古论和神秘主义的思想,但总的来说,历史进化思想占主导地位。与此相适应,在政治上主张向前看的居多,对前途抱有充分的信心。

法自然和随时变,既指明了如何处理天人关系,又指明了如何对待社会历史。这样在自然与社会面前都取得了主动权。

第三节　关于君臣的论述

君臣问题是政治中的一个根本问题,也是当时国家问题的核心。君、臣应该具备什么样的品质和条件,以及如何处理两者之间关系,这会影响政权能否稳固,又涉及国家的兴亡。《吕氏春秋》许多篇从不同角度讨论了这个问题。在论述中,历史的回顾和现实的希望与要求是交融在一起的。

一、关于君主产生与新天子的条件问题

为了认识现实的君主,《吕氏春秋》广泛地讨论了君主的产生问题。对君主产生历史的认识,同对现实君主的认识是紧密联系在一起的。甚至可以这样说:作者们采取了历史的方式来表述对现实君主的认识。在君主专制时代,这种方式比较便当和保险。关于君主的产生问题,《吕氏春秋》采取了两种方式进行讨论,一种是历史过程的描述,一种是理论的抽象和概括。这里只介绍和讨论后一种情况。

一种看法认为,君主是为了平息争乱而产生的。《吕氏春秋·恃君》说,人类最初没有天子,从而也就没有对社会进行控制的中枢,所以当时天下大乱,"日夜相残,无时休息"。"圣人深见此患也,故为天下长虑,莫如置天子也;为一国长虑,莫如置君也。"天子、君主是为了救难平乱而产生的。

另一种看法认为,惠民者为君主。《吕氏春秋·爱类》说:"人主有能以民为务者,则天下归之矣。"《吕氏春秋·慎势》说:"凡王也者,穷苦之救也。""天下之民,穷矣苦矣。民之穷苦弥甚,王者之弥易。"《吕氏春秋·怀宠》从另一角度也说明了这一思想。文中说,凡"上不顺天,下不惠民"者,"不当为君",这种人只能是人民的仇敌。

《吕氏春秋·本生》提出,只有真诚法自然者才能成为君主。"始生之者,天也;养成之者,人也。能养天之所生而勿撄之谓天子。天子之动也,以全天为故(事)者也。"

还有一种见解,认为只有历史的机遇和个人的条件结合起来,才可能上升为天子;没有机遇,即使是有道之士,也只能被历史冷落。《吕氏春秋·

首时》说:"圣人之见时,若步之与影不可离。……时至,有从布衣而为天子者,有从千乘而得天下者,有从卑贱而佐三王者,有从匹夫而报万乘者,故圣人之所贵唯时也。"《吕氏春秋·长攻》也说:"若桀纣不遇汤武,未必亡也……若使汤武不遇桀纣,未必王也。"

再有一种观点认为,天子和君主是从斗争中产生的。《吕氏春秋·荡兵》说:"天子之立也出于君,君之立也出于长,长之立也出于争。争斗之所自来者久矣,不可禁,不可止。"《吕氏春秋·慎势》也论述了,只有斗争,并且在斗争中取胜才能摘取王冠。

以上不同看法反映了儒、法、道、阴阳诸派不同观点。在诸种论述中,有两点值得注意。第一,各说都从社会内部矛盾分析君主的产生,把神抛到了一边。在这些作者的笔下,君主没有神秘的性质,君主是一个可以认识的对象。第二,君主是维系社会秩序、统一、安定的中心和标志。

研讨历史是为了说明现实;讨论君主的产生和本质,是为了给现实的君主以理论规定。《吕氏春秋》的作者们共同认为,周天子已被历史淘汰,眼前的状况是群龙无首,争战不已。历史要求一位新天子君临天下。《吕氏春秋·谨听》说:"今周室既灭,而天子已绝,乱莫大于无天子。"《吕氏春秋·观世》也说:"今周室既灭,天子既废。乱莫大于无天子,无天子则强者胜弱,众者暴寡,以兵相划,不得休息,而佚进。今之世当之矣。"历史迫切需要一位新天子,那么新一代的天子应该具有怎样的品质呢? 他们根据历史的经验和当时的情况,提出了一些理论规定。

第一,天子必须是法自然和与自然取得和谐的模范,并统领天下沿着这一条道路走,只有这样的人才可谓之"天子"。《吕氏春秋·本生》说:"天子之动也,以全天为故(事)者也。"十二纪中关于天子政令的种种论述,都是以法自然为基础的。

第二,在与民的关系上,天子必须顺从民意。《吕氏春秋·顺民》说:"故凡举事,必先审民心,然后可举。"又说:"先王先顺民心。"《吕氏春秋·爱类》说:"故仁人之于民也,可以便之,无不行也。"当民意与君主私欲发生矛盾时,必须弃私欲而从民意。《吕氏春秋·行论》说:"执民之命,重任也。不得以快志为故(事)。"

第三,在公私关系上,天子必须贵公而抑私。《吕氏春秋·贵公》说:"昔先圣王之治天下也,必先公,公则天下平矣。平得于公。""公"是一个历史范畴,而且各家各派的理解又不尽一致。要之,当时主要指如下几点:凡有明文规定者,一律按规定行事即是公;遵循当时人们普遍意识所形成的习惯和传统,如礼制等;要处理好国家和个人的关系。春秋以降,国家观念有了飞速的发展,君主与国家并不完全是一回事。国家之事为公,除此之外都为私,包括君主个人的事在内,为此要求君主崇公抑私。

第四,由以上规定必然引出如下结论:"天下非一人之天下也,天下之天下也。"①"置君非以阿君也,置天子非以阿天子也。"②类似这种提法,慎到早就说过,道家也有过论述。但把问题说得这样明快,在先秦还是极少见的,仍有使人耳目一新的作用。视天下为天子私物是当时流行的观念,吕不韦支持作者向这种观念提出挑战,不能说不具有特别重要的含义。他显然是在教诫秦王政!

《吕氏春秋》有关天子品质和职责的理论规定是很有意义的,可是没有找到一种保证必须实施的方法,所以其理论只能限于希望和幻想。这种希望和幻想在当时并不是毫无意义的,它可以转化为一种批判的武器。《吕氏春秋·振乱》就对当时的君主进行了猛烈的批评:"当今之世,浊甚矣,黔首之苦,不可以加矣。天子既绝,贤者废伏,世主恣行,与民相离,黔首无所告愬。"除此之外,还应看到,这种理论转化为人们的普遍认识,就会变成一种精神和文化因素。精神和文化虽不能对君主的决断起直接的制约作用,但形成舆论之后,也还是有一定影响的。

《吕氏春秋》对君主在国家兴衰中的作用也做了详尽的论述。许多篇提出,国家兴旺的关键在君主的修身。《吕氏春秋·执一》说:"以为为国之本在于为身。身为而家为,家为而国为,国为而天下为。故曰以身为家,以家为国,以国为天下。"《吕氏春秋·先己》说:"圣王成其身而天下成,治其身而天下治。"反之,己身不修,国家必败。许多篇对昏庸之主、暴虐之主、骄傲自用之主、嫉贤之主、多疑之主、奢靡之主等,进行了猛烈的抨击。

《吕氏春秋》中对君主的论述博采于诸子。作者在肯定君主地位与作用

---

① 《吕氏春秋·贵公》。
② 《吕氏春秋·恃君》。

的同时,对君主赖以存在的条件做了深入的分析,指出君主不能为所欲为,否则必定要走向灭亡之路。这些虽不是创见,但把认识深化了一步。

二、关于臣和君臣关系问题

君主决定着国家的兴衰,而君主之成败又在于是否会用人使臣。君主不可能单枪匹马治天下,必须通过臣佐治理天下。《吕氏春秋·务本》说:"安危荣辱之本在于主,主之本在于宗庙,宗庙之本在于民,民之治乱在于有司。"这里所说的有司,泛指一切官吏。《吕氏春秋》许多篇在考察了历史之后,得出了一个大致相同的看法:凡属有为和清醒之君都能知人善任。《吕氏春秋·谨听》说:"名不徒立,功不自成,国不虚存,必有贤者。"《吕氏春秋·士节》说:"贤主劳于求人,而佚于治事。"《吕氏春秋·不侵》批评世主贪于土地而不知求士,是一种愚蠢的表现。文中说道:"世之人主,得地百里则喜,四境皆贺;得士则不喜,不知相贺,不通乎轻重也。"作者认为贤人治才是政治中积极的能动因素,有贤士不愁无土,无贤臣有土也不能守。在论述臣的作用时,《吕氏春秋》讲了一些颇为深刻的道理,其中最重要一点是,作者们反复论证了君主的智能是有限的,而众人的智能是无穷的。《吕氏春秋·用众》生动形象地论述了用众的道理。文中说:"天下无粹白之狐,而有粹白之裘,取之众白也。夫取于众,此三皇五帝之所以大立功名也。凡君之所以立,出乎众也。立已定而舍其众,是得其末而失其本;得其末而失其本,不闻安居。故以众勇无畏乎孟贲矣,以众力无畏乎乌获矣,以众视无畏乎离娄矣,以众知无畏乎尧舜矣。夫以众者,此君人之大宝也。"这段论述非常豪迈。一般的人都迷信尧舜聪明才智无以复加,作者却投以藐视的目光,有"众知",就不畏尧舜!用众的侧重点是讲用人不要责全求备,要善于用人一技之长。人无完人,"以全举人固难"[①]。《吕氏春秋·谨听》更明快地指出,即使圣君也必有所短,有智不及人之处。文中曰:"昔者禹一沐而三捉发,一食而三起,以礼有道之士,通乎己之不足也。"基于上述理由,作者们特别强调臣要进谏,君要纳谏。明君之明就在于不忌讳直言和争论。《吕氏春秋·不侵》说:"贤主必自知士,故士尽力竭智,直言交争,而不辞其患。"《吕氏春秋·贵直》

---

① 《吕氏春秋·举难》。

588

说："贤主所贵莫如士。所以贵士，为其直言也。言直则枉者见矣。人主之患，欲闻枉而恶直言，是障其源而欲其水也。"《吕氏春秋·士容》还阐述了这样一个道理：君主的愚蠢不一定在于他才智低，而在于"自用"。文中说："故败莫大于愚，愚之患在必自用。"一般君主的通病是"自智而愚人，自巧而拙人"①。在作者看来，这种君主是最愚蠢的。君主自用、自贤，其结果，或造成群臣藏智，"以听从取容"②；或贤智远离，愚者麕集，即《知度》中所说的，"愚拙者请矣"。辩证一点看，君主坚持己见未必皆是愚蠢的表现；但事事自用，的确是一种愚蠢，并且会形成愚蠢集团！

作者还讲了如下的道理：为了补自己之不足，君主应该有勇气向贤者学习，要有甘当学生的精神。《劝学》和《尊师》专门论述了尊师的道理。《吕氏春秋·劝学》说："是故古之圣王未有不尊师者也。尊师则不论其贵贱贫富矣。"

在君臣之间，《吕氏春秋》多数篇提倡信与忠。《吕氏春秋·贵信》说："君臣不信，则百姓诽谤，社稷不宁。"臣对君主要忠，但忠不是盲目服从，而是以道义为上。盲从是小忠，论道义是大忠。小忠不足取，"小忠，大忠之贼也"③。

先秦诸子几乎无一例外地对奸臣进行了口诛笔伐，《吕氏春秋》也不例外。《吕氏春秋》的深刻之处在于，它认为昏庸的君主是奸臣的培植者。《吕氏春秋·君守》说："凡奸邪险陂之人，必有因也。何因哉？因主之为。人主好以己为，则守职者舍职而阿主之为矣。"这种说法未必无瑕可剔，但大体是正确的。在君主专制时代，主昏臣奸是一种普遍现象，《吕氏春秋》是最早揭破这种事实的作品之一。

第四节　关于对民的态度与理论

对民持什么看法和态度，涉及如何处理统治者与被统治者关系的问题，是政治思想中的一个重要问题。《吕氏春秋》接受了当时流行的重民思想，另

---

①《吕氏春秋·知度》。

②《吕氏春秋·任数》。

③《吕氏春秋·权勋》。

外,对民性看法又接受了法家的性好利说。这两点是《吕氏春秋》倡导的治民政策的基础。

得民心而得天下,失民心而失天下,这是许多篇反复论述的一个基本思想。《吕氏春秋·顺民》说:"先王先顺民心,故功名成。夫以德得民心以立大功名者,上世多有之矣。失民心而立功名者,未之曾有也。"人民是力量的源泉。得民心,力量无穷;逆民心,势孤力单。汤武等圣王之所以成功,主要是因为得到人民的支持。《吕氏春秋·用民》说:"汤武非徒能用其民也,又能用非己之民。能用非己之民,国虽小,卒虽少,功名犹可立。古昔多由布衣定一世者矣,皆能用非其有也。"历史上败亡之主之所以败,其根本原因在于失民。失去民心,即使拥有物质力量,物质也会变为死东西,不能发挥应有的作用。《吕氏春秋·似顺》以陈国灭亡为例说道:"夫陈,小国也,而蓄积多,赋敛重也,则民怨上矣。城郭高,沟洫深,则民力罢矣。兴兵伐之,陈可取也。" 物质力量由于没有主动的积极的主体,变成了一堆无用之物,反而为自己的灭亡准备了条件。

如何才能顺民心、得民心?这就涉及如何看待民情、民欲问题。许多篇认为,人的生理需求和物质利益追逐是人们的共同情欲。《吕氏春秋·情欲》说:"故耳之欲五声,目之欲五色,口之欲五味,情也。此三者,贵贱愚智贤不肖欲之若一。虽神农、黄帝,其与桀、纣同。"《吕氏春秋·精谕》说:"同恶同好,志皆有欲,虽为天子,弗能离矣。"《吕氏春秋·审为》把人们之所以勇于"危身、伤生、刈颈、断头"等行为,都归因于"徇利"。《吕氏春秋·离谓》把问题说得更明快:"凡事人,以为利也;死不利,故不死。"人的这些情欲是天生的、不可更改的。《吕氏春秋·诚廉》说:"性也者,反受于天也,非择取而为之也。"治民之道的纲要便是顺民性、从民欲。《吕氏春秋·用民》说:"用民有纪有纲,一引其纪,万目皆起;一引其纲,万目皆张。为民纪纲者何也?欲也恶也。何欲何恶?欲荣利,恶辱害。辱害所以为罚充也,荣利所以为赏实也。赏罚皆有充实,则民无不用矣。"《吕氏春秋·贵当》对问题的论述尤为别致:"治物者不于物,于人;治人者不于事,于君……治天子者不于天子,于欲;治欲者不于欲,于性。性者,万物之本也,不可长,不可短,因其固然而然之,此天地之数也。"《吕氏春秋·为欲》说:"圣王执一,四夷皆至者,其此之谓也。执一者至贵也,至贵者无敌。"其中所谓"执一",即顺从情欲。《吕氏春秋·功名》说:"民无常处,见利之聚,无之去。欲为天子,民之所走,不可不察。"《吕氏春秋·达郁》还指出,民欲不能通达,百害并起。文中曰:"民欲不达,此国之郁也。国郁处久,则百恶并起,而万灾丛至矣。"人的欲望是多方面的,因此要从多方面利用。善于利用,众为我用;用之不当,人物两失。《吕氏春秋·为欲》说:"人之欲虽多,而上无以令之,人虽得其欲,人犹不可用也。令人得欲之道,不可不审矣。善为上者,能令人得欲无穷,故人之可得用亦无穷也。"在作者看来,最难对付的是无欲望者。"使民无欲,上虽贤犹不能用。……故人之欲多者,其可得用亦多;人之欲少者,其得用亦少;无欲者,不可得用也。"作者们还提出了如下一个很值得重视的观点。他们认为,情欲的满足并不是靠个人奋斗实现的,欲望实现不能离开社会条件。《吕氏春秋·恃君》有一段精彩的论述,文中指出,人身的机能是有限的,比如,"爪牙不足以自守卫",因此单靠自身不能获得自身所需要的利。这种自身的缺陷,要由"群"来补足,靠"群"来实现,这就是作者所说的"利出于群也"。"群"又不是自发的,要由君主掌握,因此又说:"故君道立,则利出于群,而人备可完矣。"依靠群,个人的需要才能满足。

为了顺从民欲、民情,作者提出君主要有一副爱民之心,实行德政。《吕氏春秋·精通》说:"圣人南面而立,以爱利民为心。"《吕氏春秋·适威》说:"古之君民者,仁义以治之,爱利以安之,忠信以导之,务除其灾,思致其福。故民之于上也,若玺之于塗(印泥)也,抑之以方则方,抑之以圜则圜。"《吕氏春秋·爱士》说:"行德爱人则民亲其上,民亲其上则皆乐为其君死矣。"《吕氏春秋·上德》说:"为天下及国,莫如以德,莫如行义。以德以义,不赏而民劝,不罚而邪止,此神农、黄帝之政也。"

爱民并不是不要刑罚;但刑罚不能独立,应由仁义加以节制,并在刑罚中注之以仁义。刑罚的目的在于引导人走向善。《吕氏春秋·义赏》说:"赏罚之柄,此上之所以使也。其所以加者义,则忠信亲爱之道彰。久彰而愈长,民之安之若性,此之谓教成。"《吕氏春秋·当赏》说:"凡赏非以爱之也,罚非以恶之也,用观归也。所归善,虽恶之赏;所归不善,虽爱之罚。此先王之所以治乱安危也。"《吕氏春秋·用民》总结了历史正反两面的经验之后说:"亡国之主,多以多威使其民矣。故威不可无有,而不足专恃。譬之若盐之于味,凡盐之用,有所托也,不适则败托而不可食。威亦然,必有所托,然后可行。恶乎托？托于爱利。爱利之心谕，威乃可行。"又说："威愈多，民愈不用。"

作者所倡导的爱民，是为求得君民平衡，不要过分地剥削与压迫，否则会引起两者关系的破裂。正如《吕氏春秋·侈乐》说："(君)乐愈侈，而民愈郁，国愈乱，主愈卑。"《吕氏春秋·适威》也讲，超过了人民的负担能力，必然引起人民的反抗；如果不加以缓和，反而治罪，其结果只能是"以罪召罪。上下之相仇也，由是起矣"。《吕氏春秋·义赏》说得更清楚："竭泽而渔，岂不获得？而明年无鱼。"既要吃鱼，又不要竭泽而渔，这就是爱民的内容。当然，这比竭泽而渔无疑要开明得多。

先秦诸子和政治家广泛讨论过如何对待民的问题。法家的主要流派主张弱民、胜民；儒家主张爱民、利民。《吕氏春秋》在这个问题上显然倾向于儒家。秦国自商鞅之后奉行法家的主张，在政治上实行弱民、胜民政策。《吕氏春秋》上述理论是对秦传统思想的挑战。

第五节　关于无为政治思想

道家、法家从不同角度出发，都倡导无为政治，儒家中的一些人也有此论。阴阳家虽未明谈，但其主张与无为政治颇有接近之处。无为政治是诸派普遍关心和讨论的问题之一，大体也是共识。无为思想在《吕氏春秋》中占有显著地位，高诱说："此书所尚，以道德为标的，以无为为纲纪。"①高诱的说法是对的。《吕氏春秋》的无为思想也可用一个"杂"字来概括，吸取了各派的有关主张。

第一，无为首先指在政治上要因道、法时、顺自然。在第二节已介绍了法自然的思想。法自然是《吕氏春秋》无为政治思想的核心部分。《吕氏春秋·序意》讲的"无为而行"，就是指遵从天地之理。十二纪全都在阐述这个道理。还有几篇反复强调贵因。因，因循、顺从，也是讲无为。《吕氏春秋·君守》说："作者忧，因者平。唯彼君道，得命之情。故任天下而不强。"《吕氏春秋·任数》说："古之王者，其所为少，其所因多。因者，君术也。为者，臣道也。为则扰矣，因则静矣。因冬为寒，因夏为暑，君奚事哉！故曰，君道无知无为，

---

① 《吕氏春秋序》。

而贤于有知有为,则得之矣。"《吕氏春秋·知度》说:"有道之主,因而不为。"

第二,对民事要少干涉,任其自然。《吕氏春秋·任地》说:"天下时,地生财,不与民谋。有年瘗土,无年瘗土。无失民时,无使之治下。知贫富利器,皆时至而作,渴时而止。是以老弱之力可尽起,其用日半,其功可使倍。"

第三,书中讲了大量的君道无为之术。这种无为与前边那种无为政策大不相同。这种无为是一种权术,以无为为表,以智为里,目的在于驾驭群臣。《吕氏春秋》中许多篇颇热衷此道。这里只介绍用人和深藏不露之术。

作者反复说明,君主只有善于用人而后才能处于"无为"之境。《吕氏春秋·君守》说:"大圣无事,而千官尽能。"《吕氏春秋·勿躬》说:"管子,人臣也,不任己之不能,而以尽五子之能,况于人主乎?"《吕氏春秋·士节》说:"贤主劳于求人,而佚于治事。"《吕氏春秋·当染》说:"故古之善为君者,劳于论人,而佚于官事,得其经也。"《吕氏春秋·知度》说:"有术之主者,非一自行之也,知百官之要也。知百官之要,故事省而国治也。"君主怎样才能使百官尽能呢?这绝不是君主无所事事、放手不管所能达到的;如果真的如此,君主就有被取代的危险。所以为达到用人成事、君身无为的目的,首先要有一套智术,其纲要是"定分""核名实""督听"等。《吕氏春秋·慎势》说:"治天下及国,在乎定分而已矣。"《吕氏春秋·处方》说,治国有本,"其本也者,定分之谓也"。《吕氏春秋·审分》说:"王良之所以使马者,约审之以控其辔,而四马莫敢不尽力。有道之主,其所以使群臣者亦有辔。其辔何如?正名审分,是治之辔已。故按其实而审其名,以求其情;听其言而察其类,无使放悖。"《吕氏春秋·先己》说:"督听则奸塞不皇。"《吕氏春秋·论人》提出了考核群臣的"八观""六验"之术:"通则观其所礼,贵则观其所进,富则观其所养,听则观其所行,止则观其所好,习则观其所言,穷则观其所不受,贱则观其所不为。喜之以验其守,乐之以验其僻,怒之以验其节,惧之以验其特,哀之以验其人,苦之以验其志。"《吕氏春秋·疑似》中还专门论述了对似是而非的东西要格外警惕,细心观察,不可上当受骗。就实而论,没有一套驾驭群臣和任用群臣之术,无为就会变成自我垮台的推进器。所以君道无为应该说是一种特别的有为之术。

君臣无为的另一方式,是深藏不露之术。其具体表现为无智、无识、无能、无事,不为先,虚无清静。《吕氏春秋·分职》说:"君也者,处虚素服而无智,故能使众智也。智反无能,故能使众能也。能执无为,故能使众为也。无智、无能、无为,此君之所执也。"《吕氏春秋·君守》说:"善为君者无识,其次无事。有识则有不备矣,有事则有不恢矣。"《吕氏春秋·知度》说:"去爱恶之心,用虚无为本,以听有用之言。"这里所说的"无识""无智"并非要君主真的变成傻瓜,而是要做到"去想去意,静虚以待"①。君主不要暴露自己的短处,不要流露自己的意向,不给臣下钻空子的机会,冷眼观察臣下的一举一动。"无事"也不是真的不做事,而是"知百官之要"②,并发挥臣下的作用。这样的"无智""无识",反而能使臣下竭尽才智;这种"无事",反而能使臣下竭尽全力。《吕氏春秋·审应》论述了君主不为先的理由,文中曰:"凡主有识,言不欲先。人唱我和,人先我随。以其出为之人,以其言为之名。取其实以责其名,则说者不敢妄言,而人主之所执其要矣。"在作者看来,如果君主事事为先、逞能好胜,必然造成君代臣行事,为臣的反而两手清闲。"人臣以不争持位,以听从取容,是君代有司为有司也。"③君主事事好胜,还会培植一大批阿谀奉承之辈。"人主好以己为,则守职者舍职而阿主之为矣。"④更为严重的是,还会导致"好愎过而恶听谏"⑤。作者指出,君主事事为先,在事情的发展变化中便失去了主动权和回旋余地,会陷入事务主义,劳而无功。《吕氏春秋》还反复强调君主要清静,以静制动。《吕氏春秋·勿躬》说:"凡君也者,处平静,任德化,以听其要。"又说:"用则衰,动则暗,作则倦。衰、暗、倦三者,非君道也。"《吕氏春秋·君守》说:"天之大静,既静而又宁,可以为天下正。"君主要像天一样守住清静。《吕氏春秋·有度》说:"正则静,静则清明,清明则虚,虚则无为而无不为也。"

第四,节欲、节用。《本生》《重己》《贵生》《尽数》《情欲》等篇,从养生、治国两个方面论述了节欲的必要。人们,特别是君主的欲望是无穷的,然而生理需要是有一定规律和限度的。大吃大喝、穷奢极欲反而伤生。《吕氏春秋·重己》指出,人的生理需要与欲望是有矛盾的。"凡生之长也,顺之也。使生不顺者,欲也。故圣人必先适欲。室大则多阴,台高则多阳;多阴则蹷,多阳

---

①②《吕氏春秋·知度》。

③《吕氏春秋·任数》。

④《吕氏春秋·君守》。

⑤《吕氏春秋·似顺》。

则痿,此阴阳不适之患也。是故先王不处大室,不为高台,味不众珍,衣不燀热。"过分奢靡除伤生之外,还会伤民祸国。所以作者反复劝诫君主要节欲、节用。

《吕氏春秋》的无为政治思想吸取了道、法、儒、阴阳五行等家的有关论述。在道家那里,有些人的无为思想走向极端,排斥人的社会行为,《吕氏春秋》摒弃了这种消极的无为。在《吕氏春秋》中,无为思想是一种切合实际的政策,是积极的,它力求在人类社会与自然之间、社会中人与人之间求得调和平衡,力诫权力无限的君主把事情推向极端化。

第六节　关于义兵与统一天下的思想

战国是一个争战的时代,如何看待战争是当时人们热烈争论的问题之一。《吕氏春秋》也积极参加了讨论。

庄子学派把战争看成是对人类本性的破坏。《吕氏春秋》针对这种观点提出,战争是从人的本性中引申出来的。《吕氏春秋·荡兵》说:"凡兵也者,威也;威也者,力也。民之有威力,性也;性者所受于天也。"从科学上看,这两种说法都是不全面的,不过从当时的实际需要看,《荡兵》的论述更适合时代的口味,也更接近实情。

针对当时流行的偃兵说(即反对一切战争的学说),《吕氏春秋》坚持了义兵说。《吕氏春秋·荡兵》说:"圣王有义兵,而无有偃兵。"《吕氏春秋·召类》指出,反对一切战争不但不能带来治,反而会招致乱。文中言道:"三王以上,固皆用兵也。乱则用,治则止。治而攻之,不祥莫大焉。乱而弗讨,害民莫长焉。此治乱之化也,文武之所由起也。"

所谓义兵,即顺天和为民除害。《吕氏春秋·怀宠》说:"今兵之来也,将以诛不当为君者也,以除民之仇而顺天之道也。"《吕氏春秋·论威》说:"敌慑民生,此义兵之所以隆也。"兵义不义,不取决于是攻是守,或谁是发动者。《吕氏春秋·禁塞》篇批评了以攻守论是非的观点。文中说:"故取攻伐者不可,非攻伐不可,取救守不可,非救守不可,取唯义兵为可。兵苟义,攻伐亦可,救守亦可。兵不义,攻伐不可,救守不可。"

义兵是达到统一天下的必由之路,只有义兵才能结束纷争局面。新天子将随着义兵的步伐出现在历史舞台上。

第七节　结语

从《吕氏春秋》看，吕不韦是一位具有战略眼光的政治家。他不为诸子门户之见所囿，而是高居其上，从政治需要出发，择可用者而用之。作为一种学说或一个思想家，常常受自己信仰的理论逻辑所限，囿于一见。这对思想家来说，既是缺陷，又常常是优点和长处。因为在许多情况下，不如此，不能把一种思想彻底澄清。但在实践中，政治家不能机械地沿着思想家们的设计去行事，而必须有所选择。先秦诸子相互之间争论炽热，水火不容，其实他们中的绝大多数都是为了干世主，为了给君主献策献计。吕不韦清醒地看到了这一点，所以超出派别门户之见，敢于博采众议。秦汉以后的封建统治者尽管名义上尊崇儒家，但在实际上走的是吕不韦的道路。吕不韦的缺陷则在于缺乏一个鲜明的旗帜，杂而无主。

就秦国的实际情况看，吕不韦企图通过编辑和公布《吕氏春秋》，改变秦国一味尊法的思想路线。这个意图应该说是很有见地的，有利于秦的统一，对秦统一后的建国方略更为重要。秦始皇虽然雄才大略，但为法家理论所囿，缺乏吕不韦兼收并蓄的度量，结果把事情推向了极端。他如果能够采纳《吕氏春秋》中的一些见解，秦祚或许不至于那么短！

主要参考文献

1.《诸子集成》,中华书局,1954 年。

2.《二十二子》,上海古籍出版社,1985 年。

3.陆费逵、高野侯等辑校:《四部备要》,中华书局,1989 年。

4.魏徵、虞世南、褚遂良等编:《群书治要》,团结出版社,2011 年。

5.[清]严可均辑:《全上古三代秦汉三国六朝文》,商务印书馆,1999 年。

6.[清]马国翰辑:《玉函山房辑佚书》,广陵书社,2004 年。

7.[清]黄奭辑:《汉学堂知足斋丛书》,书目文献出版社,1992 年。

8.[清]黄奭辑:《汉学堂经解》,广陵书社,2004 年。

9.[清]阮元校刻:《十三经注疏》,中华书局,1980 年。

10.[宋]朱熹撰:《四书章句集注》,中华书局,1983 年。

11.[清]俞樾撰:《诸子平议》,中国书店,1994 年。

12.[清]俞正燮撰:《癸巳类稿》,商务印书馆,1957 年。

13.[清]刘宝楠撰:《论语正义》,中华书局,1990 年。

14.程树德撰:《论语集释》,中华书局,1990 年。

15.陈子展:《诗经直解》,复旦大学出版社,1983 年。

16.杨伯峻译注:《论语译注》,中华书局,1980 年。

17.[清]焦循撰:《孟子正义》,中华书局,1991 年。

18.杨伯峻译注:《孟子译注》,中华书局,1960 年。

19.[清]王先谦撰:《荀子集解》,中华书局,1988 年。

20.[清]杨柳桥:《荀子诂译》,齐鲁书社,1985 年。

21.[清]孙诒让撰:《周礼正义》,中华书局,1987 年。

22.杨天宇撰:《礼记译注》,上海古籍出版社,1997 年。

23.王文锦译解:《礼记译解》,中华书局,2001 年。

24.[清]王聘珍撰:《大戴礼记解诂》,中华书局,1983 年。

25.[清]孙诒让:《墨子间诂》,中华书局,2001年。

26.吴毓江撰:《墨子校注》,中华书局,1993年。

27.谭戒甫撰:《墨辩发微》,中华书局,1986年。

28.孙以楷、甄长松译注:《墨子全译》,巴蜀书社,2000年。

29.高亨:《老子正诂》《老子注译》,收录于《高亨作集林》,清华大学出版社,2004年。

30.高亨:《周易杂论》,齐鲁书社,1979年。

31.高亨:《周易大传今注》,齐鲁书社,1979年。

32.高亨:《诸子新笺》,齐鲁书社,1980年。

33.马叙伦:《老子校诂》,中华书局,1974年。

34.朱谦之撰:《老子校释》,中华书局,1983年。

35.任继愈译:《老子新译》,上海古籍出版社,1985年。

36.高明撰:《帛书老子校注》,中华书局,1996年。

37.荆门市博物馆编:《郭店楚墓竹简》,文物出版社,1998年。

38.马承源主编:《上海博物馆藏战国楚竹书》,上海古籍出版社,2001年。

39.陈鼓应注译:《老子今注今译》,商务印书馆,2003年。

40.[清]郭庆藩辑:《庄子集释》,中华书局,1982年。

41.[清]王先谦注:《庄子集解》,中华书局,1987年。

42.陈鼓应注译:《庄子今注今译》,中华书局,1983年。

43.曹础基:《庄子浅注》,中华书局,2000年。

44.马王堆汉墓帛书整理小组编:《马王堆汉墓帛书:经法》,文物出版社,1976年。

45.余明光校点、注释:《黄帝四经今注今译》,岳麓书社,1993年。

46.陈鼓应注释:《黄帝四经今注今译》,商务印书馆,2007年。

47.郭沫若、闻一多、许维通撰:《管子集校》,科学出版社,1956年。

48.马非百撰:《管子轻重篇新诠》,中华书局,1979年。

49.黎翔凤撰:《管子校注》,中华书局,2004年。

50.高亨注译:《商君书注译》,中华书局,1974年。

51.蒋礼鸿撰:《商君书锥指》,中华书局,1986年。

52.张觉等撰:《韩非子译注》,上海古籍出版社,2007年。

53.[清]王先慎撰,钟哲点校:《韩非子集解》,中华书局,1998年。

54.梁启雄:《韩子浅解》,中华书局,1960年。

55.陈奇猷校注:《韩非子集释》,上海人民出版社,1974年。

56.陈奇猷校释:《吕氏春秋校释》,学林出版社,1984年。

57.许维遹撰:《吕氏春秋集释》,中华书局,2009年。

58.顾颉刚、罗根泽等编:《古史辨》,上海古籍出版社,1982年。

59.王世舜译注:《尚书译注》,四川人民出版社,1982年。

60.高亨:《诗经今注》,清华大学出版社,2010年。

61.[晋]杜预集解:《春秋左传集解》,上海人民出版社,1977年。

62.杨伯峻编:《春秋左传注》,中华书局,1990年。

63.邬国义、胡果文、李晓路撰:《国语译注》,上海古籍出版社,1994年。

64.[汉]刘向集录,范祥雍笺证,范邦瑾协校:《战国策笺证》,上海古籍出版社,2011年。

65.郑良树:《战国策研究》,台湾学生书局,1982年。

66.[汉]司马迁撰:《史记》,中华书局,1982年。

67.[汉]班固撰:《汉书》,中华书局,1962年。

68.[宋]司马光编,[元]胡三省音注:《资治通鉴》,中华书局,1956年。

69.郭沫若:《卜辞通纂》,科学出版社,1983年。

70.郭沫若:《甲骨文字研究》,人民出版社,1952年。

71.郭沫若:《青铜时代》,人民出版社,1954年。

72.郭沫若:《两周金文辞大系图录考释》,科学出版社,1957年。

73.郭沫若主编:《中国史稿》,人民出版社,1962年。

74.郭沫若:《中国古代社会研究》,人民出版社,1964年。

75.范文澜:《中国通史简编》,人民出版社,1965年。

76.顾颉刚:《中国上古史研究讲义》,中华书局,1988年。

77.王玉哲编:《中国上古史纲》,上海人民出版社,1959年。

78.王玉哲:《中华远古史》,上海人民出版社,2000年。

79.许倬云:《西周史》,生活·读书·新知三联书店,1995年。

80.杨宽:《西周史》,上海人民出版社,1999年。

81.顾德融、朱顺龙:《春秋史》,上海人民出版社,2001年。

82.杨宽:《战国史》,上海人民出版社,1998年。

83. 杨向奎:《中国古代社会与古代思想研究》(上册),上海人民出版社,1962年;《中国古代社会与古代思想研究》(下册),上海人民出版社,1964年。

84.杨向奎:《宗周社会与礼乐文明》,人民出版社,1992年。

85.瞿同祖:《中国封建社会》,上海人民出版社,2003年。

86.[日] 西岛定生:《中国古代帝国的形成与结构——二十等爵制研究》,武尚清译,中华书局,2004年。

87.钱穆:《先秦诸子系年》,商务印书馆,2001年。

88.童书业:《春秋左传研究》,中华书局,2006年。

89.童书业:《春秋史》,中华书局,2006年。

90.郭沫若:《十批判书》,科学出版社,1956年。

91.徐复观:《中国人性论史·先秦篇》,上海三联书店,2001年。

92.梁启超:《先秦政治思想史》,商务印书馆,1923年。

93.陶希圣:《中国政治思想史》,新生命书局,1932年。

94.吕振羽:《中国政治思想史》,黎明书局,1937年。

95.杨幼炯:《中国政治思想史》,商务印书馆,1937年。

96.萧公权:《中国政治思想史》,商务印书馆,1948年。

97.谢扶雅:《中国政治思想史纲》,正中书局,1954年。

98.萨孟武:《中国政治思想史》,三民书局,1994年。

99.吕思勉:《吕思勉中国文化史中国政治思想史讲义》,天津古籍出版社,2007年。

100.徐大同、陈哲夫、谢庆奎、朱一涛编:《中国古代政治思想史》,吉林人民出版社,1981年。

101.侯外庐、赵纪彬、杜国庠:《中国思想通史》(第一卷),人民出版社,1957年。

102.侯外庐:《中国古代思想学说史》,辽宁教育出版社,1998年。

103.任继愈主编:《中国哲学发展史·先秦》,人民出版社,1985年。

104.冯友兰:《中国哲学史》,中华书局,1961年。

105.冯友兰:《中国哲学简史》,北京大学出版社,1985年。

106.冯友兰:《中国哲学史新编》,人民出版社,1998 年。

107.胡适:《中国哲学史大纲》,东方出版社,1996 年。

108.胡适:《先秦名学史》,学林出版社,1983 年。

109.胡寄窗:《中国经济思想史》,上海人民出版社,1978 年。

110.杨荣国:《中国古代思想史》,生活·读书·新知三联书店,1954 年。

111.李锦全、杨淡以编:《杨荣国文集》,中山大学出版社,2005 年。

112.张岱年:《中国哲学大纲》,中国社会科学出版社,1982 年。

113.张岱年:《中国哲学史方法论发凡》,中华书局,2003 年。

114.朱维铮:《周予同经学史论选集》,上海人民出版社,1996 年。

115.庞朴:《帛书五行篇研究》,齐鲁书社,1980 年。

116.庞朴:《一分为三——中国传统思想考释》,海天出版社,1995 年。

117.庞朴:《浅说一分为三》,新华出版社,2004 年。

118.庞朴:《儒家辩证法研究》,中华书局,2009 年。

119.张岂之主编:《中国思想史》,西北大学出版社,1989 年。

120.张岂之主编:《中国儒学思想史》,陕西人民出版社,1990 年。

121.张岂之主编:《中国思想学说史·先秦卷》,广西师范大学出版社,2007 年。

122.李泽厚:《中国古代思想史论》,生活·读书·新知三联书店,2008 年。

123.牟宗三:《中国哲学十九讲》,上海古籍出版社,1997 年。

124.劳思光:《新编中国哲学史》,广西师范大学出版社,2005 年。

125.韦政通:《中国思想史》,上海书店出版社,2003 年。

126.韦政通:《先秦七大哲学家》,江苏教育出版社,2006 年。

127.葛兆光:《中国思想史》,复旦大学出版社,1998 年。

128.葛兆光:《思想史的写法——中国思想史导论》,复旦大学出版社,2004 年。

129.[美]本杰明·史华兹:《古代中国的思想世界》,程钢译,刘东校,江苏人民出版社,2004 年。

130.[英]葛瑞汉:《论道者——中国古代哲学论辩》,张海晏译,中国社会科学出版社,2003 年。

131.余英时:《历史与思想》,联经出版事业公司,1976 年。

132.余英时:《士与中国文化》,上海人民出版社,1987年。

133.余英时:《中国思想传统的现代诠释》,江苏人民出版社,1995年。

134.何怀宏:《世袭社会及其解体——中国历史上的春秋时代》,生活·读书·新知三联书店,1996年。

135.陈来:《古代宗教与伦理——儒家思想的根源》,生活·读书·新知三联书店,1996年。

136.陈来:《古代思想文化的世界——春秋时代的宗教、伦理与社会思想》,生活·读书·新知三联书店,2002年。

137.童书业:《先秦七子思想研究》,齐鲁书社,1982年。

138.张舜徽:《周秦道论发微》,中华书局,1982年。

139.蔡尚思:《孔子思想体系》,上海人民出版社,1982年。

140.匡亚明:《孔子评传》,南京大学出版社,1990年。

141.张奇伟:《亚圣精蕴——孟子哲学真谛》,人民出版社,1997年。

142.杨泽波:《孟子评传》,南京大学出版社,1998年。

143.黄俊杰:《中国孟学诠释史论》,社会科学文献出版社,2004年。

144.[美]江文思、[美]安乐哲编:《孟子心性之学》,社会科学文献出版社,2005年。

145.陈其泰、郭伟川、周少川编:《二十世纪中国礼学研究论集》,学苑出版社,1998年。

146.庞朴、马勇、刘贻群编:《先秦儒家研究》,湖北教育出版社,2003年。

147.方授楚:《墨学源流》,上海书店,1989年。

148.邢兆良:《墨子评传》,南京大学出版社,1993年。

149.陈鼓应:《老庄新论》,上海古籍出版社,1992年。

150.崔大华:《庄学研究》,人民出版社,1992年。

151.刘笑敢:《庄子哲学及其演变》,中国社会科学出版社,1993年。

152.白奚:《稷下学研究》,生活·读书·新知三联书店,1998年。

153.郑良树:《商鞅评传》,南京大学出版社,1998年。

154.牟钟鉴:《〈吕氏春秋〉与〈淮南子〉思想研究》,齐鲁书社,1987年。

155.彭浩校编:《郭店楚简〈老子〉校读》,湖北人民出版社,2001年。

156.郭沂:《郭店竹简与先秦学术思想》,上海教育出版社,2001年。

157.李零:《郭店楚简校读记》,北京大学出版社,2002年。

后 记

本书依《中国政治思想史》(三卷本)之"先秦卷"(1996 年出版)修改而成。"先秦卷"又本于我的《先秦政治思想史》(1984 年出版)。

这次的修改主要在行文的分寸上,局部也有一些更动,另外增加了农家许行一章,儒家中增加了新出土竹简中的儒书一节。

从三十年前我写《先秦政治思想史》时起,我一直在思考一个问题:如何叙述古人的政治思想?说起来,我认为大致也就是两种思路:一种是依照现代政治学的观念来驾驭与分析古人的思想;另一种是用历史的方法,从历史资料中归纳出当时人的思想。两者虽难以截然分开,但大的路数还是有明显不同的。我再三掂量,仍然坚持三十多年一直坚持的后一种进路。

为什么坚持后一种进路?首先,因为我是学历史的,而历史学方法的基础是归纳法,以史料为依据进行抽象。其次,如果以政治学的理论为框架,我做过尝试,感到很难切合历史实际。比如什么是"政治"?在古人的观念中很难说清楚,有人常以孔子说的"政者,正也"来说政治,这是很片面的。又如什么是"国家"? 一些人引孟子的话,提出"土地、人民、政事"即国家三要素。其实孟子前文已经说得很明白,这是"诸侯之宝",与"国家"观念不在一个层面上。总之这类问题多多,我的学识和能力有限,驾驭不了。更主要的是,我的进路是尽量采用当时人们的话语,这点从我用的标题就可以显示出来,我基本上没有使用现代性的政治术语来说事。比如,现在许多学人对权力合法性问题很看重,并用来论说。我在文中虽也有所涉及,但不以此立论。因为这是一个通论性的问题,很难把它作为"列传"中的问题来论说。又如,现在很多人用"价值"论进行分析,当然也很有启发,但我感到确定价值是一件很难把握的事,有流于过于抽象而不实的弊病。比如说孔子的思想价值是"成人",但这点很难立得住。试问贵贱有序、"唯上智与下愚不移"和

"唯女子与小人为难养也"置"成人"于何处？用"成人"很难驾驭孔子的整个思想。

由于上述种种原因，加之自己能力所限，再者也感到没有必要另起炉灶写一部先秦政治思想史，因此就在1996年版的基础上做了局部调整，并对部分文字进行了修改。

上文所述"没有必要"，我的意思是，我不太赞成用现代的政治观念驾驭与构建古人的政治思想。我认为应从古人的论述中抽取其主要观念，归纳出相应的概念与范畴。因此，从本书的纲目上可以看出，我用的尽量是古人的话语，即使是我的概括，也尽量接近他们的本意。我追求的是以归纳为基础的"朴实"。当然在具体的行义中，我进行了必要的分析、历史定位和价值评判，也包含了我个人的价值取向等，但这些都以"朴实"为基础。

古代哲人的许多精彩、深邃的语句具有恒久的意义，比如孟子说的"民为贵"等，但我很少以此立论。道理很简单——他们还有相反的论述，比如赞成君权神授、"天无二日，土无二王"等。所以我更关注的是他们的思想框架，这是大局，种种具体论述要放在他们的框架中来安置、来评价。我自认为，这样更接近历史事实，更接近论述对象本人的思想体系。相较现在流行的话语，我是很"土气"的。但我自信，也许这种"土气"更真实些。是否如此，请读者明鉴！

刘泽华谨记
2014年7月